Richard Hartwig

Handbuch für Verwaltungsräte

Richard Hartwig

Handbuch für Verwaltungsräte

Basiswissen zu Rechnungslegung, Risikosteuerung und Kreditgeschäft der Sparkassen

3., überarbeitete Auflage

Deutscher Sparkassenverlag Stuttgart

Bibliografische Information der Deutschen Nationalbibliothek

Die Deutsche Nationalbibliothek verzeichnet diese Publikation
in der Deutschen Nationalbibliografie;
detaillierte bibliografische Daten sind im Internet
unter http://dnb.de abrufbar.

Alle Angaben wurden sorgfältig ermittelt, für Vollständigkeit
oder Richtigkeit kann jedoch keine Gewähr übernommen werden.

© 2014 Deutscher Sparkassen Verlag GmbH, Stuttgart
Alle Rechte vorbehalten.
Dieses Werk einschließlich aller seiner Teile ist urheberrechtlich
geschützt. Jede Verwertung außerhalb der engen Grenzen des
Urheberrechtsgesetzes ist ohne Zustimmung des Verlages
unzulässig und strafbar. Das gilt insbesondere für Vervielfältigungen,
Übersetzungen, Mikroverfilmungen und die Einspeicherung
und Verarbeitung in elektronischen Systemen.

www.sparkassenverlag.de

Lektorat: Heribert Paffrath
Herstellung: Kirsten Weber
Umschlaggestaltung nach einer Konzeption
von Groothuis, Lohfert, Consorten, glcons.de, Hamburg
Typografie nach einer Konzeption
von Rainer Leippold, Leonberg
Satz: UMP Utesch Media Processing GmbH, Hamburg
Druck und Binden: Gebr. Knöller GmbH & Co. KG, Stuttgart
Printed in Germany

ISBN: 978-3-09-306115-8
3. Auflage 5/2014
306 015 003

Inhaltsverzeichnis

	Vorwort zur 3. Auflage	7
	Vorwort zur 2. Auflage	8
	Vorwort zur 1. Auflage	9
1	Einleitung	10
2	**Das Selbstverständnis der Sparkassen**	13
2.1	Marktführer in der deutschen Kreditwirtschaft	13
2.2	Geschäftsphilosophie	16
3	**Ausgangssituation der deutschen Sparkassen**	25
3.1	Rahmenbedingungen und Handlungsfelder	25
3.2	Größenstrukturen	28
3.3	Betriebswirtschaftliche Entwicklung der vergangenen Jahre	29
3.4	Strategische Maßnahmen auf Sparkassenebene	32
4	**Zur Arbeit des Verwaltungsrats**	35
4.1	Überwachung der Geschäftsführung	35
4.1.1	Berichterstattung des Vorstands	36
4.1.2	Prüfungsberichte	37
4.1.3	Eigene Informationen	39
4.2	Persönliche Anforderungen an das Verwaltungsratsmitglied	40
4.2.1	Sachkunde	41
4.2.2	Zuverlässigkeit	42
4.2.3	Zeitliche Verfügbarkeit	42
4.3	Konsequenzen bei Pflichtverletzung	43
4.3.1	Abberufung	44
4.3.2	Schadensersatz	44
	Abkürzungsverzeichnis	46
	Glossar	47
	Anhang	351
	Handelsgesetzbuch (HGB)	353

Verordnung über die Rechnungslegung der Kreditinstitute
und Finanzdienstleistungsinstitute (RechKredV) 365

Formblätter für Kreditinstitute 386

Gesetz über das Kreditwesen (KWG) 389

Mindestanforderungen an das Risikomanagement (MaRisk) 403

Merkblatt zur Kontrolle der Mitglieder von Verwaltungs-
und Aufsichtsorganen gemäß KWG und VAG 422

Sparkassen-Rangliste per 31. Dezember 2013 428

Nützliche Web-Adressen. 449

Vorwort zur 3. Auflage

Zu jedem der in diesem Handbuch aufgeführten Stichworte gäbe es beileibe mehr zu sagen. Fragestellungen wie Compliance, Kapitalplanungsprozess oder Fristentransformation sind allein schon Überschriften ganzer Fachtagungen. So gesehen mag es anmaßend erscheinen, auch solche komplexen Themen für Mitglieder von Sparkassen-Verwaltungsräten auf 20 oder 30 Zeilen zu verdichten.

Den Mut, dergleichen dennoch zu wagen, verdanke ich Gerhard Möller. Als Oberbürgermeister der Stadt Fulda und langjähriger Verwaltungsratsvorsitzender der Sparkasse Fulda gab er im Jahr 2007 den Anstoß, ein leicht zu nutzendes Kompendium für Kommunalpolitiker zu entwickeln, die die Geschäftspolitik einer Sparkasse kompetent begleiten und überwachen wollen.

Um die Sparkasse als Verwaltungsratsmitglied zu verstehen, braucht es mehr als bedrucktes Papier. Langfristig fruchtbar ist vor allem ein kontinuierlicher, offener, von Taktik und Kalkül möglichst unbelasteter Gedankenaustausch zwischen Vorstand und Verwaltungsrat. Deshalb begnügt sich dieses Handbuch ganz bewusst damit, Begriffe kompakt zu klären, Orientierung zu geben sowie Gefühl und Verständnis zu entwickeln für die geschäftspolitischen Tagesfragen der Sparkasse. Es soll handliches Nachschlagewerk sein und zugleich Fundament für die Sachkunde, die das Aufsichtsrecht von den Mitgliedern des Verwaltungsrats erwartet.

Zwischen der Idee und den druckfertigen Exemplaren der drei bisher erschienenen Auflagen lag eine ordentliche Wegstrecke. Immer gab es Menschen, die mich in unterschiedlicher Weise zuverlässig und verständnisvoll begleiteten: beim Verfassen des Manuskripts, beim Korrekturlesen, bei der Herstellung des Buchs. In besonderem Maß gilt das für Heribert Paffrath vom Deutschen Sparkassenverlag. Er bescherte mir das Glück eines in fachlicher und menschlicher Hinsicht hervorragenden Lektorats.

Ihm und allen anderen, die mich unterstützt haben, danke ich von Herzen.

Fulda, im Mai 2014   Richard Hartwig

Vorwort zur 2. Auflage

Der geschäftliche Erfolg der deutschen Sparkassen gründet auf dem Vertrauen, das sie bei Unternehmen und Bürgern genießen. Vertrauen bildet sich, wenn die Kunden die Geschäftspolitik »ihrer« Sparkasse als glaubwürdig, zuverlässig und kompetent empfinden und erleben.

Nicht nur die Wertpapierspezialistin, der Filialleiter oder die Existenzgründungsberaterin müssen diese Qualitäten tagtäglich im Gespräch mit ihren Kunden unter Beweis stellen. In besonderer Weise werden die Organe der Sparkasse an ihnen gemessen. Neben dem Vorstand agiert in einer nach Transparenz verlangenden Öffentlichkeit auch der Verwaltungsrat de facto längst nicht mehr nur hinter verschlossenen Türen. Strahlt er in seinen Entscheidungen Souveränität und Fachkompetenz aus, wird er für die Sparkasse zu einem vertrauensbildenden Faktor erster Güte.

Der Verwaltungsrat bewegt sich in einem besonderen Spannungsfeld. Die Feldlinien verlaufen zwischen Gemeinwohlorientierung und Wettbewerbsfähigkeit der Sparkasse, zwischen Bürgerinteressen und Kundenbedürfnissen. Das immer wieder aufs Neue auszubalancieren, ist eine große Herausforderung für den Verwaltungsrat und seine Mitglieder.

Mit der gleichen Selbstverständlichkeit, mit der die Aus- und Weiterbildung der Mitarbeiterinnen und Mitarbeiter ein zentrales Anliegen der Sparkassen ist, muss die Qualifizierung der Verwaltungsräte in unserer Sparkassen-Finanzgruppe auch vor dem Hintergrund steigender Anforderungen des Gesetzgebers sichergestellt werden. Die Qualität der Verwaltungsratsarbeit liegt im ureigenen Interesse der Sparkasse: Wer mehr weiß, entscheidet besser. In diesem Sinne ist der zweiten Auflage dieser Veröffentlichung nur zu wünschen, oft zur Hand genommen und genutzt zu werden.

Professor Dr. Norbert Kleinheyer
Verbandsgeschäftsführer
des Sparkassen- und Giroverbands Hessen-Thüringen

Vorwort zur 1. Auflage

Bei den vielfältigen Überlegungen zu einer guten und verantwortungsvollen Unternehmensführung (*corporate governance*) gilt dem Aufsichtsrat besonderes Augenmerk. Ob auf gesetzlicher oder freiwilliger Basis umgesetzt: Im Ergebnis zielen viele Reformmaßnahmen der vergangenen Jahre darauf ab, die Aufgaben und den Verantwortungsbereich des Aufsichtsrats auszuweiten und die Effektivität seiner Arbeit zu verbessern. Gleichzeitig rückt er aus dem einstigen Schattendasein zusehends heraus und sieht sich – zumal in Krisensituationen – deutlich höheren Erwartungen der Öffentlichkeit ausgesetzt. Dabei zieht die Diskussion über die Sphäre börsennotierter Aktiengesellschaften hinaus längst weitere Kreise. Auch die Aufsichtsorgane in öffentlichen Unternehmen und Unternehmen in öffentlicher Trägerschaft wollen und müssen ihr Mandat mit wachsender Sensibilität und Sorgfalt ausüben.

Für den Verwaltungsrat einer kommunal getragenen Sparkasse gilt das in besonderem Maße. Sparkassen stehen heute ungeschützt im rauen Wind eines erheblich schärferen Wettbewerbs. Durch Fehleinschätzungen des Marktgeschehens oder Fehlsteuerung der internen Strukturen und Prozesse geraten sie unter Umständen sehr schnell in Situationen, in denen sie ihren öffentlichen Auftrag nur noch eingeschränkt wahrnehmen können. Gleichzeitig stellt die Bankenaufsicht erheblich größere Ansprüche an den Umgang mit den besonderen Risiken des Bankgeschäfts. Die Tagesordnung des Verwaltungsrats ist heute nicht nur länger als noch vor Jahren. Sie wird auch inhaltlich zusehends anspruchsvoller.

So sieht sich der Verwaltungsrat der Sparkasse höheren Erwartungen und höheren Anforderungen zugleich gegenüber. Schon werden erste Stimmen laut, die für die Aufsichtsratsmitglieder von Banken und die Verwaltungsratsmitglieder von Sparkassen und Landesbanken einen gesonderten Qualifikationsnachweis fordern. Welches Ergebnis auch immer diese Diskussion haben wird: Einen substanziellen Beitrag zum Erfolg, zur Stabilität und zum Ansehen der Sparkasse wird der Verwaltungsrat künftig nur dann noch leisten können, wenn er sich weiter professionalisiert. Deshalb ist es wichtig, die fachliche Kompetenz seiner Mitglieder zu stärken. Wer die Geschäftspolitik des Vorstands qualifiziert bewerten, begleiten und überwachen möchte, muss die Grundzüge der Rechnungslegung und der Risikosteuerung in der Sparkasse kennen. Hierzu leistet dieses Handbuch einen wertvollen Beitrag – für erfahrene ebenso wie für neu berufene Verwaltungsratsmitglieder.

Dr. Stephan Articus
Hauptgeschäftsführer des Deutschen Städtetags

1 Einleitung

Wie gut müssen Mitglieder des Verwaltungsrats einer Sparkasse das Bankgeschäft, den Sparkassenalltag kennen?

Soviel ist sicher: Die Zeiten sind längst vorbei – wenn es sie je gegeben hat –, in denen jeder einigermaßen intelligente Mensch für ein solches Mandat ohne weiteres qualifiziert war. Allgemeinbildung, Lebens- und Berufserfahrung, kaufmännisches Denken, gesunder Menschenverstand und Intuition: Es ist nicht so, dass diese Fähigkeiten und Eigenschaften überflüssig geworden wären. Sie reichen nur nicht mehr aus. Zu vielschichtig, zu komplex sind die Fragestellungen geworden, die den Verwaltungsrat einer Sparkasse heute beschäftigen. Oft gilt es gemeinsam mit dem Vorstand Antworten auf völlig neue Herausforderungen zu entwickeln.

Will der Verwaltungsrat seine Richtlinien- und Überwachungskompetenz überzeugend ausfüllen, will er die Probleme des Tagesgeschäfts verstehen, will er dem Vorstand die richtigen Fragen stellen, dann muss er eine gehörige Portion Sachverstand mitbringen. Ohne Sachverstand kann er weder den Umgang der Sparkasse mit ihren bankspezifischen Risiken beurteilen, noch über strategische Weichenstellungen urteilen. Ohne Sachverstand erschöpft sich der Beitrag des Verwaltungsrats schnell in unverbindlichem Dilettantismus. Das einzelne, vom kommunalen Träger oder von den Mitarbeiterinnen und Mitarbeitern der Sparkasse entsandte Verwaltungsratsmitglied muss deshalb die Bereitschaft mitbringen, sich bis zu einem gewissen Grad besondere Kenntnis über das gesamte Sparkassengeschäft anzueignen.

Politik und Bankenaufsicht jedenfalls haben ihre Anforderungen an die Arbeit der Aufsichtsorgane vor dem Hintergrund der Erfahrungen aus der Finanzkrise 2007/2008 deutlich erhöht. Das »Gesetz zur Stärkung der Finanzmarkt- und der Versicherungsaufsicht« vom 25. März 2009 verpflichtete die Sparkasse, die Sachkunde erstmals bestellter Verwaltungsratsmitglieder nachzuweisen. Die Europäische Bankenaufsichtsbehörde (EBA) legte Ende 2012 detaillierte Leitlinien für die Beurteilung der Eignung von Aufsichts- und Verwaltungsratsmitgliedern vor. Im Sommer 2013 veröffentlichte die Europäische Union in der Capital Requirements Directive (CRD IV) weitere Vorgaben für eine wirksame und sorgfältige Unternehmenskontrolle. Der deutsche Gesetzgeber arbeitete sie in das Kreditwesengesetz (KWG) ein und gab der Arbeit des Aufsichtsorgans mit § 25d zum 1. Januar 2014 einen neuen aufsichtsrechtlichen Rahmen. Er befindet sich in unmittelbarer Nähe zu § 25c KWG, der Anforderungen an die Geschäftsleiter eines Kreditinstituts regelt. Auch das mag verdeutlichen, wie viel mehr als noch vor wenigen Jahren die Arbeit eines Verwaltungs- oder Aufsichtsrats heute im Blickfeld der Bankenaufsicht steht.

Bei der allseits angemahnten Professionalisierung von Aufsichts- und Verwaltungsräten gilt es gleichwohl Augenmaß zu bewahren. Das Verwaltungsratsmitglied muss nicht genauso viel wissen wie der Sparkassenvorstand oder gar ein Fachbereichsleiter im Rechnungswesen oder im Risikocontrolling der Sparkasse. Dieser Wettlauf wäre nicht nur aussichtslos; er entspräche auch nicht den Aufgaben des Verwaltungsrats. Über die in Gesetz und Satzung, Aufsichtsrecht und Handelsrecht formulierten Rechte und Pflichten hinaus entwickelt der Verwaltungsrat dann besonderen Wert und besondere Qualität, wenn er solides Wissen um betriebswirtschaftliche Grundlagen immer wieder in den Kontext des öffentlichen Auftrags der Sparkasse stellt.

Ein solchermaßen erweitertes Denken bedeutet: sich nicht in Details zu verbeißen, sondern eine Sache von mehreren Seiten zu betrachten, Zusammenhänge zu erkennen und zu berücksichtigen, verschiedene Ziele gegeneinander abzuwägen, vermeintliche Notwendigkeiten zu hinterfragen. So vermittelt dieses Handbuch dem Mitglied des Verwaltungsrats und anderen Interessierten ein vertieftes Grundlagenwissen, ohne sie zu Experten zu machen. Es trägt viele Fakten zusammen, verzichtet aber bewusst auch auf mindestens genauso viele Details und Ausnahmetatbestände. Den Schwerpunkt legt es dabei auf Begriffe aus Rechnungslegung, Risikosteuerung, Controlling und Handelsgeschäft. Sie begegnen dem Verwaltungsratsmitglied regelmäßig, wenn der Vorstand über die aktuelle wirtschaftliche Lage und die Risikosituation berichtet. Wichtige Begriffe aus dem Kreditgeschäft kommen hinzu. Die Finanzierung kleiner und mittlerer Unternehmen bildet heute den Kern des öffentlichen Auftrags einer Sparkasse und beschäftigt daher nicht nur den Risiko- bzw. Kreditausschuss, sondern regelmäßig auch den gesamten Verwaltungsrat.

Vor allem die EU-weit geltende Capital Requirements Regulation (CRR), das Kreditwesengesetz, die Liquiditätsverordnung, die Mindestanforderungen an das Risikomanagement, das Handelsgesetzbuch und die Rechnungslegungsverordnung bilden den besonderen (aufsichts-)rechtlichen Rahmen, in dem sich eine Sparkasse heute bewegt. Es gibt viel Fachliteratur zu jeder einzelnen dieser Spezialnormen. Doch häufig steht sie vergleichsweise unverbunden nebeneinander. Dieses Handbuch versucht daher bei vielen Schlagworten, die Anforderungen der verschiedenen Normen in knapper Form zusammenzuführen. Darüber hinaus sind im Anhang zumindest zentrale Passagen einiger der genannten Rechtsgrundlagen im Wortlaut zu finden.

Die meisten Sparkassen verzichten auf eine Rechnungslegung nach International Financial Reporting Standards (IFRS). Sie berechnen ihre aufsichtsrechtliche Mindesteigenkapitalausstattung mit dem Kreditrisiko-Standardansatz und dem Basisindikatoransatz und orientieren sich bei Risikosteuerung und -controlling in erster Linie am Risiko für den Erfolg des laufenden Geschäftsjahrs. Das spiegelt sich auch im Aufbau des alphabetisch geordneten Glossars wider. Mit Ansätzen und Optionen, für die sich bislang nur wenige Sparkassen entschieden haben, beschäftigt es sich bewusst nur am Rande.

So gibt das Handbuch auch in seiner dritten Auflage auf manches, aber längst nicht auf alles eine Antwort. Es vermittelt verdichtetes Grundlagenwissen. Darauf sollte im Laufe der Zeit ein sicheres Gespür für die Materie reifen können, über die der Verwaltungsrat zu befinden und zu entscheiden hat. Die richtigen Fragen zu stellen, vor allem: sie zum richtigen Zeitpunkt zu stellen – auch das zeichnet den sensiblen und kompetenten Verwaltungsrat aus.

Richard Hartwig

2 Das Selbstverständnis der Sparkassen

Das Mitglied eines Sparkassen-Verwaltungsrats übernimmt Teilverantwortung in der größten Finanzgruppe der Welt. Im Verbund mit den Landesbanken, der DekaBank, den Landesbausparkassen, den öffentlichen Versicherern, der Deutschen Leasing und anderen Unternehmen bilden fast 420 Sparkassen den führenden finanzwirtschaftlichen Anbieter in Deutschland. Ihre aggregierte Bilanzsumme liegt jenseits der 1 000-Milliarden-EUR-Grenze, damit deutlich vor den größten privaten Geschäftsbanken, deutlich auch vor dem genossenschaftlichen Finanzverbund.

2.1 Marktführer in der deutschen Kreditwirtschaft

Fast 50 Millionen Menschen sind Kunden der Sparkassen-Finanzgruppe. Drei Viertel aller deutschen Unternehmen haben eine Geschäftsverbindung zu einer Sparkasse oder Landesbank. Es gibt keinen gewerblichen Arbeitgeber, der in Deutschland mehr Mitarbeiterinnen und Mitarbeiter beschäftigt und mehr junge Menschen ausbildet als die Sparkassen. Kein DAX-Unternehmen zahlt so viel Ertragsteuern wie die Sparkassen. Eine seit Jahren steigende Eigenkapitalquote unterstreicht ihre Stabilität.

Das rote Sparkassen-S ist die profilierteste Finanzdienstleistungsmarke in Deutschland. Zwei Drittel der Bürgerinnen und Bürger vertrauen ihr. Das ist ein Wert, den sonst kein Unternehmen in Deutschland erreicht. Auf allen Stufen des Marken»vierklangs« – Bekanntheit, Sympathie, Abschlussbereitschaft und persönliche Verbindung – dominieren die Sparkassen. Darin drückt sich nicht zuletzt auch große Wertschätzung für die Verantwortung aus, die sie für ihre Kunden, für ihre Träger, für das soziale, kulturelle und sportliche Geschehen in ihren jeweiligen Geschäftsgebieten übernehmen. Umfragen attestieren den Sparkassen dabei regelmäßig hohe Glaubwürdigkeit.

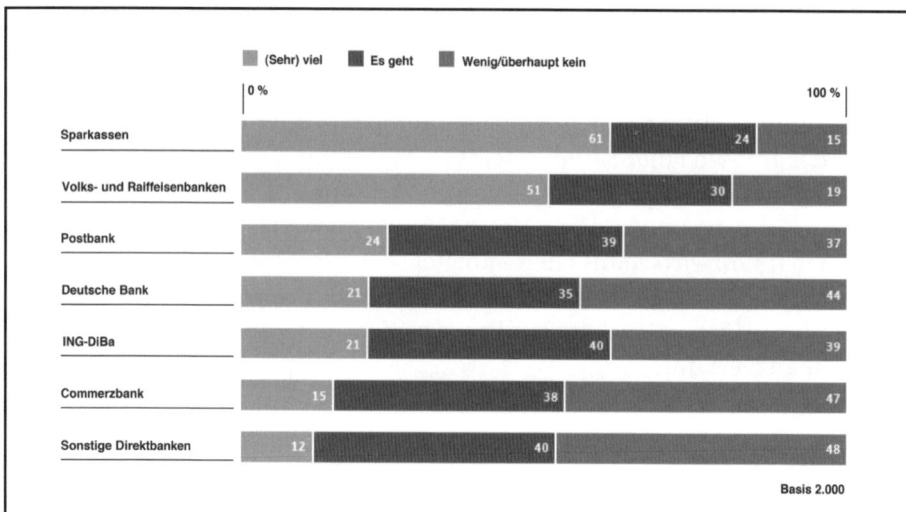

Abb. 1: Vertrauen in Geldinstitute (Quelle: DSGV-Vermögensbarometer 2013)

Größe, Erfolg und Popularität müssen indessen Tag für Tag behauptet werden. Gerade auf den Marktführer und seine Kunden werfen alte und neue Mitbewerber ihr Auge und versuchen, seine Position an verschiedenen Ecken anzukratzen.Alle agieren auf einem Markt, der sich in den letzten Jahrzehnten enorm gewandelt hat. Ein guter Teil des Anpassungsdrucks geht von neuen Informations- und Kommunikationstechniken aus. Denen, die Finanzdienstleistungen anbieten, geben sie die Möglichkeit, ihre Geschäftsprozesse erheblich effizienter zu gestalten. Denen, die Finanzdienstleistungen nachfragen, verschaffen sie eine bis dato nicht gekannte Markttransparenz.

Abb. 2: Die Sparkassen-Finanzgruppe im Überblick (Stand 19. Juni 2013)

So hat die Zahl der Fusionen und Konsolidierungen – auch grenzübergreifend – erheblich zugenommen. Die Wertschöpfung in den Unternehmen bricht in Produktion, Vertrieb und Abwicklung auf. Einzelne Anbieter spezialisieren sich auf Teile der Leistungskette, auf einzelne Produkte oder Kundengruppen. Sie greifen mit deutlich niedrigeren Kosten Banken und Sparkassen an, die weiterhin das gesamte Spektrum moderner Finanzdienstleistungen anbieten. Über die im Markt gestellten Zinssätze und Preise informieren sich mehr und mehr Kunden online am Bildschirm.

Auch als Marktführer sind sich die Sparkassen bewusst: Den Takt gibt der Markt vor. Nicht die Kosten bestimmen den Preis, sondern der Preis die Kosten. Die Sparkasse ist ein Unternehmen, das solide betriebswirtschaftliche Fundamente braucht. Wie die Sparkasse diese Grundlagen am nachhaltigsten sichert und stärkt, kann letzten Endes nur sie selbst beurteilen. Ein allgemeingültiges Erfolgsrezept gibt es nicht. Zu unterschiedlich sind das lokale Umfeld, der örtliche Wettbewerb, die Bilanzstruktur, die Ertragslage und die Kapitalisierung jeder Sparkasse. Hierauf gilt es eine individuelle betriebswirtschaftliche Antwort zu finden. Das ist kein Nachteil. Im Gegenteil: Dezentrale Verantwortung und dezentrales Handeln sind besondere Stärken der Sparkassen.

So kann die angemessene Reaktion auf das Tagesgeldangebot einer Direktbank von Sparkasse zu Sparkasse durchaus unterschiedlich aussehen. Es kann unter Beurteilung der örtlichen Gesamtsituation richtig sein, Marktanteile auch um den Preis zeitweise erheblicher Zinszugeständnisse zu halten. Es kann genauso gut richtig sein, unter den konkreten Umständen vorwiegend ertragsorientiert zu entscheiden und Einlagenabflüsse vorübergehend zu akzeptieren. Viele weitere Beispiele – angefangen vom Angebot entgeltfreier Girokonten über die Forcierung des Wertpapiergeschäfts bis hin zur Auslagerung bestimmter Betriebsbereiche an externe Dienstleister – ließen sich ergänzen. Wenn sich die Mitglieder von Verwaltungsräten verschiedener Sparkassen über die konkrete Geschäftspolitik ihrer Häuser austauschen, werden sie also oft divergierende, mitunter sogar gegensätzliche Antworten hören. Diese Vielstimmigkeit liegt in der Natur der Sache. Sie ist für die Sparkassen-Finanzgruppe keine Last, sondern eine große Chance.

2.2 Geschäftsphilosophie

Gleichwohl gibt es eine große gemeinsame Klammer, die kein Vorstand und kein Verwaltungsrat ernsthaft in Frage stellt: die besondere Geschäftsphilosophie der Sparkassen. Diese Grundfesten ohne Not aufzugeben, wäre auch betriebswirtschaftlich kurzsichtig. Denn Millionen von Menschen gehen zur Sparkasse, nicht *obwohl*, sondern gerade *weil* sie dort eine andere Geschäftspolitik vermuten und unmittelbar erleben als anderswo. Sie wären vermutlich in hohem Maß enttäuscht, mutierten die Sparkassen zu einer schlechten Kopie privater Geschäftsbanken. So steht die Sparkassen-Finanzgruppe vor der zentralen Aufgabe, einerseits ihren wirtschaftlichen Erfolg zu gewährleisten, andererseits den Kern ihres Selbstverständnisses zeitgemäß weiterzuentwickeln.

Die Geschäftsphilosophie beantwortet dabei die Frage nach den Werten, die die Sparkassen tragen. Ihre Wurzeln reichen über 200 Jahre zurück. Aufgeklärte und sozial engagierte Persönlichkeiten mochten sich im 18. Jahrhundert nicht damit abfinden, dass viele Menschen ohne jeden Notgroschen vor dem Nichts standen, wenn sie krank, alt oder arbeitslos wurden; dass Kredit suchende Handwerker, kleine Händler und Gewerbetreibende immer wieder unseriösen Geschäftemachern auf den Leim gingen. Deshalb gründeten sie Sparkassen. Sie sollten Gewinn erwirtschaften, um den Geschäftsbetrieb aufrechterhalten zu können. Wichtiger aber war, den besonderen sozialen Auftrag zu erfüllen.

Am unterschiedlichen Verständnis von Gewinn und Erfolg verläuft auch heute noch eine entscheidende Trennlinie in der Kreditwirtschaft. Eine private Geschäftsbank hat Erfolg, wenn sie Gewinn erzielt – möglichst viel Gewinn. Einer Sparkasse reicht das nicht. Sie hat erst dann Erfolg, wenn sie Gewinn erzielt *und* ihren öffentlichen Auftrag erfüllt. Gewinn ist für sie notwendige, aber nicht hinreichende Bedingung des Erfolgs.

Eine in diesem Sinne erfolgreiche Sparkasse ...

- ... hat bzw. bildet aus ihren Überschüssen genügend Reserven, um zuverlässiger Finanzierungspartner der kleinen und mittleren Unternehmen in ihrem Geschäftsgebiet zu sein. Dabei gilt es, die Risikotragfähigkeit nach Möglichkeit kontinuierlich auszubauen. Denn gerade interessante mittelständische Kunden expandieren oder schließen sich mit anderen Unternehmen zu größeren Einheiten zusammen. Mittel- und langfristig kann die Sparkasse in solchen Fällen nur dann Hausbank bleiben, wenn sie über ausreichendes Eigenkapital verfügt;
- ... unterstützt breite Bevölkerungskreise bei der frühzeitigen und angemessenen Vorsorge für das Alter und andere Lebensrisiken und stellt ihnen in vertretbarem Umfang Finanzierungsmittel für Bau und Erwerb von Wohneigentum oder Konsumzwecke bereit. Angesichts erheblicher, bedauerlicherweise eher wachsender Informationsdefizite bei vielen Bürgerinnen und Bürgern muss das Privatkundengeschäft deshalb von hohem sozialem Verantwortungsbewusstsein getragen sein;
- ... gibt über Sponsoring, Spenden und gegebenenfalls Stiftungen regelmäßig Impulse für die wirtschaftliche, soziale und kulturelle Entwicklung ihres Geschäftsgebiets und unterstützt damit die regionale Strukturpolitik ihrer kommunalen Träger. Sie entspricht damit dem Ideal der Bürgergesellschaft, das einer vermeintlichen Allzuständigkeit des Staates das freiwillige persönliche Engagement verantwortungsbewusster Bürgerinnen und Bürger entgegensetzt.

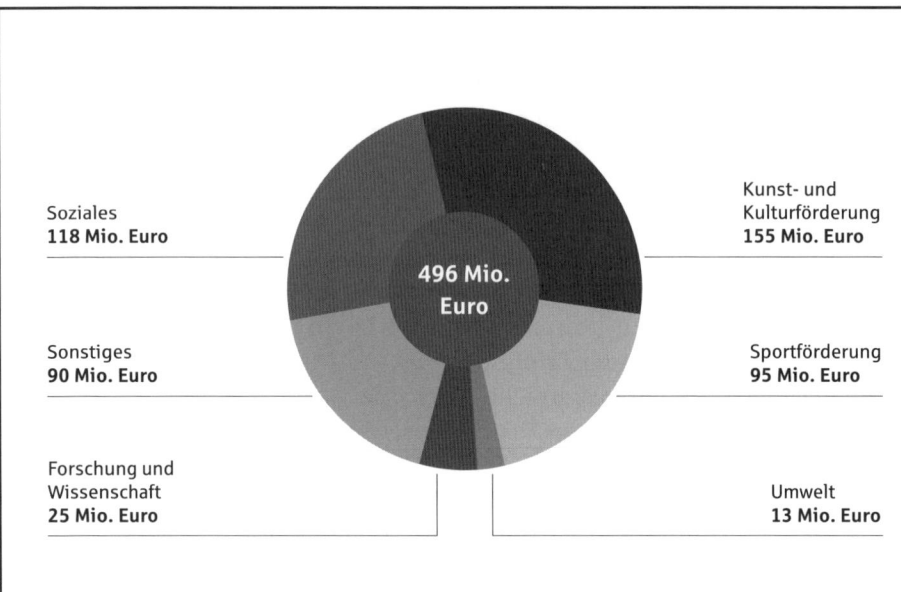

Abb. 3: Gesellschaftliches Engagement der deutschen Sparkassen im Geschäftsjahr 2012 (Mio. EUR; Quelle: DSGV)

Als fair, menschlich und nah verstehen sich die deutschen Sparkassen. Vor diesem Hintergrund haben sie die folgenden – hier leicht gekürzt wiedergegebenen – Leitlinien für die Geschäftspolitik formuliert, die das Verhältnis zu ihren Kunden, zu ihren kommunalen und freien Trägern, zu ihrem gesellschaftlichen und wirtschaftlichen Umfeld und zu ihren eigenen Mitarbeiterinnen und Mitarbeitern bestimmen sollen.

Fair
1. Sparkassen wissen, dass sie das in sie gesetzte große Vertrauen jeden Tag aufs Neue rechtfertigen müssen, wenn sie auch künftig wirtschaftlich erfolgreich sein wollen. Sie verhalten sich deshalb verlässlich und berechenbar. Sie sind faire Partner in allen Lebenslagen und für alle gesellschaftlichen Gruppen. Nicht das schnelle Einmal-Geschäft, sondern die dauerhafte, lebensphasenbezogene Begleitung von Privat-, Firmen- sowie kommunalen Kunden zählt für die Sparkassen. Deshalb entspricht es beispielsweise nicht dem Geschäftsmodell *Sparkasse*, vertragsgemäß bediente Kredite ohne Zustimmung der Kunden an Dritte zu verkaufen und so den Kunden ungewollte Vertragspartner aufzudrängen.
2. Sparkassen schließen niemanden von modernen Finanzdienstleistungen aus und bedienen alle Kunden. Konkret bedeutet dies insbesondere, grundsätzlich jedermann ein Girokonto anzubieten, um ihn so am wirtschaftlichen Leben teilhaben zu lassen. Deshalb haben nicht nur die mit eigenem Erwerbseinkommen oder Vermögen ausgestatteten Teile der Bevölkerung,

sondern auch rund 80 Prozent aller Empfänger staatlicher Sozialtransfers eine Kontoverbindung zu einer Sparkasse. Fair heißt für die Sparkassen darüber hinaus, zwar unterschiedliche Bedürfnisse zu berücksichtigen, aber auch Kunden mit geringerem Einkommen oder Vermögen qualifiziert zu betreuen.
3. Sparkassen bieten ihren Kunden keine Mogelpackungen, sondern nachvollziehbare und berechenbare Konditionen an. Sie sagen ihren Kunden, was eine Leistung kostet. Sielocken sie nicht mit vermeintlich kostenlosen Leistungen, um dann beiZusatzleistungen überhöhte Entgelte zu berechnen. Sparkassen bieten zusammen mit ihren Verbundpartnern grundsätzlich alle Finanzdienstleistungenin hochwertiger Qualität an. Im Rahmen einer ganzheitlichenBeratung mit dem Sparkassen-Finanzkonzept ermitteln sie individuelldie Bedürfnisse der Kunden und empfehlen die Produkte, die aus Sicht des Kunden besonders attraktiv und notwendig sind.

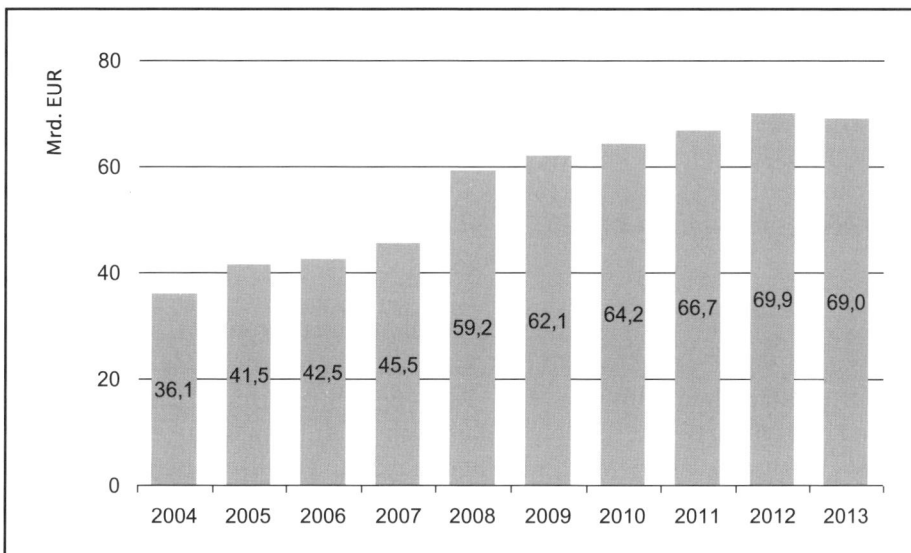

Abb. 4: Darlehenszusagen der deutschen Sparkassen an Unternehmen und Selbstständige (in Mrd. EUR; Quelle: DSGV)

4. Sparkassen begleiten ihre mittelständischen Firmenkunden als Marktführer in allen Phasen des Unternehmens. Sie stehen ihnen auch in kritischen Phasen so lange zur Seite, wie dies wirtschaftlich und aufsichtsrechtlich vertretbar ist. Sparkassen erzielen ihren eigenen Erfolg in der jeweiligen Geschäftsregion. Deshalb ist es für sie entscheidend, auch die Folgen des Ausfalls eines Unternehmens für dessen Arbeitnehmer, Zulieferer, Kunden und das gesellschaftliche Umfeld sowie die örtliche Kommune im Blick zu behalten. Sparkassen sind damit zum eigenen Nutzen am wirtschaftlichen Erfolg ihrer Region orientiert. Bei Kapitalbeteiligungen ist es das Ziel der Sparkassen, den Unternehmen benötigtes Eigenkapital für einen vereinbarten

Zeitraum verlässlich zur Verfügung zu stellen. Sparkassen bieten qualitativ hochwertige Finanzprodukte für etablierte und größere Unternehmen ebenso wie für Unternehmen mit geringeren Umsätzen und für Existenzgründer. Fairness heißt aus Sicht der Sparkassen, ihnen anvertraute Kundengelder auch wieder in der Region für Finanzierungen zur Verfügung zu stellen.

5. Sparkassen übernehmen durch ihre persönliche Beratung Mitverantwortung für das wirtschaftliche Wohlergehen ihrer Kunden. Geschäft um jeden Preis verbietet sich vor diesem Hintergrund. Sparkassen führen ihre Kunden nicht an oder sogar über die Verschuldungsgrenzen, sondern bestimmen mit den Kunden gemeinsam deren langfristige Fähigkeit zur Rückzahlung von Krediten. Hierzu informieren sie über die Risiken von Verschuldung und vergewissern sich vor der Kreditvergabe der langfristigen Fähigkeit der Kunden zur Kreditrückzahlung. Das gilt in besonderer Weise im Verhältnis zu jungen Menschen, Existenzgründern und wirtschaftlich Unerfahrenen. Sparkassen stehen generell dafür ein, Überschuldungen der Bürger zu vermeiden. Obwohl Sparkassen dank ihrer nachhaltig ausgerichteten Geschäftspolitik deutlich unterdurchschnittlich zu den Kreditgebern überschuldeter Haushalte gehören, übernehmen sie aus ihrer gemeinwohlorientierten Geschäftsphilosophie auch hier Verantwortung, indem sie an vielen Stellen Deutschlands als einzige Gruppe der Kreditwirtschaft die Arbeit von Schuldnerberatungsstellen unterstützen. Sie tragen so dazu bei, überschuldeten Haushalten die Chance auf einen finanziellen Neuanfang zu geben.

Menschlich

1. Sparkassen geben anonymen Finanzdienstleistungen ein menschliches Gesicht. Von ihren über 240 000 Mitarbeitern sind mehr als die Hälfte in der persönlichen Beratung tätig. Das sind deutlich mehr, als jeder andere Finanzdienstleister in Deutschland seinen Kunden anbieten kann. Eine langjährige feste Beziehung zwischen Kunde und »seinem« Berater wird von den Kunden besonders geschätzt und gewünscht. Ziel von Sparkassen ist es deshalb, dem Kunden Berater zur Seite zustellen, die ihn persönlich kennen und denen er vertraut. Dies ist vor allem für gewerbliche Finanzierungen, Baufinanzierungen oder Altersvorsorge entscheidend, die für die persönliche und wirtschaftliche Zukunft der Kunden von besonderer Bedeutung sind.
2. Sparkassen halten an ihrem Gründungsauftrag fest, allen Teilen der Bevölkerung die Chance zu bieten, sich selbst auch durch kleine Beträge eine eigene finanzielle Vorsorge zu schaffen und damit unabhängig zu werden. Sparkassen übernehmen deshalb gerade dort eine besondere Verantwortung, wo existenzielle Lebensrisiken zunehmend ergänzend zu Kollektivsystemen individuell abgesichert werden müssen. Das gilt beispielsweise für die notwendige Eigenvorsorge bei der Alterssicherung. Die ganzheitliche Beratung im Rahmen des Sparkassen-Finanzkonzepts dient dem Ziel, gemeinsam mit

dem Kunden seinen Anlage-, Kredit-, Versicherungs- und Absicherungsbedarf individuell zu ermitteln und dazu passgenaue Lösungen anzubieten.
3. Sparkassen sind durch ihre kommunale Bindung der jeweiligen Geschäftsregion verpflichtet. Mit ihrem Geschäftserfolg eröffnen sie neue Kreditspielräume für Unternehmen und Privatpersonen. Nicht zur Stärkung der eigenen Rücklagen benötigte Gewinne verwenden sie für Zwecke des Gemeinwohls. Vom Geschäftserfolg profitieren somit alle Bürgerinnen und Bürger der jeweiligen Gemeinde, Stadt oder des Landkreises – über Ausschüttungen, Spenden, Fördermaßnahmen oder Beiträgen der bundesweit fast 700 Sparkassen-Stiftungen. Sparkassen konzentrieren sich nicht nur darauf, betriebswirtschaftliche Kennzahlen zu verbessern. Ihre Aufgabe ist es vielmehr, Gemeinwohleffekte zu Gunsten der Bevölkerung, der Unternehmen und der Kommunen im eigenen Geschäftsgebiet zu erreichen und Verantwortung für die erfolgreiche Entwicklung der jeweiligen Region zu übernehmen.
4. Sparkassen sind vor mehr als 200 Jahren durch bürgerschaftliches oder kommunales Engagement als regionale Selbsthilfeeinrichtungen entstanden. Jenseits des Staates wurden so örtliche Angelegenheiten in die eigene Hand genommen und vor Ort gelöst. Dieser Philosophie sind die Sparkassen verpflichtet. Es gehört deshalb zu ihrem Selbstverständnis, bürgerschaftliches Engagement vor Ort zu unterstützen und örtlichen Akteuren als Partner zur Verfügung zu stehen. Dies erfolgt beispielsweise durch finanzielle oder ideelle Förderungen und die Würdigung der Arbeit örtlicher Vereine und Bürgergruppen. Sparkassen setzen auch bei ihren Mitarbeitern auf bürgerschaftliches Engagement vor Ort. Dieses Engagement etwa in Schulen, in der Wissenschaft, Hilfsorganisationen, sozialen Diensten, in Sport- und Kulturvereinen sowie anderen Bürgergruppen stärkt die Verbundenheit mit der Heimat. Dies ist ein Schlüssel für das Vertrauen der Menschen in die Sparkassen.

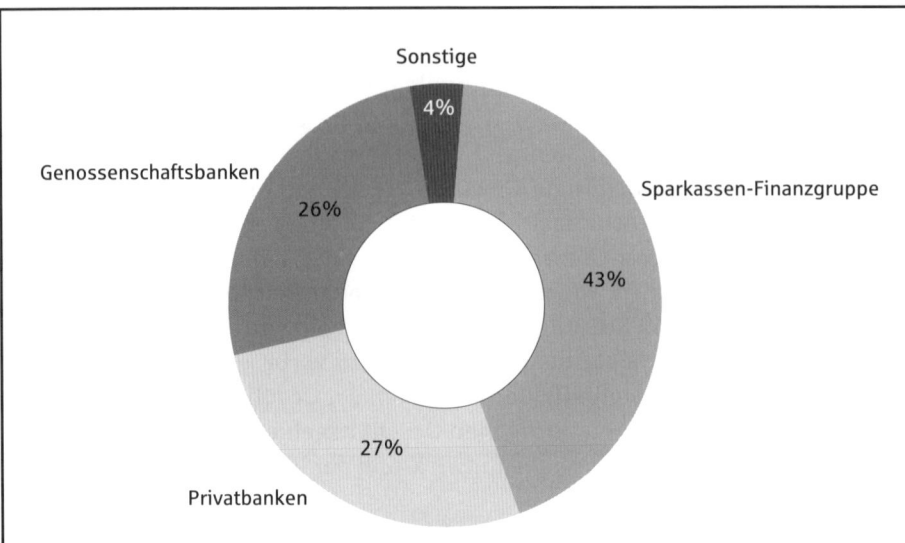

Abb. 5: Ende 2012 arbeiteten 43 Prozent der über 650 000 Beschäftigten des deutschen Kreditgewerbes für die Sparkassen-Finanzgruppe (Quelle: DSGV).

5. Sparkassen sehen sich als Arbeitgeber in einer besonderen Verantwortung. Sie sind im Verbund der Sparkassen-Finanzgruppe in Deutschland der größte gewerbliche Arbeitgeber und Ausbilder. Die Ausbildungsquote ist dabei weit überdurchschnittlich. Sie stellen in allen Regionen des Landes hochwertige Arbeits- und Ausbildungsplätze zur Verfügung. Zur Philosophie der Sparkassen gehört es dabei, Anforderungen an eine immer bessere wirtschaftliche Effizienz nicht zu Lasten der Mitarbeiter zu lösen. Wo Beschäftigungsabbau unumgänglich ist, organisieren ihn Sparkassen sozial verträglich, indem sie auf Kündigungswellen verzichten und die natürliche Fluktuation sowie die Möglichkeit von Teilzeittätigkeiten nutzen. Gerade Teilzeitangebote sind dabei eine Chance für Beschäftigte beiderlei Geschlechts, Familie und Beruf besser miteinander zu vereinbaren. Ziel von Sparkassen ist es, ihren Mitarbeitern gute Arbeitsbedingungen und einen erlebbaren Nutzen für die Region als Ergebnis der eigenen Arbeit zu bieten. Nur zufriedene Mitarbeiter können Kunden ausgewogen, freundlich und kompetent beraten.

Nah

1. Sparkassen haben mit mehr als 12 000 Geschäftsstellen und 25 000 Geldautomaten das dichteste Netz aller Kreditinstitute in Deutschland. Jeder Bürger hat eine Sparkasse und meist mehrere Sparkassen-Geldautomaten »direkt um die Ecke«. Kein anderer kreditwirtschaftlicher Anbieter stellt seinen Kunden in Deutschland ein so dichtes Netz der kostenlosen Bargeldversorgung zur Verfügung. Über die Filialen haben die Kunden Zugang zur gesamten Produktpalette der Sparkassen-Finanzgruppe. Direkter geht es nicht. Die Sparkassen sind deshalb die wahren Direktbanken Deutschlands.

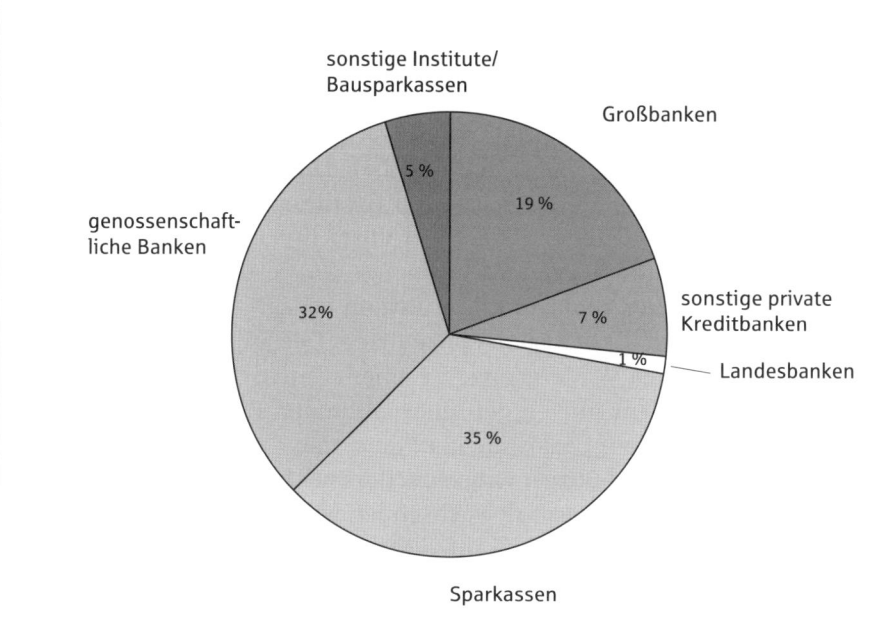

Abb. 6: Ende 2012 gab es in Deutschland etwa 36 000 Bankzweigstellen; davon wurden mehr als 12 000 von Sparkassen unterhalten.

2. Sparkassen wollen überall dort sein, wo ihre Kunden leben und arbeiten. In mehr als 12 000 Gemeinden, Städten und Landkreisen überall in Deutschland sind die Sparkassen der Ansprechpartner der Menschen vor Ort. Dabei entscheidet der Kunde, ob er zur Sparkasse kommt oder die Sparkasse zu ihm. Neben der persönlichen Beratung in den Geschäftsstellen bieten die Sparkassen deshalb Internet- und Telefonbanking sowie Selbstbedienungsmöglichkeiten ebenso selbstverständlich an wie die Beratung beim Kunden zu Hause. Der Kunde muss sich nicht auf einen Zugangsweg festlegen, sondern kann sich je nach Bedarf täglich neu entscheiden.
3. Sparkassen stehen in der Mitte der Gesellschaft, verwurzelt in ihrer Gemeinde, Stadt oder ihrem Landkreis. Nicht abgesondert. Nicht abgehoben. Nicht abgeschottet. Das Gesicht der Sparkassenmitarbeiterin und des Sparkassenmitarbeiters ist vertraut. Sie leben dort, wo ihre Kunden leben. Sie kennen die Region. Sie sprechen die Sprache der Menschen vor Ort. Nahe bei den Kundinnen und Kunden zu sein, bedeutet für die Sparkassen auch, um deren Bedürfnisse und Wünsche zu wissen. Als Hausbank für alle Menschen kennen sie die Lebens- und Wirtschaftsbedingungen der Menschen und der Unternehmen vor Ort persönlich. Entscheidungen sind bei Sparkassen das Ergebnis des Wissens um die Kunden und um die Situation in der Region. Deshalb können Sparkassen Risiken besser einschätzen – ein Wettbewerbs-

vorteil, der sich nicht nur für die Sparkassen in niedrigen Kreditausfallraten, sondern auch für die Kunden auszahlt.
4. Sparkassen sind wirtschaftlich selbständige und vor Ort unternehmerisch geführte Kreditinstitute, die ihre Entscheidungen auch direkt vor Ort treffen. Deshalb können sie schnell und zielgerichtet entscheiden. Nicht ferne Konzernzentralen geben nach einheitlichen Mustern den Entscheidungsspielraum vor. Die Sparkasse muss sich für diese Entscheidungen gegenüber den Kunden und demokratisch gewählten und mit örtlichen Repräsentanten besetzten Gremien verantworten.
5. Sparkassen sind am Wohlstand ihrer Region ausgerichtet und in ihrer Geschäftstätigkeit auf diese Region konzentriert. Deshalb stehen für die Sparkassen Geschäfte im Vordergrund, die eine realwirtschaftliche Anbindung haben und sich nicht nur an den internationalen Finanzmärkten abspielen. Sie wirken so einer Loslösung der Finanzmärkte von den Bedürfnissen der Unternehmen und Bürger entgegen. Darüber hinaus bieten Sparkassen überall in Deutschland, in stark wachsenden wie auch in ländlichen und in strukturschwachen Gebieten, qualifizierte Arbeits- und Ausbildungsplätze, sie sind verlässliche Steuerzahler und geben mit eigenen Aufträgen Impulse für die örtliche Wirtschaft.

3 Ausgangssituation der deutschen Sparkassen

3.1 Rahmenbedingungen und Handlungsfelder

Auch wenn die Sparkassen in der Bevölkerung hohes Vertrauen genießen und trotz des anhaltenden Niedrigzinsniveaus weiterhin ordentliche Betriebsergebnisse erzielen, sind die grundsätzlichen geschäftspolitischen Herausforderungen geblieben. Die Sparkassen sind Marktführer in vielen Geschäftsbereichen. Ihnen gelten daher in besonderem Maße die Anstrengungen von Mitbewerbern, Terrain zu gewinnen. Zwar ist die Entwicklung in den einzelnen Geschäftsbereichen sehr unterschiedlich. Im Vergleich über mehrere Jahre zeigt sich für die Sparkassen insgesamt jedoch ein schleichender Rückgang von Kundenreichweite und Marktanteilen. Auch bei Kundenzufriedenheit und Kundenbindung ermitteln Erhebungen regelmäßig Werte, die die Sparkassen nicht zufrieden stellen können.

Im Privatkundengeschäft gelingt es den Sparkassen zunächst, sehr viele junge Menschen an sich zu binden. Mit zunehmendem Alter und mit Einstieg ins Berufsleben sinkt der Anteil an Hauptbankverbindungen allerdings deutlich. Die Kunden legen dann steigenden Wert auf ein gutes Preis-Leistungsverhältnis, auf objektive Beratung und maßgeschneiderte Lösungen. Gerade diese Qualitätsdimensionen allerdings – so zeigen Markterhebungen – gelten nicht als besondere Stärken der Sparkassen. Sie binden ihre Privatkunden vor allem über das Girokonto und Spareinlagen. Bei der Geldvermögensbildung ihrer Kunden (Einlagengeschäft und Wertpapierkundengeschäft) erzielten die Sparkassen in den letzten Jahren zwar regelmäßig Zuwächse; am Wachstum des Gesamtmarkts konnten sie allerdings nur unterdurchschnittlich teilhaben.

Bei gewerblichen Kunden punkten die Sparkassen zusammen mit den Landesbanken vor allem mit ihren Zahlungsverkehrsdienstleistungen und dem klassischen Unternehmenskredit. Das gilt vor allem für kleine und mittlere Betriebe und für das Handwerk. Wenn Unternehmen in höhere Umsatz-Größenklassen hineinwachsen und Auslandsmärkte erschließen, schwächt sich die Position der Sparkassen ab. Häufig versuchen Wettbewerber, die zunehmende Nachfrage mittelständischer Sparkassenkunden nach internationaler Begleitung oder nach dem Management von Zins- und Währungsrisiken für sich zu nutzen.

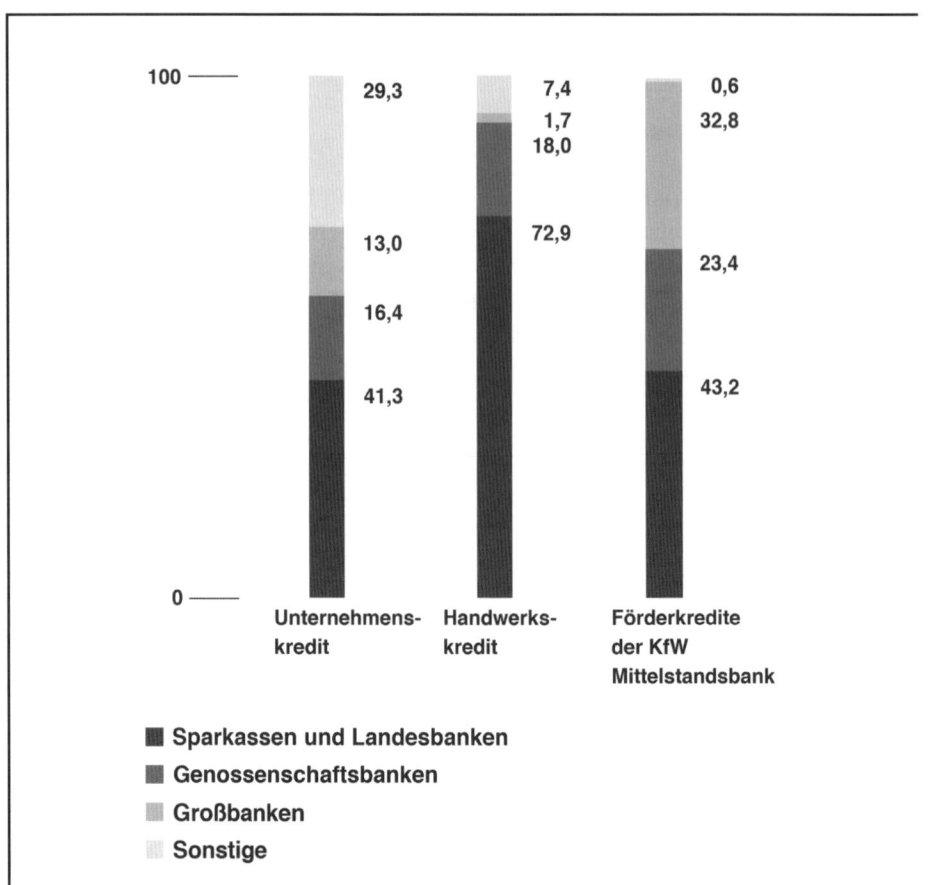

Abb. 7: Marktanteile der Bankengruppen per Ende 2012 bei Krediten an mittelständische Unternehmen und Selbstständige (in Prozent, Quelle: DSGV)

Um Marktanteile zu halten oder (zurück-) zu gewinnen, muss sich jede Sparkasse auf Rahmenbedingungen einstellen, die sie nicht beeinflussen kann.
1. Seit der Finanzmarktkrise 2007/2008 kümmern sich private Geschäftsbanken wieder stärker um das originäre Bankgeschäft, also das Einlagen- und Kreditgeschäft. Auf diese Weise versuchen sie, ihre Refinanzierung aus der Abhängigkeit von den Interbanken- und Kapitalmärkten zu lösen. Einerseits wächst also der Wettbewerbsdruck für die Sparkassen. Andererseits bietet jeder Strategiewechsel eines Mitbewerbers auch neue Chancen. Mit ihrem auf Stabilität, Zuverlässigkeit und Fairness ausgelegten Geschäftsmodell bieten die Sparkasse Sicherheit und lassen Vertrauen entstehen. Genau danach suchen viele Menschen.
2. Die Loyalität vieler Kunden nimmt ab. Die lebenslange Treue zu einem Kreditinstitut bis hin zum regelrechten »Vererben« der Hausbankbeziehung von einer Generation in die nächste entspricht nicht mehr dem allgemeinen gesellschaftlichen Trend, der die langfristige Bindung an andere Menschen,

an Unternehmen und andere Institutionen für geradezu unvernünftig hält. Die Marktforschung beschäftigt sich intensiv mit dem Verhaltensmuster des »hybriden« Kunden: Bei einfachen Produkten, beispielsweise einem Girokonto oder einem Sparbrief, achtet ervor allem auf den Preis oderdie Kondition. Hingegen legt er bei beratungsintensiven Dienstleistungen, etwa einer Beratung zur Altersvorsorge, großen Wert auf hohe Qualität. Mittlerweile sollen bis zu 30 Prozent der Kunden gleichzeitig Qualitätskäufer und Schnäppchenjäger sein.

3. Der demografische Wandel trifft auch in Deutschland eher die strukturschwachen Gebiete und damit vor allem die Gebiete, in denen die Sparkassen eine vergleichsweise starke Position haben. Jüngere Kunden wandern dort ab, weil neue und attraktive Arbeitsplätze vor allem in den Ballungsräumen und in den regionalen Oberzentren entstehen. Zudem pendeln immer mehr Beschäftigte zwischen Wohnort und Arbeitsplatz und sind für die Sparkassen am Wohnort häufig nur noch am Abend oder am Wochenende erreichbar. Mit der Alterung und dem Wegzug junger Menschen trüben sich auch die Perspektiven vieler Unternehmen und Freiberufler in strukturschwachen Regionen ein. Ihr örtliches Kundenpotenzial droht teilweise wegzubrechen; überdies fällt es ihnen schwer, qualifizierte Mitarbeiterinnen und Mitarbeiter zu finden.

4. Die auch in einer Wohlstandsgesellschaft bestehenden Einkommens- und Vermögensunterschiede prägen die Kundenbedürfnisse und den Zuschnitt von Kundensegmenten. Die Sparkassen haben bei Menschen, die in eher bescheidenen Verhältnissen leben, überdurchschnittlich hohe Marktanteile. Gleichzeitig müssen sie aus betriebswirtschaftlichen Gründen bestrebt sein, die vielfach hohen und qualifizierten Ansprüche wohlhabender Kundengruppen abzudecken.

5. Neue Kommunikationstechniken verändern die Kundenbeziehung. Der Anteil der Sparkassenkunden, die das Online-Banking nutzen, hat die 40-Prozent-Marke erreicht. Gleichzeitig nimmt das Mobile Banking Gestalt an. Bis in mittlere Altersgruppen hinein ist das Smartphone binnen weniger Jahre zur Drehscheibe der Kommunikation geworden. Das verändert die Funktion der Sparkassenfilialen gravierend. Früher war sie Anlaufstelle für alle Arten von Bankgeschäften. Heute konzentrieren sich die Filialmitarbeiter zunehmend auf Dienstleistungen, die die Sparkasse nicht oder jedenfalls nicht effizienter über andere Kanäle erbringen kann. Das Geschäft »kommt« nicht mehr zu ihnen in die Filiale, sie müssen es im Sinne einer Vertriebssparkasse aktiv zu sich holen. Das Filialnetz effektiv zu steuern und auszulasten, ist mittlerweile eine der anspruchsvollsten Aufgaben der Unternehmenssteuerung.

6. Ein auch im internationalen Vergleich äußerst intensiver Wettbewerb übt starken Druck auf die Vertriebsmargen aus. Dies gilt längst nicht mehr nur für einfach, kaum erklärungsbedürftige Produkte wie Girokonto oder Tagesgeld, sondern auch für komplexere Angebote, beispielsweise die Bau-

finanzierung oder die Unternehmensfinanzierung guter Bonitäten. Die Mitbewerber der Sparkassen operieren teilweise mit deutlich günstigeren Kostenstrukturen oder versuchen Sparkassenkunden mit subventionierten Einstiegsprodukten zu sich zu holen. Bundesweit tätige Spezialisten (»Nischenanbieter«) verkaufen ihr Produkt oft mit hoher Vertriebskraft und -intensität.

3.2 Größenstrukturen

Die strukturellen Veränderungen der letzten zwei Jahrzehnte sind beachtlich: Fusionen haben die Zahl der Sparkassen seit dem Jahr 1990 um mehr als 40 Prozent sinken lassen. Das Konsolidierungstempo hat sich zuletzt verlangsamt. Dies ist nicht Zeichen erlahmender Anstrengungen. Es zeigt vielmehr, dass die Sparkassen inzwischen weithin betriebswirtschaftlich sinnvolle Betriebsgrößen erreicht haben. Dies gilt insbesondere dort, wo sich die Geschäftsgebiete der Sparkassen mit den jeweiligen Wirtschaftsregionen weitgehend decken.

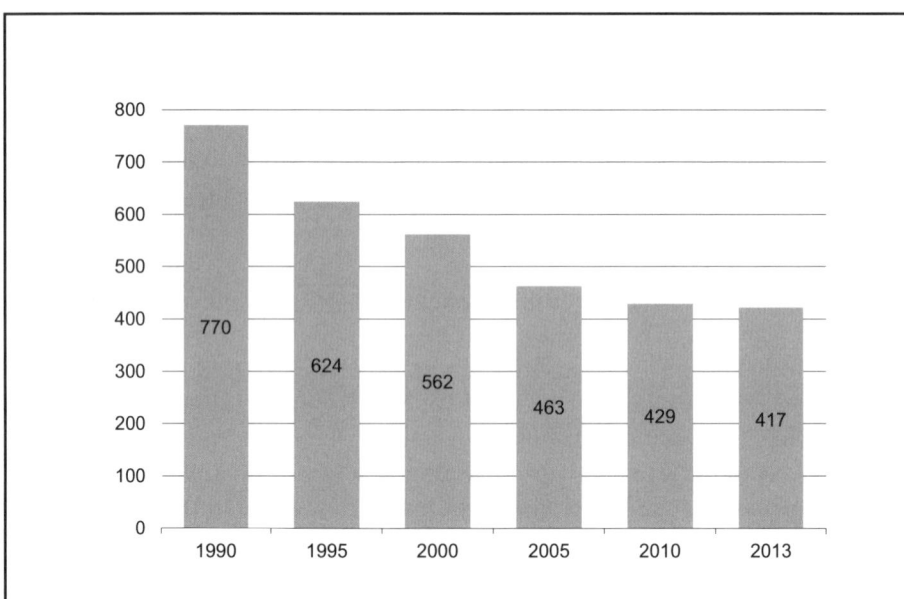

Abb. 8: Die Zahl der Sparkassen in Deutschland hat sich in den vergangenen 25 Jahren durch Fusionen deutlich reduziert.

Auch die Landesbanken durchlaufen seit Jahren einen deutlichen Konzentrationsprozess. Eigenständig agieren die Bayerische Landesbank, die Landesbank Baden-Württemberg, die Landesbank Hessen-Thüringen, die Norddeutsche Landesbank, die HSH Nordbank AG und die Landesbank Saar. Die Bremer

Landesbank Kreditanstalt Oldenburg gehört mehrheitlich zur Norddeutschen Landesbank; die einstige LRP Landesbank Rheinland-Pfalz und die einstige SachsenLB sind mittlerweile in die Landesbank Baden-Württemberg integriert. Die Landesbank Berlin durchläuft einen grundlegenden Konsolidierungs- und Umbauprozess zur Hauptstadtsparkasse.

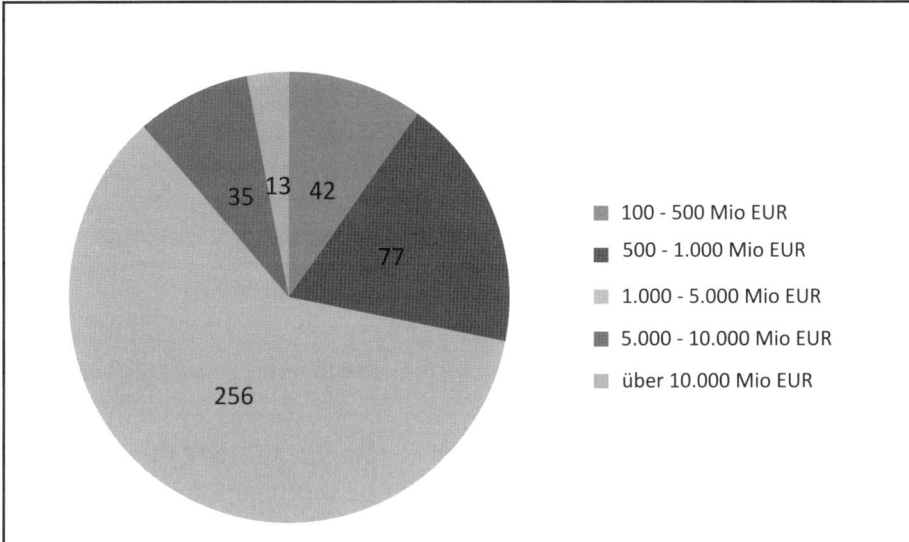

Abb. 9: Größenklassenstruktur der deutschen Sparkassen nach Geschäftsvolumen per 31. Dezember 2012 (Quelle: DSGV)

Die öffentlichen Versicherer hat die Sparkassen-Finanzgruppe innerhalb weniger Jahre von 37 Einzelunternehmen auf 11 Erstversicherergruppen zusammengeführt. Mit der Finanz Informatik gibt es mittlerweile einen einzigen IT-Dienstleister für die gesamte Finanzgruppe.

3.3 Betriebswirtschaftliche Entwicklung der vergangenen Jahre

Die deutschen Sparkassen haben in den vergangenen Jahren eine zweigeteilte Entwicklung erlebt.

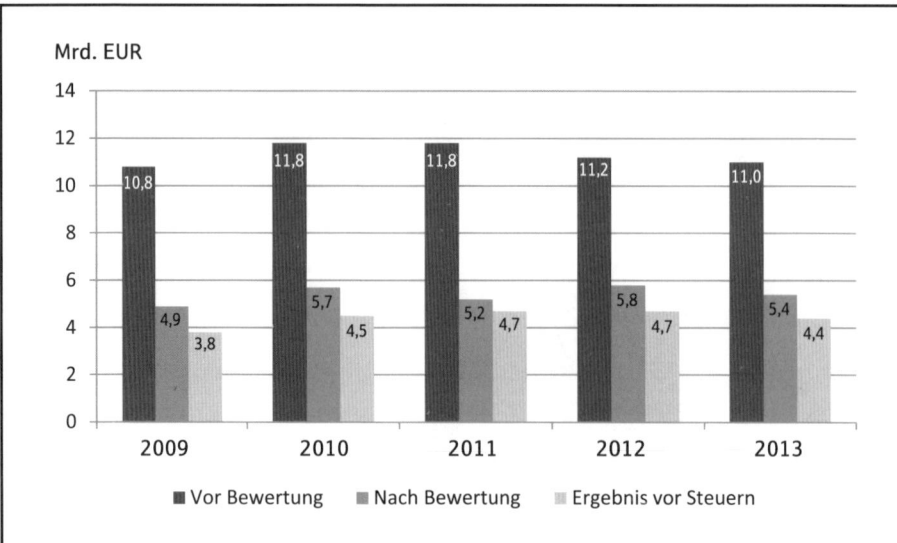

Abb. 10: Vor allem das niedrige Zinsniveau hat die Betriebsergebnisse der deutschen Sparkassen in den Jahren 2012 und 2013 wieder leicht abschmelzen lassen (Quelle: DSGV).

Bis zum Jahr 2008 mussten sie deutliche Einbußen beim Betriebsergebnis hinnehmen. Im operativen Geschäft, also vor Bewertung/Risikovorsorge, sank es innerhalb von drei Jahren von 10,9 Milliarden EUR auf 8,8 Milliarden EUR (vgl. Abb. 10). Wesentliche Ursache hierfür war die deutlich zunehmende Wettbewerbsintensität im Geschäft mit privaten und gewerblichen Kunden. Neu in den Markt eintretende oder zurückkehrende Mitbewerber operierten mit teilweise aggressiven Margen und hohem Werbedruck. Die Sparkassen konnten ihre Marktanteile häufig nur um den Preis minimaler Margen halten. Darüber hinaus verhinderte eine anhaltend flache Zinsstruktur, im gewohnten Umfang Erträge aus der Fristentransformation zu erzielen. Beide Entwicklungen drückten den Zinsüberschuss zwischen den Jahren 2005 und 2008 um 2,4 Milliarden EUR (vgl. Abb. 11).

Im Jahr 2009 gelang den Sparkassen eine merkliche Ergebniswende. Zinsüberschuss und Betriebsergebnis stiegen nahezu parallel um etwa 2 Milliarden EUR an. Die Zinsstruktur hatte zu einem normalen Verlauf mit niedrigen Zinsen für kurze Laufzeiten und höheren Zinsen für längere Laufzeiten zurückgefunden. Ein Teil der Mitbewerber – durch die Verwerfungen der Finanzkrise geschwächt – war offensichtlich nicht mehr willens oder in der Lage, Marktanteile über Konditionen zu »erkaufen«. Zugleich profitierten die Sparkassen von einer deutlich höheren Bereitschaft der Kunden, faire und kostengerechte Angebote der Sparkasse zu akzeptieren. In den Jahren 2012 und 2013 schwächte sich das Betriebsergebnis vor dem Hintergrund des anhaltenden Niedrigzinsniveaus wieder leicht ab.

Dieses Auf und Ab verweist auf eine wichtige strukturelle Komponente: Die Ertragssituation der deutschen Sparkassen ist in hohem Maß vom Zinsüberschuss abhängig. Er ist im Durchschnitt drei- bis viermal so hoch wie der Provisionsüberschuss (vgl. Abb. 11) und hat damit ein deutlich höheres Gewicht als bei vielen privaten Geschäftsbanken. Die Sparkassen können den Zinsüberschuss nur begrenzt steuern und absichern. Je mehr die Kunden Wert darauf legen, über ihre Einlagen gegebenenfalls kurzfristig verfügen zu können, desto schneller reagiert der Zinsüberschuss auf Veränderungen des Zinsniveaus.

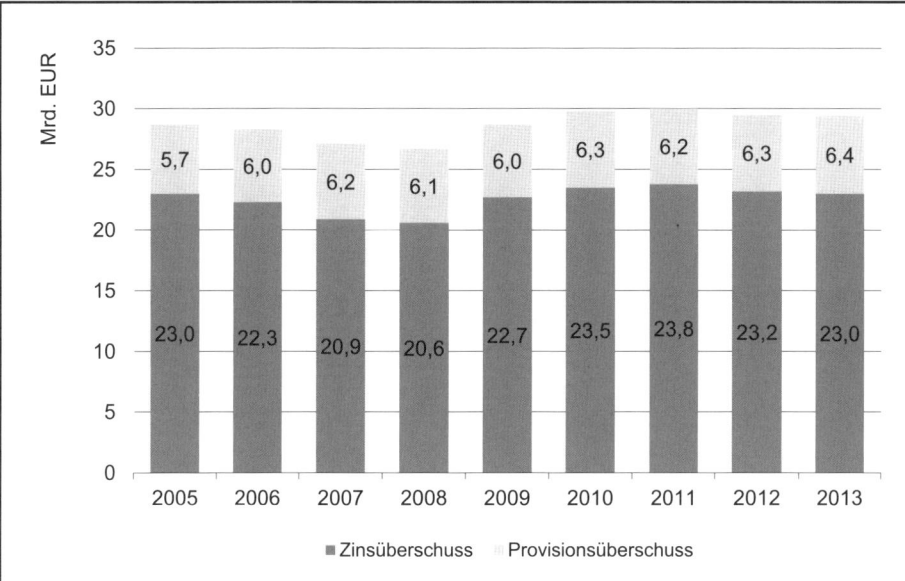

Abb. 11: Mehr als drei Viertel ihrer Erträge erzielen die deutschen Sparkassen aus dem Zinsüberschuss (Quelle: DSGV).

Mit Erträgen aus Provisions- und Vermittlungsgeschäften jedenfalls können die Sparkassen die Schwankungen des Zinsüberschusses derzeit kaum auffangen. Es ist ihnen zwar gelungen, den Provisionsüberschuss in den letzten Jahren tendenziell zu steigern. Zu mehr als der Hälfte stammt der Zuwachs aber aus dem Wertpapierkundengeschäft. Damit ist auch diese Position stark abhängig von der Entwicklung auf den Kapitalmärkten. Umso wichtiger ist es, andere Provisionsquellen über strukturierte Beratungskonzepte zu erschließen; hierzu zählen insbesondere Kartengeschäft, Versicherungsvermittlung, Bauspargeschäft, Immobilienvermittlung, Leasing und internationales Geschäft.

Den Verwaltungsaufwand haben die deutschen Sparkassen in den letzten Jahren- bezogen auf die durchschnittliche Bilanzsumme – leicht senken können. Dazu haben zum einen der Zusammenschluss von Sparkassen und eine behutsame Verdichtung des Filialnetzes beigetragen. Zum anderen ermöglichten es der technische Fortschritt, schlankere Arbeitsabläufe und die Auslagerung von Prozessen, die insgesamt moderaten, aber doch spürbaren Tarifsteigerungen aufzufangen und den Personalaufwand nur begrenzt ansteigen zu lassen. Der Sachaufwand war insgesamt leicht rückläufig. Höheren Kosten für

Dienstleistungen Dritter, Energie, Gebühren und Versicherungen standen Entlastungen bei den IT-Aufwendungen und bei der Betriebs- und Geschäftsausstattung gegenüber.

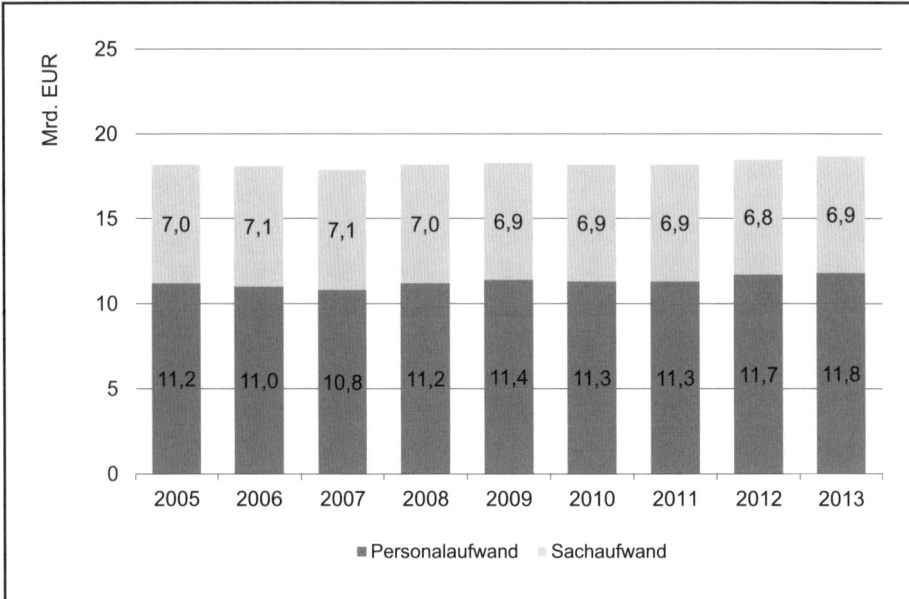

Abb. 12: Der Verwaltungsaufwand der deutschen Sparkassen ist in den vergangenen Jahren nur moderat gestiegen, gemessen an der durchschnittlichen Bilanzsumme sogar leicht gesunken (Quelle: DSGV).

3.4 Strategische Maßnahmen auf Sparkassenebene

Wie sie sich unter den beschriebenen Rahmenbedingungen (vgl. Abschnitt 3.1) geschäftspolitisch ausrichtet, muss jede Sparkasse letzten Endes für sich entscheiden. Es gibt allerdings zahlreiche Ansatzpunkte, die für eine Vielzahl von Sparkassen in gleicher Weise Erfolg versprechend sind. Sie zielen darauf ab, entweder Kosten zu begrenzen oder höhere Erträge zu erzielen. Beides ist notwendig, um tendenziell sinkende Zinsüberschüsse zumindest teilweise auszugleichen und die Abhängigkeit der Gewinnsituation von den Zinsüberschüssen nicht noch größer werden zu lassen, als sie ohnehin schon ist.

1. Die wichtigste strategische Zielsetzung der Sparkasse ist es, ihre strukturbedingte besondere Flächenpräsenz und Kundennähe in konkrete Vertriebserfolge umzusetzen. Alle Mitarbeiter und Führungskräfte sowie die Sparkasse selbst müssen sich auf Vertrieb und Unternehmenssteuerung konzentrieren. Die für den Kundenkontakt und die Unternehmenssteuerung nicht notwendigen Tätigkeiten sollten zur Disposition stehen und auf

andere Dienstleister übergehen, wenn sich dadurch Kosten- und Qualitätsvorteile erzielen lassen und die unternehmerische Selbstständigkeit der Sparkasse nicht beeinträchtigt ist. Insbesondere die Zusammenarbeit mit den Verbundpartnern der Sparkassen-Finanzgruppe bietet die Chance, die dezentrale Schlagkraft der Sparkasse mit qualitativ hochwertigen zentralen Produktions- und Abwicklungsdienstleistungen zu kombinieren. Gleichwohl erfordern Entscheidungen über die Auslagerung von Tätigkeiten und Geschäftsprozessen eine äußerst sorgfältige Vorbereitung. Die Sparkasse gibt Kompetenz aus dem Haus, die sie erfahrungsgemäß kaum mehr zurückholen kann. Outsourcing ist zum Erfolg verurteilt. Die Sparkasse steht gegenüber ihren Kunden im Wort.

2. Das Selbstverständnis als Qualitätsführer erfordert es, Beratungsgespräche grundsätzlich strukturiert und bedürfnisorientiert auf der Basis eines Sparkassen-Finanzkonzepts zu führen. Die Sparkasse sollte alle Anlage-, Finanzierungs-, Absicherungs- und Vorsorgeinstrumente und –produkte vorhalten und sie aktiv und individuell auf die jeweilige Kunden- und Lebenssituation bezogen einsetzen. Mit hoher Kompetenz der Kundenberater, hoher Produktqualität und transparenten, fairen Preise gilt es den Kunden insgesamt so für sich einzunehmen, dass er nicht bei jedem einzelnen Produkt unter allen Anbietern neu selektiert, sondern einfach darauf vertraut, bei der Sparkasse die für ihn beste Lösung zu bekommen.

3. Die Sparkasse muss Kunden und potenzielle Neukunden regelmäßig und systematisch mit konkreten Angeboten ansprechen. Vor einem Vertragsabschluss ist es immer noch zu häufig der Kunde, der die Sparkasse anspricht – und nicht die Sparkasse, die dem Kunden etwas anbietet. Eine vertriebsaktive Sparkasse formuliert klare Ziele und arbeitet mit einem konsequenten Vertriebscontrolling. Je mehr Kunden die Sparkasse direkt anspricht, desto geringer wird das Risiko, ihnen etwas zu verkaufen, was sie nicht brauchen.

4. Die Sparkasse kann sich nicht darauf beschränken, die vorhandenen Kunden intensiver zu betreuen und anzusprechen. Sie muss auch neue, attraktive Kundensegmente erschließen, um mittel- und langfristig einen angemessenen Gewinn erzielen zu können. Hier sind segmentspezifische Vertriebs- und Produktstrategien notwendig, unter anderen auch besondere Konzepte für gehobene Privatkunden und jüngere, beruflich erfolgreiche Kunden. Die erfahrungsgemäß hohen Ansprüche dieser Kundengruppen gilt es mit fachlich und verkäuferisch überzeugenden Mitarbeiterinnen und Mitarbeitern zu erfüllen. Sie zu finden und langfristig zu halten, wird für die Sparkasse in den nächsten Jahren zu einer immer wichtigeren, wenngleich auch immer schwierigeren Aufgabe.

5. Als Marktführer in vielen Produktbereichen sucht die Sparkassen-Finanzgruppe kontinuierlich nach Wachstumsfeldern, um das darin liegende Ertragspotenzial auszuschöpfen. Sparkassen müssen Trends setzen und Innovationen vorantreiben, so wie sie vor Jahren das Gehaltsgirokonto oder den Geldautomaten etabliert haben. Auf diese Weise gelingt es, die Marke *Spar-*

kasse immer wieder neu »aufzuladen«. Anregungen für Prozessverbesserungen und -optimierungen kommen erfahrungsgemäß nicht nur aus einem informellen oder aber formal etablierten innerbetrieblichen Vorschlagswesen. Auch die Sparkassenkunden weisen immer wieder mehr oder weniger offen auf Schwachstellen hin. Die Sparkasse ist gut beraten, Kundenimpulse aktiv in den laufenden Veränderungsprozess einzubeziehen. Ein produktives Beschwerdemanagement beispielsweise ist ein zentrales Anliegen vertriebsorientierter Geschäftspolitik.

6. Auch wenn die Sparkasse durch Qualität und nicht durch Niedrigpreise überzeugen möchte, müssen ihre Konditionen angemessen, fair und wettbewerbsfähig bleiben. Das gelingt ihr nur über kostengünstige, schlanke und schnelle Prozesse. Eine erfolgreiche Sparkasse stellt sich daher der anstrengenden, aber notwendigen Aufgabe, Prozesse und Strukturen kontinuierlich zu optimieren. Konsequentes Kostenmanagement gelingt nur, wenn sich in der Sparkasse in allen Bereichen und auf allen Ebenen ein ausgeprägtes Kostenbewusstsein herausbildet. Vorbilder sind auch hierbei Vorstand, Verwaltungsrat und Führungskräfte. In ihren Entscheidungen drückt sich immer wieder aus, wie sie mit Kosten umgehen. Führungskräfte, die nicht versuchen, die Kosten in ihrer Verantwortung zu optimieren, können auch von den Mitarbeiten keinen bewussten Umgang mit den Kosten der Sparkasse einfordern. Kostenbewusstsein muss (vor-)gelebt werden. Dazu gehört die Bereitschaft, Leistungen und Gewohnheiten infrage zu stellen und individuelle Lösungen erst dann zu verfolgen, wenn Standards nicht zur Verfügung stehen. 80-Prozent-Lösungen sind im Gegensatz zu 100-Prozent-Lösungen oftmals schneller realisierbar, unkomplizierter und kostengünstiger. Kostenbewusstsein sollte aus innerem Antrieb entstehen. Anreizsysteme bieten demgegenüber Ersatzmotivation und sind mit einem kontinuierlichen Betreuungsaufwand verbunden. Ohne Kostenbewusstsein ist dauerhaftes Kostenmanagement letztlich nicht möglich.

4 Zur Arbeit des Verwaltungsrats

4.1 Überwachung der Geschäftsführung

Obwohl er die Sparkasse nach außen nicht vertritt, ist der Verwaltungsrat doch das oberste Organ der Sparkasse. Sein Verantwortungsbereich und seine konkreten Aufgaben ergeben sich aus dem Kreditwesengesetz (KWG), aus den Sparkassengesetzen der einzelnen Bundesländer und aus der Satzung der Sparkasse. Der Verwaltungsrat bestimmt die Richtlinien der Geschäftspolitik, überwacht die Geschäftsführung des Vorstands, erlässt Geschäftsanweisungen für Vorstand, Risiko- bzw. Kreditausschuss und interne Revision und trifft Entscheidungen in Einzelfällen. Nicht zuletzt beruft und bestellt er die Mitglieder des Vorstands.

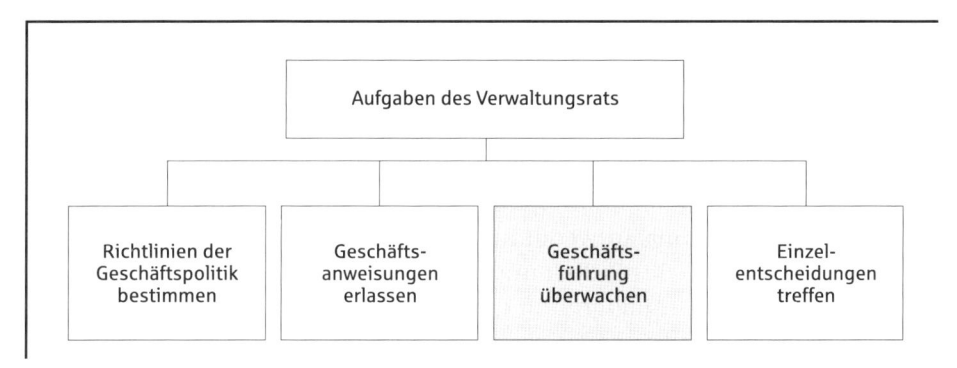

```
                    Aufgaben des Verwaltungsrats
    ┌───────────────────┬───────────────┬───────────────┬───────────────┐
    │ Richtlinien der   │ Geschäfts-    │ Geschäfts-    │ Einzel-       │
    │ Geschäftspolitik  │ anweisungen   │ führung       │ entscheidungen│
    │ bestimmen         │ erlassen      │ überwachen    │ treffen       │
    └───────────────────┴───────────────┴───────────────┴───────────────┘
```

Abb. 13: Aufgaben und Pflichten von Verwaltungsräten (Quelle: Völter, Michael)

Die Überwachungsfunktion dominiert die praktische Arbeit des Verwaltungsrats. Es gilt hierbei die geschäftspolitisch bedeutsamen Entscheidungen des Vorstands nachzuvollziehen und zu überprüfen, gleichzeitig substanzielle Risiken für die Sparkasse zu erkennen, einzugrenzen oder zu vermeiden.

Vor dem Hintergrund potenzieller Haftung ist der Verwaltungsrat gut beraten, seine Überwachungskompetenz nicht zu überdehnen. Die Sparkasse zu leiten, bleibt Aufgabe des Vorstands. Ihm den dafür notwendigen unternehmerischen Spielraum zu geben, zeichnet den umsichtigen Verwaltungsrat aus. Im modernen Verständnis guter Unternehmensführung gilt es als ausgesprochen kritisch, wenn sich Geschäftsführungs- und Überwachungsverantwortung überlappen.

Ein ehrenamtlich arbeitender Verwaltungsrat kann nicht alle Geschäfte der Sparkasse überwachen. Sein Augenmerk konzentriert sich daher auf die originäre Geschäftsführung. Sie umfasst insbesondere Entscheidungen, mit denen der Vorstand eine gleichermaßen ordnungsgemäße wie leistungsfähige Organisationsstruktur sowie den langfristigen wirtschaftlichen Erfolg der Sparkasse gewährleistet. Dem umfassenden Auskunftsrecht des Verwaltungsrats hierzu steht die Berichtspflicht des Vorstands gegenüber. Beides sollte möglichst reibungslos und vertrauensvoll ineinander greifen. Bei gut funktionierender Zusammenarbeit informiert der Vorstand über die von ihm im Rahmen der Geschäftsführung getroffenen wichtigen Entscheidungen und Weichenstellungen von sich aus – und nicht erst auf Nachfrage des Verwaltungsrats.

4.1.1 Berichterstattung des Vorstands

Aufsichtsrecht, Satzung und Geschäftsanweisung konkretisieren die Informationspflichten des Vorstands. Grundsätzlich berichtet der Vorstand anlassbezogen im Rahmen der jeweils nächsten Verwaltungsratssitzung. Unter Risikogesichtspunkten wesentliche Informationen muss er unverzüglich (»ad hoc«) an den Verwaltungsrat weiterleiten.

Darüber hinaus gibt es zahlreiche Sachverhalte, über die der Vorstand im Verwaltungsrat regelmäßig berichtet. Dazu gehören unter anderem:
- die aktuelle Entwicklung des Einlagen-, Wertpapierkunden- und Kreditgeschäfts
- das aktuelle Volumen und die Zusammensetzung der Eigenanlagen
- eine auf den Bilanzstichtag abgestellte Prognose des Betriebsergebnisses mit seinen wesentlichen Komponenten (u. a. Zinsüberschuss, Provisionsüberschuss, Personalaufwendungen, Sachaufwendungen, Bewertungsbedarf aus dem Kreditgeschäft und den Eigenanlagen)
- die aktuelle Risikosituation und die Auslastung der verschiedenen Limite im Rahmen des Risikotragfähigkeitskonzepts der Sparkasse
- die aktuelle Entwicklung wichtiger Beteiligungen und Tochtergesellschaften
- die jährliche Überarbeitung und Weiterentwicklung der Geschäftsstrategie und der Risikostrategie
- wesentliche organisatorische Maßnahmen (u. a. interne Umstrukturierungen, Auslagerungen)
- aktuelle geschäftspolitische Schwerpunkte (u. a. Konditionenpolitik, Vertriebsmaßnahmen, Personalentwicklung)

Üblicherweise stellt der Vorstand den aktuellen Werten des eigenen Hauses die entsprechenden Zahlen der verbandsangehörigen Sparkassen oder einer Gruppe vergleichbarer Sparkassen gegenüber. Damit wird es für den Verwaltungsrat leichter, die Geschäftsentwicklung und die Ertragssituation der Sparkasse einzuordnen und sachgerecht zu beurteilen. Gleiches gilt – spätestens zum Bilanzstichtag – für einen Vergleich der Planzahlen mit der tatsächlichen Entwicklung (Soll-Ist-Vergleich).

Grundsätzlich ist es sinnvoll, mit dem Vorstand ein einheitliches Schema der Berichterstattung abzustimmen. Es sollte dem Bedürfnis des Verwaltungsrats nach kompakter, übersichtlicher und doch aussagekräftiger Information gerecht werden. Deshalb wird der Vorstand das Reporting, das ihm die Fachbereiche liefern, in der Regel nochmals komprimieren müssen. Optische Hervorhebungen oder Diagramme zu ausgewählten Zahlen erleichtern es den Mitgliedern des Verwaltungsrats erfahrungsgemäß, die gelieferten Informationen nachzuvollziehen. Die Aufsichtsbehörden erwarten »inhaltlich und mengenmäßig geeignete Unterlagen« für den Verwaltungsrat und verstehen darunter gerade nicht einen »information overkill«.

Um die Vorlagen und Berichte zur aktuellen wirtschaftlichen Situation der Sparkasse durcharbeiten zu können, müssen die Mitglieder des Verwaltungsrats ausreichend Zeit haben. Der Vorstand sollte die entsprechenden Unterlagen deshalb rechtzeitig vor der anstehenden Verwaltungsratssitzung per Post, per Bote oder aber elektronisch bereitstellen. Die Verwaltungsratsmitglieder müssen darauf bestehen, einen Sachverhalt gründlich durchdenken sowie Wechselwirkungen und offene Fragen herausarbeiten zu können. Tischvorlagen oder gar nur mündliche Berichte reichen dazu heute in der Regel nicht mehr aus. Die Bankenaufsicht lässt im Übrigen mittlerweile klar erkennen, auch solche Aspekte der praktischen Arbeit des Verwaltungsrats intensiver als bisher auf den Prüfstand zu stellen. Die Sparkasse geht mit dem Vorabversand von Unterlagen das Risiko ein, dass vertrauliche Informationen zur Unzeit an die Öffentlichkeit gelangen. Umso wichtiger ist es, jedes Mitglied des Verwaltungsrats immer wieder an seine Verschwiegenheitspflicht zu erinnern.

4.1.2 Prüfungsberichte

Es erhöht die Güte der Verwaltungsratsarbeit deutlich, wenn sie neben der »internen« Berichterstattung des Vorstands regelmäßig auch eine qualifizierte externe Sichtweise einbezieht. Diese zweite Perspektive liefern vor allem die Berichte über Prüfungen, die die Prüfungsstellen der regionalen Sparkassen- und Giroverbände oder die Aufsichtsbehörden bei der Sparkasse durchführen. Die Prüfungsberichte unterliegen ihrerseits hohen, teilweise genormten Standards. Sie vermitteln eine Fülle wichtiger Erkenntnisse und – hin und wieder auch kritischer – Anmerkungen über die Situation der Sparkasse. Der Verwaltungsrat muss hier nicht mehr eigens recherchieren. Ergeben sich aus den Prüfungsberichten keine Hinweise auf Verstöße gegen einschlägige Vorschriften und keine sonstigen Beanstandungen, kann er sich auf eine ordnungsgemäße Geschäftsführung und Geschäftsorganisation verlassen. Das gibt den Mitgliedern des Verwaltungsrats auch Rechtssicherheit. Führen vom Prüfer nicht aufgedeckte oder nicht berichtete Unregelmäßigkeiten später zu einem Schaden für die Sparkasse, wird sich der Verwaltungsrat auf das Urteil des Prüfers in den meisten Fällen berufen können.

Einen besonders ergiebigen Einblick in die wirtschaftliche Situation, die Risikotragfähigkeit und die Risikosituation der Sparkasse gibt der Bericht über die Prüfung des Jahresabschlusses und des Lageberichts. Die Prüfungsstellen der regionalen Sparkassen- und Giroverbände erörtern ihn im Rahmen einer Schlussbesprechung mit dem Verwaltungsrat. Der Verwaltungsrat muss den

Jahresabschluss feststellen. Das kann er nur, wenn er ihn zuvor geprüft hat. Hierzu leistet der Bericht der Prüfungsstelle wesentliche Unterstützung; eine aussagekräftigere Grundlage für die Beurteilung durch den Verwaltungsrat gibt es nicht.

Der Bericht über die Prüfung des Jahresabschlusses und des Lageberichts beleuchtet unter anderem folgende Aspekte:
- Einhaltung von Gesetzen, Verordnungen und Satzung
- Geschäftsentwicklung im Berichtsjahr mit der daraus resultierenden Veränderung wichtiger Bilanzpositionen
- Vermögens-, Finanz-, Ertragslage sowie Risikosituation der Sparkasse zum Bilanzstichtag
- kritische Würdigung wichtiger und/oder risikobehafteter Kreditverhältnisse
- Änderung von Bilanzierungs- und Bewertungsmethoden und ihre Auswirkungen auf die Ertragslage
- gestaltende Maßnahmen (z. B. Verkauf von Anlagevermögen und Rückmietung, kurzfristige Aufnahme von Verbindlichkeiten vor dem Bilanzstichtag)
- Organisation, Rechnungswesen und internes Kontrollsystem der Sparkasse
- Ansatzpunkte für die Fortentwicklung der Sparkasse

Der Prüfungsbericht wird dem Verwaltungsrat als Gremium oder seiner/seinem Vorsitzenden vorgelegt. Die einzelnen Mitglieder des Verwaltungsrats sollten ihn anfordern, zumindest aber einsehen können. Soweit per Gesetz oder Satzung nicht ohnehin vorgeschrieben, hat es sich für die Verwaltungsräte vieler Sparkassen als sinnvoll erwiesen, aus Mitgliedern mit qualifizierten betriebswirtschaftlichen Kenntnissen einen Bilanz- oder Prüfungsausschuss zu bilden. Er befasst sich mit Jahresabschluss, Lagebericht und Prüfungsbericht besonders intensiv. Feststellungen des Prüfungsberichts diskutiert er in der Regel mit den Prüfern persönlich. In der Schlussbesprechung können sich die übrigen Verwaltungsratsmitglieder auf das sachverständige Urteil und die Empfehlungen des Bilanz-/Prüfungsausschusses zur Feststellung des Jahresabschlusses stützen.

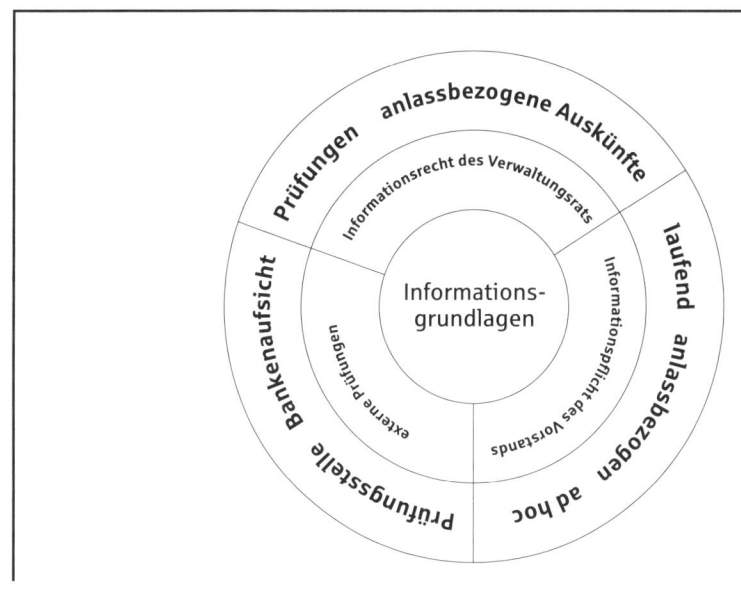

Abb. 14: Informationsgrundlagen für die Überwachungstätigkeit des Verwaltungsrats

4.1.3 Eigene Informationen

Es wäre mit der Überwachungsfunktion des Verwaltungsrats nicht vereinbar, müsste bzw. wollte er sich voll und ganz auf die Informationen des Vorstands und der vorgelegten Prüfungsberichte verlassen. Aufsichtsrecht und Sparkassenrecht geben dem Verwaltungsrat daher weitere Möglichkeiten, Informationen zur Situation der Sparkasse zu sammeln. Sie reichen von der zielgerichteten Nachfrage beim Vorstand über Prüfungen einzelner Sachverhalte bis hin zur Einsicht in Bücher und Vorstandsvorlagen oder direkten Befragung von Mitarbeitern.

Geeigneter Ansprechpartner für den Verwaltungsrat ist insbesondere die interne Revision der Sparkasse. Sie ist für die interne Überwachung zuständig und kennt die Schwachstellen der Sparkasse. Dem Vorstand ist sie zwar unterstellt und berichtspflichtig, darf sich aber bei der Berichterstattung und bei der Wertung von Prüfungsergebnissen keinerlei Weisungen unterwerfen. Die oder der Vorsitzende des Verwaltungsrats darf vom Leiter der internen Revision jederzeit Auskünfte einholen. Gleiches gilt für den Leiter der Risikocontrolling-Funktion, den Wertpapiercompliance-Beauftragten und den Geldwäschebeauftragten.

Auskunftsrechte des Verwaltungsrats bzw. des Verwaltungsratsvorsitzenden

- Vorstand — Sparkassengesetz, Satzung
- WP-Compliance-Beauftragter — BT 1.1 (2) MaComp
- Leiter interne Revision — AT 4.4.3 (2) MaRisk
- Geldwäsche-Beauftragter — DK-Hinweis 85
- Leiter Risikocontrolling — §25d Abs. 8 KWG

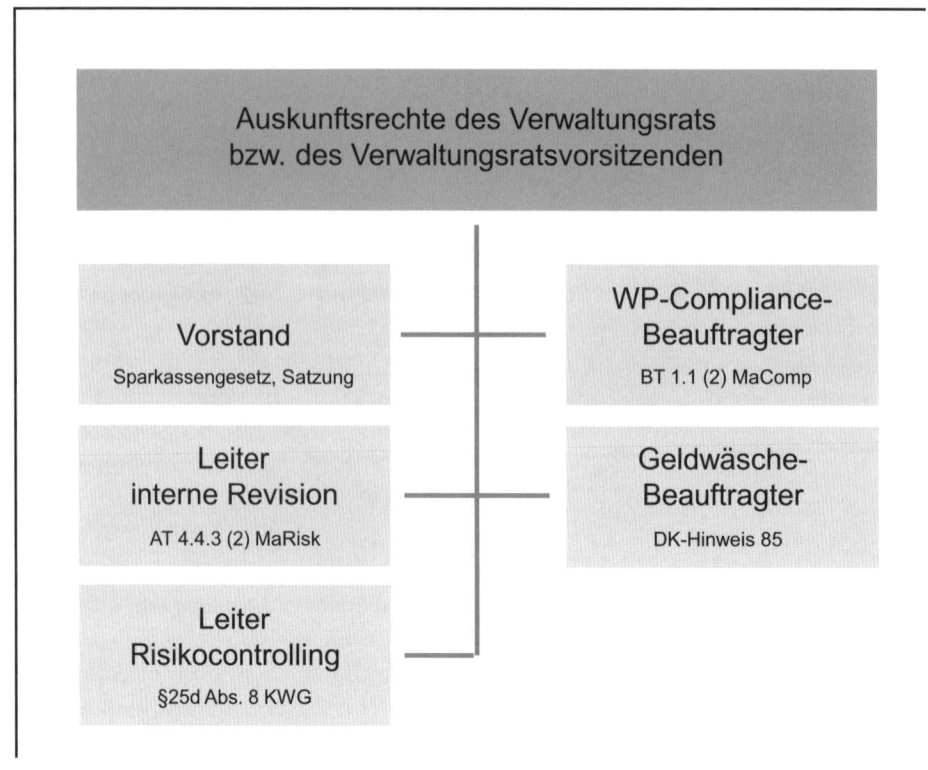

Abb. 15: Im Rahmen seiner Überwachungsfunktion kann der Verwaltungsrat besondere Auskunftsrechte nutzen.

In welchem Umfang und in welcher Intensität der Verwaltungsrat die beschriebenen Möglichkeiten wahrnimmt, hängt vor allem vom Vertrauen ab, das er dem Vorstand entgegenbringt. In der Regel wächst es mit der Dauer der Zusammenarbeit. Ein umsichtiger Vorstand stärkt das in ihn gesetzte Vertrauen, indem er im Verwaltungsrat von sich aus auch auf unangenehme, unerfreuliche Sachverhalte und Entwicklungen aufmerksam macht. Unabhängig davon entwickeln langjährige und erfahrene Verwaltungsratsmitglieder ein gutes Gespür dafür, wann sie sich mit den gelieferten Informationen begnügen können oder bestimmte Punkte hinterfragen müssen.

4.2 Persönliche Anforderungen an das Verwaltungsratsmitglied

Jedes einzelne Mitglied des Verwaltungsrats muss willens und in der Lage sein, die Arbeit des Sparkassenvorstands gewissenhaft und kompetent zu begleiten, um gegebenenfalls Änderungen in der Geschäftsführung durchzusetzen und Schaden von der Sparkasse abzuwenden. Diese Verantwortung lässt sich nicht auf den Vorsitzenden oder auf Mitglieder delegieren, die mit der Rechnungslegung oder der Risikoberichterstattung besonders vertraut sind.

Alle Verwaltungsratsmitglieder haben nicht nur die gleichen Rechte, sondern auch die gleichen Pflichten. Von allen erwartet der Gesetzgeber grundsätzlich die Sorgfalt eines ordentlichen Kaufmanns, wenn sie ihr Mandat wahrnehmen. Dass nicht alle Verwaltungsratsmitglieder das Fachwissen und den Erfahrungshintergrund haben können, um jeden Sachverhalt bis ins letzte Detail zu durchdringen, liegt auf der Hand und ist auch aufsichtsrechtlich akzeptiert: Gemäß § 25d Abs. 2 KWG muss der Verwaltungsrat »in seiner Gesamtheit« die Kenntnisse, Fähigkeiten und Erfahrungen haben, die notwendig sind, um die Kontrollfunktion wahrnehmen und die Geschäftsleitung beurteilen und überwachen zu können.

Das KWG konkretisiert die Sorgfaltspflicht vor allem in drei Anforderungen: Es setzt bei jedem Mitglied des Verwaltungsrats Sachkunde und Zuverlässigkeit voraus, darüber hinaus den Willen und die Möglichkeit, ausreichend Zeit für das Mandat mitzubringen. Sieht sie eines dieser drei Kriterien als nicht (mehr) erfüllt an, kann die Bundesanstalt für Finanzdienstleistungsaufsicht verlangen, das Verwaltungsratsmitglied abzuberufen (§ 36 Abs. 3 KWG).

4.2.1 Sachkunde

Neben der gebotenen Zuverlässigkeit müssen die Mitglieder des Verwaltungsrats nach § 25d KWG auch die erforderliche Sachkunde besitzen, um die wirtschaftlichen und rechtlichen Abläufe in der Sparkasse verstehen, beurteilen und überwachen zu können. Deshalb muss die Sparkasse der Bankenaufsicht anzeigen, wenn ein Verwaltungsratsmitglied erstmals bestellt wird. Diese urteilt über die Sachkunde vor allem auf Basis des beizufügenden lückenlosen Lebenslaufs und der Nachweise über die Teilnahme an Fortbildungen.

Die von der Bankenaufsicht erwarteten Kenntnisse sind dabei nicht so weit reichend wie bei der »fachlichen Eignung«, die ein Sparkassenvorstand nachweisen muss. Zudem gelten für das Verwaltungsratsmitglied einer Sparkasse andere Anforderungen als für das Aufsichtsratsmitglied einer weltweit operierenden Bank mit ausgeprägtem Investmentgeschäft. Denn das jeweils notwendige Maß an Sachkunde hängt von Größe, Umfang Komplexität und Risikogehalt der Geschäfte des jeweiligen Kreditinstituts ab.

Was unter Sachkunde konkret zu verstehen ist, formuliert die Bankenaufsicht nur indirekt über die von ihr erwarteten Inhalte von Fortbildungsveranstaltungen (s. u.). Im Sinne einer »Positivliste« nennt sie aber bestimmte Personengruppen, die die erforderliche Sachkunde für die Arbeit im Verwaltungsrat regelmäßig mitbringen oder zumindest mitbringen können:
- Personen, die schon als Geschäftsleiter, Verwaltungs- oder Aufsichtsrat in der Kreditwirtschaft tätig waren bzw. sind
- kommunale Hauptverwaltungsbeamte, Personen aus der öffentlichen Verwaltung und aus anderen Branchen sowie politische Mandatsträger, sofern ihre berufliche Tätigkeit über einen längeren Zeitraum maßgeblich auf wirtschaftliche und juristische Fragestellungen ausgerichtet und nicht völlig

nachgeordneter Natur war oder ist (z. B. Landrat, Bürgermeister, Kämmerer, Steuerberater, Wirtschaftsprüfer)
- Kaufleute und buchführungspflichtige Land- und Forstwirte (abhängig von Größe und Geschäftsmodell der Sparkasse)
- Mitarbeiterinnen und Mitarbeiter der Sparkasse, sofern sie unmittelbar in die rechtlichen und wirtschaftlichen Abläufe des Tagesgeschehens eingebunden sind

Die Bankenaufsicht akzeptiert es, wenn sich ein Verwaltungsratsmitglied die erforderlichen Kenntnisse vor oder zeitnah nach seiner Bestellung aneignet. Auch hier gilt wieder das Verhältnismäßigkeitsprinzip: Je komplexer und umfangreicher die Geschäfte, desto höher die Anforderungen an die Fortbildung. Grundsätzlich hält die Bankenaufsicht folgende Schulungsinhalte für wichtig:
- wirtschaftliche und rechtliche Abläufe im Tagesgeschehen der Sparkasse
- Risikomanagement, Risikomessung (u. a. Regelungen der MaRisk)
- Grundzüge der Bilanzierung und der Erfolgsrechnung
- Grundzüge des Aufsichtsrechts
- Funktion und Verantwortung der Mitglieder des Verwaltungsrats, auch in Abgrenzung zum Sparkassenvorstand

4.2.2 Zuverlässigkeit

Die Frage nach der Zuverlässigkeit zielt zum einen auf den Werdegang des Verwaltungsratsmitglieds. Er muss nach allgemeiner Lebenserfahrung die Gewähr bieten, das Kontrollmandat ordnungsgemäß und sorgfältig ausüben zu können. Deshalb hat die Sparkasse bei jeder Erstbestellung neben einem Lebenslauf unter anderem auch eine Selbsterklärung des Mitglieds zur Zuverlässigkeit, ein Führungszeugnis und gegebenenfalls einen Auszug aus dem Gewerbezentralregister bei der Bankenaufsicht einzureichen.

Zum anderen verlangt Zuverlässigkeit Unabhängigkeit bei Entscheidungen im Rahmen der Verwaltungsratstätigkeit. Interessenkonflikte gilt es von vornherein zu vermeiden. Wenn ein gewerbliches Kreditengagement bei der Sparkasse schon ausfallgefährdet ist, wäre es grundsätzlich sehr problematisch, den Inhaber des betroffenen Unternehmens in den Verwaltungsrat zu entsenden. Gleiches gilt für Kandidaten, die im Hauptberuf wirtschaftlich abhängig von der Sparkasse sind (z. B. Inhaber einer mit der Sparkasse eng kooperierenden Versicherungsagentur) oder die eine zu große Nähe zu einem Mitbewerber der Sparkasse haben.

4.2.3 Zeitliche Verfügbarkeit

Die Verwaltungsratstätigkeit verlangt einen hohen persönlichen Einsatz an Zeit und Arbeit. Die Bankenaufsicht fordert deutlich mehr als nur die Teilnahme an Sitzungen. Sie erwartet, sich auf die Sitzungen in einem »örtlich und zeitlich angemessenen Rahmen« sorgfältig vorzubereiten und die Entwicklung der Sparkasse auch zwischen den Sitzungen kontinuierlich zu verfolgen und eng zu begleiten. Es ist aus Sicht der Aufsichtsbehörden definitiv nicht ausreichend, wenn ein Verwaltungsratsmitglied Sitzungsunterlagen durch einen Mitarbeiter vor- oder aufbereiten lässt. Das gilt insbesondere dann, wenn neue oder zusätzliche Risiken auf die Sparkasse zukommen (vgl. auch »Merkblatt zur Kontrolle von Mitgliedern von Verwaltungs- und Aufsichtsorganen« der Bundesanstalt für Finanzdienstleistungsaufsicht vom 3. Dezember 2012, abgedruckt im Anhang S. 422 ff.).

Um all das zu gewährleisten, hat der Gesetzgeber die Zahl der Kontrollmandate für Mandatsträger in Aufsichtsorganen der Kreditwirtschaft vorsorglich deutlich begrenzt. Gemäß § 25d Abs. 3 KWG dürfen die Mitglieder des Verwaltungsrats der Sparkasse künftig in anderen Unternehmen – egal welcher Branche – maximal drei weitere Kontrollmandate wahrnehmen. Verschiedene Ausnahmetatbestände und Kumulierungsvorschriften können zu Erleichterungen führen. So gilt die Höchstgrenze nicht für kommunale Hauptverwaltungsbeamte, die kraft kommunaler Satzung verpflichtet sind, Kontrollmandate wahrzunehmen. Kontrollmandate innerhalb einer Instituts- oder einer (gemischten) Finanzholding-Gruppe, bei Unternehmen, an denen die Sparkasse eine bedeutende Beteiligung hält, sowie bei Kreditinstituten bzw. Unternehmen, die dem DSGV-Haftungsverbund angehören, zählen als *ein* Mandat. Keine Berücksichtigung finden schließlich Mandate bei Unternehmen, die nicht überwiegend gewerblich ausgerichtet sind und dabei insbesondere der kommunalen Daseinsvorsorge dienen.

Kontrollmandate, die bereits am 31. Dezember 2013 wahrgenommen wurden, genießen – von Ausnahmen abgesehen – Bestandsschutz. Die Höchstgrenze ist also erst dann zu beachten, wenn das Mitglied eines Sparkassen-Verwaltungsrats nach dem 1. Januar 2014 anderswo ein neues Kontrollmandat annimmt. Wiederbestellungen lassen den Bestandsschutz unberührt. Grundsätzlich sind die Mitglieder des Verwaltungsrats verpflichtet, die Einhaltung der Höchstgrenze selbst zu überprüfen.

4.3 Konsequenzen bei Pflichtverletzung

Die Mitglieder des Verwaltungsrats stehen für ihr Handeln persönlich ein. Dieser Grundsatz der Verantwortlichkeit gilt insbesondere dann, wenn sie ihre Pflichten nicht erfüllen. Die gravierendsten möglichen Rechtsfolgen hieraus sind Abberufung und Haftung bzw. Schadensersatz gegenüber der Sparkasse. Einige Bundesländer haben diese Konsequenzen in den Sparkassengesetzen fixiert. In anderen Bundesländern sind allgemeine Rechtsgrundsätze für die Verantwortung anzuwenden; hierzu zählen vor allem die Regelungen des Aktienrechts.

4.3.1 Abberufung

Es ist für die Sparkasse unzumutbar, wenn ein Mitglied des Verwaltungsrats seinen Pflichten nur ungenügend nachkommt oder sogar dagegen verstößt. Dabei kommt es entscheidend auf den Grad der Pflichtverletzung an. Anders als bei der Haftung ist es bei der Abberufung allerdings nicht erforderlich, dass ein Verschulden vorliegt. Die Sparkassengesetze in Baden-Württemberg, Bayern, Brandenburg, Hessen, Mecklenburg-Vorpommern, Nordrhein-Westfalen, Rheinland-Pfalz, Saarland, Sachsen-Anhalt, Schleswig-Holstein und Thüringen lassen die Abberufung zu, wenn ein Verwaltungsratsmitglied objektiv gegen seine Pflichten verstoßen hat.

Die Entscheidung über eine Abberufung obliegt entweder dem Vertretungsorgan des Trägers oder der Sparkassenaufsicht. Diese kann im Gegensatz zur Vertretung des Trägers auch Mitarbeitervertreter im Verwaltungsrat abberufen. Einige Bundesländer haben die Zuständigkeit für die Abberufung daher komplett in die Hand der Sparkassenaufsicht gelegt.

Unter Hinweis auf § 36 Abs. 3 KWG kann auch die Bundesanstalt für Finanzdienstleistungsaufsicht verlangen, ein Verwaltungsratsmitglied bei fortgesetzter Pflichtverletzung abzuberufen. Neben fehlender Zuverlässigkeit, Sachkunde oder zeitlicher Verfügbarkeit konkretisiert das KWG als mögliche Gründe für ein Abberufungsverlangen u. a.:

1. Ein Verwaltungsratsmitglied übt seine Überwachungs- und Kontrollfunktion sorgfaltswidrig aus, übersieht deshalb wesentliche Verstöße gegen die Grundsätze ordnungsgemäßer Geschäftsführung und setzt dieses sorgfaltswidrige Verhalten trotz Verwarnung durch die Bundesanstalt für Finanzdienstleistungsaufsicht fort;
2. Ein Verwaltungsratsmitglied veranlasst nicht alles Erforderliche, um festgestellte Verstöße zu beseitigen, und setzt dieses Verhalten trotz Verwarnung durch die Bundesanstalt für Finanzdienstleistungsaufsicht fort.

4.3.2 Schadensersatz

Grundsätzlich haftet jedes Mitglied des Verwaltungsrats – ob vom Träger oder von den Mitarbeitern der Sparkasse in das Gremium entsandt – für die schuldhafte Nichterfüllung seiner Pflichten. Es hat den Schaden, der der Sparkasse aus einer solchen Pflichtverletzung entstanden ist, zu ersetzen. Gleiches gilt für den Schaden eines Dritten, den die Sparkasse ersetzen muss. Sofern die Sparkassengesetze eine Regelung beinhalten, beschränken sie die Haftung auf Vorsatz und grobe Fahrlässigkeit. Nur das bayerische Sparkassengesetz sieht eine Haftung für jede Art von Fahrlässigkeit vor.

Eine vorsätzliche oder grob fahrlässige Pflichtverletzung begründet die Haftung des Verwaltungsratsmitglieds ebenso in den Bundesländern, in denen das Sparkassengesetz keine Regelung trifft. Die Frage, ob hier auch leichte Fahrlässigkeit Haftungsansprüche entstehen lässt, beantworten die Juristen unterschiedlich. Einige übertragen das Haftungsprivileg des öffentlichen Amts (Haftungsausschluss bei leichter Fahrlässigkeit) auf die Verwaltungsratstätigkeit. Andere orientieren sich am allgemeinen Verschuldensmaßstab und sehen die Haftung für jede Art von Fahrlässigkeit vor.

Abkürzungsverzeichnis

AGB	Allgemeine Geschäftsbedingungen
AnzV	Anzeigenverordnung
BGB	Bürgerliches Gesetzbuch
CRR	Capital Requirements Regulation
DSGV	Deutscher Sparkassen- und Giroverband
EStG	Einkommensteuergesetz
EZB	Europäische Zentralbank
GroMiKV	Groß- und Millionenkreditverordnung
GuV	Gewinn- und Verlustrechnung
GwG	Geldwäschegesetz
HGB	Handelsgesetzbuch
KAGB	Kapitalanlagegesetzbuch
KWG	Gesetz über das Kreditwesen
LiqV	Liquiditätsverordnung
MaComp	Mindestanforderungen an die Compliance-Funktion
MaRisk	Mindestanforderungen an das Risikomanagement
PfandBG	Pfandbriefgesetz
PrüfBV	Prüfungsberichtsverordnung
RechKredV	Verordnung über die Rechnungslegung der Kreditinstitute und Finanzdienstleistungsinstitute
SolvV	Verordnung über die angemessene Eigenmittelausstattung von Instituten, Institutsgruppen und Finanzholding-Gruppen
WpHG	Wertpapierhandelsgesetz

Kursiv gedruckte Begriffe verweisen auf weitere Informationen unter einem gesonderten Schlagwort.

Glossar

Abrufrisiko
vgl. Liquiditätsrisiko

Abschnittsfinanzierung
vgl. Kreditlinie

Abschreibung
Eine Abschreibung dokumentiert den Wertverlust von *Anlagevermögen* oder *Umlaufvermögen* eines Unternehmens. Er kann auf absehbaren Alterungs- oder Verschleißerscheinungen beruhen; dies führt zu *planmäßigen Abschreibungen*. Oder er resultiert aus wirtschaftlichen Schwierigkeiten eines Schuldners oder unvorhergesehenen Preisrückgängen; dann sind *außerplanmäßige Abschreibungen* erforderlich. Abschreibungen sind Ausfluss des kaufmännischen *Vorsichtsprinzips*. Für die Rechnungslegung maßgebend ist § 253 HGB. Abschreibungen mindern den Ansatz des jeweiligen *Vermögensgegenstands* auf der Aktivseite der *Bilanz*. In die *Gewinn- und Verlustrechnung* gehen sie als *Aufwendungen* ein, in die steuerliche Gewinnermittlung als *Betriebsausgaben*. Abschreibungen reduzieren *Betriebsergebnis*, *Jahresüberschuss* und *Bilanzgewinn* und vermindern die Steuerbemessungsgrundlage; frühere Gestaltungsspielräume haben sich allerdings deutlich verengt. Vgl. auch *Bewertungsergebnis*.

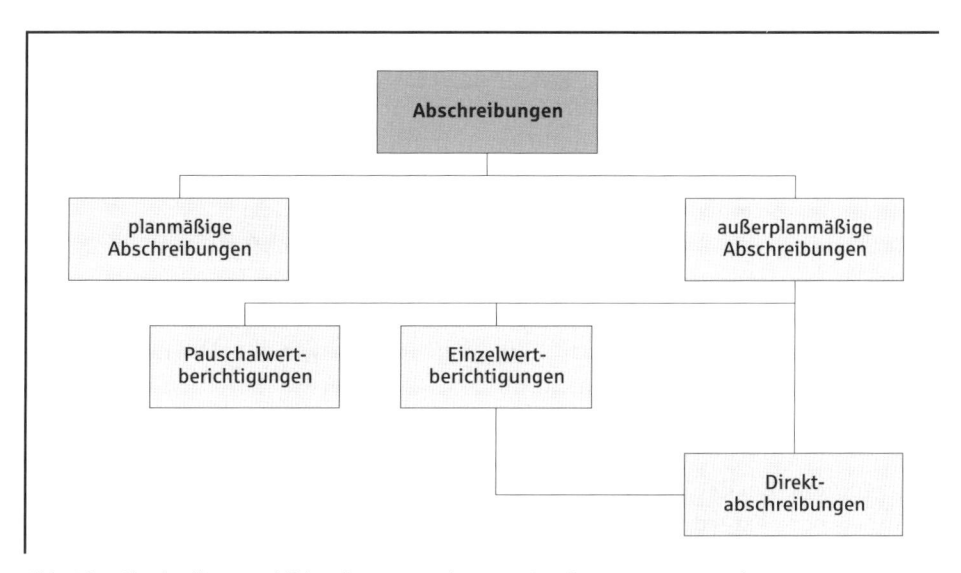

Abb. 16: Abschreibungen bilden den Wertverlust von Sparkassenvermögen ab.

Abschreibungsrisiko

Das Abschreibungsrisiko ist die Gefahr eines nicht absehbaren Wertverfalls von *Aktiva* der Sparkasse. Sie resultiert bei *Forderungen an Kunden* und *Kreditinstitute* sowie bei *Eigenanlagen* und *Beteiligungen* aus dem *Adressenausfallrisiko*, bei *Eigenanlagen* und *Sachanlagen* zusätzlich aus dem *Marktpreisrisiko*. Vgl. auch *Bewertungsergebnis*.

Absetzung für Abnutzung

vgl. planmäßige Abschreibung, Nutzungsdauer

Abtretung

vgl. Zession

Abwicklung

Im Sparkassenalltag steht der Begriff der Abwicklung in unterschiedlichen Zusammenhängen:
1. Im Rahmen des *Handelsgeschäfts* umfasst die Abwicklung wesentliche Arbeiten, die sich an den Geschäftsabschluss durch den *Bereich Handel* anschließen. Dazu gehört insbesondere, die üblichen Geschäftsbestätigungen auszufertigen und an den Geschäftspartner zu übermitteln, den Eingang von Gegenbestätigungen zu kontrollieren und gegebenenfalls Unstimmigkeiten abzuklären. Aufsichtsrechtliche Grundlage ist BTO 2.2.2 Ziffern 1–3 der *Mindestanforderungen an das Risikomanagement* (MaRisk). An die Abwicklung schließt sich die Kontrolle der *Handelsgeschäfte* an (BTO 2.2.2 Ziffer 4–5 MaRisk). Die hiermit betrauten Mitarbeiterinnen und Mitarbeiter prüfen unter anderem, ob die Geschäftsunterlagen vollständig und zeitnah vorliegen; ob sich die Geschäftsabschlüsse im Rahmen der festgesetzten *Limite* bewegen; ob die vereinbarten Konditionen marktgerecht sind. Die *Funktion* der Abwicklung und der Kontrolle muss in einem anderen Vorstandsdezernat angesiedelt sein als der *Bereich Handel* (BTO Nr. 3 MaRisk).
2. Im Kreditgeschäft umfasst die Abwicklung die Bemühungen der Sparkasse, die Außenstände aus gekündigten *Problemkrediten* abzubauen und etwaige *Kreditsicherheiten* zu verwerten. Die Kriterien für die Abwicklung entwickeln, formulieren und regelmäßig überprüfen sowie den Abwicklungsprozess federführend begleiten, zumindest aber überwachen muss ein *Bereich* außerhalb des *Markts* (BTO 1.2.5 Ziffer 1 MaRisk). Zu Beginn der Abwicklung erarbeitet die Sparkasse ein Abwicklungskonzept für das jeweilige Kreditengagement. Bei der Verwertung von *Kreditsicherheiten* bezieht sie Mitarbeiter/innen oder externe Spezialisten mit entsprechenden Kenntnissen ein (BTO 1.2.5 Ziffer 5 MaRisk). Zahlreiche Sparkassen lassen heute kleinere und/oder wenig komplexe *Problemkredite* von externen, oft in der Sparkassen-Finanzgruppe angesiedelten Dienstleistern abwickeln.

Abwicklungsrisiko

Ein Abwicklungsrisiko entsteht für die Sparkasse dann, wenn ein *Handelsgeschäft* mit *Wertpapieren* zum vereinbarten Zeitpunkt nicht erfüllt ist, der *Kontrahent* also nicht geliefert bzw. abgenommen hat. Denn der Wert des gehandelten *Wertpapiers* könnte sich zwischenzeitlich zu Ungunsten der Sparkasse verändert haben. Die Risikoposition wird umso höher, je höher die Differenz zwischen dem Abrechnungspreis und dem aktuellem Marktwert ist und je mehr Zeit seit dem Erfüllungstermin verstrichen ist. Die Sparkasse muss Abwicklungsrisiken mit *Eigenmitteln* unterlegen – je länger der *Kontrahent* in Verzug ist, desto mehr. Rechtsgrundlage ist Artikel 378 CRR.

Abzinsung

Mit der Abzinsung lässt sich der heutige Wert *(Barwert)* einer erst zu einem späteren Zeitpunkt fälligen Zahlung ermitteln; Zins und Zinseszins werden dabei berücksichtigt. Die Abzinsung beantwortet die Frage, welches Kapital heute angelegt werden müsste, um zu einem späteren Zeitpunkt ein bestimmtes Endkapital zu erhalten. Aus Restlaufzeit und Zinssatz errechnet sich der Abzinsungsfaktor. Die Multiplikation des Endkapitals mit dem Abzinsungsfaktor ergibt den *Barwert*.

Abzinsungspapier

Bei einem Abzinsungspapier werden Zins und Zinseszins der gesamten *Laufzeit* von vornherein auf *Emissionskurs* bzw. Kaufpreis angerechnet. Es wird also mit einem Abschlag auf den *Nennwert* emittiert bzw. gehandelt. Der *Zinsertrag* entspricht der Differenz zwischen *Emissionskurs*/Kaufpreis und *Nennwert*. Laufende Zinszahlungen gibt es nicht. Am Ende der *Laufzeit* erhält der Käufer den *Nennwert* zurück. Für private Anleger können Abzinsungspapiere interessant sein, weil sie die angefallenen Zinsen erst bei Fälligkeit und dann unter Umständen zu einem niedrigeren Steuersatz versteuern müssen. Die Sparkasse selber kann diesen Vorteil nicht nutzen. Investiert sie in Abzinsungspapiere, muss sie den über die gesamte *Laufzeit* erwarteten Kapitalertrag auf die einzelnen Geschäftsjahre aufteilen und die Teilbeträge in der *Gewinn- und Verlustrechnung* als *Zinsertrag* ausweisen. Hat die Sparkasse ein Abzinsungspapier emittiert, weist sie den Gesamtbetrag der mit dem Kunden vereinbarten und auf die Folgejahre entfallenden Zinszahlungen zunächst als *Rechnungsabgrenzungsposten* auf der Aktivseite der *Bilanz* (Posten 14) aus. Während der *Laufzeit* des Papiers löst die Sparkasse diese Position dann Stück für Stück auf und bucht die den einzelnen Geschäftsjahren zuzuordnenden Teilbeträge als *Zinsaufwendungen*.

Abzugsposition

vgl. Kapitalabzug

Ad-hoc-Berichterstattung

Die Ad-hoc-Berichterstattung ergänzt die regelmäßige Berichterstattung an Vorstand und Verwaltungsrat über die Risikosituation der Sparkasse (vgl. *Risikoberichterstattung*). Aufsichtsrechtliche Grundlage sind ebenfalls die *Mindestanforderungen an das Risikomanagement* (AT 4.3.2 Ziffer 5 und 6 MaRisk), teilweise auch die Sparkassengesetze der Länder. Grundsätzlich sind nur solche Informationen Gegenstand der Ad-hoc-Berichterstattung, die
1. unter Risikogesichtspunkten *wesentlich* sind;
2. *unverzüglich*, also außerhalb eines regelmäßigen Turnus, weitergeleitet werden müssen, um bedeutenden Schaden von der Sparkasse abzuhalten.

Adressaten der Ad-hoc-Berichterstattung können neben den jeweils Fachverantwortlichen der Gesamtvorstand oder das zuständige Vorstandsmitglied, der Verwaltungsrat, darüber hinaus unter Umständen auch die *interne Revision* und die Bankenaufsicht sein. Die Pflicht zur Ad-hoc-Berichterstattung an den Verwaltungsrat ist auf Ereignisse beschränkt, die sich auf die gesamte Risikosituation der Sparkasse auswirken. Deshalb muss nicht jede Information, die eine Ad-hoc-Berichtspflicht an Vorstand, Fachverantwortliche oder *interne Revision* auslöst, auch an den Verwaltungsrat weitergehen. Vorstand und Verwaltungsrat legen für die Ad-hoc-Berichterstattung genaue Verfahren fest. Auf dieser Basis entscheiden die (Mitarbeiter der) Fachabteilungen, wann eine Ad-hoc-Berichtspflicht entsteht. Bestimmte Anlässe formulieren die MaRisk explizit (vgl. nebenstehende Grafik), beispielsweise neu auftretenden erheblichen *Risikovorsorge*bedarf bei einem Kreditverhältnis (BTO 1.2.6 Ziffer 2 MaRisk), Liquiditätsengpässe (BTR 3.1 Ziffer 9 MaRisk) oder bedeutende Schadensfälle (BTR 4 Ziffer 3 MaRisk). Der *internen Revision* müssen die Fachbereiche der Sparkasse unverzüglich berichten, wenn sie unter Risikogesichtspunkten relevante Mängel erkennen, bedeutende Schadensfälle auftreten oder konkreter Verdacht auf Unregelmäßigkeiten besteht. Die Sparkasse muss eine nachvollziehbare Dokumentation der Ad-hoc-Berichterstattung gewährleisten. Über die Ad-hoc-Berichterstattung hinaus hat der Vorsitzende des Verwaltungsrats ein *Auskunftsrecht* beim Leiter der *internen Revision*.

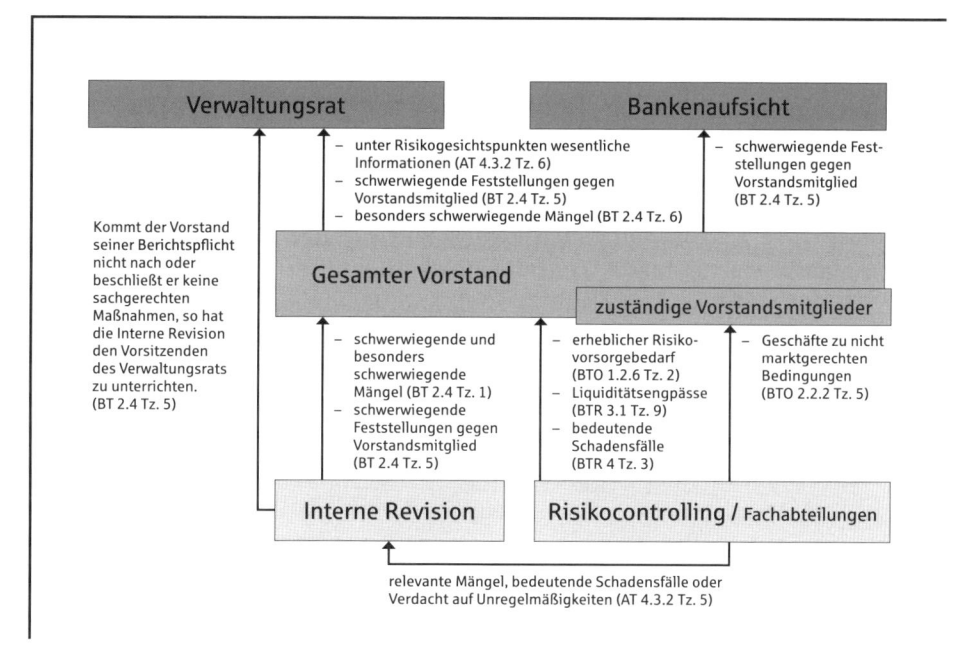

Abb. 17: Die Mindestanforderungen an das Risikomanagement (MaRisk) benennen verschiedene Anlässe für eine Ad-hoc-Berichterstattung (Quelle: DSGV).

Adressenausfallrisiko

Das Adressenausfallrisiko gehört zu den *wesentlichen Risiken* des Sparkassenalltags. Es beschreibt die Gefahr, dass Kunden, Geschäftspartner oder Dritte ihren Verpflichtungen nicht vereinbarungsgemäß nachkommen und die Sparkasse hieraus einen finanziellen Verlust erleidet. Beispiele:
1. Ein Kreditkunde oder ein *Kreditinstitut* kann seinen *Kredit* nicht oder nicht termingerecht an die Sparkasse zurückzahlen;
2. Der Wert von *Kreditsicherheiten* vermindert sich;
3. Ein Kunde oder Geschäftspartner der Sparkasse kommt einem Dritten gegenüber in Verzug. Dieser Dritte nimmt die Sparkasse aus einer *Bürgschaft* oder einer ähnlichen Verpflichtung in Anspruch (vgl. *Avalkredit*);
4. Der *Emittent* eines von der Sparkasse erworbenen *Wertpapiers* kann seinen Zahlungsverpflichtungen nicht oder nicht pünktlich nachkommen (*Emittentenrisiko*);
5. Ein Geschäftspartner im *Handelsgeschäft* der Sparkasse kann *Wertpapiere* nicht rechtzeitig liefern bzw. abnehmen (*Kontrahentenrisiko*);
6. Eine *Beteiligung* der Sparkasse verliert an Wert, weil das Beteiligungsunternehmen in wirtschaftliche Schwierigkeiten gerät.

Das Adressenausfallrisiko beschränkt sich demnach nicht nur auf Positionen, die die Sparkasse in der *Bilanz* ausweist. Auch außerbilanzielle Positionen wie *Avalkredite* oder *Kreditderivate* tragen Adressenausfallrisiken. Grundsätzlich ist das Adressenausfallrisiko umso höher, je schlechter die *Bonität* eines Kunden, eines Geschäftspartners oder einer relevanten dritten Person ist. *Ratings* drücken das Adressenausfallrisiko als *Ausfallwahrscheinlichkeit* aus. Die Sparkasse muss ihre Adressenausfallrisiken mit *Eigenmitteln* unterlegen. Meist nutzt sie dabei den *Kreditrisiko-Standardansatz*. Einzelheiten regelt die *CRR-Verordnung*. Die *Mindestanforderungen an das Risikomanagement* verpflichten die Sparkasse, ihre Adressenausfallrisiken so zu begrenzen, dass die *Risikotragfähigkeit* gewährleistet bleibt. Zentrales Instrument hierfür ist ein System von *Limiten*: Die Sparkasse darf grundsätzlich kein Kreditgeschäft und auch kein *Handelsgeschäft* ohne *Limit* abschließen. Sind Adressenausfallrisiken akut, erkennbar und belegbar oder sind Forderungen definitiv uneinbringlich, muss die Sparkasse *außerplanmäßige Abschreibungen* vornehmen.

Advanced Measurement Approach
Vgl. AMA-Ansatz

AfA
vgl. planmäßige Abschreibung, Nutzungsdauer

AGB-Pfandrecht
Das AGB-Pfandrecht ist eine weit gefasste, allgemeine Pfandklausel in den Allgemeinen Geschäftsbedingungen (AGB) der Sparkasse. Es erstreckt sich auf alle Sachen und Rechte des Kunden, die die Sparkasse in ihrem Besitz oder ihrer Verfügungsgewalt hat. Neben *Wertpapieren*, Schecks oder *Wechseln* gehören dazu insbesondere auch die Kontoguthaben, die der Kunde bei der Sparkasse unterhält (Nr. 21 (1) AGB). Mit dem AGB-Pfandrecht sichert die Sparkasse alle bestehenden und künftigen Ansprüche aus der Geschäftsverbindung mit dem Kunden ab. Gelder oder Werte, die der Kunde der Sparkasse nur zu einem ganz bestimmten Zweck aushändigt (z. B. Bareinzahlung zur Einlösung eines Schecks oder *Wechsels*), erfasst das AGB-Pfandrecht nicht. Gleiches gilt für *Wertpapiere*, die der Kunde in einem bei der Sparkasse gemieteten Schrankfach verwahren lässt. Auch Ansprüche des Kunden aus *Genussrechten* oder Nachrangkapital der Sparkasse (vgl. *nachrangige Verbindlichkeiten*) unterliegen dem AGB-Pfandrecht nicht (Nr. 21 (2) AGB). Kreditkunden nehmen das AGB-Pfandrecht mitunter zum Anlass, Guthaben nicht bei der Sparkasse, sondern bei anderen *Kreditinstituten* zu unterhalten. In Einzelfällen kann die Sparkasse deshalb auf das AGB-Pfandrecht ausdrücklich verzichten.

Aktie
Eine Aktie repräsentiert einen in Euro ausgedrückten, nach der Gesamtzahl der ausgegebenen Aktien berechneten Bruchteil des Grundkapitals einer Aktiengesellschaft (AG) oder einer Europäischen Gesellschaft (SE; »Societas Europaea«). Die Aktie ist ein *Wertpapier*, das der Beteiligungsfinanzierung dient und verschiedene Rechte des Aktionärs verbrieft. Dazu gehören insbesondere das

Recht auf Teilnahme an und das Stimmrecht bei der Hauptversammlung, das Auskunftsrecht, das Recht auf Gewinnbeteiligung in Form einer Dividende, das Bezugsrecht bei der Ausgabe neuer Aktien und das Recht auf Beteiligung an einem etwaigen Liquidationserlös. Für die meisten Anleger steht beim Kauf von Aktien die erwartete *Rendite* im Vordergrund. Aktien bieten die Chance auf eine im Vergleich zu festverzinslichen *Wertpapieren* deutlich bessere *Rendite* – bei allerdings auch erheblich höheren Risiken. Bei langfristiger Anlage haben Aktien allerdings einen deutlichen Renditevorsprung auf festverzinsliche *Wertpapiere*. Die Aktienfinanzierung dominiert traditionell bei großen Unternehmen, hat sich in den letzten Jahren allerdings zunehmend auch auf mittlere und kleine Unternehmen ausgeweitet. Neben Unternehmen und privaten Haushalten investieren vor allem institutionelle Anleger einen Teil ihres Vermögens in Aktien. Hierzu zählen in erster Linie Versicherungen, *Kapitalverwaltungsgesellschaften* und *Kreditinstitute*. Aktienkurse schwanken erfahrungsgemäß stärker als die Notierungen von festverzinslichen *Wertpapieren* oder *Investmentfonds*. Damit ist das *Marktpreisrisiko* bei Aktien vergleichsweise hoch (vgl. auch *Aktienkursrisiko*). Deshalb investieren Sparkassen üblicherweise eher selten und nur in sehr begrenztem Umfang direkt in Aktien. Allerdings können die von vielen Sparkassen gehaltenen *Spezialfonds* und *Publikumsfonds* in Aktien investiert sein. Die *Bilanz* der Sparkasse weist Aktienbestände zusammen mit anderen nicht festverzinslichen *Wertpapieren* (z. B. *Investmentfonds*) in einer Sammelposition auf der Aktivseite aus (Posten 6). In die GuV-Position »Laufende Erträge aus Aktien und nicht festverzinslichen *Wertpapieren*« fließen nur Dividendenzahlungen ein. *Kursgewinne* und *Kursverluste* hingegen schlagen sich im Nettoergebnis des *Handelsbestands* oder im *Bewertungsergebnis* des Wertpapiergeschäfts nieder (Ausnahme: nicht realisierte *Kursgewinne* oberhalb der *Anschaffungskosten*).

Aktienkursrisiko

Das Aktienkursrisiko ist eine besondere Ausprägung des *Marktpreisrisikos*. Es entsteht aus den Kursschwankungen von *Aktien*, die die Sparkasse entweder direkt oder indirekt über *Spezialfonds* oder *Publikumsfonds* hält. *Kursverluste* können Ursachen haben, die bei der Aktiengesellschaft selber liegen. Sie können aber auch durch allgemeine Entwicklungen begründet sein, die den gesamten Aktienmarkt oder einzelne Segmente des Aktienmarkts betreffen. Um Aktienkursrisiken zu messen, nutzt die Sparkasse meist *Value-at-Risk*-Verfahren. Dabei greift sie im Rahmen der *historischen Simulation* auf die tatsächlich beobachteten Kursschwankungen der Vergangenheit zurück. Das Einzelrisiko von direkt gehaltenen Aktien beschränkt die Sparkasse, indem sie für jedes Papier eine Obergrenze formuliert (Einzel*limit*). Darüber hinaus beschränkt die Sparkasse das Aktienkursrisiko insgesamt mit einem gesonderten *Globallimit*.

Aktiva

Die Aktiva zeigen auf, wie die Sparkasse ihr *Eigenkapital* und ihr *Fremdkapital* einsetzt und verwendet. Sie stehen auf der linken Seite der *Bilanz* (Aktivseite). Die Posten (mit Ziffern gekennzeichnet) und die Unterposten (mit kleinen Buchstaben gekennzeichnet) haben bestimmte Inhalte auszuweisen. Sie sind in der *Rechnungslegungsverordnung* (§ 12ff. RechKredV) und dem hieraus abgeleiteten *Formblatt* (vgl. Abb. 66, S. 386) festgelegt. Die wichtigsten Aktiva der Sparkassenbilanz sind in der Regel die *Forderungen an Kunden* und die *Eigenanlagen*.

Aktivgeschäft

Das Aktivgeschäft umfasst alle Geschäfte der Sparkasse, die sich auf der Aktivseite der *Bilanz* niederschlagen (können), vor allem Zusage, Auszahlung und Prolongation von *Darlehen* und *Kreditlinien*, daneben die eigenen *Handelsgeschäfte* (vgl. auch *Eigenanlagen*). Die Übernahme von *Bürgschaften* und ähnlichen Verpflichtungen dokumentiert die Sparkasse in der *Bilanz* zwar »unter dem Strich«. Betriebswirtschaftlich gehören diese Geschäfte allerdings auch zum Aktivgeschäft.

Aktivlinie

Die Aktivlinie ist ein *Blankokredit*-Höchstrahmen, den die Sparkasse für Privatkunden, gegebenenfalls auch für kleinere gewerbliche Kunden ermittelt. Sie beschleunigt damit die Entscheidungs- und Bearbeitungsprozesse in diesen Geschäftssegmenten. Innerhalb der Aktivlinie kann der Sparkassenberater beispielsweise *Konsumentenkredite* und *Dispositionskredite* ohne *Scoring*, *Kapitaldienstrechnung* und *Kreditsicherheiten* anbieten. Mehrmalige Kreditprüfungen und Beschlussfassungen entfallen. Die Sparkasse wählt die Kunden, die für eine Aktivlinie in Frage kommen, größtenteils automatisiert aus. Sie kann dabei entsprechend ihrer *Kreditrisikostrategie* feste oder individuelle Kriterien sowie Ausschlusskriterien festlegen.

Aktivseite

vgl. Aktiva

Aktivüberhang

Bei einem Aktivüberhang übersteigen die aktivischen *Festzinspositionen* der Sparkasse die passivischen *Festzinspositionen*. Daraus ergibt sich ein *Zinsänderungsrisiko*, das mit dem Volumen des Überhangs zunimmt. Denn bei einem Anstieg des Zinsniveaus steigt der *Zinsaufwand* der Refinanzierung, insbesondere des *Einlagengeschäfts*, gewöhnlich schneller als der *Zinsertrag* im *Aktivgeschäft*. Im Rahmen ihres *Risikomanagements* schreibt die Sparkasse Aktiv- und *Passivüberhänge* regelmäßig für mehrere künftige Perioden fort. So kann sie *Zinsänderungsrisiken* rechtzeitig erkennen, gegebenenfalls frühzeitig gegensteuern oder Sicherungsinstrumente nutzen.

Allgemeine Verwaltungsaufwendungen
vgl. Verwaltungsaufwendungen

AMA-Ansatz
Der AMA-Ansatz (»Advanced Measurement Approach«) ist die aufwändigste Möglichkeit zur Ermittlung der *Eigenmittel*, mit denen die Sparkasse ihre *operationellen Risiken* unterlegt. Im Gegensatz zum *Basisindikatoransatz* und zum *Standardansatz* gibt die Bankenaufsicht beim AMA-Ansatz zwar einen umfangreichen qualitativen Anforderungskatalog, aber kein festes Berechnungsverfahren vor (Artikel 321 ff. CRR). Die Sparkasse kann ihre Berechnungsansätze vielmehr selber wählen. Allerdings muss eine mindestens fünf Jahre umfassende historische Zeitreihe interner Verluste vorliegen. Der AMA-Ansatz soll wie der *Standardansatz* eigenkapitalentlastend wirken. Er ist allerdings mit vergleichsweise hohen administrativen Kosten verbunden. Die meisten Sparkassen entscheiden sich daher für den einfacheren *Basisindikatoransatz*.

Anhang
Der Anhang ist neben *Bilanz* und *Gewinn- und Verlustrechnung* (GuV) Teil des *Jahresabschlusses*. Er ergänzt *Bilanz* und GuV mit Zusatzinformationen, erläutert einzelne Positionen und gibt grundsätzliche Hinweise zur Rechnungslegung und zu Bilanzierungs- und Bewertungsmethoden der Sparkasse. Beispiele: *aperiodische* und *außerordentliche Erträge* und *Aufwendungen*, *Anlagespiegel*, *Fristengliederung*, Angaben zu *Beteiligungen*, Mitglieder des Verwaltungsrats u. a. *Handelsgesetzbuch* und *Rechnungslegungsverordnung* legen die im Anhang zu gebenden Erläuterungen fest (insbesondere §§ 284, 285 HGB, §§ 34, 35 Rech-KredV).

Anlagebestand
vgl. Anlagevermögen

Anlagebuch
Zum Anlagebuch der Sparkasse gehören alle Geschäfte mit *Eigenanlagen* und anderen *Finanzinstrumenten*, durch die die Sparkasse nicht kurzfristige *Kursgewinne*, sondern mittel- und langfristig gesicherte Erträge erzielen möchte. Meist handelt es sich dabei um festverzinsliche *Wertpapiere*, *Spezialfonds* und *Publikumsfonds*. Nach dem *Kreditwesengesetz* zählen alle Geschäfte zum Anlagebuch, die nicht dem *Handelsbuch* zuzurechnen sind. Positionen des *Handelsbuchs* kann die Sparkasse nur unter außergewöhnlichen Umständen in das Anlagebuch umwidmen, etwa bei schweren Marktstörungen (§ 340e Abs. 3 HGB). Sie muss dies nachvollziehbar begründen und dokumentieren. Dabei hat sie die selbst formulierten Kriterien für die Zuordnung zum *Handelsbuch* zu beachten. Das Anlagebuch ist nicht zu verwechseln mit dem handelsrechtlichen Begriff des *Anlagevermögens*. Die Positionen des Anlagebuchs der Sparkasse gehören in der Regel zur *Liquiditätsreserve*; die Sparkasse bewertet sie daher wie

Umlaufvermögen. Dem *Anlagevermögen* sind – wenn überhaupt – nur wenige Positionen des Anlagebuchs zugeordnet (vgl. Abb. 23, S. 110).

Anlagespiegel

Der Anlagespiegel stellt im *Anhang* des *Jahresabschlusses* der Sparkasse die Entwicklung des *Anlagevermögens* dar (§ 268 Abs. 2 HGB in Verbindung mit § 340e HGB und § 34 Abs. 3 RechKredV). Ausgehend von den historischen *Anschaffungskosten* oder *Herstellungskosten* muss die Sparkasse die Zugänge, Abgänge, Umbuchungen und *Zuschreibungen* des Geschäftsjahrs genauso dokumentieren wie die kumulierten *Abschreibungen* und die *Abschreibungen* des Geschäftsjahres.

Anlagevermögen

Das Anlagevermögen (auch: Anlagebestand) umfasst die *Vermögensgegenstände*, die die Sparkasse dauernd für den Geschäftsbetrieb einsetzt. Es wird auf der Aktivseite der *Bilanz* ausgewiesen. Zum Anlagevermögen gehören u. a. *Beteiligungen*, Anteile an *verbundenen Unternehmen*, Grundstücke und Gebäude, technische Anlagen, Maschinen, *Betriebs- und Geschäftsausstattung*, Konzessionen, Lizenzen oder gewerbliche Schutzrechte (§ 340e Abs. 1 HGB). Unterliegt Anlagevermögen technischer und/oder wirtschaftlicher Abnutzung (Beispiel: Gebäude, Maschinen, Fahrzeuge), muss die Sparkasse eine jährliche *Wertberichtigung* nach unten vornehmen; sie wird als *planmäßige Abschreibung* bezeichnet. Außerplanmäßige Abschreibungen sind im Gegensatz zum *Umlaufvermögen* nur bei einer voraussichtlich dauernden Wertminderung zwingend («gemildertes» *Niederstwertprinzip* gemäß § 253 Abs. 3 HGB). Nicht als Anlagevermögen gelten *Kredite* an Kunden und an andere *Kreditinstitute*. Eigene *Wertpapiere* sind nur dann Anlagevermögen, wenn die Sparkasse sie explizit so zugeordnet bzw. umgewidmet hat (vgl. *Schuldverschreibung*). Die Sparkasse stellt die Entwicklung des Anlagevermögens als *Anlagespiegel* im *Anhang* des *Jahresabschlusses* dar. Das Anlagevermögen ist nicht zu verwechseln mit dem aufsichtsrechtlichen Begriff des *Anlagebuchs*.

Anleihe

vgl. Schuldverschreibung

Anrechenbare Eigenmittel

Die anrechenbaren Eigenmittel sind die Bemessungsgrundlage für die Definition eines *Großkredits* und für die Großkreditobergrenze. Sie können niedriger sein als die *Eigenmittel*, weil die Sparkasse *Ergänzungskapital* nur bis zu maximal einem Drittel des *Kernkapitals* berücksichtigen darf (Artikel 4 Abs. 1 Nr. 71 CRR). Bis zum Jahr 2016 gilt eine Übergangsregelung (Artikel 494 CRR).

Anschaffungsdarlehen

vgl. Konsumentenkredit

Anschaffungskosten

Zu den Anschaffungskosten zählen alle *Aufwendungen*, mit denen die Sparkasse einen *Vermögensgegenstand* erwirbt und ihn in einen betriebsbereiten Zustand versetzt (§ 255 Abs. 1 HGB). Wesentlicher Bestandteil der Anschaffungskosten ist der Anschaffungspreis; er umfasst auch etwaige *Aufwendungen* für Transport, Fundamente, Montage und damit zusammenhängende bauliche Veränderungen. Zu den Anschaffungskosten zählen auch Nebenkosten wie Versicherungen, Provisionen, Grunderwerbsteuer und die von Lieferanten berechnete Umsatzsteuer. Letztere kann die Sparkasse meist nicht als Vorsteuer geltend machen, weil die Leistungen von *Kreditinstituten* größtenteils umsatzsteuerbefreit sind. Rabatte, Skonti und andere Preisnachlässe mindern die Anschaffungskosten. Wie die *Herstellungskosten* bilden auch die Anschaffungskosten die Wertobergrenze für den Ansatz eines *Vermögensgegenstands* in der *Bilanz* (§ 253 Abs. 1 HGB). Das gilt – abgesehen vom *Handelsbestand* – auch dann, wenn beispielsweise der Kurs eigener *Wertpapiere* über den Anschaffungspreis hinaus gestiegen ist (vgl. *Kursreserven*). Die Anschaffungskosten sind zudem Basis für *planmäßige Abschreibungen*. Der handelsrechtliche Ansatz ist auch für die *Steuerbilanz* maßgebend.

Anschaffungspreis

vgl. Anschaffungskosten

Anschaffungswert

vgl. Anschaffungskosten

Antizyklischer Kapitalpuffer

Mit dem antizyklischen Kapitalpuffer können die nationalen Aufsichtsbehörden die Eigenkapitalanforderungen über die Mindestausstattung mit *Eigenmitteln* und den *Kapitalerhaltungspuffer* hinaus weiter erhöhen. Damit ist es möglich, nicht nur über die Geldpolitik, sondern auch über das Aufsichtsrecht einem übermäßigen Kreditwachstum und der Gefahr von »Blasen«bildungen in einzelnen Volkswirtschaften entgegenzuwirken. Um die Höhe des antizyklischen Kapitalpuffers effektiv zu ermitteln, wäre es notwendig, die *Kredite* und die *Eigenanlagen* der Sparkasse nach den Ländern aufzuteilen, in dem die Kunden bzw. *Emittenten* ihren Sitz haben. Auf jedes Teilportfolio wäre dann die Quote anzuwenden, die die dortige nationale Aufsichtsbehörde festgelegt hat. Verlangte beispielsweise die Bankenaufsicht in Frankreich den Aufbau eines antizyklischen Kapitalpuffers in Höhe von 1 Prozent, müsste ihn die deutsche Sparkasse in dieser Höhe für alle *Kredite* an französische Kunden und für alle *Wertpapiere* von französischen *Emittenten* aufbauen. Sie müsste ihn aus *Kernkapital* bilden und hätte dafür 12 Monate Zeit. Die EU-Mitgliedsstaaten erkennen antizyklische Kapitalpuffer bis zu 2,5 Prozent gegenseitig an. Sollte eine nationale Aufsichtsbehörde einen höheren Puffer festlegen, müssen ihn die anderen

Staaten nicht übernehmen. Rechtsgrundlage in Deutschland ist § 10d KWG und §§ 33 ff. SolvV.

Antragsscoring
vgl. Scoring

Aperiodische Aufwendungen
Aperiodische Aufwendungen belasten die Sparkasse zwar im laufenden Geschäftsjahr, sind der Sache nach aber einem zurückliegenden Geschäftsjahr zuzurechnen. Beispiel sind auf frühere Jahre entfallene *Aufwendungen* aus Kundenreklamationen oder *Zinsaufwendungen*, die aus nachträglich korrigierten Zinsberechnungen resultieren. Um den Erfolg des laufenden Geschäftsjahrs korrekt abzugrenzen, weist die interne *Erfolgsrechnung* der Sparkasse aperiodische Aufwendungen als *neutralen Aufwand* außerhalb des *Betriebsergebnisses* aus. Anders in der *Gewinn- und Verlustrechnung*: hier gehen aperiodische Aufwendungen in die jeweiligen Einzelpositionen des *Teilbetriebsergebnisses* bzw. *Betriebsergebnisses* (z. B. *Zinsaufwendungen*) ein und verändern damit das *Ergebnis der normalen Geschäftstätigkeit* des laufenden Geschäftsjahrs.

Aperiodisches Ergebnis
Das aperiodische Ergebnis ist der Saldo aus *aperiodischen Aufwendungen* und *aperiodischen Erträgen* eines Geschäftsjahrs.

Aperiodische Erträge
Aperiodische Erträge fließen der Sparkasse zwar im laufenden Geschäftsjahr zu, sind der Sache nach aber einem zurückliegenden Geschäftsjahr zuzurechnen. Beispiel sind auf frühere Jahre entfallene *Zinserträge*, die der Sparkasse nach einer nachträglich korrigierten Zinsberechnung zufließen. Zum Ausweis vgl. *aperiodische Aufwendungen*.

Arbitrage
Sofern identische Güter oder *Finanzinstrumente* an verschiedenen Märkten oder Börsenplätzen zu unterschiedlichen Preisen gehandelt werden, haben Anleger oder Investoren die Chance, hieraus *Gewinne* zu erzielen. Reine Arbitrage-Geschäfte sind risikolos; die Anleger können auf dem billigeren Markt kaufen und gleichzeitig auf dem teureren Markt verkaufen.

Auflassungsvormerkung
Beim Verkauf einer Immobilie geht das Eigentum erst mit Eintragung im *Grundbuch* auf den Käufer über. Nicht selten vergeht zwischen Abschluss bzw. Abwicklung des Kaufvertrags und Eintragung allerdings einige Zeit. Deshalb kann der Käufer mit dem Verkäufer eine Auflassungsvormerkung in Abteilung II des *Grundbuchs* vereinbaren. Sie sichert die Rechtsposition des Käufers, bis das Eigentum an der Immobilie endgültig umgeschrieben ist. Er ist somit vor

Ereignissen geschützt, die den Eigentumsübergang gefährden könnten, beispielsweise zwischenzeitliche Vollstreckungsmaßnahmen gegen den Verkäufer oder die Insolvenz des Verkäufers. Wenn die Sparkasse den Kaufpreis finanziert und mit einer *Grundschuld* absichern möchte, lässt sie die Auflassungsvormerkung mit einem Rangvorbehalt (»für noch einzutragende *Grundpfandrechte*«) oder mit einem Wirksamkeitsvermerk versehen.

Aufsichtsgespräch

Das Aufsichtsgespräch gehört zum Instrumentarium der laufenden Überwachung durch die Bankenaufsicht. Mitarbeiter der *Deutschen Bundesbank* führen es als Routinegespräch einmal jährlich mit dem Vorstand der Sparkasse, bei kleineren, aufsichtsrechtlich unauffälligen Instituten auch in größeren Zeitabständen. Zentrale Themen sind die wirtschaftliche Situation, die allgemeine Geschäftslage und die Risikosituation der Sparkasse auf Basis des geprüften und ausgewerteten *Jahresabschlusses*. Darüber hinaus erläutert die Bundesbank, wie sie die *wesentlichen Risiken*, die *Risikotragfähigkeit*, die Organisation und die internen Kontrollverfahren der Sparkasse insgesamt bewertet (vgl. *Risikomatrix*). Das Aufsichtsgespräch findet entweder bei der zuständigen Hauptverwaltung der *Deutschen Bundesbank* oder bei der Sparkasse statt. Die Bundesbank informiert die *Bundesanstalt für Finanzdienstleistungsaufsicht* über den Gesprächsverlauf, sofern diese nicht persönlich vertreten war. Gibt es konkreten Klärungsbedarf zu bestimmten Sachverhalten, kann die Bankenaufsicht das Aufsichtsgespräch auch als so genanntes Anlassgespräch führen. Rechtsgrundlage für das Aufsichtsgespräch ist die von der Bafin erlassene Aufsichtsrichtlinie (Artikel 13).

Aufwand

Der Aufwand der Sparkasse (im Handels- und Bilanzierungsrecht: Aufwendungen) umfasst den gesamten Verbrauch an Gütern und Dienstleistungen während eines Geschäftsjahrs. Er fällt überwiegend im Rahmen des *operativen Geschäfts* an (z.B. *Zinsaufwendungen, Provisionsaufwendungen, Personalaufwand, Sachaufwand*). Er kann aber auch auf sonstige Weise entstehen; dann spricht man von *außerordentlichen Aufwendungen, aperiodischen Aufwendungen* oder *betriebsfremden Aufwendungen*. Jeder Aufwand vermindert das *Eigenkapital* der Sparkasse. Um das *Eigenkapital* aber während des Geschäftsjahrs nicht ständig verändern zu müssen, bucht die Sparkasse Aufwand zunächst auf gesonderten Unterkonten. Diese Unterkonten bilden zusammen mit Unterkonten, die die *Erträge* der Sparkasse abbilden, die *Gewinn- und Verlustrechnung*. Sinngemäß gilt das auch für die interne *Erfolgsrechnung* der Sparkasse. Ihren Aufwand weist die Sparkasse in dem Geschäftsjahr aus, in dem sie die jeweiligen Güter und Dienstleistungen verbraucht hat. Erfolgt die Zahlung erst zu einem späteren Zeitpunkt, bildet sie *Rechnungsabgrenzungsposten* oder *Rückstellungen*. Nicht jeder Aufwand führt zu einer Auszahlung bzw. Ausgabe (Beispiel: *Abschreibungen*); nicht jeder Zahlungsausgang ist ein Aufwand (Beispiel: Rückzahlung/Fälligkeit von Kundeneinlagen). Betriebsbedingte Aufwendungen der Sparkasse (Zweckaufwendungen) sind *Kosten* und gehen damit in die Kalkulation von Konditionen ein (vgl. Abb. 18).

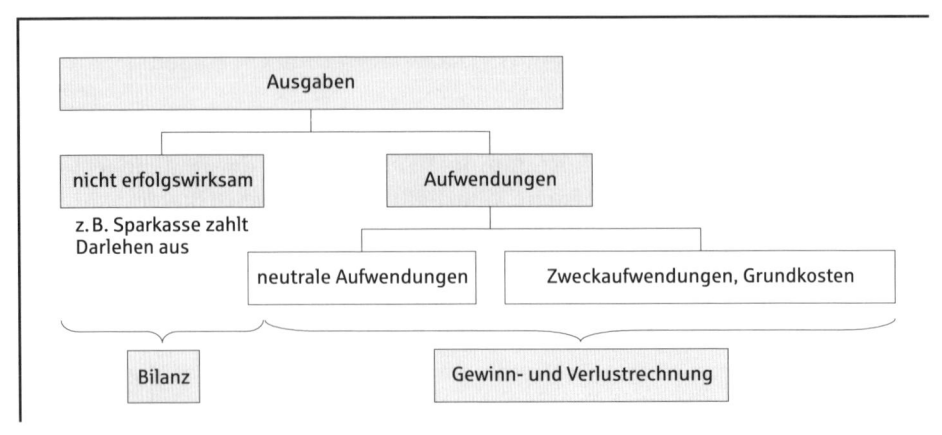

```
                          Ausgaben
                  ┌──────────┴──────────┐
          nicht erfolgswirksam       Aufwendungen
          z. B. Sparkasse zahlt   ┌──────────┴──────────┐
          Darlehen aus
                           neutrale Aufwendungen   Zweckaufwendungen, Grundkosten
              ╰─────────────────╯       ╰──────────────────────────╯
                   Bilanz                   Gewinn- und Verlustrechnung
```

Abb. 18: Abgrenzung von Ausgaben und Aufwendungen

Aufwand-Ertrags-Quote
vgl. Cost-Income-Ratio

Aufwendung
vgl. Aufwand

Ausfall
Im allgemeinen Verständnis gilt ein *Kredit* als »ausgefallen«, wenn der Kunde vertragsgemäße Zahlungen innerhalb eines vereinbarten Zeitraums nicht leistet. Das aufsichtsrechtliche Verständnis eines Ausfalls ist in der *CRR-Verordnung* (Artikel 178) festgelegt: Entweder es gibt konkrete Anhaltspunkte, dass ein Kunde bzw. Schuldner seinen Verpflichtungen nicht nachkommen kann (z. B. Bildung einer *Einzelwertberichtigung*, Erlass oder Aufschub fälliger Zahlungen, *Insolvenzverfahren*). Oder ein Zahlungsanspruch der Sparkasse ist seit mehr als 90 Tagen überfällig. Ein Zahlungsanspruch resultiert u. a. auch aus einer ungeregelten oder nicht abgestimmten *Überziehung* einer *Kreditlinie*. Überfällige Positionen muss die Sparkasse wegen des erhöhten *Adressenausfallrisikos* mit deutlich mehr *Eigenmitteln* unterlegen als *Kredite*, die vertragsgemäß bedient werden. Das *Risikogewicht* der eigens hierfür vorgesehenen Forderungsklasse »Ausgefallene Positionen« liegt bei mindestens 100 Prozent (Artikel 127 CRR). Bemessungsgrundlage ist dann – vom *Mengengeschäft* abgesehen – das unbesicherte Kundenobligo, nicht nur ein einzelnes Konto, bei dem ein Zahlungsverzug aufgetreten ist. Schon aus diesem Grund ist die Sparkasse gut beraten, längerfristige *Überziehungen* auf Girokonten möglichst zu vermeiden.

»Ausgefallene« Kredite sind nicht zwangsläufig auch *Problemkredite* im Sinne der *Mindestanforderungen* an das Risikomanagement (BTO 1.2.5).

Ausfallbürgschaft
Bei einer Ausfallbürgschaft haftet der Bürge bis zur Höhe seiner Bürgschaftszusage für den nachgewiesenen Verlust eines Gläubigers nach Verwertung von *Kreditsicherheiten* und nach erfolgloser *Zwangsvollstreckung* in das Vermögen des Hauptschuldners. Der Bürge ist damit in einer deutlich besseren Situation als bei einer selbstschuldnerischen *Bürgschaft*; dort stehen ihm keinerlei Einreden zu. Um den Nachweis des Bürgschaftsfalls zu erleichtern, hat sich im Kreditgeschäft die »modifizierte« Ausfallbürgschaft durchgesetzt. Hierbei definieren Gläubiger und Bürge, wann ein Ausfall als eingetreten gelten soll, etwa »drei Monate nach Fälligkeit«, »bei Eröffnung eines Insolvenzverfahrens« o. ä. Bei gewerblichen Finanzierungen mit erkennbar erhöhten Risiken versucht die Sparkasse häufig, Ausfallbürgschaften von *Bürgschaftsbanken* oder Kreditgarantiegemeinschaften als *Kreditsicherheit* hereinzunehmen. Diese verbürgen auf Antrag bis zu 80 Prozent eines neu bereitgestellten *Kredits*. Entsprechend reduziert sich für die Sparkasse der *Blankoanteil* des Kreditverhältnisses. Der Kunde zahlt für eine solche Ausfallbürgschaft ein einmaliges Bearbeitungsentgelt und eine laufende Provision. Die Sparkasse kann die Ausfallbürgschaft einer *Bürgschaftsbank* oder Kreditgarantiegemeinschaft unter bestimmten Voraussetzungen als *Kreditrisikominderungstechnik* nutzen, um die aufsichtsrechtlich geforderte Unterlegung eines *Kredits* mit *Eigenmitteln* zu reduzieren.

Ausfallrisiko
vgl. Adressenausfallrisiko

Ausfallwahrscheinlichkeit
Die Ausfallwahrscheinlichkeit ist das mathematisch-statistisch ermittelte Risiko, dass ein Kreditkunde, ein *Emittent* oder ein sonstiger Vertragspartner seinen Zahlungsverpflichtungen oder anderen vertraglichen Verpflichtungen nicht nachkommt. Die Berechnung von Ausfallwahrscheinlichkeiten ist zentrales Anliegen externer und interner *Rating*-Verfahren. Auf Basis historischer Zeitreihen berechnen sie für jede Ratingklasse eine Ausfallwahrscheinlichkeit innerhalb eines Jahres. Für Adressen mit besten *Bonitäten* (Ratingklasse 1) liegt sie bei unter 0,1 Prozent; d. h. bei nicht einmal einem von 1000 Kreditkunden dieser Ratingklasse ist innerhalb der nächsten 12 Monate mit einem *Ausfall* zu rechnen. Die Ratingverfahren orientieren sich dabei an den *Ausfall*-Definitionen der Bankenaufsicht. Grundsätzlich gilt: Je schlechter ein Kreditkunde oder eine *Emission* bzw. ein *Emittent* »geratet« sind, desto höher ist die Ausfallwahrscheinlichkeit, desto höher ist das Risiko für die Sparkasse, desto mehr *Eigenmittel* muss sie für dieses Risiko bereithalten (vgl. *Risikogewicht*). Vor allem auf die Ausfallwahrscheinlichkeit zielt auch die Vorgabe der *Mindestanforderungen an das Risikomanagement* ab, mit aussagekräftigen *Risikoklassifizierungsverfah-*

ren die *Adressenausfallrisiken* turnusmäßig oder anlassbezogen zu beurteilen (BTO 1.4 MaRisk).

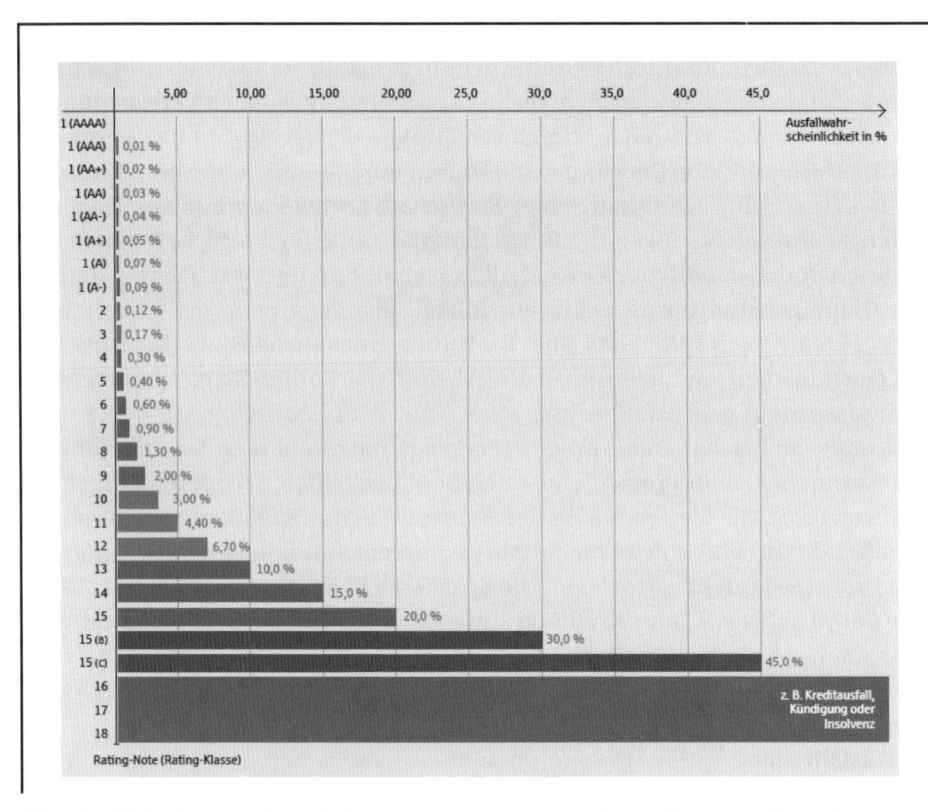

Abb. 19: DSGV-Masterskala mit Ratingnoten und den dazugehörigen Wahrscheinlichkeiten eines Ausfalls innerhalb der nächsten 12 Monate (Quelle: Sparkassen Rating und Risikosysteme GmbH)

Ausgabekurs
vgl. Emissionskurs

Ausgleichsforderung
Ausgleichsforderungen waren Schuldbuchforderungen gegen das damals »vereinigte Wirtschaftsgebiet« (Rechtsnachfolger: Bundesrepublik Deutschland) und die Bundesländer, die im Rahmen der Währungsreform im Jahr 1948 entstanden. Die öffentliche Hand schloss mit diesen Titeln bei den *Kreditinstituten* die Lücke zwischen den nach Kriegsverlusten und Währungsreform oft nahezu wertlosen *Aktiva* und den nicht so stark abgewerteten *Verbindlichkeiten* der Banken und Sparkassen. Damit stärkte sie das Vertrauen der Bevölkerung in die Stabilität der Kreditwirtschaft. Ausgleichsforderungen waren unterdurchschnittlich verzinst und kaum fungibel. Aus einem gesonderten Fonds der *Deutschen Bundesbank* waren die Ausgleichsforderungen aus der Zeit der Währungs-

reform 1948 bis Mitte der 1990er Jahre getilgt. Die *Bilanz* der Sparkasse (Posten 10 der Aktivseite) weist sie demzufolge heute mit Null aus.

Auskunftsrecht

Auch wenn der Vorstand grundsätzlich erster Ansprechpartner des Aufsichtsorgans ist, können der Vorsitzende des Verwaltungsrats oder der Vorsitzende eines Ausschusses des Verwaltungsrats über vorliegende Erkenntnisse hinaus weitere Auskünfte in der Sparkasse einzuholen. Mögliche Ansprechpartner sind dabei der Leiter der *internen Revision* (§ 25d Abs. 8, 9 und 12 KWG, AT 4.4.3 Ziffer 2 MaRisk), der Leiter der *Risikocontrolling*-Funktion (§ 25d Abs. 8 und 9 KWG), der Leiter des Personalwesens (§ 25d Abs. 12 KWG) oder der *Wertpapier-Compliance*-Beauftragte (BT 1.1 Ziffer 2 MaComp). Dabei ist der Vorstand jeweils zu informieren und einzubeziehen. Das Auskunftsrecht beschränkt sich inhaltlich auf die Aufgaben, die dem Verwaltungsrat und den genannten Funktionen in der Sparkasse zugewiesen sind. Es umfasst nicht Sachverhalte, die etwa die *interne Revision* überhaupt nicht prüft, beispielsweise die *Geschäftsstrategie* der Sparkasse. Der Anstoß für ein Auskunftsersuchen ist allein dem Vorsitzenden des Verwaltungsrats bzw. dem Ausschussvorsitzenden vorbehalten. Sonderprüfungsaufträge an die *interne Revision* lassen sich aus dem Auskunftsrecht nicht ableiten.

Auslagerung

Bei einer Auslagerung (auch: Outsourcing) überträgt die Sparkasse betriebliche Aktivitäten und Prozesse auf ein anderes Unternehmen. Die Leistungen des Auslagerungsunternehmens müssen im Zusammenhang mit dem originären Sparkassengeschäft stehen. Die Zusammenarbeit mit einem Reinigungsunternehmen etwa ist keine Auslagerung im aufsichtsrechtlichen Sinne. Gleiches gilt für den einmaligen oder gelegentlichen Fremdbezug von Gütern und Dienstleistungen und für Leistungen, die die Sparkasse aufgrund tatsächlicher Gegebenheiten oder rechtlicher Vorgaben heute und auch künftig nicht selbst erbringen kann (z. B. Nutzung der Zentralbankfunktion einer Landesbank oder eines Wertpapierabwicklers). Jede Auslagerung ist mit *operationellen Risiken* verbunden; das Auslagerungsunternehmen erbringt seine Leistungen möglicherweise nicht pünktlich, nicht in der vereinbarten Qualität oder fällt schlimmstenfalls sogar ganz aus. Das *Kreditwesengesetz* verpflichtet die Sparkasse auf angemessene Vorkehrungen, um übermäßige zusätzliche Risiken zu vermeiden. In jedem Fall bleibt die Sparkasse dafür verantwortlich, dass das Auslagerungsunternehmen die geltenden gesetzlichen Bestimmungen einhält (§ 25b Abs. 2 KWG). Im Rahmen einer Risikoanalyse muss sie zudem festlegen, welche Auslagerungen sie unter Risikogesichtspunkten als *wesentlich* einstuft. Für wesentliche Auslagerungen formulieren die *Mindestanforderungen an das Risikomanagement* erhöhte Anforderungen (AT 9 Ziffern 2 und 5 – 7 MaRisk). Der Vorstand darf Auslagerungen nicht dazu nutzen, seine Verantwortung zu delegieren. Bestimmte Leitungsaufgaben (u. a. Unternehmensplanung, Besetzung von Führungskräftepositionen) oder explizit dem Vorstand zugeordnete Aufgaben (u. a. Formulierung von *Strategien*, Entscheidung über *Großkredite*) kann die Sparkasse daher nicht auslagern (Erläuterung zu AT 9 Ziffer 4 MaRisk). Sparkassen nutzen die Möglichkeit, geschäftliche Prozesse auszulagern, in sehr unterschiedlichem Maß. Eine Auslagerung vermindert den *Personalaufwand*; gleichzeitig erhöht die Vergütung an das Auslagerungsunternehmen den *Sachaufwand*. Beim direkten Vergleich von *Personalaufwand* und *Sachaufwand* ist dies zu berücksichtigen.

Außerordentlicher Aufwand
vgl. außerordentliche Aufwendungen

Außerordentliche Aufwendungen
Aufwendungen, die nicht im Rahmen der gewöhnlichen Geschäftstätigkeit der Sparkasse anfallen, bezeichnet das *Handelsgesetzbuch* in § 277 Abs. 4 HGB als außerordentliche Aufwendungen. Die *Gewinn- und Verlustrechnung* weist sie gesondert aus, um die Ertragslage besser und von Sonderfaktoren bereinigt beurteilen zu können. Außerordentliche Aufwendungen erfüllen zwei Kriterien: Sie sind der Art nach für die Sparkasse ungewöhnlich, und sie belasten die Sparkasse nur selten bzw. unregelmäßig. Beispiel ist die Regulierung eines außergewöhnlichen Schadensfalls. Soweit außerordentliche Aufwendungen betragsmäßig nicht von untergeordneter Bedeutung bzw. »nicht unwesentlich« sind, muss die Sparkasse sie im *Anhang* des *Jahresabschlusses* erläutern (u. a. § 35 Abs. 1 Nr. 4 RechKredV). *Aperiodische Aufwendungen* sind im handelsrechtlichen Sinne keine außerordentlichen Aufwendungen. In die interne *Erfolgsrechnung* der Sparkasse und den *Betriebsvergleich* fließen außerordentliche Aufwendungen als *neutraler Aufwand* ein. Abweichend vom handelsrechtlichen Verständnis zählen im internen Sprachgebrauch der Sparkasse oft auch das *Bewertungsergebnis* und der Steueraufwand zu den »außerordentlichen« Aufwendungen.

Außerordentliches Ergebnis
Das außerordentliche Ergebnis ist eine Zwischenposition der *Gewinn- und Verlustrechnung*, soweit sie in der Staffelform angelegt ist (Posten 22). Es saldiert die *außerordentlichen Aufwendungen* und die *außerordentlichen Erträge*. Anders lautet die Definition für die interne *Erfolgsrechnung* der Sparkasse und für den *Betriebsvergleich*: Hier setzt sich das »außerordentliche« Ergebnis aus dem *Bewertungsergebnis*, dem *neutralen Ergebnis* und dem Steueraufwand zusammen. Wird das *Betriebsergebnis* vor Bewertung um das außerordentliche Ergebnis vermindert bzw. erhöht, ergibt sich der *Jahresüberschuss*.

Außerordentliche Erträge
Erträge, die nicht im Rahmen der gewöhnlichen Geschäftstätigkeit der Sparkasse anfallen, bezeichnet das *Handelsgesetzbuch* in § 277 Abs. 4 als außer-

ordentliche Erträge. Die *Gewinn- und Verlustrechnung* weist sie gesondert aus, um die Ertragslage von Sonderfaktoren bereinigt beurteilen zu können. Außerordentliche Erträge erfüllen zwei Kriterien: Sie sind der Art nach für die Sparkasse ungewöhnlich, und sie fließen der Sparkasse selten bzw. unregelmäßig zu. Beispiel wären *Gewinne* aus der Veräußerung ganzer Betriebsteile oder bedeutender *Beteiligungen*. Soweit außerordentliche Erträge betragsmäßig nicht von untergeordneter Bedeutung bzw. »nicht unwesentlich« sind, muss die Sparkasse sie im *Anhang* des *Jahresabschlusses* erläutern (u. a. § 35 Abs. 1 Nr. 4 RechKredV). *Aperiodische Erträge* sind im handelsrechtlichen Sinne nicht zwingend außerordentliche Erträge. In die interne *Erfolgsrechnung* der Sparkasse und den *Betriebsvergleich* fließen außerordentliche Erträge als *neutraler Ertrag* ein.

Außerplanmäßige Abschreibung

Mit außerplanmäßigen Abschreibungen (Sonderabschreibungen) erfasst die Sparkasse unvorhersehbare oder ungeplante Wertminderungen von Gegenständen des *Anlagevermögens* und des *Umlaufvermögens*. Sie folgt damit dem im *Handelsgesetzbuch* formulierten *Niederstwertprinzip* (§ 253 Abs. 3 und 4 HGB). Außerplanmäßige Abschreibungen gehen in das *Bewertungsergebnis* der Sparkasse ein und können die Ertragslage in erheblichem Maß beeinflussen. De facto zeigen die außerplanmäßigen Abschreibungen die auf den (nächsten) *Bilanzstichtag* bezogen, neu erkannten *Adressenausfallrisiken* und *Marktpreisrisiken* der Sparkasse auf (vgl. auch *Risikotragfähigkeit*); sie sind handelsrechtlich gebotene *Risikovorsorge*. Eine außerplanmäßige Abschreibung heißt nicht zwangsläufig, dass der Sparkasse später ein tatsächlicher *Verlust* entsteht (vgl. *endgültiger Verlust, Kursverlust*).

1. Im Kreditgeschäft bucht die Sparkasse außerplanmäßige Abschreibungen bei uneinbringlichen Forderungen als *Direktabschreibung*, bei Forderungen mit akuten, erkennbaren und belegbaren *Adressenausfallrisiken* als *Einzelwertberichtigung* und bei einwandfreien Forderungen als *Pauschalwertberichtigung*.
2. Bei eigenen *Wertpapieren* des *Handelsbestands* und der *Liquiditätsreserve* resultieren außerplanmäßige Abschreibungen aus dem Unterschied zwischen den *Anschaffungskosten* bzw. dem *Buchwert* und einem niedrigeren Börsen- oder Marktpreis am *Bilanzstichtag*.
3. Bei eigenen *Wertpapieren*, die die Sparkasse dem *Anlagevermögen* zugeordnet hat, muss sie nur bei voraussichtlich dauernder Wertminderung außerplanmäßig abschreiben (§ 253 Abs. 3 HGB).

Die außerplanmäßigen Abschreibungen sind im *Jahresabschluss* der Sparkasse schwer zu erkennen und nachzuvollziehen. Auf der Aktivseite der *Bilanz* vermindern sie den Ansatz der jeweiligen Vermögenspositionen und werden dort mit bestandsverändernden Neugeschäften, Tilgungen, Zugängen, Abgängen, Auflösungen und *Zuschreibungen* verrechnet. Nur *Wertberichtigungen* von *Avalkrediten* führen zu einer auf der Passivseite ausgewiesenen *Rückstellung*

(Posten 7c »andere Rückstellungen«). In der *Gewinn- und Verlustrechnung* gehen die außerplanmäßigen Abschreibungen in Sammelpositionen ein, die unterschiedliche aufwands- und ertragswirksame Bewertungsmaßnahmen sowie realisierte *Kursgewinne* und *Kursverluste* in einer Summe zusammenfassen; Rechtsgrundlage hierfür sind § 340c und f HGB in Verbindung mit §§ 32 und 33 RechKredV (vgl. *Wertberichtigung, Überkreuzkompensation*). Die interne *Erfolgsrechnung* der Sparkasse weist das *Bewertungsergebnis* für das Kreditgeschäft und das Wertpapiergeschäft zwar getrennt aus. Allerdings fassen die entsprechenden Positionen Neubildung, Erhöhung und Auflösung von außerplanmäßigen Abschreibungen zu einem Betrag zusammen. Die zusätzliche *Risikovorsorge* eines Geschäftsjahrs lässt sich somit auch hier nicht direkt nachvollziehen.

Auszahlung
vgl. Kreditauszahlung

Aval
vgl. Avalkredit

Avalkredit
Bei einem Avalkredit übernimmt die Sparkasse im Auftrag eines Kunden gegenüber einem Dritten die Haftung für eine bestimmte Geldsumme. Sie übernimmt dabei eine *Bürgschaft* oder gibt eine *Garantie* ab. Im Normalfall bleibt der Kunde zahlungsfähig, kann seine *Verbindlichkeiten* gegenüber dem Dritten erfüllen, und die Sparkasse muss nicht zahlen. Deshalb resultieren aus Avalkrediten nur *Eventualverbindlichkeiten* gegenüber Dritten bzw. Eventualforderungen gegenüber Kreditkunden. Die Sparkasse weist sie in der *Bilanz* »unter dem Strich« der Passivseite als »*Verbindlichkeiten* aus *Bürgschaften* und Gewährleistungsverträgen« (Posten 1b) aus. Die Sparkasse stellt Avalurkunden unbefristet oder befristet aus. Unbefristete Avale erlöschen nach Rückgabe der Urkunde oder, wenn der Begünstigte auf seine Rechte und Ansprüche ausdrücklich verzichtet. Je nach Verwendungszweck gibt es unterschiedliche Formen von Avalkrediten. Bei Gewährleistungsbürgschaften und -garantien ist das Risiko für die Sparkasse verhältnismäßig niedrig; sie übernimmt sie beispielsweise für Kreditkunden aus der Bauwirtschaft. Mit einem höheren Risiko gehen Vertragserfüllungs- oder Anzahlungsbürgschaften bzw. -garantien einher. Wie andere *Kredite* räumt die Sparkasse auch Avalkredite je nach *Bonität* entweder als *Blankokredite* ein oder lässt sich von den Kunden *Kreditsicherheiten* stellen. Für die Übernahme der *Bürgschaft* oder *Garantie* erhält sie eine Avalprovision. Ihre Höhe hängt u. a. von der *Laufzeit* der Bürgschaft, der *Bonität* des Kunden und vom abzusichernden Risiko ab. Der Satz bewegt sich meist zwischen 0,25 und 3 Prozent p.a. Darüber hinaus berechnet die Sparkasse üblicherweise für die Ausfertigung der Avalurkunde ein Entgelt. In der *Gewinn- und Verlustrechnung* weist die Sparkasse Avalprovisionen unter dem Posten *Provisionserträge* aus. Muss die Sparkasse befürchten, vom Gläubiger ihres Kunden als Bürge in Anspruch

genommen zu werden, bildet sie zum einen eine *Einzelwertberichtigung* auf den *Avalkredit*, zum anderen eine *Rückstellung* auf der Passivseite (Posten 7c). Aufsichtsrechtlich fallen auch Avalkredite unter den Begriff des *Kredits*. Folgerichtig muss die Sparkasse die *Adressenausfallrisiken* aus Avalkrediten mit *Eigenmitteln* unterlegen. Ebenso unterliegen Avalkredite auch den Pflichten, die sich aus den *Mindestanforderungen an das Risikomanagement* für das Kreditgeschäft allgemein ergeben.

Avalprovision
vgl. Avalkredit

Avalrahmen
Mit einem Avalrahmen vereinfacht die Sparkasse die Vergabe von *Avalkrediten*. Um nicht für jede zu übernehmende *Bürgschaft* oder *Garantie* einen gesonderten Kreditbeschluss im Sinne der *Mindestanforderungen an das Risikomanagement* (BTR 1 Nr. 2) fassen zu müssen, legt sie beim jeweiligen Kreditkunden eine Grenze für die Summe aller einzeln ausgereichten Avale fest. Der Avalrahmen ist also – wie der *Kontokorrentkredit* – eine *Kreditlinie*. Mitunter fasst die Sparkasse Avalrahmen und *Kontokorrentkredit* zu einer so genannten »wahlweisen Linie« zusammen. Wie sie sich auf *Kontokorrentkredit* und *Avalkredite* aufteilt, liegt dann im Ermessen des Kunden.

Backtesting
Beim Backtesting überprüft die Sparkasse die Prognosegüte der von ihr eingesetzten Verfahren zur Ermittlung von *Marktpreisrisiken* und *Adressenausfallrisiken* (vgl. auch *Value at risk*). Dabei vergleicht sie die von den Modellen vorhergesagten maximalen *Verluste* (»Ausreißer«) mit den tatsächlich eingetretenen Wertveränderungen ihres Portfolios. Übersteigt die Zahl der beobachteten »Ausreißer« die Zahl der prognostizierten »Ausreißer«, ist das Modell deswegen nicht zwangsläufig untauglich. Eine unerwartet hohe Zahl an beobachteten »Ausreißern« kann auch zufallsbedingt eingetreten sein. Dem endgültigen Urteil über die Qualität eines Prognosemodells muss deshalb ein statistischer Test vorausgehen. An verschiedenen Stellen (z. B. BTR 2.2 Nr. 4 MaRisk) verpflichtet das Aufsichtsrecht die Sparkasse zu einem regelmäßigen Backtesting ihrer Prognosemodelle.

Bad Bank
Mit einer Bad Bank (»schlechte Bank«) erhält ein geschwächtes *Kreditinstitut* die Möglichkeit, seine *Bilanz* von ausfallgefährdeten *Aktiva* (u. a. *Wertpapiere*, *Kredite*) zu befreien. Es entlastet sich damit von Risiken und kann mit freiwerdenden *Eigenmitteln* wieder neue *Kredite* vergeben. Die deutsche Gesetzgebung unterscheidet grundsätzlich zwei Möglichkeiten, das Zweckgesellschaftsmodell und das Konsolidierungsmodell.

1. Beim Zweckgesellschaftsmodell übernimmt die Bad Bank *Aktiva*, die deutlich oder sogar ganz abgeschrieben werden müssten, zum aktuellen *Buchwert* abzüglich eines zehnprozentigen Abschlags. Im Gegenzug erhält das geschwächte Institut von der Bad Bank eine vom staatlichen Bankenrettungsfonds (SoFFin) garantierte *Schuldverschreibung*; für diese Garantie muss es eine marktgerechte Vergütung zahlen. Unabhängige Experten errechnen sodann für die übertragenen *Aktiva* den Wert, der bei *Fälligkeit* zu erreichen ist. Die Differenz zwischen *Buchwert* (minus zehn Prozent) und diesem so genannten »Fundamentalwert« zahlt das auslagernde Institut über 20 Jahre in gleich bleibenden Raten an die Zweckgesellschaft zurück. Sollte sich am Ende der Laufzeit für die Bad Bank ein Verlust ergeben, weil der »Fundamentalwert« zu hoch angesetzt war, muss die Bank auch diesen ersetzen, notfalls durch ein Ausschüttungsverbot von Dividenden.
2. Das Konsolidierungsmodell (vgl. Abb. 20) zielt in erster Linie auf Landesbanken ab. Es erlaubt, ganze Geschäftsbereiche auf eine gesonderte Abwicklungsanstalt zu übertragen. Für Verluste der Abwicklungsanstalt haften bei dieser Lösung die Eigentümer des abgebenden Instituts, bei Landesbanken also in der Regel die jeweiligen Bundesländer und regionalen Sparkassenverbände bzw. Sparkassen. Der Gesamtumfang der von Sparkassenseite gegebenenfalls zu tragenden Verluste ist auf die Höhe der zum 30. Juni 2008 noch bestehenden Gewährträgerhaftung der Landesbank begrenzt.

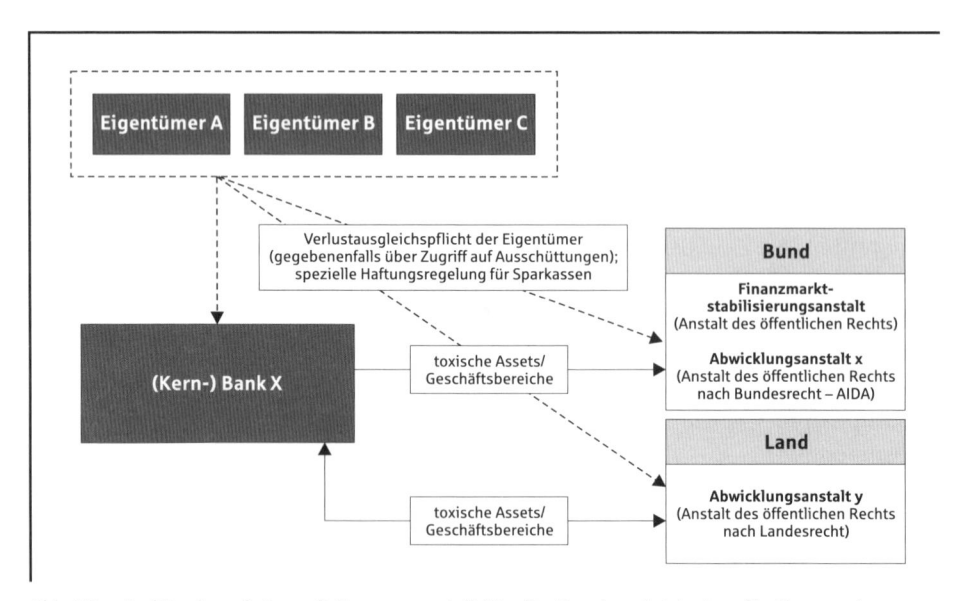

Abb. 20: Bad Bank nach Konsolidierungsmodell (Quelle: Bundesministerium für Finanzen)

BaFin
vgl. Bundesanstalt für Finanzdienstleistungsaufsicht

Bankenabgabe

Die Bankenabgabe ist eine seit dem Jahr 2011 erhobene Abgabe, die grundsätzlich von allen Banken und Sparkassen in Deutschland zu zahlen ist. Die eingenommenen Mittel fließen in den *Restrukturierungsfonds* und sollen im Krisenfall bereitstehen, wenn beispielsweise eine Bank abgewickelt werden muss, also in die geordnete Insolvenz geht. Die Höhe der Bankenabgabe hängt unter anderem von der Größe und vom Grad der Verflechtung des jeweiligen *Kreditinstituts* mit dem *Kapitalmarkt* ab. Der Jahresbeitrag errechnet sich aus zwei Komponenten: Bemessungsgrundlage ist zum einen die *Bilanzsumme* der Sparkasse, reduziert um das bilanzielle *Eigenkapital*, den *Fonds* für allgemeine Bankrisiken, die Verbindlichkeiten gegenüber Kunden (*Einlagen*) und einige weitere Abzugspositionen. Die verbleibenden *Passiva* kann die Sparkasse um einen Freibetrag von 300 Mio EUR kürzen. Der Restbetrag ist mit einem nach Größe des Instituts gestaffelten Satz zu multiplizieren; für die meisten Sparkassen liegt dieser Faktor bei 0,0002. Zum anderen bemisst sich Bankenabgabe der Sparkasse nach den von ihr abgeschlossenen *Derivaten*. Hier gibt es keine Kürzungsmöglichkeiten oder Freibeträge. Der ermittelte Derivatvolumen wird mit 0,0000015 multipliziert. In der internen *Erfolgsrechnung* der Sparkasse erhöht die Bankenabgabe den *Sachaufwand*, in der *Gewinn- und Verlustrechnung* die allgemeinen *Verwaltungsaufwendungen*. Der Fiskus erkennt die Bankenabgabe nicht als *Betriebsausgabe* an; sie ist also beim zu versteuernden Einkommen hinzuzurechnen.

Bankenaufsicht

In der Euro-Zone liegt die Aufsicht über alle Kreditinstitute ab Herbst 2014 grundsätzlich bei der Europäischen Zentralbank (EZB). Allerdings wird sie nicht alle bankaufsichtlichen Aufgaben selbst wahrnehmen, sondern im Rahmen des so genannten »Single Supervisory Mechanism« (SSM) eng mit den nationalen Aufsichtsbehörden zusammenarbeiten. Eine direkte Aufsicht wird die EZB nur bei »signifikanten«, also sehr großen, gesamtwirtschaftlich bedeutenden und grenzüberschreitend tätigen Instituten ausüben. Dabei muss sie auf die vorhandene Erfahrung der nationalen Aufseher zurückgreifen. Für jede »signifikante« Bank oder Bankengruppe soll es daher ein gemischtes Aufsichtsteam aus Mitarbeitern der EZB und der nationalen Aufsichtsbehörden geben. Bei den »weniger signifikanten« Instituten – zu ihnen zählt in der Regel auch die Sparkasse – werden die nationalen Behörden, in Deutschland also die *Bundesanstalt für Finanzdienstleistungsaufsicht* und die *Deutsche Bundesbank*, die aufsichtlichen Aufgaben wahrnehmen. Sie sind dabei jedoch nicht völlig autonom: Die EZB übt eine Aufsicht über das Gesamtsystem aus und soll eine einheitliche und qualitativ hochwertige Aufsichtspraxis im Euro-Währungsgebiet durch Verordnungen, Leitlinien oder allgemeine Anweisungen gegenüber den nationalen Aufsehern sicherstellen.

Bankgarantie
vgl. Garantie

Bankgeheimnis
Das Bankgeheimnis umfasst zum einen die Pflicht eines *Kreditinstituts*, keinerlei Informationen zu den Vermögensverhältnissen seiner Kunden an Dritte weiterzugeben; die Sparkasse sichert dies in ihren Allgemeinen Geschäftsbedingungen (Nr. 1) zu. Umgekehrt beinhaltet das Bankgeheimnis auch das Recht einer Bank oder einer Sparkasse, bei Anfragen Auskünfte über die eigenen Kunden zu verweigern. Das Bankgeheimnis hat allerdings dort Grenzen, wo ihm Gesetze entgegenstehen. So muss die Sparkasse an Finanzbehörden, Staatsanwaltschaft oder auch an Richter unter bestimmten Voraussetzungen Informationen über Kunden herausgeben. Gemäß § 24c KWG hat die Sparkasse zudem eine Datenbank mit Kontonummern sowie Namen und Geburtsdatum der Kontoinhaber zu führen; auf diese Datenbank hat die *Bundesanstalt für Finanzdienstleistungsaufsicht* jederzeit Zugriff. Missachten Mitglieder des Verwaltungsrats und des Vorstands oder Mitarbeiter der Sparkasse das Bankgeheimnis, kann dies zu Schadensersatzforderungen des betroffenen Kunden führen. Ein Verstoß ist deshalb nicht nur ein *Reputationsrisiko*, sondern auch ein *operationelles Risiko*. In besonderen Fällen mit möglicherweise schwerwiegenden Konsequenzen sollte der Vorstand den Verwaltungsrat im Rahmen der *Ad-hoc-Berichterstattung* informieren. Die Bankauskunft (vgl. Nr. 3 AGB) ist kein Verstoß gegen das Bankgeheimnis. Sie beschränkt sich auf allgemein gehaltene Feststellungen und Bemerkungen zu den wirtschaftlichen Verhältnisse eines Kunden.

Bank Lending Survey
Der Bank Lending Survey ist eine vierteljährliche Umfrage der Europäischen Zentralbank zur Kreditvergabepolitik repräsentativ ausgewählter *Kreditinstitute* der Euro-Zone. Sie enthält qualitative Fragen zur Entwicklung der institutsinternen Kreditrichtlinien, der Kreditkonditionen und der Kreditnachfrage von Unternehmen und privaten Haushalten.

Bankschuldverschreibung
Bankschuldverschreibungen sind meist festverzinsliche, seltener variabel verzinsliche *Schuldverschreibungen*, die von *Kreditinstituten* begeben werden: Geschäftsbanken, Landesbanken, *Kreditinstituten* mit Sonderaufgaben, auch Sparkassen. Bankschuldverschreibungen sind gewöhnlich *Inhaberschuldverschreibungen* und an der Börse notiert. Die emittierenden *Kreditinstitute* verschaffen sich mit Bankschuldverschreibungen Zugang zum organisierten *Kapitalmarkt*. Wie sie die zufließenden Mittel verwenden, liegt meist in ihrem Ermessen. In bestimmten Bereichen, beispielsweise bei *Pfandbriefen*, gibt es allerdings gesetzliche oder satzungsmäßige Vorschriften, um die *Emissionen* zu »decken« bzw. abzusichern. Bei vielen Sparkassen steckt ein beträchtlicher Teil

der *Eigenanlagen* in Bankschuldverschreibungen überwiegend erstklassiger *Bonität*. Die Sparkasse braucht für solche *Wertpapiere* deutlich weniger *Eigenmittel* vorhalten als beispielsweise für Forderungen aus dem Kundenkreditgeschäft. Allerdings gilt es unter Umständen satzungsrechtliche Vorschriften zu beachten. In der *Bilanz* weist die Sparkasse erworbene Bankschuldverschreibungen auf der Aktivseite in der Regel unter der Position »*Schuldverschreibungen* und andere festverzinsliche *Wertpapiere*« (Posten 5bb) aus. Hat die Sparkasse selber *Schuldverschreibungen* emittiert, bilanziert sie sie auf der Passivseite als *verbriefte Verbindlichkeiten* (Posten 3a).

Barreserve

Die Barreserve umfasst den *Kassenbestand* der Sparkasse sowie ihre täglich fälligen Guthaben bei der *Deutschen Bundesbank* (vgl. § 12 Abs. 2 RechKredV). In der *Bilanz* ist die Barreserve als Posten 1 der Aktivseite ausgewiesen.

Barwert

Der Barwert (auch: Vermögenswert) eines *Vermögensgegenstands* ist die Summe aller auf die Gegenwart abgezinsten zukünftigen Zahlungsströme, bei einem *Kredit* beispielsweise die Summe der vertraglich vereinbarten abgezinsten Zins- und Tilgungsleistungen. Die *Abzinsung* der künftigen Zahlungsströme beantwortet die Frage: Was sind die künftig aus einem *Vermögensgegenstand* zufließenden Zahlungen oder die aus einer *Verbindlichkeit* zu leistenden Zahlungen heute wert? Der Barwert ergibt sich aus Anzahl, Höhe und Zeitpunkt der künftigen Zahlungen und aus dem Zinssatz, mit dem abdiskontiert wird. Je höher der Zinssatz ist und je weiter die Zahlungen in der Zukunft liegen, desto niedriger ist der Barwert. Viele Sparkassen nutzen das so genannte »Barwert-Konzept« zumindest begleitend für die Steuerung ihrer *Zinsänderungsrisiken*. Dabei vermindert ein Zinsanstieg den Barwert der zinstragenden Positionen auf beiden Seiten der *Bilanz*; ein Zinsrückgang erhöht ihn (vgl. auch *Risikotragfähigkeit*). Wie sich Veränderungen von Zinsniveau und *Zinsstruktur* auf den Barwert des *Zinsbuchs* insgesamt auswirken, hängt von der Bilanzstruktur der Sparkasse ab.

Basel II

Basel II ist die Kurzbezeichnung für die Rahmenvereinbarung des Baseler Ausschusses für Bankenaufsicht vom Juni 2004 über risikoadäquate Eigenkapitalanforderungen, einen modifizierten bankaufsichtlichen Überprüfungsprozess und die erweiterte *Offenlegung* und Marktdisziplin. In Deutschland waren u.a. die *Solvabilitätsverordnung* und die *Mindestanforderungen an das Risikomanagement* unmittelbarer Ausfluss des Basel II-Reglements. Nach den Erfahrungen der Finanzkrise in den Jahren 2007 – 2009 hat der Baseler Ausschuss mit *Basel III* ein neues Regelwerk konzipiert. Es ist am 1. Januar 2014 in Kraft getreten.

Basel III

Mit »Basel III« ist der so genannte »Baseler Ausschuss« dem Auftrag der G 20-Staats- und Regierungschefs nachgekommen, die Kapitalausstattung und Liquiditätsvorsorge der Kreditinstitute als Lehre aus der Finanz- und Wirtschaftskrise der Jahre 2007 bis 2009 zu verbessern. Die teilweise fundamentale Reform des aufsichtsrechtlichen Rahmenwerks zielt vor allem darauf ab, Quantität und Qualität des *Eigenkapitals* anzuheben und internationale Liquiditätsstandards (vgl. *Liquiditätsdeckungskennziffer, stabile Refinanzierungskennziffer*) einzuführen. Die Europäische Union hat das Basel III-Regelwerk zum 1. Januar 2014 über eine unmittelbar bindende Verordnung (Capital Requirement Regulation, vgl. *CRR*) und eine national umzusetzende Richtlinie (Capital Requirements Directive, vgl. *CRD IV*) umgesetzt. Hinzu kommen zahlreiche ebenfalls EU-weit bindende technische Standards der *Europäischen Bankenaufsichtsbehörde (EBA)*.

Basisindikatoransatz

Der Basisindikatoransatz ist das einfachste und von Sparkassen bislang meistgenutzte Verfahren zur Ermittlung der *Eigenmittel*, mit denen sie ihre *operationellen Risiken* unterlegen müssen. Er verpflichtet die Sparkasse, pauschal 15 Prozent des durchschnittlichen jährlichen *Bruttoertrags* der vergangenen drei Jahre als *Eigenmittel* vorzuhalten. Rechtsgrundlage sind Artikel 315 und 316 CRR. Alternativen zum Basisindikatoransatz sind der *Standardansatz* und der *AMA-Ansatz*.

Basiswert

vgl. Option

Bauwert

vgl. Ertragswert, Sachwert

Bedeutendes Engagement

Die *Mindestanforderungen an das Risikomanagement* (MaRisk) sprechen an mehreren Stellen von »bedeutenden Engagements«, verzichten allerdings auf eine präzisierende Definition. So viel wird immerhin deutlich: Bedeutende Engagements haben ein erhöhtes *Adressenausfallrisiko*. Über die *Risikovorsorge* (Bildung von *Einzelwertberichtigungen*) darf keinesfalls der *Bereich Markt* entscheiden, sondern nur noch der *Bereich Marktfolge* (BTO 1.1 Ziffer 7 MaRisk). Hat die Sparkasse ein bedeutendes Engagement als *Sanierungs*kredit eingestuft, muss der Vorstand regelmäßig über den Stand der Sanierung informiert werden (BTO 1.2.5 Ziffer 4 MaRisk). Jede Sparkasse muss für sich entscheiden, wie sie ein bedeutendes Engagement von anderen Kreditverhältnissen abgrenzt. *Rating*, Betreuungsstatus, Engagementhöhe oder *Blankoanteil* können dabei einzeln oder in Kombination sinnvolle Kriterien sein.

Beizulegender Zeitwert
vgl. Zeitwert

Beleihung
Bei einer Beleihung gibt die Sparkasse einen *Kredit* und lässt sich als *Kreditsicherheit Vermögensgegenstände* verpfänden. Meist handelt es sich dabei um Immobilien, die mit *Grundpfandrechten* zu Gunsten der Sparkasse belastet werden; maßgebend für die Höhe und/oder den Zinssatz eines grundpfandrechtlich gesicherten *Kredits* sind neben *Bonität* und *Kapitaldienstfähigkeit* des Kunden vor allem der *Beleihungswert* der Immobilie und der *Beleihungsauslauf*. Die Sparkasse muss dabei die von der obersten Sparkassenaufsicht jedes Bundeslands erlassenen Beleihungsgrundsätze beachten. Neben Immobilien nimmt die Sparkasse im Kreditgeschäft auch Bankguthaben oder Wertpapierdepots als Pfand herein.

Beleihungsauslauf
Der Beleihungsauslauf ist der Quotient aus dem Darlehensbetrag zur Finanzierung einer Immobilie und dem *Beleihungswert* des Objekts. Beispiel: Die Sparkasse gibt dem Eigentümer einer Immobilie ein Darlehen über 2 Mio. EUR gegen *Grundschuld*. Das Objekt hat einen *Beleihungswert* von 2,5 Mio. EUR. Damit liegt der anfängliche Beleihungsauslauf für dieses Darlehen bei 80 Prozent. Je niedriger der errechnete Prozentwert ausfällt, desto geringer ist das Verlustrisiko für die Sparkasse, wenn sie die Immobilie verwerten müsste und es keine Vorlasten gäbe.

Beleihungsgrundsätze
Zu den wichtigsten Geschäften der Sparkasse gehört es, *Kredit* gegen *Grundpfandrechte* zu vergeben. Für die Bewertung von Immobilien gelten dabei spezielle Richtlinien. Sie sind in jedem Bundesland als Beleihungsgrundsätze formuliert; diese werden von der Obersten Aufsichtsbehörde oder vom regionalen Sparkassen- und Giroverband erlassen. Die Beleihungsgrundsätze definieren beispielsweise, welche Objekte beleihungsfähig sind und wie *Beleihungswerte* zu ermitteln sind. In der Sache unterscheiden sich die Beleihungsgrundsätze der einzelnen Bundesländer nur wenig. Die Sparkassenaufsicht novelliert sie von Zeit zu Zeit, um sie an die Praxis anzupassen. Wichtig: Um die Eigenkapitalentlastung von *Realkrediten* oder Realkreditanteilen zu nutzen, muss die Sparkasse den Beleihungswert nach der in mancher Hinsicht anspruchsvolleren *Beleihungswertermittlungsverordnung* festsetzen (§ 22 SolvV). Denn eine Anwendung so genannter »alternativer Verfahren«, zu denen auch die Beleihungsgrundsätze zählen, sieht das europäische Aufsichtsrecht nicht vor.

Beleihungswert
Der Beleihungswert ist der Wert, den die Sparkasse einer Immobilie bei Kreditvergabe gegen *Grundpfandrecht* beimisst. Er drückt aus, zu welchem Betrag

sie die Immobilie im Normalfall für veräußerbar hält. Grundlage für den Beleihungswert ist bei eigengenutzten Wohnimmobilien meist der *Sachwert*. Bei gewerblich vermieteten oder genutzten Immobilien ermittelt die Sparkasse den Beleihungswert auf Basis des *Ertragswerts*; dabei berücksichtigt sie Lage, Ausstattung und baulichen Zustand. Obergrenze für den Beleihungswert ist der aktuelle *Verkehrswert* der Immobilie. Meist liegt er aus Vorsichtsgründen allerdings deutlich darunter: Im Gegensatz zum stichtagsbezogenen *Verkehrswert* muss der Beleihungswert die ausreichende Absicherung eines Kredits während der gesamten *Laufzeit* gewährleisten. Er blendet also vorübergehende, etwa konjunkturell oder spekulativ bedingte Wertschwankungen auf den Immobilienmärkten aus. Will die Sparkasse die Eigenkapitalentlastung für Immobilienkredite nutzen, ermittelt sie die Beleihungswerte nach der *Beleihungswertermittlungsverordnung*, ansonsten nach den *Beleihungsgrundsätzen* des jeweiligen Bundeslandes. Soweit ein zugesagter *Kredit* bei erstrangiger Absicherung oder nach Berücksichtigung etwaiger Vorlasten innerhalb von 60 Prozent des Beleihungswerts liegt, spricht die Sparkasse von einem *Realkredit*. Über diese Beleihungsgrenze hinausgehende Teilbeträge gelten als gesicherter *Personalkredit*. Bevor die Sparkasse einen Beleihungswert festsetzt, lässt sie die Immobilie von einem Sachverständigen schätzen. Meist handelt es sich dabei um eigene Mitarbeiter/innen mit entsprechender Zusatzqualifikation und genauer Kenntnis der örtlichen Verhältnisse. Gehört das *Grundpfandrecht* zu den von der Sparkasse so definierten *bestimmten Sicherheiten*, müssen die internen Sachverständigen grundsätzlich dem *Bereich Marktfolge* zugeordnet sein (BTO 1.1 Ziffer 7) an. Sie können allerdings auch dem *Bereich Markt* angehören, wenn die *Marktfolge* die Wertansätze materiell plausibilisiert (BaFin-Erläuterung zu BTO 1.1 Ziffer 7 MaRisk). Gleiches gilt für die regelmäßige Überprüfung von Beleihungswerten, sofern die Sparkasse nicht statistische Verfahren nutzt. Muss die Sparkasse ein Kreditverhältnis wertberichtigen oder kündigen, setzt sie bei der Ermittlung des *Blankoanteils* nicht mehr den Beleihungswert, sondern einen häufig deutlich niedrigeren *Realisationswert* an.

Beleihungswertermittlungsverordnung

Die Beleihungswertermittlungsverordnung (BelWertV) schafft einheitliche Grundlagen für die Ermittlung von *Beleihungswerten*. Sie stellt in mancher Hinsicht höhere qualitative und prozessuale Anforderungen als die *Beleihungsgrundsätze* des landeseigenen Sparkassenrechts. Die Sparkasse muss die Beleihungswertermittlungsverordnung anwenden, um die Eigenkapitalentlastung von *Realkrediten* oder Realkreditanteilen bei der Finanzierung privater oder gewerblicher Immobilien zu nutzen (§ 22 SolvV). Obligatorisch ist sie darüber hinaus auch für *Kreditinstitute*, die *Pfandbriefe* emittieren.

Bemerkenswertes Engagement

Bemerkenswerte Engagements sind Kreditverhältnisse, bei denen Größenordnung und *Bonität* bzw. *Risikoklassifizierung* zusammen ein beträchtliches

Adressenausfallrisiko für die Sparkasse darstellen. Weil jedes *Kreditinstitut* ein anderes *Risikodeckungspotenzial* und auch eine andere Risikoneigung hat, liefern die *Mindestanforderungen an das Risikomanagement* (MaRisk) keine konkrete Definition. Neben *Großkrediten* nennen sie nur »*Problemkredite* von wesentlicher Bedeutung« als Beispiel. Jede Sparkasse hat daher eigene Kriterien zu formulieren. Der *Kreditrisikobericht* muss die bemerkenswerten Engagements der Sparkasse aufführen und gegebenenfalls kommentieren (BTR 1 Ziffer 7b MaRisk).

Beobachtungskennzahl
vgl. Liquiditätsverordnung

Bereich
Im Sinne der *Mindestanforderungen an das Risikomanagement* (MaRisk) ist ein Bereich eine Organisationseinheit der Sparkasse, in der eine oder auch mehrere *Stellen* zusammengefasst sind. Die MaRisk unterscheiden die Bereiche *Markt*, *Marktfolge* und *Handel*. *Markt* und *Marktfolge* muss die Sparkasse bis zur Vorstandsebene hinauf aufbauorganisatorisch trennen; fachliche und disziplinarische Verantwortung müssen auseinander fallen. Gleiches gilt für den Bereich *Handel* einerseits und die *Funktionen Abwicklung* und Kontrolle der *Handelsgeschäfte* andererseits. Auch das *Risikocontrolling* und mehrere andere besondere *Funktionen* und *Stellen* müssen außerhalb der Bereiche *Markt* und *Handel* angesiedelt sein (BTO Ziffer 3, 4, 7 und 8 MaRisk).

Beschwerderegister
vgl. Mitarbeiter- und Beschwerderegister

Besserungsschein
Bei *Problemkrediten* kann es für die Sparkasse im Rahmen einer *Sanierung* sinnvoll sein, auf Forderungen ganz oder teilweise zu verzichten. In diesem Fall bietet ein Besserungsschein die Chance, von der erhofften wirtschaftlichen Erholung des Kunden zu profitieren: Die Sparkasse trifft mit ihm eine vertragliche Vereinbarung, die die erloschenen Forderungen unter bestimmten Voraussetzungen (z. B. Ausweis eines *Jahresüberschusses*) wieder aufleben lässt. Ein Besserungsschein steht oft unter dem Vorbehalt, dass auch die Gesellschafter auf etwaige Forderungen an das Unternehmen verzichten. Die Sparkasse behält sich vor, jederzeit die Vorlage von *Bilanzen* und zusätzlichen Unterlagen zu verlangen und Einsicht in die Geschäftsbücher des Kunden zu nehmen. Zinsansprüche der Sparkasse leben in der Regel nicht wieder auf.

Bestätigungsvermerk
Der Bestätigungsvermerk ist das Gesamturteil des Wirtschaftsprüfers über die Prüfung des *Jahresabschlusses* der Sparkasse. Er attestiert der Sparkasse zum einen, im *Jahresabschluss* die geltenden Rechnungslegungsvorschriften

beachtet und die Vermögens-, Finanz- und Ertragslage zutreffend dargestellt zu haben. Zum anderen geht der Wirtschaftsprüfer auf Risiken ein, die den Fortbestand der Sparkasse gefährden könnten. Die wirtschaftliche Lage selbst beurteilt der Wirtschaftsprüfer im Bestätigungsvermerk nicht. In der Regel ist der Bestätigungsvermerk uneingeschränkt; dann gibt es keine oder keine wesentlichen Beanstandungen. Andernfalls hat der Wirtschaftsprüfer die Möglichkeit, einen eingeschränkten Bestätigungsvermerk zu erteilen. Äußerstenfalls können Verstöße gegen Gesetz oder Satzung auch zu einem Versagungsvermerk führen. Einschränkung und Versagung muss der Wirtschaftsprüfer begründen. Die gesetzlichen Vorschriften zum Bestätigungsvermerk finden sich in § 322 HGB.

Bestimmte Sicherheiten

Die Sparkasse muss die hereingenommenen *Kreditsicherheiten* vor Kreditvergabe und später auch während der *Laufzeit* eines *Kredits* unter Risikogesichtspunkten und in angemessenen Abständen überprüfen (BTO 1.2.1. Ziffer 2 und BTO 1.2.2. Ziffer 3 MaRisk). Grundsätzlich kann der Vorstand damit auch fachlich geeignete Mitarbeiter/innen aus dem *Bereich Markt* beauftragen. Bei »bestimmten Sicherheiten« allerdings, die für das *Adressenausfallrisiko* der Sparkasse von besonderer Bedeutung sind, müssen Mitarbeiter/innen außerhalb des *Bereichs Markts* die entsprechenden Wertansätze entweder selbst ermitteln oder zumindest materiell plausibilisieren (BTO 1.1. Ziffer 7 MaRisk). Der Vorstand jeder Sparkasse muss individuell festlegen, wie er diese »bestimmten Sicherheiten« abgrenzt. Er kann sich dabei an der absoluten Höhe der Wertansätze oder an der Sicherheitenart orientieren (Beispiel: gewerbliche *Grundpfandrechte, Zessionen, Sicherungsübereignungen*).

Beteiligung

Im handelsrechtlichen Sinne hält die Sparkasse bei einer Beteiligung Anteile an einem anderen Unternehmen. Die damit einhergehende »dauernde Verbindung« dient dem Geschäftsbetrieb der Sparkasse (§ 271 Abs. 1 HGB). Die prozentuale Höhe des Besitzanteils spielt hierbei zunächst keine Rolle. Erst bei einem »Mutter-Tochter«-Verhältnis nach § 290 Abs. 2 spricht das *Handelsgesetzbuch* nicht mehr von einer Beteiligung, sondern von einem *verbundenen Unternehmen* (§ 271 Abs. 2). Die Betriebswirtschaft unterscheidet strategische Beteiligungen (Beispiel: Sparkassenverband, Landesbank), Funktionsbeteiligungen (Beispiel: Immobilienverwaltung, Vermittlung von Versicherungsgeschäften) und Kapitalbeteiligungen (Beispiel: Wagniskapitalgesellschaft, Wohnungsbauunternehmen). Für die meisten Sparkassen ist die strategische Beteiligung am regionalen Sparkassen- und Giroverband die wertmäßig größte Beteiligung. Die Sparkasse weist Beteiligungspositionen auf der Aktivseite ihrer *Bilanz* unter den Posten »Beteiligungen« (Posten 7), »Anteile an *verbundenen Unternehmen*« (Posten 8) oder «Sonstige *Vermögensgegenstände*« (Posten 13) aus. Beteiligungen gehören zum *Anlagevermögen*. Auch wenn der Börsenkurs bzw. Marktwert am

Bilanzstichtag höher ist, darf die Sparkasse sie nur mit den *Anschaffungskosten* ansetzen. Ist der am *Bilanzstichtag* beizulegende Zeitwert niedriger als der Anschaffungswert, kann die Sparkasse diesen niedrigeren Wert ansetzen. Sie muss so verfahren, wenn eine dauernde Wertminderung anzunehmen ist (gemildertes *Niederstwertprinzip*). Die Erträge aus Beteiligungen fließen in einen gesonderten Posten der Gewinn- und Verlustrechnung ein, nämlich in die Positionen »Laufende Erträge aus Beteiligungen«, »Laufende Erträge aus Anteilen an *verbundenen Unternehmen*« oder »Sonstige betriebliche Erträge«. Hält die Sparkasse an einem anderen Unternehmen Anteile von 20 Prozent und mehr, muss sie darüber sowie über Name, Sitz, *Eigenkapital* und Ergebnis des Beteiligungsunternehmens im *Anhang* berichten (§ 285 Nr. 11 HGB). Forderungen an und Verbindlichkeiten gegenüber Beteiligungsunternehmen und *verbundenen Unternehmen* hat die Sparkasse entweder in der *Bilanz* oder im *Anhang* aufzuführen (§ 3 RechkredV). Die Sparkasse muss ihre Beteiligungen mit *Eigenmitteln* unterlegen. Das *Risikogewicht* liegt grundsätzlich bei 100 Prozent. Für Beteiligungen an Unternehmen der Finanzbranche sieht die *CRR-Verordnung* gegebenenfalls sogar einen *Kapitalabzug* vor. Die Sparkasse kann ihn allerdings bei Beteiligungen innerhalb des *Haftungsverbunds* der Sparkassen-Finanzgruppe im Rahmen des *Intragruppenprivilegs* vermeiden (Artikel 49 Abs. 3 CRR). Die Vorschriften zu *Großkrediten* und *Millionenkrediten* weiten den Kreditbegriff auf Beteiligungen aus (Artikel 389 CRR bzw. § 19 Abs. 1 Nr. 7 KWG). Gleiches gilt für die *Mindestanforderungen* an das Risikomanagement (AT 2.3 Nr. 2 MaRisk). Folgerichtig muss die Sparkasse strategische Aussagen zu ihren Beteiligungen formulieren, ein *Risikocontrolling* für Beteiligungen einrichten und im Übrigen bei Beteiligungen dieselben aufbau- und ablauforganisatorischen Anforderungen wie im eigentlichen Kreditgeschäft beachten. Erleichterungen gelten für strategische Beteiligungen (z. B. Verbundbeteiligungen); hier kann etwa die Durchsicht der *Jahresabschlüsse* ein gesondertes *Risikocontrolling* ersetzen (Bafin-Erläuterung zu BTO 1 Ziffer 1 MaRisk). Die Sparkassensatzung kann die Zustimmung des Verwaltungsrats vorsehen, wenn die Sparkasse eine Beteiligung eingehen möchte.

Betriebs- und Geschäftsausstattung

Die Betriebs- und Geschäftsausstattung dient dazu, den Geschäftsbetrieb der Sparkasse einzurichten und aufrechtzuerhalten. Beispiele sind Möbel, Computer-Hardware, Maschinen oder Dienstfahrzeuge. Nutzt die Sparkasse solche Gegenstände dauernd, also mehrfach und über mehrere Jahre hinweg, gehören sie zum *Anlagevermögen*. In diesem Fall gehen die um *planmäßige Abschreibungen* verminderten *Anschaffungskosten* in die Bilanzposition *Sachanlagen* (Posten 12 der Aktivseite) ein. Gilt ein Gegenstand der Betriebs- und Geschäftsausstattung als *geringwertiges Wirtschaftsgut* im Sinne des Einkommensteuergesetzes, kann ihn die Sparkasse im Jahr der Anschaffung unter Umständen entweder voll abschreiben oder sofort als *Sachaufwand* buchen. Als Teil des *Anlagevermögens* weist die Sparkasse *Anschaffungskosten*, Zugänge, Abgänge, *planmäßige Abschreibungen* und *Buchwert* ihrer aktivierten Betriebs- und Geschäftsausstattung im *Anhang* des *Jahresabschlusses* gesondert aus (§ 268 Abs. 2 HGB).

Betriebsausgaben

Betriebsausgaben definieren sich – ebenso wie *Betriebseinnahmen* – aus dem Steuerrecht. Es sind Aufwendungen, die durch den (Sparkassen-)Betrieb veranlasst sind. Sie mindern den zu versteuernden *Gewinn*. Betriebsausgaben entsprechen den Werbungskosten bei Überschusseinkünften (etwa Einkünfte aus nichtselbstständiger Arbeit). Es ist unerheblich, ob sie notwendig, üblich oder zweckmäßig sind. Wenn sich betriebliche und private Sphäre überschneiden, spricht das Steuerrecht von gemischten Aufwendungen. Sie erfordern eine anteilige Zuordnung. Darüber hinaus gibt es Betriebsausgaben, die die Sparkasse ab einer bestimmten Höhe entweder gar nicht oder nur teilweise absetzen kann. Beispiele hierfür sind Bewirtungskosten oder Aufwendungen für Geschenke an Personen, die nicht Arbeitnehmer der Sparkasse sind. Betriebsausgaben können zudem zu einem geldwerten Vorteil führen, den die Begünstigten persönlich versteuern müssen.

Betriebseinnahmen

Betriebseinnahmen sind – ebenso wie *Betriebsausgaben* – ein Begriff des Steuerrechts. Es versteht darunter alle Zuflüsse, die Gegenleistung für betriebliches Handeln oder Nicht-Handeln sind, bei der Sparkasse also vor allem *Zinserträge*, Ausschüttungen und *Provisionserträge*. Eine Betriebseinnahme kann auch dann vorliegen, wenn sie für den Kunden oder Geschäftspartner keine *Betriebsausgabe* ist. Fließen regelmäßige Einnahmen kurz vor Beginn oder kurz nach Ende des betreffenden Kalenderjahrs zu, gelten sie als in diesem Kalenderjahr bezogen (§ 11 Abs. 1 EStG). Die Tilgung von Kundenkrediten und die Einlösung von eigenen *Wertpapieren* sind weder *Erträge* noch Betriebseinnahmen.

Betriebsergebnis

Das Betriebsergebnis drückt den betriebswirtschaftlichen Erfolg der Sparkasse aus. Es ist allgemein die Differenz zwischen den betriebsbedingten *Erträgen* der Sparkasse und ihren betriebsbedingten *Aufwendungen*. Das Betriebsergebnis zeigt also, was die Sparkasse mit ihren geschäftlichen Aktivitäten verdient hat. Dabei klammert es *außerordentliche* und gegebenenfalls *aperiodische* Ergebniskomponenten aus. Das Betriebsergebnis lässt sich zum einen aus der *Gewinn- und Verlustrechnung* ableiten. Zum anderen ist es zentrale Größe der internen *Erfolgsrechnung* und des *Betriebsvergleichs* der Sparkassen. In der *Gewinn- und Verlustrechnung* und in der darauf basierenden Ertragsstatistik der *Deutschen Bundesbank* bilden *Zinsüberschuss* und *Provisionsüberschuss* abzüglich der *Verwaltungsaufwendungen* das *Teilbetriebsergebnis* als Überschuss des sparkassentypischen Geschäfts. Die Addition des *Handelsergebnisses* und des Saldos *sonstiger betrieblicher Aufwendungen* und *sonstiger betrieblicher Erträge* entwickelt aus dem *Teilbetriebsergebnis* das Betriebsergebnis vor Bewertung. Hieraus wiederum ergibt sich unter Abzug des Aufwands für *Risikovorsorge* das eigentliche Betriebsergebnis. Im Gegensatz zur GuV-Sichtweise rechnen interne *Erfolgsrechnung* und Sparkassen-*Betriebsvergleich* neben dem *außerordentlichen Ergebnis* auch *aperiodische Aufwendungen* und *aperiodische Erträge* aus dem Betriebsergebnis heraus; sie grenzen damit den Erfolg des jeweiligen Geschäftsjahrs genauer ab als die *Gewinn- und Verlustrechnung*. Charakteristisch ist hier zudem die Unterscheidung des Betriebsergebnisses »vor Bewertung« und »nach Bewertung«. Das Betriebsergebnis vor Bewertung zeigt den Erfolg des *operativen Geschäfts*. Vermindert um das *Bewertungsergebnis* ergibt sich aus dem *operativen Ergebnis* das Betriebsergebnis nach Bewertung. Um die Ertragssituation unterschiedlich großer Sparkassen miteinander vergleichen zu können, beziehen interne *Erfolgsrechnung* und *Betriebsvergleich* das Betriebsergebnis und seine einzelnen Komponenten auf die durchschnittliche *Bilanzsumme* des Geschäftsjahrs.

Betriebsergebnis nach Bewertung
vgl. Betriebsergebnis

Betriebsergebnis vor Bewertung
vgl. Betriebsergebnis

Betriebserlös
Betriebserlöse sind alle Erlöse des Betriebsbereichs, mit denen die Sparkasse ihre *Betriebskosten* deckt – wenn auch in der Summe meist nur teilweise. Wichtige Betriebserlöse sind beispielsweise Kontoführungs- und Buchungsentgelte sowie Provisionserlöse aus dem Wertpapierkommissionsgeschäft, dem Kartengeschäft und dem Verbundgeschäft. Betriebserlöse verbessern den *Deckungsbeitrag* eines Kontos oder eines Kunden. De facto decken sich die Betriebserlöse der Sparkasse überwiegend mit dem *ordentlichen Ertrag* der internen *Erfolgsrechnung*.

Betriebsfremde Aufwendungen
Betriebsfremde Aufwendungen fallen unabhängig vom eigentlichen Geschäftszweck der Sparkasse an. Beispiele sind Spenden für gemeinnützige Zwecke. In der internen *Erfolgsrechnung* gelten betriebsfremde Aufwendungen als *neutraler Aufwand*. Die *Gewinn- und Verlustrechnung* ordnet sie den Positionen »sonstige betriebliche Aufwendungen« oder »außerordentliche Aufwendungen« zu.

Betriebsfremde Erträge
Betriebsfremde Erträge fallen unabhängig vom eigentlichen Geschäftszweck der Sparkasse an. In der internen *Erfolgsrechnung* gelten betriebsfremde Erträge als *neutrale Erträge*. Die *Gewinn- und Verlustrechnung* ordnet sie den Positionen *sonstige betriebliche Erträge* oder *außerordentliche Erträge* zu.

Betriebskosten

Zu den Betriebskosten zählen alle *Kosten*, die im Betriebsbereich der Sparkasse durch den Einsatz von Personal und Sachmitteln anfallen. Um beispielsweise Überweisungsaufträge annehmen, weiterleiten und ausführen zu können, entstehen Kosten für die hiermit betrauten Mitarbeiter/innen, für die eingesetzte Technik und für die genutzten Räumlichkeiten. Ähnliches gilt für die Eröffnung eines Kontos oder die Buchung einer eingegangenen Tilgungsrate. In der Summe sind die Betriebskosten der Sparkasse typischerweise weitaus höher als die *Betriebserlöse*. Die Sparkasse muss den durch *Betriebserlöse* nicht gedeckten Teil der Betriebskosten also über entsprechend kalkulierte Zinsbeiträge erwirtschaften (vgl. auch *Wertbereich*). Deshalb gehen die Betriebskosten in die Kalkulation der Zinskonditionen sowie in die Berechnung von *Deckungsbeiträgen* ein. De facto entsprechen die Betriebskosten überwiegend dem *ordentlichen Aufwand* der internen *Erfolgsrechnung* bzw. den allgemeinen *Verwaltungsaufwendungen* und den *Abschreibungen* auf *Sachanlagen* in der *Gewinn- und Verlustrechnung*.

Betriebsmittelkredit

vgl. Kontokorrentkredit

Betriebsvergleich

Der Betriebsvergleich analysiert nach einem bundesweit einheitlichen Schema, wie sich *Aktiva*, *Passiva*, *Aufwand* und *Ertrag* der Sparkasse entwickelt haben. Er ist wichtiges Instrument für Planung, Kontrolle und Steuerung des Betriebsgeschehens. Die Sparkasse nutzt den Betriebsvergleich vor allem in folgender Weise: 1. Vergleich des laufenden Geschäftsjahrs mit dem Vorjahr; 2. Vergleich von Planwerten mit Ist-Zahlen; 3. Vergleich des eigenen Hauses mit anderen Sparkassen. Der Betriebsvergleich wird im Rahmen des Sparkassen-Prognosesystems monatlich fortgeschrieben. Das bundesweit einheitliche Schema erlaubt es dem Deutschen Sparkassen- und Giroverband und den Regionalverbänden der Sparkassen-Finanzgruppe, die Daten aller deutschen Sparkassen regelmäßig und ohne große Umstände zu aggregieren. Gleichzeitig liefert der Betriebsvergleich allen deutschen Sparkassen monatlich aussagekräftige Informationen darüber, wo und wie ihre laufende Geschäftsentwicklung vom Durchschnitt der anderen Sparkassen abweicht. Bei der Interpretation dieser Abweichungen gilt es wirtschaftliche Rahmenbedingungen, örtliche Wettbewerbssituation, Kundenstruktur und Betriebsgröße jeweils individuell zu berücksichtigen.

Betriebswirtschaftliche Auswertung

Eine betriebswirtschaftliche Auswertung fasst Zahlenmaterial aus der Finanzbuchhaltung eines gewerblichen Kreditkunden der Sparkasse zu einer gewissermaßen unterjährigen *Gewinn- und Verlustrechnung* zusammen. Das Unternehmen stellt sie ausschließlich nach betriebswirtschaftlichen Grundsätzen, nicht nach handelsrechtlichen Vorgaben auf. Bewertungen, die der Kunde beim *Jahresabschluss* vornehmen muss, sind also bei einer betriebswirtschaftlichen Auswertung oft nicht berücksichtigt. Gleiches gilt für Bestandsveränderungen bei halbfertigen Produkten oder Lagerbeständen. Gleichwohl geben betriebswirtschaftliche Auswertungen einen zeitnahen Überblick über die wirtschaftliche Situation des Sparkassenkunden. Sie gewährleisten, eine Kreditentscheidung auf der Basis aktueller Daten zu treffen. Bei Kreditverhältnissen mit erkennbar erhöhten Risiken fordert die Sparkasse häufig vierteljährliche, mitunter sogar monatliche betriebswirtschaftliche Auswertungen.

Bewertungsbedarf
vgl. Risikovorsorge

Bewertungsergebnis
In das Bewertungsergebnis der Sparkasse gehen zahlreiche Einzelpositionen ein: Neubildung und Auflösung von *Einzelwertberichtigungen* und *Pauschalwertberichtigungen*, *Direktabschreibungen*, Eingänge auf abgeschriebene Forderungen, *Abschreibungen* und *Zuschreibungen* auf eigene *Wertpapiere* und *Beteiligungen*, realisierte *Kursverluste* und *Kursgewinne*, schließlich auch Zuführungen zu bzw. Entnahme aus den *Vorsorgereserven* gemäß § 340f HGB. Interne *Erfolgsrechnung* und *Gewinn- und Verlustrechnung* der Sparkasse lassen nur saldierte Größen erkennen. Bruttowerte kann der Verwaltungsrat allerdings anderen Unterlagen entnehmen, beispielsweise dem Bericht über die Prüfung des Jahresabschlusses, dem *Offenlegungsbericht* oder dem *Kreditrisikobericht*. Am weitgehendsten ist die Saldierung von Einzelgrößen in der *Gewinn- und Verlustrechnung*. Hier kann die Sparkasse in Posten 13 oder 14 Bewertungskorrekturen aus dem Kreditgeschäft und aus Wertpapieren der *Liquiditätsreserve* mit der Zuführung oder Auflösung von *Vorsorgereserven* gemäß § 340f HGB miteinander verrechnen (vgl. *Überkreuzkompensation*); so ist für Außenstehende nicht erkennbar, inwieweit die Sparkasse *stille Reserven* gebildet hat. Bewertungskorrekturen auf *Beteiligungen* und Wertpapiere des *Anlagevermögens* gehen – ebenfalls saldiert – in Posten 15 oder 16 ein. Die interne *Erfolgsrechnung* weist das Bewertungsergebnis für Kreditgeschäft, eigene Wertpapiere und Beteiligungen sowie die Veränderung der § 340f HGB-Vorsorgereserven jeweils gesondert aus. *Abschreibungen* und *Zuschreibungen* auf nur kurzfristig gehaltene *Wertpapiere* der Sparkasse sind sowohl in der *Gewinn- und Verlustrechnung* (Posten 7) also auch in der internen *Erfolgsrechnung* dem Nettoergebnis des *Handelsbestands* (vgl. *Handelsergebnis*) zuzurechnen und verändern damit das *Betriebsergebnis* vor (!) Bewertung.

Bewertungsgrundsatz
Als Teil der *Grundsätze ordnungsmäßiger Buchführung* konzentrieren sich Bewertungsgrundsätze auf den Ansatz von *Vermögensgegenständen*, Verbindlich-

keiten und *Rückstellungen* in der *Bilanz*. Die wichtigsten Bewertungsgrundsätze sind in § 252 Abs. 1 HGB festgeschrieben:
1. Die Wertansätze in der Eröffnungsbilanz des Geschäftsjahrs müssen mit denen der Schlussbilanz des vorhergehenden Geschäftsjahrs übereinstimmen (Bilanzidentität);
2. Bei der Bewertung ist grundsätzlich davon auszugehen, dass das Unternehmen seine Tätigkeit fortsetzt (Going-Concern-Prinzip); mithin sind *Vermögensgegenstände* grundsätzlich mit fortgeführten *Anschaffungskosten* oder *Herstellungskosten* – und nicht mit eventuell niedrigeren Liquidationswerten – anzusetzen;
3. Die *Vermögensgegenstände* und *Verbindlichkeiten* sind zum *Bilanzstichtag* einzeln zu bewerten;
4. Das Unternehmen muss vorsichtig bewerten (vgl. *Vorsichtsprinzip*) und insbesondere Risiken und *Verluste* anders berücksichtigen als noch nicht realisierte *Gewinne* (vgl. *Imparitätsprinzip, Realisationsprinzip*);
5. *Aufwendungen* und *Erträge* des Geschäftsjahrs sind im *Jahresabschluss* unabhängig davon zu berücksichtigen, wann die entsprechenden Zahlungen fließen (vgl. *Rückstellungen, Rechnungsabgrenzungsposten*);
6. Die beim vorhergehenden *Jahresabschluss* angewandten Bewertungsmethoden sollen beibehalten werden (Stetigkeitsprinzip).

Die Bewertungsgrundsätze des HGB zielen darauf ab, Kaufleute und Unternehmen bei der Ermittlung ihres *Gewinns* gleichen Bedingungen zu unterwerfen.

Bewertungswahlrecht

Das *Handelsgesetzbuch* formuliert in § 252 Abs. 1 allgemeine *Bewertungsgrundsätze*, die Kaufleute und Unternehmen beachten müssen. Es räumt an anderen Stellen jedoch auch Bewertungswahlrechte ein, um besondere Umstände und Verhältnisse nach pflichtgemäßem Ermessen berücksichtigen zu können. Ein wichtiges Bewertungswahlrecht ist u. a. die Einbeziehung bestimmter *Aufwendungen* in die *Herstellungskosten* (§ 255 Abs. 2 HGB). Wenn die Sparkasse Bewertungswahlrechte ausübt oder anders anwendet als im vorangegangenen Geschäftsjahr, muss sie darüber im *Anhang* des *Jahresabschlusses* berichten (§ 284 Abs. 2 HGB).

Bilanz

Die kaufmännische Bilanz erfasst auf der linken Seite die dem Unternehmen gehörenden *Vermögensgegenstände* (*Aktiva*), auf der rechten Seite die *Verbindlichkeiten* (*Fremdkapital*) und das von fremden Ansprüchen unbelastete Reinvermögen (*Eigenkapital*); *Fremdkapital* und *Eigenkapital* bilden die *Passiva*. Die Passivseite lässt erkennen, aus welchen Quellen das Kapital für die unternehmerische Tätigkeit stammt. Die Aktivseite zeigt, wie das Kapital am *Bilanzstichtag* verwendet wird. Die Bilanz ist stets eine Momentaufnahme. Unternehmen können beliebig oft bilanzieren, mehr als 12 Monate dürfen allerdings zwischen zwei *Bilanzstichtagen* nicht liegen. Die Bilanz bildet mit *Gewinn- und Verlustrechnung* und *Anhang* den *Jahresabschluss*. Die Sparkasse muss in jedem Fall eine *Handelsbilanz* nach den Vorgaben des *Handelsgesetzbuchs* und der *Rechnungslegungsverordnung* aufstellen. Ob sie darüber hinaus eine davon abweichende *Steuerbilanz* aufstellt, liegt in ihrem Ermessen.

Bilanzielles Eigenkapital
vgl. Eigenkapital

Bilanzgewinn
Der am Ende der *Gewinn- und Verlustrechnung* ausgewiesene Bilanzgewinn der Sparkasse entspricht in der Regel dem *Jahresüberschuss*. Er kann höher bzw. niedriger als der *Jahresüberschuss* sein, wenn die Sparkasse einen *Gewinnvortrag* aus Vorjahren nutzt, auf ihre *Sicherheitsrücklage* zurückgreift oder sich für eine Vorwegzuführung zur *Sicherheitsrücklage* entscheidet. Der Bilanzgewinn gehört am *Bilanzstichtag* zunächst in voller Höhe zum *Eigenkapital* der Sparkasse (vgl. Posten 12d auf der Passivseite der *Bilanz*). Wie die Sparkasse ihn verwendet, entscheidet der Verwaltungsrat nach Feststellung des *Jahresabschlusses*. Die Sparkasse schüttet den Bilanzgewinn gewöhnlich zu einem Teil an ihre Träger aus; mit einem anderen Teil verstärkt sie ihre *Sicherheitsrücklage*. Dabei muss sie die Vorgaben des Sparkassengesetzes im jeweilgen Bundesland beachten. Einen Rückschluss auf die Ertragslage der Sparkasse lässt der Bilanzgewinn nur eingeschränkt zu. Er ist in hohem Maß durch *Bilanzierungs- und Bewertungswahlrechte*, durch Bildung bzw. Auflösung *stiller Reserven* sowie durch *außerordentliche Erträge* bzw. *außerordentliche Aufwendungen* beeinflusst.

Bilanzierungsgrundsatz
Als Teil der *Grundsätze ordnungsmäßiger Buchführung* beantworten Bilanzierungsgrundsätze die Frage, ob die Sparkasse *Vermögensgegenstände* und Schulden in ihrer *Bilanz* ausweisen muss. Für *Vermögensgegenstände* gelten dabei folgende Kriterien:
1. Der *Vermögensgegenstand* birgt das Potenzial, einen Einnahmenüberschuss zu erzielen; er ist kein reiner Verrechnungsposten;
2. Der *Vermögensgegenstand* ist greifbar, lässt sich also vom reinen *Geschäftswert* isolieren;
3. Die Sparkasse kann den *Vermögensgegenstand* selbstständig und der Höhe nach bewerten.

Wenn diese Kriterien erfüllt sind, besteht Bilanzierungspflicht gemäß § 246 HGB – es sei denn, Handels- oder Steuerrecht formulieren aus bestimmten Gründen ein *Bilanzierungswahlrecht* oder ein Bilanzierungsverbot (vgl. § 248 HGB). Schulden, also *Verbindlichkeiten* oder *Rückstellungen*, fließen in die *Bilanz* unter folgenden Voraussetzungen ein:

1. Die Sparkasse ist rechtlich oder faktisch gegenüber einem Dritten verpflichtet;
2. Die Sparkasse muss damit rechnen, aus der Verpflichtung in Anspruch genommen zu werden.

Neben den Bilanzierungsgrundsätzen gibt es *Bewertungsgrundsätze*. Diese regeln, in welcher Höhe die Sparkasse *Vermögensgegenstände* und Schulden bilanzieren muss.

Bilanzierungswahlrecht
Bei der Bilanzierung unterliegt die Sparkasse dem Vollständigkeitsgebot: Grundsätzlich muss sie sämtliche *Vermögensgegenstände*, *Verbindlichkeiten*, *Rückstellungen* und *Rechnungsabgrenzungsposten* bilanzieren (§ 246 Abs. 1 HGB). Das Handelsrecht formuliert allerdings an verschiedenen Stellen Ausnahmen. Hier liegt es dann im pflichtgemäßen Ermessen der Sparkasse, ob sie bilanziert oder nicht. Die im *Jahresabschluss* vermittelte Vermögens-, Finanz- und Ertragslage muss dabei weiterhin den tatsächlichen Verhältnissen entsprechen; deshalb ist der Spielraum der Sparkasse begrenzt. Das Steuerrecht erkennt handelsrechtliche Bilanzierungswahlrechte in der Regel nicht an. Aus einem Aktivierungswahlrecht wird hier ein Aktivierungsgebot; aus einem Passivierungswahlrecht ein Passivierungsverbot. Auch deshalb kann es für die Sparkasse sinnvoll sein, neben der *Handelsbilanz* eine gesonderte *Steuerbilanz* aufzustellen.

Bilanzpolitik
Bilanzpolitik umfasst Entscheidungen, mit denen der Vorstand vor allem das Bild der nach außen präsentierten Vermögens-, Finanz- und Ertragslage der Sparkasse in eine gewünschte Richtung beeinflussen oder die Steuerlast verringern möchte. So kann die Sparkasse beispielsweise *Gewinne* und *Verluste* aus *Eigenanlagen* ganz bewusst zu einem bestimmten Zeitpunkt realisieren; sie kann Investitionen oder Aufwendungen bei bevorstehenden Änderungen des Steuerrechts vorziehen oder verschieben; sie kann *Bilanzierungswahlrechte* oder *Bewertungswahlrechte* ausüben. Konservative Bilanzpolitik versucht, *stille Reserven* zu legen und ist somit Ausdruck des *Vorsichtsprinzips*. Eine progressive Bilanzpolitik stellt positive Entwicklungen bei Wachstum und *Gewinn* mit größerer Offenheit dar. Die Möglichkeiten der Bilanzpolitik sind jedoch aus mehreren Gründen begrenzt:
1. Die Sparkasse muss bei *Bilanzierungswahlrechten* und *Bewertungswahlrechten* Kontinuität wahren;
2. Bilanzpolitische Maßnahmen haben oft nur einen Einmaleffekt;
3. Bestimmte bilanzpolitische Maßnahmen sind im *Anhang* des *Jahresabschlusses* zu erläutern und darum für den kundigen Bilanzadressaten zu erkennen.

Bilanzstichtag

Das Handelsrecht schreibt lediglich vor, dass ein Geschäftsjahr nicht länger als 12 Monate dauert (§ 240 Abs. 2 HGB). Die Sparkasse könnte den Bilanzstichtag also frei wählen; üblich ist allerdings der 31. Dezember. Innerhalb von drei Monaten nach dem Bilanzstichtag muss die Sparkasse den *Jahresabschluss* aufstellen (§ 26 KWG). Unter bestimmten Voraussetzungen muss die Sparkasse im *Jahresabschluss* auch Ereignisse nach dem Bilanzstichtag berücksichtigen. Dies gilt insbesondere für Risiken und Verluste, die bereits am Bilanzstichtag entstanden waren, aber erst später bekannt wurden (vgl. § 252 Abs. 1 Nr. 4 HGB). So kann die Sparkasse nachträglich zu einer *Einzelwertberichtigung* gezwungen sein, wenn sie noch vor Aufstellung des *Jahresabschlusses* von erheblich verschlechterten wirtschaftlichen Verhältnissen bei einem Kreditkunden erfährt. Der Fachjargon bezeichnet den Nachbetrachtungszeitraum der ersten drei Monate nach dem Bilanzstichtag deshalb mitunter als »fünftes Quartal«. Ein beliebiger oder willkürlicher Wechsel des Bilanzstichtags ist nicht zulässig. Wollte die Sparkasse vom 31. Dezember auf einen anderen Bilanzstichtag wechseln, müsste das zuständige Finanzamt zustimmen (§ 4a Abs. 1 Nr. 2 EStG).

Bilanzstrukturmanagement

Das Bilanzstrukturmanagement umfasst alle Maßnahmen, mit denen die Sparkasse ihre Risiko- und Ertragslage sichert oder verbessert. Im Mittelpunkt steht dabei das *Zinsbuch*: Es ist einerseits über die *Fristentransformation* wichtige Ertragsquelle, andererseits über *Festzinsüberhänge* mit teilweise erheblichen *Zinsänderungsrisiken* behaftet. Das Bilanzstrukturmanagement passt das Chance-Risiko-Profil des *Zinsbuchs* ständig an sich verändernde *Zinsstrukturen* und Zinserwartungen an. Es nutzt damit Chancen für das laufende Ergebnis bzw. den *Barwert* des *Zinsbuchs* und begrenzt Risiken, die die *Risikotragfähigkeit* der Sparkasse in Frage stellen könnten. Im Rahmen des Bilanzstrukturmanagements analysiert und erörtert die Sparkasse regelmäßig auch das Risiko des *Kreditportfolios*. Über einen Risikotransfer (vgl. *Kreditpooling*) oder durch gezielte *Eigenanlagen* kann sie das Risikoprofil des Gesamtportfolios optimieren. Viele Sparkassen bilden für das Bilanzstrukturmanagement einen gesonderten Arbeitskreis, in dem zumindest die Fachbereiche Unternehmenssteuerung, *Risikocontrolling* und *Treasury* regelmäßig zusammenkommen. Genauso ist es möglich, die Kompetenz der Landesbanken zu nutzen; sie bieten den Sparkassen das Bilanzstrukturmanagement als Dienstleistung an. Vgl. auch *Gesamtbanksteuerung*.

Bilanzsumme

Die Bilanzsumme ergibt sich aus der Addition aller zum *Bilanzstichtag* in der *Bilanz* ausgewiesenen *Aktiva* und *Passiva*. *Eventualverbindlichkeiten* und andere Verpflichtungen (Positionen »unter dem Strich«) sind nicht enthalten (vgl. *Geschäftsvolumen*). Es ist auch heute noch üblich, das Wachstum des Geschäftsumfangs pauschal mit der Veränderungsrate der Bilanzsumme zu belegen. Hierbei ist wichtig zu wissen, ob das Wachstum aus dem Kundengeschäft oder aus dem Geschäft mit anderen *Kreditinstituten* kommt. Um die Bilanzsumme zu erhöhen, kann eine Sparkasse beispielsweise gezielt Gelder bei ihrer Landesbank aufnehmen und anschließend am *Geldmarkt* wieder ausleihen. Solche Transaktionen erhöhen die Bilanzsumme bei unverändertem Kundengeschäft. Zudem lässt die Bilanzsumme ebenso wenig wie das *Geschäftsvolumen* einen Rückschluss auf die Entwicklung des *Wertpapierabsatzes* an Kunden zu, denn in die *Bilanz* fließen nur die *Einlagen* ein. Im Vergleich zur *Bilanz* des *Jahresabschlusses* weist das interne Berichtswesen der Sparkasse während des Geschäftsjahrs gewöhnlich eine höhere Bilanzsumme aus. Denn es verzichtet auf handelsrechtlich mögliche Kompensationen, beispielsweise den Abzug von *Wertberichtigungen* beim Ausweis der *Forderungen an Kunden*. Die einzelnen Positionen der internen *Erfolgsrechnung* bezieht die Sparkasse zudem auf die durchschnittliche Bilanzsumme (DBS). Sie ist das arithmetische Mittel der Tagesbilanzsummen des laufenden Geschäftsjahrs und glättet kurzfristige Abweichungen von der mittelfristigen Entwicklung der Bilanzsumme.

Bilanzverlust

Ein am Ende der *Gewinn- und Verlustrechnung* ausgewiesener Bilanzverlust resultiert aus einem *Jahresfehlbetrag*, den die Sparkasse weder durch einen *Gewinnvortrag* aus Vorjahren noch durch Rückgriff auf ihre *Sicherheitsrücklage* ausgleichen will bzw. kann. Ein Bilanzverlust mindert das *Eigenkapital* der Sparkasse. In der Regel wird es der Sparkasse durch den Rückgriff auf *Vorsorgereserven* gelingen, den Ausweis eines Bilanzverlusts auch in wirtschaftlich sehr schwieriger Situation zu vermeiden.

Blankoanteil

Im Geschäftsalltag sind die *Kredite* der Sparkasse oft nicht in voller Höhe oder auch gar nicht durch *Kreditsicherheiten* gedeckt. Der ungesicherte Teil bildet den Blankoanteil. Hier steht allein die Sparkasse im Risiko. Bei der Ermittlung des Blankoanteils ist entscheidend, wie die Sparkasse ihre *Kreditsicherheiten* bewertet. Sie muss sich dabei unter Umständen an den Vorgaben der Satzung orientieren (satzungsgemäßer Blankoanteil), kann ergänzend aber auch marktnahe Werte ansetzen (wirtschaftlicher Blankoanteil). Der Blankoanteil ist maßgebend für die Höhe einer *Einzelwertberichtigung*; die Sparkasse setzt ihre *Kreditsicherheiten* dann meist zum *Realisationswert* an. Die aggregierten Blankoanteile der Sparkasse sind eine wichtige Größen bei der Beschreibung der Risikosituation im Kreditgeschäft. Ihnen gilt daher besonderes Augenmerk der Prüfungsstellen bei der Jahresabschlussprüfung. Risikopuffer für Blankoanteile sind insbesondere die gebildeten *Wertberichtigungen* und die *Vorsorgereserven* der Sparkasse. Das Verhältnis zwischen *Wertberichtigungen* und *Vorsorgereserven* auf der einen Seite sowie Blankoanteilen auf der anderen Seite ist daher ein wichtiger Indikator bei Beurteilung der Stabilität der Sparkasse.

Blankokredit

Bei einem Blankokredit verlässt sich die Sparkasse allein auf die *Bonität* des Kreditkunden und verzichtet auf *Kreditsicherheiten*. Der Kunde haftet zwar mit seinem gesamten Vermögen. Das nutzt der Sparkasse allerdings meist nichts, weil es im Ernstfall erfahrungsgemäß kaum unbelastetes Vermögen beim Kunden gibt. Es haften dann allenfalls Sachen, die die Sparkasse in ihrem Besitz hat (vgl. Nr. 21 der Allgemeinen Geschäftsbedingungen; »*AGB-Pfandrecht*«). Verschlechtern sich die wirtschaftlichen Verhältnisse des Kreditkunden, kann die Sparkasse für einen zunächst blanko ausgereichten Kredit nachträglich *Kreditsicherheiten* fordern (Nr. 22 AGB). Vor allem *Dispositionskredite*, Kreditkartenlimite und *Konsumentendarlehen* sind heute gewöhnlich Blankokredite, darüber hinaus – abhängig von der *Bonität* des Geschäftskunden – auch *Kontokorrentkredite*.

Bodenwert

vgl. Ertragswert, Sachwert

Bonität

Die Bonität (auch: Kreditwürdigkeit) umfasst die von einem Kreditkunden erwarteten Eigenschaften und Fähigkeiten, den Verpflichtungen aus einem Kreditvertrag vereinbarungsgemäß nachzukommen. Sie drückt zugleich das *Adressenausfallrisiko* für den Kreditgeber aus. Die Sparkasse prüft die Bonität ihrer Kreditkunden auf verschiedene Weise. Im gewerblichen Kreditgeschäft kommen *Rating*verfahren, im Privatkundengeschäft *Scoring*verfahren zum Einsatz. Sie verdichten eine Vielzahl einzelner Informationen zu einer Kennziffer. Diese geht in die von der Bankenaufsicht geforderten *Risikoklassifizierungsverfahren* ein. Das *Kreditwesengesetz* verpflichtet die Sparkasse, sich bei Kreditengagements ab 750 000 EUR die wirtschaftlichen Verhältnisse regelmäßig offen legen zu lassen (§ 18 KWG) und somit die Bonität dieser Kunden fortlaufend zu überwachen. Die *Bonität* von Wertpapier*emittenten* und *-emissionen* kann die Sparkasse nur in sehr begrenztem Umfang selber prüfen. Sie verlässt sich hier auf das *Rating* von *Ratingagenturen*. Grundsätzlich gilt: Je besser die Bonität ist, desto geringer ist das *Adressenausfallrisiko*, desto weniger *Eigenmittel* muss die Sparkasse für eine Risikoposition vorhalten.

Bonitätsrisiko

vgl. Adressenausfallrisiko

Branchenlimit

vgl. Limit; Risikokonzentration

Branchenrisiko

Ein Branchenrisiko ergibt sich für die Sparkasse, wenn sie *Kredite* an Unternehmen des gleichen Wirtschaftszweigs vergeben hat. Damit könnten verschlechterte wirtschaftliche Rahmenbedingungen dieser Branche innerhalb eines relativ kurzen Zeitraums Forderungsausfälle bei mehreren Kreditverhältnissen auslösen und die Stabilität der Sparkasse gefährden. Vor diesem Hintergrund ist die Sparkasse bestrebt, ihr *Kreditportfolio* hinreichend zu streuen. Branchenrisiken sind *Risikokonzentrationen* und gehören zu den *Adressenausfallrisiken*. Die *Mindestanforderungen an das Risikomanagement* (MaRisk) schreiben zwar – anders als beim einzelnen Kreditkunden oder bei der einzelnen *Kreditnehmereinheit – Limite* für einzelne Branchen nicht vor. Sie fordern allerdings geeignete Verfahren, um Branchenrisiken zu steuern und zu überwachen (BTR 1 Nr. 6 MaRisk). Dazu zählen beispielsweise *Frühwarnverfahren*, ratingbasierte Branchenauswertungen, *Szenariobetrachtungen* und *Stresstests*. Darüber hinaus kann die Sparkasse das in einzelnen Branchen vergebene *Kreditvolumen* im Rahmen ihrer *Kreditrisikostrategie* betragsmäßig begrenzen. Ebenso kann die Sparkasse Branchenrisiken des Kundenkreditgeschäfts über gezielte *Eigenanlagen*, etwa *Unternehmensanleihen* von *Emittenten* anderer Wirtschaftszweige, auszugleichen versuchen. Die Verteilung nach Branchen gehört zu den strukturellen Merkmalen, über die die Sparkasse in ihren regelmäßigen *Kreditrisikoberichten* zum Kreditgeschäft informieren muss (BTR 1 Nr. 7 MaRisk). Grundsätzlich braucht die Sparkasse Branchenrisiken weder gesondert mit *Eigenmitteln* unterlegen, noch in die Berechnungen zur *Risikotragfähigkeit* einfließen zu lassen.

Bruttoertrag

Der Bruttoertrag ist die maßgebliche Größe, wenn die Sparkasse ihre *operationellen Risiken* nach dem *Basisindikatoransatz* mit *Eigenmitteln* unterlegt. Er ergibt sich nach Artikel 316 der *CRR-Verordnung* – von einigen Korrekturpositionen abgesehen – grundsätzlich aus der *Gewinn- und Verlustrechnung* und setzt sich zusammen aus
1. *Zinsüberschuss*;
2. *Provisionsüberschuss*;
3. laufende Erträge aus *Aktien* und anderen nicht festverzinslichen *Wertpapieren*;
4. sonstige betriebliche Erträge;
5. Nettoergebnis des *Handelsbestands*.

Bruttoneugeschäft

Das Bruttoneugeschäft ist insbesondere bei Bausparkassen ein wichtiger Maßstab für Geschäftsentwicklung, Wettbewerbsfähigkeit und Marktanteil. Es lässt die Anzahl und das Volumen der im laufenden Geschäftsjahr neu abgeschlossenen Verträge erkennen. Für das an Sparkassenkunden vermittelte Bruttoneugeschäft zahlt die Landesbausparkasse Provisionen; es liegt im Ermessen der Sparkasse, ob sie einen Teil davon an ihre Mitarbeiter/innen weiterleitet. In der *Gewinn- und Verlustrechnung* und in der internen *Erfolgsrechnung* erhöhen die Zahlungen der Landesbausparkasse die *Provisionserträge*. Die den

Mitarbeitern gegebenenfalls zufließenden Provisionsanteile weist die Sparkasse als *Personalaufwand* aus.

Bruttoumsatz
vgl. Wertpapierumsatz

Bruttozinsspanne
vgl. Zinsspanne

Buchwert
Der Buchwert ist der Wert, mit dem die Sparkasse ihre *Vermögensgegenstände* in der *Bilanz* ansetzt. Er entspricht den *Anschaffungskosten*, *Herstellungskosten* oder ausgezahlten bzw. beanspruchten *Krediten*, gegebenenfalls vermindert um handelsrechtlich gebotene und steuerlich zulässige *Abschreibungen* bzw. *Wertberichtigungen*. Nicht selten liegt der tatsächliche Wert eines *Vermögensgegenstands* über dem Buchwert. Dann muss die Sparkasse den Buchwert wieder an den tatsächlichen Wert anpassen und eine *Zuschreibung* vornehmen (z. B. Auflösung von *Einzelwertberichtigungen*). Obergrenze für den Buchwert sind allerdings – von *Finanzinstrumenten* des *Handelsbestands* abgesehen – die *Anschaffungskosten* oder *Herstellungskosten* (§ 253 Abs. 1 HGB).

Bürgschaft
Bei einer Bürgschaft verpflichtet sich der Bürge in einem Vertrag gegenüber dem Gläubiger eines Dritten, für die Erfüllung der *Verbindlichkeiten* dieses Dritten einzustehen. Grundsätzlich ist die Schriftform erforderlich. Die Bürgschaft ist akzessorisch, d. h. der Gläubiger kann sie beim Bürgen nur so lange geltend machen, wie seine Forderung besteht. Muss der Bürge zahlen, geht die Forderung auf ihn über. Rechtsgrundlage für die Bürgschaft sind die Bestimmungen des Bürgerlichen Gesetzbuchs (§§ 765ff. BGB). Für die Sparkasse hat die Bürgschaft vor allem als *Kreditsicherheit* Bedeutung. Ihr Wert hängt von der *Bonität* des Bürgen ab. Dieser sollte ein ausreichendes Vermögen oder sichere und regelmäßige Einkünfte haben. Bei Krediten an GmbH-Kunden ist die Sparkasse in aller Regel bestrebt, die Haftungsbeschränkung über Bürgschaften der Gesellschafter auszugleichen. Üblicherweise verlangt die Sparkasse so genannte selbstschuldnerische Bürgschaften. Hier ist der Bürge auch ohne vorherige *Zwangsvollstreckung* gegen den Hauptschuldner verpflichtet zu zahlen. Die Sparkasse kann sich somit aussuchen, ob sie zunächst den Hauptschuldner oder erst den Bürgen in Anspruch nimmt. Neben der selbstschuldnerischen Bürgschaft gibt es in der Praxis zahlreiche weitere Varianten der Bürgschaft (u. a. Höchstbetragsbürgschaft, *Ausfallbürgschaft*). Bürgschaften mindern das *Adressenausfallrisiko*. Die Sparkasse kann sie im Rahmen der aufsichtsrechtlich vorgegebenen *Kreditrisikominderungstechniken* allerdings nur unter sehr engen Voraussetzungen eigenkapitalentlastend ansetzen. Verpflichtet sich die Spar-

kasse selbst als Bürge für einen Kunden, »leiht« ihm also ihre *Bonität*, gewährt sie einen *Avalkredit*.

Bürgschaftsbank

Eine Bürgschaftsbank ist ein *Kreditinstitut* mit dem besonderen Auftrag, die Finanzierung mittelständischer Unternehmen und Freiberufler zu fördern. Sie wird von Kammern, Wirtschaftsverbänden, Innungen, Banken, Sparkassen und Versicherungsunternehmen getragen. Jedes Bundesland unterhält eine eigene Bürgschaftsbank. Sie übernimmt gegenüber Banken und Sparkassen *Ausfallbürgschaften* für kurz-, mittel- und langfristige *Kredite* aller Art, beispielsweise bei Existenzgründungen und Betriebsübernahmen, Investitions- und Wachstumsfinanzierungen, Betriebsmittel-/*Kontokorrentkrediten*, *Avalen* und *Garantien* oder *Leasingfinanzierungen*. Vor dem Hintergrund europäischer Beihilferegelungen verbürgt sich die Bürgschaftsbank meist mit maximal 1,25 Mio EUR pro Kreditkunde. Die mit *Ausfallbürgschaften* besicherten *Kredite* müssen Vorhaben finanzieren, die betriebwirtschaftlich sinnvoll sind. Für Sanierungskredite übernimmt die Bürgschaftsbank demnach keine *Ausfallbürgschaften*. Das Risiko der Bürgschaftsbank ist zu 65 Prozent, in den ostdeutschen Bundesländern zu 80 Prozent durch Rückbürgschaften von Bund und Ländern abgedeckt.

Bundesanstalt für Finanzdienstleistungsaufsicht

Die Bundesanstalt für Finanzdienstleistungsaufsicht (BaFin) vereinigt seit ihrer Gründung im Mai 2002 die Aufsicht über *Kreditinstitute*, *Finanzdienstleistungsinstitute*, Versicherer und den Wertpapierhandel unter einem Dach. Die BaFin ist eine selbstständige Anstalt des öffentlichen Rechts. Sie unterliegt der Rechts- und Fachaufsicht des Bundesministeriums der Finanzen und finanziert sich aus Gebühren und Umlagen der beaufsichtigten Institute und Unternehmen. Damit ist sie unabhängig vom Bundesetat. Die etwa 2400 Beschäftigten der BaFin arbeiten in Bonn und Frankfurt am Main. Sie beaufsichtigen rund 1800 Kreditinstitute, 700 Finanzdienstleistungsinstitute, 600 Versicherungsunternehmen, 30 Pensionsfonds sowie 6100 Fonds und 80 *Kapitalverwaltungsgesellschaften* (Stand: Ende 2012). Die BaFin soll ein funktionsfähiges, stabiles und integres Finanzsystem in Deutschland gewährleisten. Nach § 6b KWG überprüft und beurteilt sie insbesondere, ob die internen Regelungen, Strategien, Verfahren und Prozesse eines Instituts sowie seine Ausstattung mit *Liquidität* und *Eigenmitteln* ein angemessenes und wirksames *Risikomanagement* und eine solide Risikoabdeckung gewährleisten. Zu den wesentlichen Informationsquellen der BaFin gehören neben den eigentlichen *Jahresabschlüssen* auch die dazu verfassten Prüfungsberichte der Wirtschaftsprüfer, Prüfungsverbände oder Prüfungsstellen (§ 26 Abs. 1 KWG), die *Offenlegungsberichte* (§ 26a KWG) sowie regelmäßige *Aufsichtsgespräche* mit den Geschäftsleitern der Institute. Weiterhin reichen die Institute monatlich Kurzbilanzen, so genannte Monatsausweise, ein; aus ihnen gehen die wichtigsten Bilanz- und Risikopositionen hervor. Außerdem müssen die Institute wichtige Veränderungen melden, die in

§ 24 KWG aufgeführt sind. Zudem kann sich die BaFin durch *Sonderprüfungen* vor Ort einen vertieften Einblick in die wirtschaftliche Lage eines Instituts verschaffen (§ 44 Abs. 1 KWG). Die BaFin kann diese Prüfungen anmelden, sie kann der Bank oder Sparkasse aber auch einen »Überraschungsbesuch« abstatten. Die BaFin hat gegebenenfalls weit reichende Entscheidungskompetenzen. Sie reichen von schriftlichen Abmahnungen über Bußgelder bis hin zum Entzug der Erlaubnis zum Betreiben von Bankgeschäften und der Schließung der Geschäftsräume. Auch könnte die BaFin von einer Sparkasse unter bestimmten Voraussetzungen verlangen, Vorstandsmitglieder oder Mitglieder des Verwaltungsrats abzuberufen (§ 36 KWG) Bei der laufenden Bankenaufsicht arbeitet die BaFin eng mit der *Deutschen Bundesbank* zusammen (§ 7 KWG). Details zu dieser Aufgabenteilung regelt eine von der BaFin erlassene Aufsichtsrichtlinie.

Bund-Future

Der (Euro-)Bund-Future ist ein *Zinsfuture*. Der Käufer erwirbt zu einem künftigen Zeitpunkt eine fiktive *Schuldverschreibung* der Bundesrepublik Deutschland mit einer *Restlaufzeit* von zehn Jahren, einem *Nennwert* von 100 000 EUR und einer Nominalverzinsung von sechs Prozent; der Preis wird bei Abschluss fest vereinbart. Der Verkäufer muss das Geschäft zum vereinbarten Zeitpunkt mit einer *Schuldverschreibung* aus einem Portfolio lieferbarer Bundesanleihen mit einer *Restlaufzeit* von achteinhalb bis zehneinhalb Jahren erfüllen. Welche Papiere er konkret bereitstellt, bleibt ihm überlassen. Falls die Nominalverzinsung des Papiers über oder unter sechs Prozent liegt, wird der vereinbarte Preis mit einem Konversionsfaktor multipliziert. Die längstmögliche *Laufzeit* des Bund-Futures beträgt neun Monate. Liefertermin ist jeweils der zehnte Kalendertag der Monate März, Juni, September oder Dezember. Die effektive Lieferung ist jedoch selten. Vielmehr stellen Käufer und Verkäufer ihre Positionen vor Fälligkeit durch ein Gegengeschäft »glatt« und realisieren damit ihren *Gewinn* bzw. ihren *Verlust*. Die Sparkasse kann sich mit Bund-Future-Kontrakten gegen *Zinsänderungsrisiken* absichern. Erwartet sie einen Anstieg der langfristigen Zinsen und damit fallende Anleihekurse, so kann sie beispielsweise Bund-Futures verkaufen (»Short«-Position). Bewahrheitet sich dann ihre Zinsprognose, erzielt die Sparkasse mit den Bund-Futures *Gewinne* und kann so einen geringeren *Zinsüberschuss* aus dem Kundengeschäft und *außerplanmäßige Abschreibungen* auf *Eigenanlagen* zumindest teilweise kompensieren.

BWA

vgl. Betriebswirtschaftliche Auswertung

Call

vgl. Kaufoption, Optionsschein

Cap

Ein Cap ist eine Vereinbarung, die gegen das Risiko steigender variabler Zinsen absichert. Der Käufer eines Caps erhält auf einen bestimmten Betrag und für eine fixierte *Laufzeit* vom Verkäufer eine Zahlung, die die finanzielle Mehrbelastung bei einem Zinsanstieg im vereinbarten Rahmen ausgleicht. Der Cap wird wirksam, wenn der variable Zinssatz über eine vereinbarte Obergrenze (Cap Rate) steigt. Die Zahlung des Verkäufers an den Käufer errechnet sich dann aus der Differenz zwischen der Zinsobergrenze und dem tatsächlichen Zins oder einem Referenzzinssatz (z. B. *Euribor*). Der Capverkäufer berechnet dem Käufer für diese »Versicherung gegen Zinsanstieg« meist eine Einmalprämie. Die Sparkasse kann Zinscaps kaufen, wenn sie einen Teil ihrer festverzinslichen *Aktiva* variabel verzinslich refinanziert. Sie begrenzt dadurch das *Zinsänderungsrisiko* eines aktivischen *Festzinsüberhangs*. Auch Kreditkunden der Sparkasse können sich bei variablen Zinsvereinbarungen mit einem Cap gegen steigende Marktzinsen absichern. Den Vorteil eventuell sinkender Zinsen verlieren sie dabei nicht. Das Gegenstück zum Cap ist der *Floor*. Ein *Collar* kombiniert die Merkmale des Caps und des *Floors*.

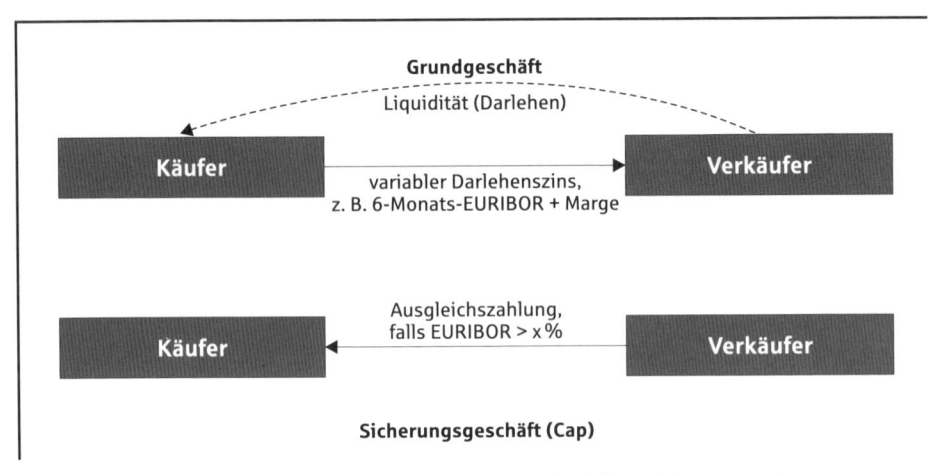

Abb. 21: Prinzip eines Cap (Quelle: Franz-Josef Bickers, Zinsrisiken aktiv managen)

Cashflow

Den Cashflow ermittelt die Sparkasse, um Finanz- und Ertragskraft sowie *Kapitaldienstfähigkeit* ihrer gewerblichen Kreditkunden zu beurteilen. Er ist eine zentrale Größe der Bilanzanalyse und informiert darüber, in welchem Maß ein Unternehmen Liquidität selbst erwirtschaftet. Basis für den Cashflow ist das *Betriebsergebnis* des Unternehmens. Dieses wird erweitert um die etwaige Erhöhung von *Rückstellungen* und die *planmäßigen Abschreibungen* auf das *Anlagevermögen*; beide Positionen sind zwar Aufwand, aber kurzfristig nicht ausgabewirksam und belasten somit nicht die Liquidität. Die Summe, der Brutto-Cashflow, beschreibt den Zugang an flüssigen Mitteln während eines Geschäftsjahrs. Bezogen auf die Gesamtleistung des Unternehmens (Umsatz, Bestandsveränderungen, aktivierte Eigenleistungen) ergibt sich die so genannte Cashflow-Rate. Dieser Wert zeigt, welcher Teil der erwirtschafteten Leistung als Liquidität im Unternehmen verblieben ist; er ist ein aussagekräftiges Maß für die Ertragskraft der eigentlichen Unternehmenstätigkeit. Um die *Kapitaldienstfähigkeit* zu bewerten, erweitert die Bilanzanalyse den Brutto-Cashflow zunächst um den Zinsaufwand und zieht dann alle zu erwartenden Liquiditätsabflüsse ab. Dazu gehören insbesondere Investitionen, Privatentnahmen, Dividendenzahlungen, Bildung von Rücklagen und Steuerzahlungen. Das Ergebnis, der Netto-Cashflow, steht für den Kapitaldienst zur Verfügung. Ein negativer Cashflow deutet auf Schwierigkeiten im Unternehmen hin (z. B. zu geringe oder nicht kostendeckende Umsatzerlöse). Wenn dann weder die Gesellschafter mit Einlagen, noch *Kreditinstitute* mit neuen *Kreditlinien* und *Darlehen* einspringen, kommt es früher oder später zu Liquiditätsengpässen. Auch einen positiven Cashflow gilt es sorgfältig zu bewerten. Vorsicht ist beispielsweise bei Umsatzerlösen angeraten, für die das Unternehmen seinen Kunden ein Zahlungsziel eingeräumt hat. Sie erhöhen zwar den Cashflow, nicht aber die Liquidität auf den laufenden Konten und sind zumindest latent von Forderungsausfällen bedroht. Gleiches gilt für Bestandserhöhungen. Auch sie steigern den Cashflow. Nicht verkaufte bzw. nicht abzusetzende Produkte auf Lager bringen dem Unternehmen allerdings keine flüssigen Mittel. In der Sparkasse selbst ist der *Zinsbuch-Cashflow* eine wichtige Größe bei der Steuerung von *Zinsänderungsrisiken*.

CDS
vgl. Credit Default Swap

CIR
vgl. Cost-Income-Ratio

CLN
vgl. Credit Linked Note

Club Deal
vgl. Metafinanzierung

Collar
Ein Collar kombiniert die Merkmale des *Caps* und des *Floors*. Die Vertragspartner vereinbaren während einer bestimmten *Laufzeit* eine Obergrenze und eine Untergrenze für die variable Verzinsung. Übersteigen der tatsächliche Zins oder ein Referenzzinssatz (z. B. *Euribor*) die vertraglich festgelegte Obergrenze, gleicht der Verkäufer des Collars die finanzielle Mehrbelastung des Käufers im vereinbarten Rahmen aus. Umgekehrt verhält es sich bei einem Zinsrückgang unter die vereinbarte Untergrenze: Hier muss der Käufer des Collars eine Ausgleichszahlung an den Verkäufer leisten.

Commercial Paper

Ein Commercial Paper ist eine kurzfristige *Inhaberschuldverschreibung*, mit der sich *Kreditinstitute, Finanzdienstleistungsinstitute,* Industrie- oder Handelsunternehmen am *Geldmarkt* finanzieren. Die *Laufzeit* liegt meist nur bei wenigen Monaten. *Emittenten* können Commercial Papers entweder selber verkaufen. Oder sie lassen sie über *Kreditinstitute* am *Geldmarkt* platzieren. In jedem Fall wissen sie, wer die Papiere erwirbt. Für die Ausgabe von Commercial Papers kommen nur *Emittenten* mit sehr guter *Bonität* infrage. Weniger bekannte Adressen arbeiten mit *Garantien* großer Banken oder Versicherungsgesellschaften. Die Verzinsung von Commercial Papers ergibt sich nicht aus einem Nominalzins, sondern aus einem Abschlag vom *Nennwert* (vgl. *Disagio*). Sie liegt in der Regel unter dem Zinssatz, den *Emittenten* für *Kreditlinien* bei *Kreditinstituten* zahlen müssten. Käufer von Commercial Papers sind Investoren, die nach einer kurzfristigen Geldanlage suchen. Dazu zählen u. a. auch Geldmarktfonds. Für die weitgehend mittel- und langfristig ausgerichteten *Eigenanlagen* der Sparkasse spielen Commercial Papers deshalb eine untergeordnete Rolle.

Compliance

Im Wirtschaftsleben bezeichnet Compliance allgemein ein Verhalten, das im Einklang mit einschlägigen Gesetzen, Verordnungen, Richtlinien sowie mit vertraglichen Verpflichtungen und freiwilligen Selbstverpflichtungen steht. Verantwortung hierfür trägt die Geschäftsleitung; sie muss gewährleisten, dass sich das Unternehmen, seine Organe und seine Mitarbeiter rechtmäßig verhalten. Das Aufsichtsorgan hat in geeigneter Weise zu überwachen, ob die Geschäftsleitung dieser Aufgabe nachkommt. Compliance-Verstöße (»non-compliance«) bergen erhebliche *operationelle Risiken* (u. a. Bußgelder, Geldstrafen, Schadenersatzansprüche, *Reputationsrisiko*, Aufwendungen für Rechtsberatung). Die *Mindestanforderungen an das Risikomanagement* (MaRisk) engen den Compliance-Begriff auf rechtliche Regelungen und Vorgaben ein, die für die Sparkasse wesentlich sind. Ethische Normen und sparkasseninterne Regelungen bleiben bei dieser Betrachtungsweise außen vor. Ob eine rechtliche Vorgabe wesentlich ist, hängt davon ab, wie die Sparkasse das Risiko bewertet, das mit einer Missachtung verbunden wäre. Grundsätzlich compliance-relevant sind Rechtsnormen zu Wertpapierkundengeschäft, *Geldwäsche* und Terrorismusfinanzierung, Verbraucherschutz, Datenschutz und Verhinderung betrügerischer Handlungen (*Fraud-Management*). Die Sparkasse muss mit der Compliance-Funktion eine gesonderte, unmittelbar dem Vorstand unterstellte Organisationseinheit vorhalten, um dem Risiko aus Rechtsverstößen mit wirksamen Verfahren und Kontrollen zu begegnen (AT 4.4.2 Ziffer 1 MaRisk). Die Compliance-Funktion berichtet dem Vorstand mindestens jährlich oder aber anlassbezogen über ihre Tätigkeit und etwaige Mängel oder Verstöße, die sie in der Sparkasse feststellen musste. Dieser Bericht ist auch an den Verwaltungsrat weiterzuleiten (AT 4.4.2 Ziffer 6 MaRisk). Operative Verantwortung für die Compliance-Funktion hat der Compliance-Beauftragte. Besetzt der Vorstand die Position des Compliance-Beauftragten neu, hat er den Verwaltungsrat hierüber zu unterrichten (AT 4.4.2 Ziffer 7 MaRisk). Detaillierte aufsichtsrechtliche Vorgaben gibt es insbesondere zur *Wertpapier-Compliance.*

Controlling

Das Controlling sichert die ergebnisorientierte Unternehmensführung der Sparkasse. Es geht über eine bloße Kontrolle weit hinaus, sondern umfasst vielmehr die zielorientierte Planung, Steuerung und Überwachung der Unternehmensaktivitäten. So informiert das Controlling insbesondere über das zu erwartende Ergebnis von möglichen Strategien und Maßnahmen. Es versetzt den Vorstand der Sparkasse somit in die Lage, rechtzeitig wertschöpfende von wertvernichtenden Handlungsmöglichkeiten zu unterscheiden. Abgeleitet aus einer mittelfristigen Geschäftsplanung kann das Controlling für den Vertrieb Stückzahl-, Volumens- oder Rentabilitätsziele entwickeln, die nach Möglichkeit das Marktpotenzial der einzelnen Vertriebseinheiten berücksichtigen. Aufbau und Pflege eines Systems regelmäßiger Management-Informationen über die betriebswirtschaftliche Entwicklung der Sparkasse sind Kernstück der laufenden Steuerung. Ein besonderes Augenmerk gilt dabei der *Risikotragfähigkeit* und den *wesentlichen Risiken* der Sparkasse (vgl. *Risikocontrolling*).

Corporate Bond

vgl. Unternehmensanleihe

Corporate Governance

Corporate Governance umfasst international und national akzeptierte Grundsätze für eine gute und verantwortungsvolle Unternehmens- und Mitarbeiterführung. Wichtige Kennzeichen guter Corporate Governance sind:
1. effiziente Unternehmensleitung;
2. Wahrung der Eigentümer- bzw. Trägerinteressen;
3. zielgerichtete Zusammenarbeit von Geschäftsleitung und Aufsichtsorgan (bei der Sparkasse: Vorstand und Verwaltungsrat)
4. Transparenz in der Unternehmenskommunikation;
5. angemessener Umgang mit Risiken;
6. Ausrichtung des Managements auf langfristige Wertschöpfung;
7. *Compliance*

Corporate Rating

Bei der Finanzierung großer mittelständischer Unternehmen haben Sparkassen mitunter ein Problem: Die Kunden haben kein externes *Rating* einer internationalen *Ratingagentur;* gleichzeitig ist der Geschäftsumfang dieser Kunden für das zentral entwickelte *Standardrating* der Sparkassen-Finanzgruppe zu groß oder zu komplex. Um diese Rating»lücke« zu füllen, bieten fast alle Landesbanken und die DekaBank den Sparkassen über ein Kooperationsunternehmen (RSU Rating Service Unit, München) gesonderte Corporate Ratings (»LB-

Ratings«) an. Die Sparkassen haben dabei zwei Möglichkeiten: Entweder sie arbeiten mit einer Direktlizenz und erstellen das Corporate Rating auf Basis der vorgegebenen Methodik im eigenen Haus. Oder sie übernehmen im Rahmen eines Dienstleistungsmodells das Ratingergebnis der RSU.

Cost-Income-Ratio

Die Cost-Income-Ratio (Aufwand-Ertrags-Quote) liefert eine quantitative Aussage über *Effizienz* und *Rentabilität* des *operativen Geschäfts*. Sie setzt die im jeweiligen Geschäftsjahr angefallenen *Verwaltungsaufwendungen* ins Verhältnis zu den Erträgen des *operativen Geschäfts*. Die *Risikovorsorge* bleibt außer Betracht. Grundsätzlich gilt: Je niedriger die Cost-Income-Ratio ist, umso effizienter bzw. rentabler ist die Sparkasse im *operativen Geschäft*. Üblicherweise gehört es zu den zentralen geschäftspolitischen Zielen der Sparkasse, die Cost-Income-Ratio nicht über einen bestimmten Wert (z. B. 60 Prozent) ansteigen zu lassen. Verbessern lässt sich die Cost-Income-Ratio vor allem über ein aktives Kostenmanagement, höhere Margen sowie über den Ausbau des Wertpapierkundengeschäfts und des Verbundgeschäfts. Allerdings gibt es weitere wichtige Faktoren, die die Sparkasse kaum beeinflussen kann. Dazu zählen vor allem Zinsniveau und Zinsstruktur, die den *Zinsüberschuss* sehr deutlich erhöhen oder verringern können. Im Ergebnis ist der Spielraum für eine aktive Steuerung der Cost-Income-Ratio also begrenzt.

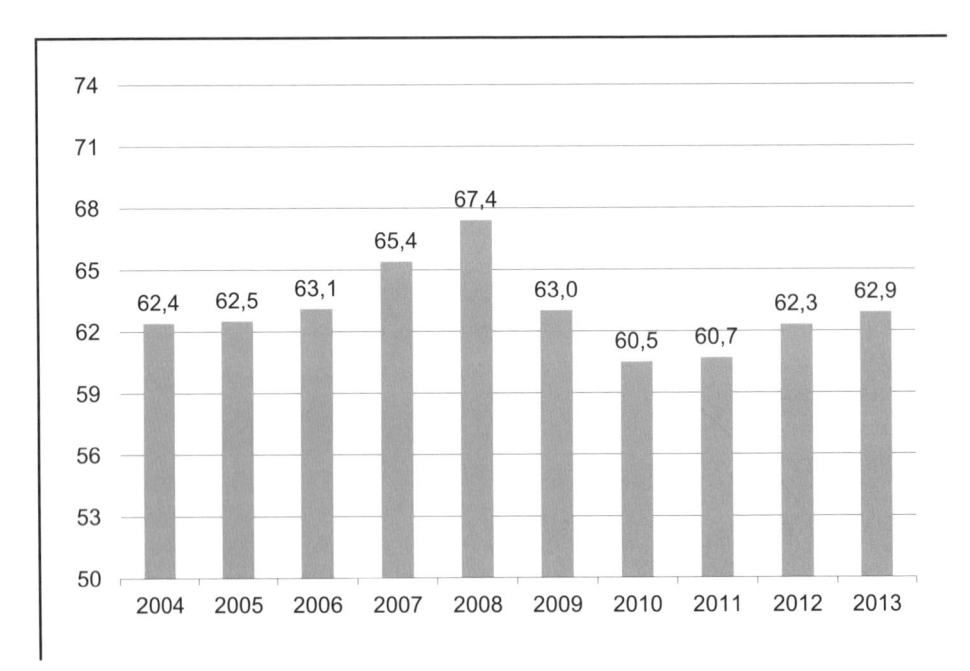

Jahr	2004	2005	2006	2007	2008	2009	2010	2011	2012	2013
CIR (%)	62,4	62,5	63,1	65,4	67,4	63,0	60,5	60,7	62,3	62,9

Abb. 22: Cost-Income-Ratio (in %) der deutschen Sparkassen 2004–2013 (Quelle: DSGV)

Covenant

Im Rahmen eines Covenants verpflichtet sich ein gewerblicher Kreditkunde gegenüber der Sparkasse vertraglich, in seinem Unternehmen bestimmte betriebswirtschaftliche Kennzahlen einzuhalten. Üblich sind Eigenkapital-Covenants, beispielsweise: Die Sparkasse verzichtet solange auf eine *Kreditsicherheit* (etwa *Bürgschaft*), wie die *Eigenkapitalquote* des Kunden oberhalb eines bestimmten Wertes liegt. Oder umgekehrt: Solange sich die *Eigenkapitalquote* unterhalb einer vereinbarten Schwelle bewegt, gibt die Sparkasse eine bestimmte *Kreditsicherheit* nicht frei. Der Covenant kann auch das Recht der Sparkasse beinhalten, unter festgelegten Voraussetzungen Zinssätze zu erhöhen oder das Kreditverhältnis zu kündigen. Die Sparkasse nutzt Covenants vor allem, um *Blankoanteile* eines Kreditverhältnisses abzusichern.

Covered Bonds

Covered Bonds sind *Schuldverschreibungen*, mit denen große Banken einen wesentlichen Teil ihres Kreditgeschäfts refinanzieren. Sie basieren auf einem Deckungsstock, der sich in der Regel aus Hypothekenkrediten und *Krediten* an öffentliche Stellen zusammensetzt. Im Gegensatz zu *Verbriefungen* bleiben diese *Kredite* in der *Bilanz* der emittierenden Bank. Sie kann sich also der *Adressenausfallrisiken* nicht einfach entledigen; das erhöht den Anreiz, bei der Kreditvergabe Sorgfalt walten zu lassen. Covered Bonds gelten deshalb als sehr sicher und haben meist erstklassige *Ratings*. Die Verzinsung liegt nur wenig höher als bei öffentlichen Anleihen. Der wichtigste Vertreter der Covered Bonds ist der deutsche *Pfandbrief*.

CPV

vgl. CreditPortfolioView

CRD IV

In die Richtlinie »Capital Requirements Directive« (CRD IV) hat die Europäische Union die Teile des *Basel III*-Regelwerks gepackt, die die einzelnen Mitgliedsstaaten zum 1. Januar 2014 in nationales Recht umsetzen mussten. Dazu gehören neben Regelungen zur Zusammenarbeit der Aufsichtsbehörden auch Vorschriften zu *Kapitalpuffern*, zur Beurteilung einer angemessenen Kapitalausstattung, zur intensiveren Überwachung von Risiken, zu Anforderungen an die Qualifikation von Geschäftsleitern und Mitgliedern von Aufsichts- und Verwaltungsräten, zur Höhe von variablen Vergütungsbestandteilen und zu bankaufsichtlichen Maßnahmen und Sanktionen. Im deutschen *Kreditwesengesetz* (KWG) bilden vor allem §§ 25a – d Kernelemente der CRD IV ab.

Credit Default Swap

Der Credit Default Swap (CDS), die Grundform des *Kreditderivats*, ist de facto eine Kreditausfallversicherung. Der Käufer eines solchen Kontrakts zahlt eine auf den Nominalbetrag des *Kredits* berechnete einmalige oder – bei längerer

Laufzeit – regelmäßige Prämie an den Verkäufer. Die Höhe der Prämie richtet sich nach der *Bonität* der zugrunde liegenden Risikoposition. Im Gegenzug verpflichtet sich der Verkäufer zu zahlen, falls ein vorab definiertes Kreditereignis (Credit Event) eintritt, ein abgesicherter *Kredit* beispielsweise ausfällt. Das Kreditereignis und die Art der Zahlung können beide Vertragspartner genau auf den Einzelfall abstimmen. Darüber hinaus gibt es mittlerweile handelbare Standardkontrakte. Sie haben oft eine *Laufzeit* von fünf Jahren, und der Verkäufer verpflichtet sich, bei Eintreten des Kreditereignisses 10 Mio. EUR abzüglich des Restwerts der »versicherten« Schulden zu zahlen. Die Prämie der Standardkontrakte wird in Basispunkten ausgedrückt. Sie unterliegt – je nach Risikoeinschätzung der Marktteilnehmer – mehr oder weniger großen Schwankungen. 50 Basispunkte für das Risiko XY beispielsweise bedeuten: Wer eine 10 Mio-EUR-Forderung an das Unternehmen XY hat, zahlt für die Absicherung gegen einen *Ausfall* eine jährliche Prämie von 50 000 EUR. Üblich ist mit Eintreten des Kreditereignisses entweder eine so genannte »physische Andienung«; dabei überträgt der Käufer des CDS die Risikoposition gegen Zahlung von 100 Prozent des Nominalwerts auf den Verkäufer. Oder der Kontrakt sieht einen Barausgleich vor, der den Vermögensschaden beim Absicherungskäufer ganz oder teilweise aufwiegt.

Credit Event
vgl. Credit Default Swap, Credit Linked Note, Kreditderivat

Credit Linked Note
Die Credit Linked Note ist eine verbriefte Form des *Credit Default Swaps* und gehört damit zu den *Kreditderivaten*. Der (Absicherungs-)Käufer tritt als *Emittent* auf: Er begibt eine verzinsliche *Schuldverschreibung*, die von Investoren – de facto in der Rolle des Absicherungsverkäufers – gezeichnet wird. In voller Höhe zahlt der *Emittent* die *Schuldverschreibung* nur dann zurück, wenn ein vorab genau bestimmtes Kreditereignis nicht eintritt. Ein typisches Kreditereignis (Credit Event) ist der Ausfall eines Referenzkredits oder einer Referenzanleihe. Es berechtigt den *Emittenten* der Credit Linked Note dazu, nur einen Teilbetrag an die Investoren zurückzuzahlen oder im Extremfall überhaupt nicht zu zahlen. In der Praxis gibt es neben den verbrieften Credit Linked Notes auch Credit-Linked-*Schuldscheine*. Das Risiko einer Credit Linked Note schlägt sich in der Verzinsung nieder. So kann die Sparkasse mit Investitionen in Credit Linked Notes den *Zinsertrag* ihrer *Eigenanlagen* verbessern und gleichzeitig ihre *Adressenausfallrisiken* gegebenenfalls breiter streuen. Auch das in der Sparkassen-Finanzgruppe praktizierte *Kreditpooling* arbeitet mit Credit Linked Notes.

Credit Portfolio View
CreditPortfolioView (CPV) ist ein softwaregestütztes Analyse- und Steuerungsinstrument der Sparkassen Rating und Risikosysteme GmbH. Es unterstützt die Sparkasse in mehrfacher Hinsicht: CPV errechnet das mit dem gesam-

ten *Kreditportfolio* und den *Eigenanlagen* einhergehende *Adressenausfallrisiko* und differenziert dabei zwischen *erwarteten Verlusten* und *unerwarteten Verlusten*. Es hilft wesentliche Risikotreiber zu ermitteln – seien es einzelne Kunden, bestimmte Branchen oder hohe Konzentrationen in einzelnen Ratingklassen. Und es simuliert aus der gesamtwirtschaftlichen Situation resultierende Wertänderungen des Portfolios, beispielsweise den *Ausfall* von Kreditkunden oder veränderte *Bonitäten* von Kreditkunden bzw. *Emittenten*. CPV benötigt verschiedene Eingangsgrößen, u. a. detaillierte Daten zur Struktur des aktuell betrachteten *Kreditportfolios* und der Eigenanlagen, *Migrationsmatrix*, Ausfallzeitreihen, Korrelationen zwischen den Ausfallraten einzelner Risikosegmente, *Einbringungsquoten*, *Verwertungsquoten*. Der von CPV errechnete *Value at risk* des Portfolios gibt an, welche Verlusthöhe innerhalb eines Jahres mit 99-prozentiger Wahrscheinlichkeit nicht überschritten wird. Solche Ergebnisse sind wichtig für Aussagen zur *Risikotragfähigkeit* der Sparkasse. Deshalb fließen die Risikokennzahlen des CPV in das *Risikomonitioring* des *Haftungsverbunds* der Sparkassen-Finanzgruppe ein. Eine besondere Variante des CPV, das so genannte »Periodikmodul«, ermittelt die Werte bzw. Verluste, die die *Gewinn- und Verlustrechnung* des laufenden Geschäftsjahres belasten könnten. Es betrachtet allerdings nur das Kundenkreditgeschäft.

CRR

Die »Capital Requirements Regulation« (CRR) ist seit dem 1. Januar 2014 die zentrale aufsichtsrechtliche Norm, mit der die Europäische Union das *Basel III-Regelwerk* umsetzt. Sie ist in allen Mitgliedsstaaten unmittelbar anwendbar, richtet sich überwiegend direkt an die Institute. Inhalt sind vor allem quantitative Anforderungen und Offenlegungspflichten, beispielsweise die Definition von *Eigenmitteln*, Mindestausstattung mit *Eigenmitteln*, Anforderungen an die Liquidität, Umgang mit *Großkrediten* oder *Verschuldungsquote*. Mit der CRR und ergänzenden technischen Standards der *Europäischen Bankenaufsichtsbehörde (EBA)* ist sichergestellt, dass in den EU-Mitgliedstaaten künftig weitgehend einheitliche bankaufsichtliche Regeln gelten. Abgesehen von eng umgrenzten Ausnahmen gibt es für die nationalen Aufsichtsbehörden keine Wahlrechte mehr. Die wenigen in der Verordnung verbliebenen Wahlrechte sind zeitlich begrenzt. Einige Übergangsvorschriften der CRR sind in der *Solvabilitätsverordnung* konkretisiert.

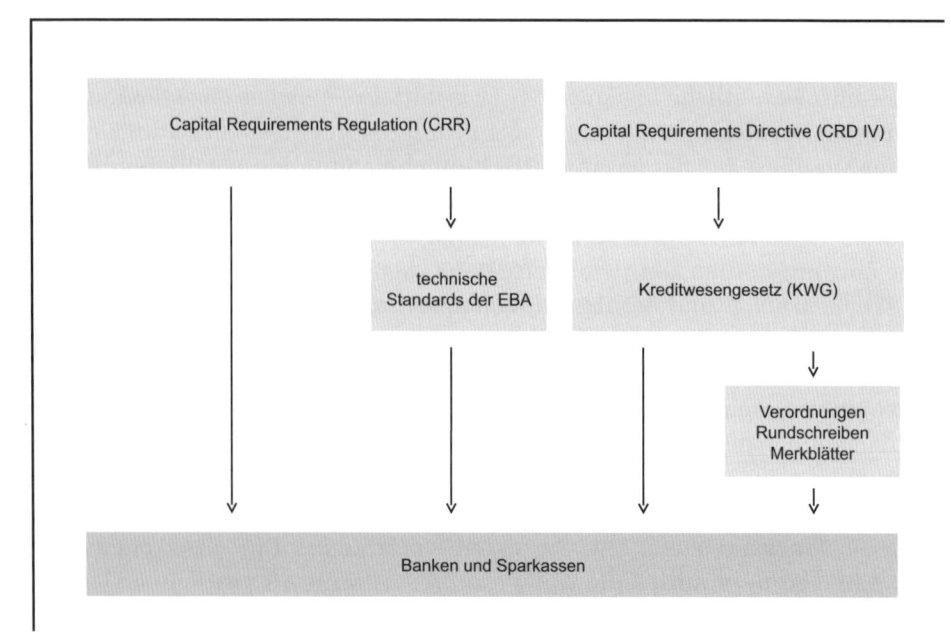

Abb. 23: Hierarchie des europäischen und nationalen Aufsichtsrechts (ohne sparkassenrechtliche Spezialnormen)

Damnum
vgl. Disagio

Darlehen
Das Darlehen ist ein *Kredit*, den die Sparkasse in einer Summe oder in mehreren Teilbeträgen an einen Kunden auszahlt. Hierin unterscheidet es sich vom *Kontokorrentkredit* oder vom *Dispositionskredit*, den der Kunde in unterschiedlicher Höhe, mitunter auch gar nicht beansprucht. Der Kunde zahlt ein Darlehen entweder in festgelegten Raten (Ratenkredit) oder in einer Summe am Ende der *Laufzeit* zurück (Kredit mit Endfälligkeit). Bei Annuitätendarlehen ergeben Zins und Tilgung eine gleich bleibende, regelmäßig an die Sparkasse zu zahlende Leistungsrate. In den von der Sparkasse angebotenen Zinssatz gehen folgende Komponenten ein:
1. Marktzins für ein fiktives Geschäft gleicher *Laufzeit* am *Kapitalmarkt* (»Einstand«);
2. *Risikokosten*, abhängig von der *Bonität* des Kunden und den bereitstehenden *Kreditsicherheiten*;
3. Bearbeitungskosten;
4. kalkulatorische Verzinsung des *Eigenkapitals* der Sparkasse.

Ist der Kunde in einer starken Verhandlungsposition, muss die Sparkasse unter Umständen Zinszugeständnisse machen. Vor allem in einer Hochzinsphase nehmen Kunden gerne Darlehen mit variabler Verzinsung auf. Sie hoffen dabei, zu einem späteren Zeitpunkt auf einen günstigeren Festzinssatz umsteigen zu können. Umgekehrt verhält es sich bei einem niedrigen Zinsniveau. Hier vereinbaren die Kunden mit der Sparkasse oft langfristige Festzinssätze. Für die Sparkasse geht das mit steigenden *Zinsänderungsrisiken* einher: Bei wieder anziehendem Zinsniveau verteuert sich ein beträchtlicher Teil der *Einlagen* unmittelbar, die *Zinserträge* aus Darlehen mit Zinsfestschreibung dagegen steigen nur langsam. Dadurch können *Zinsüberschuss* und *Zinsspanne* unter Umständen deutlich zurückgehen. Gewerbliche Kunden finanzieren mit Sparkassendarlehen überwiegend Investitionen, Privatkunden nutzen sie für Bau oder Kauf von Wohneigentum oder für Anschaffungen (vgl. *Konsumentendarlehen*). In der *Bilanz* der Sparkasse gehen die ausgereichten Darlehen auf der Aktivseite in den Posten *Forderungen an Kunden* ein. Maßgebend sind dabei die Restforderungen am *Bilanzstichtag* abzüglich der für erkennbare oder latente *Adressenausfallrisiken* eventuell gebildeten *Wertberichtigungen*. Die von den Kunden gezahlten Darlehenszinsen weisen die interne *Erfolgsrechnung* der Sparkasse und die *Gewinn- und Verlustrechnung* unter dem Posten *Zinserträge* aus.

Darlehensauszahlungen
vgl. Kreditauszahlung

Darlehenszusage
vgl. Kreditzusage

DAX
Der DAX ist der Leitindex für die Entwicklung des deutschen Aktienmarkts. Die Deutsche Börse AG berechnet ihn untertags sekündlich aus den Daten des Computerhandels. Der DAX bildet ab, wie sich der Wert der 30 größten und umsatzstärksten *Aktien* an der Frankfurter Wertpapierbörse entwickelt, und berücksichtigt dabei als so genannter Performance-Index u. a. auch die Zahlung von *Dividenden*. Konkrete Kriterien für die Gewichtung der *Aktien* im DAX sind der Börsenumsatz und die Marktkapitalisierung des Streubesitzes; Aktienpakete von Großaktionären zählen nicht mit. Das Gewicht einer einzelnen *Aktie* liegt bei maximal zehn Prozent und wird bei starken Kursanstiegen gegebenenfalls gekappt. Weitere Regeln legen fest, wann eine *Aktie* in den DAX aufgenommen wird und wann sie aus dem DAX ausscheiden muss; entsprechende Anpassungen erfolgen in der Regel zum 30. September jeden Jahres. Seit dem Start des DAX im Sommer 1988 sind 15 *Aktien* ununterbrochen dabei. Grundsätzlich können nicht nur deutsche, sondern auch Unternehmen mit Sitz in anderen Staaten der Europäischen Union im DAX gelistet sein; allerdings muss der Schwerpunkt der Aktienumsätze dann in Frankfurt liegen.

DBS
vgl. Bilanzsumme

Deckungsbeitrag

Der Deckungsbeitrag eines Kontos oder eines Kunden der Sparkasse ergibt sich aus der Differenz zwischen den *Erlösen* und den zurechenbaren *Kosten*. Damit ist der Deckungsbeitrag eine wichtige Information im Moment des Geschäftsabschlusses. Die Sparkasse ist auf langfristig positive Deckungsbeiträge angewiesen, um ihre nicht zurechenbaren fixen *Kosten* zu decken und eine Verzinsung auf ihr *Eigenkapital* zu erwirtschaften. In der Hoffnung auf Folgegeschäfte akzeptiert sie hingegen kurzfristig mitunter bewusst auch negative Deckungsbeiträge bei einzelnen Konten oder Geschäften (vgl. auch *Marge*). Beispiel hierfür sind private Girokonten: Sie weisen häufig negative Deckungsbeiträge auf, bieten aber Ansatzpunkte für den Verkauf zahlreicher weiterer Produkte und Dienstleistungen der Sparkasse. Die EDV ermöglicht es heute, den Deckungsbeitrag eines Kunden – differenziert nach Konten – auf Knopfdruck zu ermitteln. Die Deckungsbeitragsrechnung geht mehrstufig vor. Deckungsbeitrag I ergibt sich aus der Summe der *Zinskonditionsbeiträge*. Werden die *Betriebserlöse* (u. a. Kontoführungsentgelte, *Provisionserträge*) hinzugerechnet, gelangt man zum Deckungsbeitrag II. Der Abzug der den Kundenkonten zurechenbaren *Betriebskosten* mündet in Deckungsbeitrag III. Einen Deckungsbeitrag IV kann die Sparkasse bei Kreditkunden ermitteln, wenn sie zurechenbare *Risikokosten* von Deckungsbeitrag III abzieht.

Degressive Abschreibung

vgl. planmäßige Abschreibung

Depot A

vgl. Eigenanlagen

Depot B-Geschäft

Zum Depot B gehören alle *Wertpapiere*, die die Sparkasse für ihre Kunden verwahrt und verwaltet. Die Sparkasse fungiert dabei nur als Zwischenverwahrer; sie vertraut die Kundenwertpapiere ihrerseits wiederum zentralen Drittverwahrern an. Das Depot-B-Geschäft umfasst weitere Dienstleistungen für die Wertpapierkunden der Sparkasse. Neben der Anlageberatung zählt hierzu insbesondere, Wertpapierorder der Kunden anzunehmen und an die Börse weiterzuleiten. Die von den Kunden gehaltenen Wertpapierbestände gehen nicht in die *Bilanz* der Sparkasse ein. Die Bestandsveränderung des Depot B resultiert einerseits aus Kauf und Verkauf von Kundenwertpapieren, andererseits aus der Kursentwicklung an den Börsen. Die *Provisionsüberschüsse* aus Wertpapierdienstleistungen für Kunden sind neben den Einnahmen aus dem Zahlungsverkehr eine der wichtigsten Quellen des *ordentlichen Ertrags*. In der internen *Erfolgsrechnung* und in der *Gewinn- und Verlustrechnung* weist die Sparkasse *Erlöse* aus dem Depot B-Geschäft unter dem Posten *Provisionserträge* aus. Die Entgelte für Dienstleister, die den Wertpapierhandel letztlich abwickeln, schlagen sich im Posten *Provisionsaufwendungen* nieder. Die wichtigsten Rechtsgrundlagen für das Depot B-Geschäft sind das Wertpapierhandelsgesetz und das Depotgesetz. Die Vermittlung von Wertpapierkunden an die DekaBank oder an andere Verbundpartner aus der Sparkassen-Finanzgruppe im In- und Ausland zählt zwar wirtschaftlich, aber nicht formal zum Depot B-Geschäft.

Derivat
Derivate sind *Finanzinstrumente*, deren Preis unmittelbar oder mittelbar von der Entwicklung des Marktpreises anderer Güter oder *Finanzinstrumente* (Basisprodukte, auch: Underlying) abhängt. Die Spannbreite für Basisprodukte derivativer Produkte ist dabei nahezu unbeschränkt. Ihren Ursprung haben Derivate in den Rohstoffmärkten der USA. Die Börse Chicago führte im Jahr 1973 erstmals standardisierte *Optionen* auf Aktien ein. In den darauf folgenden Jahren gesellten sich der *Aktie* zahlreiche weitere Basisprodukte hinzu, etwa Produktbündel (Baskets) oder Indizes (z. B. DAX). Inzwischen gibt es Derivate, deren Basisprodukt wiederum selbst ein Derivat ist, zum Beispiel *Optionen* auf den *Bund-Future*. Derivate eignen sich in besonderer Weise, *Marktpreisrisiken* oder *Adressenausfallrisiken* zu begegnen (*Hedging*). Die Sparkasse kann mit ihrer Hilfe einzelne Positionen oder ganze Portfolien nachbilden, ohne diese Positionen selbst erwerben oder ihr aktuelles Portfolio umschichten zu müssen. So vermeidet sie Veränderungen in der *Bilanz* und muss Liquidität weder freisetzen noch binden, um *Marktpreisrisiken* oder *Adressenausfallrisiken* zu begrenzen. Beispiel: Die Sparkasse hat im Rahmen ihrer *Fristentransformation* langfristiges Kreditgeschäft in nennenswertem Umfang kurzfristig refinanziert. Sie befürchtet mittlerweile allerdings einen Anstieg der Zinsen, der die Refinanzierung verteuert. Durch den Abschluss eines *Zinsswaps* kann sie dieses Risiko (teilweise) neutralisieren. Er wirkt wie eine »Versicherung« gegen den erwarteten Zinsanstieg, für die die Sparkasse zunächst zwar einen zusätzlichen *Aufwand* tragen muss. Kommt es aber zum erwarteten Zinsanstieg, erzielt die Sparkasse aus dem *Zinsswap* einen Nettoertrag und kann damit den sinkenden *Zinsüberschuss* aus dem Kundengeschäft zumindest teilweise ausgleichen. Bleibt die Zinssteigerung aus, kann die Sparkasse die Derivatposition »glattstellen« bzw. auflösen und so ihre ursprüngliche Risikoposition wieder herstellen. Mit *Kreditderivaten* hat die Sparkasse die Möglichkeit, *Adressenausfallrisiken* zu begrenzen. Weil Derivate ihrerseits mit Risiken verbunden sein können, muss die Sparkasse auch sie grundsätzlich mit *Eigenmitteln* unterlegen. Auch im Kundengeschäft haben Derivate an Bedeutung gewonnen. Beispiele hierfür sind *Optionsscheine*, Zertifikate und andere so genannte »strukturierte« *Wertpapiere* (vgl. beispielsweise auch *Indexfonds* und *Indexzertifikate*) im *Depot-B-Geschäft*, *Caps* oder *Floors* im Kreditgeschäft.

Desk Holiday
vgl. Pflichtpause

Deutsche Bundesbank

Die Deutsche Bundesbank ist die Zentralbank der Bundesrepublik Deutschland und damit die »Bank der Banken«. Seit dem Jahr 1999 ist sie Teil des Eurosystems, in dem sie zusammen mit den anderen nationalen Zentralbanken und der Europäischen Zentralbank für die gemeinsame Währung, den Euro, verantwortlich ist. Die sechs Mitglieder des Vorstands der Bundesbank werden jeweils zur Hälfte von der Bundesregierung und vom Bundesrat vorgeschlagen und vom Bundespräsidenten ernannt. Von Weisungen der Bundesregierung ist die Bundesbank unabhängig. Ihr Status ist somit vergleichbar mit dem des Bundesverfassungsgerichts. Sie beschäftigt in ihrer Zentrale in Frankfurt am Main, in neun Hauptverwaltungen und bundesweit in 41 Filialen etwa 10 000 Mitarbeiter. Oberstes Ziel der Bundesbank ist es, die Stabilität des allgemeinen Preisniveaus zu sichern. Zudem analysiert und überwacht sie die Stabilität des inländischen Finanzsystems und weist auf sich abzeichnende Gefahren hin. Weitere Aufgaben sind u. a. die Bargeldversorgung, die reibungslose Abwicklung des unbaren Zahlungsverkehrs und die Refinanzierung von Banken und Sparkassen. Das *Kreditwesengesetz* bindet die Bundesbank zudem eng in die Bankenaufsicht ein (§ 7 KWG). Die Arbeitsteilung zwischen ihr und der *Bundesanstalt für Finanzdienstleistungsaufsicht (BaFin)* ist im Gesetz zur Überwachung der Finanzstabilität (FinStabG), in einer Aufsichtsrichtlinie der BaFin und in einer gesonderten Vereinbarung beider Häuser konkretisiert. Während sich die BaFin tendenziell auf den Erlass allgemeiner Regelungen, auf hoheitliche Maßnahmen und auf *Sonderprüfungen* konzentriert, übernimmt die Bundesbank den größten Teil der laufenden Überwachung. So wertet sie die von den *Kreditinstituten* eingereichten Unterlagen, Meldungen, *Jahresabschlüsse* und Prüfungsberichte aus, setzt regelmäßige bankgeschäftliche Prüfungen an und führt routinemäßig *Aufsichtsgespräche* mit den Geschäftsleitungen der Banken und Sparkassen.

Devisentermingeschäft

Ein Devisentermingeschäft ist eine verbindliche Vereinbarung, zwei Währungen an einem bei Geschäftsabschluss vereinbarten Termin zu einem festgelegten Kurs zu tauschen. Sie werden meist als *Forwards*, seltener als standardisierte *Futures* abgewickelt. Die *Laufzeit* des *Termingeschäfts* liegt üblicherweise zwischen drei Tagen und einem Jahr. Kürzerlaufende Geschäfte gelten als Kassageschäfte. Der Terminpreis ist eng an den Kassakurs gekoppelt, aber nicht identisch. Die Differenz wird als Swapsatz bezeichnet. Ein Auf- oder Abschlag ergibt sich vor allem aus einem unterschiedlichen Zinsniveau in den Ländern der getauschten Währungen. Beispiel: Ist das Zinsniveau in den USA höher als in Europa, fließt verstärkt Kapital nach Amerika. Das erhöht die aktuelle Nachfrage nach US-Dollar und lässt dessen Kassakurs steigen. Um sich aber zugleich gegen Kursrisiken abzusichern, verkaufen viele Anleger die erworbenen US-Dollar auf dem Terminmarkt zum Fälligkeitstermin der Dollaranlage. Damit erhöht sich das künftige Angebot an US-Dollar, und der Terminkurs sinkt unter den Kassakurs. Der Kapitalstrom in die USA hält in diesem Fall so lange an, wie der Zinsvorteil höher ist als die Differenz zwischen Kassakurs und Terminkurs. Die Sparkasse schließt Devisentermingeschäfte in der Regel mit Kunden ab, die Geschäftsbeziehungen ins Ausland unterhalten. Solange die Geschäfte nicht erfüllt sind, sind sie mit *Marktpreisrisiken* verbunden. Für Devisentermingeschäfte gelten prinzipiell die gleichen handels- und aufsichtsrechtlichen Regelungen zur Unterlegung mit *Eigenmitteln*, zum *Risikomanagement* und zum Ausweis im *Anhang* des *Jahresabschlusses* wie für alle anderen *Termingeschäfte*.

Direktabschreibung

Die Direktabschreibung ist eine *außerplanmäßige Abschreibung* auf eine uneinbringliche Forderung, für die die Sparkasse noch keine *Einzelwertberichtigung* gebildet hat. Die Sparkasse sieht in diesem Fall keine Chance, ausstehende Beträge als Gläubigerin noch eintreiben zu können. Davon kann sie beispielsweise ausgehen, wenn ein Insolvenzverfahren mangels Masse eingestellt worden ist. Uneinbringliche Forderungen schreibt die Sparkasse in voller Höhe ab. Dabei ist unerheblich, ob sie Zwangsvollstreckungsmaßnahmen eingeleitet hat oder nicht. Direktabschreibungen belasten in der internen *Erfolgsrechnung* der Sparkasse das *Bewertungsergebnis* für das Kreditgeschäft; in der *Gewinn- und Verlustrechnung* gehen sie in die Sammelposition »*Abschreibungen* und *Wertberichtigungen* auf Forderungen und bestimmte *Wertpapiere…*« ein (vgl. auch *Überkreuzkompensation*). Obwohl sie rechtlich noch Bestand haben, darf die Sparkasse uneinbringliche Forderungen nicht mehr bilanzieren. Gehen später wider Erwarten noch Beträge auf uneinbringliche Forderungen ein, verbessert sich dadurch das *Bewertungsergebnis* im Jahr des Zahlungseingangs. Bei einer funktionierenden *Risikofrüherkennung* werden die Direktabschreibungen in der Regel deutlich unter den *Einzelwertberichtigungen* für zweifelhafte Forderungen mit erkennbaren und belegbaren *Adressenausfallrisiken* liegen. Direktabschreibungen sind für die Sparkasse ein *endgültiger Verlust*. Im aufsichtsrechtlichen Sinn sind sie allerdings nicht gleichzusetzen mit dem *Ausfall* eines *Kredits*.

Disagio

Das Disagio (auch Damnum) bezeichnet den Unterschied zwischen dem Rückzahlungsbetrag und dem Auszahlungsbetrag eines *Kredits* bzw. zwischen *Nennwert* und *Ausgabekurs* eines *Wertpapiers*. Damit erhöhen sich entweder *Effektivverzinsung* bzw. *Rendite*, oder eine gegebene *Effektivverzinsung* bzw. *Rendite* lässt sich mit einer niedrigeren Nominalverzinsung darstellen. Ein Disagio ist laufzeitanteilig auf die Zinsen zu verrechnen. Ist die Sparkasse Gläubigerin (Kreditgeber bzw. Käufer eines festverzinslichen *Wertpapiers*), erzielt sie mit einem Disagio eine Einnahme, die sie über die Laufzeitjahre hinweg verteilen muss. Sie weist das Disagio deshalb zunächst als *Rechnungsabgrenzungsposten* auf der Passivseite der *Bilanz* aus. Im laufenden und in den folgenden Geschäftsjahren löst sie diesen *Rechnungsabgrenzungsposten* in Teilbeträgen auf und erzielt entsprechende *Zinserträge* in der *Gewinn- und Verlustrechnung* (§ 28 RechKredV). Umgekehrt verhält es sich, wenn die Sparkasse Schuldner ist: In diesem

Fall bildet sie einen *Rechnungsabgrenzungsposten* auf der Aktivseite ihrer *Bilanz* und löst ihn später in zeitanteiligen Beträgen zu Lasten der *Zinsaufwendungen* auf (§ 29 RechKredV). In der *Bilanz* oder im *Anhang* zum *Jahresabschluss* muss die Sparkasse Disagien auf *Forderungen* gesondert ausweisen (§ 340e Abs. 2 HGB). Vgl. auch *Unter-Pari-Papier*.

Diskontkredit

Beim Diskontkredit kauft die Sparkasse einen noch nicht zur Zahlung fälligen *Wechsel* von einem Kunden an. Sie zieht dabei für den Zeitraum bis zur Fälligkeit Diskontzinsen ab. Der Kunde verschafft sich mit dem Verkauf des *Wechsels* unmittelbar Liquidität. Bei guter *Bonität* der Wechselmitverpflichteten trägt der Diskontkredit für die Sparkasse keine großen *Adressenausfallrisiken*. Dem Wechselankauf muss ein entsprechender Kreditbeschluss vorausgehen; um das Prozedere zu vereinfachen, räumt die Sparkasse hierzu gewöhnlich einen Wechselrahmen ein (vgl. auch *Kreditlinie*). Europäische Zentralbank bzw. *Deutsche Bundesbank* haben den Handelswechsel nicht in das einheitliche Sicherheitenverzeichnis (»Single List«) für Kreditgeschäfte im Euroraum aufgenommen. Deshalb kann sich die Sparkasse mit der Weitergabe angekaufter *Wechsel* (Rediskont) nicht mehr zinsgünstig bei der *Deutschen Bundesbank* refinanzieren. Vor diesem Hintergrund ist das Wechselgeschäft insgesamt stark rückläufig; zahlreiche Sparkassen haben es aufgegeben. In der *Bilanz* weist die Sparkasse rediskontfähige Wechsel auf der Aktivseite unter dem Posten 2b aus, andere Wechsel unter *Forderungen an Kunden* (Posten 4). Die eingenommenen Diskontzinsen erhöhen in der *Gewinn- und Verlustrechnung* und in der internen *Erfolgsrechnung* die *Zinserträge*.

Dispositionskredit

Der Dispositionskredit ist ein *Kontokorrentkredit* an Privatkunden. Die Sparkasse räumt ihn als *Kreditlinie* bei Konten ein, auf denen Löhne, Gehälter, Renten und Pensionen der Kunden eingehen. Eine übliche Größenordnung für den Dispositionskredit ist das Zwei- bis Dreifache der regelmäßigen Zahlungseingänge bzw. des Nettoeinkommens. Eine *Überziehung* des privaten Girokontos liegt erst dann vor, wenn der Sollsaldo die *Kreditlinie* überschreitet. In die Bilanzposition »Forderungen an Kunden« gehen Dispositionskredite mit den Sollsalden am *Bilanzstichtag*, nicht mit der zugesagten *Kreditlinie* ein. Der Zinssatz für Dispositionskredite ist an einen vertraglich vereinbarten Referenzzins gebunden (Zinsgleitklausel); über die jeweils aktuelle Höhe informiert die Sparkasse auf den Kontoauszügen. Gleichwohl stößt das vergleichsweise hohe Niveau der Dispozinsen in der Öffentlichkeit immer wieder auf Kritik. Dabei ist allerdings Folgendes zu bedenken:

1. Dispositionskredite weiten den finanziellen Spielraum des Kunden ohne ständig zu wiederholende Finanzierungsanträge bei größtmöglicher Flexibilität aus;

2. Die Sparkasse geht ein vergleichsweise hohes Risiko ein: Der Dispositionskredit ist üblicherweise ein *Blankokredit*;
3. Die Sparkasse refinanziert den Kreditbetrag in voller Höhe und über einen unbegrenzten Zeitraum; Refinanzierungsquelle sind in erster Linie die Kundeneinlagen – und nicht die Europäische Zentralbank bzw. die *Deutsche Bundesbank*;
4. Zinsen berechnet die Sparkasse taggenau und nur auf den tatsächlich beanspruchten Teil eines Dispositionskredits; für die Bereitstellung des nicht benötigten Teils verlangt sie in der Regel keine *Kreditprovision*;
5. Die Sparkasse muss den gesamten Dispositionskredit mit *Eigenmitteln* unterlegen.

Der weitaus größte Teil der Privatkunden nimmt Dispositionskredite erfahrungsgemäß höchstens vorübergehend und allenfalls teilweise in Anspruch. Bei den meisten Sparkassen haben die Dispositionskredite deshalb nur einen kleinen Anteil am bilanzierten *Kreditvolumen*. Auch für den *Zinsertrag* sind sie von untergeordneter Bedeutung. Dauerhaft hohe Inanspruchnahmen und hartnäckige *Überziehungen* bei einzelnen Kunden deuten auf erhöhte *Adressenausfallrisiken* hin. Für die Sparkasse kann es dann trotz eines niedrigeren *Zinsertrags* sinnvoll sein, diese Forderungen in *Konsumentendarlehen* mit regelmäßiger Tilgung umzuschulden.

Drittrangmittel
Drittrangmittel waren bis zum Jahr 2013 Positionen, die die Sparkasse neben *Kernkapital* und *Ergänzungskapital* als *Eigenmittel* anrechnen lassen konnte. Hierzu zählten beispielsweise kurzfristige *nachrangige Verbindlichkeiten* oder die Teile des *Ergänzungskapitals*, die die Sparkasse nicht mehr zum haftenden *Eigenkapital* hinzurechnen konnte. Seit Inkrafttreten der *CRR-Verordnung* am 1. Januar 2014 erkennen die Aufsichtsbehörden Drittrangmittel nicht mehr als *Eigenmittel* an.

DSGV-Risikomonitoring
vgl. Risikomonitoring

DSGV-Standardrating
vgl. Standardrating

Duration
Die Duration fasst die Verzinsung und die *Laufzeit* von *Wertpapieren* zu einer einzigen Kennzahl zusammen. Sie gibt an, wie lange das investierte Kapital durchschnittlich gebunden ist. Außerdem erlaubt sie eine Aussage darüber, wie stark ein einzelnes Papier oder ein ganzes Wertpapierportfolio auf Zinsänderungen reagieren. Auf diese Weise ist die Duration einer von mehreren Indikatoren für die Analyse von *Zinsänderungsrisiken* bzw. *Abschreibungsrisiken*

bei den *Eigenanlagen* der Sparkasse. Im Ergebnis lässt sich über die Duration abschätzen, um wie viel sich der Kurs einer *Schuldverschreibung* verändert, wenn das Zinsniveau um 1 Prozentpunkt steigt oder fällt. Stiegen die Zinsen beispielsweise um 1 Prozentpunkt, so ergäbe sich daraus für eine Anleihe mit einer Duration von sechs Jahren ein erwarteter Kursrückgang um sechs Prozent. Je höher die Duration, desto sensibler reagiert ein Wertpapier bzw. ein Portfolio aller Wahrscheinlichkeit nach auf Veränderungen des Zinsniveaus. Generell gilt: Je schneller das in einer *Schuldverschreibung* gebundene Kapital zurückfließt, je schneller ein Anleger also die *Zinserträge* und das bereitgestellte Kapital zu einem gegebenenfalls höheren Zinssatz reinvestieren kann, desto niedriger ist die Duration des Papiers. Eine vergleichsweise niedrige Duration resultiert vor allem aus hohen Kupons; auch eine variable Verzinsung oder unterjährige Zinszahlungstermine haben einen dämpfenden Effekt. Umgekehrt weisen insbesondere *Schuldverschreibungen* mit langen Laufzeiten eine hohe Duration auf. Die *Bonität* des *Emittenten* und somit das *Adressenausfallrisiko* schlagen sich in der Duration mittelbar über einen eventuell erhöhten Zinssatz nieder.

Durchleitungskredit
vgl. Weiterleitungsdarlehen

Durchschau
vgl. Fondsdurchschau

Durchschnittliche Bilanzsumme
vgl. Bilanzsumme

EBA
vgl. Europäische Bankenaufsichtsbehörde

EBT
vgl. Vorsteuergewinn

Effektivverzinsung
Die Ermittlung der Effektivverzinsung ermöglicht es, mehrere Anlage- oder Finanzierungsangebote mit unterschiedlichen Konditionen vergleichbar zu machen. Bei der Geldanlage bezieht sie den Saldo aus laufenden oder einmaligen *Erträgen* einerseits und Nebenkosten andererseits auf das eingesetzte Kapital; dabei werden *Laufzeit*, Zinszahlungs- und Rückzahlungstermine berücksichtigt (vgl. auch *Rendite*). Im Kreditgeschäft der Sparkasse beziffert der »effektive Jahreszins« die jährlichen bzw. aufs Jahr umgelegten Gesamtkosten, ausgedrückt als Prozentsatz des nominalen Kreditbetrags. Die Rechnung berücksichtigt dabei alle preisbestimmenden Faktoren aus einem regelmäßigen Kreditverlauf, etwa Nominalzins, *Disagio*, Zinssollstellungstermine, Tilgungshöhe, Zahlungs- und Verrechnungstermine für Zins und Tilgung. Unberück-

sichtigt bleiben hingegen rechtlich zulässige Entgelte für die Wertermittlung von *Kreditsicherheiten*, Bereitstellungszinsen und Kontoführungsentgelte. Ist der Nominalzinssatznur für einen Teil der gesamten *Laufzeit* festgeschrieben, errechnet die Sparkasse einen» anfänglichen effektiven Jahreszins«. Das Bürgerliche Gesetzbuch (§§ 492) und die Preisangabenverordnung (§ 6) formulieren für das Kreditgeschäft mit Privatkunden eine Rechtspflicht zur Angabe der Effektivverzinsung und gewährleisten mit detaillierten Vorgaben einen einheitlichen Berechnungsmodus.

Effizienz

Effizienz bezeichnet das Verhältnis zwischen einer definierten betriebswirtschaftlichen Größe und dem hierfür erforderlichen *Aufwand*. Maßgebend ist dabei das »ökonomische Prinzip«: Entweder ein Unternehmen versucht eine Zielgröße mit möglichst geringem *Aufwand* zu erreichen. Oder es strebt an, der Zielgröße mit gegebenem *Aufwand* möglichst nahe zu kommen bzw. die Zielgröße zu übertreffen. Die häufig zu hörende Erwartung, »mit möglichst geringen Mitteln einen möglichst großen Erfolg zu erzielen«, ist demgegenüber ökonomisch unsinnig. Ein oft genutztes Maß für die Effizienz des *operativen Geschäfts* der Sparkasse ist die *Cost-Income-Ratio*. Denkbar ist auch, Ertrag und Risiko aufeinander zu beziehen und auf diese Weise die Risikoeffizienz eines Portfolios zu ermitteln.

Eigenanlagen

Sparkassen refinanzieren sich in erster Linie über das Kundengeschäft. Sofern sie nicht alle hereingenommenen *Einlagen* wieder als *Kredite* ausleihen können, legen sie diese Mittel entweder bei *Kreditinstituten* an oder kaufen *Wertpapiere*. Diese Positionen bilden das so genannte Depot A. Die Wertpapieranlagen der Kunden hingegen lagern im Depot B. Je nach Anlageziel teilt eine Sparkasse ihre Eigenanlagen auf Tages- und *Termingelder* sowie auf verschiedene Arten von *Wertpapieren* auf: *festverzinsliche Wertpapiere, Floater, Unternehmensanleihen, Investmentfonds, Aktien* und *Spezialfonds*. Von Ausnahmen abgesehen, bilanziert die Sparkasse ihre Eigenanlagen auf der Aktivseite unter den Positionen »*Schatzwechsel* und *Schatzanweisungen* sowie ähnliche Schuldtitel öffentlicher Stellen« (Posten 2a), »*Forderungen* an Kreditinstitute« (Posten 3), »*Schuldverschreibungen* und andere festverzinsliche Wertpapiere« (Posten 5), »*Aktien* und andere nicht festverzinsliche Wertpapiere« (Posten 6) sowie »*Wertpapiere des Handelsbestands*« (Posten 6a). Zudem gehören zu den Eigenanlagen unter Umständen auch *Schuldscheindarlehen*, die in die Position »*Forderungen an Kunden*« (Posten 4) eingehen. Die Sparkasse unterteilt ihre Eigenanlagen in drei Bestandsarten: Der größte Teil gehört zur *Liquiditätsreserve*, ein kleinerer Teil zum *Handelsbestand*. Nur in Ausnahmefällen werden Eigenanlagen dem *Anlagevermögen* zugeordnet. Die Umsätze mit Eigenanlagen sind der wichtigste Teil des *Handelsgeschäfts*. Die Sparkasse investiert überwiegend in *Emittenten* und *Emissionen* mit sehr guter *Bonität*. Daher sind die *Adressenausfallrisiken* der

Eigenanlagen meist nicht so hoch wie im Kreditgeschäft. Allerdings liegen auch die *Margen* in der Regel unter denen des Kreditgeschäfts. Zudem ist ein großer Teil der Eigenanlagen beträchtlichen *Marktpreisrisiken* ausgesetzt. Steigende Zinsen und fallende Aktienkurse können *Abschreibungen* auslösen, die das *Bewertungsergebnis* der Sparkasse verschlechtern.

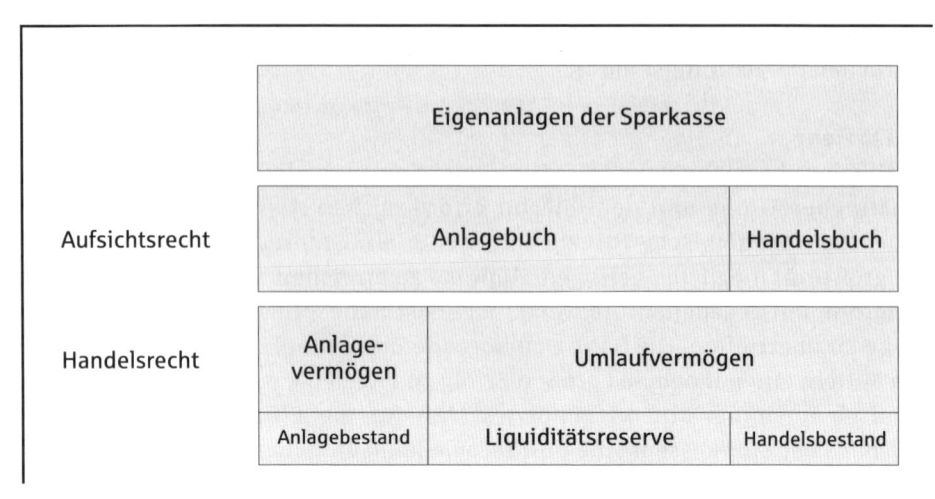

		Eigenanlagen der Sparkasse	
Aufsichtsrecht		Anlagebuch	Handelsbuch
Handelsrecht	Anlage-vermögen	Umlaufvermögen	
	Anlagebestand	Liquiditätsreserve	Handelsbestand

Abb. 24: Aufsichtsrechtliche und handelsrechtliche Zuordnung der Eigenanlagen der Sparkasse

Eigengeschäft
vgl. Eigenanlagen

Eigenhandel
Im branchenüblichen Sprachgebrauch umfasst der Eigenhandel alle Geschäfte mit *Wertpapieren* und anderen *Finanzinstrumenten*, die die Sparkasse im eigenen Namen und für eigene Rechnung abschließt. Vereinzelt wird der Begriff auf Geschäfte mit *Finanzinstrumenten* des *Handelsbestands* bzw. *Handelsbuchs* beschränkt. In diesem Fall entspricht das Ergebnis des Eigenhandels der Position »Nettoaufwand/Nettoertrag des *Handelsbestands*« in der internen *Erfolgsrechnung* und in der *Gewinn- und Verlustrechnung* der Sparkasse (vgl. *Handelsergebnis*).

Eigenkapital
Das Eigenkapital umfasst grundsätzlich die Mittel, die Eigentümer einem Unternehmen ohne festen Rückzahlungsanspruch zur Verfügung stellen. Sie haben nur Anspruch auf den erwirtschafteten Gewinn. Gläubiger soll das Eigenkapital vor Forderungsausfällen des Unternehmens schützen. Umgekehrt ermöglicht nur ein komfortables Eigenkapital, unternehmerische Risiken einzugehen. Nominell entspricht das Eigenkapital der Differenz aus Vermögen und Schulden. Bei einem Überschuss des Vermögens ist das Eigenkapital Rein-

vermögen. Sind die Schulden größer als das Vermögen, liegt ein negatives Eigenkapital vor. Das Eigenkapital ist nicht in einzelnen *Vermögensgegenständen*, sondern nur im Vermögen insgesamt enthalten. Die Sparkasse kann ihr Eigenkapital de facto nur durch nicht ausgeschüttete *Gewinne* erhöhen (Selbstfinanzierung). *Gewinnausschüttungen* an die Träger der Sparkasse oder *Verluste* vermindern das Eigenkapital. Handelsrecht und Aufsichtsrecht grenzen das Eigenkapital unterschiedlich ab:

1. Das bilanzielle Eigenkapital der Sparkasse ist auf der Passivseite der *Bilanz* unter Posten 12 ausgewiesen. Hierzu gehören in der Regel die *Sicherheitsrücklage* und der *Bilanzgewinn*.
2. Das haftende Eigenkapital, aufsichtsrechtlich: *Eigenmittel*, ist die Summe aus *Kernkapital* und *Ergänzungskapital* (jeweils unter Berücksichtigung etwaiger *Kapitalabzüge*). Insbesondere der in der *Bilanz* nicht als Eigenkapital ausgewiesene *Fonds für allgemeine Bankrisiken* gehört also auch zu den *Eigenmitteln*. Das haftende Eigenkapital ist Bemessungsgrundlage für wichtige andere aufsichtsrechtliche Bestimmungen, etwa zu *Großkrediten* oder zum *Zinsschock*.

Die *Mindestanforderungen an das Risikomanagement* formulieren keine quantitativen Vorgaben zur Eigenkapitalausstattung, verpflichten die Sparkasse allerdings zu einem mehrjährigen *Kapitalplanungsprozess*. Die Teile des Eigenkapitals, die über die in der *CRR-Verordnung* und im *Kreditwesengesetz* festgelegte Mindestausstattung mit *Eigenmitteln* hinausgehen, bringt die Sparkasse in ihr *Risikodeckungspotenzial* ein.

Eigenkapitalquote

Die Eigenkapitalquote verweist auf die finanzielle Stabilität eines gewerblichen Kreditkunden der Sparkasse. Sie setzt das bilanzielle Eigenkapital ins Verhältnis zum Gesamtkapital, also zur Bilanzsumme. Je höher die Eigenkapitalquote ist, desto krisenfester ist das Unternehmen. Die auf Basis von Bilanzzahlen ermittelte Eigenkapitalquote berücksichtigt allerdings keine stillen Reserven. Ein allgemeines Einvernehmen über »richtige« bzw. optimale Eigenkapitalquoten gibt es nicht. Unternehmen mit einem hohen Eigenkapitalanteil erzielen bei gleichem Gewinn eine niedrigere Eigenkapitalrentabilität als Unternehmen mit kleinerer Eigenkapitalquote. Um die Eigenkapitalrentabilität zu steigern, fahren vor allem kapitalmarktorientierte Unternehmen ihre Eigenkapitalquote mitunter bewusst zurück. Auch Sparkassen und Banken müssen ihre Eigenkapitalquote laufend überwachen (vgl. *Verschuldungsquote*).

Eigenkapitalrendite
vgl. Eigenkapitalrentabilität

Eigenkapitalrentabilität

Die Eigenkapitalrentabilität (auch: Return on Equity; RoE) setzt das Ergebnis eines Geschäftsjahrs (z. B. *Betriebsergebnis, Vorsteuergewinn* oder *Jahresüberschuss*) ins Verhältnis zum – wie auch immer abgegrenzten – *Eigenkapital*. Sie gibt damit Auskunft, wie sich das vorhandene *Eigenkapital* verzinst hat. Vor dem Hintergrund des von Land zu Land unterschiedlichen Steuerrechts operieren international agierende Unternehmen meist mit dem *Vorsteuergewinn* als objektivierter Bezugsgröße. National ausgerichtete Unternehmen verwenden häufig den *Jahresüberschuss* als Bezugsgröße. Grundsätzlich erwarten Eigentümer eines Unternehmens eine Eigenkapitalrentabilität, die der Verzinsung langfristiger Anlagen am *Kapitalmarkt* zuzüglich einer adäquaten Prämie für das unternehmerische Risiko entspricht. Bei gleichem (Betriebs-)Ergebnis weisen Sparkassen mit einer hohen *Eigenkapitalquote* eine vergleichsweise niedrige Eigenkapitalrentabilität auf. Im *Risikomonitoring* der Sparkassen-Finanzgruppe ist die Eigenkapitalrentabilität daher nur eine unter mehreren Kennziffern. Sie hat nicht dieselbe herausragende Bedeutung wie bei Teilen der stärker kapitalmarktorientierten privaten Geschäftsbanken. Die Geschäftsstrategie der Sparkassen-Finanzgruppe hält die Eigenkapitalrentabilität für angemessen, wenn die Sparkasse ihre Risiken abdecken und in erforderlichem Umfang Reserven aufbauen kann. Als Orientierungsgröße gilt der langfristige Kapitalmarktzins zuzüglich eines Risikoaufschlags von zwei Prozent.

Eigenkapitalverzinsung

vgl. Eigenkapitalrentabilität

Eigenmittel

Die Eigenmittel ergeben sich aus der Summe von *Kernkapital* und *Ergänzungskapital* (Artikel 72 CRR). Die Sparkasse muss stets ausreichende Eigenmittel aufweisen, um den Verpflichtungen gegenüber ihren Gläubigern nachkommen und die Sicherheit der ihr anvertrauten Vermögenswerte gewährleisten zu können. Das Aufsichtsrecht gibt eine Mindestausstattung mit Eigenmitteln vor: Das Verhältnis der gegebenenfalls um *Kapitalabzüge* bereinigten Eigenmittel zum *Gesamtforderungsbetrag* (*Gesamtkapitalquote*), muss jederzeit bei mindestens acht Prozent liegen (Artikel 92 CRR). Darüber hinaus bildet die Sparkasse mit ihren Eigenmitteln aufsichtsrechtlich vorgegebene *Kapitalpuffer*. Die Sparkasse muss regelmäßig an die *Deutsche Bundesbank* melden, wie sie die Mindestanforderungen an ihre Eigenmittelausstattung erfüllt (Artikel 99 CRR). Die Eigenmittel sind auch Berechnungsbasis für weitere aufsichtsrechtliche Kennziffern, beispielsweise für das Ergebnis des BaFin-*Zinsschocks*. Mit Eigenmitteln, die über die aufsichtsrechtliche Mindestausstattung hinausgehen, stärkt die Sparkasse das *Risikodeckungspotenzial* im Rahmen ihres *Risikotragfähigkeitskonzepts*. Bemessungsgrundlage für *Großkredite* sind die so genannten *anrechenbaren Eigenmittel*.

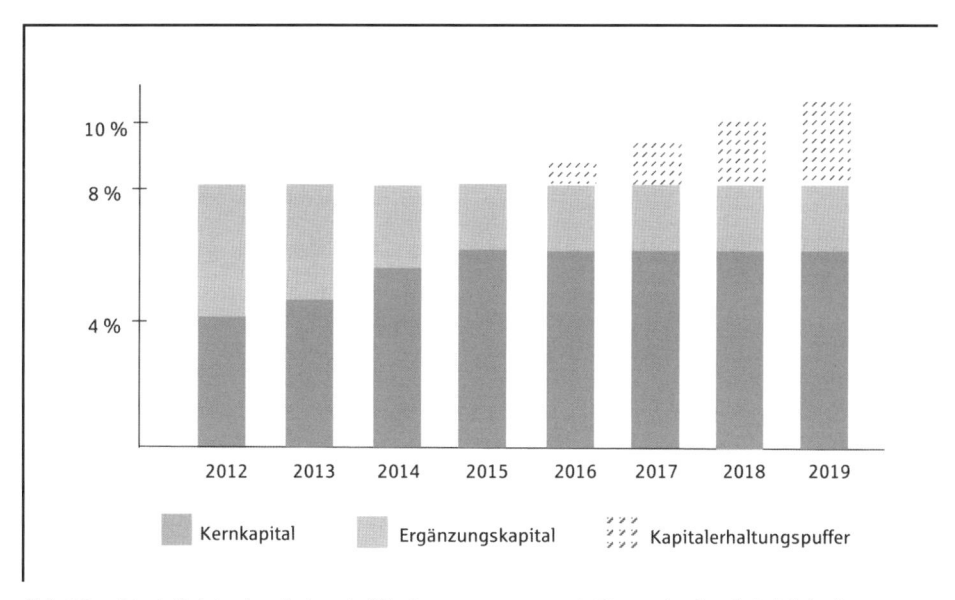

Abb. 25: Die definitiv einzuhaltende Mindestausstattung mit Eigenmitteln wird sich in den nächsten Jahren für die Sparkasse deutlich erhöhen. Die Bedeutung des Kernkapitals wächst.

Eigentümergrundschuld
vgl. Grundschuld

Einbringungsquote
Die Einbringungsquote ist eine Kennziffer aus der *Abwicklung* von Kreditverhältnissen. Sie gibt an, welchen Anteil der ausstehenden Forderungen die Sparkasse nach Verwertung ihrer *Kreditsicherheiten* aus sonstigen Zahlungseingängen erlöst. Einbringungsquoten liegen oft unter 10 Prozent. Vgl. auch *Verwertungsquote*.

Eingefordertes Kapital
vgl. Gezeichnetes Kapital

Einlagen
Die Einlagen der Sparkasse umfassen sämtliche Gelder, die sie von Kunden – unter Umständen auch von anderen Banken – entgegennimmt. Auch wenn die Sparkasse aktiv um Geldanlagen wirbt, liegt die endgültige Entscheidung im Einlagengeschäft jeweils beim Kunden. Damit unterscheiden sich Einlagen von Geldern, die die Sparkasse auf eigene Initiative bei anderen *Kreditinstituten* aufnimmt, um sich zu refinanzieren. Je nach Art und Fälligkeit unterscheidet die Sparkasse täglich fällige *Sichteinlagen*, befristete *Termineinlagen*, *Spareinlagen* und *verbriefte Verbindlichkeiten*, beispielsweise von der Sparkasse begebene *Inhaberschuldverschreibungen*. Auf der Passivseite der *Bilanz* ist der größte Teil der

Einlagen unter der Position »*Verbindlichkeiten* gegenüber Kunden« (Posten 2) und »*Verbriefte Verbindlichkeiten*« (Posten 3) ausgewiesen. Einlagen von anderen Banken oder Sparkassen gehen in die Position »*Verbindlichkeiten* gegenüber *Kreditinstituten*« (Posten 1) ein. Über die *Restlaufzeiten* ihrer Einlagen muss die Sparkasse im *Anhang* des *Jahresabschlusses* informieren (vgl. *Fristengliederung*).

Einlagensicherung

Einlagensicherung soll das Vertrauen in die Kreditwirtschaft und die Sicherheit von Geldanlagen stärken. Banken und Sparkassen brauchen dieses Vertrauen, um Unternehmen, Privatpersonen und öffentliche Hand ausreichend mit *Krediten* versorgen zu können. Die deutsche Einlagensicherung setzt sich aus drei Systemen zusammen. Grundsätzlich sind alle *Kreditinstitute* in Deutschland verpflichtet, einer gesetzlichen Entschädigungseinrichtung beizutreten. Hier sind *Einlagen* und gegebenenfalls Zinsansprüche bis 100.000 EUR pro Kunde geschützt, unabhängig von der Zahl seiner Konten. Die Einlagen müssen auf Euro oder die Währung eines Mitgliedsstaates der Europäischen Union laufen. Gesetzlich nicht gesichert sind von *Kreditinstituten* emittierte *Inhaberschuldverschreibungen* sowie die *Einlagen* institutioneller Kunden. Dazu zählen beispielsweise Kreditinstitute, Versicherungsunternehmen sowie große und mittlere Kapitalgesellschaften. Sparkassen, Landesbanken, Landesbausparkassen und genossenschaftliche Banken brauchen einer gesetzlichen Entschädigungseinrichtung nicht beizutreten, weil sie einem *Haftungsverbund* angehören. Er schützt jedes Institut so, dass eine Insolvenz gar nicht erst eintreten kann (Institutssicherung). Die *Einlagen* sind dadurch mittelbar gesichert. Der *Haftungsverbund* des Deutschen Sparkassen- und Giroverbands stellt sicher, dass die Verbindlichkeiten aller Mitglieder stets zeitgerecht und in voller Höhe bedient werden. Neben den gesetzlichen Entschädigungseinrichtungen gibt es freiwillige Einlagensicherungen. Dem Einlagensicherungsfonds des Bundesverbandes deutscher Banken gehören etwa 170 private Geschäftsbanken an. Er schützt die *Einlagen* von Nichtbanken. Der Sicherungsumfang bemisst sich nach den *Eigenmitteln* der jeweiligen Bank. Er lag viele Jahre pro Kunde bei 30 Prozent des haftenden *Eigenkapitals*, geht bis zum Jahr 2025 allerdings in mehreren Schritten auf 8,75 Prozent des haftenden *Eigenkapitals* zurück. Die Europäische Union arbeitet an einer Harmonisierung im Rahmen der »Bankenunion«. Demnach können nationale Einlagensicherungssysteme bestehen bleiben. Sie müssen allerdings in der Endstufe mit 0,8 Prozent der gedeckten *Einlagen* ausgestattet sein.

Einzelengagementstrategie

Mit Einzelengagementstrategien legt die Sparkasse den in den nächsten Jahren beabsichtigten Umgang mit großen Kreditverhältnissen fest. Dies gilt insbesondere für Engagements, die sich (noch) oberhalb von festgesetzten *Kreditobergrenzen* bewegen. In einer Einzelengagementstrategie beschreibt die Sparkasse beispielsweise, wie sie das Gesamtvolumen oder den *Blankoanteil* entwickeln will, welche zusätzlichen *Kreditsicherheiten* sie hereinnehmen möchte oder ob sie aktiv Partner für eine *Metafinanzierung* zu suchen beabsichtigt. Die Einzelengagementstrategie ergänzt die *Kreditrisikostrategie* und unterstützt das praktische *Risikomanagement*. Sie ersetzt allerdings nicht den Kreditbeschluss als kreditnehmerbezogenes *Limit*.

Einzellimit
vgl. Limit

Einzelwertberichtigung

Eine Einzelwertberichtigung ist die bilanzielle *Risikovorsorge* der Sparkasse für akute, erkennbare und belegbare *Adressenausfallrisiken* bei zweifelhaften Forderungen aller Art (*Kontokorrentkredite, Darlehen, Avalkredite, u. a.*). Sie ist eine *außerplanmäßige Abschreibung*. Gesetzliche Grundlage ist § 253 Abs. 4 HGB (zum Ausweis in *Bilanz, Gewinn- und Verlustrechnung* und *Erfolgsrechnung* vgl. *Wertberichtigung*). Der Fiskus akzeptiert Einzelwertberichtigungen grundsätzlich nur dann, wenn und solange die Sparkasse Leistungsstörungen (u. a. ungeregelte *Überziehungen*, Rückstände bei Darlehensraten) nachweisen kann. Maßgebend für eine Einzelwertberichtigung sind die stichtagsbezogenen *Forderungen* an den jeweiligen Kreditkunden und der Wert der hereingenommenen *Kreditsicherheiten*. In der Praxis nähert sich die Einzelwertberichtigung bei anhaltend schwacher *Bonität* früher oder später dem *Blankoanteil* des Kreditengagements an. Erhöht sich der *Blankoanteil* (z. B. geringerer Wertansatz für eine beliehene Immobilie), passt die Sparkasse die Einzelwertberichtigung auch bei unveränderter *Bonität* des Kunden nach oben an. Der handelsrechtliche und der steuerrechtliche Ansatz von Einzelwertberichtigungen laufen mitunter auseinander. Das Handelsrecht stellt das *Vorsichtsprinzip* in den Vordergrund, das Steuerrecht die voraussichtlich dauerhafte Wertminderung einer Forderung. Beides eröffnet nicht selten Interpretationsspielräume. Wirtschafts- und Steuerprüfer kommen in Einzelfällen immer wieder zu anderen Einschätzungen als die Sparkasse. Eine sorgfältige Abwägung im klärenden Gespräch zwischen Sparkassenvorstand und Prüfern ist deshalb keineswegs ungewöhnlich. Kann ein Kunde seine *Kredite* an die Sparkasse definitiv nicht mehr zurückzahlen und sind auch keine *Erlöse* aus der Verwertung von *Kreditsicherheiten* mehr zu erwarten, bucht die Sparkasse die zuvor gebildete Einzelwertberichtigung aus und schreibt sie als *endgültigen Verlust* ab. Dieser Schritt ist dann nicht mehr bilanzwirksam. Er geht allerdings als »Risikoaufwand« (o. Ä.) in die Kennziffern verbundinterner Risikotransparenzsysteme ein.

Elastizitätenbilanz
vgl. Zinselastizitätsbilanz

Emission

Eine Emission ist die Ausgabe eines *Wertpapiers*, um sich am *Geldmarkt* oder *Kapitalmarkt Eigenkapital* oder *Fremdkapital* zu besorgen. Der *Emittent* kann das *Wertpapier* (z. B. *Schuldverschreibungen, Aktien*) entweder selbst platzieren; dies praktizieren *Kreditinstitute*, auch Sparkassen, in der Regel bei eigenen *Wertpapieren* so. Oder er beauftragt eine Bank bzw. ein Emissionskonsortium – also mehrere *Kreditinstitute* – damit, die Emission abzuwickeln (Fremdemission). Nach vorbereitenden Verhandlungen insbesondere über die Ausstattung des *Wertpapiers* schließt der *Emittent* mit Emissionsbank bzw. Konsortium einen Emissionsvertrag. Dort ist insbesondere festgelegt, in welcher Weise das *Wertpapier* platziert wird. Das Spektrum reicht dabei von der öffentlichen Zeichnung bis zum »privaten« Angebot an einen begrenzten Kreis von Personen oder institutionellen Anlegern. Emissionsbank bzw. Emissionskonsortium können das Emissionsvolumen ohne eigenes Risiko in Kommission oder im Rahmen einer Geschäftsbesorgung bei Anlegern unterbringen (im Sinne des KWG: Finanzkommissionsgeschäft). Sie können mit dem Emittenten allerdings auch vereinbaren, das *Wertpapier* zu kaufen (»feste Übernahme«) und damit zunächst in den Eigenbestand zu nehmen. Das Risiko, die Emission nicht in voller Höhe oder nicht zum vorgesehenen Preis platzieren zu können, liegt dann bei der Emissionsbank bzw. dem Konsortium (im Sinne des KWG: Emissionsgeschäft). Vgl. auch *Übernahmeverpflichtung, Platzierungsverpflichtung*.

Emissionskurs

Der Emissionskurs ist der Kurs, zu dem ein *Emittent* ein *Wertpapier* am *Geldmarkt* oder *Kapitalmarkt* erstmals platziert. Der Emissionskurs von *Aktien* wird heute üblicherweise im Rahmen eines so genannten »Bookbuilding«-Verfahrens ermittelt; dort fließen auch die Einschätzungen und Bewertungen der Anleger ein. Der Emissionskurs von *Schuldverschreibungen* kann aus unterschiedlichen Gründen über oder unter 100 Prozent liegen (vgl. *Über-pari-Papier, Unter-Pari-Papier*).

Emissionsrating

Ein Emissionsrating beurteilt die *Bonität* eines bestimmten *Wertpapiers*. Es kann unter Umständen vom *Rating* des *Emittenten* abweichen, beispielsweise wenn der *Emittent* besondere Sicherheiten bereitstellt. Ermittelt die Sparkasse das zutreffende *Risikogewicht* für die Unterlegung von *Adressenausfallrisiken* mit *Eigenmitteln*, verwendet sie – falls vorhanden – das Emissionsrating und nicht das Emittentenrating.

Emittent

Emittenten sind juristische Personen oder öffentlich-rechtliche Körperschaften und Anstalten, die *Wertpapiere* und andere *Finanzinstrumente* ausgeben. Die wichtigste Emittentengruppe am deutschen *Kapitalmarkt* sind *Kreditinstitute*. Auch die Sparkasse kann als Emittent auftreten und eigene

Schuldverschreibungen begeben. Diese weist sie in der *Bilanz* auf der Passivseite von den übrigen *Einlagen* getrennt aus (Posten 3). Im Rahmen der *Eigenanlagen* bzw. des *Handelsgeschäfts* investiert die Sparkasse überwiegend in Papiere öffentlich-rechtlicher Emittenten (u. a. Staaten, Länder) und in *Pfandbriefe*. Sie haben ein geringes *Adressenausfallrisiko*. Die Sparkasse darf *Wertpapiere* eines bestimmten Emittenten nur dann kaufen, wenn dies den Vorgaben der Satzung entspricht und sie sich im Rahmen eines vorab beschlossenen *Emittentenlimits* bewegt (BTR 1 Ziffer 4 MaRisk). In der *Partnerliste* sind die aktuellen Obergrenzen für *Eigenanlagen* in Papiere einzelner *Emittenten* zusammengefasst.

Emittentenlimit

Mit einem Emittentenlimit begrenzt die Sparkasse die *Eigenanlagen* in *Finanzinstrumente* eines bestimmten *Emittenten*. Den *Mindestanforderungen an das Risikomanagement* (MaRisk) zufolge kann der *Handel* erst kaufen oder zeichnen, wenn es ein entsprechendes Emittentenlimit gibt (BTR 1 Ziffer 4). Damit übertragen die MaRisk den Grundsatz »Kein Kreditgeschäft ohne Limit/Kreditbeschluss« auch auf das *Handelsgeschäft*. Die Festlegung eines Emittentenlimits gilt als Kreditentscheidung (AT 2.3 Ziffer 2 MaRisk). Dabei muss ein zustimmendes Votum aus dem *Bereich Marktfolge* kommen. (BTO 1.1 Ziffer 3 MaRisk). Den internen und grundsätzlich voll zu durchlaufenden Entscheidungsprozess (BTO 2 MaRisk) hat die Sparkasse in ihren Organisationsrichtlinien zu bestimmen. Ausnahmen für vorab festgelegte, bestimmte Geschäfte kann es geben, wenn der *Handel* kurzfristig agieren muss. In diesem Fall muss der vorgesehene Standardprozess mit *Votum* der *Marktfolge* innerhalb von drei Monaten nachgeholt werden (BTR 1 Ziffer 4 MaRisk). Die Emittentenlimite der Sparkasse sind in der *Partnerliste* zusammengefasst. Wird ein Emittentenlimit überschritten, sind die zuständigen Vorstandsmitglieder der Sparkasse ab einer festgelegten Größenordnung darüber täglich zu informieren (BTR 1 Ziffer 5 MaRisk).

Emittentenrisiko

Das Emittentenrisiko gehört zu den *Adressenausfallrisiken* der *Eigenanlagen*. Die Sparkasse kann es bei Ermittlung der *Risikotragfähigkeit* neben den *Adressenausfallrisiken* aus dem Kundenkreditgeschäft gesondert ausweisen. Das Emittentenrisiko bezeichnet die Möglichkeit, dass ein teilweiser oder vollständiger *Ausfall* oder eine verschlechterte *Bonität* des *Emittenten* den Wert bzw. Kurs eines *Finanzinstruments*, etwa einer *Schuldverschreibung*, fallen lässt. Deshalb verlangen die *Mindestanforderungen an das Risikomanagement*, *Handelsgeschäfte* grundsätzlich nur auf der Basis vorab eingerichteter *Emittentenlimite* abzuschließen. Aus zwei Gründen spielt das Emittentenrisiko für die Sparkasse meist eine nur untergeordnete Rolle:

1. Sie investiert gewöhnlich nur in *Wertpapiere* mit geringem Risikogehalt, etwa *Emissionen* aus dem Kreis der Sparkassen-Finanzgruppe, Staatsanleihen oder sonstige *Schuldverschreibungen* von *Emittenten* mit erstklassiger *Bonität*;

2. Das Emittentenrisiko spiegelt sich bei vielen *Wertpapieren* überwiegend im *Marktpreisrisiko* wider.

Deshalb geben die MaRisk einen Ermessensspielraum: Die Sparkasse kann auf ein gesondertes Teil*limit* für Emittentenrisiken verzichten, wenn sie die besonderen Kursrisiken der *Emittenten* und etwaige *Risikokonzentrationen* bei der Limitierung der *Marktpreisrisiken* angemessen berücksichtigt (BaFin-Erläuterung zu BTR 1 Ziffer 4 MaRisk). Entscheidet sich die Sparkasse für ein gesondertes Teil*limit*, errechnet sich die absolute Höhe der Emittentenrisiken vor allem aus den vorliegenden *Ratings* externer *Ratingagenturen*.

Endgültiger Verlust

Endgültige Verluste (auch: Risikoaufwand) resultieren aus uneinbringlichen (Rest-)Forderungen gegenüber notleidenden Kreditkunden bzw. gekündigten Kreditverhältnissen. Dafür kann es folgende Gründe geben:
1. Die Sparkasse hat *Kredite* ganz oder teilweise blanko vergeben (vgl. *Blankokredit*);
2. Die Sparkasse hat ihre *Kreditsicherheiten* bereits verwertet, mit dem *Erlös* allerdings nur einen Teil ihrer Forderungen zurückführen können;
3. Die Sparkasse hat einen Forderungsverzicht ausgesprochen.

In ihrem Rechnungswesen weist die Sparkasse endgültige Verluste als *außerplanmäßige Abschreibungen* auf Forderungen aus. Das Ergebnis des laufenden Geschäftsjahrs belasten allerdings nur *Direktabschreibungen*. Der überwiegende Teil der Abschreibungen aus Forderungen entsteht aus der Ausbuchung von *Einzelwertberichtigungen*, die die Sparkasse angesichts erkennbarer wirtschaftlicher Probleme des Kunden bereits in den Vorjahren ergebniswirksam gebildet hat. Unter dieser Voraussetzung schmälern die endgültigen Verluste das in der *Gewinn- und Verlustrechnung* ausgewiesene *Bewertungsergebnis* des laufenden Geschäftsjahrs also nicht mehr; sie sind bilanziell schon in den Vorjahren »verarbeitet«. Beim *Risikomonitoring* des Deutschen Sparkassen- und Giroverbands und einzelner regionaler Sparkassen- und Giroverbände sind die endgültigen Verluste einer von mehreren Indikatoren für die Analyse der Risikosituation der Sparkasse.

Erfolgsrechnung

In der Erfolgsrechnung stellt die Sparkasse *Aufwand* und *Ertrag* des laufenden Geschäftsjahrs gegenüber. Sie orientiert sich dabei am bundesweit einheitlichen Schema des *Betriebsvergleichs* der Sparkassen-Finanzgruppe. Die Erfolgsrechnung weicht in zahlreichen Positionen bewusst von der *Gewinn- und Verlustrechnung* ab, um die betriebswirtschaftliche Situation der Sparkasse intern genauer darstellen zu können. Ein Beispiel ist der unterschiedliche Ausweis von *aperiodischen Aufwendungen* bzw. *aperiodischen Erträgen*.

Ergänzungskapital

Das Ergänzungskapital (international auch: Tier II-Kapital) bildet mit dem *Kernkapital* die *Eigenmittel* eines *Kreditinstituts*. Es soll die *Verluste* bei einer etwaigen Insolvenz auffangen. Seine Bedeutung schwindet allerdings: Ab dem Jahr 2015 darf die Sparkasse Ergänzungskapital nur noch in der Höhe von maximal einem Drittel des *Kernkapitals* als *Eigenmittel* anrechnen. Für die meisten Sparkassen ist Ergänzungskapital nicht mehr interessant, weil die *CRR-Verordnung* hohe materielle und formale Anforderungen stellt. *Vorsorgereserven* gemäß § 340f HGB kann die Sparkasse dauerhaft nur noch mit einem Betrag von maximal 1,25 Prozent der *Risikoaktiva* als Ergänzungskapital anrechnen (Artikel 62 lit. c CRR). Darüber hinaus gibt es für § 340f HGB-Reserven, die vor dem 31. Dezember 2011 gebildet wurden, eine Übergangsregelung: Sie gelten mit einem jährlich um 10 Punkte abschmelzenden Prozentsatz noch bis zum Jahr 2021 als Ergänzungskapital. Positionen, die die Sparkasse als Ergänzungskapital anrechnet, sind im *Offenlegungsbericht* explizit auszuweisen.

Ergebnisabführungsvertrag

In einem Ergebnisabführungsvertrag verpflichtet sich ein Unternehmen (»beherrschtes Unternehmen«), seinen *Gewinn* an ein anderes Unternehmen (»beherrschendes Unternehmen«) abzuführen. Im Gegenzug muss das beherrschende Unternehmen *Verluste* beim beherrschten Unternehmen ausgleichen und übernimmt damit de facto die Haftung für diese Gesellschaft. Der Abschluss von Ergebnisabführungsverträgen hat fast ausschließlich steuerliche Gründe.Er bietet *verbundenen Unternehmen* die Möglichkeit, *Gewinne* und *Verluste* zu verrechnen und damit die Steuerlast zu drücken. Um die steuerlichen Vorteile nutzen zu können, muss ein Ergebnisabführungsvertrag eine *Laufzeit* von mindestens fünf Jahren haben. Er ist im Handelsregister des beherrschten Unternehmens einzutragen. Das beherrschte Unternehmen hat bei einem Ergebnisabführungsvertrag kaum Möglichkeiten, sein *Eigenkapital* aus *Gewinnen* zu verstärken. Das schwächt die Position der Sparkasse bei einer Kreditvergabe; sie muss sich deshalb auf die *Bonität* des beherrschenden Unternehmens verlassen können. Unternehmen, die über Ergebnisabführungsverträge verbunden sind, bilden nach der *CRR-Verordnung* eine *Gruppe verbundener Kunden* (Artikel 4 Abs. 1 Nr. 39 CRR) und nach dem *Kreditwesengesetz* eine *Kreditnehmereinheit* (§ 19 Abs. 2 Nr. 1 KWG). Ebenso wie *Patronatserklärungen* können auch Ergebnisabführungsverträge die *Bonität* eines Kreditkunden erheblich beeinflussen (vgl. *Standardrating*).

Ergebnis der normalen Geschäftstätigkeit

Das Ergebnis der normalen Geschäftstätigkeit ist eine Zwischenposition der *Gewinn- und Verlustrechnung*, soweit sie in der Staffelform angelegt ist (Posten 19). Dort schlagen sich alle betrieblichen *Aufwendungen* und *Erträge* nieder, auch *aperiodische Aufwendungen und Erträge*. Lediglich das *außerordentliche Ergebnis* und der *Steueraufwand* bleiben unberücksichtigt.

Erhaltungsaufwendungen

Erhaltungsaufwendungen sind Aufwendungen für einen *Vermögensgegenstand*, die seine Substanz und sein Ausstattungsniveau nicht wesentlich oder nur begrenzt ändern, die ihn in ordnungsgemäßem Zustand erhalten oder regelmäßig in ungefähr gleicher Höhe wiederkehren. Beispiele sind bei einem Gebäude die Erneuerung von Böden und Fenstern, ein neuer Außenputz, eine Wärmedämmung oder die Umstellung der Heizung auf einen anderen Energieträger. Im Gegensatz zu *Herstellungskosten* kann die Sparkasse Erhaltungsaufwendungen steuerlich grundsätzlich sofort in voller Höhe gewinnmindernd als *Betriebsausgaben* absetzen. In der internen *Erfolgsrechnung* gehen Erhaltungsaufwendungen in den *Sachaufwand* ein, in der *Gewinn- und Verlustrechnung* in die Position *Sonstige betriebliche Aufwendungen*.

Erlös

Die Erlöse sind die in Euro bewerteten *Leistungen* der Sparkasse oder einzelner Betriebsbereiche der Sparkasse. Es sind Zahlungsansprüche, die durch den Verkauf oder die Bereitstellung von Dienstleistungen im Rahmen des Geschäftszwecks entstehen. Größtenteils decken sich die Erlöse mit den *Erträgen* (Grunderlöse). Hinzu kommen kalkulatorische Erlöse (Zusatzerlöse), die nicht zu *Erträgen* führen (vgl. Abb. 26). Sie entstehen, wenn Betriebsbereiche sparkassenintern füreinander Leistungen erbringen. Nicht zu den Erlösen zählen *neutrale Erträge*. Aus dem Vergleich sachgerecht zugeordneter *Kosten* und Erlöse ermittelt das *Controlling* der Sparkasse die *Deckungsbeiträge* für einzelne Produkte, Dienstleistungen, Konten und Kunden sowie *Effizienz* und *Rentabilität* einzelner Standorte und Betriebsbereiche.

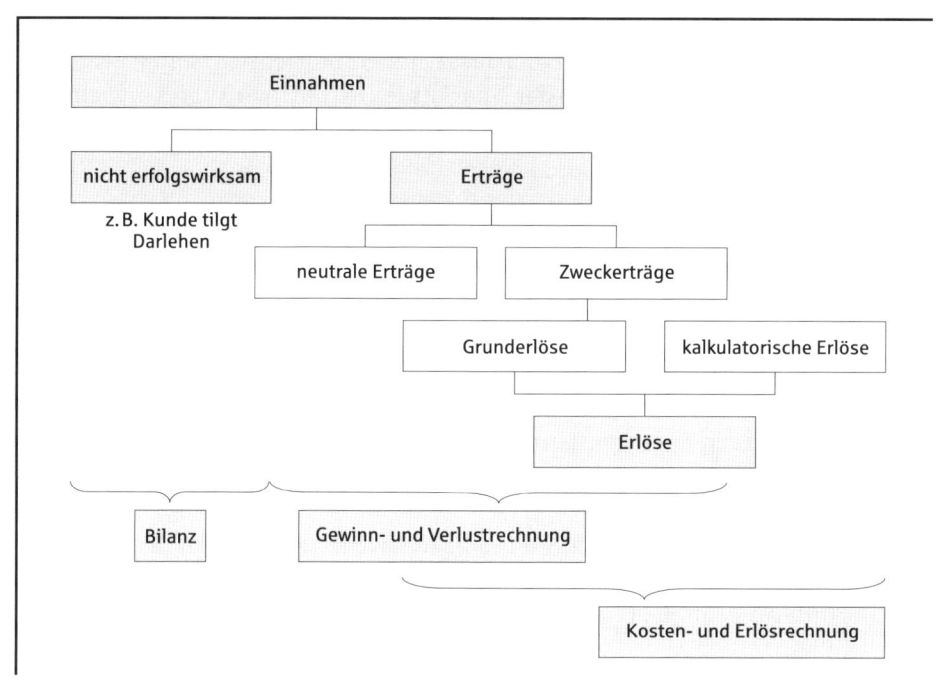

Abb. 26: Abgrenzung von Einnahmen und Erträgen

Ertrag

Ein Ertrag ist eine erfolgswirksame Einnahme der Sparkasse. Fließt er der Sparkasse als Gegenwert für eine *Leistung* im Rahmen ihres Geschäftszwecks zu (Zweckertrag), bildet er gleichzeitig einen *Erlös* (vgl. Abb. 26). Insoweit entspricht der Ertrag dem, was die meisten Unternehmen als Umsatz bezeichnen. Die wichtigsten Erträge der Sparkasse sind *Zinserträge* und *Provisionserträge*. Daneben gibt es *neutrale Erträge,* die außerhalb des eigentlichen Geschäftszwecks der Sparkasse anfallen. Im Übrigen ist nicht jede Einnahme ein Ertrag (Beispiel: Tilgungen auf Kundenkredite, Verkauf einer Immobilie zum *Buchwert*). Überdies wird Ertrag oft fälschlicherweise mit Erfolg gleichgesetzt. Erfolg lässt sich nur an der Differenz zwischen Ertrag und *Aufwand* messen, nicht aber am Ertrag allein (vgl. *Erfolgsrechnung*).

Ertragskonzentration

vgl. Risikokonzentration

Ertragskraft

Die Ertragskraft bezeichnet den Erfolg der Sparkasse im *operativen Geschäft*. Kennzahlen sind vor allem das *Betriebsergebnis vor Bewertung* in Prozent der durchschnittlichen *Bilanzsumme* und die *Cost-Income-Ratio*.

Ertrags-Risikolage-Kennziffer

Die Ertrags-Risikolage-Kennziffer fasst sieben betriebswirtschaftliche und aufsichtsrechliche Kennzahlen der Sparkasse für das institutsübergreifende *Risikomonitoring* der Sparkassen-Finanzgruppe zusammen (teilweise vereinfachte Darstellung):

- *Cost-Income-Ratio*
- Risikoaufwandsquote: Verhältnis von *Bewertungsergebnis* (Kreditgeschäft, *Wertpapiere, Beteiligungen*) zu *Betriebsergebnis* vor Bewertung
- Rendite auf Gesamtrisikoposition: Verhältnis von Ergebnis vor Steuern zu Risikopositionen gemäß *CRR-Verordnung*
- Deckungspotenzialquote: *Eigenmittel* im Verhältnis zu Risikopositionen gemäß *CRR-Verordnung*
- Lasten-Reserven-Relation: Summe aus *Bewertungsergebnis* und vermiedenen *Abschreibungen* auf *Wertpapiere* des *Anlagevermögens* im Verhältnis zu den *Eigenmitteln*
- Kreditrisikokennzahl: mit *Ausfallwahrscheinlichkeit* gewichtete *Blankokredite* an Unternehmen und Privatkunden im Verhältnis zu den *Eigenmitteln*
- Zinsänderungsquote: Ergebnis des aufsichtsrechtlichen *Zinsschocks*

Ertragswert

Den Ertragswert nutzt die Sparkasse als Grundlage, um den *Beleihungswert* einer grundpfandrechtlich besicherten, vermieteten oder gewerblich genutzten Immobilie zu ermitteln. Er ergibt sich aus den auf die Gegenwart abdiskontierten Einzahlungsüberschüssen des Objekts. In der Praxis setzt sich der Ertragswert aus dem Bodenwert und dem Gebäudeertragswert zusammen. Den Bodenwert ermittelt die Sparkasse in der Regel über einen Preisvergleich mit Grundstücken ähnlicher Größe, Lage und ähnlichen Zuschnitts. Für den Gebäudeertragswert errechnet die Sparkasse zunächst den Jahresrohertrag aus Mieten und Pachten. Maßgebend sind dabei die nachhaltig zu erzielenden, nicht die tatsächlich gezahlten Mieten. Vom Jahresrohertrag zieht die Sparkasse anschließend die Bewirtschaftungskosten ab. Hierzu gehören Verwaltungskosten, Betriebskosten (soweit nicht umlagefähig), Instandhaltungskosten und kalkulatorische Mietausfallkosten. Abgezogen wird auch der in der Miete enthaltene Bodenzins. Den Ertragsüberschuss (Reinertrag) multipliziert die Sparkasse mit einem Vervielfältiger und kapitalisiert ihn damit zum Gebäudeertragswert. Im Vervielfältiger sind die *planmäßigen Abschreibungen* und die Restnutzungsdauer des Gebäudes berücksichtigt. Die konkrete Höhe des Vervielfältigers ergibt sich darüber hinaus aus der Verzinsung, die der Investor für das eingesetzte Kapital erzielen sollte (Liegenschaftszins). Er bewegt sich üblicherweise zwischen vier Prozent für privat genutzte Immobilien und acht Prozent für gewerbliche Spezialobjekte. Je höher die angenommene Verzinsung ist, desto niedriger sind Vervielfältiger und damit auch Gebäudeertragswert. Darin spiegeln sich die schnellere Wertminderung und das höhere Ertragsrisiko bei gewerblichen Objekten wider.

Erwarteter Verlust

In den erwarteten Verlust gehen drei wichtige Größen aus dem *Risikocontrolling* von *Adressenausfallrisiken* im Kreditgeschäft ein:
1. die *Ausfallwahrscheinlichkeit* eines Kreditverhältnisses;
2. die erwartete Höhe der Forderung zum Zeitpunkt des *Ausfalls*;
3. der Anteil der Forderung bei *Ausfall*, der voraussichtlich verloren geht, vor allem abhängig von Art und Qualität der *Kreditsicherheiten*.

Die Multiplikation aller drei Faktoren ergibt den erwarteten Verlust. Er ist für die Sparkasse eine wichtige Information, um Risikokosten in den Kreditkonditionen adäquat berücksichtigen zu können. Handelsrechtlich weist die Sparkasse die im Kreditgeschäft erwarteten Verluste über *Einzelwertberichtigungen* und *Pauschalwertberichtigungen* auf ihre Forderungen aus. Der tatsächliche Verlust nach Verwertung aller *Kreditsicherheiten* kann deutlich höher sein als der erwartete Verlust. Dann kommt es in Höhe der Differenz zu einem *unerwarteten Verlust*. Wichtig: Mit ihrem *Eigenkapital* deckt die Sparkasse nicht die erwarteten Verluste, sondern die *unerwarteten Verluste* ab.

Erwartungsfall

Die *Mindestanforderungen* an das Risikomanagement (MaRisk) schreiben der Sparkasse vor, bei der fortlaufenden Analyse ihrer *Risikotragfähigkeit* ungünstige Risiko- und Stressszenarien abzubilden (vgl. *Risikofall*, *Stresstest*). Zuvor ist es allerdings sinnvoll, einen aus Sicht der Sparkasse wahrscheinlichen, »normalen« Risikoverlauf zu definieren. Für diesen Erwartungsfall geben die Aufsichtsbehörden keine konkreten Parameter vor; die Sparkasse muss die Rahmenbedingungen für den Erwartungsfall also selbst festlegen. Im Falle einer handelsrechtlichen Sichtweise kann sie sich bei den *Adressenausfallrisiken* beispielsweise am durchschnittlichen *Bewertungsergebnis* für das Kreditgeschäft in den letzten fünf bis sieben Geschäftsjahren oder auch an Ergebnissen aus dem *Credit Portfolio View (CPV)* orientieren, Bei den *Marktpreisrisiken* bzw. *Zinsänderungsrisiken* kann die Sparkasse im Erwartungsfall unterstellen, dass ihre Zinsprognose (»Hauszinsmeinung«) zutrifft und sich Zinsniveau und Zinsstruktur am *Geldmarkt* und am *Kapitalmarkt* tatsächlich so entwickeln wie von ihr vorhergesagt. Im Ergebnis sollte die Sparkasse in der Lage sein, die für den Erwartungsfall ermittelten Risiken ohne Rückgriff auf *Vorsorgereserven* und andere *stille Reserven* und damit im Wesentlichen aus dem *Betriebsergebnis* vor Bewertung abdecken zu können.

Eskalationsverfahren

Bei Kreditentscheidungen im *risikorelevanten Geschäft* können die *Voten* der *Bereiche Markt* und *Marktfolge* voneinander abweichen. Will die Sparkasse den *Kredit* aus diesem Grund nicht gleich ablehnen, muss sie ein internes Eskalationsverfahren einleiten (BTO 1.1 Ziffer 6 MaRisk). Ziel dieses Verfahrens ist es, das zweite zustimmende *Votum* (in der Regel: *Marktfolge*-Votum) auf einer höhe-

ren Kompetenzstufe zu erhalten. Dabei sind Änderungen des Kreditbeschlusses möglich. Grundsätzlich gibt es zwei Möglichkeiten:
1. Die Votierung geht nur in dem *Bereich*, der das ablehnende Votum formuliert hat, auf eine höhere Kompetenzstufe über (Einzeleskalation);
2. Die Votierung geht in *Markt* und *Marktfolge* auf eine höhere Kompetenzstufe über (Paralleleskalation).

Die Entscheidung eines einzelnen oder mehrerer Vorstandsmitglieder kann das Eskalationsverfahren beenden; darüber muss die Sparkasse unter Umständen in ihrem *Kreditrisikobericht* informieren.

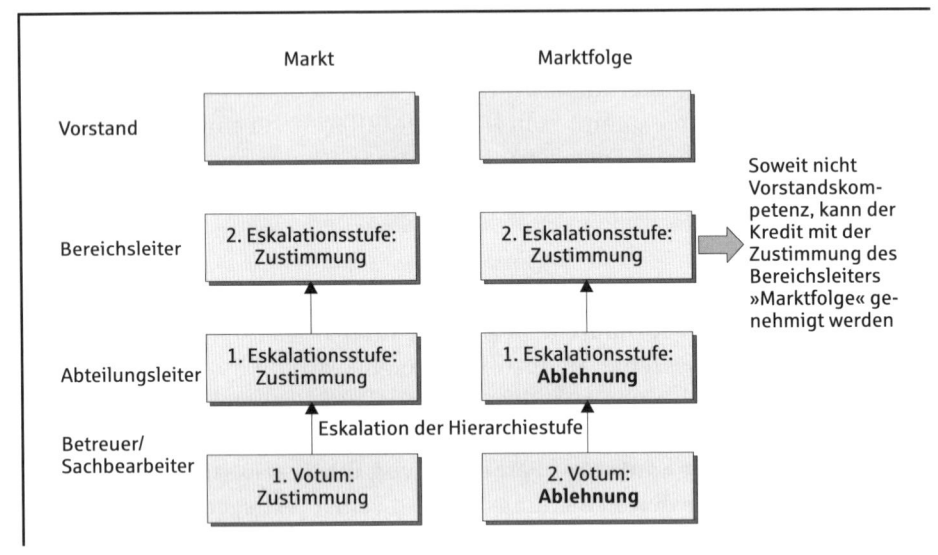

Abb. 27: Beispiel für Eskalationsverfahren im Kreditgeschäft der Sparkasse (Paralleleskalation) (Quelle: DSGV)

Euribor

Der Euribor (»Euro Interbank Offered Rate«) ist ein durchschnittlicher Zinssatz, zu dem sich *Kreditinstitute* untereinander kurzfristig Geld ausleihen. Der Euribor wird täglich ermittelt und veröffentlicht. Hierzu melden mehr als 30 ausgewählte Banken aus dem In- und Ausland täglich um 11 Uhr ihre Zinssätze für 1- bis 12-Monats-Gelder im Euro-Interbankenhandel. Vor allem der 3-Monats- oder der 6-Monats-Euribor sind häufig Referenzzinssatz für *Kredite* und Geldanlagen, etwa für *Kontokorrentkredite*, verzinsliche *Sichteinlagen* und *Termineinlagen*. Sparkasse und Kunde vereinbaren in diesem Fall einen festen Aufschlag auf den Euribor bzw. einen festen Abschlag vom Euribor. Die Verzinsung folgt damit automatisch der Entwicklung des *Geldmarkts*. Auch die variable Zinszahlung von *Zinsswaps* wird üblicherweise an einen Euribor gekoppelt.

Europäische Bankenaufsichtsbehörde

Die Europäische Bankenaufsichtsbehörde (EBA) ist Teil des von der Europäischen Union (EU) im Jahr 2011 errichteten Verbunds aus nationalen und europäischen Aufsichtsbehörden, des so genannten »Europäischen Systems der Finanzaufsicht« (ESFS). Sie hat ihren Sitz in London. Aufgabe der EBA ist es, zur kurz-, mittel- und langfristigen Stabilität und Effektivität der Finanzmärkte in der EU beizutragen. Dazu hat die Europäische Union die EBA mit konkreten Befugnissen ausgestattet. Sie beziehen sich insbesondere auf die europaweite Harmonisierung aufsichtsrechtlicher Vorgaben. Von Leitlinien und Empfehlungen abgesehen, hat die EBA insbesondere das Recht, technische Standards für eine einheitliche Aufsichtskultur und Aufsichtspraxis zu entwickeln. Die nationalen Aufsichtsbehörden, etwa die *Bundesanstalt für Finanzdienstleistungsaufsicht*, sind gehalten, diese technischen Standards umzusetzen. In Krisenfällen und bei Streitigkeiten zwischen nationalen Aufsichtsbehörden kann die EBA per Beschluss entscheiden. Die operative Bankenaufsicht liegt bei der *Europäischen Zentralbank* oder auf nationaler Ebene. Ein direktes Durchgriffsrecht auf einzelne *Kreditinstitute* hat die EBA daher nur, wenn die nationale Aufsichtsbehörde EU-Recht fehlerhaft oder gar nicht anwendet.

Europäische Zentralbank

Die Europäische Zentralbank (EZB) mit Sitz in Frankfurt am Main ist die Währungsbehörde für die Mitgliedstaaten der Europäischen Währungsunion. Ihre mehr als 1 500 Mitarbeiter stammen aus allen Ländern der Europäischen Union. Die EZB bildet mit den nationalen Zentralbanken des Euro-Währungsgebiets das Eurosystem und mit den Zentralbanken aller EU-Staaten das Europäische System der Zentralbanken (ESZB). Das Direktorium der EZB besteht aus dem EZB-Präsidenten, dem EZB-Vizepräsidenten sowie vier weiteren Mitgliedern. Die Mitglieder des Direktoriums haben eine Amtszeit von höchstens acht Jahren, sie können nicht wiederernannt werden. Das EZB-Direktorium leitet die EZB und die laufenden Geschäfte des Eurosystems. Der EZB-Präsident ist der oberste Repräsentant und Sprecher des Eurosystems. Er vertritt das Eurosystem in zahlreichen internationalen Gremien. Hauptziel der EZB ist es, über die Geldpolitik mittelfristig die Preisstabilität zu sichern. Mittlerweile spielt sie überdies eine zentrale, aber umstrittene Rolle bei der Unterstützung überschuldeter Staaten. Hinzu kommt ab Herbst 2014 die Gesamtverantwortung für die *Bankenaufsicht* in der Euro-Zone.

Eventualverbindlichkeiten

Die Sparkasse stellt ihren Kreditkunden nicht nur Geld zur Verfügung, sondern mitunter auch ihre *Bonität* und ihren guten Namen (Kreditleihe). Beispiele hierfür sind *Avalkredite*, eigene *Akzepte* oder *Garantien* (Gewährleistungsverträge). Die Sparkasse steht für einen bestimmten Erfolg, eine bestimmte Leistung des Kreditkunden ein – dafür, dass der Kreditkunde eine bestimmte *Verbindlichkeit* gegenüber Dritten erfüllt. Eine Verpflichtung wird daraus für die

Sparkasse allerdings nur dann, wenn der Kreditkunde die Dritten gegenüber geschuldete Leistung tatsächlich nicht erbringt. Deshalb werden solche Haftungsverhältnisse als Eventualverbindlichkeiten bezeichnet. Die Sparkasse weist sie in der *Bilanz* »unter dem Strich« der Passivseite aus (Posten 1). Müsste die Sparkasse an einen Gläubiger oder Geschäftspartner ihres Kreditkunden tatsächlich zahlen, ginge die Forderung auf sie über. So stehen den Eventualverbindlichkeiten stets in gleicher Höhe Eventualforderungen gegenüber. Folgerichtig gehören *Avalkredite*, eigene *Akzepte* oder *Garantien* auch zum *Aktivgeschäft* der Sparkasse. Eventualverbindlichkeiten bzw. Eventualforderungen gehen nicht in die *Bilanzsumme*, wohl aber in das *Kreditvolumen* und in das *Geschäftsvolumen* ein. Die *Adressenausfallrisiken* aus Eventualverbindlichkeiten muss die Sparkasse mit *Eigenmitteln* unterlegen. Für erkennbare oder latente *Risiken* bildet sie außerdem *Wertberichtigungen*, die in der internen *Erfolgsrechnung* und in der *Gewinn- und Verlustrechnung* das *Bewertungsergebnis* erhöhen. Ihnen stehen in gleicher Höhe *Rückstellungen* gegenüber, ausgewiesen auf der Passivseite der *Bilanz* unter Posten 7c.

Exchanged Traded Funds

Exchanged Traded Funds (ETF) sind börsengehandelte *Indexfonds*. Sie können nationale oder internationale Aktienindizes, Rohstoff- und Immobilienindizes oder auch Rentenindizes beinhalten. Private und institutionelle Investoren nutzen ETF's, um Positionen in ganzen Anlagesegmenten rasch auf- und wieder abbauen. Das Fondsmanagement kann den Zielindex »physisch« nachbilden; in diesem Fall erwirbt es genau die im Index enthaltenen *Wertpapiere* entsprechend ihres Gewichts. Zumindest in Europa ist indessen die »synthetische« Nachbildung verbreitet: hier hält der Fonds ein vom Zielindex abweichendes *Wertpapierportfolio*. Unterschiede in der Wertentwicklung sichert er über *Swapgeschäfte* mit einem *Kreditinstitut* ab, oft der Hausbank des ETF-Anbieters. ETF's verbriefen genau wie normale *Investmentfonds* einen anteiligen Besitz an einem Sondervermögen, das getrennt vom Vermögen der emittierenden Investmentgesellschaft geführt wird. Sie sind kostengünstig; so entfallen beispielsweise Ausgabeaufschläge. Investoren schätzen überdies die Transparenz: Die Zusammensetzung eines ETF wird täglich veröffentlicht, der aktuelle Wert während des Handelstags laufend. Abgesehen von allgemeinen Marktpreisschwankungen sind allerdings auch ETF's mit Risiken verbunden. So verleihen zahlreiche Fonds einen Teil der erworbenen *Wertpapiere*, um eine Zusatzrendite zu erzielen bzw. die Nettokosten zu senken. Daraus können Liquiditätsprobleme erwachsen, wenn viele Anleger ihre Anteile gleichzeitig zurückgeben möchten. Überdies bergen *Swapgeschäfte* grundsätzlich ein *Kontrahentenrisiko*: die Gegenpartei könnte ausfallen. Sofern die Sparkasse in ETF's investiert hat, bilanziert sie sie unter Posten 6 der *Aktiva*.

Factoring

Beim Factoring kauft ein Unternehmen (Factoring-Gesellschaft, Factor) im Rahmen eines langfristigen Vertrags Forderungen aus Warengeschäften und Dienstleistungen auf. Es wird neuer Gläubiger der Forderungen und übernimmt – zumindest beim in Deutschland üblichen »echten« Factoring – das *Adressenausfallrisiko* in vollem Umfang. Der Factoring-Kunde baut seine Außenstände ab, verschafft sich unmittelbar Liquidität, ist vor Zahlungsunfähigkeit seiner Kunden geschützt und spart Verwaltungskosten für Buchhaltung, Inkasso, Mahnwesen, Prüfung der *Bonität* ein. Im Gegenzug bietet er dem Factor nicht einzelne, sondern alle Forderungen zum Kauf an, zumindest Forderungs»pakete«. So sind die Risiken des Factors gestreut. Erfüllt wird der Ankauf der Forderungen durch eine Abtretung (vgl. *Zession*). Beim »echten« Factoring weist der Forderungsverkäufer seine Kunden auf die Abtretung hin (offenes Factoring); sie können mit befreiender Wirkung nur an die Factoring-Gesellschaft zahlen. »Halboffenes« oder »stilles« Factoring ist in Deutschland eher selten. Die Factoring-Gesellschaft zahlt den Gegenwert der angekauften Forderungen innerhalb weniger Tage aus. Dabei behält sie einen Sperrbetrag von 10 bis 20 Prozent zunächst ein, um sich u. a. gegen Mängelrügen und Warenrückgaben zu schützen. Für die Zeit zwischen Forderungsankauf und Fälligkeit zahlt der Factoring-Kunde Kontokorrentzinsen in banküblicher Höhe. Den Sperrbetrag erhält er, wenn die Forderung bezahlt ist oder aber die Zahlungsunfähigkeit seines Kunden feststeht. Die Factoring-Gesellschaft erhält für ihre verschiedenen Dienstleistungen und für die Übernahme des Ausfallrisikos individuell zu vereinbarende Vergütungen, orientiert u. a. am Jahresumsatz, an den durchschnittlichen Rechnungsbeträgen und den eingeräumten Zahlungszielen. Die Gesamtvergütung liegt in der Regel zwischen 1 und 2,5 Prozent des angekauften Forderungsvolumens. Um das Risiko zu begrenzen, legen Factoring-Gesellschaften für den Ankauf einzelner Adressen unter Umständen Limite fest. In der Sparkassen-Finanzgruppe gibt es mit der Deutschen Factoring Bank und der SüdFactoring zwei Factoring-Gesellschaften, mit denen die Sparkassen kooperieren können. Factoring muss keine Konkurrenz zum *Kontokorrentkredit* der Sparkasse sein. Es bietet sich beispielsweise an, wenn ein Kreditkunde plötzlichen oder stark ansteigenden Liquiditätsbedarf hat, die Sparkasse aber ihre *Kreditlinie* nicht ausweiten möchte.

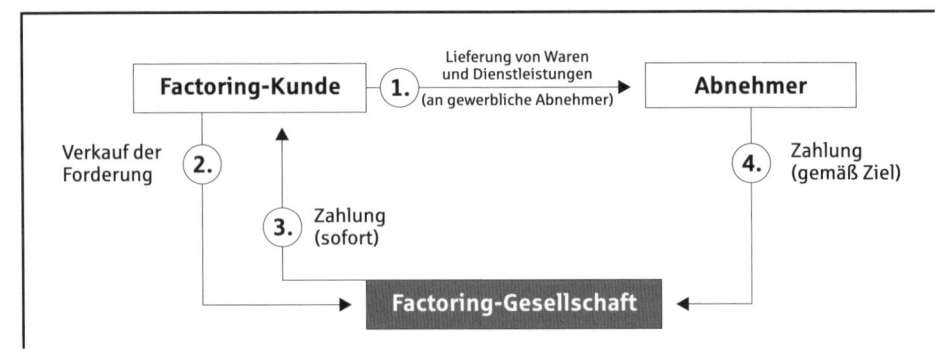

Abb. 28: Offenes Factoring (Quelle: Deutsche Factoring Bank)

Fair Value
vgl. Zeitwert

Festgeld
vgl. Termineinlagen

Festverzinsliches Wertpapier
vgl. Schuldverschreibung

Festzinsüberhang
Als Festzinsüberhang bezeichnet es die Sparkasse, wenn *Festzinspositionen* auf der einen Seite der *Bilanz* nicht ebenso hohe *Festzinspositionen* mit gleicher Zinsbindungsdauer auf der anderen Seite der *Bilanz* gegenüberstehen und die verbleibenden Lücken über variabel verzinsliche Positionen oder über *Festzinspositionen* mit anderen Zinsbindungsfristen gedeckt werden. Festzinsüberhänge können auf der Aktivseite oder auf der Passivseite entstehen. In beiden Fällen sind sie mit *Zinsänderungsrisiken* verbunden. Bei aktivischen Festzinsüberhängen liegt das Risiko in einem steigenden Zinsniveau. In diesem Fall erhöhen sich die *Zinsaufwendungen* der Sparkasse schneller als die *Zinserträge*, weil sich variabel verzinsliche *Einlagen* sofort verteuern. Umgekehrt verhält es sich bei passivischen Festzinsüberhängen; hier muss die Sparkasse bei fallendem Zinsniveau mit einem sich einengenden *Zinsüberschuss* rechnen. Die Sparkasse analysiert ihre Festzinsüberhänge kontinuierlich im Rahmen einer *Zinsbindungsbilanz*. Je nach Zinserwartung und Risikoneigung toleriert sie Festzinsüberhänge bis zu einer gewissen Höhe. Darüber hinaus hat sie verschiedene Möglichkeiten gegenzusteuern. Dabei kommt dem *Treasury* besondere Bedeutung zu: Es kann Festzinsüberhänge über gezielte *Eigenanlagen* oder Refinanzierungsgeschäfte abbauen oder das *Zinsänderungsrisiko* über *Hedging*-Maßnahmen absichern. Ergänzend dazu kann die Vertriebssteuerung der Spar-

kasse versuchen, Kunden im Einlagen- wie im Kreditgeschäft über die angebotenen Zinskonditionen gezielt in bestimmte *Laufzeiten* zu lenken.

Festzinsposition

Festzinspositionen sind auf der Aktivseite der *Bilanz* alle Forderungen und *Eigenanlagen*, auf der Passivseite alle *Verbindlichkeiten* der Sparkasse gegenüber *Kreditinstituten* und alle *Einlagen*, bei denen die Verzinsung für die gesamte *Laufzeit* oder für einen bestimmten Zeitraum festgeschrieben ist. Ist das Volumen der Festzinspositionen auf beiden Seiten der *Bilanz* insgesamt oder für einzelne Fälligkeitsjahre nicht gleich, entstehen *Festzinsüberhänge* und damit *Zinsänderungsrisiken* für die Sparkasse.

Finanzanlagen

Finanzanlagen sind Teil des *Anlagevermögens* einer Kapitalgesellschaft (vgl. § 266 Abs. 2 HGB). Sie gliedern sich auf in
1. Anteile an *verbundenen Unternehmen*;
2. Ausleihungen an *verbundene Unternehmen*;
3. *Beteiligungen*;
4. Ausleihungen an Unternehmen, mit denen ein Beteiligungsverhältnis besteht;
5. *Wertpapiere* des *Anlagevermögens*;
6. sonstige Ausleihungen.

Im Rahmen der Bilanzanalyse prüft die Sparkasse, wie werthaltig die Finanzanlagen ihrer Kreditkunden sind. Die *Bilanz* der Sparkasse kennt den Begriff der Finanzanlagen nicht. Das *Formblatt* für *Kreditinstitute* ordnet die *Aktiva* der Sparkasse nach einem gesonderten Schema (§ 2 RechKredV).

Finanzdienstleistungsinstitut

Das *Kreditwesengesetz* definiert ein Finanzdienstleistungsinstitut als Unternehmen, das gewerbsmäßig oder mit einem kaufmännisch eingerichteten Geschäftsbetrieb Finanzdienstleistungen erbringt, aber keine Bankgeschäfte betreibt und damit kein *Kreditinstitut* im Sinne von § 1 Abs. 1 KWG ist. Welche Geschäfte es als Finanzdienstleistungen ansieht, zählt das KWG in § 1 Abs. 1a auf: neben Anlageberatung und Anlagevermittlung beispielsweise auch *Factoring* oder das Sortengeschäft. Wie *Kreditinstitute* unterliegen auch Finanzdienstleistungsinstitute der Aufsicht der *Bundesanstalt für Finanzdienstleistungsaufsicht* (§ 6 Abs. 1 KWG). Die Bankenaufsicht fasst *Kreditinstitute* und Finanzdienstleistungsinstitute unter dem Begriff *Institute* zusammen (§ 1 Abs. 1b KWG).

Finanzierungslücke

Die Finanzierungslücke bildet das Verhältnis von *Krediten* an Nichtbanken (u. a. Unternehmen, Privatpersonen, öffentliche Institutionen) zu *Einlagen* von Nichtbanken ab. Den Betrag, um den die *Kredite* die *Einlagen* übersteigen, muss sich ein *Kreditinstitut*, eine Bankengruppe oder ein Bankensystem am *Interbankenmarkt* oder am *Kapitalmarkt* besorgen. In Krisenzeiten kann daraus ein Problem entstehen, weil diese Märkte unter Umständen sehr schnell austrocknen und sich die *Refinanzierung* dadurch deutlich schwieriger gestaltet. Somit ist die Finanzierungslücke auch ein Maß für Stabilität. Sparkassen haben meist keine Finanzierungslücke, weil sie sich – wie die genossenschaftlichen Banken – in hohem Maß über *Einlagen* refinanzieren.

Finanzinstrument

Im Verständnis der internationalen Rechnungslegung ist ein Finanzinstrument jeder Vertrag, der für die eine Seite einen finanziellen *Vermögenswert* und für die andere Seite eine finanzielle *Verbindlichkeit* oder *Eigenkapital* schafft. Die für die Bilanzierung und die Berichterstattung gegenüber der Bankenaufsicht maßgebende Definition des *Kreditwesengesetzes* ist allerdings enger: Sie fasst *Wertpapiere*, *Geldmarktinstrumente*, Devisen sowie *Derivate* unter dem Oberbegriff des Finanzinstruments zusammen (§ 1 Abs. 11 KWG). Zu den Finanzinstrumenten zählen also beispielsweise *Aktien*, Anteile an *Investmentfonds*, *Schuldverschreibungen*, Zertifikate, *Termingeschäfte* oder *Kreditderivate*. Keine Finanzinstrumente sind unter anderem Gesellschaftsanteile an einer GmbH, Kommanditgesellschaft oder Gesellschaft bürgerlichen Rechts, Spar(kassen)briefe, Versicherungen oder *Darlehen*.

Floater

Ein Floater ist eine variabel verzinsliche *Schuldverschreibung*. Der Zinssatz wird üblicherweise viertel- oder halbjährlich neu festgelegt. Er errechnet sich aus einem variablen Referenzzinssatz des *Geldmarkts* (z. B. *Euribor*) und einem fest vereinbarten Auf- oder Abschlag (*Spread*). Die Höhe des *Spreads* ergibt sich aus der *Bonität* des *Emittenten*, der *Laufzeit* der *Schuldverschreibung* und der allgemeinen Marktsituation. Die *Laufzeit* liegt gewöhnlich zwischen fünf und zehn Jahren. Der *Emittent* hat oft das Recht, die *Schuldverschreibung* zu den Zinszahlungsterminen oder sogar laufend zu kündigen. Floater verbinden auf diese Weise *Geldmarkt* und *Kapitalmarkt*. Bei normaler *Zinsstruktur* erzielt die Sparkasse mit einem langlaufenden festverzinslichen *Wertpapier* einen höheren *Zinsertrag* als mit einem Floater. Allerdings ist das *Abschreibungsrisiko* eines Floaters deutlich geringer. Denn bei unveränderter *Bonität* des *Emittenten* weicht der Kurs immer nur unwesentlich vom *Nennwert* ab; die Verzinsung folgt den aktuellen Konditionen am *Geldmarkt* mit kurzem Zeitabstand. Bei steigendem Zinsniveau verbessert ein Floater vom nächsten Anpassungstermin an den *Zinsertrag* der Sparkasse. Eine festverzinsliche *Schuldverschreibung* hingegen muss die Sparkasse bei steigendem Zinsniveau auf einen niedrigeren Wert abschreiben, damit erhöht sich ihr *Bewertungsergebnis*. Mit welchem Ergebnis die Sparkasse bei ihren *Eigenanlagen* zwischen Floatern und festverzinslichen *Wertpapieren* abwägt, hängt letzten Endes von ihrer Risikoneigung und ihrer

Risikotragfähigkeit ab. In der *Bilanz* und in der *Gewinn- und Verlustrechnung* weist die Sparkasse Floater wie festverzinsliche *Wertpapiere* aus.

Floor

Ein Floor ist eine Vereinbarung über die Mindestverzinsung einer Geldanlage. Sie sichert gegen das Risiko sinkender variabler Zinsen ab. Demnach erhält der Käufer eines Floors auf einen bestimmten Betrag und für eine fixierte *Laufzeit* vom Verkäufer eine Zahlung, die den Minderertrag aus einem Zinsrückgang zumindest teilweise ausgleicht. Der Floor wird wirksam, wenn der variable Zinssatz unter eine vereinbarte Untergrenze (Floor Rate) sinkt. Die Zahlung des Verkäufers an den Käufer errechnet sich dann aus der Differenz zwischen der Zinsuntergrenze und dem tatsächlichen Zins der Geldanlage oder einem Referenzzinssatz (z. B. *Euribor*). Der Verkäufer eines Floors berechnet für diese »Versicherung gegen Zinsrückgang« meist eine Einmalprämie. Die Sparkasse greift unter Umständen auf Zinsfloors zurück, wenn sie einen Teil ihrer festverzinslichen *Passiva* variabel verzinslich ausleiht oder anlegt. Sie begrenzt dadurch das *Zinsänderungsrisiko* eines passivischen *Festzinsüberhangs*. Das Gegenstück zum Floor ist der *Cap*. Ein *Collar* kombiniert die Merkmale des *Caps* und des Floors.

Floor-Rating

An den nationalen und internationalen Finanz- und Kapitalmärkten nimmt die Bedeutung externer *Ratings* zu. Um dem Rechnung zu tragen, holt der Deutsche Sparkassen- und Giroverband für die gesamte Sparkassen-Finanzgruppe neben einem *Verbundrating* auch ein Floor-Rating ein. Die *Ratingagenturen* Fitch und DBRS beurteilen hierbei die *Bonität* des gesamten *Haftungsverbunds*. Sollte eine einzelne Landesbank oder eine einzelne Sparkasse ein eigenes *Rating* in Auftrag geben, so kann dieses besser, keinesfalls aber schlechter ausfallen als das Floor-Rating.

Fondsdurchschau

Mit der Fondsdurchschau verschafft sich die Sparkasse einen genauen Überblick über die Einzelpositionen, aus denen sich ein *Publikumsfonds* oder ein *Spezialfonds* in ihren *Eigenanlagen* zusammensetzt. Sie ist vor allem aus zwei Gründen wichtig: Zum einen vermeidet die Sparkasse mit der Durchschau, aufsichtsrechtliche Grenzen zu *Großkrediten* zu verletzen. Zum anderen ermöglicht es die Durchschau unter bestimmten Voraussetzungen, die *Adressenausfallrisiken* eines Publikums- oder *Spezialfonds* mit weniger *Eigenmitteln* zu unterlegen (Artikel 132 CRR). Auch wenn die jeweilige *Kapitalverwaltungsgesellschaft* üblicherweise die notwendigen Informationen liefert, kann die Durchschau für die Sparkasse im Einzelfall doch mit erheblichem administrativem Aufwand verbunden sein.

Fonds für allgemeine Bankrisiken

Der Fonds für allgemeine Bankrisiken bildet die offenen *Vorsorgereserven* der Sparkasse. Rechtsgrundlage ist § 340g HGB. Im Gegensatz zu stillen Vorsorgereserven (vgl. auch *Vorsorge für allgemeine Bankrisiken*) sind Volumen, Dotierungen und Entnahmen auch für Außenstehende leicht nachzuvollziehen: in der Bilanz auf der Passivseite unter Posten 11 und in der *Gewinn- und Verlustrechnung* (Staffelform) als gesonderter Posten. Die interne Erfolgsrechnung fasst die Veränderung der offenen und der stillen *Vorsorgereserven* bisweilen als Unterposition des *Bewertungsergebnisses* zusammen. Der Fonds für allgemeine Bankrisiken zählt zum *Kernkapital* der Sparkasse (Artikel 26 Abs. 1 CRR). Sein Volumen ist nach oben nicht begrenzt.

Förderkredit

vgl. Weiterleitungsdarlehen

Forderungen an Kunden

Als Forderungen an Kunden weist die Sparkasse auf der Aktivseite ihrer *Bilanz* (Posten 4) grundsätzlich alle Forderungen gegenüber in- und ausländischen Nichtbanken ein. Ausnahmen sind börsenfähige *Schuldverschreibungen*, die auf der Aktivseite an anderer Stelle ausgewiesen sind (§ 15 Abs. 1 RechKredV). Die Bilanzposition »Forderungen an Kunden« bildet also den größten Teil des Kreditgeschäfts der Sparkasse ab. Hinzu kommen bestimmte *Schuldscheindarlehen*, selbst wenn sie der Sache nach zu den *Eigenanlagen* der Sparkasse gehören. Bei *Kreditlinien* ist der am *Bilanzstichtag* beanspruchte *Kredit*, nicht die *Kreditzusage*, für den Bilanzausweis maßgebend. Im Übrigen muss die Sparkasse die im laufenden Geschäftsjahr und in den Vorjahren gebildeten *Wertberichtigungen* in der *Bilanz* absetzen. Deshalb sind die bilanziell ausgewiesenen Forderungen an Kunden niedriger als das *Kreditvolumen*. Die *Bilanz* selber liefert kaum Informationen zur Struktur des Kreditgeschäfts. Lediglich die durch *Grundpfandrechte* gesicherten *Realkredite* und die *Kommunalkredite* bilden einen gesonderten Unterposten. Im *Anhang* informiert die Sparkasse über die *Restlaufzeiten* ihrer Forderungen an Kunden. Aussagekräftigere Angaben zu den Forderungen an Kunden befinden sich damit nur im *Lagebericht* und im Bericht, den die Sparkasse im Rahmen der *Offenlegung* erstellt. Die *Adressenausfallrisiken* aus dem Kundenkreditgeschäft muss die Sparkasse mit *Eigenmitteln* unterlegen. Im *Kreditrisiko-Standardansatz* ordnet sie die Kundenforderungen unterschiedlichen Forderungsklassen (z. B. Unternehmen, *Mengengeschäft*, durch Immobilien besicherte Forderungen, überfällige Positionen) mit unterschiedlichen, von der *CRR-Verordnung* vorgegebenen *Risikogewichten* zu.

Forderungsabtretung

vgl. Zession

Formblatt

Ein Formblatt gibt der Sparkasse die Gliederung von *Bilanz* oder *Gewinn- und Verlustrechnung* vor. Wie alle *Kreditinstitute* hat auch die Sparkasse die durch § 2 der *Rechnungslegungsverordnung* vorgeschriebenen Formblätter zu verwenden: für die *Bilanz* Formblatt 1 (vgl. Abb. 66/67, S. 386f.), für die *Gewinn- und Verlustrechnung* entweder Formblatt 2 (Kontoform) oder Formblatt 3 (Staffelform; vgl. Abb. 68, S. 388). Erläuterungen zu den Posten der Formblätter gibt ebenfalls die *Rechnungslegungsverordnung*.

Forward

Ein Forward ist ein *Termingeschäft*, das im Gegensatz zum *Future* nicht über die Börse abgeschlossen wird. Die beiden Vertragspartner vereinbaren individuell, einen bestimmten Basiswert zu einem fest vereinbarten Preis an einem fest vereinbarten Termin zu liefern bzw. abzunehmen. Der Preis ändert sich während der *Laufzeit* des Forwards nicht. Somit haben beide Seiten eine sichere Kalkulationsgrundlage. Im Kundengeschäft der Sparkasse sind Forwards besonders als Forwarddarlehen von Bedeutung: Kreditkunden sichern sich dabei mitunter schon zwei bis drei Jahre vor Auszahlung eines *Darlehens* bzw. vor einer auslaufenden Zinsfestschreibung eine aus ihrer Sicht günstige (Anschluss-) Kondition. Die Sparkasse geht mit Forwarddarlehen ein *Zinsänderungsrisiko* ein: Das Zinsniveau könnte sich bis zur Auszahlung bzw. bis zum Ende der Zinsbindungsfrist erhöhen, und sie müsste sich teurer refinanzieren. Deshalb ist die Sparkasse üblicherweise bestrebt, sich dieses Risiko über einen Zinsaufschlag vom Kunden zumindest teilweise bezahlen zu lassen.

Fraud-Management

Wie jedes Unternehmen kann auch die Sparkasse Opfer strafbarer Handlungen durch Kunden, Mitarbeiter oder andere Personen werden. Das *Kreditwesengesetz* verpflichtet die Sparkasse auf Vorkehrungen, dies zu verhindern (§ 25h Abs. 1). Das Zusammenspiel von internen Grundsätzen, angemessenen geschäfts- und kundenbezogenen Sicherungsmaßnahmen und ausreichenden Kontrollen bildet das (Anti-)Fraud-Management. Strafbare Handlungen können die Ertrags- und Vermögenslage der Sparkasse nicht nur unmittelbar, sondern über Reputationsschäden auch mittelbar belasten. Das Fraud-Management gehört daher zur ordnungsgemäßen Geschäftsorganisation gemäß § 25a KWG. Beispiele für strafbare Handlungen sind Untreue, Diebstahl, Unterschlagung, Urkundenfälschung, Online-Banking-Kriminalität, Begünstigung, Bestechung/Bestechlichkeit oder Steuerdelikte. Die aufsichtsrechtlichen Verpflichtungen des Fraud-Managements nimmt in der Praxis der Geldwäschebeauftragte wahr (§ 25h Abs. 9 KWG). Er ist die zentrale Stelle in der Sparkasse, die sämtliche Maßnahmen koordinieren und in ein Gesamtkonzept einbetten muss. Zu den wesentlichen Aufgaben dieser zentralen Stelle gehört – ähnlich wie bei der Verhinderung von *Geldwäsche* und Terrorismusfinanzierung – eine institutsspezifische Gefährdungsanalyse. Auf dieser Grundlage legt die Sparkasse fest, welche Sicherungs- und Kontrollmaßnahmen sie für angemessen hält. Hierbei gilt ein mehrstufiges Prinzip: Die Sparkasse kann das Risiko strafbarer Handlungen entweder ausschließen, reduzieren, versichern oder akzeptieren. Die Bankenaufsicht unterscheidet allgemeine Sicherungsmaßnahmen (u. a. Zutrittskontrollen, »Vier-Augen«-Prinzip, EDV-Monitoring, Schulung der Mitarbeiter, systematische Auswertung von Informationen) und konkrete Sicherungsmaßnahmen (z. B. Zuverlässigkeitsprüfungen bei der Einstellung neuer Mitarbeiter, Richtlinien für die Annahme von Geschenken und Einladungen, Recherche zur Herkunft von Kundengeldern, Abgleich von Kundennamen mit »Schurkenlisten«).

Fremdkapital

Fremdkapital ist Kapital von Gläubigern, das ein Unternehmen verzinsen und zurückzahlen muss. Wie die Ertragslage aussieht, spielt dabei grundsätzlich keine Rolle: Fremdkapitalgeber sind weder am *Gewinn* noch am *Verlust* beteiligt. Sie haben deshalb – zumindest theoretisch – auch keine Mitspracherechte bei Entscheidungen des Unternehmens. Fremdkapital wird wie *Eigenkapital* auf der Passivseite der *Bilanz* ausgewiesen. Das *Handelsgesetzbuch* verpflichtet Kapitalgesellschaften und damit auch *Kreditinstitute*, beim Bilanzausweis des Fremdkapitals *Verbindlichkeiten* und *Rückstellungen* zu unterscheiden (§ 266 Abs. 3 HGB). Für *Kreditinstitute* ist Fremdkapital aufgaben- und funktionsbedingt die wichtigste Finanzierungsquelle. Daher hat der Gläubigerschutz in der Kreditwirtschaft überragende Bedeutung. Sie schlägt sich in einem weit verzweigten Bankenaufsichtsrecht (vgl. *CRR-Verordnung, Kreditwesengesetz, Solvabilitätsverordnung, Liquiditätsverordnung, Mindestanforderungen an das Risikomanagement*) und in besonderen Einrichtungen zur *Einlagensicherung* der einzelnen Institutsgruppen nieder.

Fristengliederung

Die Forderungen und *Verbindlichkeiten* der Sparkasse sind im *Anhang* zum *Jahresabschluss* nach ihrer Fristigkeit zu gliedern (§ 340d HGB und § 9 RechKredV). Für die Gliederung nach der Fristigkeit ist die *Restlaufzeit* am *Bilanzstichtag* maßgebend.

Fristentransformation

Die Sparkasse betreibt Fristentransformation, indem sie Gelder mit kurzer *Laufzeit* hereinnimmt oder aufnimmt und anschließend mit längerer *Laufzeit* ausleiht oder anlegt. Bei normaler *Zinsstruktur* – längere *Laufzeit* bringt höhere Verzinsung – erzielt sie damit einen zusätzlichen *Ertrag*, den so genannten Strukturbeitrag. Er ergibt zusammen mit dem *Zinskonditionsbeitrag* die *Zinsspanne*. In der Summe vieler Einzelpositionen ist die Fristentransformation eine der wichtigsten Ertragsquellen der Sparkasse. Sie beeinflusst wesentlich, wie sich der *Zinsüberschuss* entwickelt. Zugleich ist sie vor allem für eine Sparkasse mit aktivischem *Festzinsüberhang* mit beträchtlichen *Zinsänderungsrisi*-

ken verbunden. Bei steigendem Zinsniveau etwa nehmen die *Zinserträge* nicht so schnell zu wie die *Zinsaufwendungen* für *Einlagen* oder Gelder von anderen *Kreditinstituten*. Dieser Effekt verstärkt sich, wenn die *Zinsstruktur*kurve »flacher« wird, die Zinssätze für kurze *Laufzeiten* also stärker anziehen als die Zinssätze für längere *Laufzeiten*. Die *Erträge* der Fristentransformation ergeben sich zunächst aus einer Vielzahl einzelner Kundenentscheidungen. Die Sparkasse kann zwar versuchen, die Kunden über die Konditionen in bestimmte *Laufzeiten* und Zinsbindungsfristen zu lenken. In der Praxis ist die Fristentransformation aus dem Kundengeschäft allerdings meist mehr oder weniger gegeben. Feinsteuerung und etwaige Korrektur der Fristentransformation über gezielte *Eigenanlagen* sind dann Aufgabe des *Treasury*. Es entscheidet auf Basis der Zinsprognose und des bereitstehenden *Risikodeckungspotenzials*. Erwartet die Sparkasse ein steigendes Zinsniveau, wird sie die Fristentransformation tendenziell zurücknehmen und in *Wertpapiere* mit kürzeren und mittleren *Laufzeiten* investieren. Länger wird sie sich hingegen binden und die Fristentransformation damit erhöhen, wenn die Prognose mittel- bis langfristig von sinkenden Zinsen ausgeht. Volkswirtschaftlich ist die Fristentransformation eine der wesentlichen Aufgaben der Kreditwirtschaft. Sie deckt den langfristigen Kapitalbedarf von Unternehmen, öffentlichen Stellen und Einzelpersonen, indem sie private Ersparnisse unterschiedlicher *Laufzeiten* bündelt. Ohne Banken und Sparkassen müsste sich jeder Investor auf die mühsame Suche nach einem Anleger machen, der das benötigte *Fremdkapital* in gleicher Höhe für den gleichen Zeitraum bereitstellen will.

Früherkennung
vgl. Risikofrüherkennung

Frühwarnverfahren
Mit einem Frühwarnverfahren kann die Sparkasse teilweise automatisiert Kreditkunden erkennen, deren *Bonität* sich seit dem letzten *Rating* oder *Scoring* verschlechtert hat oder zu verschlechtern droht. Neben qualitativen Informationen aus der Geschäftsverbindung bereitet es vor allem Indikatoren aus der aktuellen Kontoführung des Kunden auf, beispielsweise Kontoumsätze, Scheckrückgaben, Lastschriftrückgaben oder Überziehungen. Bei vorab definierten Negativkonstellationen stößt das Frühwarnverfahren so genannte Ad hoc-*Ratings* außerhalb des normalen zeitlichen Rhythmus an. Es hilft, drohende Ausfälle frühzeitig zu erkennen und steigenden *Adressenausfallrisiken* rechtzeitig entgegenzuwirken. Damit ist das Frühwarnverfahren ein wichtiger Baustein der von den *Mindestanforderungen an das Risikomanagement* für das Kreditgeschäft auf Kundenebene geforderten *Risikofrüherkennung* (BTO 1.3 MaRisk). Die Konzeption und (Weiter-)Entwicklung von Frühwarnverfahren hat die Sparkassen-Finanzgruppe bei der *Sparkassen Rating und Risikosysteme GmbH (SR)* als zentralem Dienstleister für die Sparkassen gebündelt. Über das Frühwarnverfahren im Kreditgeschäft hinaus muss die Sparkasse weitere Indikatoren fest-

legen, die eine Zunahme anderer *wesentlicher Risiken* rechtzeitig erkennen lassen (AT 4.3.2 Ziffer 2 MaRisk).

Funktion
Eine Funktion im Sinne der *Mindestanforderungen an das Risikomanagement* ist die konkrete Bearbeitung einer Aufgabe oder einer Tätigkeit. Eine Person (Vollzeit oder Teilzeit), eine Personengruppe oder eine *Stelle* (Organisationseinheit) können eine Funktion wahrnehmen. Grundsätzlich muss die Sparkasse sicherstellen, dass miteinander unvereinbare Tätigkeiten von unterschiedlichen Mitarbeitern wahrgenommen werden (AT 4.3.1 Ziffer 1 MaRisk). Die MaRisk fordern deshalb sehr oft, Funktionen zu trennen. Folgende Konstellationen sind dabei möglich:
1. Zwei Funktionen sind in einer *Stelle* angesiedelt; die *Stelle* muss dann aus mindestens zwei mit diesen Funktionen betrauten Personen bestehen; Beispiel: Kreditbearbeitung und Kontrolle (BTO 1.2.3 Ziffer 1 MaRisk);
2. Zwei Funktionen sind in voneinander unabhängigen *Stellen* angesiedelt, die jedoch dem gleichen *Bereich* zugeordnet sein können; Beispiel: Überprüfung wesentlicher Rechtsrisiken in einer von *Markt* und *Handel* unabhängigen *Stelle* (BTO Ziffer 8 MaRisk);
3. Zwei Funktionen sind in verschiedenen *Bereichen* angesiedelt; Beispiele: das *Votum* des *Markts* und das *Votum* der *Marktfolge* im Kreditgeschäft (BTO 1.1 Ziffer 2 MaRisk) oder *Markt/Handel* und *Risikocontrolling* (BTO Ziffer 3 MaRisk). Bei dieser Konstellation müssen die Funktionen bis zur Vorstandsebene hinauf aufbauorganisatorisch getrennt bleiben; fachliche und disziplinarische Verantwortung müssen auseinander fallen.

Die MaRisk zählen die bis zur Vorstandsebene hinauf zu trennenden Funktionen in BTO Ziffer 3 und 4 auf. Für kleinere *Kreditinstitute* bzw. für *Kreditinstitute* mit geringen Handelsaktivitäten sehen die MaRisk Erleichterungen vor (BTO 1.1 Ziffer 1 und BTO 2.1 Ziffer 2).

Future
Ein Future ist ein standardisiertes, über eine Börse abgeschlossenes *Termingeschäft* mit *Finanzinstrumenten* oder Rohstoffen. Er zählt zu den *Derivaten*. Im Gegensatz zur *Option* verpflichtet ein Future beide Vertragspartner. Käufer und Verkäufer sichern verbindlich zu, den Basiswert in einer bestimmten Menge (und Qualität) an einem festgelegten Termin zum vereinbarten Preis abzunehmen bzw. zu liefern. Beim Abschluss eines Futures fallen keine Prämien an. Beide Vertragspartner müssen allerdings eine Sicherheit hinterlegen oder eine Vorschusszahlung leisten (»Margin«); sie beträgt aber nur einen Bruchteil des Kontraktwertes. Grundsätzlich folgt der Wert eines Futures (Terminpreis) mit einem gewissen Aufschlag dem Kassakurs (Spotpreis) des Basiswerts; am Ende der *Laufzeit*, dem Erfüllungstermin, sind beide gleich. Wer einen Future kauft, eröffnet eine so genannte »Long«-Position. Er rechnet mit steigenden Kursen

des Basiswerts. Tritt diese Entwicklung so ein, kann er die Position am Liefertermin durch Verkauf der erworbenen Werte sofort mit *Gewinn* liquidieren. Mit dem umgekehrten Kalkül agiert der Verkäufer eines Futures (»Short«-Position): Er setzt darauf, die von ihm zu liefernden Werte zum vereinbarten Termin günstiger beschaffen zu können. In der Praxis werden Futures heute nicht mehr durch einen realen Tausch erfüllt, sondern durch Gegengeschäfte »glattgestellt«. Futures haben hohe Gewinnpotenziale, bergen aber auch erhebliche Verlustrisiken. Dies resultiert aus dem Hebeleffekt. Käufer und Verkäufer partizipieren mit verhältnismäßig geringem Kapitaleinsatz (»Margin«, vgl. oben) an den kursbedingten Wertsteigerungen oder -minderungen einer wesentlich größeren Vermögensposition. Wenn der Kassakurs steigt oder fällt, verändert sich der Future-Preis daher im Verhältnis zum eingesetzten Kapital deutlich stärker. Es gibt verschiedene Motive, mit Futures zu handeln. Die Sparkasse agiert gewöhnlich als »Hedger«, d. h. sie sichert sich mit Futures gegen *Marktpreisrisiken*, insbesondere *Zinsänderungsrisiken*, ab (vgl. *Hedging*). Die größte Bedeutung haben dabei *Zinsfutures*. Über risikobehaftete Future-Positionen muss die Sparkasse im *Anhang* des *Jahresabschlusses* informieren (§ 36 RechKredV).

Garantie

Die Garantie ist eine bürgschaftsähnliche *Kreditsicherheit*: Der Garantiegeber (Garant) verpflichtet sich hierbei gegenüber der Sparkasse vertraglich zu einer bestimmten Leistung für den Fall, dass ein Kreditkunde seinen Zahlungsverpflichtungen nicht nachkommt. Im Unterschied zur *Bürgschaft* ist die Garantie gesetzlich nicht geregelt, nicht formgebunden und auch nicht von der zugrunde liegenden Forderung abhängig. Der Garant haftet, sobald der im Vertrag bezeichnete Garantiefall eingetreten ist. Er zahlt auf erstes Anfordern der Sparkasse und kann sich – anders als ein Bürge – nicht darauf berufen, dass die Hauptforderung nicht mehr bestehe oder verjährt sei. Umgekehrt kann auch die Sparkasse im Auftrag ihrer Kunden Garantien stellen, etwa Gewährleistungsgarantien oder Liefergarantien im Auslandsgeschäft. Solche Bankgarantien zählen zu den *Eventualverbindlichkeiten* der Sparkasse. Die *Bilanz* weist sie »unter dem Strich« der Passivseite bei Posten 1b) aus.

Geldmarkt

Der Geldmarkt im engeren Sinne wird von Zentralbanken und Geschäftsbanken getragen. Er hat zwei wesentliche Funktionen: Zum einen leihen sich die *Kreditinstitute* hier untereinander kurzfristige Gelder aus. Zum anderen führen die Zentralbanken den *Kreditinstituten* über den Geldmarkt Liquidität zu oder entziehen ihnen Liquidität. Untereinander handeln die *Kreditinstitute* mit ihren Zentralbankguthaben: Je nach Umfang ihrer Geschäfte entstehen bei einzelnen Banken vorübergehende Überschüsse auf ihren Konten bei den Zentralbanken. Sie leihen diese Überschüsse an andere *Institute* aus, die aktuell einen höheren Bedarf an Zentralbankguthaben haben. Die *Laufzeit* solcher Geschäfte liegt oft nur bei einem Tag, maximal bei einem Jahr. Die Liquidität der Geldmärkte steuern die Zentralbanken über verschiedene geldpolitische Instrumente; sie setzen sie regelmäßig, bei Bedarf auch ad hoc ein. Technisch handelt es sich dabei um kurzfristige *Kredite*, die die Zentralbanken an die Geschäftsbanken vergeben und als Guthaben auf Zentralbankkonten bereitstellen. Die Zinssätze hierfür (Leitzinsen) legen die Zentralbanken fest. In einem weiteren Sinne umfasst der Geldmarkt den gesamten Handel mit kurzfristigen Finanzmitteln. Bei dieser Sichtweise agiert auch die Sparkasse, die bei ihrer Landesbank kurzfristig Gelder anlegt oder aufnimmt (vgl. *Tagesgeld*), am Geldmarkt. Die Zinssätze am Geldmarkt sind wichtige Orientierungsmarken für Teile des Kundengeschäfts der Sparkasse, vor allem für die Verzinsung von *Kontokorrentkrediten*, verzinslichen *Sichteinlagen* und *Termineinlagen*. Von besonderer Bedeutung ist der *Euribor*.

Geldmarktfonds

Geldmarktfonds sind *Investmentfonds*, die überwiegend in liquide Mittel und *Geldmarktpapiere* von Banken, Unternehmen oder öffentlichen Stellen investieren. Die (Rest-)Laufzeit der Geldmarktinstrumente beträgt entweder maximal 397 Tage. Oder ihre Verzinsung wird mindestens einmal innerhalb der nächsten 397 Tage angepasst; in diesem Fall ist eine *Laufzeit* von bis zu zwei Jahren zulässig. Geldmarktfonds dürfen nur in Geldmarktinstrumente hoher Qualität investieren. Ihren Ertrag erzielen sie vor allem aus der *Fristentransformation*, die sie trotz des insgesamt kurzfristig ausgerichteten Portfolios in begrenztem Umfang erzielen. Damit unterliegen auch Geldmarktfonds gewissen *Zinsänderungsrisiken*. Stiegen die Zinsen am *Geldmarkt*, sänke der Marktpreis einzelner Fondspositionen. Damit ginge auch der Anteilswert zurück. Zum Schutz der Anleger begrenzt eine Richtlinie der *Bundesanstalt für Finanzdienstleistungsaufsicht* die durchschnittliche Zinsbindungsdauer und die durchschnittliche Restlaufzeit der Einzelpositionen eines Geldmarktfonds. Die Sparkasse kann ihren Kunden Geldmarktfonds als Alternative zu Tagesgeldkonten anbieten. Dadurch stärkt sie ihr Wertpapierkundengeschäft und nimmt Abflüsse bei den bilanzwirksamen *Einlagen* unter Umständen bewusst in Kauf. Beim Vergleich der Geschäftsentwicklung mit Sparkassen, die die kurzfristig »geparkten« Gelder ihrer Kunden in der *Bilanz* halten wollen, sollte dies berücksichtigen werden.

Geldmarktpapier

Geldmarktpapiere verbriefen Geschäfte am *Geldmarkt*. Sie standardisieren und erleichtern den Austausch kurzfristiger Finanzmittel und lassen sich überdies beleihen. Weiterere Vorteile sind die vereinfachte Dokumentation und die vereinfachte Überwachung der Geldmarktaktivitäten. Wichtige *Emittenten* von Geldmarktpapieren sind u. a. der Bund mit *unverzinslichen Schatzanweisungen*, Banken mit kurzlaufenden *Schuldverschreibungen* und andere Unternehmen mit so genannten *Commercial Papers*.

Geldvermögen

Die Volkswirtschaftliche Gesamtrechnung versteht unter Geldvermögen die Differenz zwischen Forderungen und *Verbindlichkeiten* eines Wirtschaftssubjekts. Die interne Statistik über die Geschäftsentwicklung der Sparkasse verwendet den Begriff hingegen anders: als Summe aus *Einlagen* und Vermögenswerten, die die Kunden bei der Sparkasse, der Deka oder anderen Verbundpartnern in Wertpapierdepots halten. Die Statistik neutralisiert auf diese Weise Verschiebungen zwischen Einlagen- und Wertpapiergeschäft mit Kunden. Somit lässt sich der Erfolg des gesamten Kundengeschäfts der Sparkasse an der Entwicklung des Geldvermögens besser ablesen als nur an der Entwicklung der bilanzwirksamen *Einlagen*.

Geldwäsche

Bei der Geldwäsche werden illegal erwirtschaftete Gelder, beispielsweise aus Drogenschmuggel oder Waffenhandel, in den legalen Finanz- und Wirtschaftskreislauf eingeschleust. Geldwäsche ist ein Straftatbestand. Sie zu erkennen, ist ein wichtiges Element im Kampf gegen Terrorismus und organisierte Kriminalität. Der Staat verpflichtet auch die Sparkasse, dabei intensiv mitzuwirken. Zentrale Rechtsgrundlage ist das Geldwäschegesetz (GwG). Es formuliert verschiedene Identifizierungs- und Abklärungspflichten, denen die Sparkasse bei bestimmten Anlässen nachkommen muss. Dazu gehört beispielsweise, einen neuen Kunden zu identifizieren, den Hintergrund der neuen Geschäftsbeziehung einzuholen oder abzuklären, ob der Kunde für einen wirtschaftliche berechtigten Dritten handelt (§ 3 Abs. 1 GwG). Darüber hinaus verpflichtet das Gesetz die Sparkasse auch dazu, ihre Geschäftsbeziehungen kontinuierlich zu überwachen und Auffälligkeiten auszuwerten (§ 3 Abs. 1 Nr. 4 GwG). Das geschieht heute üblicherweise mit Hilfe spezieller Softwarelösungen. Besondere Sorgfaltspflichten gelten bei einer Geschäftsbeziehung mit einer so genannten *politisch exponierten Person*. Sieht die Sparkasse Hinweise auf Geldwäsche oder Terrorismusfinanzierung, hat sie eine Geldwäscheverdachtsanzeige abzugeben (§ 11 Abs. 1 GwG); den betroffenen Kunden darf sie darüber nicht informieren (§ 12 Abs. 1 GwG). Die Bankenaufsicht betrachtet angemessene und wirksame Vorkehrungen gegen Geldwäsche als wichtigen Teil der internen Sicherungsmaßnahmen im Sinne von § 25h KWG. Um risikoorientiert agieren zu können, erstellt die/der dem Vorstand direkt unterstelle Geldwäschebeauftragte der Sparkasse deshalb regelmäßig eine interne Gefährdungsanalyse.

Genussrecht

Bei einem Genussrecht überlässt ein Anleger einem Unternehmen für eine bestimmte Zeit Kapital und ist im Gegenzug am Ergebnis beteiligt. Schreibt das Unternehmen *Gewinn*, erhält der Anleger Zins- oder Dividendenzahlungen. Bei einem negativen Ergebnis muss er den *Verlust* anteilig übernehmen. Das Genussrecht kann außerdem eine Beteiligung an einem etwaigen Liquidationserlös oder auch das Recht vorsehen, das Genussrecht in *Aktien* des Unternehmens zu tauschen. Auf die Geschäftspolitik einwirken können die Investoren nicht. Einzelheiten regeln die Genussrechts-Bedingungen. Das für den Anleger in mehrfacher Hinsicht erhöhte Risiko schlägt sich in einer höheren Verzinsung des Genussrechts nieder. Der *Emittent* kann das Genussrecht als Genussschein verbriefen und an die Börse bringen. Wirtschaftlich steht das Genussrecht zwischen *Eigenkapital* und *Fremdkapital*; als *Hybridkapital* beinhaltet es einerseits einen schuldrechtlichen Anspruch, andererseits Vermögensrechte, die typischerweise nur Gesellschafter haben. Auch die Sparkasse kann ihre Kapitalbasis mit Genussrechten stärken und dann in der *Bilanz* unter Posten 10 ausweisen. Um als *Ergänzungskapital* anerkannt zu werden, müssen sie allerdings den in Artikel 63 CRR formulierten Voraussetzungen genügen. Vor dem 31. Dezember 2011 emittierte »Altbestände« kann die Sparkasse in den nächsten Jahren mit einem jährlich abschmelzenden Betrag als *Ergänzungskapital* einbringen. Zusätzlich muss sie in den letzten fünf Laufzeitjahren einen taggenauen Anrechnungsbetrag ermitteln und berücksichtigen.

Genussrechtskapital
vgl. Genussrecht

Genussschein
vgl. Genussrecht

Geringwertiges Wirtschaftsgut

Ein geringwertiges Wirtschaftsgut ist ein abnutzbarer, beweglicher und selbstständig nutzbarer Gegenstand der *Betriebs- und Geschäftsausstattung*, dessen *Anschaffungskosten* bestimmte Grenzen nicht überschreiten. Maßgebend ist § 6 Abs. 2 und 2a des Einkommensteuergesetzes. Derzeit kann die Sparkasse Anschaffungen im Wert bis 410 EUR (ohne Umsatzsteuer) im laufenden Geschäftsjahr in voller Höhe als *Betriebsausgaben* gewinnmindernd ansetzen. Für Anschaffungen im Wert zwischen 150 EUR und 1000 EUR kann die Sparkasse auch einen Sammelposten (»Pool«) bilden und diesen dann im laufenden sowie in den vier folgenden Geschäftsjahren mit jeweils 20 Prozent gewinnmindernd auflösen bzw. abschreiben. Den Sammelposten eines Geschäftsjahrs kann die Sparkasse nicht verändern. Wenn sie also ein geringwertiges Wirtschaftsgut für 400 EUR erwirbt und es ein Jahr später wieder verkauft, hat sie einen *Erlös*, darf die entsprechende Position im Sammelposten aber nicht ausbuchen.

Gesamtbanksteuerung

Wenn die Sparkasse ihren öffentlichen Auftrag überzeugend wahrnehmen will, braucht sie wirtschaftlichen Erfolg. Ungeachtet der kommunalen Anbindung darf ihre Geschäftspolitik daher Rendite- und Risikoaspekte nicht vernachlässigen. Die Sparkasse ist zum einen darauf angewiesen, eine angemessene Verzinsung ihres *Eigenkapitals* zu erwirtschaften. Zum anderen muss sie risikobegrenzende Mess- und Steuerungssysteme einsetzen. Denn aus Risiken resultierende *Verluste* drücken die *Rentabilität* der Sparkasse. Umgekehrt ermöglicht nur die gezielte Übernahme von Risiken eine angemessene *Rentabilität*. Die Gesamtbanksteuerung berücksichtigt und integriert beides und hat demnach zwei Ziele: 1. Die eingegangenen Risiken dürfen zu keinem Zeitpunkt höher sein als der Teil des *Eigenkapitals*, den die Sparkasse als Risikokapital einsetzt (Kalkül der *Risikotragfähigkeit*). 2. Die Sparkasse soll Risikokapital grundsätzlich nur dort bereit stellen, wo sich eine ausreichende und risikoadäquate *Rentabilität* erzielen lässt (Risiko-Chance-Kalkül). Ein wichtiger Baustein der Gesamtbanksteuerung ist beispielsweise das System von *Limiten*, aus dem sich implizit Obergrenzen für Kreditgeschäft und *Handelsgeschäft* ergeben. Im Sinne ihres besonderen Selbstverständnisses wird die Sparkasse die stark ergebnisorientierte Sichtweise der Gesamtbanksteuerung erweitern und ergänzen. Dazu gehören alle strategischen Maßnahmen, mit denen sie Wettbewerbsposition und Marktanteile behauptet und ausbaut sowie Kundenzufriedenheit und Kundenbindung erhöht. Vgl. auch *Bilanzstrukturmanagement*.

Gesamtforderungsbetrag

Der Gesamtforderungsbetrag bildet das *Adressenausfallrisiko*, das *Marktrisiko* und das *operationelle Risiko* ab, das der Sparkasse aus ihrer Geschäftstätigkeit entsteht. Anders als der Begriff zunächst vermuten lässt, greift er damit deutlich über die *Risikoaktiva* des Kreditgeschäfts und der *Eigenanlagen* der Sparkasse aus. Die CRR beschreibt die Zusammensetzung des Gesamtforderungsbetrags in Artikel 92 Abs. 3 und 4. Er ist die Basis zur Berechnung der *Gesamtkapitalquote*. Diese errechnet sich aus dem Verhältnis der *Eigenmittel* zum Gesamtforderungsbetrag und muss mindestens acht Prozent betragen. Wichtig: Der größte Teil der *Marktpreisrisiken* geht nicht in den Gesamtforderungsbetrag ein.

Gesamtgrundpfandrecht

Ein Gesamtgrundpfandrecht ist eine *Kreditsicherheit*, bei der mehrere Grundstücke oder Miteigentumsanteile mit einer einheitlichen *Grundschuld* oder *Hypothek* zu Gunsten eines Gläubigers belastet sind. Das Gesamtgrundpfandrecht kann von vornherein als solches eingetragen werden. Es kann auch durch Teilung eines belasteten Grundstücks entstehen. Oder ein bisher nur auf einer Immobilie ruhendes Einzelrecht wird nachträglich auf ein weiteres oder mehrere weitere Grundstücke ausgedehnt. Die Mitbelastung anderer Grundstücke ist im Grundbuchblatt jedes einzelnen Grundstücks zu vermerken. Ein zu ihren Gunsten eingetragenes Gesamtgrundpfandrecht bringt die Sparkasse in eine gute Position. Jedes der belasteten Grundstücke haftet bei entsprechender *Zweckerklärung* für den Gesamtbetrag der *Verbindlichkeiten* des Kreditkunden. Die Sparkasse kann sich aussuchen, aus welchem Grundstück sie sich im Verwertungsfall befriedigt. Schwierig ist es, hinter einem bereits existierenden Gesamtgrundpfandrecht ein weiteres *Grundpfandrecht* eintragen zu lassen. Als nachrangiger Gläubiger weiß die Sparkasse dann nicht, auf welches Grundstück und in welcher Höhe der vorrangig eingetragene Gläubiger im Ernstfall zugriffe. Allerdings kann sie versuchen, ihn zu einer Zerlegung des Gesamtgrundpfandrechts zu bewegen. Dann haftet das Grundstück dem anderen Gläubiger nur noch bis zu einem eigenes zugeteilten Betrag. De facto zerfällt das Gesamtgrundpfandrecht hierbei in mehrere Einzelrechte. Darüber hinaus ist es möglich, einzelne Grundstücke oder Grundstücksteile aus der Haftung zu entlassen. Der Eigentümer muss dem nicht zustimmen.

Gesamtkapitalquote
Die Gesamtkapitalquote (auch: Solvabilitätskennziffer) der Sparkasse ist das Verhältnis aus *Eigenmitteln* und *Gesamtforderungsbetrag*. Sie ist der zentraler aufsichtsrechtliche Indikator für die *Risikotragfähigkeit* und muss bei mindestens 8 Prozent liegen (Artikel 92 CRR). Je weiter sich die Sparkasse mit ihren *Eigenmitteln* von dieser Untergrenze nach oben abhebt, desto stabiler ist ihre Situation. Eigenkapitalstarke Sparkassen erreichen Gesamtkapitalquoten von 20 Prozent und mehr.

Gesamtlimit
vgl. Globallimit

Gesamtzinsspanne
vgl. Zinsspanne

Geschäftsfortführungsplan
vgl. Notfallkonzept

Geschäftsstrategie
In der Geschäftsstrategie legt der Vorstand der Sparkasse seine geschäftspolitischen Ziele und Absichten fest sowie die grundsätzlichen Maßnahmen, um diese Ziele zu erreichen. Er zeigt damit schriftlich das gemeinsame Verständnis aller Vorstandsmitglieder zur weiteren Entwicklung der Sparkasse auf. Die *Mindestanforderungen an das Risikomanagement* verpflichten die Sparkasse, eine »nachhaltige« Geschäftsstrategie zu formulieren (AT 4.2 Ziffer 1), stellen aber keine direkten inhaltlichen Anforderungen. Hier hat die Sparkasse also Ermessensspielraum. So kann der Vorstand qualitative Ziele anstreben. Er kann sich aber auch auf konkrete Kennzahlen beziehen (Marktanteile, Wachstumsraten, *Cost-Income-Ratio* o.ä.). Auch Aufbau und Detaillierungsgrad der Geschäftsstrategie bestimmt die Sparkasse selbst. Sie kann Teilstrategien für einzelne Geschäftsfelder oder -bereiche in die Geschäftsstrategie genauso einbeziehen wie auslagern. Gleichwohl sind bestimmte Anforderungen zu beachten:
1. Die Geschäftsstrategie muss Aussagen zu allen wesentlichen Geschäftsaktivitäten treffen;

2. Aus der Geschäftsstrategie muss sich eine mit ihr zu vereinbarende *Risikostrategie* ableiten lassen;
3. Der Detaillierungsgrad muss dem Umfang, der Komplexität und dem Risikogehalt der geplanten Geschäftsaktivitäten entsprechen;
4. Die Geschäftsstrategie muss die *Risikotragfähigkeit* der Sparkasse berücksichtigen;
5. Das Vergütungs- und Anreizsystem darf den in der Geschäftsstrategie formulierten Zielen und Maßnahmen nicht entgegenstehen.

Im Gegensatz zur *Risikostrategie* wird die Geschäftsstrategie weder von der *internen Revision* der Sparkasse noch von externen Prüfern beurteilt (Erläuterung zu AT 4.2 Ziffer 1 MaRisk). Der Vorstand darf die Festlegung der Geschäftsstrategie nicht delegieren; er muss erkennbar dafür sorgen, dass die Sparkasse sie tatsächlich umsetzt (AT 4.2 Ziffer 3 MaRisk). Zudem hat er die Geschäftsstrategie jährlich zu überprüfen, gegebenenfalls anzupassen und anschließend mit dem Verwaltungsrat oder einem Ausschuss des Verwaltungsrats zu erörtern (AT 4.2 Ziffer 5 MaRisk). Über Inhalt und Änderungen der Geschäftsstrategie muss der Vorstand –genauso wie bei der ebenfalls jährlich zu überarbeitenden *Risikostrategie* – in geeigneter Weise innerhalb der Sparkasse berichten (AT 4.2 Ziffer 6 MaRisk).

Geschäftsvolumen

Das Geschäftsvolumen der Sparkasse entspricht ihrer *Bilanzsumme*, erweitert um die *Eventualverbindlichkeiten* am *Bilanzstichtag* (Posten 1 »unter dem Strich« der Passivseite).

Geschäftswert

Der Geschäftswert (auch: Firmenwert, Goodwill) drückt den Betrag aus, den der Käufer eines Unternehmens über den Wert der bilanzierungsfähigen Vermögensgegenstände hinaus nach Abzug des *Fremdkapitals* zu zahlen bereit ist. Im Geschäftswert drücken sich somit Vorteile wie Vertrauen, Ansehen, gutes Management, Kundenstamm, zentrale Lage oder Organisationsstruktur aus. Der Geschäftswert hat zwei Ausprägungen. Einen selbst geschaffenen (originären) Geschäftswert darf ein Unternehmen nicht bilanzieren. Einen entgeltlich erworbenen (derivativen) Geschäftswert dagegen muss es in der *Handelsbilanz* und in der *Steuerbilanz* als *immateriellen Vermögensgegenstand* aktivieren (§ 246 Abs. 1 HGB, § 5 Abs. 2 EStG); die *Anschaffungskosten* vermindern sich über einen Zeitraum von 15 Jahren durch *planmäßige Abschreibungen*. Die Sparkasse weist einen derivativen Geschäftswert (beispielsweise aus Erwerb einer *Beteiligung*) auf der Aktivseite der *Bilanz* unter dem Posten *Immaterielle Anlagewerte* aus.

Gesetz über das Kreditwesen
vgl. Kreditwesengesetz

Gesprächsaufzeichnung
Um den Abschluss von *Handelsgeschäften* insbesondere bei nachträglichen Unstimmigkeiten nachvollziehen und kontrollieren zu können, soll die Sparkasse die Geschäftsgespräche der mit dem Handel betrauten Mitarbeiter (»Händler«) aufzeichnen und mindestens drei Monate aufbewahren (BTO 2.2.1 Ziffer 4 MaRisk). Sie kann allerdings darauf verzichten, wenn sie dies unter Hinweis auf ein nicht vertretbares Kosten-Nutzen-Verhältnis begründet und dokumentiert. Beispielsweise dürfte eine Gesprächsaufzeichnung nicht notwendig sein, wenn das *Handelsgeschäft* der Sparkasse keinen nennenswerten Umfang hat oder wenn die *Kontrahenten* die Gespräche bereits aufnehmen.

Gewährleistungsvertrag
vgl. Garantie

Gewerbesteuer
Bei guter oder zufrieden stellender Ertragslage gehört die Sparkasse zu den zuverlässigen Gewerbesteuerzahlern in ihrem Geschäftsgebiet. Sie hat ein stabiles Geschäftsmodell und kann ihre Geschäftstätigkeit nicht in Kommunen mit niedrigen Hebesätzen oder gar ins Ausland verlagern. Berechnungsgrundlage für die Gewerbesteuer ist der Steuermessbetrag. Er beträgt 3,5 Prozent des nach den Vorschriften des Gewerbesteuergesetzes ermittelten Gewerbeertrags. Anschließend wird der Steuermessbetrag auf die Kommunen zerlegt, in denen die Sparkasse Betriebsstätten unterhält; dazu zählen in erster Linie die Filialen. Maßstab bei der Zerlegung sind die in den jeweiligen Betriebsstätten gezahlten Arbeitslöhne bzw. Vergütungen. Die nach diesem Schema für die einzelnen Gemeinden ermittelten Messbeträge werden mit dem jeweiligen Hebesatz multipliziert. Daraus ergeben sich die Gewerbesteuerzahlungen der Sparkasse an die Kommunen. Im Ergebnis profitiert meist das gesamte Geschäftsgebiet von der Ertragskraft der Sparkasse.

Gewinn
Gewinn lässt sich nicht so eindeutig definieren und messen wie es scheint. Entscheidend ist der Zweck der *Erfolgsrechnung*. Die *Kostenrechnung* stellt *Erlöse* und *Kosten* gegenüber und ermittelt hieraus *Deckungsbeiträge* und *Margen*. Die interne *Erfolgsrechnung* der Sparkasse (vgl. auch *Betriebsvergleich*) spricht vom *Betriebsergebnis* (vor oder nach Bewertung) als Differenz zwischen *Erträgen* und *Aufwendungen*. Auch die nach dem *Handelsgesetzbuch* aufgestellte *Gewinn- und Verlustrechnung* stellt *Aufwendungen* und *Erträge* gegenüber und ermittelt hieraus den *Bilanzgewinn* als Basis für etwaige Ausschüttungen an den bzw. die Träger der Sparkasse. Der steuerliche Gewinn ergibt sich aus dem Unterschied zwischen *Betriebseinnahmen* und *Betriebsausgaben*. Er ist Bemessungsgrundlage für die Körperschaftsteuer und die Gewerbesteuer, die die Sparkasse an den Fiskus abführen muss. Das Streben nach Gewinn ist grundlegendes Merkmal privater Unternehmen in einer Marktwirtschaft; er ist der Teil der Wertschöp-

fung, der den Eigentümern zufließt. Die Sparkasse will Gewinn erzielen, um ihren öffentlichen Auftrag zu erfüllen. Sie ist bestrebt, einen großen Teil des Gewinns dem *Eigenkapital* zuzuführen. Dadurch erhöht sie ihre *Risikotragfähigkeit* und damit vor allem den Risikopuffer für das mittelständische Kreditgeschäft in ihrem Geschäftsgebiet.

Gewinn vor Steuern
vgl. Vorsteuergewinn

Gewinnabführungsvertrag
vgl. Ergebnisabführungsvertrag

Gewinnabhängige Steuern
vgl. Steuern vom Einkommen und vom Ertrag

Gewinn- und Verlustrechnung
Die Gewinn- und Verlustrechnung (GuV) ist Teil des *Jahresabschlusses* der Sparkasse. Sie muss gemäß § 264 Abs. 2 HGB ein den tatsächlichen Verhältnissen entsprechendes Bild der Ertragslage vermitteln und stellt *Erträge* und *Aufwendungen* der Sparkasse im Berichtsjahr dar. So gibt die GuV einen Überblick über Art, Höhe und Quelle des unternehmerischen Erfolgs. Neben den Daten des Berichtsjahres verlangt das *Handelsgesetzbuch* ebenso wie bei der *Bilanz* auch die Angabe der Vorjahreswerte (§ 265 HGB). Grundsätzlich gilt das »Bruttoprinzip«, d. h. die Sparkasse darf *Erträge* und *Aufwendungen* nicht saldieren (§ 246 Abs. 2 HGB). Abweichend hiervon sind bei einigen Positionen Kompensationen erlaubt, beispielsweise für *Abschreibungen* und *Wertberichtigungen*, für Erträge aus *Zuschreibungen*, für realisierte *Kursgewinne* und *Kursverluste* sowie für Dotierung bzw. Auflösung »stiller« Vorsorgereserven. Die *Rechnungslegungsverordnung* erlaubt es der Sparkasse, ihre GuV entweder in Kontoform oder in Staffelform (vgl. Abb. 68, S. 388) darzustellen. Im Gegensatz zur Kontoform weist die Staffelform als Zwischenposten das »*Ergebnis der normalen Geschäftstätigkeit*« und das »*außerordentliche Ergebnis*« aus. Außerdem lässt die Staffelform erkennen, wie die Sparkasse den *Jahresüberschuss* bzw. *Jahresfehlbetrag* in den *Bilanzgewinn* bzw. *Bilanzverlust* überleitet. Dies ist bei der Kontoform nur außerhalb des Schemas möglich. Das einmal gewählte *Formblatt* ist in der Regel beizubehalten. Änderungen muss die Sparkasse im *Anhang* begründen (§ 265 Abs. 1 HGB). Wichtig für die Erörterung der Ertragslage im Verwaltungsrat: Die GuV ordnet *Aufwendungen* und *Erträge* in Teilbereichen anders zu als die sparkasseninterne *Erfolgsrechnung* (*Betriebsvergleich*). Die ausgewiesenen Werte können deshalb voneinander abweichen. Ein Beispiel ist die unterschiedliche Darstellung *aperiodischer Aufwendungen und Erträge*.

Gewinnausschüttung

Die Gewinnausschüttung umfasst den Teil des Unternehmensgewinns, den die Gesellschafter auf Basis einer gesetzlichen oder vertraglichen Regelung für sich beanspruchen. Basis für die Gewinnausschüttung der Sparkasse an ihre/n Träger ist der *Bilanzgewinn*. Der Verwaltungsrat stellt ihn zunächst fest, anschließend entscheidet er über seine Verteilung. Das Sparkassenrecht gibt vor, einen Teil des *Bilanzgewinns* nicht auszuschütten, sondern der *Sicherheitsrücklage* zuzuführen. Die Sparkassengesetze der Bundesländer treffen hierfür unterschiedliche Regelungen. Die Träger der Sparkasse müssen auf die Gewinnausschüttung Kapitalertragsteuer zahlen.

Gewinngemeinschaft

Bei einer Gewinngemeinschaft schließen sich rechtlich und wirtschaftlich selbstständige Unternehmen vertraglich zusammen, um gemeinschaftlich erzielte *Gewinne* (z. B. aus einem gemeinschaftlichen Patent) zusammenzuführen und anschließend aufzuteilen. Der erforderliche Vertrag muss dabei neben dem Verteilungsschlüssel insbesondere festlegen, wie sich der aufzuteilende *Gewinn* ermittelt. Gewinngemeinschaften können Vorstufen zu einem Gemeinschaftsunternehmen oder Konzern sein.

Gewinnrücklagen

Gewinnrücklagen gehören zum *Eigenkapital* eines Unternehmens. Sie bilden sich aus den Teilen der Ergebnisse laufender und vorangegangener Geschäftsjahre, die die Gesellschafter nicht entnommen und im Unternehmen belassen haben (Gewinnthesaurierung, Selbstfinanzierung; § 272 Abs. 3 HGB). Das *Handelsgesetzbuch* unterscheidet verschiedene Arten von Gewinnrücklagen; sie sind in der *Bilanz* jeweils getrennt auszuweisen (§ 266 Abs. 3 HGB). Mit gesetzlichen Gewinnrücklagen darf ein Unternehmen nur *Verluste* ausgleichen und dies auch nur dann, wenn die so genannten »anderen Gewinnrücklagen«, der *Jahresüberschuss* und gegebenenfalls der *Gewinnvortrag* nicht ausreichen. Die »anderen Gewinnrücklagen« hingegen kann das Unternehmen, sofern es nicht *Verluste* abdecken muss, frei verwenden, etwa zur Ausschüttung von Dividende bei nicht ausreichendem *Jahresüberschuss*. Die *Sicherheitsrücklage* der Sparkasse zählt zu den gesetzlichen Gewinnrücklagen.

Gewinnschuldverschreibung

Eine Gewinnschuldverschreibung ist eine *Unternehmensanleihe*, die das Recht des Gläubigers auf Rückzahlung und Verzinsung mit dem Recht des Gesellschafters auf *Gewinn* verknüpft. Der Ertrag für den Gläubiger setzt sich meist aus zwei Komponenten zusammen: einer festen Grundverzinsung bzw. Mindestverzinsung in gewinnlosen Jahren sowie einer gewinnabhängigen Zusatzverzinsung. Die Ausgabebedingungen legen fest, unter welchen Voraussetzungen der *Emittent* die Zusatzverzinsung zahlt. Unter Umständen ist die Zusatzverzinsung nach oben begrenzt. Grund- und Zusatzverzinsung einer Gewinnschuldverschreibung können die *Rendite* festverzinslicher *Wertpapiere* deutlich übersteigen. Allerdings ist sie mit deutlich höherem Kursrisiko und *Abschreibungsrisiko* verbunden. Deshalb wird die Sparkasse in Gewinnschuldverschreibungen nur sehr begrenzt anlegen. Bei sich verschlechternder *Bonität* des *Emittenten* kann es nahezu unmöglich werden, das Papier an der Börse zu verkaufen. Die Sparkasse bilanziert Gewinnschuldverschreibungen auf der Aktivseite unter dem Posten »*Schuldverschreibungen* und andere festverzinsliche *Wertpapiere*« (Posten 5).

Gewinnvortrag

Einen Gewinnvortrag bilden Teile des *Bilanzgewinns* vorangegangener Geschäftsjahre, über deren Verwendung noch nicht entschieden ist. Ein Gewinnvortrag erhöht den *Jahresüberschuss* des laufenden Geschäftsjahrs und geht in den *Bilanzgewinn* ein. Damit gehört er zum bilanziellen *Eigenkapital*. Die *Gewinn- und Verlustrechnung* weist den Gewinnvortrag gesondert aus, um den Erfolg des laufenden Geschäftsjahrs exakt vom Erfolg früherer Rechnungsperioden abgrenzen zu können. Bei der Sparkasse kommt es nur in Ausnahmefällen zu Gewinnvorträgen.

Gezeichnetes Kapital

Das gezeichnete Kapital ist der Teil des *Eigenkapitals* einer Kapitalgesellschaft, mit dem die Gesellschafter Gläubigern gegenüber haften (§ 272 Abs. 1 HGB). Bei einer Aktiengesellschaft entspricht es dem Grundkapital, bei einer Gesellschaft mit beschränkter Haftung dem Stammkapital. Das gezeichnete Kapital wird zum Nennbetrag bilanziert. Beträge, die Gesellschafter oder Aktionäre über den Nennbetrag hinaus einzahlen, fließen in die *Kapitalrücklage*. Bei noch ausstehenden, also nicht eingezahlten Teilen des gezeichneten Kapitals gibt es zwei Möglichkeiten: Hat das Unternehmen die ausstehenden Einlagen bereits eingefordert, weist es diese Position als Forderung auf der Aktivseite der *Bilanz* aus. Nicht eingeforderte ausstehende Einlagen sind auf der Passivseite vom gezeichneten Kapital offen abzusetzen; der verbleibende Betrag ist als »eingefordertes Kapital« auszuweisen. Die Sparkasse hat in der Regel kein gezeichnetes Kapital – es sei denn, sie darf Stammkapital bilden und nutzt diese Möglichkeit.

Globallimit

Über die *Limite* für einzelne Kreditkunden, *Emittenten* oder *Kontrahenten* hinaus legt die Sparkasse für ihre *wesentlichen Risiken* so genannte Globallimite (mitunter auch: Gesamtlimite) fest. Sie setzen dem Kreditgeschäft und dem *Handelsgeschäft* insgesamt einen Rahmen. Demnach gibt es Globallimite zumindest für die *Adressenausfallrisiken*, die *Marktpreisrisiken* und die *operationellen Risiken* der Sparkasse. Im Bereich der *Marktpreisrisiken* legt die Sparkasse unterhalb des Globallimits weitere Teillimite für einzelne Risikokategorien (z. B. Kursrisiko, *Zinsspannenrisiko*, *Abschreibungsrisiko* o.ä.) fest. Die Summe der

Globallimite (mitunter als *Verlustobergrenze* bezeichnet) darf das *Risikodeckungspotenzial* nicht übersteigen. Umgekehrt drücken die Globallimite aus, wie viel *Eigenkapital* die Sparkasse für einzelne Geschäftsbereiche bereitstellt. Das *Risikocontrolling* der Sparkasse misst regelmäßig, bei Positionen des *Handelsbuchs* sogar täglich, inwieweit die aktuell ermittelten *Marktpreisrisiken* die Teillimite und das Globallimit auslasten (BTR 2.3 und 2.2 Ziffer 1 MaRisk). Bewegt sich die Sparkasse auf eine 100-Prozent-Auslastung zu, hat der Vorstand vor allem folgende Möglichkeiten:

1. Er kann risikobehaftete Positionen gezielt auflösen und das *Marktpreisrisiko* somit an der gewünschten Stelle verringern;
2. Er kann nur wenig ausgelastete Teillimite zurücknehmen und im Gegenzug stark beanspruchte Teillimite erhöhen;
3. Er kann das *Risikodeckungspotenzial* um bislang nicht berücksichtigte Bestandteile des *Eigenkapitals* erhöhen und sich somit Spielraum für ein höheres Globallimit verschaffen. In den von der Bankenaufsicht geforderten *Stresstests* muss die Sparkasse ihre Globallimite ausweiten, um Risiken abzubilden, die deutlich über den *Risikofall* hinausgehen. Gleichzeitig ist es erforderlich, das *Risikodeckungspotenzial* um zusätzliche Teile des *Eigenkapitals* zu verstärken.

Globalzession
vgl. Zession

Goodwill
vgl. Geschäftswert

Granularitätskriterium
vgl. Mengengeschäft

Großkredit
Beim *Risikomanagement* des Kreditgeschäfts verlangen sehr große Kreditvolumina an einzelne Kunden besonderes Augenmerk (*Risikokonzentration*). Deshalb gibt es im europäischen und im deutschen Aufsichtsrecht besondere Vorschriften für Großkredite. Ein Großkredit ist gemäß Artikel 392 CRR ein Kreditverhältnis, das 10 Prozent der *anrechenbaren* Eigenmittel erreicht oder übersteigt. Nach etwaiger Anwendung von *Kreditrisikominderungstechniken* darf ein einzelner Großkredit 25 Prozent der *anrechenbaren Eigenmittel* nicht übersteigen (Großkreditobergrenze). Bei *Krediten* an andere *Kreditinstitute* setzt die CRR die Obergrenze auf bis zu 150 Mio EUR herauf, höchstens allerdings bis zur Höhe der *anrechenbaren Eigenmittel* (Artikel 395 CRR). Kredite an einzelne Adressen einer *Gruppe verbundener Kunden* sind zusammenzufassen. Nicht nur ausgezahlte *Darlehen* und beanspruchte *Kontokorrentkredite* zählen als Kredit, sondern u. a. auch zugesagte, aber vom Kunden noch nicht abgerufene *Kreditlinien*. *Eigenanlagen* der Sparkasse in *Wertpapieren* einzelner *Emittenten* oder Be-

teiligungen können ebenfalls zu Großkrediten führen. In Artikel 390 Abs. 6 und Artikel 400 CRR sind indessen auch zahlreiche Risikopositionen festgelegt, die die Sparkasse bei der Großkreditobergrenze erst gar nicht berücksichtigen bzw. nicht oder nur mit vermindertem Gewicht anzurechnen braucht. Beispielsweise sind *Kredite* an Mitglieder des *Haftungsverbunds* der Sparkassen-Finanzgruppe vollständig befreit (Intragruppenprivileg). Hält die Sparkasse Publikumsfonds oder Spezialfonds, ist die *Fondsdurchschau* wichtig, um nicht einen Großkredit an eine fiktive »unbekannten Schuldner« anzeigen zu müssen. Ein Großkredit setzt einen einstimmigen Beschluss sämtlicher Vorstandsmitglieder der Sparkasse voraus; er sollte grundsätzlich vor Auszahlung des Kredits gefasst werden. Musste die Entscheidung sehr schnell fallen, hat der Vorstand den einstimmigen Beschluss unverzüglich nachzuholen (§ 14 Abs. 2 KWG). Wie Verwaltungsrat bzw. Kreditausschuss bei Entscheidungen über Großkredite mitwirken, ergibt sich nicht aus dem Aufsichtsrecht, sondern meist aus internen Regelungen der Sparkasse (z. B. Geschäftsanweisungen für Vorstand und Kreditausschuss). Die Sparkasse ist verpflichtet, einen Großkredit ebenso wie einen *Millionenkredit* bei der *Deutschen Bundesbank* anzuzeigen. Dies geschieht in der Praxis durch Sammelanzeigen jeweils zum Quartalsende; Einzelheiten regelt die Groß- und Millionenkreditverordnung (GroMiKV). Die relativ umfangreichen aufsichtsrechtlichen Vorgaben und die verschiedenen Ausnahmetatbestände führen für die Sparkasse zu einem nicht unerheblichen Überwachungsaufwand bei Großkrediten.

Größenklasse

Die Sparkasse beobachtet im Rahmen ihres *Risikocontrollings* kontinuierlich, wie sich ihr Kreditgeschäft auf verschiedene Größenklassen verteilt. Je mehr *Kreditvolumen* in den oberen Größenklassen steckt, desto höher ist die *Risikokonzentration*. Die *Mindestanforderungen an das Risikomanagement* enthalten keine konkreten Vorgaben zur Verteilung des Kreditgeschäfts auf bestimmte Größenklassen. Im *Kreditrisikobericht* erwartet die Bankenaufsicht allerdings Informationen über die Verteilung des *Kreditvolumens* auf die einzelnen Größenklassen (BTR 1 Nr. 7 Buchstabe a MaRisk). Die Sparkasse kann sich im Rahmen ihrer *Kreditrisikostrategie* Obergrenzen für das *Kreditvolumen* in bestimmten Größenklassen geben. Dabei sollte sie ihre *Risikotragfähigkeit* berücksichtigen.

Grundbuch

Das Grundbuch ist ein öffentliches Register, das die Wirtschafts- und Rechtsverhältnisse von Grundstücken beurkundet. Jedem Grundstück wird im Grundbuch eine besondere Stelle zugeordnet. Dieses Grundbuchblatt gilt als das Grundbuch des betreffenden Grundstücks. Das Grundbuchamt beim Amtsgericht kann aber auch mehrere Grundstücke eines Eigentümers auf einem gemeinschaftlichen Grundbuchblatt zusammenfassen. Das Grundbuch hat eine feste Aufteilung:

1. Das Bestandsverzeichnis kennzeichnet das Grundstück (Vermessungsbezirk, Flurstück, Wirtschaftsart) und dokumentiert die mit dem Grundstück verbundenen Rechte;
2. Abteilung I informiert über die Eigentumsverhältnisse. Sind mehrere Personen Eigentümer, weist das Grundbuch hier auch die Art des Gemeinschaftsverhältnisses aus;
3. Abteilung II führt vor allem die auf dem Grundstück ruhenden Lasten (z. B. Nießbrauch, Wohnrecht) auf;
4. Abteilung III verzeichnet die eingetragenen *Grundpfandrechte* (*Grundschuld*, *Hypothek*).

Das Grundbuchamt trägt Rechtsverhältnisse nur dann ein, wenn dies gesetzlich vorgeschrieben oder zugelassen ist. Andere für das Kreditgeschäft der Sparkasse wichtige Umstände (z. B. Ehestand, Stellvertretung, Miet- und Pachtverträge, öffentliche Lasten) werden nicht verzeichnet. Jede Rechtsveränderung an einem Grundstück muss im Grundbuch eingetragen werden. Hierfür legt die Grundbuchordnung spezielle Grundsätze fest (Grundbuchverfahren). Wer ein berechtigtes Interesse nachweist, kann das Grundbuch einsehen. Dieses Interesse ist gegeben, wenn die Kenntnis des Grundbuchs für eine geschäftliche Entscheidung Bedeutung hat, etwa die Vergabe eines *Kredits* an den Grundeigentümer. Mit Ausnahme weniger Angaben (z. B. Grundstücksgröße, Bebauungs- und Bewirtschaftungsart) genießt das Grundbuch öffentlichen Glauben: Jeder kann sich darauf verlassen, dass die im Grundbuch eingetragenen Rechtsverhältnisse zutreffen.

Grundpfandrecht

Grundpfandrechte belasten Grundstücke, Wohnungseigentum, Teileigentum oder Erbbaurechte mit einem Pfandrecht. Als *Hypothek* oder *Grundschuld* gehören sie zu den wichtigsten *Kreditsicherheiten* im Kreditgeschäft der Sparkasse. Der Grundpfandrechtsgläubiger kann nach Fälligkeit von Tilgungs- oder Zinszahlungen, insbesondere nach Kündigung des *Kredits,* zunächst eine bestimmte Geldleistung vom Eigentümer des belasteten Grundstücks verlangen. Kommt der Eigentümer dieser Forderung nicht nach, muss er die *Zwangsvollstreckung* in sein belastetes Grundstück dulden. Bei Insolvenz des Eigentümers hat der Gläubiger ein Absonderungsrecht, d. h. das belastete Grundstück wird getrennt von anderen *Vermögensgegenständen* verwertet. Ein Grundpfandrecht belastet üblicherweise ein einzelnes Grundstück; es kann aber als *Gesamtgrundpfandrecht* auch mehrere Grundstücke umfassen. Die Belastung von Grundstücksteilen bereitet bei einer Verwertung meist große Schwierigkeiten; sie ist daher heute unüblich. Neben dem belasteten Grundstück mit den darauf errichteten Gebäuden haften dem Grundpfandrechtsgläubiger unter bestimmten Voraussetzungen auch bewegliche Sachen oder Rechte, die mit dem Grundstück rechtlich und wirtschaftlich verbunden sind. Dazu gehören beispielsweise Miet- und Pachtforderungen oder Versicherungsansprüche des Eigentümers. Grundpfandrechte werden in Abteilung III des *Grundbuchs* eingetragen. Der Gläubiger erhält vom Grundbuchamt entweder einen Brief (Briefrecht). Oder er begnügt sich mit einem Buchrecht; in diesem Fall ist der Ausschluss des Briefs ausdrücklich im *Grundbuch* vermerkt. Will der Gläubiger einen *Kredit* vor Eintragung eines Grundpfandrechts auszahlen, kann er seine Rechtsposition durch eine Vormerkung im *Grundbuch* sichern. Der Zahlungsanspruch aus einem Grundpfandrecht umfasst neben dem eingetragenen Grundbetrag auch Zinsen und Nebenkosten; der Zinssatz und die Nebenkosten sind im *Grundbuch* einzutragen. Bei der *Hypothek* entspricht der Zinssatz stets dem der gesicherten Forderung. Bei einer *Grundschuld* ist ein höherer Zinssatz üblich. In welcher Höhe der Gläubiger seine Ansprüche aus einem Grundpfandrecht letztlich befriedigen kann, hängt vom Marktwert des Grundstücks und der mithaftenden Gegenstände, insbesondere der Gebäude, ab. Er kann gerade bei einer *Zwangsvollstreckung* erheblich unter dem ursprünglich angesetzten *Beleihungswert* liegen. Von besonderer Bedeutung sind überdies vorrangig eingetragene und damit bei einer *Zwangsvollstreckung* auch vorrangig zu befriedigende Grundpfandrechte. Im Rahmen des *Kreditrisiko-Standardansatzes* bilden Forderungen, die vollständig durch Grundpfandrechte auf Wohn- oder Gewerbeimmobilien gesichert sind, eine eigene Forderungsklasse mit stark verringertem *Risikogewicht* (Artikel 124 – 126 CRR). Die Sparkasse braucht für solche Forderungen demnach deutlich weniger *Eigenmittel* zu hinterlegen, sofern sie bestimmte Anforderungen erfüllt (vgl. *Realkredit*). In der *Bilanz* weist die Sparkasse den Teil der *Forderungen an Kunden*, den sie mit Grundpfandrechten gesichert hat, gesondert aus (Posten 4 der Aktivseite).

Grundsätze ordnungsmäßiger Buchführung

Die Grundsätze ordnungsmäßiger Buchführung sind teils geschriebene, teils ungeschriebene Regeln zur *Buchführung* und *Bilanzierung*. Sie ergeben sich aus Wissenschaft, Praxis, Rechtsprechung und Empfehlungen von Wirtschaftsverbänden. Ihre Aufgabe ist es, Gläubiger und Unternehmenseigner vor unkorrekten Daten und Informationen sowie möglichen *Verlusten* weitestgehend zu schützen. Die wichtigsten Grundsätze ordnungsmäßiger Buchführung ergeben sich aus dem *Handelsgesetzbuch* (§§ 238ff.). Unterschieden werden Dokumentationsgrundsätze, Gewinnermittlungsgrundsätze (vgl. *Bilanzierungsgrundsätze*, *Bewertungsgrundsätze*) und Informationsgrundsätze.

grundsätzlich

Das Wort »grundsätzlich« steht im unmittelbaren Kontext einer prinzipienorientierten Bankenaufsicht. Im Sinne der *Mindestanforderungen an das Risikomanagement* (MaRisk) bedeutet es »in der Regel«. Die Bankenaufsicht akzeptiert demnach in begründeten Einzelfällen, wenn die Sparkasse von einer Vorgabe abweicht. Wann und unter welchen Bedingungen dies möglich ist, konkretisiert die Sparkasse meist selber. Dabei wird sie häufig betriebswirtschaftliche Vor- und Nachteile abzuwägen haben. Der Aufwand für Begründung, Dokumentation und Überwachung eines Ausnahmetatbestands kann im Einzelfall erheblich sein. Die Sparkasse ist dann unter Umständen besser beraten, eine Öffnungsklausel nicht zu nutzen.

Grundschuld

Als *Grundpfandrecht* berechtigt die Grundschuld dazu, aus einem Grundstück oder einem grundstücksgleichen Recht die Zahlung einer bestimmten Geldsumme zu fordern. Ihrer rechtlichen Natur nach dient die Grundschuld – anders als die *Hypothek* – nicht zwangsläufig der Sicherung einer Forderung, sie ist nicht an eine Forderung gebunden (»nicht-akzessorisch«). So kann auch der Eigentümer der jeweiligen Immobilie im *Grundbuch* eine Grundschuld zu seinen Gunsten eintragen lassen (Eigentümergrundschuld). Zur Sicherungsgrundschuld und damit zur *Kreditsicherheit* wird die Grundschuld erst durch eine gesonderte Sicherungsabrede mit *Zweckerklärung*. Die Grundschuld bleibt auch dann in der eingetragenen Höhe bestehen, wenn der Kreditkunde die besicherten *Verbindlichkeiten* teilweise zurückgeführt hat. Es entstehen dann freie Grundschuldteile, die die Sparkasse für weitere Finanzierungen an denselben Kunden nutzen kann. Auch eine Eigentümergrundschuld lässt sich verhältnismäßig schnell an die Sparkasse abtreten und als *Kreditsicherheit* mobilisieren. Eine *Zwangsvollstreckung* ist bei der Grundschuld wie bei der *Hypothek* nur dann möglich, wenn der Kunde seine *Kredite* nicht vereinbarungsgemäß bedient.

Gruppe verbundener Kunden

Kreditnehmer der Sparkasse bilden eine Gruppe verbundener Kunden gemäß Artikel 4 Abs. 1 Nr. 39 CRR, wenn der eine den anderen direkt oder indirekt kontrollieren kann (*Kreditnehmereinheit*) oder wenn möglicherweise existenzgefährdende finanzielle Abhängigkeiten bestehen (Risikoeinheit). Bei diesen Konstellationen muss die Sparkasse die gesamte Gruppe als einen Kreditnehmer darstellen. Das gilt grundsätzlich auch für Kommunen und von ihnen kontrollierte Unternehmen; hier kann die Sparkasse allerdings mehrere Gruppen verbundener Kunden bilden mit der Kommune jeweils an der Spitze (»Konzernsplitting«). Die Gruppe verbundener Kunden ist maßgeblich für Ermittlung und Meldung von *Großkrediten*, für die Betrachtung von *Organkrediten* und für die *Offenlegung wirtschaftlicher Verhältnisse* gemäß § 18 KWG. Fasst die Sparkasse zwei oder mehr Kunden für die Meldung von *Millionenkrediten* zu *Kreditnehmereinheiten* zusammen, gilt weiterhin die gesonderte und in Teilen abweichende Definition des *Kreditwesengesetzes* (§ 19 Abs. 2 KWG).

GuV
vgl. Gewinn- und Verlustrechnung

GuV-orientierte Steuerung
vgl. Risikotragfähigkeit

Haftendes Eigenkapital
vgl. Eigenkapital

Haftungsfreistellung
vgl. Weiterleitungsdarlehen

Haftungsverbund
Der Haftungsverbund ist das mehrgliedrige und mehrstufige Sicherungssystem der Sparkassen-Finanzgruppe, das private und gewerbliche Kunden umfassend vor einem Verlust ihrer *Einlagen* schützt. Ihm sind alle Sparkassen, Landesbanken und Landesbausparkassen sowie die DekaBank angeschlossen. Der Haftungsverbund besteht aus insgesamt 13 Sicherungseinrichtungen, die satzungsrechtlich miteinander verbunden sind:
- Sparkassenstützungsfonds der 11 regionalen Sparkassen- und Giroverbände;
- Sicherungsreserve der Landesbanken und Girozentralen;
- Sicherungsfonds der Landesbausparkassen.

Der Haftungsverbund der Sparkassen-Finanzgruppe ist eine *Einlagensicherung* ohne festgelegte Obergrenze. Stattdessen übernimmt er eine Institutssicherung, d.h. die Sparkasse selbst ist im Ernstfall geschützt. Damit ist gewährleistet, dass die Sparkasse ihre *Verbindlichkeiten* aus *Spareinlagen*, *Termineinlagen* oder *Sichteinlagen* sowie aus *verbrieften Verbindlichkeiten* bei Fälligkeit in voller Höhe erfüllen kann. Seit Gründung des Haftungsverbunds in den 1970er-Jahren hat noch nie ein Sparkassenkunde einen Verlust seiner *Einlagen* erlitten. Die Qualität des Haftungsverbunds wird über ein regelmäßiges *Risikomonitoring* gewährleistet, um potenzielle Risiken bei einzelnen Mitgliedern frühzeitig zu erkennen. Für jeden der 11 regionalen Sparkassenstützungsfonds ist ein Soll-Volumen definiert. Mindestens ein Drittel davon muss er als Barmittel vorhalten. Sofern die festgelegte Quote nicht gegeben ist, zahlen die Mitgliedssparkassen regelmäßig risikoorientierte Beiträge ein. Je höher die beim *Risikomonitoring* ermittelten Risiken sind, desto höher sind auch die Beiträge. Sie gehen bei der Sparkasse als *Sachaufwand* in die interne *Erfolgsrechnung* und als »andere *Verwaltungsaufwendungen*« in die *Gewinn- und Verlustrechnung* ein. Im Stützungsfall (z.B. Zufuhr von *Eigenmitteln*, Übernahme von *Bürgschaften* oder *Garantien* durch den regionalen Stützungsfonds) haben zunächst die Mitgliedssparkassen aus dem jeweiligen Regionalverbandsgebiet eine Nachschusspflicht. Reichen die vorhandenen Fondsmittel nicht aus, kommt es zum so genannten »überregionalen Ausgleich«: Die anderen regionalen Stützungsfonds springen ein. Wäre auch das nicht ausreichend, stellten auch die Sicherungsreserve der Landesbanken und der Sicherungsfonds der Landesbausparkassen Mittel für institutssichernde Maßnahmen bereit. Der beschriebene Mechanismus gilt analog auch für die Krise einer Landesbank oder einer Landesbausparkasse. Im Ergebnis steht für die Stützung eines einzelnen Instituts das Gesamtvolumen aller Sicherungseinrichtungen der Sparkassen-Finanzgruppe zur Verfügung. Vor diesem Hintergrund sieht die Bankenaufsicht bei Forderungen der Sparkasse an andere Sparkassen, Landesbanken oder Landesbausparkassen oder an die DekaBank keine *Adressenausfallrisiken*. Die Sparkasse kann deshalb das so genannte *Intragruppenprivileg* nutzen. Bei einzelnen Regionalverbänden der Sparkassen-Finanzgruppen gibt es Reservefonds, die den bundesweiten Haftungsverbund ergänzen.

Reihenfolge der Leistungen bei der Stützung der Sparkasse	Reihenfolge der Leistungen bei der Stützung einer Landesbank
Mittelbedarf	Mittelbedarf
Barmittel des betroffenen Regionalfonds	Barmittel der Sicherungsreserve der Landesbanken
Nachschüsse des betroffenen Regionalfonds	Nachschüsse der Sicherungsreserve der Landesbanken
Barmittel der anderen Regionalfonds (überregionaler Ausgleich)	Barmittel des Haftungsverbundes
Nachschüsse der anderen Regionalfonds (überregionaler Ausgleich)	Nachschüsse des Haftungsverbundes
Fonds der Landesbanken und Landesbausparkassen (Haftungsverbund)	

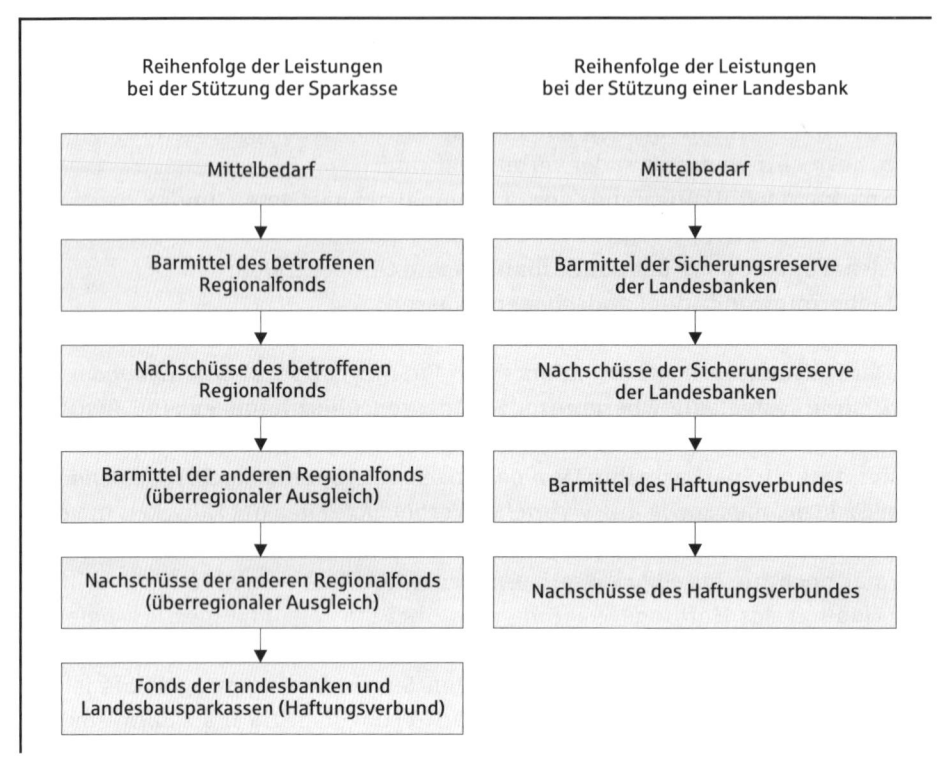

Abb. 29: Haftungsverbund der Sparkassen-Finanzgruppe (Quelle: DSGV)

Haltedauer

Die Haltedauer entspricht dem Zeithorizont, mit dem die Sparkasse ein *Risiko* berechnet. Ein ermitteltes Risiko von 1 Mio. EUR bei einem *Konfidenzniveau* von 95 Prozent und einer Haltedauer von 1 Monat bedeutet: Mit 95-prozentiger Wahrscheinlichkeit wird der *Verlust* aus der betrachteten Position innerhalb des nächsten Monats unter 1 Mio. EUR bleiben. Bei Festlegung der Haltedauer ist für die Sparkasse nicht nur wichtig, wie lange sie eine risikobehaftete Position wirklich halten möchte. Nicht minder bedeutsam ist, wie schnell sie von veränderten Risiken erfährt, wie schnell sie eine Risikoposition im Ernstfall schließen bzw. abstoßen könnte und wann ein *Risiko* erfolgwirksam wird (z. B. in der *Gewinn- und Verlustrechnung*). Die Praxis drückt Haltedauern meist in

Handelstagen aus. Gängige Zeiträume sind 10 (2 Wochen), 21 (1 Monat), 63 (3 Monate), 125 (6 Monate) oder 250 Tage (1 Jahr). Grundsätzlich gilt: Je länger die Haltedauer ist, desto mehr kann sich der Wert einer einzelnen Position oder eines ganzen Portfolios vom *Erwartungswert* entfernen. Mit zunehmender Haltedauer steigt also bei ansonsten unveränderten Rahmenbedingungen das *Risiko*. Bei der von den *Mindestanforderungen an das Risikomanagement* geforderten regelmäßigen Beurteilung der *Risikotragfähigkeit* im *Risikofall* und auch bei *Stresstests* ist die Haltedauer ein wichtiger Parameter. Falls aus der *Risikoberichterstattung* nicht unmittelbar ersichtlich, sollte der Verwaltungsrat nachfragen, mit welchen Haltedauern die Sparkasse Risiken berechnet.

Handel

Die *Mindestanforderungen an das Risikomanagement* definieren den Handel als eigenen *Bereich* in der Organisation der Sparkasse. Dem Vorstandsmitglied, das für den Handel verantwortlich ist (Handelsvorstand), dürfen nicht gleichzeitig auch *Abwicklung*, Kontrolle oder *Risikocontrolling* der *Handelsgeschäfte* unterstehen (BTO 2.1 Ziffer 1 MaRisk). Davon kann die Sparkasse nur dann abweichen, wenn ihre Handelsaktivitäten insgesamt nicht-*risikorelevant* sind (BTO 2.1 Ziffer 2 MaRisk). Zentrale Aufgaben des Handels sind unter anderem:
1. Auswahl und Abschluss von *Handelsgeschäften* unter Berücksichtigung der festgesetzten *Strategien* und *Limite*;
2. Erfassung und Dokumentation der abgeschlossenen Handelsgeschäfte für Weiterbearbeitung in *Abwicklung/Kontrolle* und *Risikocontrolling*;
3. gegebenenfalls Risikomanagement der *Eigenanlagen* der Sparkasse.

Handelsbestand

Als Handelsbestand weist die Sparkasse in ihrer *Bilanz* die *Finanzinstrumente* gesondert aus, mit denen sie kurzfristig einen *(Kurs-)Gewinn* erzielen möchte (Posten 6a auf der Aktivseite). Wichtig: Die Handelsabsicht muss schon bei Erwerb gegeben sein; zu einem späteren Zeitpunkt kann die Sparkasse *Finanzinstrumente* nicht mehr in den Handelsbestand umwidmen. Umgekehrt ist es möglich, einzelne Positionen bei außergewöhnlichen Umständen (z. B. illiquide Märkte) aus dem Handelsbestand herauszunehmen und der *Liquiditätsreserve* oder dem *Anlagevermögen* zuzuordnen (§ 340e Abs. 3 HGB). Dies müsste die Sparkasse im *Anhang* des *Jahresabschlusses* dann näher erläutern (§ 35 Abs. 1 Nr. 6b RechKredV); dort finden sich im Übrigen auch weitere Informationen zur Zusammensetzung des Handelsbestands (§ 35 Abs. 1 Nr. 1a RechKredV). Der Handelsbestand deckt sich weitgehend mit den bilanzierungspflichtigen *Finanzinstrumenten* des aufsichtsrechtlich definierten *Handelsbuchs*. Maßgebend für den Bilanzansatz des Handelsbestands ist der beizulegende *Zeitwert* abzüglich eines Risikoabschlags. Er kann auch über den *Anschaffungskosten* liegen; damit durchbricht das Handelsrecht an dieser Stelle das *Realisationsprinzip*. Denn bei entsprechend günstiger Marktentwicklung muss die Sparkasse nicht-realisierte

Kursgewinne ausweisen. Nettoertrag oder Nettoaufwand aus Geschäften des Handelsbestands bilden das *Handelsergebnis*.

Handelsbilanz

Die Handelsbilanz ist die *Bilanz*, die die Sparkasse nach den Vorschriften des *Handelsgesetzbuchs* erstellt und im Rahmen des *Jahresabschlusses* zusammen mit *Gewinn- und Verlustrechnung* und *Anhang* veröffentlicht. Sie soll dem Träger bzw. den Trägern der Sparkasse, den Kunden, den Mitarbeiterinnen und Mitarbeitern, den Geschäftspartnern und der interessierten Öffentlichkeit Auskunft über die wirtschaftliche Situation und Entwicklung der Sparkasse geben. Die Handelsbilanz orientiert sich an den *Grundsätzen ordnungsmäßiger Buchführung*, insbesondere am kaufmännischen *Vorsichtsprinzip*. Sie kann sich damit in einzelnen Positionen von der *Steuerbilanz* unterscheiden; dort steht das Bestreben des Fiskus im Vordergrund, den *Gewinn* der Sparkasse möglichst umfassend zu ermitteln. Das Verhältnis von Handelsbilanz und *Steuerbilanz* bestimmt sich nach dem *Maßgeblichkeitsprinzip*.

Handelsbuch

Zum Handelsbuch gehören handelbare *Finanzinstrumente* und andere Risikopositionen, mit denen die Sparkasse kurzfristig einen (Kurs-)Gewinn erzielen möchte; hinzu kommen *Finanzinstrumente*, mit denen die Sparkasse andere Positionen des Handelsbuchs absichert. Die Sparkasse muss für das Handelsbuch eine klar dokumentierte und vom Vorstand genehmigte Handelsstrategie haben, die auch die erwartete *Haltedauer* umfasst. Darüber hat sie eindeutige Regeln und Verfahren aufzustellen, nach denen sie das Handelsbuch steuert und überwacht (Artikel 103 CRR). Die einzelnen Positionen des Handelsbuch sind mindestens täglich zu bewerten (Artikel 105 Abs. 3 CRR und BTR 2.2 MaRisk). Die *Marktrisiken* der Positionen des Handelsbuchs muss die Sparkasse grundsätzlich mit *Eigenmitteln* unterlegen (Artikel 92 Abs. 3 CRR). Liegen die Handelsbuchtätigkeiten unterhalb bestimmter Bagatellgrenzen, sieht Artikel 94 CRR Erleichterungen bei den *Eigenmitteln* vor. Die Sparkasse muss in diesem Fall allerdings organisatorisch gewährleisten, dass sie die Bagatellgrenzen nicht überschreitet. Die Positionen des Handelsbuchs, die die Sparkasse bilanziert, decken sich weitgehend mit dem *Handelsbestand*. Weil ihr Geschäftsmodell langfristig ausgerichtet ist, hat das Handelsbuch bei den meisten Sparkassen eine untergeordnete Bedeutung.

Handelsergebnis

Das Handelsergebnis bildet den Erfolg des *Eigenhandels* bzw. *Eigengeschäfts* mit *Finanzinstrumenten* des *Handelsbestands* und mit Edelmetallen ab (vgl. § 340c Abs. 1 HGB). In der *Gewinn- und Verlustrechnung* ist es als »Nettoertrag bzw. Nettoaufwand des *Handelsbestands*« ausgewiesen (bei Staffelform: Posten 7). Realisierte *Kursgewinne* und *Zuschreibungen* erhöhen das Handelsergebnis. Dabei sind *Zuschreibungen* auch über die *Anschaffungskosten* hinaus möglich, weil die Sparkasse *Finanzinstrumente* des *Handelsbestands* zum beizulegenden *Zeitwert* bilanziert. Vermindert wird das Handelsergebnis durch realisierte *Kursverluste* und *Abschreibungen* auf *Finanzinstrumente* des *Handelsbestands*, unter Umständen auch durch *Rückstellungen* für drohende Verluste. Anteilige Personal- und Sachkosten gehen nicht ins Handelsergebnis ein, wohl aber *Zinserträge und -aufwendungen* aus Zinsgeschäften sowie laufende *Erträge* aus *Aktien* und anderen nicht festverzinslichen *Wertpapieren* des *Handelsbestands*. Mindestens 10 Prozent eines positiven Handelsergebnisses muss die Sparkasse dem *Fonds für allgemeine Bankrisiken* zuführen und damit ihr *Kernkapital* stärken (§ 340e Abs. 4 HGB). Allerdings ist das Handelsergebnis bei einer Sparkasse – anders als bei privaten Geschäftsbanken – in der Regel von untergeordneter Bedeutung.

Handelsgeschäft

Die *Mindestanforderungen an das Risikomanagement* (MaRisk) verstehen unter Handelsgeschäften alle Abschlüsse der Sparkasse im eigenen Namen und für eigene Rechnung, die folgende Geschäfte zur Grundlage haben: Geldmarktgeschäfte, Wertpapiergeschäfte, Devisengeschäfte, Geschäfte in handelbaren Forderungen (z. B. Handel in *Schuldscheindarlehen*), Warengeschäfte (z. B. Handel mit Edelmetallen, CO_2-Zertifikaten) oder Geschäfte in *Derivaten* (AT 2.3 Ziffer 3 MaRisk). Als Wertpapiergeschäfte gelten u. a. auch die *Wertpapierleihe*, nicht aber die *Emission* von *Wertpapieren*. Ebenso zählen Vereinbarungen über Rückgabe- oder Rücknahmeverpflichtungen sowie *Pensionsgeschäfte* zu den Handelsgeschäften. Gegenstand des Handelsgeschäfts sind jedenfalls nicht nur Positionen des *Handelsbuchs* oder *Handelsbestands*, sondern u. a. auch *Wertpapiere* der *Liquiditätsreserve* und gegebenenfalls des *Anlagevermögens*. Für Abschlüsse, *Abwicklung*, Kontrolle und *Risikocontrolling* im Handelsgeschäft formulieren die MaRisk in BTO 2.2.1– 2.2.3 konkrete Vorgaben.

Handelsgesetzbuch

Das Handelsgesetzbuch regelt die wichtigsten Gebiete des Handelsrechts. Es basiert auf dem Bürgerlichen Gesetzbuch und gliedert sich in fünf Bücher. Das dritte Buch (§§ 238– 342e HGB) fasst die Rechnungslegungsvorschriften für Kaufleute zusammen. Seit dem Jahr 1991 finden sich in den §§ 340– 340o HGB spezielle Regelungen für *Kreditinstitute* und *Finanzdienstleistungsinstitute* im Sinne des *Kreditwesengesetzes*. Ergänzt werden die Vorschriften des Handelsgesetzbuches u. a. durch die *Rechnungslegungsverordnung* für *Kreditinstitute* (RechKredV).

Handelsvorstand

vgl. Handel

Hard Test

Im *Kreditrisiko-Standardansatz* sind *Realkredite* zur Finanzierung von Gewerbe- und Wohnimmobilien eine privilegierte Forderungsklasse, d. h. die Sparkasse braucht für sie nicht so viel *Eigenmittel* vorhalten wie beispielsweise für Investitionsfinanzierungen oder *Konsumentenkredite*. Allerdings muss die Sparkasse für diese Erleichterung unter anderem halbjährlich nachweisen, dass das verringerte *Risikogewicht* angemessen ist. Dies geschieht über einen so genannten »Hard Test«. Hierbei ermittelt die Sparkasse die Verluste aus grundpfandrechtlich gesicherten Risikopositionen und meldet sie an die Aufsichtsbehörden. Übersteigen diese *Verluste* bestimmte aufsichtsrechtlich vorgegebenen Höchstgrenzen nicht und sind auch andere aufsichtsrechtliche Voraussetzungen gegeben, kann die Sparkasse die Eigenkapitalentlastung nutzen.

Hebel

vgl. Future, Optionsschein, Zinsbuchhebel

Hedging

Im Sparkassenalltag umfasst das Hedging alle Möglichkeiten, um *Marktpreisrisiken* der *Eigenanlagen* oder *Zinsänderungsrisiken* aus dem Kundengeschäft zu begrenzen. Im Kern versucht die Sparkasse dabei, mögliche Wertminderungen bei Wertpapierpositionen oder einen sinkenden *Zinsüberschuss* im Kundengeschäft durch die *Erträge* aus entgegengesetzten Positionen auszugleichen. Beispiel: Die Sparkasse kauft für 10 Mio. EUR eine festverzinsliche *Schuldverschreibung*. Sie weiß: Bei einem Zinsanstieg sinkt der Kurs dieses Papiers. Um das kompensieren zu können, schließt die Sparkasse ein *Swap*-Geschäft über 5 Mio. EUR ab. Hieraus erzielt sie bei tatsächlich steigendem Zinsniveau einen *Gewinn*, der den *Kursverlust* der festverzinslichen *Schuldverschreibung* teilweise aufwiegt. Meist bezieht sich das Hedging der Sparkasse nicht auf Einzelpositionen (»Mikro-Hedge«), sondern als »Makro-Hedge« auf die *Bilanz* insgesamt. Oft genutzte Instrumente des Hedging sind *Derivate* wie *Futures*, *Optionen* und *Swaps*; daneben Zinssicherungsinstrumente wie *Caps* oder *Floors*. Hedging mindert einerseits Risiken. Es ist andererseits mit Kosten verbunden, die den Charakter einer »Versicherungsprämie« haben und die *Rendite* der Basisgeschäfte drücken. Deshalb wird die Sparkasse in der Regel nur einen Teil ihrer *Marktpreisrisiken* und *Zinsänderungsrisiken* absichern. Sofern das Hedging über *Derivate* läuft, informiert die Sparkasse darüber im *Anhang* zum *Jahresabschluss* (§ 285 Nr. 19 HGB, § 36 RechKredV). Obwohl sie Risiken begrenzen sollen, sind auch die Instrumente des Hedging ihrerseits nicht frei von *Marktpreisrisiken*. Das *Risikocontrolling* der Sparkasse überwacht sie deshalb ständig. Sie fließen in die Auslastung des festgelegten *Globallimits* ein und sind damit auch Gegenstand der *Risikoberichterstattung*.

Herstellungskosten

Herstellungskosten umfassen Aufwendungen für die Herstellung, Erweiterung oder wesentliche Verbesserung eines *Vermögensgegenstands*. Damit grenzt das *Handelsgesetzbuch* die Herstellungskosten von bloßen *Erhaltungsaufwendungen* ab. Die handels- wie steuerrechtliche Untergrenze der Herstellungskosten bilden die direkt zurechenbaren *Kosten* für Material und Fertigung, angemessene Teile bestimmter Gemeinkosten sowie Wertverzehr im *Anlagevermögen*, wenn er durch die Fertigung ausgelöst wurde. *Kosten* der allgemeinen Verwaltung sowie Aufwendungen für soziale Einrichtungen des Unternehmens, für freiwillige soziale Leistungen und für betriebliche Altersversorgung können hinzukommen, soweit sie auf den Zeitraum der Herstellung entfallen (§ 255 Abs. 2 HGB). Gleiches gilt während des Zeitraums der Herstellung für Zinsen auf *Fremdkapital*, das sich einem *Vermögensgegenstand* direkt zuordnen lässt (§ 255 Abs. 3 HGB). Die Sparkasse aktiviert *Vermögensgegenstände* (z. B. eigene Gebäude) in ihrer *Bilanz* mit den *Herstellungskosten*; entsprechend der Abnutzung nimmt sie in den darauf folgenden Jahren *planmäßige Abschreibungen* vor.

HGB

vgl. Handelsgesetzbuch

Historische Simulation

Die historische Simulation ist das einfachste Verfahren, um betriebswirtschaftliche *Marktpreisrisiken* und den *Value-at-Risk* einer Risikoposition zu ermitteln. Sie projiziert Preis- oder Kursschwankungen, die in der Vergangenheit zu beobachten waren, in die Zukunft. Dabei lautet die Prämisse: Was in der Vergangenheit passiert ist, wird sich wiederholen. Was es in der Vergangenheit nicht gab, wird es auch in Zukunft nicht geben. Die Historische Simulation setzt demnach eine lange zurückreichende Zeitreihe voraus. Für Hunderte oder Tausende von Handelstagen der vergangenen Jahre ermittelt die Sparkasse softwaregestützt: Wie hat sich der betrachtete Preis bzw. Kurs innerhalb einer vorgegebenen *Haltedauer* (z. B. innerhalb der jeweils nächsten 10 oder 63 Handelstage) verändert? Im nächsten Schritt verbindet die Sparkasse die historischen Schwankungen mit dem aktuellen Preis. Sie simuliert also, dass der aktuelle Preis den gleichen Schwankungen unterliegen könnte wie in der Vergangenheit. Daraus ergeben sich wiederum Hunderte oder Tausende von Einzelszenarien zur künftigen Entwicklung des Preises. Sie können gleichmäßig um einen Mittelwert schwanken (Normalverteilung) – wie beim *Varianz-Kovarianz-Verfahren* unterstellt –, müssen es aber nicht. Am Schluss steht die »historisch«, also aus der Vergangenheit abgeleitete Aussage, dass sich der betrachtete Preis bzw. Kurs mit einer bestimmten Wahrscheinlichkeit (vgl. *Konfidenzniveau*) um nicht mehr als einen bestimmten Prozentsatz von seinem jetzigen Niveau nach unten bewegen wird. Dieses Ergebnis liefert wiederum die Grundlage, den *Value-at-Risk* der analysierten Risikoposition zu berechnen.

Höchstbetragshypothek
vgl. Hypothek

Hybridkapital
Hybridkapital weist sowohl Merkmale von *Eigenkapital* als auch von *Fremdkapital* auf. Der Kapitalgeber stellt es beispielsweise nur befristet zur Verfügung, wäre im Ernstfall dennoch an *Verlusten* beteiligt. Insbesondere *stille Einlagen* und *Genussrechte* zählen zum Hybridkapital. Unter bestimmten Voraussetzungen kann es als regulatorisches *Ergänzungskapital* angesetzt werden. Die aufsichtsrechtlichen Anforderungen schmälern allerdings die Attraktivität im Kundengeschäft. Für die meisten Sparkassen ist es deshalb uninteressant, Hybridkapital aufzulegen

Hypothek
Die Hypothek ist ein *Grundpfandrecht*, mit dem die Sparkasse eine Forderung sichern kann. Rechtsgrundlage ist das Bürgerliche Gesetzbuch (§§ 1113ff.). Anders als die *Grundschuld* gehört die Hypothek zu den so genannten »akzessorischen« *Kreditsicherheiten*, d. h. sie ist eng mit der zugrunde liegenden Forderung verknüpft. Jede auch nur zwischenzeitliche Tilgung oder Rückführung der Forderung verringert die Hypothek. Sie lebt mit Ausnahme einer Höchstbetragshypothek nicht auf, wenn sich die Forderung der Sparkasse zu einem späteren Zeitpunkt wieder erhöht, beispielsweise im Rahmen eines *Kontokorrentkredits*. Die Hypothek ist längst nicht so flexibel wie die *Grundschuld*; sie spielt darum in der Praxis kaum mehr eine Rolle.

Immaterielle Anlagewerte
vgl. immaterielle Vermögensgegenstände

Immaterielle Vermögensgegenstände
Ein immaterieller Vermögensgegenstand ist nicht-körperliches und nicht-monetäres Eigentum, das sich dennoch bewerten lässt. Die Sparkasse weist ihn meist auf der Aktivseite ihrer *Bilanz* als immateriellen Anlagewert aus (Posten 11). Soweit er dem Geschäftsbetrieb langfristig dient, zählt er zum *Anlagevermögen*. Nach § 266 HGB gehören zu den immateriellen Vermögensgegenständen u. a. Konzessionen, gewerbliche Schutzrechte (Patente, Urheberrechte, Verlagsrechte), Lizenzen sowie *Geschäftswerte* und Firmenwerte. Erwirbt die Sparkasse einen immateriellen Vermögensgegenstand entgeltlich, weist sie ihn in der *Handelsbilanz* und in der *Steuerbilanz* aus. Selbstgeschaffene immaterielle Vermögensgegenstände des *Anlagevermögens* kann die Sparkasse nur in der Handelsbilanz aktivieren (§ 248 Abs. 2 HGB). Für die *Steuerbilanz* gilt hier ein Aktivierungsverbot; die angefallenen Kosten führen also zu Sofortaufwand (§ 5 Abs. 2 EStG). In der *Bilanz* ausgewiesene immaterielle Vermögensgegenstände sind zu *Anschaffungskosten* anzusetzen. Ist die Nutzung zeitlich begrenzt, vermindert sich der Bilanzansatz um *planmäßige Abschreibungen*. Auch *außerplanmäßige*

Abschreibungen sind gegebenenfalls möglich bzw. geboten. Bei der Ermittlung ihres *Kernkapitals* muss die Sparkasse bilanziell ausgewiesene immaterielle Vermögensgegenstände abziehen (Artikel 36 CRR).

Immobiliengeschäftsrating

Bei größeren gewerblichen Baufinanzierungen ist es für die Sparkasse wichtig, einerseits die *Bonität* ihrer Kunden und andererseits die betriebswirtschaftliche Perspektive des finanzierten Objekts richtig zu beurteilen. Das *Standardrating* von gewerblichen Kunden wird diesem Anspruch nur teilweise gerecht. Deshalb hat die Sparkassen Rating und Risikosysteme GmbH für die gesamte Sparkassen-Finanzgruppe ein einheitliches Immobiliengeschäftsrating entwickelt. Die Sparkasse setzt es bei Bauträgern, Wohnungsbaugesellschaften und anderen Investoren ein, die ihre Umsätze hauptsächlich mit Vermietung, Verpachtung und Verkauf von Immobilien erzielen. Das Immobiliengeschäftsrating hat dabei einen vierstufigen Aufbau: Das Bonitätsrating bewertet die gesamte Ertrags- und Vermögenssituation des Kunden. Das Objektrating prüft die künftige wirtschaftliche Tragfähigkeit der bei der Sparkasse bereits finanzierten oder noch zu finanzierenden Immobilien. In verschiedenen Szenarien ermittelt es, wie mögliche Veränderungen am *Kapitalmarkt* und am Immobilienmarkt die Wirtschaftlichkeit der Immobilie und die *Kapitaldienstfähigkeit* des Kunden beeinflussen. Aus Bonitätsrating und Objektrating bildet sich schließlich eine vorläufige Ratingnote, die durch Warnsignale und/oder Informationen über einen Haftungsverbund mit anderen Unternehmen gegebenenfalls noch eine Korrektur erfährt. Mit dem Immobiliengeschäftsrating erfüllt die Sparkasse die Vorgabe der *Mindestanforderungen an das Risikomanagement*, bei der Risikoklassifizierung nicht nur die *Adressenausfallrisiken*, sondern gegebenenfalls auch Objekt- bzw. Projektrisiken zu beurteilen (BTO 1.4 Ziffer 1 MaRisk).

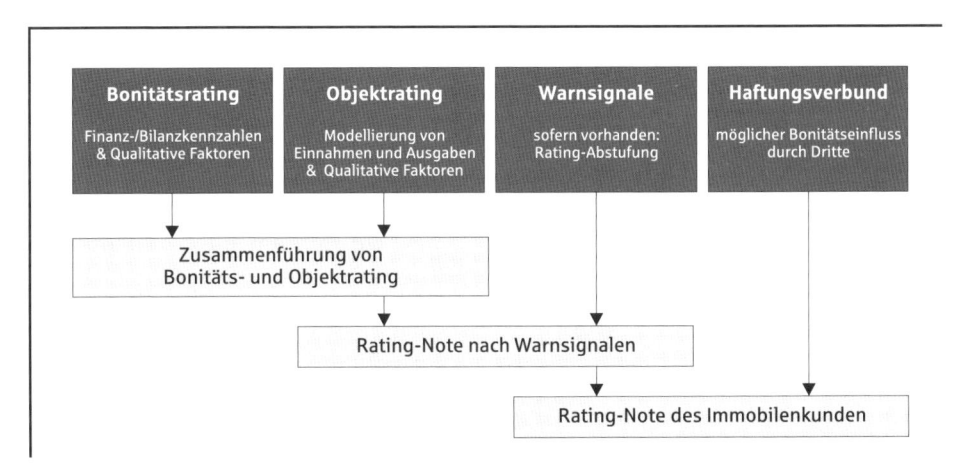

Abb. 30: Aufbau des Immobiliengeschäftsratings (Quelle: Sparkassen Rating und Risikosysteme GmbH)

Immobilienrisiko

Das Immobilienrisiko ist eine gesonderte Ausprägung des *Marktpreisrisikos*. Es bezeichnet die Gefahr einer Wertminderung von Immobilien im Bestand der Sparkasse. Das können eigene Immobilien sein (z. B. Filialgebäude), aber auch *Beteiligungen* oder Anteile an Grundstückgesellschaften, offenen oder geschlossenen Immobilienfonds. So sind unter Umständen verschiedene Positionen der *Bilanz* mit Immobilienrisiken behaftet, etwa eigene *Wertpapiere* oder *Sachanlagen*. Die Sparkasse muss diese Positionen in der Regel mit *Eigenmitteln* unterlegen; damit wird das Immobilienrisiko zumindest indirekt abgeschirmt. Auch Immobilien, die mit *Grundpfandrechten* zu Gunsten der Sparkasse belastet sind, können an Wert verlieren. Dieses Risiko erhöht allerdings das *Adressenausfallrisiko* des jeweiligen Kreditverhältnisses; es wird nicht den *Marktpreisrisiken* zugeordnet.

Imparitätsprinzip

Das Imparitätsprinzip ist aus dem Prinzip der kaufmännischen Vorsicht (vgl. *Vorsichtsprinzip*) erwachsen. Demnach muss die Sparkasse *Verluste* bei der Bilanzierung anders behandeln als *Gewinne*. Gewinne darf sie erst ausweisen, wenn sie durch Verkauf eines *Vermögensgegenstands* realisiert sind (vgl. *Realisationsprinzip*). Dagegen muss sie vorhersehbare Risiken und *Verluste* schon dann berücksichtigen, wenn sie bis zum *Bilanzstichtag* entstanden sind (§ 252 Abs. 1 Nr. 4 HGB). Das *Handelsgesetzbuch* konkretisiert das Imparitätsprinzip durch verschiedene ergänzende Vorschriften, etwa das *Niederstwertprinzip* (§ 253 Abs. 3 und 4 HGB) oder Vorschriften zur Bildung von *Rückstellungen* (§ 249 HGB). Das Imparitätsprinzip ist praktizierter Gläubigerschutz. Es verhindert Gewinnausschüttungen, die Risiken und drohende *Verluste* nicht angemessen berücksichtigen. Das Unternehmen soll stets genug Substanz haben, um später tatsächlich eintretende *Verluste* verkraften zu können. Beispiel: Im Laufe des Jahres 1 investiert die Sparkasse 5 Mio. EUR in eine *Schuldverschreibung*; der Kurs liegt bei 100 Prozent. Am 31. Dezember des Jahres 1 ist der Kurs nach einem Rückgang des Zinsniveaus auf 103 gestiegen, der Kurswert damit auf 5,150 Mio. EUR. Nach dem *Realisationsprinzip* darf die Sparkasse die Position gleichwohl nur zu den *Anschaffungskosten* (5 Mio. EUR) bewerten. Am 31. Dezember des Jahres 2 ist der Kurswert auf 4,950 Mio. EUR gesunken. Obwohl die Sparkasse diesen *Verlust* nicht realisiert hat, muss sie sich am Imparitätsprinzip bzw. *Niederstwertprinzip* orientieren und die Position nun um 50 000 EUR abwerten.

Implizite Optionen

Implizite Optionen resultieren aus Geschäftsabschlüssen im Einlagen- oder Kreditgeschäft, die dem Kunden ein vertraglich vereinbartes Recht einräumen. Für die Sparkasse bedeuten sie eine Verpflichtung, sofern der Kunde sein Recht ausübt. Beispiele:
1. Kündigungs- und Sondertilgungsrechte für *Darlehen* mit Festzins

2. Recht auf Anpassung der Regeltilgung bei Darlehen
3. Kündigungsrecht für Darlehen mit mehr als 10-jähriger Festzinsbindung
4. Recht auf vorzeitige Kündigung, Zuzahlungen und (Teil-)Verfügungen bei Spareinlagen

Die Sparkasse geht mit impliziten Optionen das Risiko geringerer *Zinserträge* oder steigender *Zinsaufwendungen* ein. Zahlt ein Kunde etwa einen Teil seines *Darlehens* tatsächlich vorzeitig zurück, fallen die *Zinserträge* bei mittlerweile gesunkenem Zinsniveau während der Restlaufzeit geringer aus als ursprünglich kalkuliert. Einen Anspruch auf *Vorfälligkeitsentschädigung* hat die Sparkasse in diesem Fall nicht, denn der Kunde bewegt sich im vertraglich vereinbarten Rahmen. Eine – wenn auch unter anderen Vorzeichen – ähnliche Situation kann sich bei Spareinlagen mit steigendem Zins und jederzeitiger Verfügungsmöglichkeit (insbesondere Sparkassen-Zuwachssparen) ergeben. Steigen die Kapitalmarktzinsen während der Laufzeit stärker an als die mit dem Kunden vereinbarte »Zinstreppe«, wird ein Teil der Kunden das Kündigungsrecht in Anspruch nehmen und in neue Verträge mit dann attraktiveren Konditionen umschichten. Für die Sparkasse ist das mit steigenden *Zinsaufwendungen* verbunden. Implizite Optionen zählen zu den wesentlichen Ausprägungen des *Zinsänderungsrisikos*. Die Sparkasse muss sie deshalb in ihr *Risikomanagement* und *Risikocontrolling* einbeziehen (BTR 2.3 Ziffer 5 MaRisk). Dabei analysiert sie vor allem, in welchem Umfang und mit welcher Motivation die Kunden die vertraglich vereinbarten Rechte tatsächlich ausüben. Es gibt Kunden, die auf ein verändertes Marktzinsniveau reagieren und sich insofern ökonomisch sinnvoll verhalten. Es gibt aber erfahrungsgemäß auch Kunden, die ihre vertraglichen Optionen unabhängig vom aktuellen Zinsniveau nutzen, beispielsweise um ihre Darlehensvaluta möglichst schnell zu reduzieren. Mit impliziten Optionen reagiert die Sparkasse auf den zunehmenden Wunsch der Kunden nach Flexibilität. Ein betriebswirtschaftlich adäquater Zinsaufschlag bzw. -abschlag als Risikoprämie für die einhergehenden *Zinsänderungsrisiken* lässt sich im Wettbewerb mit anderen Banken oft nicht durchsetzen. Umso wichtiger ist es, die Risiken aus impliziten Optionen zu messen und zu steuern.

Indexanleihe

Indexanleihen gehören zu den so genannten »strukturierten« Anleihen: Verzinsung und/oder Rückzahlung sind an einen bestimmten Index gebunden. Bezugsgrößen können beispielsweise Aktienindizes, Preise für Rohstoffe und Immobilien oder die Inflationsrate sein. Der Anleger hat einerseits die Chance, je nach Ausstattung des *Wertpapiers* von steigenden oder sinkenden Indizes zu profitieren. Andererseits geht er das Risiko ein, dass sich die Indizes anders als von ihm erwartet entwickeln. In diesem Fall kann sich die *Rendite* deutlich verschlechtern. Um das Risiko des Käufers zu begrenzen, statten *Emittenten* Indexanleihen teilweise mit Kapitalgarantien aus; dabei reduziert sich die *Rendite* allerdings teilweise erheblich. Überdies bleibt ein *Emittentenrisiko*.

Indexfonds

Indexfonds sind *Investmentfonds*, die einen Index (z. B. DAX, Dow Jones) exakt nachbilden. Sie gewichten ihre Anlagen genauso oder nahezu so, wie es der Zusammensetzung des zugrunde liegenden Index entspricht. Damit erzielen sie annähernd oder genau dieselbe Wertentwicklung wie der Index. Diese bewusst »passive« Anlagepolitik unterscheidet sich von aktiv gemanagten *Investmentfonds*, die Einzeltitel gezielt selektieren und damit die *Performance* eines Index übertreffen wollen. Befürworter von Indexfonds sind überzeugt, dass dies auf Dauer nicht gelingt. Durch den Verzicht auf ein aktives Management liegen die laufenden Kosten von Indexfonds vergleichsweise niedrig. Der überwiegende Teil der angebotenen Indexfonds wird an der Börse gehandelt (vgl. *Exchanged Traded Funds*). Im Gegensatz zu *Indexzertifikaten* oder *Indexanleihen* haben Indexfonds kein *Emittentenrisiko*. Das Vermögen der Anleger kann also bei Insolvenz eines Anbieters nicht verloren gehen. Institutionelle Anleger entscheiden sich u. a. aus diesem Grund eher für Indexfonds als für *Indexzertifikate*. Sofern die Sparkasse einen Teil ihrer *Eigenanlagen* in Indexfonds investiert, weist sie sie auf der Aktivseite der *Bilanz* unter der Position »*Aktien* und andere nicht festverzinsliche *Wertpapiere*« (Posten 6) aus. Das *Risikogewicht* bei der Unterlegung mit *Eigenmitteln* bewegt sich je nach *Rating* des Indexfonds zwischen 20 und 150 Prozent.

Indexzertifikat

Ein Indexzertifikat bildet – ähnlich wie ein *Indexfonds* – die Kursentwicklung eines zugrunde liegenden Index (Aktienindex, Rentenindex u. a.) nach. Der Anleger erwirbt allerdings – anders als bei einer *Aktie* oder einem *Investmentfonds* – keinen Anteil an einem Unternehmen oder an einem Sondervermögen, sondern eine *Schuldverschreibung* mit begrenzter oder unbegrenzter *Laufzeit*. Als *Derivat* verbrieft sie das Recht, bis zu einem bestimmten Zeitpunkt an der Entwicklung des Index teilzuhaben. Beispiel: Ein Anleger kauft ein Zertifikat im Verhältnis 1:10 auf den DAX bei einem DAX-Stand von 7000. Er zahlt dafür 700 Euro. Steht der DAX am Ende der Laufzeit auf 7500 Punkten, so beträgt der *Gewinn* des Anlegers 50 Euro; bei einem DAX-Stand von 6500 Punkten kommt es in gleicher Höhe zu einem *Verlust*. Weitere Zahlungen wie etwa Zinsen oder Dividenden fallen in der Regel nicht an; sie werden nur bei so genannten »Performance-Indizes« indirekt berücksichtigt. Mit einem Indexzertifikat streuen Anleger einerseits ihre Risiken. Andererseits tragen sie das volle Verlustrisiko, wenn sich der zugrunde legende Index negativ entwickelt. Hinzu kommt im Unterschied zum *Indexfonds* das *Emittentenrisiko*: Bei einer Insolvenz des *Emittenten* ist das Kapital des Anlegers nicht Teil eines besonders geschützten Sondervermögens.

Indirekte Abschreibung

vgl. Wertberichtigung

Industrieanleihe
vgl. Unternehmensanleihe

Inhaberpapier
vgl. Inhaberschuldverschreibung, Wertpapier

Inhaberschuldverschreibung
Eine Inhaberschuldverschreibung ist eine *Schuldverschreibung*, die als Inhaberpapier ausgestattet ist: Die Urkunde verbrieft den Anspruch auf Rückzahlung und Zahlung eines Zinses; allerdings ist – im Gegensatz zur *Namensschuldverschreibung* – der Berechtigte nicht genannt. Der Schuldner (*Emittent*) verspricht die Leistung jedem, der das Papier in Händen hat. Ein Nachweis über die Berechtigung ist nicht erforderlich. Eine Inhaberschuldverschreibung lässt sich formlos durch Einigung und Übergabe der Urkunde übertragen. Das Recht »aus dem Papier« (Forderungsrecht) folgt dem »Recht am Papier« (Eigentumsrecht an der Urkunde). Auch Sparkassen emittieren im Rahmen ihres Kundengeschäfts mitunter Inhaberschuldverschreibungen. Sie sind auf der Passivseite der *Bilanz* unter dem Posten *Verbriefte Verbindlichkeiten* ausgewiesen.

Innenrevision
vgl. interne Revision

Insiderinformation
Bei Insiderinformationen kommen mehrere Sachverhalte zusammen:
1. Insiderinformationen beziehen sich auf Insiderpapiere oder auf *Emittenten* von Insiderpapieren, vor allem also börsennotierte *Finanzinstrumente* oder hierauf basierende *Derivate* (§ 12 WpHG);
2. Insiderinformationen sind konkret, aber nicht öffentlich bekannt;
3. Insiderinformationen sind geeignet, im Falle ihres öffentlichen Bekanntwerdens den Kurs oder Marktpreis erheblich zu beeinflussen (§ 13 WpHG).

Personen, die über Insiderinformationen verfügen, gelten als Insider. Dazu können auch Mitglieder des Verwaltungsrats gehören, wenn die Sparkasse *Kredite* an ein börsennotiertes Unternehmen vergibt. Insider dürfen keine Insidergeschäfte machen, d. h. sie dürfen weder für eigene noch für fremde Rechnung Insiderpapiere erwerben oder veräußern, sie dürfen Insiderinformationen niemandem unbefugt mitteilen oder zugänglich machen, und sie dürfen anderen Personen den Kauf oder Verkauf von Insiderpapieren nicht empfehlen (§ 14 Abs. 1 WpHG). Beispiele für Insiderinformationen sind Übernahmeangebote, Forschungserfolge, Großaufträge, unerwartete Gewinnsteigerungen oder -einbrüche, bevorstehende Insolvenzanträge wegen Zahlungsunfähigkeit oder Überschuldung, Fusionen oder Personalveränderungen. Bloße Meinungen und Werturteile sind keine Insiderinformationen.

Insiderpapier
vgl. Insiderinformation

Insolvenzverfahren

Das Insolvenzverfahren markiert das Ende aller erfolglosen Bemühungen, ein sanierungsbedürftiges Unternehmen aus der Krise zu führen. Rechtsgrundlage ist die Insolvenzordnung (InsO). Das zuständige Amtsgericht eröffnet das Insolvenzverfahren nur auf Antrag. Gründe sind neben der drohenden Zahlungsunfähigkeit die tatsächliche Zahlungsunfähigkeit oder die *Überschuldung*. Ist das Unternehmen eine Kapitalgesellschaft, sind die Geschäftsführer bei Zahlungsunfähigkeit oder *Überschuldung* verpflichtet, spätestens nach drei Wochen Insolvenzantrag zu stellen (§ 15a InsO). Das Amtsgericht weist den Eröffnungsantrag zurück, sofern nicht ausreichend liquide Mittel oder verwertbare Vermögensgegenstände beim Unternehmen vorhanden sind, um die Verfahrenskosten zu decken. Um dies zu ermitteln, setzt das Gericht entweder einen Sachverständigen oder einen vorläufigen Insolvenzverwalter ein. Er soll das Vermögen des Schuldners überdies sichern und erhalten und bis zur Eröffnung des Insolvenzverfahrens fortführen. Für die Sparkasse ist ein solches Engagement ein *Problemkredit*, um den sich spätestens jetzt die spezialisierten Mitarbeiter der *Abwicklung* kümmern. Sie kündigen die *Kredite*, prüfen die rechtliche Position der Sparkasse aus den bestehenden *Kreditsicherheiten* und entwickeln ein Abwicklungskonzept (BTO 1.2.5 Ziffer 5 MaRisk). Wird das Insolvenzverfahren eröffnet, kann der Insolvenzverwalter die *Sanierung* und Fortführung des Unternehmens oder einen mit den Gläubigern abgestimmten Insolvenzplan anstreben. Gelingt das nicht, verwertet er die Insolvenzmasse und verteilt den Erlös auf die Gläubiger, die Forderungen angemeldet haben. Grundsätzlich werden die Gläubiger im Insolvenzverfahren gleichmäßig befriedigt. Vorrang genießen allerdings aussonderungsberechtigte Gläubiger (z. B. Lieferanten mit Eigentumsvorbehalt), absonderungsberechtigte Gläubiger (z. B. aus *Grundpfandrechten* oder *Sicherungsübereignungen* begünstigte *Kreditinstitute*) und Massegläubiger (z. B. Arbeitnehmer oder Vermieter). Die Sparkasse gehört häufig zu den absonderungsberechtigten Gläubigern. Sie erhält also den Erlös aus der Verwertung der *Kreditsicherheit* nach Abzug bestimmter Kostenbeiträge in voller Höhe. Allerdings liegt die *Verwertungsquote* erfahrungsgemäß relativ niedrig. Bei der Verwertung von besicherten Immobilien ist neben der *Zwangsvollstreckung* und der Zwangsverwaltung auch der freihändige Verkauf durch den Insolvenzverwalter möglich.

Intensivbetreuung

Um erhöhte *Adressenausfallrisiken* rechtzeitig zu begrenzen, beobachtet die Sparkasse gewisse Kreditengagements gesondert (BTO 1.2.4 Ziffer 1 MaRisk). Den Impuls hierfür geben Informationen aus den internen Instrumenten der *Risikofrüherkennung*. Die Kriterien für eine Intensivbetreuung kann die Sparkasse selber festlegen. Infrage kommen hierfür vor allem das *Rating* des Kreditkunden, darüber hinaus auch andere Indikatoren wie *Überziehungen*, Informationen über Umsatzrückgänge oder *Verluste* oder stark erhöhte *Verbindlichkeiten* eines Kunden bei anderen *Kreditinstituten*. Die Mitarbeiter/innen, die die Kriterien für die Intensivbetreuung entwickeln und regelmäßig überprüfen, dürfen nicht gleichzeitig Kreditgeschäfte anbahnen, also dem *Bereich Markt* angehören. Die Intensivbetreuung selber kann verschiedene Maßnahmen beinhalten. Üblich ist beispielsweise, die aktuelle Situation mit dem Kunden persönlich zu erörtern, regelmäßige und zeitnahe Unterlagen über seine wirtschaftliche Situation anzufordern, das *Rating* zu überarbeiten oder die *Kreditsicherheiten* zu überprüfen. Im Übrigen bleibt das Kreditengagement auch während der Intensivbetreuung – im Gegensatz zur *Sanierung* – beim angestammten Sparkassenbetreuer. In einem selbst festzulegenden Turnus überprüft die Sparkasse regelmäßig, ob die aktuelle wirtschaftliche Situation des Kreditkunden den Status der Intensivbetreuung noch rechtfertigt (BTO 1.2.4 Ziffer 2 MaRisk). Hat sich die Lage nachhaltig gebessert, kann das Engagement zurück in die Normalbetreuung. Hat sie sich hingegen verschlechtert, ist es unter Umständen notwendig, das Kreditverhältnis in die *Sanierung* oder in die *Abwicklung* überzuleiten.

Interbankenmarkt
Der Interbankenmarkt umfasst alle Geschäftsbeziehungen von *Kreditinstituten* untereinander. Dazu gehört vor allem der Geldhandel, mit dem *Kreditinstitute* ihre Liquidität steuern (vgl. *Geldmarkt*, *Tagesgeld*). Hinzu kommen Anlage-, Kredit- und Wertpapiergeschäfte mit anderen Banken. Die Sparkasse schließt vor allem mit der jeweiligen Landesbank viele Geschäfte ab, die dem Interbankenmarkt zuzurechnen sind.

Interne Linie
vgl. Kreditlinie

Interne Revision
Die interne Revision (auch: Innenrevision) ist eine nicht weisungsgebundene, unabhängige Prüfungsinstanz in der Sparkasse. Sie gehört neben der *Risikocontrolling*-Funktion und der *Compliance*-Funktion zu den »besonderen Funktionen« der Sparkasse. Aufsichtsrechtliche Grundlagen für die Arbeit der internen Revision sind das *Kreditwesengesetz* (§ 25a), die *Mindestanforderungen an das Risikomanagement* (AT 4.4.3, BT 2) sowie sparkassenrechtliche Regelungen in Sparkassengesetz, Satzung und der vom Verwaltungsrat erlassenen besonderen Geschäftsanweisung. Die interne Revision arbeitet auf Basis eines jährlich vom Vorstand zu genehmigenden Prüfungsplans. Die Auswahl der Prüfungsfelder und der Prüfungsturnus orientieren sich dabei vor allem am Risiko. Geschäftsfelder mit hoher Komplexität und großer Bedeutung für die Sparkasse prüft die interne Revision jährlich, andere weniger risikorelevante Bereich unter Umständen nur im Drei-Jahres-Rhythmus. Die interne Revision achtet zunächst darauf, dass die Sparkasse gesetzliche Vorschriften und interne Arbeits-

anweisungen einhält (Ordnungsmäßigkeit) und sich auf ein funktionierendes *internes Kontrollsystem* verlassen kann. Daneben bewertet sie, ob die Sparkasse effizient und wirtschaftlich arbeitet. Mithin ist sie auch interne Unternehmensberatung. Die MaRisk geben für projektbegleitende und beratende Aktivitäten der internen Revision ausdrücklich Spielraum (BT 2.1 und 2.2). Über jede Prüfung verfasst die interne Revision einen schriftlichen Bericht. Das Ergebnis reicht auf einer sechsstufigen Skala von »geringe Mängel« bis »besonders schwerwiegende Mängel«. Neben dem Vorstand gibt die interne Revision auch dem Verwaltungsrat vierteljährlich einen Überblick über ihre Prüfungstätigkeit (§ 25c Abs. 4a KWG). Stellt die interne Revision schwerwiegende Mängel fest, löst das gesonderte Meldepflichten des Vorstands an den Verwaltungsrat, gegebenenfalls auch an die Aufsichtsbehörden aus (BT 2.4 Ziffern 5 und 6 MaRisk). Der Verwaltungsratsvorsitzende hat darüber hinaus das Recht, beim Leiter der internen Revision unter Einbeziehung des Vorstands direkt Auskünfte einzuholen (AT 4.4.3 Ziffer 2 MaRisk). Die interne Revision sollte dem Vorsitzenden des Vorstands unterstellt sein. Besetzt der Vorstand die Leitung der internen Revision neu, hat er den Verwaltungsrat darüber zu informieren (AT 4.4.3 Ziffer 6 MaRisk).

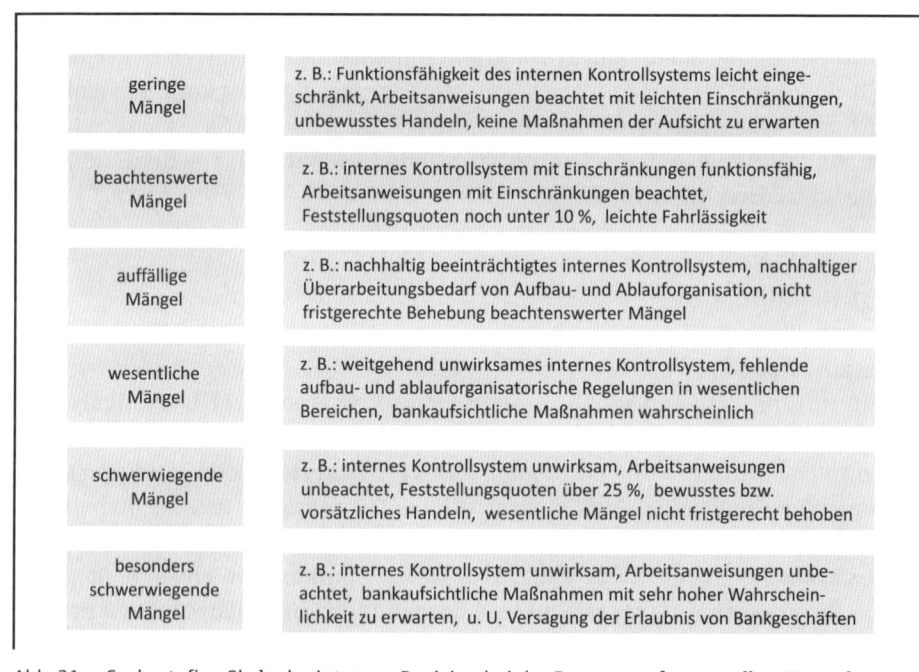

geringe Mängel	z. B.: Funktionsfähigkeit des internen Kontrollsystems leicht eingeschränkt, Arbeitsanweisungen beachtet mit leichten Einschränkungen, unbewusstes Handeln, keine Maßnahmen der Aufsicht zu erwarten
beachtenswerte Mängel	z. B.: internes Kontrollsystem mit Einschränkungen funktionsfähig, Arbeitsanweisungen mit Einschränkungen beachtet, Feststellungsquoten noch unter 10 %, leichte Fahrlässigkeit
auffällige Mängel	z. B.: nachhaltig beeinträchtigtes internes Kontrollsystem, nachhaltiger Überarbeitungsbedarf von Aufbau- und Ablauforganisation, nicht fristgerechte Behebung beachtenswerter Mängel
wesentliche Mängel	z. B.: weitgehend unwirksames internes Kontrollsystem, fehlende aufbau- und ablauforganisatorische Regelungen in wesentlichen Bereichen, bankaufsichtliche Maßnahmen wahrscheinlich
schwerwiegende Mängel	z. B.: internes Kontrollsystem unwirksam, Arbeitsanweisungen unbeachtet, Feststellungsquoten über 25 %, bewusstes bzw. vorsätzliches Handeln, wesentliche Mängel nicht fristgerecht behoben
besonders schwerwiegende Mängel	z. B.: internes Kontrollsystem unwirksam, Arbeitsanweisungen unbeachtet, bankaufsichtliche Maßnahmen mit sehr hoher Wahrscheinlichkeit zu erwarten, u. U. Versagen der Erlaubnis von Bankgeschäften

Abb. 31: Sechsstufige Skala der internen Revision bei der Bewertung festgestellter Mängel

Internes Kontrollsystem

Das interne Kontrollsystem (IKS) ist Teil des *Risikomanagements* der Sparkasse. Es umfasst insbesondere

1. die aufbau- und ablauforganisatorischen Regelungen der Sparkasse mit klar definierten Verantwortungsbereichen und Kompetenzen
2. die Prozesse, mit denen die Sparkasse ihre Risiken erkennt, beurteilt steuert, überwacht und kommuniziert
3. die Einrichtung einer *Risikocontrolling*-Funktion und einer *Compliance*-Funktion

Ob das interne Kontrollsystem funktioniert, ist eine der wesentlichen Prüfungsaufgaben der *internen Revision*.

Intragruppenprivileg

Das Aufsichtsrecht sieht für Risikopositionen, die Mitglieder eines Einlagensicherungssystems untereinander aufbauen, unter bestimmten Voraussetzungen gewisse Erleichterungen vor. Davon profitiert die Sparkasse in dreifacher Hinsicht. Zum einen haben Forderungen gegenüber Mitgliedern des *Haftungsverbunds* der Sparkassen-Finanzgruppe, vor allem also gegenüber anderen Sparkassen, Landesbanken, Landesbausparkassen oder der DekaBank, ein *Risikogewicht* von 0 Prozent (Artikel 113 Abs. 7 CRR); sie müssen also nicht mit *Eigenmitteln* unterlegt werden (»Nullgewichtung«). Zum anderen braucht die Sparkasse solche Positionen bei der Meldung von *Großkrediten* nicht anzurechnen (Artikel 400 Abs. 1k CRR; »Nullanrechnung«). Schließlich sind *Beteiligungen* und beteiligungsnahe Positionen an Unternehmen des Haftungsverbunds bei der Berechnung der *Gesamtkapitalquote* vom *Kapitalabzug* befreit.

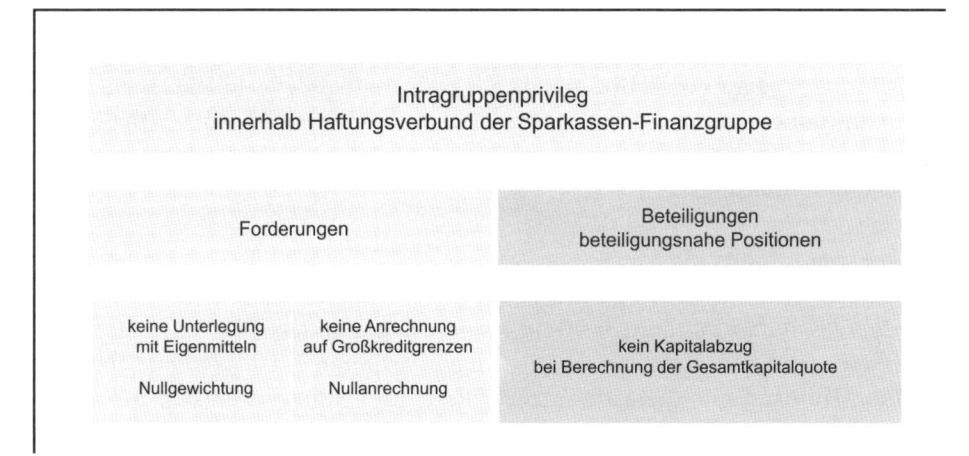

Abb. 32: Vorteile des Intragruppenprivilegs für die Sparkasse

Inverser Stresstest

Ein inverser Stresstest arbeitet krisenhafte Ereignisse oder schockartige Entwicklungen heraus, die die *Risikotragfähigkeit* oder die Zahlungsunfähigkeit und damit das Überleben der Sparkasse gefährden könnten. Im Gegensatz zu den »regulären« aufsichtsrechtlich geforderten *Stresstests* steht bei einem inversen Stresstest das Ergebnis von vornherein fest. Er soll darauf aufmerksam machen, wo die Sparkasse besonders anfällig ist und welche maßgeblichen Risikotreiber die Sparkasse aus der Balance bringen könnten. Die kritische Reflexion der Ergebnisse steht im Vordergrund. Die Sparkasse sollte inverse Stresstests mindestens jährlich durchführen; bei größeren Häusern erwartet die Aufsicht nicht nur qualitative, sondern auch quantitative Aussagen. Aufsichtsrechtliche Grundlage sind die *Mindestanforderungen an das Risikomanagement* (AT 4.3.3 Ziffer 3).

IRB-Ansatz

Ein IRB-Ansatz (Internal Ratings Based Approach) ist ein im Vergleich zum *Kreditrisiko-Standardansatz* deutlich anspruchsvolleres aufsichtsrechtliches Verfahren, um die *Adressenausfallrisiken* eines *Kreditinstituts* zu messen und die hierfür zu hinterlegenden *Eigenmittel* zu ermitteln. Er ist in Artikel 142 ff. der CRR-Verordnung geregelt. Bei einem IRB-Ansatz ergeben sich die anzusetzenden *Risikogewichte* aus internen *Ratings*. Dies ist einer der wesentlichen Unterschiede zum *Kreditrisiko-Standardansatz*, der nur externe *Ratings* zulässt oder aber von der Aufsicht vorgegebene *Risikogewichte* verwendet. Zudem ist u. a. der Katalog der risikomindernden *Kreditsicherheiten* bei einem IRB-Ansatz größer (vgl. *Kreditrisikominderungstechniken*). Insgesamt zielen IRB-Ansätze darauf ab, die betriebswirtschaftlichen *Adressenausfallrisiken* feiner abzubilden als beim *Kreditrisiko-Standardansatz*. Im Ergebnis sollen sie die Eigenmittelanforderung bei gegebenem *Kreditportfolio* verringern. Allerdings sind IRB-Ansätze sehr komplex; sie setzen vor allem eine hohe Datenqualität voraus. Bei der Entscheidung für oder gegen einen IRB-Ansatz gilt es deshalb den Vorteil der geringeren Eigenkapitalbelastung gegen den Nachteil des höheren administrativen Aufwands abzuwägen. In aller Regel entscheidet sich die Sparkasse für den *Kreditrisiko-Standardansatz*.

Investmentfonds

Investmentfonds sind gemeinschaftliche Kapitalanlagen. *Kapitalverwaltungsgesellschaften* bündeln das Geld vieler Anleger und legen es nach Maßgabe der jeweiligen Fondsstrategie an. Die Anleger erhalten entsprechend ihrer Einzahlung Fondsanteile (Investmentzertifikate) und müssen selbst keine weiteren Anlageentscheidungen treffen. Sie werden Miteigentümer am Fondsvermögen und haben Anspruch auf die Erträge des Fonds, also auf Dividenden, Zinsen oder *Kursgewinne*. Mitspracherechte haben sie – anders als Aktionäre – nicht. Die *Kapitalverwaltungsgesellschaft* verwaltet das Geld der Anleger treuhänderisch in einem Sondervermögen. Die Anleger wären somit bei Insolvenz der *Kapitalverwaltungsgesellschaft* vor einem Kapitalverlust geschützt. Die ausgegebenen Investmentzertifikate sind *Wertpapiere*. Sie verbriefen neben dem Eigentumsrecht auch den Anspruch der Anleger auf Rücknahme der Anteils-

scheine. Wichtigste Rechtsgrundlage ist das Kapitalanlagegesetzbuch (KAGB). Investmentfonds unterscheiden sich u. a. nach
1. Anlegerkreis (*Publikumsfonds, Spezialfonds*)
2. Handelbarkeit (offene Fonds, geschlossene Fonds)
3. Vermögensgegenständen (u. a. Aktienfonds, Rentenfonds, *Geldmarktfonds*, Immobilienfonds, Beteiligungsfonds)
4. Ertragsverwendung (ausschüttende Fonds, thesaurierende Fonds)
5. Anlageschwerpunkt (Länderfonds, Branchenfonds)

Auch viele Sparkassen halten einen nicht unerheblichen Teil ihrer *Eigenanlagen* in Investmentfonds. Sie investieren dabei meist in *Spezialfonds*, die die DekaBank oder Tochterunternehmen der Landesbanken auflegen. In der *Bilanz* weist die Sparkasse ihre Anteile an Investmentfonds auf der Aktivseite unter »*Aktien* und andere nicht festverzinsliche *Wertpapiere*« (Posten 6) mit dem Wert am *Bilanzstichtag* aus. Sofern die Fonds Erträge ausschütten, fließen sie in der *Gewinn- und Verlustrechnung* in die Position »Laufende Erträge aus *Aktien* und anderen nicht festverzinslichen *Wertpapiere*« ein. *Kursverluste* führen – wie bei anderen *Wertpapieren* auch – zu *außerplanmäßigen Abschreibungen* und erhöhen das *Bewertungsergebnis* der Sparkasse. Bei noch nicht realisierten *Kursgewinnen* unterhalb der *Anschaffungskosten* muss die Sparkasse *Zuschreibungen* vornehmen. Notieren die Investmentzertifikate über den *Anschaffungskosten*, bilden sich *stille Reserven*. Realisierte *Kursgewinne* aus Investmentzertifikaten der *Liquiditätsreserve* verrechnet die Sparkasse im Rahmen der *Überkreuzkompensation*. Auch Investmentfonds sind *Adressenausfallrisiken* ausgesetzt. Deshalb muss die Sparkasse die von ihr gehaltenen Anteile an Investmentfonds mit *Eigenmitteln* unterlegen. Im *Kreditrisiko-Standardansatz* bilden Investmentanteile eine eigene Forderungsklasse. Das *Risikogewicht* ergibt sich entweder aus einem externen *Rating* des Fonds oder aus einer betragsgewichteten Risikobewertung aller Einzelpositionen des Fonds (vgl. *Fondsdurchschau*). Der Einfachheit kann die Sparkasse auch ein *Risikogewicht* von pauschal 100 Prozent akzeptieren (Artikel 132 CRR).

Jahresabschluss
Der Jahresabschluss der Sparkasse besteht aus *Bilanz, Gewinn- und Verlustrechnung* und *Anhang*. Er stellt die Vermögenswerte und die Schulden zum *Bilanzstichtag* sowie die *Aufwendungen* und die *Erträge* des abgelaufenen Geschäftsjahres gegenüber. Er muss ein den tatsächlichen Verhältnissen entsprechendes Bild der Vermögens-, Finanz- und Ertragslage vermitteln (§ 264 Abs. 2 HGB). Die Sparkasse hat ihren Jahresabschluss spätestens drei Monate nach Ablauf des Geschäftsjahrs aufzustellen und zusammen mit dem *Lagebericht* unverzüglich bei der Bankenaufsicht einzureichen. Den Prüfungsbericht übermittelt der Abschlussprüfer zumindest an die *Deutsche Bundesbank* (§ 26 Abs. 1 KWG). Der Verwaltungsrat der Sparkasse kann nur einen geprüften Jahresabschluss feststellen und über die Gewinnverwendung entscheiden

(§ 316 Abs. 1 HGB). Den festgestellten Jahresabschluss muss die Sparkasse mit dem *Bestätigungsvermerk* des Abschlussprüfers zum einen erneut bei der Bankenaufsicht, zum anderen beim Bundesanzeiger unverzüglich einreichen (§ 325 Abs. 1 HGB). Der Bundesanzeiger veröffentlicht den Jahresabschluss dann im Internet zusammen mit *Bestätigungsvermerk, Lagebericht,* Bericht des Verwaltungsrats und Beschluss über die Verwendung des *Jahresüberschusses.*

Jahresfehlbetrag

Die *Gewinn- und Verlustrechnung* der Sparkasse weist einen Jahresfehlbetrag aus, wenn der Gesamtbetrag aller *Aufwendungen* die Summe der *Erträge* übersteigt (vgl. *Verlust*). Ein Jahresfehlbetrag muss nicht in einen *Bilanzverlust* münden. Die Sparkasse könnte ihn durch einen *Gewinnvortrag* oder durch Entnahmen aus der *Sicherheitsrücklage* ausgleichen und auf diese Weise einen *Bilanzgewinn* ausweisen. In der Sparkassenpraxis führen selbst wirtschaftlich schwierige Jahre selten zu einem handelsrechtlich offen ausgewiesenen *Jahresfehlbetrag*. In der Regel kann ihn die Sparkasse verhindern, indem sie einen Teil ihrer *Vorsorgereserven* entweder offen (vgl. *Fonds für allgemeine Bankrisiken*) oder im Rahmen der *Überkreuzkompensation* auflöst. In der *Gewinn- und Verlustrechnung* führt dies zu *Erträgen,* die im Ergebnis einen *Jahresüberschuss* entstehen lassen.

Jahresüberschuss

Der Jahresüberschuss ist die in der *Gewinn- und Verlustrechnung* ausgewiesene positive Differenz zwischen den *Erträgen* und den *Aufwendungen* eines Geschäftsjahrs. Aus dem Jahresüberschuss errechnet sich unter Berücksichtigung eines etwaigen *Gewinnvortrags* bzw. *Verlustvortrags* und einer *Vorwegzuführung* bzw. Entnahme aus der *Sicherheitsrücklage* der *Bilanzgewinn*. Einen Rückschluss auf die Ertragslage der Sparkasse lässt der Jahresüberschuss nur eingeschränkt zu. Er ist in hohem Maß durch *Bilanzierungs- und Bewertungswahlrechte, Überkreuzkompensation* sowie *außerordentliche Erträge* bzw. *außerordentliche Aufwendungen* beeinflusst.

Kalibrierung

Rating-Verfahren weisen den einzelnen Ratingklassen bestimmte, auf ein Jahr berechnete *Ausfallwahrscheinlichkeiten* zu. Dies wird als Kalibrierung bezeichnet. Sie ist ein Qualitätsmerkmal von *Rating*-Verfahren. Diese gelten als gut kalibriert, wenn die angesetzten *Ausfallwahrscheinlichkeiten* nicht oder nur unbedeutend von den tatsächlich eintretenden Ausfallraten abweichen. Ob beobachtete Abweichungen zufälliger oder aber systematischer Natur sind, lässt sich mit statistischen Methoden feststellen. Bei systematischen Abweichungen ist es notwendig, ein *Rating*-Verfahren neu zu kalibrieren. Die Sparkassen Rating und Risikosysteme GmbH (SR) als zentraler Dienstleister der deutschen Sparkassen prüft dies jährlich – ähnlich wie eine KFZ-Versicherung, die den vorausberechneten Schadensverlauf für die einzelnen Fahrzeugtypen mit dem beobachteten Schadensverlauf regelmäßig vergleichen muss. Sind die tatsächlichen Ausfallraten im Kreditgeschäft höher bzw. niedriger als die prognostizierten, justiert die SR das jeweilige *Rating*-Verfahren. Das kann zur Folge haben, dass sich das nächste *Rating* für einen Teil der Kreditkunden bei ansonsten gleicher Datenlage verschlechtert bzw. verbessert. Mit detaillierten Auswirkungsanalysen kann die SR überdies berechnen, wie die Neukalibrierung das *Adressenausfallrisiko* des gesamten Kreditportfolios der Sparkasse verändert.

Kapitalabzug

Für bestimmte Vermögenspositionen muss die Sparkasse Rücklagen in gleicher Höhe vorhalten. Diese Beträge kann sie nicht als aufsichtsrechtlich anerkannte *Eigenmittel* einsetzen. Im Ergebnis läuft dies bei Berechnung der *Gesamtkapitalquote* auf einen vorherigen Abzug von den *Eigenmitteln* hinaus. Grundsätzlich betroffen sind davon insbesondere *Beteiligungen* an anderen Unternehmen des Finanzsektors. Welche Vermögenspositionen in welchem Umfang und an welcher Stelle zu einem Kapitalabzug führen können, ist in der *CRR*-Verordnung festgelegt (Artikel 36 Abs. 1). Es gelten dabei teilweise komplizierte Freibetrags-, Schwellenwert- und sonstige Ausnahmeregelungen. Für die Sparkasse ist vor allem der Umgang mit direkten und indirekten Beteiligungen an Unternehmen wichtig, die zum *Haftungsverbund* der Sparkassen-Finanzgruppe gehören. Im Rahmen des *Intragruppenprivilegs* sind sie vom Kapitalabzug befreit, solange die Sparkassen-Finanzgruppe aggregiert nachweist, insgesamt ausreichend mit *Eigenmitteln* ausgestattet zu sein (Artikel 49 Abs. 3 CRR). Bei der Berechnung der *Gesamtkapitalquote* muss die Sparkasse solche Positionen in der Regel also nur mit acht Prozent *Eigenmitteln* (ohne etwaige *Kapitalpuffer*) unterlegen.

Kapitaldienstfähigkeit

vgl. Kapitaldienstrechnung

Kapitaldienstrechnung

Zusammen mit einem *Rating* oder *Kreditscoring* bildet die Kapitaldienstrechnung das Fundament einer Kreditentscheidung. Die Sparkasse belegt mit ihr die Kapitaldienstfähigkeit eines Kreditkunden (vgl. BTO 1.2.1 Ziffer 1 MaRisk). Die aufsichtsrechtliche Verpflichtung zur *Offenlegung* der wirtschaftlichen Verhältnisse (§ 18 KWG) zielt letztlich darauf ab, Kapitaldienstrechnungen zu ermöglichen. Bei gewerblichen Kreditkunden vollziehen sie sich in mehreren Schritten:
1. Dokumentation der jährlichen Zins- und Tilgungsleistungen für *Kredite* bei der Sparkasse. Bei *Kontokorrentkrediten* unterstellt die Sparkasse eine durchschnittliche Ausschöpfung der *Kreditlinien*;
2. Dokumentation weiterer Zins- und Tilgungsleistungen bei anderen *Kreditinstituten*;

3. Addition der in Schritt 1 und 2 ermittelten Zahlungen zum Gesamtkapitaldienst;
4. Ermittlung eines u. a. um Investitionen, Privatentnahmen und Steuerzahlungen bereinigten Netto-*Cashflow*;
5. Abzug des Gesamtkapitaldienstes vom Netto-*Cashflow*.

Analog verfährt die Sparkasse bei Finanzierungsanfragen privater Kunden; dort stellt sie den regelmäßigen Einnahmen des privaten Haushalts die regelmäßigen Ausgaben gegenüber. Bei einem positiven Saldo (Überdeckung) ist die Kapitaldienstfähigkeit gegeben. Mit einem negativen Saldo (Unterdeckung; »negativer Kapitaldienst«) kann die Sparkasse unterschiedlich verfahren. Entweder sie lehnt das anstehende Kreditgeschäft ab. Oder ihre Erfahrungen zeigen, dass der Kreditkunde den fälligen Kapitaldienst in der Vergangenheit tatsächlich stets erbracht hat: In diesem Fall wird das anstehende Kreditgeschäft an der rechnerischen Unterdeckung nicht scheitern; gleichwohl muss die Sparkasse auf den Kunden einwirken, die Unterdeckung abzubauen. Ein »negativer Kapitaldienst« ist üblicherweise ein wichtiges Kriterium bei der Entscheidung über die *Einzelwertberichtigung* eines Kreditverhältnisses.

Kapitalerhaltungspuffer

Die Sparkasse ist ab dem Jahr 2016 verpflichtet, über die Mindestausstattung mit *Eigenmitteln* hinaus für »schlechte Zeiten« schrittweise eine Reserve aus *Kernkapital* aufzubauen. Bis zum Jahr 2019 soll sie 2,5 Prozent des *Gesamtforderungsbetrags* betragen. Damit steigt die von der Sparkasse mindestens vorzuhaltende *Gesamt- bzw. Kernkapitalquote* de facto von 8 auf 10,5 Prozent. Der Kapitalerhaltungspuffer resultiert aus dem *Basel III*-Regelwerk und hat seine Rechtsgrundlage in § 10c KWG. Er soll die Kreditinstitute in Stressphasen des Wirtschafts- und Finanzsystems widerstandsfähiger machen. Die Sparkasse könnte den Kapitalerhaltungspuffer teilweise oder ganz abschmelzen, um Verluste aus dem laufenden Geschäftsbetrieb aufzufangen; in der *Bilanz* ließe sich das allerdings im Gegensatz zu *stillen Reserven* ohne weiteres nachvollziehen. Sobald und solange die Sparkasse den Kapitalerhaltungspuffer in Anspruch nähme, unterläge sie einer teilweisen, äußerstenfalls sogar vollständigen Ausschüttungssperre. Zudem müsste sie der Bankenaufsicht kurzfristig darlegen, wie und innerhalb welcher Zeit sie den Kapitalanforderungen künftig wieder in vollem Umfang nachkommen möchte (Kapitalerhaltungsplan).

Kapitalmarkt

Im Gegensatz zum kurzfristig ausgerichteten *Geldmarkt* tauschen die Akteure des Kapitalmarkts mittel- und langfristige Finanzierungsmittel aus. Dazu zählt einerseits *Fremdkapital*, andererseits Beteiligungskapital (u. a. *Aktien*). Der Wertpapiermarkt ist dabei nur ein Teil des Kapitalmarkts; beispielsweise zählen auch *Schuldscheine* oder großvolumige *Kommunalkredite* zum Kapitalmarkt. Den organisierten Kapitalmarkt tragen auf der einen Seite *Kreditinstitute*, Aktiengesellschaften und die öffentliche Hand als Institutionen, die langfristiges Kapital benötigen und aufnehmen. Ihnen stehen als Kapitalgeber auf der anderen Seite in erster Linie Kapitalsammelstellen (z. B. Banken, Sparkassen, *Kapitalverwaltungsgesellschaften*, Bausparkassen, Versicherungsunternehmen, Sozialversicherungsträger) gegenüber. *Kreditinstitute* bewegen sich also auf beiden Seiten des Markts. Die Teilnehmer des Kapitalmarkts agieren über die Börsen oder aber außerbörslich in direktem Kontakt (vgl. *Over-the-Counter*). Der Wertpapiermarkt setzt sich hauptsächlich zusammen aus dem Markt für *Schuldverschreibungen* (Rentenmarkt) und dem Markt für *Aktien*. Effiziente Kapitalmärkte haben für die Investitions- und Innovationskraft moderner Volkswirtschaften große Bedeutung. Sie bündeln die Ersparnisse von privaten Haushalten und Unternehmen und stellen sie anderen Unternehmen oder der öffentlichen Hand langfristig als *Eigenkapital* oder *Fremdkapital* zur Verfügung. Die Kapitalgeber erhalten hierfür einen festen oder variablen *Ertrag*; er orientiert sich am allgemeinen Zinsniveau bzw. an *Bonität* und Ertragskraft derer, die mit dem bereitgestellten Kapital arbeiten.

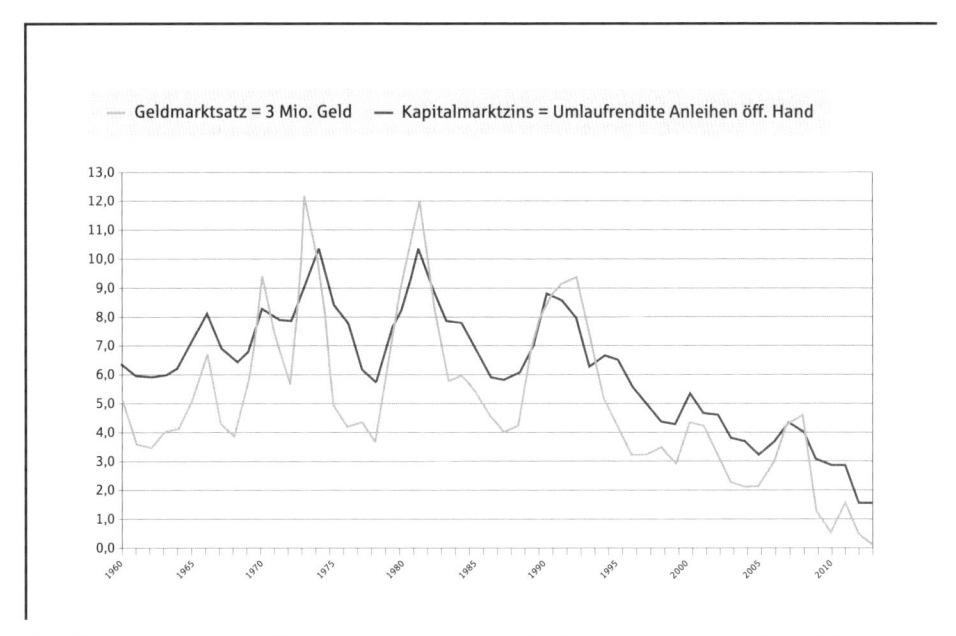

Abb. 33: Entwicklung des Zinsniveaus am deutschen Geld- und Kapitalmarkt während der letzten 50 Jahre

Kapitalplanungsprozess

Gemäß AT 4.1 Ziffer 9 MaRisk muss die Sparkasse ermitteln, wie viel *Eigenkapital* sie in den kommenden Geschäftsjahren benötigt. Der Planungsprozess umfasst einen von der Sparkasse selber festzulegenden, angemessenen Mehrjahreshorizont. In jedem Fall geht er über die Ein-Jahres-Periode des *Risiko-*

tragfähigkeitskonzepts deutlich hinaus. Die Kapitalplanungsrechnung muss insbesondere aufzeigen, wie sich über die aufsichtsrechtliche Mindestkapitalausstattung hinaus Veränderungen der Geschäftstätigkeit, der strategischen Ziele und des wirtschaftlichen Umfelds der Sparkasse auf den Bedarf an *Eigenkapital* auswirken. Will die Sparkasse beispielsweise im gewerblichen Kreditgeschäft Marktanteile gewinnen und gleichzeitig *Eigenanlagen* abbauen, muss sie dafür mittelfristig mehr *Eigenmittel* vorhalten. Der Kapitalplanungsprozess berücksichtigt zudem in Szenarien, wie es sich mittelfristig auf den Kapitalbedarf auswirkt, sollten sich bestimmte *Bilanz-*, *Ertrags-* oder *Aufwandspositionen* ungünstiger als erwartet entwickeln. Sowohl methodisch als auch inhaltlich muss die Sparkasse darauf achten, dass die Planungsrechnung mit *Geschäftsstrategie*, *Risikostrategie*, mittelfristiger Unternehmensplanung und *Risikotragfähigkeitskonzept* konsistent ist. Verwaltungsrat und Vorstand der Sparkasse können sich an den Ergebnissen des Kapitalplanungsprozesses orientieren, wenn sie Grundsätze zur Gewinnverwendung der nächsten Geschäftsjahre miteinander abstimmen.

Kapitalpuffer

Kreditinstitute müssen über die Mindestausstattung mit *Eigenmitteln* hinaus (acht Prozent des *Gesamtforderungsbetrags*) bis zum Jahr 2019 weiteres *Eigenkapital* gegenüber den Aufsichtsbehörden nachweisen. Gelingt das nicht, wird insbesondere die Ausschüttung von Gewinnen eingeschränkt. Die für die Sparkasse wichtigsten Kapitalpuffer sind der *Kapitalerhaltungspuffer* und der *antizyklische Kapitalpuffer*. Weitere Puffer sind der *Kapitalpuffer für systemische Risiken* sowie die Kapitalpuffer für global und anderweitig *systemrelevante* Institute (§ 10f und g KWG). Die Aufsichtsbehörden wollen mit Kapitalpuffern übermäßiges Kreditwachstum verhindern und die Stabilität des Finanzsystems verbessern.

Kapitalpuffer für systemische Risiken

Der Kapitalpuffer für systemische Risiken ist neben dem *Kapitalerhaltungspuffer* und dem *antizyklischen Kapitalpuffer* eine zusätzliche aufsichtsrechtliche Anforderung an die Ausstattung mit *Eigenmitteln*. Er gibt Aufsichtsbehörden der EU-Mitgliedstaaten die Möglichkeit, langfristigen, nicht-zyklischen Fehlentwicklungen in Finanzsystem und Realwirtschaft auf nationaler Ebene zu begegnen. Rechtsgrundlage in Deutschland ist § 10e KWG. Der Kapitalpuffer für systemische Risiken liegt zwischen 1 und 5 Prozent und ist flexibel einsetzbar. Die Bankenaufsicht kann ihn beispielsweise flächendeckend oder aber nur für bestimmte *Kreditinstitute* oder bestimmte Forderungen festlegen und obendrein in der Höhe variieren. Bevor ihn eine nationale Aufsichtsbehörde anwenden kann, sind allerdings auf europäischer Ebene unterschiedliche Anzeige- und Abstimmungsverfahren zu durchlaufen.

Kapitalrücklage

Kapitalrücklagen gehören als offene *Rücklagen* zum *Eigenkapital*. Sie sind in der *Bilanz* eines *Kreditinstituts* auf der Passivseite unter Posten 12b) ausgewiesen. Im Gegensatz zu den *Gewinnrücklagen* speisen sich Kapitalrücklagen nicht aus dem *Gewinn*, sondern auf andere Weise. Wichtiges Beispiel ist der Betrag, den Geschäftsbanken in der Rechtsform der AG bei der *Emission* von *Aktien* über den Nennbetrag hinaus erzielen. Weitere Quellen von Kapitalrücklagen nennt das *Handelsgesetzbuch* in § 272 Abs. 2. Die Sparkasse kann ihr bilanzielles *Eigenkapital* de facto – von Ausnahmen abgesehen – nur durch nicht ausgeschüttete *Gewinne* erhöhen (Selbstfinanzierung). Daher hat sie keine Kapitalrücklagen.

Kapitalverwaltungsgesellschaft

Kapitalverwaltungsgesellschaften sind Unternehmen, die *Investmentfonds* auflegen. Sie bilden dafür Sondervermögen, die sie strikt von ihrem eigenen Vermögen trennen müssen. Sie investieren das ihnen zufließende Kapital im eigenen Namen, aber für gemeinschaftliche Rechnung der Anleger. Die Rechte der Anleger sind in gesonderten *Wertpapieren*, den Investmentzertifikaten, verbrieft. Wichtigste Rechtsgrundlage für die Arbeit der Kapitalverwaltungsgesellschaften ist das Kapitalanlagegesetzbuch (KAGB). Kapitalverwaltungsgesellschaften wollen mit ihren Fonds eine möglichst gute *Performance* erzielen und sich über hohe Wertzuwächse der ausgegebenen Zertifikate und/oder hohe Ausschüttungen bei Kunden und anderen Anlegern empfehlen. Die wesentlichen Ertragsquellen der Kapitalverwaltungsgesellschaften sind Ausgabeaufschläge sowie andere Vergütungen, die ihnen aus der Verwaltung ihrer Fonds zufließen. Wichtige »klassische« Bankgeschäfte wie Einlagen- und Kreditgeschäft sind Kapitalverwaltungsgesellschaften verwehrt. Deshalb wickeln viele Geschäftsbanken ebenso wie die Sparkassen-Finanzgruppe und die Gruppe der genossenschaftlichen Banken das Fondsgeschäft weitgehend über eigene Kapitalverwaltungsgesellschaften ab. Der größte und wichtigste Fondsdienstleister der Sparkassen-Finanzgruppe ist die DekaBank mit mehreren Kapitalverwaltungsgesellschaften im In- und Ausland. Daneben unterhalten auch einzelne Landesbanken Kapitalverwaltungsgesellschaften; sie akquirieren allerdings meist das Kapital institutioneller Anleger.

Kassageschäft

Ein Kassageschäft ist ein Vertrag über den Kauf oder Verkauf von *Finanzinstrumenten* oder Waren, den die Vertragspartner im Gegensatz zum *Termingeschäft* sofort oder innerhalb kurzer Zeit erfüllen müssen. Maßgebend sind dabei die jeweiligen Börsen- oder Handelsusancen. Meist liegt die Erfüllungsfrist bei zwei Geschäftstagen.

Kassenbestand

Der Kassenbestand ist Teil der *Barreserve* der Sparkasse. Er umfasst alle gesetzlichen *Zahlungsmittel* einschließlich ausländischer Banknoten und Münzen sowie Postwertzeichen und Gerichtsgebührenmarken (vgl. § 12 Abs. 1 RechKredV). Über dem *Nennwert* erworbene Sondermünzen, Goldmünzen und Barrengold zählen nicht zum Kassenbestand, sondern zu den *Sonstigen Vermögensgegenständen*.

Kassenkredit
vgl. Kommunalkredit

Kaufoption
Der Käufer einer Kaufoption (»Long Call«) erwartet, dass der Kurs bzw. Preis des zugrunde liegenden *Finanzinstruments* (Basiswert) während der *Laufzeit* der *Option* über einen vereinbarten Ausübungspreis hinaus steigt. Erfüllt sich diese Erwartung, wird er die *Option* ausüben: Entweder er erhält dann vom Verkäufer (»Stillhalter«) der *Option* den Basiswert zum Ausübungspreis und veräußert ihn zum aktuellen, höheren Börsenkurs. Oder er bekommt vom Verkäufer einen Barausgleich ohne Lieferung des Basiswerts. In beiden Fällen erzielt der Käufer der Kaufoption einen Nettogewinn, wenn der Kursgewinn über der Optionsprämie liegt. Ist der Kursanstieg kleiner, vermindern sich zumindest die Kosten aus der Optionsprämie. Bewegt sich der Kurs während der *Laufzeit* der *Option* unter den Ausübungspreis, lässt der Käufer die *Option* verfallen; er hat dann lediglich die Optionsprämie verloren. Das Kalkül des Verkäufers einer Kaufoption (»Short Call«) ist ein gleich bleibender oder leicht fallender Kurs. Tritt das so ein, muss er den Basiswert nicht liefern; mit der Optionsprämie verbessert er seinen laufenden *Ertrag*. Andernfalls muss der Verkäufer den Basiswert zum Ausübungspreis, also unter dem aktuellen Börsenkurs, an den Käufer abgeben oder einen entsprechenden Barausgleich leisten. Das bedeutet für den Verkäufer einen *Verlust*: Entweder er hatte den Basiswert bei Fälligkeit der *Option* bereits in seinem Portfolio: dann muss er die Differenz zum höheren *Buchwert* abschreiben. Oder er muss sich kurzfristig an der Börse zum aktuellen (höheren) Kurs eindecken. Eine »amerikanische« Kaufoption kann der Käufer während der gesamten *Laufzeit* ausüben, eine »europäische« nur zum Laufzeitende. Zum Ausweis im *Jahresabschluss* vgl. *Option*.

Kernkapital
Das Kernkapital (international: Tier I-Kapital) bildet mit dem *Ergänzungskapital* die *Eigenmittel* der Sparkasse. Es hat die Funktion, *Verluste* aus dem laufenden Geschäft uneingeschränkt und unmittelbar abzudecken, soweit dies nicht über »stille« *Vorsorgereserven* geschieht. Sparkassen haben in der Regel nur »hartes« Kernkapital, über das von der *CRR*-Verordnung vorgesehene »zusätzliche« Kernkapital verfügen sie meist nicht. Auf der Passivseite der *Bilanz* der Sparkasse ist das »harte« Kernkapital offen ausgewiesen. Es setzt sich gemäß Artikel 26 CRR aus der *Sicherheitsrücklage* (Posten 12c), dem einbehaltenen *Bilanzgewinn* (Posten 12d) und dem *Fonds für allgemeine Bankrisiken* (Posten 11) zusammen. Die von der Sparkasse zu gewährleistende Mindest-Kernkapital-

quote steigt bis zum Jahr 2019 schrittweise auf 6 Prozent des *Gesamtforderungsbetrags*, einschließlich eines so genannten *Kapitalerhaltungspuffers* auf 8,5 Prozent. Dieser Wert erhöht sich sogar auf 10,5 Prozent, wenn die Sparkasse kein *Ergänzungskapital* als *Eigenmittel* einbringen kann oder will. Das für die Berechnung der Kernkapitalquote anzurechnende »harte« Kernkapital vermindert sich unter gewissen Umständen durch Abzugspositionen (vgl. *Kapitalabzug*).

KfW Bankengruppe

Als eines der größten deutschen *Kreditinstitute* (Bilanzsumme: ca. 465 Mrd. EUR) setzt die KfW Bankengruppe vor allem öffentlich geförderte Kreditprogramme um und wickelt sie in enger Zusammenarbeit mit den Banken und Sparkassen ab. Als »Kreditanstalt für Wiederaufbau« im Dezember 1948 gegründet, gehört sie zu 80 Prozent der Bundesrepublik Deutschland, zu 20 Prozent den Bundesländern. Die wichtigsten Geschäftsfelder der KfW Bankengruppe sind:
1. Investitionsfinanzierung für kleine und mittlere Unternehmen sowie Existenzgründer in Deutschland und Europa (KfW Mittelstandsbank);
2. Finanzierung von Wohnungsbau, Bildung, Infrastruktur, Umwelt- und Klimaschutz (KfW Privatkundenbank und KfW Kommunalbank);
3. Export- und Projektfinanzierung in Deutschland und weltweit (KfW IPEX Bank);
4. finanzielle Hilfe für Entwicklungs- und Transformationsländer (KfW Entwicklungsbank, DEG).

Die KfW Bankengruppe refinanziert sich auf dem internationalen *Kapitalmarkt* vorwiegend über *Schuldverschreibungen*. Der Bund haftet für alle *Verbindlichkeiten* und Verpflichtungen der KfW Bankengruppe. Sitz der KfW ist Frankfurt am Main; außerdem gibt es Niederlassungen in Berlin und Bonn. Die KfW ist von Körperschaft- und Gewerbesteuer befreit. Sie unterliegt dem »Gesetz über die KfW« und der Aufsicht des Bundesministeriums der Finanzen. Unternehmen, Privatpersonen, Gebietskörperschaften und andere Institutionen beantragen KfW-Förderkredite meist bei ihrer Hausbank. Für die jeweilige Bank oder Sparkasse stellen sie so genannte *Weiterleitungsdarlehen* dar. Von Kreditprogrammen mit Haftungsfreistellung abgesehen, bleibt das *Adressenausfallrisiko* bei der Hausbank. Für die Vermittlung eines *Darlehens* bekommen Bank oder Sparkasse von der KfW entweder einen Teil des *Zinsertrags* oder eine einmalige Provision.

Klumpenrisiko

Klumpenrisiken sind einzelne *Adressenausfallrisiken*, die die *Risikotragfähigkeit* der Sparkasse gefährden oder gar übersteigen könnten: Fielen ein einzelner Kreditkunde oder mehrere Kreditkunden mit einem gemeinsamen Merkmal aus, geriete die Sparkasse insgesamt in Schwierigkeiten. Um dies zu vermeiden, ist die Sparkasse selbst bestrebt, ihr Kreditvolumen möglichst breit zu streuen.

In ihrer Risikostrategie kann sie Kreditobergrenzen festlegen. Darüber hinaus muss sie aufsichtsrechtliche Bestimmungen beachten. Dazu gehören u. a. die Bestimmungen des *Kreditwesengesetzes* über *Großkredite* und die Vorgaben der *Mindestanforderungen an das Risikomanagement* zum Umgang mit *Risikokonzentrationen*.

KMU-Mittelstandsfaktor
vgl. Unterstützungsfaktor

Kommunalkredit
Als Kommunalkredit gelten *Kreditlinien* und *Darlehen* an öffentliche Gebietskörperschaften (Bund, Länder, Landkreise, Städte, Gemeinden), an *Sondervermögen* öffentlicher Gebietskörperschaften sowie an sonstige Körperschaften, Anstalten und Stiftungen öffentlichen Rechts. Die *Bonität* der Gebietskörperschaften steht außer Frage. Sie stützt sich insbesondere auf ihre Steuerkraft; allerdings sind die Bestimmungen des Haushaltsrechts zu beachten. Bei anderen öffentlich-rechtlichen Kreditkunden prüft die Sparkasse, ob gesetzliche Grundlagen oder Satzung die Einnahmekraft und damit die *Kapitaldienstfähigkeit* dauerhaft gewährleisten. Kassenkredite räumt die Sparkasse als *Kontokorrentkredite* ein. Öffentliche Investitionen finanziert sie über Kommunaldarlehen. Sparkassen und Landesbanken haben traditionell einen hohen Marktanteil bei Kommunalkrediten. Weil die Risiken vergleichsweise gering sind, bewegen sich die *Margen* allerdings auf einem sehr niedrigen Niveau. Die mehr oder weniger theoretischen *Adressenausfallrisiken* aus Kommunalkrediten muss die Sparkasse entweder überhaupt nicht oder nur in deutlich verringertem Maß mit *Eigenmitteln* unterlegen (vgl. Artikel 115 CRR). In der *Bilanz* der Sparkasse sind Kommunalkredite auf der Aktivseite unter dem Posten *Forderungen an Kunden* gesondert ausgewiesen.

Konditionsbeitrag
vgl. Zinskonditionsbeitrag

Konfidenzniveau
Das Konfidenzniveau definiert die Wahrscheinlichkeit, mit der die Sparkasse den *Value at Risk* innerhalb einer vorgegebenen *Haltedauer* nicht überschreitet. Ein Konfidenzniveau von 99 Prozent beispielsweise bedeutet: In 99 Prozent der Fälle wird der *Verlust* unter dem ausgewiesenen *Value at Risk* liegen. Je höher das Konfidenzniveau ist, desto höher ist bei gleichen Rahmenbedingungen auch der *Value at Risk*. Wenn die Sparkasse *Marktpreisrisiken* im Rahmen von *Stresstests* ermittelt, arbeitet sie im *Risikofall* meist mit einem Konfidenzniveau von 95 Prozent, bei *Stresstests* unter Umständen mit einem noch höheren Wert. Die *Mindestanforderungen an das Risikomanagement* formulieren keine konkreten Vorgaben.

Konsolidierung
vgl. Konzernabschluss

Konsortialkredit
vgl. Metafinanzierung

Konsumentenkredit
Mit Konsumentenkrediten finanziert die Sparkasse die Lebenshaltung und die Anschaffungen privater Haushalte. Im üblichen Sprachgebrauch sind sie gleichbedeutend mit Anschaffungs-(Privat-, Allzweck-)darlehen. In einem erweiterten Sinne sind auch *Dispositionskredite* auf privaten Girokonten Konsumentenkredite, nicht hingegen die Finanzierung von Bau oder Kauf privater Immobilien. Konsumentendarlehen liegen meist unter 15 000 EUR. Um die Abläufe zu vereinfachen, verzichtet die Sparkasse in der Regel auf *Kreditsicherheiten*; abhängig von der *Bonität* kann sie eine *Restschuldversicherung* anbieten oder verlangen. Der Kunde führt den *Kredit* mit monatlich festen Raten zurück; sie enthalten Zins und Tilgung, darüber hinaus gegebenenfalls die Prämie für die *Restschuldversicherung*. Dabei ist die *Laufzeit* üblicherweise auf maximal 72 Monate begrenzt. Der Zinssatz orientiert sich an der Kapitaldienstfähigkeit (vgl. *Kapitaldienstrechnung*) und an der *Bonität* des Kunden. Dabei arbeitet die Sparkasse mit *Scoring*-Verfahren. Die Bearbeitung von Konsumentenkrediten ist weitgehend standardisiert bzw. automatisiert. Softwaregestützte »Ampelsysteme«, in zahlreichen Sparkassen auch die so genannte *Aktivlinie*, unterstützen die Kundenberater bei ihrer Entscheidung und ermitteln risikoadäquate Zinssätze. Grundsätzlich lässt sich zwar jedes *Adressenausfallrisiko* in einem Zinssatz abbilden. Im Sinne einer verantwortungsbewussten Beratung setzt die Sparkasse jedoch meist Zinsobergrenzen fest; liegt der ermittelte Zinssatz darüber, lehnt sie den *Kredit* ab. Konsumentenkredite unterliegen den besonderen Vorschriften des Verbraucherkreditrechts (u. a. §§ 491ff. BGB). In der *Bilanz* weist die Sparkasse die aktuellen Salden ihrer Konsumentenkredite auf der Aktivseite unter der Position *Forderungen an Kunden* (Posten 4) aus. *Wertberichtigungen* und *Direktabschreibungen* auf Konsumentenkredite sind dabei abgezogen. Konsumentenkredite erfüllen die Kriterien von Artikel 123 CRR und gehören damit zur Forderungsklasse *Mengengeschäft*. Obwohl es in der Regel keine *Kreditsicherheiten* gibt, haben Konsumentenkredite somit ein bevorzugtes *Risikogewicht* bei der Unterlegung der *Adressenausfallrisiken* mit *Eigenmitteln*.

Kontokorrentkredit
Bei einem Kontokorrentkredit stellt die Sparkasse *Kredit* auf einem laufenden Konto (Girokonto) bereit. Sie vereinbart mit dem Kunden, auf diesem Konto Sollsalden bzw. Inanspruchnahmen bis zu einer bestimmten Höhe zuzulassen (vgl. *Kreditlinie*). Im Gegensatz zum *Darlehen* kann der Kunde von diesem Recht Gebrauch machen, er muss es aber nicht. Zudem kann er den *Kredit* wiederholt und nicht nur – wie beim *Darlehen* – einmalig abrufen. Die Sparkasse schließt

den Kontokorrentkredit entweder befristet oder »bis auf weiteres« ab. Der Kunde zahlt nachträglich entweder monatlich oder vierteljährlich Zinsen auf den in Anspruch genommenen *Kredit*. Daneben vereinbart die Sparkasse mit dem Kunden mitunter eine *Kreditprovision* für nicht beanspruchte Teile der *Kreditlinie*. Der Zinssatz folgt im Allgemeinen der Entwicklung der kurzfristigen Zinsen am *Geldmarkt*; mitunter ist er mit einem gewissen Aufschlag fest an einen Referenzzinssatz, etwa den *Euribor,* gekoppelt. Die Höhe des Zinssatzes bzw. des Aufschlags bestimmen dabei auch die Art und der Umfang der bereitgestellten *Kreditsicherheiten* sowie die *Bonität* des Kunden. Verfügt der Kunde über die vereinbarte *Kreditlinie* hinaus, kommt es zu einer *Überziehung* mit erhöhtem Zinssatz. Sparkasse und Kunde können »bis auf weiteres« oder befristete Kontokorrentkredite kündigen. Einzelheiten und Einschränkungen regeln die Allgemeinen Geschäftsbedingungen (Nr. 26). Den größten Teil der Kontokorrentkredite vergibt die Sparkasse an gewerbliche Kunden. Sie finanzieren auf diese Weise den laufenden Produktionsprozess (Betriebsmittelkredit). Häufig decken Kontokorrentkredite auch einen saisonal erhöhten Liquiditätsbedarf ab (Saisonkredit) oder dienen als Zwischenfinanzierung fest zugesagter, aber noch nicht ausgezahlter langfristiger *Darlehen*. Die Höhe des Kontokorrentkredits sollte in einem angemessenen Verhältnis zum Umsatz des Kunden stehen. Überdies wird die Sparkasse dem Kunden grundsätzlich empfehlen, nur Betriebsmittel – und nicht darüber hinaus auch Investitionen ins *Anlagevermögen* – über Kontokorrentkredite zu finanzieren. Nimmt ein Kunde seinen Kontokorrentkredit über lange Zeit fast vollständig in Anspruch oder überzieht ihn häufig, beeinflusst das sein *Rating* negativ. Kontokorrentkredite an Privatkunden räumt die Sparkasse in einem standardisierten Verfahren als *Dispositionskredite* ein. In der *Bilanz* weist die Sparkasse die zum *Bilanzstichtag* ermittelten Salden ihrer Kontokorrentkredite auf der Aktivseite unter der Position *Forderungen an Kunden* (Posten 4) aus; *Wertberichtigungen* sind dabei abgezogen. Die *Adressenausfallrisiken* von Kontokorrentkrediten muss die Sparkasse mit *Eigenmitteln* unterlegen. Den beanspruchten Teil setzt die *CRR-Verordnung* dabei nach Abzug etwaiger *Wertberichtigungen* voll als Bemessungsgrundlage an; den zum Stichtag nicht beanspruchten Teil der *Kreditlinie* dagegen je nach *Laufzeit* und Kündigungsvereinbarung nur teilweise (Artikel 166 CRR). Danach gehen Kontokorrentkredite entweder in die Forderungsklasse *Mengengeschäft* oder in die Forderungsklasse »Unternehmen« ein. Bei einem Kontokorrentkredit hat die Sparkasse sämtliche Vorgaben der *Mindestanforderungen an das Risikomanagement* zu beachten. Über die für Kontokorrentkredite bereitgestellten *Kreditlinien* muss sie im *Kreditrisikobericht* informieren (BTR 1 Ziffer 7b MaRisk).

Kontokorrentlinie
vgl. Kreditlinie

Kontrahent

Jeder Vertragspartner, mit dem die Sparkasse *Handelsgeschäfte* abschließt, ist Kontrahent der Sparkasse. Er ist dabei entweder in der Rolle des Käufers oder des Verkäufers. Der Sparkassenvorstand muss den Kreis der Kontrahenten schriftlich fixieren. Landesbanken gehören in der Regel zu den wichtigsten Kontrahenten der Sparkasse. Ein Kontrahentenlimit legt die Obergrenze für Handelsgeschäfte mit einem Vertragspartner fest und begrenzt damit das mit diesem Partner verbundene *Kontrahentenrisiko*. Der *Bereich Handel* darf für die Sparkasse nur dann ein Geschäft abschließen, wenn er sich dabei unterhalb des Kontrahentenlimits bewegt (BTR 1 Ziffer 3 MaRisk).

Kontrahentenlimit

vgl. Kontrahent, Kontrahentenrisiko

Kontrahentenrisiko

Wenn die Sparkasse ein *Handelsgeschäft* abschließt, ist es theoretisch möglich, dass sich die *Bonität* der Gegenpartei *(Kontrahent)* vor Erfüllung des Geschäfts erheblich verschlechtert oder dass die Gegenpartei ganz ausfällt. Dann muss die Sparkasse das Geschäft unter Umständen mit einem anderen *Kontrahenten* zu ungünstigeren Konditionen abschließen. Dieses Kontrahentenrisiko zählt wie das *Emittentenrisiko* zu den *Adressenausfallrisiken* des Eigengeschäfts der Sparkasse mit *Finanzinstrumenten* unterschiedlichster Art. Die *Mindestanforderungen an das Risikomanagement* fordern, alle Geschäfte mit einer Gegenpartei zusammenzufassen und für jeden Kontrahenten ein *Limit* einzuräumen (BTR 1 Nr. 3 MaRisk). Die Sparkasse darf keine Geschäfte mit *Kontrahenten* abschließen, für die sie nicht vorab ein Kontrahentenlimit eingeräumt hat. Vor Abschluss eines neuen Geschäfts muss sie sicherstellen, dass sie das Kontrahentenlimit einhält. Das Kontrahentenrisiko bei Geschäften mit *Derivaten* muss die Sparkasse mit *Eigenmitteln* unterlegen.

Konzern

Ein Konzern ist eine wirtschaftliche Einheit rechtlich weiterhin selbstständiger Unternehmen. Prägendes Merkmal ist sowohl aktien- wie auch handelsrechtlich die einheitliche Leitung durch ein beherrschendes Unternehmen (§ 18 AktG, § 290 HGB). Das *Handelsgesetzbuch* nennt als konstitutives Merkmal u. a. eine *Beteiligung* des Mutterunternehmens am Tochterunternehmen (§ 290 Abs. 1 HGB). In einem Konzern können Unternehmen der gleichen Marktstufe zusammengefasst sein (horizontaler Konzern) oder aber Unternehmen auf vor- bzw. nachgelagerten Marktstufen (vertikaler Konzern). Agieren Konzernunternehmen in verschiedenen Branchen, bilden sie einen Mischkonzern. Von bestimmten Ausnahmen abgesehen, muss das Mutterunternehmen eines Konzerns einen gesonderten *Konzernabschluss* und einen Konzernlagebericht aufstellen (§§ 290–315a HGB; bei *Kreditinstituten* auch §§ 340i und 340j HGB). Konzernunternehmen bilden im Kreditgeschäft der Sparkasse eine *Kredit-*

nehmereinheit (§ 19 Abs. 2 KWG) und/oder eine *Gruppe verbundener Kunden*. Bildet die Sparkasse selber einen Konzern, gelten *Kredite* an ihre Tochterunternehmen als *Organkredite* (§ 15 Abs. 1 Nr. 9 KWG).

Konzernabschluss

Der Konzernabschluss fasst die *Jahresabschlüsse* der einzelnen Unternehmen eines Konzerns zusammen. Aus ihm ergibt sich ein deutlich zutreffenderes Bild von der Vermögens-, Finanz-, Risiko- und Ertragslage des Konzerns als bei Analyse der Einzelabschlüsse. Rechtsgrundlage sind §§ 290–315a HGB sowie für *Kreditinstitute* §§ 340i und 340j HGB. Die wesentlichen Bestandteile des Konzernabschlusses sind Konzernbilanz, Konzern-Gewinn- und Verlustrechnung und Konzernanhang (§ 297 HGB). Hinzu kommt u. a. ein Konzernlagebericht (§ 315 HGB). Der Konzernabschluss blendet interne Verflechtungen zwischen Mutter- und Tochterunternehmen aus (Konsolidierung) und bildet damit ein fiktives einheitliches Unternehmen. So verrechnet er die *Beteiligungen* des Mutterunternehmens mit dem *Eigenkapital* der Tochterunternehmen, saldiert konzerninterne Lieferungen und Leistungen, konzerninterne Forderungen und *Verbindlichkeiten* sowie konzerninterne *Aufwendungen* und *Erträge*. Der Konzernabschluss hat informativen Charakter. Mutter- und Tochterunternehmen bleiben verpflichtet, Einzelabschlüsse aufzustellen. Diese bilden weiterhin die Basis für die Berechnung von Ertragsteuern und Gewinnausschüttungen. Konzerne können von der Pflicht zum Konzernabschluss befreit sein, wenn bestimmte, überwiegend größenabhängige Voraussetzungen erfüllt sind (§ 293 HGB). Für *Kreditinstitute*, damit auch für eine Sparkasse mit Tochterunternehmen, gelten diese Ausnahmetatbestände zwar grundsätzlich nicht (§ 340i HGB). Gleichwohl kann die Sparkasse in Einzelfällen darauf verzichten, Tochterunternehmen in einen Konzernabschluss einzubeziehen. Dies gilt vor allem dann, wenn solche *Beteiligungen* einzeln oder zusammen für die Vermögens-, Finanz- und Ertragslage der Sparkasse von untergeordneter Bedeutung sind (§ 296 Abs. 2 HGB).

Kosten

Kosten sind der betriebsbedingte Werteverzehr der Sparkasse während des Geschäftsjahrs. Damit decken sie sich zwar größtenteils mit den *Aufwendungen*, die die *Gewinn- und Verlustrechnung* zeigt, sind aber nicht völlig identisch. So sind *neutrale Aufwendungen* keine Kosten (vgl. Abb. 18, S. 60). Zudem gibt es unter Umständen kalkulatorische Kosten, die keine *Aufwendungen* sind (Zusatzkosten). Beispiel hierfür sind Risikokosten oder kalkulatorische Mieten für Filialen im Eigentum der Sparkasse. Je nach Betrachtungsweise gibt es weitere Kostenbegriffe: Einzelkosten lassen sich im Gegensatz zu Gemeinkosten einer Kostenstelle (etwa einer Filiale) genau zuordnen. Anders als variable Kosten sind Fixkosten unabhängig davon, in welchem Umfang die Sparkasse ihre *Leistungen* bereitstellt. Die Sparkasse muss ihre Kosten kennen, um Wirtschaftlichkeit und Erfolg zu erzielen. Liegt der Preis einer *Leistung* dauerhaft unter den

Selbstkosten, entsteht ihr daraus ein *Verlust*. So gesehen sind die Selbstkosten eine – allerdings theoretische – Preisuntergrenze. Im betrieblichen Alltag haben der Markt und die Konkurrenzsituation erheblichen Einfluss auf die Preise. Bei bestimmten elementaren *Leistungen*, etwa dem Zahlungsverkehr, akzeptieren die Kunden heute vielfach nur noch Preise, die erheblich unter den Selbstkosten liegen. Deshalb betreibt auch die Sparkasse eine Mischkalkulation und betrachtet weniger den Erfolg einer Einzelleistung (z. B. Ausführung eines Überweisungsauftrags) als vielmehr den Gesamterfolg im Rahmen einer Geschäftsverbindung. In der Nachkalkulation führt das *Controlling* der Sparkasse Kosten und *Erlöse* zusammen und ermittelt daraus *Deckungsbeiträge* für einzelne *Leistungen*, einzelne Kostenstellen oder für einzelne Kunden und Kundensegmente.

Kredit

Im engen Sinne vergibt die Sparkasse dann einen Kredit, wenn sie einem Kunden entweder ein bestimmtes Kapital oder ihre eigene *Bonität* gegen Zahlung eines Zinses oder eines zinsähnlichen Entgelts befristet zur Verfügung stellt. Sie vertraut dabei darauf, dass dieser Kunde Zins und Tilgung pünktlich (zurück-)zahlt bzw. seinen Verpflichtungen gegenüber Dritten vereinbarungsgemäß nachkommt. Kredit ist demnach Geldleihe (*Darlehen, Kontokorrentkredit*) oder *Kreditleihe* (*Avalkredit, Akzept*kredit). Hinzu kommt der *Diskontkredit*. Kredite lassen sich darüber hinaus u. a. unterscheiden nach Fristigkeit (kurzfristig: bis unter einem Jahr; mittelfristig: ein Jahr bis unter vier Jahre; langfristig: vier Jahre und mehr), nach Kreditzweck (z. B. Baufinanzierung, Betriebsmittelfinanzierung, Investitionsfinanzierung), nach Art der Besicherung (*Realkredit*, gesicherter *Personalkredit, Blankokredit*), nach Kreditnehmer (z. B. Firmenkredite, *Kommunalkredite, Konsumentenkredite*) oder nach Zahl der Kreditgeber (Einzelkredit, *Konsortialkredit*). Um *Adressenausfallrisiken* möglichst vollständig zu erfassen, orientiert sich die Bankenaufsicht an einem wesentlich erweiterten Kreditbegriff. So gelten in Zusammenhang mit *Millionenkrediten* u. a. auch festverzinsliche *Wertpapiere*, Investmentzertifikate (vgl. *Investmentfonds*), *Aktien, Beteiligungen*, Anteile an *verbundenen Unternehmen* oder *Derivate* als Kredit (§ 19 Abs. 1 KWG). Einen wiederum anderen, enger gefassten Kreditbegriff wendet das *Kreditwesengesetz* in § 21 für *Organkredite* und für die *Offenlegung der wirtschaftlichen Verhältnisse* von Kreditkunden an. Die *Mindestanforderungen an das Risikomanagement* orientieren sich grundsätzlich am Kreditbegriff des § 19 KWG (AT 2.3 MaRisk): Als Kreditentscheidung mit den entsprechenden Konsequenzen für die internen Abläufe (vgl. vor allem *Votum*) gilt jede Entscheidung über Neukredite, Krediterhöhungen, Festsetzung und Überschreitung von *Limiten, Beteiligungen, Prolongationen*, Stundungen und Änderung von Sachverhalten, die das Risiko der Sparkasse beeinflussen (u. a. Hereinnahme oder Freigabe von *Kreditsicherheiten*, Änderung des Verwendungszwecks). Die Anpassung eines Zinssatzes nach Ende der Zinsbindungsfrist ist demgegenüber keine Kreditentscheidung (Erläuterung zu AT 2. 3 Ziffer 2 MaRisk).

Kreditauszahlung

Bei Kreditauszahlung (auch: Valutierung) stellt entweder die Sparkasse ein vertraglich vereinbartes *Darlehen* auf dem Girokonto des Kunden bereit, oder der Kunde nimmt eine vereinbarte *Kreditlinie* in Anspruch. Mit dem Tag der Auszahlung hat die Sparkasse Anspruch auf Verzinsung und Tilgung. Der Saldo aus Kreditauszahlungen und neuen *Überziehungen* einerseits, regelmäßigen Tilgungen, Sondertilgungen und Rückführung von *Kontokorrentkrediten* andererseits bestimmt die Entwicklung des *Kreditvolumens*. Ein lebhaftes Neugeschäft mündet deshalb nicht zwangsläufig in ein steigendes *Kreditvolumen*.

Kreditderivat

Ein Kreditderivat ist ein Kontrakt, mit dem sich der Käufer (Sicherungsnehmer) gegen das *Adressenausfallrisiko* aus einer Forderung gegen einen Dritten absichert. Er gibt das Risiko an den Verkäufer (Sicherungsgeber) weiter und zahlt dafür eine Prämie an ihn. Kreditderivate haben somit für den Käufer den Charakter einer Versicherung. Das zugrunde liegende Kreditverhältnis bleibt unberührt. Im Gegensatz zum Forderungsverkauf erfährt der Kreditkunde vom Verkauf des Risikos nicht. Verschlechtert sich die *Bonität* des Kreditkunden oder fällt er gar aus, erhält der Sicherungsnehmer vom Sicherungsgeber eine Ausgleichszahlung. Damit kann der Sicherungsnehmer *Aufwendungen* für eine *Einzelwertberichtigung* oder eine *Direktabschreibung* auf das Kreditverhältnis kompensieren. Im Gegenzug entsteht dem Sicherungsgeber ein *Verlust* aus der von ihm zu leistenden Zahlung. Sein Ausfallrisiko erhöht sich also durch den Verkauf des *Derivats*. Kreditderivate ermöglichen den separaten Handel von *Adressenausfallrisiken*, ohne die bilanziellen Bestände des Kredit- oder Wertpapierportfolios zu verändern. Die Sparkasse kann als Sicherungsnehmer, also mit dem Kauf von Kreditderivaten *Risikokonzentrationen* ihres Kreditgeschäfts verringern. Gleichzeitig hat sie die Möglichkeit, als Sicherungsgeber, also mit dem Verkauf von Kreditderivaten, ihre *Adressenausfallrisiken* breiter zu streuen. Der Kauf von Kreditderivaten erlaubt es ihr, Risiken zu reduzieren, ohne die Beziehung zu ihren Kreditkunden zu beeinträchtigen. Die Praxis unterscheidet ereignis- und marktpreisbezogene Kreditderivate. Bei einem ereignisbezogenen Kreditderivat zahlt der Sicherungsgeber an den Sicherungsnehmer, wenn ein vorab eindeutig spezifiziertes »Kreditereignis« (Credit Event) vorliegt. Das kann die Eröffnung eines Insolvenzverfahrens, die Nichterfüllung von Zahlungsverpflichtungen oder ein verschlechtertes *Rating* sein. Bei marktpreisbezogenen Kreditderivaten basieren die Zahlungen zwischen Sicherungsgeber und Sicherungsnehmer auf der (relativen) Kursentwicklung eines *Wertpapiers*, etwa einer *Schuldverschreibung* des Kreditschuldners. Dahinter steckt die Annahme, dass der (relative) Kurs die *Bonität* der *Emittenten* widerspiegelt. Entwickelt er sich nach unten, hat sich die *Bonität* demnach verschlechtert. In diesem Fall zahlt der Sicherungsgeber an den Sicherungsnehmer. Im umgekehrten Fall, d.h. bei steigendem (relativen) Kurs und damit verbesserter *Bonität*, leistet der Sicherungsnehmer eine Zahlung an den Sicherungsgeber. Die Praxis unterscheidet bei den Kreditderivaten verschiedene Varianten. Die wichtigsten sind *Credit Default Swap (CDS)*, *Credit Linked Note (CLN)* und *Total Return Swap (TRS)*. Fungiert die Sparkasse als Sicherungsgeber (Verkäufer), gilt das als Kreditvergabe (§ 19 Abs. 1 KWG). Die damit verbundenen *Adressenausfallrisiken* muss sie mit *Eigenmitteln* unterlegen. Ob die Sparkasse umgekehrt als Sicherungsnehmer (Käufer eines Kreditderivats) eine Eigenkapitalentlastung erzielt, hängt von den konkreten Umständen ab. Informationen über laufende Kreditderivate der Sparkasse finden sich häufig im *Kreditrisikobericht*, im *Offenlegungsbericht*, unter bestimmten Voraussetzungen auch im *Anhang* des *Jahresabschlusses* (§ 285 Nr. 20 HGB). Die laufende Prämie, die die Sparkasse als Sicherungsnehmer zahlt, fließt in der *Gewinn- und Verlustrechnung* in die Positionen *Zinsaufwendungen* und/oder *Provisionsaufwendungen* ein. Prämien, die die Sparkasse als Sicherungsgeber erhält, verbucht sie als *Zinsertrag und/oder Provisionsertrag*. Vgl. auch *Kreditpooling*.

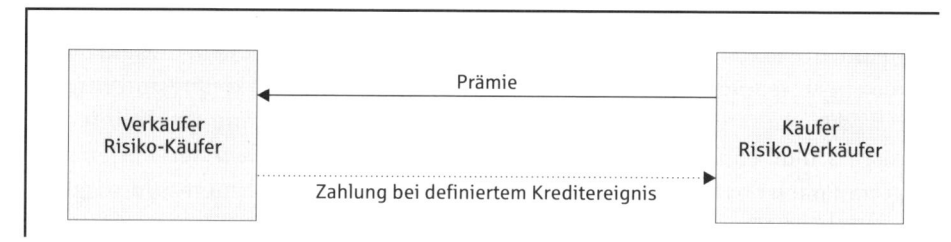

Abb. 34: Grundstruktur eines Kreditderivats

Kreditereignis
vgl. Credit Default Swap, Credit Linked Note, Kreditderivat

Kreditinstitut
Im Sinne des *Kreditwesengesetzes* kennzeichnen ein Kreditinstitut drei Merkmale:
1. Das Kreditinstitut ist ein Unternehmen.
2. Das Kreditinstitut betreibt eines der in § 1 Abs. 1 KWG genannten Bankgeschäfte; hierzu gehören vor allem das Einlagen-, Kredit- und Depotgeschäft.
3. Das Kreditinstitut betreibt die Bankgeschäfte gewerbsmäßig oder in einem Umfang, der einen kaufmännisch eingerichteten Geschäftsbetrieb erfordert.

Sparkassen sind in diesem Sinne eindeutig Kreditinstitute. Von *Finanzdienstleistungsinstituten* unterscheiden sich Kreditinstitute durch die Art der betriebenen Geschäfte. Beide unterliegen der Aufsicht der *Bundesanstalt für Finanzdienstleistungsaufsicht* (§ 6 Abs. 1 KWG). Nicht als Kreditinstitute gelten u. a. die *Deutsche Bundesbank* und die *KfW-Bankengruppe*. Diese Institutionen bzw. Unternehmen betreiben zwar auch Bankgeschäfte, haben aber eine besondere öffentliche Funktion und/oder unterliegen einer staatlichen Sonder- bzw. Fachaufsicht.

Kreditleihe

Bei der Kreditleihe stellt die Sparkasse einem Kunden nicht Geld bereit, sondern ihre eigene *Bonität*. Der Kunde verbessert damit sein Standing gegenüber Dritten, die vor Abschluss von Geschäften die Vertrauens- und Kreditwürdigkeit des Kunden gewährleistet sehen möchten. Die beiden üblichen Formen der Kreditleihe sind der *Akzeptkredit* und der *Avalkredit*.

Kreditlinie

Im aufsichtsrechtlichen Sinne ist eine Kreditlinie der Teil eines Kreditrahmens, den ein Kunde der Sparkasse in Anspruch nehmen könnte, tatsächlich aber nicht in Anspruch nimmt. Der Sprachgebrauch im Sparkassenalltag ist weitgreifender: Hier bezeichnet die Kreditlinie den Betrag, bis zu dem ein Kunde der Sparkasse *Kredit* auf einem laufenden Konto in Anspruch nehmen kann (im aufsichtsrechtlichen Verständnis: Kreditrahmen). Die in diesem Sinne am häufigsten eingeräumten Kreditlinien sind *Kontokorrentkredite* und *Dispositionskredite*. Im Gegensatz zum *Darlehen* kann der Kunde eine Kreditlinie voll beanspruchen, er muss es aber nicht. Die anfallenden Zinsen berechnen sich taggenau nach der tatsächlichen Inanspruchnahme. Ausnahmen sind kurzfristige Abschnittsfinanzierungen: hier lösen Sparkasse und Kunde einen Teil der vereinbarten Kreditlinie vorübergehend heraus; der Kunde muss den entsprechenden Betrag dann während des gesamten festgelegten Zeitraums in voller Höhe abrufen und entsprechend verzinsen. Manche Sparkasse arbeitet im gewerblichen Kreditgeschäft auch mit wahlweisen Linien; hier entscheidet der Kunde, ob er den vereinbarten Rahmen für *Kontokorrentkredite* oder *Avalkredite* in Anspruch nimmt. Darüber hinaus gibt es gesonderte Kreditlinien, mit denen sich die Sparkasse die tägliche Kontodisposition erleichtert. So kann es auf einem Konto über die vereinbarte Kreditlinie hinaus regelmäßig *Überziehungen* geben, die sich aber durch feststehende Zahlungseingänge in einem überschaubaren Zeitraum zuverlässig wieder abbauen (Beispiel: zeitweise Überziehungen auf Mietkonten durch Belastung von Darlehensraten und Nebenkosten). Hier kann die Sparkasse so genannte »interne Linien« einräumen. Nicht selten haben Kunden auch einen einmaligen, vorübergehend stark erhöhten Liquiditätsbedarf, der sich durch absehbare größere Zahlungseingänge innerhalb der nächsten Wochen wieder reduziert. In diesem Fall gesteht die Sparkasse dem Kunden ausdrücklich eine »genehmigte *Überziehung*« zu; der Abschluss eines gesonderten Kreditvertrags wäre zu aufwändig. Die Sparkasse räumt »interne Linien« und »genehmigte *Überziehungen*« nicht stillschweigend ein, sondern vereinbart sie mit dem Kunden ausdrücklich. Andernfalls gelten sie genauso wie ungeregelte *Überziehungen* nach 90 Tagen als ausgefallene Forderungen (vgl. *Ausfall*). In der *Bilanz* weist die Sparkasse unter dem Posten *Forderungen an Kunden* nur den am *Bilanzstichtag* tatsächlich beanspruchten Teil einer Kreditlinie aus; eine etwaige *Wertberichtigung* zieht sie dabei ab. Der nicht beanspruchte Teil einer dem Kunden zugesagten befristeten Kreditlinie fließt »unter dem Strich« in die Position der unwiderruflichen *Kreditzusagen* ein. Darüber hinaus verpflichten die *Mindestanforderungen an das Risikomanagement* die Sparkasse, im *Kreditrisikobericht* über den Umfang der extern vereinbarten bzw. zugesagten Kreditlinien zu informieren (BTR 1 Ziffer 7b MaRisk). Die *Adressenausfallrisiken* aus Kreditlinien muss die Sparkasse mit *Eigenmitteln* unterlegen. Den beanspruchten Teil setzt sie dabei nach Abzug einer eventuellen *Wertberichtigung* voll als Bemessungsgrundlage an; den zum Stichtag nicht beanspruchten Teil der Kreditlinie dagegen je nach *Laufzeit* und Kündigungsvereinbarung nur teilweise.

Kreditnehmereinheit

Unternehmen sind mit ihren Gesellschaftern oder anderen Unternehmen mitunter so verflochten, dass finanzielle Schwierigkeiten des einen zu ernsten Zahlungsproblemen des anderen führen könnten. Mögliche Ansatzpunkte sind die persönliche Haftung von Gesellschaftern, Kontrolle bzw. Beherrschung durch Mehrheitsbesitz, *Ergebnisabführungsverträge* oder die existenzbedrohende Abhängigkeit eines Lieferanten/Dienstleisters von einem einzigen Abnehmer. Das europäische und das deutsche Aufsichtsrecht greifen die hieraus sich ergebenden Risiken in der *CRR-Verordnung* (Artikel 4 Abs. 39) bzw. im *Kreditwesengesetz* (§ 19 Abs. 2 KWG) auf. Demnach müssen *Kreditinstitute* mehrere Unternehmen bzw. Personen bei Erfüllung anderer aufsichtsrechtlicher Vorschriften unter bestimmten Umständen wie einen einzigen Kreditnehmer behandeln. Die *CRR-Verordnung* spricht in diesem Fall von einer *Gruppe verbundener Kunden*; sie ist für die Sparkasse bindend im Umgang mit *Großkrediten*, mit *Organkrediten* und mit der *Offenlegung wirtschaftlicher Verhältnisse*. Im Kontext von *Millionenkrediten* ist § 19 Abs. 2 KWG maßgebend. Wichtig: Die Vorschriften in *CRR* und KWG zur Bildung von Kreditnehmereinheiten sind nicht deckungsgleich. Die *CRR*-Verordnung eröffnet tendenziell mehr Möglichkeiten, eine Kreditnehmereinheit zu widerlegen. Das KWG wiederum lässt rein wirtschaftliche Abhängigkeiten (»ökonomische Kreditnehmereinheit«) unberücksichtigt. Um die Kreditbearbeitung zu vereinfachen, kann sich die Sparkasse dazu entscheiden, Kreditnehmereinheiten durchgehend nach den »schärferen« KWG-Vorgaben zu bilden. Die aufsichtsrechtlichen Bestimmungen zu Kreditnehmereinheiten gelten nicht nur für das Kundenkreditgeschäft, sondern auch für die *Eigenanlagen* der Sparkasse.

Kreditobergrenze

Die *Mindestanforderungen an das Risikomanagement* verpflichten die Sparkasse, die *Adressenausfallrisiken* unter Berücksichtigung der *Risikotragfähigkeit* zu begrenzen (BTR 1 Ziffer 1 MaRisk). Dem kommt die Sparkasse neben anderen Instrumenten des *Risikomanagements* insbesondere mit Kreditobergrenzen nach. Aufsichtsrechtlich gefordert sind *Limite*, die sich auf einzelne Kunden bzw. *Kreditnehmereinheiten, Emittenten* oder *Kontrahenten* beziehen; dazu gehört vor allem der klassische Kreditbeschluss. Bei wichtigen Kreditverhältnissen bestimmt die Sparkasse darüber hinaus Obergrenzen auch im Rahmen von *Einzelengagementstrategien*. Schließlich legt sie Obergrenzen fest, die sich auf das gesamte Kreditgeschäft beziehen. Sie sind üblicherweise in der *Kreditrisikostrategie* festgelegt. Mit gesamtgeschäftsbezogenen Kreditobergrenzen begegnet die Sparkasse vor allem *Risikokonzentrationen* (vgl. BTR 1 Ziffer 6 MaRisk). Beispiele: Gesamtengagements oder *Blankoanteile* dürfen generell eine gewisse Größenordnung nicht überschreiten. Oder: Das *Kreditvolumen* in einer risikobehafteten Branche darf höchstens einen bestimmten Prozentsatz des gesamten *Kreditvolumens* ausmachen. Gesamtgeschäftsbezogene Kreditobergrenzen ersetzen keine einzelgeschäftsbezogenen Kreditobergrenzen bzw. *Limite*. Aufsichtsrechtliche Kreditobergrenzen gibt es für *Großkredite*. Sie errechnen sich aus den *anrechenbaren Eigenmitteln*.

Kreditpooling

Beim Kreditpooling übertragen mehrere Kreditinstitute *Adressenausfallrisiken* über einen *Credit Default Swap* oder eine *Credit Linked Note* auf einen Kreditpool, der rechtlich als Zweckgesellschaft gestaltet ist. De facto verkauft diese Gesellschaft eine »Versicherung« gegen den Ausfall dieser Kredite; deshalb erhält sie von den teilnehmenden *Kreditinstituten* (Sicherungsnehmer, Originatoren) eine Prämie. Die Höhe der Prämie ergibt sich aus dem Nominalbetrag und dem *Rating* der eingebrachten Adressen. Der Kreditpool hat nach Übernahme aller Einzelrisiken ein rechnerisches »synthetisches« Gesamtrisiko. Dieses wird auf die beteiligten *Kreditinstitute* (Sicherungsgeber, Investoren) zurückübertragen. Sie bekommen dafür ihrerseits von der Zweckgesellschaft einen Zins, der auch von der rechnerischen *Bonität* des Pools abhängt. In der Praxis vollzieht sich der Risikotransfer häufig über besonders ausgestaltete *Inhaberschuldverschreibungen*. Insgesamt ist der Kreditpool ein Nullsummenspiel: Über alle Adressen des Pools betrachtet verringern sich die Risiken zwar nicht. Allerdings reduziert sich für das einzelne *Kreditinstitut* der maximal mögliche Verlust, wenn eine der von ihm eingebrachten Adressen ausfiele. In diesem Fall zahlt jeder Investor an das vom Ausfall betroffene *Kreditinstitut* einen anteiligen Ausgleichsbetrag. Über das Kreditpooling kann ein *Kreditinstitut Blankoanteile* ausgewählter Kreditverhältnisse absichern, Spielraum für neue Kreditvergaben schaffen, Klumpenrisiken bzw. *Risikokonzentrationen* abbauen, Branchenrisiken streuen und die Großenklassenstruktur seines Kreditportfolios optimieren. Im Gegensatz zum Verkauf von Forderungen bleibt das *Kreditinstitut* Gläubiger seiner Kreditkunden und behält die eingebrachten Forderungen auch in seiner *Bilanz*. Die Kreditkunden erfahren vom Risikotransfer auf den Kreditpool nicht. Anders als bei einer *Konsortialfinanzierung* kann das Kreditinstitut weiterhin unabhängig agieren. Auch innerhalb der Sparkassen-Finanzgruppe ist das Kreditpooling ein bewährtes Instrument. Die Landesbanken arrangieren und administrieren seit 2004 in jedem Jahr eine bundesweite Transaktions-

Plattform. In der Regel sind die teilnehmenden Sparkassen gleichzeitig Sicherungsnehmer und Sicherungsgeber. Die an einen Kreditpool zu zahlende Prämie bucht die Sparkasse in ihrer *Gewinn- und Verlustrechnung* größtenteils als *Zinsaufwendungen*, die vereinnahmte Prämie fließt in die Position *Zinserträge* ein. Kleinere Teile der Prämien sind Provisionen für den Arrangeur des Kreditpools. Ob der Risikotransfer in der *Bilanz* Niederschlag findet, hängt von der rechtlichen Konstruktion des Kreditpools ab. Im *Anhang* des *Jahresabschlusses* muss die Sparkasse über die *Kreditderivate*, die dem Kreditpooling zugrunde liegen, informieren (§ 285 Nr. 19 HGB).

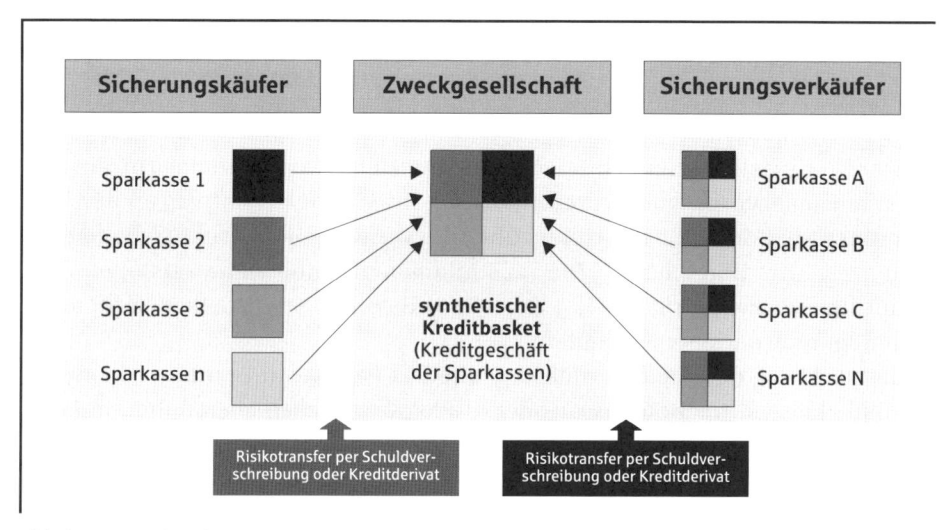

Abb. 35: Grundstruktur eines Kreditpools mit Risikotransfer (Quelle: Landesbank Hessen-Thüringen)

Kreditportfolio

Das Kreditportfolio ist der Gesamtbestand an *Krediten*, die die Sparkasse vergeben hat. Die Sparkasse analysiert ihr Kreditportfolio regelmäßig nach verschiedenen Kriterien, u. a. Aufteilung auf Privatkunden- bzw. Firmenkundengeschäft, Branchen, Größenklassen, Kreditarten, Struktur der *Kreditsicherheiten*, *Rating/Scoring*. Die Ergebnisse fließen in die *Kreditrisikostrategie* und die laufende *Risikosteuerung* ein. Insbesondere der *Kreditrisikobericht* erlaubt in der Regel detaillierte Einblicke in die aktuelle Struktur des Kreditportfolios. Der Wert eines Kreditportfolios lässt sich mit dem Instrument des *Credit Portfolio View* ermitteln.

Kreditprovision

Zinsen für einen *Kontokorrentkredit* zahlt der Kunde nur auf den beanspruchten Teil der eingeräumten *Kreditlinie*. Die Sparkasse kann darüber hinaus vereinbaren, auch für den nicht beanspruchten Betrag der *Kreditlinie* ein Entgelt zu berechnen. Dieses Entgelt wird als Kreditprovision bezeichnet. Je nach Verhandlungsposition liegt es meist zwischen 0,25 und 2 Prozent p.a. und wird ebenso wie die Kontokorrentzinsen taggenau berechnet. Hinter der Kreditprovision steckt die Erfahrung, dass sich vor allem gewerbliche Kunden mitunter hohe *Kreditlinien* auf ihren Girokonten einräumen lassen, dann aber wenig oder gar nicht beanspruchen. Die Sparkasse erzielt in diesen Fällen keinen *Ertrag*, obwohl der Bearbeitungsaufwand nicht minder hoch ist wie bei einer normal beanspruchten *Kreditlinie*. Die Kreditprovision deckt dann zumindest einen Teil der administrativen Kosten. In der internen *Erfolgsrechnung* und in der *Gewinn- und Verlustrechnung* weist die Sparkasse die Kreditprovision als *Zinsertrag* aus.

Kreditrisiko
vgl. Adressenausfallrisiko

Kreditrisikobericht
Der Kreditrisikobericht ist Teil der von den *Mindestanforderungen an das Risikomanagement* vorgegebenen regelmäßigen *Risikoberichterstattung* an den Vorstand der Sparkasse. Er informiert über die wesentlichen strukturellen Merkmale des Kreditgeschäfts. Die zuständigen Fachbereiche erstellen ihn mindestens vierteljährlich (BTR 1 Ziffer 7 MaRisk). Der Kreditrisikobericht muss folgende Informationen enthalten:
1. Entwicklung des *Kreditportfolios*, gegliedert etwa nach Branchen, Ländern, Risikoklassen, Größenklassen oder Art der *Kreditsicherheiten*; dabei sind *Risikokonzentrationen* zu berücksichtigen;
2. Umfang und gegebenenfalls Kommentierung der vergebenen *Limite* und externen *Kreditlinien*, ferner der *Großkredite* und sonstigen *bemerkenswerten Engagements*;
3. gegebenenfalls gesonderte Darstellung von Länderrisiken;
4. bedeutende Überschreitungen von *Limiten* (einschließlich Begründung);
5. Umfang und Entwicklung des Neugeschäfts;
6. Entwicklung der *Risikovorsorge* der Sparkasse;
7. Kreditentscheidungen von wesentlicher Bedeutung, die von der *Kreditrisikostrategie* abweichen;
8. Kreditentscheidungen einzelner Vorstandsmitglieder im Rahmen ihrer Krediteinzelkompetenz, soweit sie von den *Voten* des *Marktes* bzw. der *Marktfolge* abweichen oder von einem für den *Bereich Marktfolge* zuständigen Vorstandsmitglied gefällt wurden.

Die Inhalte und Aussagen des Kreditrisikoberichts muss der Vorstand in angemessener Weise einbeziehen, wenn er den Verwaltungsrat bzw. einen beauftragten Ausschuss des Verwaltungsrats vierteljährlich über die Risikosituation der Sparkasse informiert (AT 4.3.2 Ziffer 6 MaRisk; vgl. auch *Risikoberichterstattung*). In welcher Form der Vorstand dieser Pflicht nachkommt, liegt in seinem Ermessen. Er kann den Kreditrisikobericht in vollem Umfang oder als Zusammenfassung an den Verwaltungsrat weitergeben; er kann die wichtigen Inhalte auch in einen Gesamtrisikobericht über alle *wesentlichen Risiken* integrieren.

Kreditrisikominderungstechniken

Die Sparkasse muss ihre *Adressenausfallrisiken* mit *Eigenmitteln* unterlegen. Dabei räumt ihr die *CRR-Verordnung* ein Wahlrecht ein: Die Sparkasse kann die von Kunden hereingenommenen *Kreditsicherheiten*, aber auch *Kreditderivate* nutzen, um die aufsichtsrechtlich geforderten *Eigenmittel* zu senken und somit den Spielraum für Kreditgeschäft und *Eigenanlagen* zu erhöhen. Jede einzelne Sparkasse entscheidet also darüber, ob und – wenn ja – mit welchen *Kreditsicherheiten* sie ihr aufsichtsrechtliches *Eigenmittel*-Soll vermindert. In der *CRR-Verordnung* gesondert geregelt ist der risikomindernde Ansatz von *Grundpfandrechten* auf Wohn- und Gewerbeimmobilien (vgl. *Realkredit*): Unter bestimmten Voraussetzungen bilden die durch Immobilien gesicherten Positionen im *Kreditrisiko-Standardansatz* eine eigene Forderungsklasse mit verminderten *Risikogewichten* (Artikel 124 – 126 CRR). Wenn sich die Sparkasse für den Einsatz von Kreditrisikominderungstechniken entscheidet, muss sie beim Umgang mit den ausgewählten *Kreditsicherheiten* bestimmte prozessuale und organisatorische Anforderungen erfüllen (Artikel 193 ff. CRR). Sie erhöhen den Aufwand für die Bearbeitung der besicherten Kredite. Deshalb prüft die Sparkasse für die einzelnen Sicherheitenkategorien sorgfältig, ob die eigenkapitalentlastende Wirkung von Kreditrisikominderungstechniken den zusätzlichen administrativen Aufwand tatsächlich aufwiegt. Vor allem bei kleinen und mittleren Sparkassen kann diese Analyse beispielsweise ergeben, nur *Grundpfandrechte* auf Wohnimmobilien kreditrisikomindernd anzusetzen. Nutzt die Sparkasse Kreditrisikominderungstechniken, muss sie darüber im Rahmen der *Offenlegung* informieren (Artikel 453 CRR). Auch die Vorschriften zu *Großkrediten* lassen Kreditrisikominderungstechniken zu; sie entsprechen weitgehend den aufsichtsrechtlichen Vorgaben zur Mindestausstattung mit *Eigenmitteln*.

Kreditrisiko-Standardansatz

Der Kreditrisiko-Standardansatz (auch: Standardansatz) ist das am wenigsten anspruchsvolle aufsichtsrechtliche Verfahren, um die *Adressenausfallrisiken* der Sparkasse zu messen und die hierfür zu hinterlegenden *Eigenmittel* zu ermitteln. Er ist in Artikel 111 ff. der *CRR-Verordnung* geregelt. Die Sparkasse muss demnach alle Positionen, die einem *Adressenausfallrisiko* unterliegen, einer aufsichtlichen Forderungsklasse zuordnen. Im Gegensatz zu den komplexeren *IRB-Ansätzen* gibt die *CRR* das *Risikogewicht* für die einzelnen Forderungsklassen entweder vor (z.B. Forderungen an Unternehmen, *Mengengeschäft*, *Beteiligungen*). Oder die *Risikogewichte* ergeben sich aus den *Bonitäts*beurteilungen externer und von der Bankenaufsicht anerkannter *Ratingagenturen* (z.B. für die *Eigenanlagen* der Sparkasse). Die *Ratings*, die die Sparkasse bei ihren gewerblichen Kreditkunden regelmäßig ermittelt, bleiben also im Rahmen des Kreditrisiko-Standardansatzes unberücksichtigt; sie dienen ausschließlich dem internen *Risikomanagement*. Die Sparkasse kann den Kreditrisiko-Standardansatz mit wesentlich weniger administrativem Aufwand umsetzen als einen *IRB-Ansatz*. Sie muss dabei allerdings in Kauf nehmen, für ihre *Adressenausfallrisiken* unter Umständen mehr *Eigenmittel* zu hinterlegen als bei einem *IRB-Ansatz*. Kreditrisikominderungstechniken darf die Sparkasse nutzen. Ein aufsichtliches Zulassungsverfahren ist beim Kreditrisiko-Standardansatz nicht erforderlich.

Kreditrisikostrategie

Die Kreditrisikostrategie ist Teil der *Risikostrategie*, die die Sparkasse festlegen, mindestens jährlich überprüfen und mit dem Verwaltungsrat oder einem Ausschuss des Verwaltungsrats erörtern muss (AT 4.2 MaRisk). Sie beschreibt, wie die Sparkasse mit den *Adressenausfallrisiken* des Kundenkreditgeschäfts und der *Eigenanlagen* umgeht bzw. umgehen wird. Neben übergeordneten strategischen Aussagen zur Ausrichtung des Kreditgeschäfts legt die Kreditrisikostrategie üblicherweise *Kreditobergrenzen* fest, regelt den Umgang mit *Kreditsicherheiten* oder bestimmt Kriterien für *Metafinanzierungen*. Im Übrigen hat die Kreditrisikostrategie denselben Anforderungen wie die *Risikostrategie* insgesamt zu genügen. Entspricht eine Kreditentscheidung von wesentlicher Bedeutung nicht der Kreditrisikostrategie, muss die Sparkasse darüber im *Kreditrisikobericht* informieren (BTR 1 Ziffer 7g MaRisk).

Kreditsicherheit

Kreditsicherheiten sind Sachen oder Rechte, mit denen die Sparkasse das *Adressenausfallrisiko* eines *Kredits* verringert. Sie sind insbesondere im mittel- und langfristigen Kreditgeschäft wichtig. Denn die *Ausfallwahrscheinlichkeit* wächst mit der *Laufzeit* eines *Kredits*. Kein Kunde ist in der Lage, seine *Bonität* zum Zeitpunkt der Kreditvergabe über mehrere Jahre hinweg zu garantieren. Bei der Forderung nach Kreditsicherheiten stellt die Sparkasse daher grundsätzlich auf künftige Risiken ab. Für die Kreditvergabe entscheidend bleiben *Bonität* und *Kapitaldienstfähigkeit*. Sind sie von vornherein zweifelhaft, wird die Sparkasse auf den *Kredit* in der Regel verzichten. Denn wegen des erfahrungsgemäß hohen administrativen Aufwands kann sie kein Interesse daran haben, Kreditsicherheiten verwerten zu müssen. Vor allem im gewerblichen Kreditgeschäft ist die Verhandlungsposition nicht immer so stark, um Kreditsicherheiten in der gewünschten Höhe durchsetzen zu können. Dann vergibt die Sparkasse *Blankokredite* bzw. akzeptiert *Blankoanteile*. Wichtig ist in diesen Fällen, dass der Kunde *Eigenkapital* oder unbelastetes, »freies« Vermögen in ausreichender Höhe aufweist. Bei *Dispositionskrediten* oder *Konsumentendarlehen* verzichten viele Sparkassen von vornherein auf Kreditsicherheiten, um die Bearbeitungsprozesse zu vereinfachen. Kreditsicherheiten lassen sich in unterschiedlicher Weise einteilen:

1. nach Art der Sicherungsgegenstände in Personensicherheiten (u. a. *Bürgschaft, Garantie, Patronatserklärung*) und Sachsicherheiten (u. a. *Zession, Grundpfandrecht*, Verpfändung von beweglichen Sachen, Forderungen und

Rechten, *Sicherungsübereignung*); Sachsicherheiten sind bei einer Insolvenz des Kreditkunden im Rahmen der so genannten »Absonderung« privilegiert (§§ 49ff. Insolvenzordnung);
2. nach der Abhängigkeit von der zugrunde liegenden Forderung in akzessorische Kreditsicherheiten (u. a. *Bürgschaft*, Verpfändung von beweglichen Sachen, Forderungen und Rechten, *Hypothek*) und nicht-akzessorische Kreditsicherheiten (u. a. *Zession*, *Sicherungsübereignung*, *Grundschuld*).

Die *Mindestanforderungen an das Risikomanagement* verlangen von der Sparkasse
1. grundsätzlich zu entscheiden, welche Sicherheitenarten sie akzeptiert und wie sie deren Wert ermittelt (BTO 1.2.1 Ziffer 4 MaRisk);
2. festzulegen und zu dokumentieren, wie sie Kreditsicherheiten überprüft, verwaltet und verwertet (BTO 1.2 Ziffer 2 MaRisk);
3. vor der Kreditvergabe und – vom Risiko abhängig – in angemessenen Abständen auch während der *Laufzeit* des *Kredits* zu prüfen, ob Sicherheiten werthaltig sind und rechtlichen Bestand haben (BTO 1.2.1 Ziffer 2 und BTO 1.2.2 Ziffer 3 MaRisk). *Bestimmte Sicherheiten* muss dabei der *Bereich Marktfolge* überprüfen (BTO 1.1 Ziffer 7 MaRisk).

Hängt der Wert einer Sicherheit von den wirtschaftlichen Verhältnissen eines Dritten ab, etwa bei einer *Bürgschaft*, hat die Sparkasse auch dessen *Bonität* zu prüfen. Auch im einfachen *Kreditrisiko-Standardansatz* verringern Kreditsicherheiten unter bestimmten Voraussetzungen die für *Adressenausfallrisiken* zu unterlegenden *Eigenmittel* (vgl. *Kreditrisikominderungstechniken*).

Kreditvolumen
In der internen Berichterstattung über die laufende Geschäftsentwicklung weist die Sparkasse das Kreditvolumen als Summe aller *Forderungen an Kunden* (inkl. *Avalkredite*) aus. Im Gegensatz zum Ausweis von Forderungen in der *Bilanz* ist das Kreditvolumen unbereinigt; d. h. die Sparkasse zieht hier *Wertberichtigungen* und sonstige *Risikovorsorge* nicht von den Bruttobeträgen ab. Deshalb liegt das Kreditvolumen üblicherweise um einiges über den *Forderungen an Kunden*, die die Sparkasse im *Jahresabschluss* veröffentlicht.

Kreditwesengesetz
Neben der Capital Requirements Regulation (*CRR*) der Europäischen Union ist das Kreditwesengesetz (*KWG*) die wichtigste spezialgesetzliche Norm für die deutsche Kreditwirtschaft. Es soll die jederzeitige Funktionsfähigkeit der deutschen Kreditwirtschaft gewährleisten und damit vor allem Gläubiger vor dem Verlust ihrer *Einlagen* schützen. Viele Passagen des KWG zielen daher im Ergebnis darauf ab, Risiken zu begrenzen und rechtzeitig offen zu legen. Das KWG setzt die Vorgaben der europäischen *CRD IV* um. Von Vorschriften zu *Kapitalpuffern* abgesehen, enthält es allerdings keine Regelungen zur Mindestausstattung

mit *Eigenmitteln* mehr. Auf dem KWG basieren für den Sparkassenalltag maßgebende Verordnungen sowie Richtlinien, Verfügungen und Rundschreiben der Bankenaufsicht (z. B. *Mindestanforderungen an das Risikomanagement*). Zudem leiten sich zahlreiche Anzeigepflichten aus dem KWG ab. Dadurch erhält die Bankenaufsicht anlassbezogen oder regelmäßig Informationen von den *Instituten* und kann gegebenenfalls Einfluss auf sie ausüben.

Kreditwürdigkeit
vgl. Bonität

Kreditzusage
Mit der Kreditzusage erklärt sich die Sparkasse gegenüber einem Kunden schriftlich bereit, einen *Kredit* zu bestimmten Konditionen einzuräumen. In der Regel übersendet sie dem Kunden dabei ein Angebot oder einen von ihr bereits unterschriebenen Vertrag. Zugesagte Kredite gehen nicht in die *Bilanz* ein. Das bilanzwirksame *Kreditvolumen* erhöht sich erst mit der *Kreditauszahlung*. Allerdings weist die Sparkasse nicht beanspruchte *Kreditlinien* und noch nicht ausgezahlte *Darlehen* auf der Passivseite ihrer *Bilanz* »unter dem Strich« als »unwiderrufliche Kreditzusagen« aus (§ 27 Abs. 2 RechKredV). Unwiderrufliche Kreditzusagen gehen auch in die Berechnungen und Meldungen über *Großkredite* und *Millionenkredite* ein. Im Sinne der *Liquiditätsverordnung* gelten 20 Prozent der von den Kunden noch nicht abgerufenen, unwiderruflich zugesagten *Kredite* als *Zahlungsverpflichtungen*. Die Sparkasse muss ihre Kreditzusagen regelmäßig an die *Deutsche Bundesbank* melden. Nicht zu verwechseln ist die Kreditzusage mit einer bereits vertraglich vereinbarten *Kreditlinie*. Statistiken über Kreditzusagen erlauben eine relativ zuverlässige Aussage darüber, wie lebhaft das Kreditgeschäft der Sparkasse verläuft. Sie sind ein früher Indikator für die Entwicklung des *Kreditvolumens*.

KSA-Ansatz
vgl. Kreditrisiko-Standardansatz

Kündigung
Die Kündigung ist ein einseitiges Rechtsgeschäft mit dem Ziel, einen Vertrag (etwa Sparvertrag, Darlehensvertrag, Arbeitsvertrag) zu einem bestimmten Zeitpunkt zu beenden. Sie setzt ein vertraglich vereinbartes Kündigungsrecht voraus und wird wirksam, wenn sie dem Vertragspartner zugeht. Im Gegensatz zum Rücktritt von einem Vertrag hat die Kündigung keine Rückabwicklung zur Folge. Eine ordentliche Kündigung ist an bestimmte Fristen gebunden (vgl. *Kündigungsfrist*). Für eine fristlose, außerordentliche Kündigung muss es einen wichtigen Grund geben; es muss der kündigenden Vertragspartei unzumutbar sein, das Vertragsverhältnis auch nur bis zum Ablauf der *Kündigungsfrist* fortzusetzen. Hierbei gilt es, die Umstände des Einzelfalls zu berücksichtigen und die Interessen beider Vertragspartner abzuwägen. Soweit nichts anderes verein-

bart ist, gelten für Verträge im Kundengeschäft der Sparkasse die Bestimmungen der Allgemeinen Geschäftsbedingungen (Nr. 26).

Kündigungsfrist

Die Kündigungsfrist ist der Zeitraum zwischen Zugang einer *Kündigung* und der dadurch bewirkten rechtswirksamen Auflösung des geschlossenen *Vertrags*. Die Kündigungsfrist wird in der Regel im Vertrag selbst geregelt. Sie ermöglicht es, das Vertragsverhältnis ohne übermäßigen Zeitdruck abwickeln und nach einem anderen Vertragspartner suchen zu können. Die *Bilanz* der Sparkasse weist *Verbindlichkeiten* gegenüber Kunden und *Kreditinstituten* mit vereinbarten Kündigungsfristen (oder *Laufzeiten*) gesondert aus (Posten 1b und 2 bb der Passivseite). Bei *Spareinlagen* unterscheidet sie, ob eine Kündigungsfrist von drei Monaten oder aber von mehr als drei Monaten gilt (Posten 2a).

Kündigungsgeld

vgl. Termineinlagen

Kündigungssperrfrist

Sparkasse und Kunde können im *Einlagen-* oder *Kredit*geschäft zu Beginn der Vertragslaufzeit einen Zeitraum vereinbaren, in dem eine *Kündigung* ausgeschlossen ist. Mit dieser Kündigungssperrfrist verhindert insbesondere die Sparkasse, dass Kunden schon kurz nach Vertragsabschluss aus einem Vertrag aussteigen, um sich anderweitig günstigere Zinssätze zu sichern. Eine Kündigungssperrfrist begrenzt damit das *Zinsänderungsrisiko* der Sparkasse.

Kulanz

Es gibt erfahrungsgemäß immer wieder Situationen, in denen sich die Sparkasse für eine Kulanzzahlung an Kunden oder Geschäftspartner entscheidet. Eine solche Zahlung mindert das Sparkassenvermögen, obwohl ein Rechtsanspruch des Begünstigten häufig nicht besteht oder zumindest unsicher ist. Aber sie kann vor allem dazu beitragen, Geschäftsverbindungen zu festigen oder Prozessrisiken zu vermeiden. Stehen höhere Kulanzzahlungen im Raum, wird sich der Vorstand unter Umständen mit dem Verwaltungsrat abstimmen. Kulanzzahlungen sind unternehmerische Entscheidungen unter Unsicherheit: Es bleibt das Risiko, dass der Begünstigte die Kulanz der Sparkasse zunächst zwar annimmt, später indessen die Geschäftsverbindung dennoch abbricht (o. ä.). Grundsätzlich wichtig ist, über Kulanzzahlungen auf angemessener Informationsgrundlage zu entscheiden, die zu erwartenden Vorteile gegen die finanzielle Belastung sorgfältig abzuwägen und die Meinungsbildung in Vorstand und gegebenenfalls Verwaltungsrat gut zu dokumentieren.

Kundeneinlagen

vgl. Einlagen

Kundenforderungen
vgl. Forderungen an Kunden

Kundenkalkulation
Mit der Kundenkalkulation ermittelt die Sparkasse, welchen *Deckungsbeitrag* sie aus der Geschäftsverbindung mit einem einzelnen Kunden erzielt. Sie führt dabei alle Konten des Kunden zusammen. In der Praxis ist die Kundenkalkulation oft wichtig bei der Kalkulation von Einzelgeschäften. Das gilt insbesondere für die Entscheidung, ob und inwieweit die Sparkasse mit einem Kunden Sonderkonditionen vereinbart. Die EDV liefert die Kundenkalkulation heute auf Knopfdruck. Nicht selten weist die Kundenkalkulation einen negativen *Deckungsbeitrag* aus. Für eine Sparkasse ist dies allerdings selten ein Grund, sich vom Kunden zu trennen. Ziel ist vielmehr, mit dem Kunden mehr Geschäfte abzuschließen und den *Deckungsbeitrag* auf diese Weise zu verbessern.

Kundenkompaktrating
Das Kundenkompaktrating ist ein automatisiertes *Rating*verfahren für gewerbliche Kunden mit nur geringem Kreditobligo bei der Sparkasse. *Standardrating* oder *Immobiliengeschäftsrating* wären hier zu aufwändig. Das Kundenkompaktrating nutzt ausschließlich Informationen, die die EDV-Systeme der Sparkasse ohne weiteren manuellen Aufwand liefern können. Dies sind insbesondere Informationen zur Kontoführung. Die Rechenzentren ermitteln das Kundenkompaktrating monatlich und hinterlegen es im Datensatz des jeweiligen Kunden. Die Sparkasse kann die Höchstgrenze für das Kundenkompaktrating nach eigenem Ermessen festlegen; sie sollte allerdings bei einer Engagementhöhe von maximal 250 000 EUR liegen.

Kundenkreditvolumen
vgl. Kreditvolumen

Kursgewinn
Steigt der Marktpreis eines *Finanzinstruments* aus dem Eigenbestand der Sparkasse über den Kaufpreis, ergibt sich daraus für die Sparkasse ein Kursgewinn. Verkauft sie die Position, realisiert sie den Gewinn. Behält sie das *Finanzinstrument* dagegen in den Büchern, handelt es sich um einen »schwebenden« bzw. »nicht-realisierten« Gewinn. Für den Ausweis im *Jahresabschluss* gilt grundsätzlich das *Realisationprinzip*, mit anderen Worten: nur realisierte Kursgewinne werden erfolgswirksam und verbessern den *Jahresüberschuss* der *Gewinn- und Verlustrechnung*. Nicht-realisierte Kursgewinne hingegen erhöhen die *Kursreserven* bzw. die *stillen Reserven* der Sparkasse. Das *Handelsgesetzbuch* durchbricht diesen Grundsatz nur bei *Finanzinstrumenten* des *Handelsbestands*: Hier schreibt es zwingend den Bilanzansatz zum *Zeitwert* vor (§ 340e Abs. 3); dadurch werden auch nicht-realisierte Kursgewinne unmittelbar erfolgswirksam. Wo genau die Sparkasse Kursgewinne ausweist, hängt von der Zuordnung ab.

Der realisierte oder nicht-realisierte Kursgewinn aus einem *Finanzinstrument* des *Handelsbestands* verbessert das in der *Gewinn- und Verlustrechnung* gesondert aufgeführte *Handelsergebnis*. Gehört die Position hingegen zur *Liquiditätsreserve*, führt ein realisierter Kursgewinn zu »*Erträgen* aus *Zuschreibungen* zu bestimmten *Wertpapieren*«. Für Außenstehende erkennbar ist ein solcher Kursgewinn ohne ergänzende Kommentierung allerdings nicht; die Rechnungslegungsvorschriften erlauben die Verrechnung mit anderen aufwands- und ertragswirksamen Positionen (vgl. u. a. *Überkreuzkompensation*). Sofern sich der Kurs eines *Finanzinstruments* nach *Verlusten* in den Vorjahren wieder erholt und über dem *Buchwert*, aber noch unter dem Kaufpreis notiert, muss die Sparkasse eine *Zuschreibung* vornehmen. Ein Kursgewinn im engen Sinn liegt hier allerdings nicht vor.

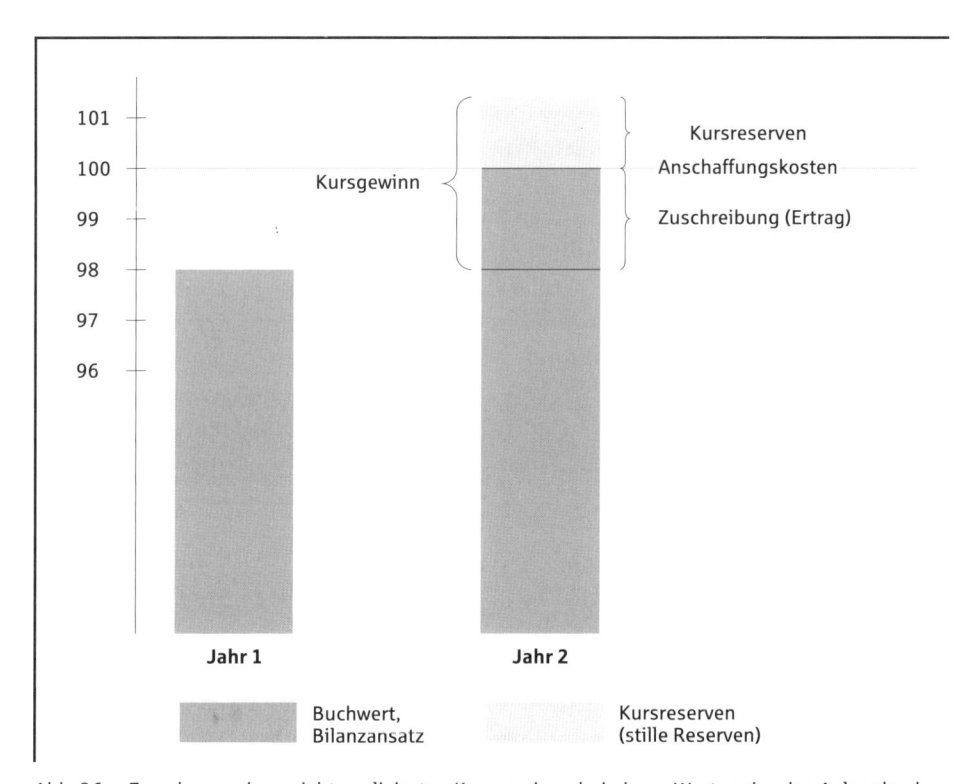

Abb. 36: Zuordnung eines nicht-realisierten Kursgewinns bei einem Wertpapier des Anlagebuchs

Kursreserven

Kursreserven entstehen, wenn der Kurs börsennotierter *Wertpapiere* im *Anlagebuch* der Sparkasse über den Kaufpreis bzw. Einstiegskurs steigt (vgl. Abb. 36). Sie bilden *stille Reserven*, weil das *Handelsgesetzbuch* einen Ansatz oberhalb der *Anschaffungskosten* in der *Bilanz* grundsätzlich verbietet (§ 253 Abs. 1 HGB). Als »schwebende« Gewinne (vgl. *Kursgewinn*) darf die Sparkasse

Kursreserven auch nicht in der *Gewinn- und Verlustrechnung* ausweisen (vgl. *Realisationsprinzip*). Sie sind allerdings über bereits gebildete *Wertberichtigungen* und *Vorsorgereserven* hinaus ein zusätzlicher Puffer, mit dem die Sparkasse *Verluste* an anderer Stelle ausgleichen könnte. Ob die Sparkasse Kursreserven tatsächlich realisieren kann, ist ungewiss. Deshalb zählen sie nicht zu den *Eigenmitteln*. Auch in das *Risikodeckungspotenzial* gehen Kursreserven nicht ein. Steigt der Kurs bereits abgeschriebener *Wertpapiere*, bleibt aber noch unter dem Kaufpreis bzw. Einstiegskurs, können keine Kursreserven entstehen; in diesem Fall muss die Sparkasse *Zuschreibungen* vornehmen.

Kursverlust

Fällt der Börsenkurs eines *Wertpapiers* aus dem Eigenbestand der Sparkasse unter die *Anschaffungskosten* oder unter den letzten *Buchwert*, erleidet die Sparkasse einen Kursverlust. Solange die Sparkasse das Papier nicht verkauft, handelt es sich um einen »nicht-realisierten« Verlust. Das *Vorsichtsprinzip* (§ 252 Abs. 1 Nr. 4 HGB) bzw. das »strenge« *Niederstwertprinzip* (§ 253 Abs. 4 HGB) verlangen dennoch, nicht-realisierte Kursverluste – anders als nicht-realisierte *Kursgewinne* – grundsätzlich im *Jahresabschluss* zu berücksichtigen. Deshalb führen nicht nur realisierte, sondern auch »schwebende« Kursverluste von *Eigenanlagen* der Sparkasse grundsätzlich zu einer *außerplanmäßigen Abschreibung*. Wo genau die Sparkasse Kursverluste in der *Gewinn- und Verlustrechnung* ausweist, hängt von der Zuordnung des Wertpapiers ab. Der Kursverlust aus einem *Wertpapier* des *Handelsbestands* belastet das *Handelsergebnis*. Gehört das Papier hingegen zur *Liquiditätsreserve*, führt der Kursverlust zu »*Abschreibungen auf bestimmte Wertpapiere*«. Für Außenstehende erkennbar sind realisierte Kursverluste ohne ergänzende Kommentierung allerdings nicht; die Rechnungslegungsvorschriften erlauben die Verrechnung mit anderen aufwands- und ertragswirksamen Positionen (vgl. u. a. *Überkreuzkompensation*). Für die Sparkasse relevant sind vor allem Kursverluste bei festverzinslichen *Wertpapieren*; sie resultieren aus einem Anstieg des Zinsniveaus (vgl. *Zinsänderungsrisiko*).

Kurswert

Der Kurswert eines *Finanzinstruments* ergibt sich aus dem an einer Börse notierten Preis, multipliziert mit der jeweiligen Mengeneinheit. Für den Ausweis von *Eigenanlagen* in der *Bilanz* der Sparkasse ist der Kurs am *Bilanzstichtag* maßgebend. Weicht der Kurswert vom bisherigen Bilanzansatz ab, muss die Sparkasse *Abschreibungen* oder *Zuschreibungen* vornehmen. Wertobergrenze für *Finanzinstrumente* des *Anlagebuchs* sind die *Anschaffungskosten*. Bei *Wertpapieren*, die nicht an der Börse gehandelt werden, kann bzw. muss die Sparkasse die Preise unter Umständen auf Basis verschiedener Annahmen errechnen (»mark to model«).

Kurzes Ende

vgl. Zinsstruktur

KWG
vgl. Kreditwesengesetz

Länderrisiko
vgl. Risikokonzentration

Lagebericht
Der Lagebericht ist neben dem *Jahresabschluss mit Bilanz, Gewinn- und Verlustrechnung und Anhang* Bestandteil der im *Handelsgesetzbuch* verankerten Berichtspflichten. Der Bericht soll die derzeitige und zukünftige Situation der Sparkasse mit ihren wesentlichen Chancen und Risiken ausgewogen und umfassend darstellen. Er informiert über die Entwicklung bedeutsamer finanzieller Leistungsindikatoren und muss insgesamt ein den tatsächlichen Verhältnissen entsprechendes Bild (§ 289 HGB) vermitteln. Auch der Lagebericht ist deshalb Gegenstand der Jahresabschlussprüfung durch die Prüfungsstellen der Sparkassen- und Giroverbände.

Langes Ende
vgl. Zinsstruktur

Latente Steuern
Der in der Gewinn- und Verlustrechnung ausgewiesene Steueraufwand der Sparkasse (vgl. *Steuern* vom Einkommen und vom Ertrag) leitet sich aus dem zu versteuernden *Gewinn* und damit aus der *Steuerbilanz* ab. Das ist solange unproblematisch, wie das handelsrechtliche und das steuerliche Ergebnis übereinstimmen. Sobald aber unterschiedliche Bilanzierungswahlrechte und/oder Bewertungswahlrechte die *Handelsbilanz* und die *Steuerbilanz* voneinander abweichen lassen, entsteht ein Problem: Dann ist der in der *Gewinn- und Verlustrechnung* verarbeitete Steueraufwand entweder höher oder niedriger als es dem handelsrechtlichen Ergebnis entspricht. Der Ausweis latenter Steuern gleicht diesen Effekt aus. Er bildet die Differenz zwischen der effektiven Steuerschuld nach *Steuerbilanz* und der fiktiven Steuerbelastung aus dem handelsrechtlichen Ergebnis ab. Somit ist gewährleistet, dass der *Jahresabschluss* die Vermögens-, Finanz- und Ertragslage der Sparkasse korrekt darstellt. Rechtsgrundlage ist § 274 HGB.
1. Aktive latente Steuern entstehen, wenn das handelsrechtlich ermittelte Ergebnis kleiner ist als das zu versteuernde Ergebnis. In diesem Fall ist der in der *Gewinn- und Verlustrechnung* verarbeitete Steueraufwand – bezogen auf das handelsrechtliche Ergebnis – zu hoch. Beispiel: Die Sparkasse bildet in der *Handelsbilanz* eine *Einzelwertberichtigung*, die der Fiskus steuerlich nicht anerkennt. Aktive latente Steuern haben bei der Berechnung der *Gesamtkapitalquote* ein Risikogewicht von 250 Prozent, unter bestimmten Umständen führen sie sogar zu einem *Kapitalabzug* (Artikel 36 CRR).

2. Passive latente Steuern bauen sich auf, wenn das handelsrechtlich ermittelte Ergebnis über dem zu versteuernden Gewinn liegt, die Sparkasse also zunächst weniger Steuern zahlt als es ihrem handelsrechtlichen Ergebnis entspräche. Beispiel: Ansatz selbst geschaffener *immaterieller Vermögensgegenstände* in der Handelsbilanz

Sind die aktiven latenten Steuern – wie bei den meisten Sparkassen – insgesamt höher als die passiven latenten Steuern, kann die Sparkasse den Saldo in der *Bilanz* unter dem gesonderten Posten »Aktive latente Steuern« ausweisen. Gleichzeitig vermindert sich in der *Gewinn- und Verlustrechnung* die Position *Steuern* vom Einkommen und vom Ertrag. Der Sache nach ist diese Position wie eine Steuervorauszahlung auf ein handelsrechtlich (noch) nicht erwirtschaftetes Ergebnis oder wie ein Guthaben beim Finanzamt zu betrachten. Sind die passiven latenten Steuern insgesamt höher als die aktiven latenten Steuern, muss die Sparkasse auf der Passivseite der *Bilanz* in Höhe des Überhangs einen eigenen Posten »Passive latente Steuern« bilden und die Position *Steuern* vom Einkommen und Ertrag erhöhen. Diese Position ist wie eine schon feststehende Steuernachzahlung auf ein handelsrechtlich bereits erwirtschaftetes Ergebnis oder wie eine Verbindlichkeit gegenüber dem Fiskus zu werten. Die Sparkasse löst die angesetzten latenten Steuern auf, sobald die Steuerbe- oder entlastung tatsächlich eintritt oder nicht mehr mit ihr zu rechnen ist. Auch den *Aufwand* oder *Ertrag* aus der Veränderung bilanzierter latenter Steuern muss sie in der *Gewinn- und Verlustrechnung* gesondert unter dem Posten *Steuern* vom Einkommen und vom Ertrag zeigen. Latente Steuern ziehen ergänzende Informationen im *Anhang* des *Jahresabschlusses* nach sich (§ 285 Nr. 29 HGB).

Passive latente Steuern	Aktive latente Steuern
Entstehung: Vermögen in Handelsbilanz mit höherem Wert als in Steuerbilanz. Schulden in Handelsbilanz mit niedrigerem Wert als in Steuerbilanz. Ansatz von Vermögen nur in Handelsbilanz. Ansatz von Schulden nur in Steuerbilanz.	**Entstehung:** Vermögen in Handelsbilanz mit niedrigerem Wert als in Steuerbilanz. Schulden in Handelsbilanz mit höherem Wert als in Steuerbilanz. Ansatz von Vermögen nur in Steuerbilanz. Ansatz von Schulden nur in Handelsbilanz.
Handelsbilanzgewinn größer als Steuerbilanzgewinn	**Handelsbilanzgewinn kleiner als Steuerbilanzgewinn**
Beispiel: Ansatz von Entwicklungskosten als selbst erstelltes immaterielles Anlagevermögen **Folge:** effektiver Steueraufwand zu niedrig **Ausweis:** passive latente Steuern in der Handelbilanz	**Beispiel:** Pensionsrückstellungen werden handelsrechtlich mit einem Zinssatz von weniger als 6 Prozent abgezinst **Folge:** effektiver Steueraufwand zu hoch **Ausweis:** aktive latente Steuern in der Handelbilanz

Abb. 37: Passive und aktive latente Steuern

Latentes Risiko

Erfahrung und Statistik zeigen: Auch bei Kreditkunden mit hervorragender oder guter *Bonität* trägt die Sparkasse gewisse *Adressenausfallrisiken*. Sie lassen sich allerdings nicht konkret erkennen und benennen. Handels- und Steuerrecht bieten die Möglichkeit, diese latenten Risiken im *Jahresabschluss* über *Pauschalwertberichtigungen* zu berücksichtigen. Bei erkennbaren *Adressenausfallrisiken* bildet die Sparkasse *Einzelwertberichtigungen*.

Laufzeit

Die Laufzeit bezeichnet allgemein den Zeitraum zwischen dem Entstehen einer *Forderung* bzw. *Verbindlichkeit* und deren Fälligkeit; bei einem *Wertpapier* den Zeitraum zwischen *Emission* und planmäßiger Rückzahlung. Der *Kapitalmarkt* unterscheidet zwischen kurzen Laufzeiten (bis 4 Jahre), mittleren Laufzeiten (4 bis 8 Jahre) und langen Laufzeiten (8 Jahre und mehr). Die Refinanzierung von *Krediten* und *Wertpapieren* mit verhältnismäßig langen Laufzeiten durch *Einlagen* mit kürzeren oder kurzen Laufzeiten ist eine der wichtigsten Ertragsquellen der Sparkasse (vgl. *Fristentransformation*). Sie ist allerdings auch mit *Zinsänderungsrisiken* verbunden. Deshalb analysiert das *Risikocontrolling* der Sparkasse kontinuierlich, wie die *Restlaufzeiten* und Zinsbindungsfristen ihrer zinstragenden Positionen strukturiert sind (vgl. auch *Zinsbindungsbilanz*). Bei normaler *Zinsstruktur* gilt grundsätzlich: Je höher unter sonst gleichen Bedingungen die durchschnittliche *Restlaufzeit* der *Eigenanlagen* ist, desto ausgeprägter ist die *Fristentransformation*, desto höher sind die zu erwartenden

Zinserträge, desto höher sind aber auch die *Zinsänderungsrisiken*. Für die Analyse und die Steuerung der Liquiditätssituation sind ebenfalls *Restlaufzeiten* maßgebend (vgl. auch *Liquiditätsverordnung*).

Laufzeitband
vgl. Liquiditätsverordnung, Zahlungsmittel

LCR
vgl. Liquiditätsdeckungskennziffer

Leasing
Beim Leasing überlassen der Hersteller oder eine spezialisierte Gesellschaft (Leasinggeber) einem Unternehmen oder einer Privatperson (Leasingnehmer) ein Wirtschaftsgut, um es für eine bestimmte Zeit und gegen Entgelt zu nutzen. Der Leasingnehmer mietet das Wirtschaftsgut – anstatt es zu erwerben –, um vor allem von steuerlichen Vorteilen zu profitieren. Die deutschen Sparkassen vermitteln Leasinggeschäfte vor allem an die Unternehmen der Deutsche Leasing-Gruppe. Zunächst entsteht dabei eine Forderung des Verbundpartners gegen den Kunden der Sparkasse (Leasingnehmer). Die Sparkasse kauft diese Forderung dann jedoch gegen *Sicherungsübereignung* bzw. *Abtretung* des so genannten Auskehranspruchs an und übernimmt damit das wirtschaftliche Risiko aus dem Leasinggeschäft. Auf diesem »Umweg« baut sich mit einem vermittelten Leasinggeschäft auch das Kreditengagement der Sparkasse auf.

Leerverkauf
Beim Leerverkauf veräußert ein Marktakteur *Wertpapiere*, die er zum Zeitpunkt des Geschäftsabschlusses nicht besitzt. Er spekuliert darauf, dass der Börsenkurs bis zur Erfüllung des Geschäfts einige Tage später deutlich fällt. Geht dieses Kalkül auf, kann er die von ihm zu liefernden *Wertpapiere* kurz vor Erfüllung des Geschäfts billiger einkaufen. Häufig geht dem Leerverkauf eine *Wertpapierleihe* voraus. Der typische Ablauf (vgl. Abb. 38, S. 205) sieht dann folgendermaßen aus:
1. Der Leerverkäufer leiht sich *Wertpapiere*.
2. Anschließend verkauft er die geliehenen *Wertpapiere* am Markt.
3. Spätestens am Ende der Leihfrist muss der Leerverkäufer die Papiere am Markt beschaffen und an den Verleiher zurückgeben. Ist der Kurs bis dahin tatsächlich gefallen, verbucht der Leerverkäufer einen Gewinn, der sich lediglich um das Entgelt für die *Wertpapierleihe* reduziert.

Die Europäische Union beschränkt das spekulative Potenzial von Leerverkäufen seit November 2012 durch eine alle Mitgliedsstaaten unmittelbar bindende Rechtsverordnung. Diese enthält Verbotsregelungen für ungedeckte Leerverkäufe in bestimmten *Aktien* und öffentlichen *Schuldverschreibungen* sowie für den ungedeckten Abschluss von *Credit Default Swaps* auf öffentliche

Schuldverschreibungen. Gedeckte Leerverkäufe in Verbindung mit einer *Wertpapierleihe* sind weiterhin erlaubt, müssen aber ab einer bestimmten Größenordnung zunächst den Aufsichtsbehörden gemeldet und bei noch größeren Volumina auch veröffentlicht werden.

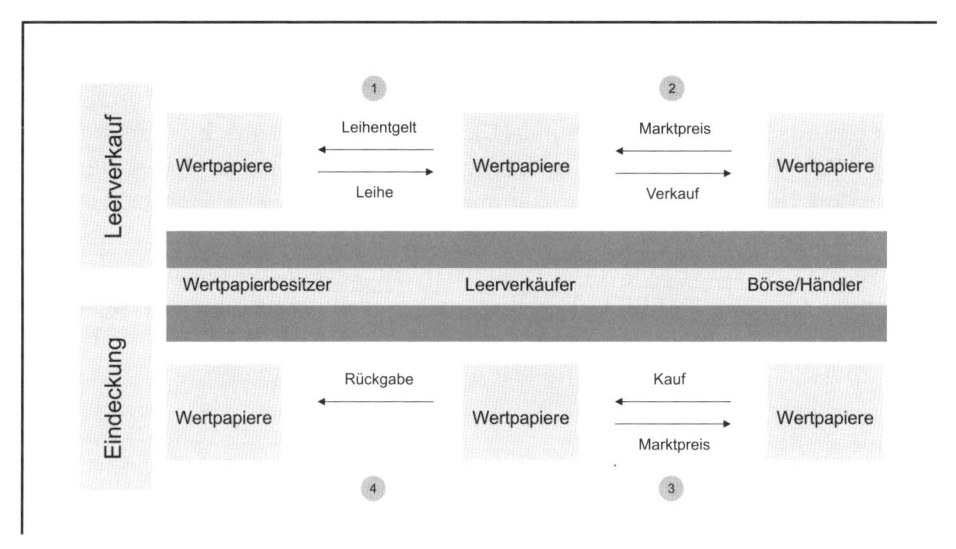

Abb. 38: Schematische Darstellung eines Leerverkaufs auf Basis einer Wertpapierleihe

Leistung

Im Sinne der Kosten- und Erlösrechnung gilt jede Dienstleistung als Leistung, die die Sparkasse im Rahmen ihres Geschäftszwecks erbringt. Beispiele: Kontoführung, Abwicklung von Zahlungsverkehr, Entgegennahme von *Einlagen*, Vergabe von *Krediten*, Verkauf von Sorten. Keine Leistung im Sinne der Kosten- und Erlösrechnung ist u. a. die Spende an eine gemeinnützige Institution. Die meisten Leistungen führen zu *Erlösen*. Daneben gibt es allerdings auch Leistungen, die die Sparkasse für sich selbst erbringt, etwa die Einrichtung von Hauptbuchkonten für die eigene Buchführung. Um kostendeckende Preise und Konditionen sowie *Deckungsbeiträge* für einzelne Konten und Kunden kalkulieren zu können, ordnet das *Controlling* der Sparkasse die im Geschäftsalltag anfallenden *Kosten* möglichst genau den erbrachten Leistungen zu.

Leverage Ratio
vgl. Verschuldungsquote

Limit

Mit Limiten steuert die Sparkasse den Umfang ihres Kreditgeschäfts und ihres *Handelsgeschäfts* so, dass ihre *Risikotragfähigkeit* jederzeit gewährleistet ist. Um die *Adressenausfallrisiken* zu steuern, verlangen die *Mindestanforderungen an das Risikomanagement*, Einzellimite festzulegen. Im Kreditgeschäft beziehen sich die Einzellimite auf einzelne Kunden bzw. *Kreditnehmereinheiten*. Das Limit entspricht hier dem per Kreditbeschluss zugestandenen *Kreditvolumen*. Ohne Limit bzw. Beschluss darf die Sparkasse keinen Kreditvertrag abschließen und keinen *Kredit* auszahlen (BTR 1 Ziffer 2 MaRisk). Die Limite ihrerseits sollten die in der *Kreditrisikostrategie* und in *Einzelengagementstrategien* festgesetzten *Kreditobergrenzen* berücksichtigen. Im *Handelsgeschäft* legt die Sparkasse Einzellimite als *Kontrahentenlimite* und *Emittentenlimite* fest (BTR 1 Ziffer 3 und 4 MaRisk). Grundsätzlich kann der *Handel* Geschäfte nur dann abschließen, wenn er sich im Rahmen dieser Einzellimite bewegt. *Emittentenlimite* und *Kontrahentenlimite* sind in der *Partnerliste* zusammengefasst. Auch ihre *Marktpreisrisiken* muss die Sparkasse über Limite steuern (BTR 2.1 Ziffer 2 MaRisk). Allerdings legt sie hierbei keine Einzellimite, sondern ein *Globallimit* und verschiedene *Teillimite* fest. Die Teillimite beziehen sich auf einzelne Ausprägungen des Marktpreisrisikos, etwa das *Zinsänderungsrisiko*, das *Aktienkursrisiko* oder das *Währungsrisiko* des gesamten *Handelsgeschäfts*.

Lineare Abschreibung
vgl. planmäßige Abschreibung

Linie
vgl. Kreditlinie

Liquiditätsdeckungskennziffer
Die Liquiditätsdeckungskennziffer (LCR) stellt den Bestand an liquiden *Aktiva* der Sparkasse einem stressbedingten Nettozahlungsabfluss innerhalb von 30 Tagen gegenüber. Sie ist eine der wichtigsten quantitativen Vorgaben aus dem *Basel III*-Regelwerk und der *CRR-Verordnung* (Artikel 411 ff.). Demnach muss der Liquiditätspuffer der Sparkasse auch unter sehr ungünstigen Umständen gewährleisten, schnell und deutlich ansteigenden kurzfristigen Zahlungsverpflichtungen jederzeit nachkommen zu können. Liquide *Aktiva* sind vor allem. Barmittel, Zentralbankguthaben, Staatsanleihen und *Wertpapiere* mit guter oder äußerst guter *Bonität*. Die Sparkasse darf sie zu 100 Prozent oder zu 85 Prozent anrechnen. Abgesehen von gedeckten Bankschuldverschreibungen, beispielsweise *Pfandbriefen*, müssen *Emissionen* von Unternehmen des Finanzsektors unberücksichtigt bleiben, weil sie sich in Krisensituationen unter Umständen nicht schnell genug veräußern lassen könnten. In die Berechnung des stressbedingten Nettozahlungsabflusses gehen nur Positionen mit einer effektiven *Restlaufzeit* von 30 Tagen oder weniger ein. Dabei haben insbesondere die kurzfristigen *Einlagen* von Privatkunden und kleinen oder mittleren Unternehmen ein deutlich reduziertes Gewicht. Hier sieht die Bankenaufsicht die Gefahr eines plötzlichen Abzugs von *Einlagen* als vergleichsweise gering an. Die Summe der hochliquiden Aktiva muss stets größer sein als der nach den aufsichtsrechtlichen Vorgaben ermittelte Nettozahlungsabfluss innerhalb von

30 Tagen. Bis zum Jahr 2014 ist die LCR zunächst eine so genannte »Beobachtungskennziffer«; zwischen den Jahren 2015 und 2018 wird sie schrittweise eine verbindlich einzuhaltende Mindestanforderung. Die aus dem *Kreditwesengesetz* abgeleiteten Bestimmungen der *Liquiditätsverordnung* bleiben vorerst weiterhin gültig.

Liquiditätskennzahl
vgl. Liquiditätsverordnung

Liquiditätslinie
Liquiditätslinien sind *Kreditlinien*, die andere Banken, vor allem die jeweilige Landesbank, für die Sparkasse offen halten. Die Sparkasse kann, muss sie aber nicht beanspruchen. Sie sind damit qualitativ vergleichbar mit einem *Kontokorrentkredit*. Zusammen mit den eigenen *Liquiditätsreserven* der Sparkasse sichern sie die jederzeitige Zahlungsfähigkeit. Die Sparkasse nimmt die aktuell von anderen Banken zugesagten Liquiditätslinien in die regelmäßigen Berichte über die *Liquiditätsrisiken* auf. Sie muss regelmäßig überprüfen, ob der dauerhafte Zugang zu den Liquiditätslinien gewährleistet ist (BTR 3.1 Ziffer 4 MaRisk).

Liquiditätsreserve
Die Liquiditätsreserve der Sparkasse umfasst alle *Vermögensgegenstände*, die entweder bereits *Zahlungsmittel* sind oder sich in kurzer Zeit in *Zahlungsmittel* umwandeln lassen. Hinzu kommen *Liquiditätslinien* bei anderen Banken, vor allem bei der jeweiligen Landesbank. Die Liquiditätsreserven gewährleisten, dass die Sparkasse jederzeit zahlungsfähig ist. Zu ihnen gehören vor allem
1. die *Barreserve* der Sparkasse;
2. *täglich fällige* Forderungen an andere *Kreditinstitute*, *Geldmarktpapiere* und *Wertpapiere*, die die *Deutsche Bundesbank* für eine etwaige kurzfristige Refinanzierung als Sicherheit akzeptiert;
3. der größte Teil der börsennotierten *Eigenanlagen*.

Die Sparkasse muss mit ihren Liquiditätsreserven die aufsichtsrechtlichen Anforderungen der *Liquiditätsverordnung* stets einhalten können. Bei Analyse der *Eigenanlagen* der Sparkasse umfasst die Liquiditätsreserve alle *Wertpapiere*, die weder zum *Handelsbestand* noch zum *Anlagevermögen* gehören. Sie ist Teil des *Umlaufvermögens* und damit dem strengen *Niederstwertprinzip* unterworfen.

Liquiditätsrisiko
Das Liquiditätsrisiko im engen Sinne beschreibt die Gefahr, dass die Sparkasse benötigte Zahlungsmittel nicht beschaffen kann und somit zahlungsunfähig wird. In einem weiteren Sinne bezeichnet es das Risiko, an Zahlungsmittel zwar kurzfristig und problemlos, aber nur zu ungünstigeren Konditionen her-

anzukommen (Refinanzierungsrisiko). Beides resultiert vor allem aus der *Fristentransformation*: Auf der Aktivseite der Bilanz ist das Kapital der Sparkasse gewöhnlich länger gebunden als auf der Passivseite; die Rückzahlungstermine der *Einlagen* und anderer Verbindlichkeiten liegen – über alles betrachtet – vor den Fälligkeiten der *Forderungen an Kunden* und der *Eigenanlagen*. Es gibt weitere Konstellationen, die für die Sparkasse ein Liquiditätsrisiko bergen: So können sich Zins- und Tilgungszahlungen von Kreditkunden verzögern oder sogar ganz ausfallen (Terminrisiko). Kunden schöpfen offene *Kreditlinien* möglicherweise in unerwartet hohem Umfang aus, oder Unternehmen bzw. große Institutionen ziehen binnen kurzer Zeit hohe Einlagenvolumina ab (Abrufrisiko). Denkbar auch, dass die Sparkasse eigene *Wertpapiere* aufgrund anhaltender Marktstörungen nicht oder nur mit Preisabschlag veräußern kann (Marktliquiditätsrisiko). Die Sparkasse muss ihre Liquiditätsrisiken – wie andere wesentliche Risiken des Geschäftsbetriebs auch – identifizieren, messen und steuern. Die *Mindestanforderungen an das Risikomanagement* (MaRisk) machen hierzu im Abschnitt BTR 3 qualitative Vorgaben. So muss die Sparkasse den dauerhaften Zugang zu ihren Refinanzierungsquellen regelmäßig überprüfen (BTR 3.1 Ziffer 4) und mit geeigneten Verfahren gewährleisten, sich abzeichnende Liquiditätsengpässe rechtzeitig zu erkennen. Dabei hat sie zu beachten, dass auch andere Risiken (z. B. Verlust an Reputation, Zahlungsschwierigkeiten großer Kreditkunden) die Liquidität beeinträchtigen könnten (BTR 3.1 Ziffer 2). Gleichzeitig muss die Sparkasse bei ihrer Liquiditätsplanung Kunden oder andere *Kreditinstitute* berücksichtigen, die ihre Liquiditätslinien bei der Sparkasse aus bestimmten Gründen stärker in Anspruch nehmen könnten (Erläuterung zu BTR 3.1 Ziffer 3). Im Rahmen von *Stresstests* muss die Sparkasse zweierlei in Betracht ziehen: Liquiditätsrisiken, die aus dem eigenen Geschäft entstehen können, und Liquiditätsrisiken, die aus marktweiten Verspannungen resultieren (BTR 3.1 Ziffer 8). Ein Notfallplan legt fest, welche konkreten Maßnahmen die Sparkasse bei einem Liquiditätsengpass ergreift und welche Kommunikationswege sie dabei nutzt (BTR 3.1 Ziffer 9). In der *Risikostrategie* stellt die Sparkasse den Umgang mit ihren Liquiditätsrisiken grundsätzlich dar. Geschäftsleitung und Verwaltungsrat informieren sich über die aktuelle Liquiditätslage der Sparkasse im Rahmen der regelmäßigen *Risikoberichterstattung* (AT 4.3.2 Ziffern 3 und 6). In ihr Konzept zur *Risikotragfähigkeit* muss die Sparkasse die Liquiditätsrisiken – sofern sie es begründet – nicht einbeziehen (AT 4.1 Ziffer 4). Denn auch eine komfortable Ausstattung mit *Eigenmitteln* schützt im Zweifel nicht vor Liquiditätsengpässen. An die Aufsichtsbehörden meldet die Sparkasse monatlich bestimmte Kennzahlen zur Liquiditätssituation (vgl. *Liquiditätsverordnung*, *Liquiditätsdeckungskennziffer*).

```
                        Liquiditätsrisiko
           ┌──────────────┬──────────────┬──────────────┐
   Refinanzierungs-   Terminrisiko    Abrufrisiko   Marktliquiditäts-
       risiko                                            risiko
```

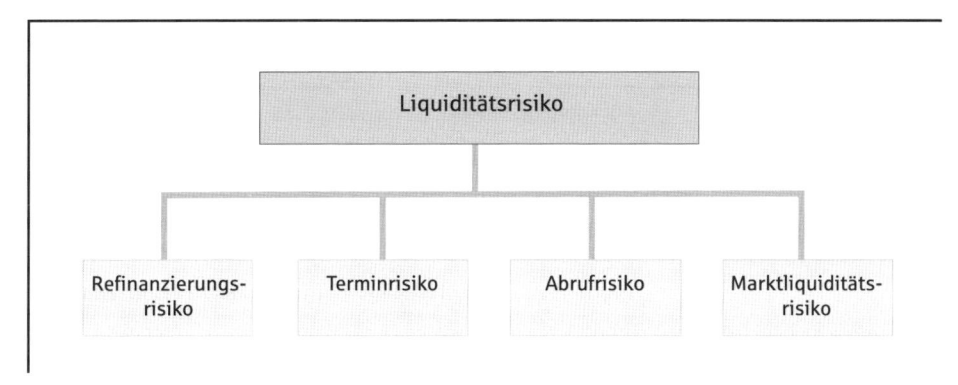

Abb. 39: Ausprägungen des Liquiditätsrisikos

Liquiditätsverordnung

Das *Kreditwesengesetz* verpflichtet *Kreditinstitute* und *Finanzdienstleistungsinstitute*, jederzeit ausreichend zahlungsbereit zu sein (vgl. § 11 Abs. 1 KWG). Die Liquiditätsverordnung (LiqV) konkretisiert diese Anforderung. Die meisten Sparkassen nutzen einen Standardansatz (§§ 2ff. LiqV). Er entspricht im Wesentlichen der Praxis des alten »Grundsatz II«. Demnach bestimmen drei Faktoren die Liquidität der Sparkasse:
1. die zu erwartenden Zuflüsse und Abflüsse von *Zahlungsmitteln*;
2. das Volumen liquider *Aktiva* der Sparkasse;
3. offene Refinanzierungslinien am *Geldmarkt*, insbesondere bei der jeweiligen Landesbank (vgl. *Liquiditätslinien*).

Die Sparkasse ordnet ihre *Zahlungsmittel* und ihre zu erwartenden *Zahlungsverpflichtungen* je nach *Restlaufzeit* vier Laufzeitbändern zu und ermittelt anschließend die jeweilige Überdeckung oder Unterdeckung. Ihre Liquidität ist ausreichend, wenn die im nächsten Monat (Laufzeitband 1) verfügbaren *Zahlungsmittel* die zu erwartenden Zahlungsabflüsse des nächsten Monats mindestens decken. Der Quotient aus *Zahlungsmitteln* und *Zahlungsverpflichtungen* im ersten Laufzeitband muss also mindestens bei 1 liegen. So genannte Beobachtungskennzahlen informieren über die zu erwartenden Liquiditätsströme im zweiten, dritten und vierten Laufzeitband. Dabei kann die Sparkasse Überdeckungen aus dem vorherigen Laufzeitband als zusätzliche *Zahlungsmittel* ansetzen. Für die Beobachtungskennzahlen sind keine Mindestwerte vorgegeben. Die Sparkasse muss bei der *Deutschen Bundesbank* monatlich eine Meldung über ihre Liquiditätssituation einreichen (§ 11 LiqV). Die *Bundesanstalt für Finanzdienstleistungsaufsicht* kann eine höhere, über die Anforderungen der Liquiditätsverordnung hinausgehende Liquiditätsausstattung verlangen, wenn sich die nachhaltige Liquidität anders nicht gewährleisten lässt (§ 11 Abs. 2 KWG).

Tab. 1: Berechnung der Liquiditätskennzahl und der Beobachtungskennzahlen
(Quelle: Deutsche Bundesbank)

	Anrechnungsbeträge			
	Fristigkeiten: Restlaufzeiten von			
	täglich fällig bis zu einem Monat	über 1 Monat bis zu 3 Monaten	über 3 Monaten bis zu 6 Monaten	über 6 Monaten bis zu 12 Monaten
	Laufzeitband 1	Laufzeitband 2	Laufzeitband 3	Laufzeitband 4
A. Summe der Zahlungsmittel	200	100	80	40
B. Summe der Zahlungsverpflichtungen	160	180	60	80
C. Fristeninkongruenzen (A – B)	+ 40	– 80	+ 20	– 40
D. Positive Fristeninkongruenzen (A > B)	+ 40	–	+ 20	–
E. Bereinigte Fristeninkongruenzen (A. zzgl. positive Fristeninkongruenzen D des Vorbandes)	–	140 (100 + 40)	80	60 (40 + 20)
F. Liquiditätskennzahl (A/B) (mindestens 1,0)	1,25	–	–	–
G. Beobachtungskennzahlen (E/B) (keine Vorgaben der Beobachtungskennzahlen)	–	0,78	1,33	0,75

Makro-Hedging
vgl. Hedging

Marge
Die Marge ist ein Maß für die *Rentabilität* eines einzelnen Kundengeschäfts. Berechnungsbasis ist zunächst der mit der *Marktzinsmethode* ermittelte *Zinskonditionsbeitrag*. Zu dieser Bruttomarge addiert die Sparkasse – soweit mit dem Geschäft verbunden – *Provisionserträge* und zieht dann zurechenbare *Betriebskosten* und etwaige *Risikokosten* ab. Das Ergebnis ist die Nettomarge des Einzelgeschäfts. Die Addition von Nettomargen mehrerer Geschäfte ergibt den *Deckungsbeitrag* eines Kontos oder einer ganzen Geschäftsverbindung. Das *Controlling* der Sparkasse erstellt für die Kundenberater der Sparkasse häufig Margenblätter oder Margentableaus. Sie ermöglichen die Vorabkalkulation von Einzelgeschäften und stecken Spielräume für die Vereinbarung von Sonder-

konditionen ab. Die Kundenberater wissen somit, ob bei Zugeständnissen an den Kunden noch eine positive Nettomarge bei der Sparkasse verbleibt. Weiterhin kann die Sparkasse über die Margenkalkulation ihre Regelkondition für *Einlagen* und *Kredite* ermitteln. Ausgangsgröße ist dabei der jeweilige Zinssatz am *Geld-* und *Kapitalmarkt* (Marktzins, vgl. auch *Opportunitätszins*). Bei Einlagenprodukten zieht die Sparkasse vom Markzins die *Betriebskosten* und die gewünschte *Eigenkapitalverzinsung* ab. Bei *Krediten* addiert sie neben *Betriebskosten* und *Eigenkapitalverzinsung* die *Risikokosten*, um die Regelkondition zu ermitteln. Intensiver Wettbewerb kann die Sparkasse vorübergehend dazu zwingen, *Eigenkapitalverzinsung* und *Betriebskosten* nicht in voller Höhe in die Kalkulation einfließen zu lassen und die Regelkonditionen so den Marktverhältnissen anzupassen.

MaRisk
vgl. Mindestanforderungen an das Risikomanagement

Markt
Die *Mindestanforderungen an das Risikomanagement* definieren den Markt als den *Bereich* in der Organisation der Sparkasse, der *Kredit*geschäfte initiiert und bei Kreditentscheidungen ein *Votum* hat (BTO Ziffer 2a MaRisk). In der Praxis sind dies alle Vertriebseinheiten mit Kundenkontakt, in erster Linie die Kompetenzcenter und Filialen der Sparkasse. Dem Markt steht der eigenständige *Bereich Marktfolge* gegenüber. Beide Bereiche müssen bis auf Vorstandsebene hinauf aufbauorganisatorisch getrennt sein. Dem Vorstandsmitglied, das für den Markt verantwortlich ist (Marktvorstand), dürfen nicht auch die *Marktfolge*, *Risikocontrolling* und weitere in den MaRisk festgelegte *Funktionen* unterstehen (BTO Ziffer 3 MaRisk). Die strikte Trennung zwischen den *Bereichen* Markt und *Marktfolge* ergibt sich aus der Vorgabe, zumindest im *risikorelevanten Geschäft* bei jeder Kreditentscheidung zwei voneinander unabhängige, zustimmende *Voten* herbeizuführen (BTO 1.1. Ziffer 2 MaRisk), eines durch den Markt, das andere durch die *Marktfolge*. Die Sparkasse kann dem Marktfolgevorstand nur die Teile des Markts zuordnen, die ausschließlich nicht-*risikorelevantes* Kreditgeschäft initiieren. Sehr kleine Sparkassen können auf die durchgängige Trennung der *Bereiche* Markt und *Marktfolge* unter bestimmten Voraussetzungen verzichten (BTO 1.1 Ziffer 1 MaRisk).

Marktfolge
Den *Mindestanforderungen an das Risikomanagement* zufolge ist die Marktfolge der *Bereich*, der bei Entscheidungen über *Kredite* ein weiteres, vom *Bereich Markt* unabhängiges, gleichwertiges *Votum* abgibt (BTO Ziffer 2b MaRisk). Die Marktfolge ist in diesem Zusammenhang also nicht gleichzusetzen mit der Kreditsachbearbeitung. Das Aufsichtsrecht lässt so genannte »Teamlösungen« zu, bei denen die Sparkasse ihre Kundenbetreuer und die Kreditsachbearbeitung gemeinsam dem *Bereich Markt* zuordnet. Theoretisch ließe sich die Marktfolge

allein auf die *Stelle* oder *Funktion* reduzieren, die das zweite *Votum* im *risikorelevanten* Kreditgeschäft abgibt. Praktisch ist es sinnvoll, in der Marktfolge weitere *Funktionen* anzusiedeln, die ausdrücklich vom *Markt* getrennt sein müssen. Hierzu gehören unter anderem die Überprüfung *bestimmter Sicherheiten*, Vorschläge zur *Risikovorsorge* bei *bedeutenden Engagements*, Bearbeitung oder Überwachung von *Problemkrediten* oder die Verantwortung für die *Risikoklassifizierungs*verfahren der Sparkasse.

Marktliquiditätsrisiko
vgl. Liquiditätsrisiko

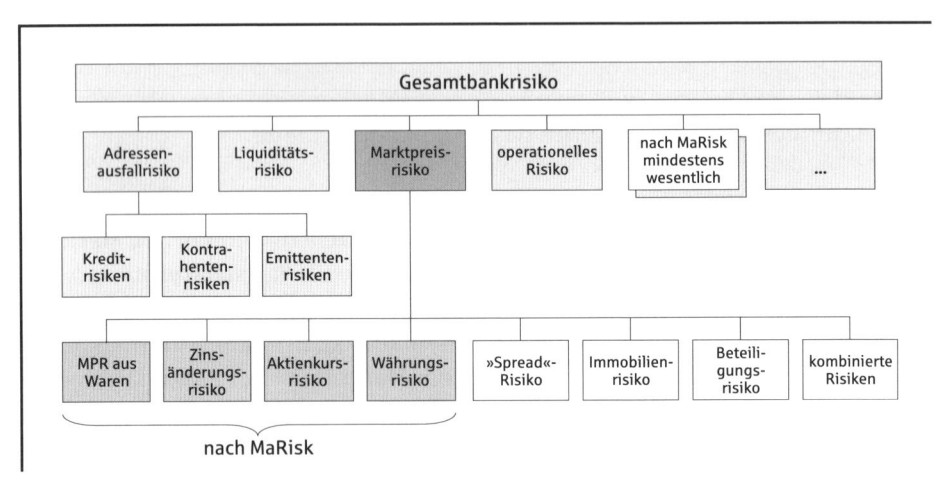

Abb. 40:   Ausprägungen des Marktpreisrisikos

Marktpreisrisiko

Das Zinsniveau am *Geld- und Kapitalmarkt* und die Kurse an den Aktienmärkten verändern sich ständig. Das hat unmittelbare Auswirkungen auf die Sparkasse: Der Wert ihrer *Eigenanlagen* steigt oder fällt; im Kreditgeschäft und im *Einlagen*geschäft muss sie sich laufend an ein verändertes Zinsniveau anpassen. Die Preisschwankungen an den Finanzmärkten können sich für die Sparkasse vorteilhaft auswirken. Sie können aber auch zu *Verlusten* und zu sinkenden *Zinsüberschüssen* führen. Diese Gefahr wird als Marktpreisrisiko bezeichnet. Das *Zinsänderungsrisiko* und das *Aktienkursrisiko* sind für die Sparkasse in der Regel die wichtigsten Ausprägungen des Marktpreisrisikos (vgl. Abb. 40). Hinzu kommen u. a. das *Währungsrisiko*, das *Optionspreisrisiko* und das *Immobilienrisiko*. Im Sinne der *Mindestanforderungen an das Risikomanagement* gehören die Marktpreisrisiken zu den *wesentlichen Risiken* der Sparkasse (AT 2.2 MaRisk). Im Konzept der *Risikotragfähigkeit* haben sie zusammen mit den *Adressenausfallrisiken* die größte Bedeutung. Die Sparkasse ist grundsätzlich verpflichtet, Marktpreisrisiken mit einem System von *Limiten* zu begrenzen (BTR 2.1 Ziffer 1 MaRisk). Das *Risikocontrolling* muss die Marktpreisrisiken regelmäßig messen. Bei

Positionen des *Handelsbuchs* geschieht das täglich (BTR 2.2 Ziffern 2 und 3 MaRisk), bei Positionen des *Anlagebuchs* mindestens vierteljährlich (BTR 2.3 Ziffern 1 und 2 MaRisk). Ob die Risiken dabei handelsrechtlich oder betriebswirtschaftlich erfasst werden, liegt im Ermessen der Sparkasse. Zudem werden schriftlich informiert:

1. der Gesamtvorstand mindestens vierteljährlich über die insgesamt eingegangenen Marktpreisrisiken und regelmäßig auch über die Ergebnisse von *Stresstests* (BTR 2.1 Ziffer 5 und AT 4.3.2 Ziffer 3 MaRisk);
2. der Verwaltungsrat vierteljährlich im Rahmen des Berichts über die Risikosituation der Sparkasse (AT 4.3.2 Ziffer 6 MaRisk);
3. das für das *Risikocontrolling* zuständige Vorstandsmitglied täglich und spätestens am nächsten Geschäftstag über Gesamtrisiko, Ergebnis und Auslastung der *Limite* des *Handelsbuchs* (BTR 2.2 Ziffer 3 MaRisk).

Werden Marktpreisrisiken »schlagend«, verändern sich also Preise, Kurse und Zinssätze an den Finanzmärkten tatsächlich zum Nachteil der Sparkasse, schlägt sich das in der *Gewinn- und Verlustrechnung* vor allem in einem sinkenden *Zinsüberschuss* (vgl. auch *Zinsspannenrisiko*) und in *außerplanmäßigen Abschreibungen* auf *Eigenanlagen* nieder (vgl. *Abschreibungsrisiko*). Bei betriebswirtschaftlicher Betrachtungsweise vermindert sich der *Barwert* des *Anlagebuchs* und des *Handelsbuchs*. Die in der *CRR*-Verordnung festgelegten Anforderungen an die *Eigenmittel* der Sparkasse betreffen nur einen kleinen Teil der Marktpreisrisiken (vgl. *Marktrisiko*).

Marktschwankungskonzept

Wegen des grundsätzlich deutlichen niedrigeren Ausfallrisikos stellt die *CRR-Verordnung* an *Realkredite* unter bestimmten Voraussetzungen reduzierte *Eigenmittelanforderungen*. Der *Kreditrisiko-Standardansatz* sieht für sie eine eigene Forderungsklasse mit einem *Risikogewicht* von 35 Prozent bei Besicherung mit Wohnimmobilien bzw. 50 Prozent bei Besicherung mit Gewerbeimmobilien vor (§ 125, 126 CRR). Oberhalb gewisser Bagatellgrenzen muss die Sparkasse den Wert der belasteten Immobilien allerdings regelmäßig überwachen – gewerbliche Immobilien mindestens jährlich, Wohnimmobilien mindestens alle drei Jahre. Die statistische Methodik des Marktschwankungskonzepts erleichtert es, dieser Verpflichtung für einen großen Teil der *Grundpfandrechte* nachzukommen. In dieses Konzept fließt die Wertentwicklung von repräsentativen Referenzobjekten in 20 Städten (bei Wohnimmobilien: 51 Städten) des Bundesgebiets zusammen. Dabei wird bei Gewerbeimmobilien zwischen Büroimmobilien und Handelsimmobilien, bei Wohnimmobilien zwischen Mehrfamilienhäusern, Eigentumswohnungen und Einfamilienhäusern unterschieden. Liegen die im Rahmen des Marktschwankungskonzepts für diese Kategorien bundesweit ermittelten Marktwertverluste innerhalb der letzten drei Jahre bei Gewerbeimmobilien unter 10 Prozent, bei Wohnimmobilien unter 20 Prozent, muss die Sparkasse Immobilien dieser Art nicht selber neu bewerten oder einer Einzelüberprüfung unterziehen. Überstiegen die ermittelten Verluste die genannten Grenzen, könnte sie die *Beleihungswerte* der betroffenen Immobilien pauschal abwerten. Nicht anwenden kann die Sparkasse das Marktschwankungskonzept auf Immobilien, die einen bestimmten Wert überschreiten; hier ist weiterhin eine Einzelfallprüfung durch einen unabhängigen Sachverständigen im Drei-Jahres-Rhythmus erforderlich. Das Marktschwankungskonzept ist innerhalb der gesamten deutschen Kreditwirtschaft und mit der *Bundesanstalt für Finanzdienstleistungsaufsicht* ausdrücklich abgestimmt.

Marktrisiko

Als Marktrisiko grenzt die *CRR*-Verordnung den Teil der *Marktpreisrisiken* ab, den die Sparkasse mit *Eigenmitteln* unterlegen muss. Einem Marktrisiko unterliegen demzufolge u. a. offene Fremd-Währungspositionen sowie offene Risikopositionen im *Handelsbuch*. Potenzielle Wertminderungen im *Anlagebuch*, die sich aus *Zinsänderungsrisiken* ergeben, gelten nicht als Marktrisiko.

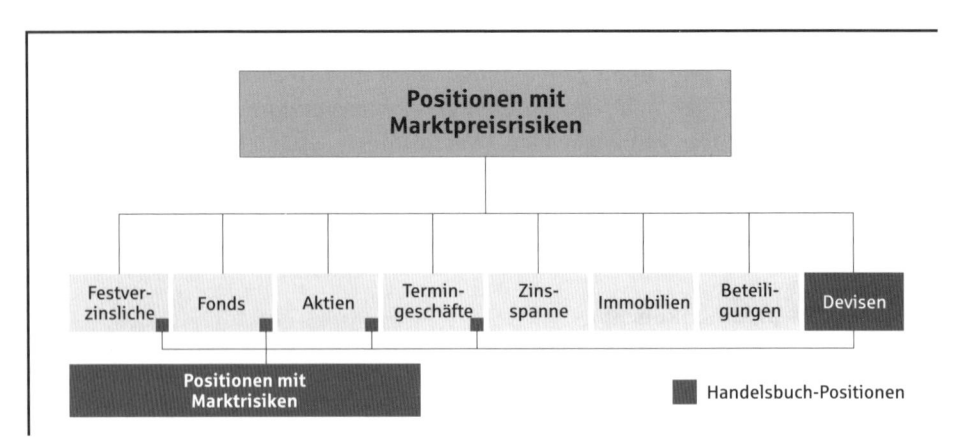

Abb. 41: Abgrenzung von Marktrisiken

Marktzinsmethode

Die Marktzinsmethode zerlegt die *Zinsspanne* des Kundengeschäfts der Sparkasse in *Zinskonditionsbeiträge* und *Strukturbeiträge*. Dazu stellt sie zunächst jedem einzelnen Kundengeschäft ein – fiktives – Geld- oder *Kapitalmarkt*geschäft gleicher *Laufzeit* (*Opportunitätsgeschäft*) gegenüber. Denn theoretisch könnte die Sparkasse Geld am *Kapitalmarkt* anlegen, anstatt es als *Kredit* an einen Kunden herauszulegen. Und statt *Spareinlagen* entgegenzunehmen, könnte sie sich das zur *Refinanzierung* notwendige Geld am *Geldmarkt* oder *Kapitalmarkt* ausleihen. Die Differenz zwischen dem Zins des Kundengeschäfts und dem Zins des *Opportunitätsgeschäfts* (*Opportunitätszins*) bildet den *Zinskonditionsbeitrag*. Den *Strukturbeitrag* erzielt die Sparkasse aus der *Fristentransformation*.

Maßgeblichkeitsprinzip

Das Maßgeblichkeitsprinzip kennzeichnet das Verhältnis zwischen *Handelsbilanz* und *Steuerbilanz*. Nach dem Einkommensteuergesetz (§ 5 Abs. 1) sind die *Grundsätze ordnungsmäßiger Buchführung* für die *Steuerbilanz* maßgebend. Die Regelungen des *Handelsgesetzbuchs* (HGB) entsprechen diesen Grundsätzen. Deshalb stellt die Sparkasse zunächst die *Handelsbilanz* auf und leitet aus ihr die *Steuerbilanz* ab. Bei der steuerlichen Gewinnermittlung setzt die Sparkasse ihr Betriebsvermögen also grundsätzlich so an wie in der *Handelsbilanz*. Wenn handelsrechtlich und steuerrechtlich verbindliche Vorschriften allerdings voneinander abweichen, können *Handelsbilanz* und *Steuerbilanz* auch auseinander fallen. Beispiel ist eine handelsrechtliche gebotene *Einzelwertberichtigung* auf ein Kreditengagement der Sparkasse, bei der die steuerrechtlichen Voraussetzungen an eine Wertkorrektur noch nicht gegeben sind. Darüber hinaus gibt es verschiedene steuerliche Sonderregelungen, die das Maßgeblichkeitsprinzip einschränken oder durchbrechen. Für Aktivierungswahlrechte in der *Handelsbilanz* besteht beispielsweise ein Aktivierungsgebot in der *Steuerbilanz*; für Passivierungswahlrechte der Handelsbilanz ein Passivierungsverbot in der *Steuerbilanz*.

Master KAG

vgl. Spezialfonds

Meldewesen

Weitaus häufiger und intensiver als andere Branchen der Volkswirtschaft sind Banken und Sparkassen verpflichtet, in regelmäßigen Abständen Statistiken und Meldungen zu erstellen. Dieses umfangreiche Meldewesen resultiert aus dem politischen Willen, das Geschehen in der Kreditwirtschaft eng zu überwachen. Es ist ein wichtiges Instrument der Aufsichtsbehörden, um Verflechtungen, Verlustrisiken und sich abzeichnende Schieflagen rechtzeitig zu erkennen. Im Geschäftsalltag der Sparkasse am bedeutsamsten sind neben einer monatlichen Bilanzstatistik regelmäßige Meldungen zu *Eigenmittelnl, Liquidität, Großkrediten* und *Millionenkrediten*. Daneben muss die Sparkasse vor allem die Meldepflichten des § 24 KWG beachten, beispielsweise zu Beteiligungen oder zu Nebentätigkeiten von Vorstandsmitgliedern. Adressat der Meldungen ist überwiegend die *Deutsche Bundesbank*. Das Meldewesen wird in den nächsten Jahren deutlich umfangreicher werden. Unter Verweis auf internationale Standards hat die *Deutsche Bundesbank* ein modular aufgebautes Konzept erarbeitet, das u. a. auch die regelmäßige Meldung von Ertragsdaten und von Informationen zur *Risikotragfähigkeit* vorsieht.

Mengengeschäft

Im allgemeinen kreditwirtschaftlichen Sprachgebrauch bezeichnet das Mengengeschäft die Geschäftsbeziehungen eines *Kreditinstituts* zu Privatkunden und kleineren gewerblichen Kunden (vgl. *Retailgeschäft*). Im aufsichts-

rechtlichen Sinne ist das Mengengeschäft eine gesonderte Forderungsklasse mit reduzierten *Eigenmittelanforderungen*. Gemäß Artikel 123 *CRR*-Verordnung verringert sich das *Risikogewicht* von *Krediten* auf 75 Prozent, wenn folgende Voraussetzungen gegeben sind:
1. Der Kreditkunde der Sparkasse ist eine natürliche Person oder ein kleines oder mittleres Unternehmen (KMU).
2. Der *Kredit* ist einer von vielen Krediten mit ähnlichen Merkmalen, so dass das Risiko für die Sparkasse erheblich kleiner wird (Granularität).
3. Der Kunde bzw. die *Gruppe verbundener Kunden* schuldet der Sparkasse maximal 1 Mio EUR. *Kredite*, die vollständig durch Wohnimmobilien gesichert sind, werden dabei nicht berücksichtigt.

Für den Teil des Mengengeschäfts, der kleinen und mittleren Unternehmen zuzurechnen ist, reduziert sich das effektive *Risikogewicht* durch einen *Unterstützungsfaktor* auf ca. 57 Prozent.

Metafinanzierung

Bei einer Metafinanzierung (auch: Konsortialkredit, syndizierter Kredit) wickelt die Sparkasse ein Kundenkreditgeschäft mit einem oder mehreren anderen *Kreditinstituten* gemeinsam ab. Die Anteile der beteiligten Institute müssen nicht gleich hoch sein, sind aber maßgebend für die Aufteilung der *Erträge* und der *Aufwendungen* aus diesem Geschäft. Bei einem offenen Metakredit ist der Kreditkunde über die gemeinsame Finanzierung informiert. Tritt dagegen nur das konsortialführende Institut in Erscheinung, handelt es sich um eine verdeckte Metafinanzierung. Metapartner der Sparkasse sind überwiegend Schwesterinstitute und Landesbanken, mitunter auch private Geschäftsbanken. Der administrative Aufwand liegt größtenteils beim Konsortialführer; er erhält dafür von den Partnerinstituten oder vom Kunden ein gesondertes Entgelt. Die Sparkasse initiiert Metafinanzierungen, wenn sie wichtige Firmenkunden zwar weiter begleiten will, die Höhe solcher Kreditengagements aber in der Nähe der festgelegten *Kreditobergrenzen* liegt. Gleichzeitig bieten Metakredite die Möglichkeit, das *Adressenausfallrisiko* größerer Engagements mit anderen *Kreditinstituten* zu teilen und damit die eigene Risikosituation zu verbessern. In die *Bilanz* der Sparkasse gehen Metakredite nur mit dem vereinbarten Anteil an der Gesamtfinanzierung ein. Größere mittelständische Kunden betreiben die Metafinanzierung mitunter aktiv, um ihrer Fremdfinanzierung im Rahmen eines so genannten »Club Deals« größere Stabilität zu verleihen. Zugute kommt ihnen dabei vor allem, dass keines der beteiligten *Kreditinstitute* ein einseitiges Kündigungsrecht hat. Im Gegenzug müssen sich die Kunden – abhängig von ihrer *Bonität* – in ergänzenden *Covenants* oft verpflichten, bestimmte Finanzkennziffern offen zu legen und während der *Laufzeit* einzuhalten.

Metageschäft
vgl. Metafinanzierung

Mezzanine-Kapital

Als Mezzanine-Kapital bezeichnet die Kreditwirtschaft verschiedene Finanzierungsinstrumente, die für ein Unternehmen zwischen *Eigenkapital* und *Fremdkapital* stehen, beispielsweise *stille Einlagen*, Nachrangdarlehen oder Genussscheine. Vor allem für familiengeführte mittelständische Unternehmen kann Mezzanine-Kapital attraktiv sein, weil der Einfluss der Kapitalgeber trotz der Eigenkapitalnähe beschränkt ist. Mezzanine-Kapital gilt im Rahmen von *Private Equity* als flexibler Ansatz für Wachstumsfinanzierungen. Allerdings ist die Verzinsung relativ hoch, zudem muss das Unternehmen das hereingeholte Kapital zu einem vorher festgelegten Zeitpunkt zurückzahlen. Das kann zu Refinanzierungsproblemen führen, wenn die Ertrags- und Liquiditätssituation des Unternehmens bei Fälligkeit des Mezzanine-Kapitals angespannt ist. Mezzanine-Mittel dritter Kapitalgeber sind für die Hausbank eines gewerblichen Kunden also nicht ohne Risiko.

Migrationsmatrix

Aus einer Migrationsmatrix lässt sich die Wahrscheinlichkeit ablesen, mit der das aktuelle *Rating* eines Kreditkunden der Sparkasse binnen eines Jahres entweder gleich bleibt oder sich in ein anderes *Rating* verändert. Das Wissen um diese Wahrscheinlichkeit ist insbesondere wichtig, um den Wert eines *Kreditportfolios* ermitteln zu können (vgl. *Credit Portfolio View*)

Mikro-Hedge

Vgl. Hedging

Millionenkredit

Als Millionenkredit gemäß § 14 KWG muss die Sparkasse melden, wenn das Kreditvolumen bei einem Kunden 1 Mio. EUR (ab 1. Januar 2015) erreicht oder übersteigt. *Kredite* an einzelne Adressen derselben *Kreditnehmereinheit* sind zusammenzufassen. Was als *Kredit* gilt und was nicht, hat der Gesetzgeber in §§ 19 und 20 KWG definiert. Die Sparkasse muss die Millionenkredite – ebenso wie *Großkredite* – vierteljährlich bei der *Deutschen Bundesbank* anzeigen. Inhalte und Fristen der Anzeigen präzisiert die Groß- und Millionenkreditverordnung (GroMiKV). Bei einer Metafinanzierung mit anderen *Kreditinstituten* ist die Meldung auch dann erforderlich, wenn der Anteil der Sparkasse unter 1 Mio. EUR liegt. Wichtig ist die ebenfalls im *Kreditwesengesetz* geregelte Benachrichtigungspflicht der *Deutschen Bundesbank*. Sie fungiert als Evidenzzentrale und muss die Sparkasse informieren, wenn ein gemeldeter Kreditkunde auch von anderen meldepflichtigen *Kreditinstituten* und Unternehmen Millionenkredite erhalten hat (§ 14 Abs. 2 KWG). Die Meldung der *Deutschen Bundesbank* umfasst dann die angezeigte Gesamtverschuldung des Kreditkunden (gegebenenfalls auch der *Kreditnehmereinheit*, der er angehört) und die Anzahl der kreditgebenden *Kreditinstitute* und Unternehmen. Auf diese Weise bekommt die Sparkasse zusätzliche Informationen über den Auf- und Abbau von Verbindlichkeiten wichtiger Kreditkunden. Das von der Aufsicht angekündigte neue Meldewesen wird die Vorschriften zu Millionenkrediten in den nächsten Jahren deutlich verschärfen. So soll die Meldegrenze unter Umständen auf 750.000 EUR sinken. Zudem ist nicht ausgeschlossen, dass sich die Meldefrequenz auf einen Monats-Turnus verkürzt.

Mindestanforderungen an das Risikomanagement

Die »Mindestanforderungen an das Risikomanagement der Kreditinstitute« (MaRisk) sind verbindliche Vorgaben der *Bundesanstalt für Finanzdienstleistungsaufsicht* für das *Risikomanagement* in deutschen *Kreditinstituten*. Sie sind zentraler Baustein der qualitativen Bankenaufsicht und konkretisieren den wichtigsten Teil der in § 25a KWG aufgeführten »besonderen organisatorischen Pflichten«. Die MaRisk haben eine ganzheitliche, vom Gedanken der Eigenverantwortlichkeit geprägte Risikobetrachtung in das Aufsichtsrecht eingeführt. Sie lösen die frühere regelbasierte durch eine prinzipienbasierte Aufsicht ab und flexibilisieren das *Risikomanagement*. Damit berücksichtigen sie insbesondere, dass Geschäftsbanken, genossenschaftliche Banken und Sparkassen unter sehr unterschiedlichen Zielsetzungen und Rahmenbedingungen arbeiten. Die regulatorischen Anforderungen an die Institute einerseits und die Intensität der Aufsicht andererseits sollen in einem ausgewogenen und angemessenen Verhältnis zu Größe, Komplexität und Risikogehalt des jeweiligen Instituts stehen. Die MaRisk eröffnen in zahlreichen Passagen Gestaltungsspielräume für unternehmerische Entscheidungen. Gleichzeitig haben die einzelnen Institute dafür Sorge zu tragen, mit diesen Spielräumen pflichtgemäß und gewissenhaft umzugehen sowie Ermessensentscheidungen nachvollziehbar zu begründen und zu dokumentieren. Nicht nur fehlerhafte Kreditentscheidungen können große Verluste verursachen; auch andere Geschäftsfelder bergen unter Umständen existenzgefährdende Verlustpotenziale. Deshalb fordern die MaRisk das Management aller *wesentlichen Risiken*. Die MaRisk sind modular aufgebaut. Im »allgemeinen Teil« (Modul AT) legt die BaFin die Prinzipien des *Risikomanagements* fest. Im »besonderen Teil« (Modul BT) folgen die spezifischen Anforderungen an die Organisation bzw. die Prozesse des internen Kontollsystems und der *internen Revision*.

Mindestreserve

Die Mindestreserve ist das Guthaben, das die Sparkasse aufgrund gesetzlicher Vorschriften bei der *Deutschen Bundesbank* unterhalten muss. Die Höhe des Mindestreserve-Solls errechnet sich aus den reservepflichtigen Positionen der *Bilanz* und dem Mindestreservesatz. Grundsätzlich mindestreservepflichtig sind *Einlagen* und begebene *Schuldverschreibungen*. Die *Europäische Zentralbank* hat den Mindestreservesatz auf 1 Prozent festgelegt; d. h. 1 Prozent der mindestreservepflichtigen Positionen muss die Sparkasse als Pflichtguthaben bei der *Deutschen Bundesbank* führen. Nur bei *Laufzeiten* oder *Kündigungsfristen* von mehr als zwei Jahren beträgt der Mindestreservesatz 0 Prozent. Das Mindestreserve-Soll ist nicht täglich, sondern im kalendertäglichen Durchschnitt als Guthaben zu halten. Es wird von der *Deutschen Bundesbank* verzinst. Die Sparkasse kann die Mindestreserve als Arbeitsguthaben für ihren laufenden Zahlungsverkehr nutzen. Die Mindestreserve gehört zum geldpolitischen Instrumentarium des Eurosystems. Sie wirkt am *Geldmarkt* als Puffer, der starke Liquiditätsausschläge ausgleicht und die Zinsentwicklung verstetigt. Höhere Mindestreservesätze wirken liquiditätsverknappend und schränken die *Kreditinstitute* bei der Kreditvergabe ein; niedrigere Sätze bringen zusätzliche Liquidität in das Bankensystem. Den rechtlichen Rahmen für die Mindestreservepolitik bilden die Satzung der Europäischen Zentralbank (EZB) sowie einschlägige Verordnungen des Rates der Europäischen Union und der EZB. Von bestimmten Ausnahmen abgesehen sind alle in den Teilnehmerländern zugelassenen *Kreditinstitute* mindestreservepflichtig. Kommt ein *Kreditinstitut* seiner Reservepflicht nicht nach, kann die Zentralbank Strafzinsen erheben.

Mitarbeiter- und Beschwerderegister

Das Mitarbeiter- und Beschwerderegister ist eine elektronische Datenbank der *Bundesanstalt für Finanzdienstleistungsaufsicht* (BaFin). Die Sparkasse muss dort seit dem 1. November 2012 ihre Anlageberater, ihre Vertriebsbeauftragten und ihre *Compliance*-Beauftragten anzeigen. Gesetzliche Grundlage ist § 34d WpHG. Demnach sind alle *Kreditinstitute* verpflichtet, mit der Anlageberatung ihrer Kunden nur zuverlässiges und ausreichend qualifiziertes Personal zu betrauen. Zudem verlangt die BaFin, weitere aufsichtsrelevante Informationen in die Datenbank einzugeben, beispielsweise die Anzahl der Kundenbeschwerden über die Anlageberatung eines Mitarbeiters. Die WpHG-Mitarbeiteranzeigeverordnung konkretisiert u. a. die Anforderungen an die Sachkunde der Anlageberater. Sofern die dort genannten Inhalte vermittelt wurden, gelten Bank-/Sparkassenkaufleute, Sparkassenfachwirte und Sparkassenbetriebswirte grundsätzlich als sachkundig. Gleiches gilt für Mitarbeiter, die seit Beginn des Jahres 2006 ununterbrochen in der Anlageberatung tätig sind (»Alte Hasen«-Regelung). Setzt die Sparkasse nicht ausreichend qualifizierte Mitarbeiter als Anlageberater, Vertriebsbeauftragte oder Compliance-Beauftragte ein oder verstoßen Mitarbeiter auffallend häufig gegen Vorschriften des WpHG, kann die BaFin nach Prüfung des Einzelfalls Verwarnungen erteilen und Bußgeldverfahren einleiten. Schlimmstenfalls könnte die Behörde der Sparkasse sogar für eine Dauer von bis zu zwei Jahren untersagen, einen Mitarbeiter in der Anlageberatung zu beschäftigen.

Monoliner

Monoliner sind spezialisierte Versicherungsunternehmen, die vor allem die Käufer von *Schuldverschreibungen* gegen den *Ausfall* von Zins- und Tilgungszahlungen schützen. Eine solche Zahlungsgarantie hebt die *Bonität* eines *Wertpapiers* de facto auf das Niveau des Monoliners. Dem *Emittenten* des *Wertpapiers* gelingt es auf diese Weise, den Zinssatz und damit die Refinanzierungskosten zu senken. Um Geschäfte abschließen zu können, ist es für einen Monoliner sehr wichtig, selbst ein erstklassiges *Rating* zu haben. Die weltweit größten Akteure haben ihren Sitz in den USA. Sie entstanden dort in erster Linie, um die Anleihen amerikanischer Städte und Kommunen von Ausfallrisiken zu befreien. Denn staatliche Garantien für Kommunen gibt es in den USA nicht. Im Laufe der Zeit dehnten die Monoliner ihr Geschäftsmodell auch auf andere, risikoreichere *Wertpapiere* und Kreditkonstrukte aus. Aus Sicht der Bankenaufsicht haben Monoliner heute eine große Bedeutung für die Stabilität der Finanzmärkte. Der Ausfall eines Monoliners hätte weit reichende Folgen. Besonderes Augenmerk liegt deshalb auf einer auskömmlichen Relation zwischen dem *Eigenkapital* des Monoliners einerseits sowie dem Volumen und der Risikostruktur der von ihm versicherten Anleihen andererseits.

Moratorium

Wenn eine Bank in Insolvenzgefahr gerät, kann die *Bundesanstalt für Finanzdienstleistungsaufsicht* verschiedene in § 46 KWG festgelegte Maßnahmen ergreifen. Sie kann der Bank beispielsweise vorübergehend verbieten, *Einlagen* oder zugesagte *Kredite* auszuzahlen, Vermögensgegenstände zu veräußern oder Zahlungen entgegenzunehmen. Damit soll die Bank Zeit bekommen, sich wieder zu stabilisieren. Gelingt das nicht, stellt die BaFin den Entschädigungsfall fest. Dann greift die gesetzliche oder freiwillige *Einlagensicherung*.

Nachrangige Verbindlichkeiten

Mit der Aufnahme nachrangiger Verbindlichkeiten (z. B. Sparkassen-Kapitalbrief) kann die Sparkasse ihre *Eigenmittel* verstärken. Sofern die in Artikel 63 CRR festgelegten Voraussetzungen erfüllt sind, zählen sie zum *Ergänzungskapital*. In diesem Fall muss die Sparkasse über die Gesamthöhe ihrer nachrangigen Verbindlichkeiten im *Offenlegungsbericht* informieren. Die aufsichtsrechtlichen Anforderungen an nachrangige Verbindlichkeiten haben sich mit Umsetzung des *Basel III/CRD IV*-Regelwerks nochmals verschärft. Deshalb wird die Sparkasse Mühe haben, nachrangiges Kapital im Kundengeschäft neu zu platzieren. Altbestände genießen einen bis zum Jahr 2021 jährlich abschmelzenden Bestandsschutz. Die Sparkasse kann sie somit während dieses Übergangszeitraums teilweise noch als *Ergänzungskapital* anrechnen, obwohl die neuen Kriterien nicht erfüllt sind. In der *Bilanz* sind nachrangige Verbindlichkeiten unter Posten 9 auf der Passivseite gesondert ausgewiesen. Daneben verlangt die *Rechnungslegungsverordnung* bestimmte ergänzende Informationen im *Anhang* des *Jahresabschlusses* (§ 35 Abs. 3 RechKredV).

Nachschusspflicht

Die Nachschusspflicht legt dem Gesellschafter eines Unternehmens auf, das bestehende Gesellschaftskapital nachträglich zu erhöhen oder *Verluste* auszugleichen. Sie kann sich aus Gesetz, Satzung oder Gesellschaftsvertrag ergeben und ist entweder unbeschränkt oder auf einen bestimmten Betrag beschränkt.

Im Kreditgeschäft schützt sich die Sparkasse mit einer Nachschusspflicht vor einem Wertverlust von *Kreditsicherheiten*. Sie kann einen Kreditkunden beispielsweise verpflichten, zusätzliche Barmittel oder *Wertpapiere* einzubringen, wenn der *Kurswert* eines verpfändeten Depots unter eine vereinbarte Summe sinkt. Die Allgemeinen Geschäftsbedingungen sehen in Nr. 22 (1) ein Nachbesicherungsrecht der Sparkasse vor, wenn sich ihr Risiko aus einem Kreditengagement erhöht.

Nahe stehende Unternehmen und Personen

Natürliche Personen sowie juristische Personen und Unternehmen gelten als »nahe stehend«, wenn sie die Sparkasse beherrschen bzw. unmittelbar oder mittelbar wesentlichen Einfluss auf sie ausüben können. Gleiches gilt umgekehrt für Unternehmen und Personen, auf die die Sparkasse beherrschenden oder wesentlichen Einfluss haben kann. Bei der Sparkasse sind nahe stehende Unternehmen und Personen u. a.:
1. die Mitglieder des Verwaltungsrats (einschließlich Stellvertreter)
2. die Mitglieder des Vorstands (einschließlich Stellvertreter)
3. leitende Angestellte der Sparkasse, die dem Vorstand direkt berichten und für die Planung, Leitung oder Kontrolle der Sparkasse zuständig sind
4. die *verbundenen Unternehmen* der Sparkasse (z. B. Tochtergesellschaften)
5. der/die Träger der Sparkasse
6. bei Zweckverbandssparkassen: der Zweckverband und deren wesentliche Mitglieder
7. Unternehmen, auf die der/die Träger bzw. die Mitglieder eines Zweckverbands direkt oder indirekt beherrschenden Einfluss ausüben können

Das *Handelsgesetzbuch* fordert, im *Anhang* des *Jahresabschlusses* über *wesentliche* Geschäfte mit nahe stehenden Unternehmen und Personen zu berichten (§ 285 Nr. 21 HGB). Die Sparkasse kann dieser Informationspflicht auf zweierlei Art nachkommen. Entweder sie berichtet über alle *wesentlichen* Geschäfte. Oder sie beschränkt sich auf die *wesentlichen* Geschäfte, die sie zu nicht marktüblichen Konditionen abgeschlossen hat. Die Sparkasse muss dann festlegen, was sie als *wesentlich* und als nicht marktüblich ansieht. Gibt es keine Geschäfte mit nahe stehenden Unternehmen und Personen, auf die beide Kriterien zutreffen, kann die Sparkasse auf die Angabe im *Anhang* verzichten; eine Negativanzeige ist nicht erforderlich.

Namenspfandbrief

Im Gegensatz zu einem *Pfandbrief*, der als *Inhaberschuldverschreibung* ausgestattet ist, lautet der Namenspfandbrief auf den Namen des Erwerbers. Nur an ihn darf die Pfandbriefbank Zins- und Tilgungszahlungen leisten. Gleichzeitig kann sie die speziellen Bedürfnisse des Käufers schon bei der *Emission* berücksichtigen. Auch der Namenspfandbrief ist durch eine genau bezeichnete Deckungsmasse (Hypothekendarlehen, Kommunaldarlehen, hypothekarisch gesicherte Schiffs- oder Flugzeugfinanzierungen) gesichert und daher mit einem vergleichsweise geringen Ausfallrisiko verbunden. Investiert die Sparkasse in einen Namenspfandbrief, bilanziert sie ihn nicht unter dem Posten »*Schuldverschreibungen* und andere festverzinsliche *Wertpapiere*«, sondern unter dem Posten »Forderungen an *Kreditinstitute*«. Sie setzt ihn dabei zum *Nennwert* bzw. zu den *Anschaffungskosten* an – und nicht – wie bei einem börsennotierten Pfandbrief – zum Tageskurs am *Bilanzstichtag*. Deshalb ist der Erwerb von Namenspfandbriefen für die Sparkasse vor allem interessant, wenn sie mit einem Anstieg des Zinsniveaus rechnet und ihre daraus sich ergebenden *Abschreibungsrisiken* begrenzen möchte.

Negativerklärung
vgl. Negativklausel

Negativklausel
Mit der Negativklausel (auch: Negativerklärung) verpflichtet sich ein Kreditkunde, eine *Immobilie* nicht ohne Zustimmung des Sparkasse mit *Grundpfandrechten* zu belasten oder zu verkaufen. Die Sparkasse kann die Negativklausel ersatzweise fordern, wenn Kunden guter und sehr guter *Bonität* keine banküblichen *Kreditsicherheiten* stellen wollen. Die Negativklausel wird im *Grundbuch* nicht eingetragen. Deshalb setzt die Sparkasse sie bei der Ermittlung des *Blankoanteils* nicht an.

Nennwert
Der Nennwert ist der in Urkunde genannte Nominalwert eines *Wertpapiers*. Er lautet in Deutschland auf Euro. Bei der *Aktie* bezeichnet der Nennwert den betragsmäßigen Anteil des Aktionärs am Grundkapital der Aktiengesellschaft, bei einer *Schuldverschreibung* die Höhe der Forderung des Gläubigers. Der Nennwert weicht nicht nur bei *Aktien*, sondern in vielen Fällen auch bei *Schuldverschreibungen* vom *Emissionskurs* ab.

Nettoabsatz
vgl. Wertpapierabsatz

Nettoaufwand des Handelsbestands
vgl. Handelsergebnis

Nettoergebnis des Handelsbestands
vgl. Handelsergebnis

Nettoertrag des Handelsbestands
vgl. Handelsergebnis

Nettozinsspanne
vgl. Zinsspanne

Neutraler Aufwand
Der neutrale Aufwand umfasst in *Erfolgsrechnung* und *Betriebsvergleich* alle *Aufwendungen* der Sparkasse, die keine *Kosten* sind und demnach zur betrieblichen Leistung im betrachteten Geschäftsjahr nicht beitragen. Deshalb bleibt er vor allem bei der Kalkulation von Konditionen unberücksichtigt. Zum neutralen Aufwand zählen:
1. *betriebsfremde* Aufwendungen (z. B. Spenden);
2. *aperiodische Aufwendungen*;
3. *außerordentliche Aufwendungen*.

Die interne *Erfolgsrechnung* der Sparkasse weist den neutralen Aufwand gesondert aus; er geht nicht in das *Betriebsergebnis* ein. Anders in der *Gewinn- und Verlustrechnung*, die den Begriff des neutralen Aufwands nicht kennt: hier schmälert ein Teil des neutralen Aufwands, nämlich einige *betriebsfremde Aufwendungen* und die *aperiodischen Aufwendungen*, das *Betriebsergebnis*.

Neutraler Ertrag
Der neutrale Ertrag bezeichnet in *Erfolgsrechnung* und *Betriebsvergleich* Erträge der Sparkasse, die keine *Erlöse* sind, also nicht aus dem betrieblichen Leistungsprozess des laufenden Geschäftsjahrs stammen. Der neutrale Ertrag gliedert sich in:
1. *betriebsfremde Erträge*;
2. *aperiodische Erträge*;
3. *außerordentliche Erträge*.

Die interne *Erfolgsrechnung* der Sparkasse weist den neutralen Ertrag gesondert aus; er geht nicht in das *Betriebsergebnis* ein. Anders in der *Gewinn- und Verlustrechnung*, die den Begriff des neutralen Ertrags nicht kennt: hier verbessert ein Teil des neutralen Ertrags, nämlich einige *betriebsfremde Erträge* und die *aperiodischen Erträge*, das *Betriebsergebnis*.

Neutrales Ergebnis
Das neutrale Ergebnis bezeichnet die Differenz zwischen *neutralem Ertrag* und *neutralem Aufwand*.

Nichtaufgriffsgrenze
Bei der Prüfung des *Jahresabschlusses* bestimmt die Prüfungsstelle einen Betrag, bis zu dem sie festgestellte falsche Angaben als zweifelsfrei unbeachtlich bewertet, also sowohl einzeln als auch in der Summe unbedeutend. Die Prüfungsstelle beurteilt fehlerhafte Werte unterhalb dieser Nichtaufgriffsgrenze nicht weiter und verlangt von der Sparkasse auch keine Korrektur des *Jahresab-*

schlusses oder des *Lageberichts*. Die Nichtaufgriffsgrenze liegt in der Regel zwischen drei und fünf Prozent der *Wesentlichkeitsgrenze*. Bei Fehlern oberhalb der Nichtaufgriffsgrenze fordert der Wirtschaftsprüfer grundsätzlich dazu auf, sie im laufenden *Jahresabschluss* zu korrigieren. Sofern der Vorstand das nicht möchte, informiert der Wirtschaftsprüfer den Verwaltungsrat über diese »nicht gebuchten Prüfungsdifferenzen«.

Nicht-realisierter Gewinn
vgl. Kursgewinn

Nicht-realisierter Verlust
vgl. Kursverlust

Nicht-risikorelevantes Geschäft
vgl. risikorelevantes Geschäft

Niederstwertprinzip
Das Niederstwertprinzip ist Ausdruck des kaufmännischen *Vorsichtsprinzips*: Bei der Bewertung von *Vermögensgegenständen* des *Umlaufvermögens* muss die Sparkasse demnach von den *Anschaffungskosten* oder *Herstellungskosten* abweichen, wenn der Börsen- oder Marktpreis zum *Bilanzstichtag* niedriger ist (§ 253 Abs. 4 HGB; »strenges Niederstwertprinzip«). Für *Anlagevermögen* gilt das »gemilderte« Niederstwertprinzip: Hier ist eine *Abschreibung* auf einen niedrigeren Wert am *Bilanzstichtag* nur dann zwingend, wenn die Wertminderung voraussichtlich von Dauer ist (§ 253 Abs. 3 HGB). Die *Eigenanlagen* der Sparkasse zählen grundsätzlich zum *Umlaufvermögen* und unterliegen damit dem »strengen« Niederstwertprinzip. Bei anhaltenden Marktstörungen kann die Sparkasse *Eigenanlagen* des *Handelsbestands* in *Anlagevermögen* umwidmen.

Nominalwert
vgl. Nennwert

Nominalwertprinzip
Das Nominalwertprinzip gehört zu den *Grundsätzen ordnungsmäßiger Buchführung*. Demnach ist ein *Vermögensgegenstand* in der *Bilanz* höchstens zu den *Anschaffungskosten* oder *Herstellungskosten* anzusetzen, gegebenenfalls vermindert um *Abschreibungen* (§ 253 Abs. 1 HGB). Wiederbeschaffungskosten spielen keine Rolle. Bei *Eigenanlagen* des *Handelsbestands* wird das Nominalwertprinzip durchbrochen.

Notfallkonzept
Mit einem Notfallkonzept bereitet sich die Sparkasse auf plötzliche und unvorhersehbare Schadensereignisse vor (z. B. Stromausfall, Brand, Unfall, Wasserschaden). Es beschreibt die Maßnahmen, die sie bei einem Ausfall von IT-

Systemen oder bei einem Ausfall wesentlicher Geschäftsprozesse oder ganzer Standorte ergriffe. Die *Mindestanforderungen an das Risikomanagement* schreiben ein Notfallkonzept für zeitkritische Aktivitäten und Prozesse vor (AT 7.3 Ziffer 1 MaRisk). Es muss dazu beitragen, mögliche Schäden zu begrenzen. Wichtige Teile des Notfallkonzepts sind deshalb Geschäftsfortführungs- und Wiederanlaufpläne. Geschäftsfortführungspläne zielen darauf ab, im Notfall möglichst schnell Ersatzlösungen bereitzustellen. Wiederanlaufpläne müssen es der Sparkasse ermöglichen, innerhalb eines angemessenen Zeitraums zum Normalbetrieb zurückzukehren (AT 7.3 Ziffer 2 MaRisk). Das Notfallkonzept legt fest, wann welche Mitarbeiter wie bei einem Notfall zu informieren sind. Hat die Sparkasse Geschäftsprozesse an Dritte ausgelagert, müssen deren Notfallkonzepte und das Notfallkonzept der Sparkasse aufeinander abgestimmt sein. Mit regelmäßigen Notfalltests überprüft die Sparkasse, ob ihre Notfallkonzepte angemessen und wirksam sind. Neue Erkenntnisse müssen in die jeweiligen Notfallpläne einfließen. Die Verantwortlichen sind über die Ergebnisse zu informieren. Gegebenenfalls muss die Sparkasse ihre Mitarbeiter zusätzlich schulen. Für den Fall eines Liquiditätsengpasses ist die Sparkasse verpflichtet, einen Notfallplan festzulegen (BTR 3.1 Ziffer 9 MaRisk; vgl. *Liquiditätsrisiko*).

NSFR
vgl. Stabile Refinanzierungskennziffer

Nullgewichtung
vgl. Intragruppenprivileg

Nullkupon-Anleihe
Eine Nullkupon-Anleihe (auch: Zerobond) ist eine *Schuldverschreibung* ohne laufende Zinszahlungen. Ihre *Rendite* ermittelt sich aus der Differenz zwischen *Emissionskurs* und Einlösungsbetrag. Der *Emissionskurs* leitet sich vor allem aus dem aktuellen Zinsniveau am *Kapitalmarkt* und aus der *Laufzeit* ab. Je länger die *Laufzeit*, umso niedriger ist der *Emissionskurs*. Daneben führen die herrschenden Marktbedingungen und die *Bonität* des *Emittenten* unter Umständen zu Abweichungen vom rechnerischen *Emissionskurs*. Während der *Laufzeit* steigt der rechnerische Kurs der Nullkupon-Anleihe fortlaufend an und erreicht dann bei Fälligkeit den *Nennwert* von 100 Prozent. Der tatsächliche Kurs hängt allerdings auch davon ab, wie sich das Zinsniveau am *Kapitalmarkt* entwickelt. Ein steigendes oder fallendes Zinsniveau kann vor allem bei langen *Restlaufzeiten* zu erheblichen Kursschwankungen bzw. Abweichungen vom rechnerischen Kurs führen. Eine Sonderform der Nullkupon-Anleihe ist der Zinssammler. Er hat einen *Emissionskurs* von 100 Prozent und sammelt die Zinszahlungen bis zum Ende der *Laufzeit* an. Private Anleger können mit Nullkupon-Anleihen den Zufluss von Zinszahlungen und *Kursgewinnen* auf einen Zeitpunkt verschieben, zu dem sie einem geringeren persönlichen Steuersatz unterliegen. Die Sparkasse selber kann den Steuerstundungseffekt bei ihren *Eigenanlagen* nicht nut-

zen. Sie muss Nullkupon-Anleihen zu fortgeführten, in der Regel also steigenden *Anschaffungskosten* bilanzieren. Das führt zu jährlichen ertragswirksamen *Zuschreibungen*, die das zu versteuernde Ergebnis erhöhen. Vor diesem Hintergrund spielen sie für die *Eigenanlagen* der Sparkasse eine untergeordnete Rolle.

Nutzungsdauer

Die Nutzungsdauer ist die Zeitspanne, in der die Sparkasse abnutzbare Wirtschaftsgüter ihres *Anlagevermögens*, etwa Gebäude, Maschinen, Kraftfahrzeuge, Software, *Betriebs- und Geschäftsausstattung*, voraussichtlich einsetzen kann. Auf diesen Zeitraum verteilt die Sparkasse ihre *planmäßigen Abschreibungen*. Die Nutzungsdauer beginnt mit der Anschaffung bzw. mit dem Ende der Herstellung. Sie endet, wenn das Wirtschaftsgut technisch verschlissen ist oder eine weitere Nutzung wirtschaftlich unzweckmäßig wäre. Von Ausnahmen abgesehen (vgl. *Geschäftswert*) bestimmt das Handelsrecht die Nutzungsdauer einzelner Wirtschaftsgüter nicht konkret. Es verweist auf die *Grundsätze ordnungsmäßiger Buchführung* und verbietet lediglich eine Über- bzw. Unterbewertung. In der Praxis legt die Sparkasse bei ihren *planmäßigen Abschreibungen* die »betriebsgewöhnliche« Nutzungsdauer im Sinne des Einkommensteuerrechts zugrunde (§ 7 EStG). Hierfür maßgebend sind die so genannten AfA-Tabellen (»Absetzung für Abnutzung«) des Bundesministeriums der Finanzen. Neben der AfA-Tabelle für allgemein verwendbare Anlagegüter gibt es eine branchenspezifische AfA-Tabelle für die Kreditwirtschaft.

Obligation

vgl. Schuldverschreibung

Öffentliche Anleihe

Öffentliche Anleihen sind *Schuldverschreibungen*, die entweder der Bund, ein Sondervermögen des Bundes oder andere Gebietskörperschaften wie Bundesländer oder Kommunen, darüber hinaus auch ausländische Gebietskörperschaften ausgeben. Sie finanzieren damit ihre Ausgaben bzw. die Finanzierungslücken der öffentlichen Haushalte. Gesichert sind öffentliche Anleihen ausschließlich durch das gegenwärtige und künftige Vermögen und die Steuerkraft der *Emittenten*. Dennoch gelten sie als besonders sicher. So erhält die Bundesrepublik Deutschland als *Emittent* von den internationalen *Ratingagenturen* regelmäßig ein AAA-Rating. Öffentliche Anleihen des Bundes und der Länder sind per se mündelsicher (§ 1807 BGB). Die *Laufzeit* öffentlicher Anleihen reicht von unter 1 Jahr bis 30 Jahre. *Schatzanweisungen* decken den kurzfristigen, Obligationen den mittelfristigen Bereich ab. Der Bund gibt seine kurz- und mittelfristigen Papiere in der Regel laufend aus. Auch die Sparkasse legt gewöhnlich einen nennenswerten Teil ihrer *Eigenanlagen* in öffentlichen Anleihen an.

Öffentliche Stellen

Öffentliche Stellen im Sinne der *Rechnungslegungsverordnung* (§ 13 Abs. 1) sind zum einen öffentliche Haushalte (Bund, Länder, Landkreise, Städte, Gemeinden); zum anderen *Sondervermögen* für besondere öffentliche Aufgaben (z. B. ERP-Sondervermögen, Erblastentilgungsfonds, Fonds Deutsche Einheit).

Offene Vorsorgereserven

vgl. Fonds für allgemeine Bankrisiken, Vorsorgereserven

Offene Zusagen

vgl. Kreditzusage

Offenlegung

Die CRR-Verordnung (Artikel 431 – 455) verlangt von der Sparkasse, über *Jahresabschluss* und *Lagebericht* hinaus zahlreiche weitere Daten und Informationen zu *Eigenmitteln*, Risikopositionen, *Risikomanagement*, Vergütungspolitik und *Verschuldungsquote* zu veröffentlichen (»offenzulegen«). Damit möchte die Bankenaufsicht die Solidität und die Sicherheit des Finanzsystems stärken. Das Kapital der Investoren und Anleger soll zu den *Kreditinstituten* fließen, die offenkundig eine risikobewusste Geschäftspolitik verfolgen. Vor diesem Hintergrund erstellt die Sparkasse in der Regel jährlich neben dem Geschäftsbericht einen gesonderten Offenlegungsbericht (Artikel 433 CRR). Sie veröffentlicht ihn entweder im Internet oder in einem anderen geeigneten Medium. Nicht wesentliche und vertrauliche Informationen kann die Sparkasse von der Offenlegung ausnehmen (Artikel 432 CRR). Der Vorstand muss für die Offenlegung förmliche Verfahren und Regelungen festlegen und damit sicherstellen, dass die Sparkasse ihren Offenlegungspflichten ordnungsgemäß nachkommt (Artikel 431 Abs. 3 CRR).

Offenlegung der wirtschaftlichen Verhältnisse

Es gehört zu den Grundsätzen einer ordnungsgemäßen Geschäftsführung und Geschäftsorganisation von *Kreditinstituten*, sich bei der Vergabe von *Krediten* ein Bild über die damit verbundenen *Adressenausfallrisiken* zu verschaffen. Das *Kreditwesengesetz* präzisiert dieses Prinzip in § 18: Demnach muss sich die Sparkasse die wirtschaftlichen Verhältnisse eines Kunden offen legen lassen, wenn sie ihm *Kredit(e)* von mehr als 750 000 EUR einräumt. Als ein Kreditnehmer gilt dabei auch eine *Gruppe verbundener Kunden* (§ 19 Abs. 3 KWG). Die Sparkasse ist zwar über die für große Teile des Kreditgeschäfts obligatorische *Risikoklassifizierung* ohnehin gehalten, Unterlagen über die wirtschaftlichen Verhältnisse ihrer Kreditkunden einzuholen. Die gesetzliche Pflicht zur Offenlegung erleichtert es allerdings, dies in den Verhandlungen mit dem Kunden auch durchzusetzen. Geeignete Unterlagen für die Offenlegung sind insbesondere die *Jahresabschlüsse* des Kunden, darüber hinaus auch unterjährige *betriebswirtschaftliche Auswertungen*, Umsatz-, Ertrags- und Liquiditätsprognosen sowie Einkommensteuerbescheide oder Vermögensübersichten. Die Sparkasse ist nicht nur vor Zusage eines *Kredits* zur Offenlegung verpflichtet, sondern regelmäßig auch während der gesamten *Laufzeit* (»laufende Offenlegung«). Die Unterlagen sollten bei der Kreditvergabe nicht älter als 12 Monate, bei der laufenden Kreditüberwachung nicht älter als 24 Monate sein. Im gewerblichen Kreditgeschäft der oben genannten Größenordnung fordert die Sparkasse die Unterlagen ihrer Kunden meist jährlich an. Das KWG lässt Ausnahmen von der Pflicht zur Offenlegung zu. So kann die Sparkasse bei Kreditvergabe auf Unterlagen verzichten, wenn Umfang oder Qualität der gestellten *Kreditsicherheiten* oder die *Bonität* der Mitverpflichteten eine Offenlegung offensichtlich unbegründet erscheinen lassen. Darüber hinaus stellt § 21 Abs. 2–4 KWG einige Kreditarten generell oder unter bestimmten Voraussetzungen von den Vorgaben des § 18 KWG frei, beispielsweise *Realkredite*. Auf die früher üblichen detaillierten Auslegungsregelungen zur Offenlegung der wirtschaftlichen Verhältnisse verzichtet die Bankenaufsicht mittlerweile. Sie erwartet aber eine Offenlegungspraxis, die die gesetzlichen Vorschriften beachtet und das Geschäfts- und Risikoprofil der Sparkasse angemessen berücksichtigt.

Operationelles Risiko

Das operationelle Risiko ist die Gefahr von *Verlusten*, die aus der Unangemessenheit oder aus dem Versagen von internen Verfahren, Menschen und Systemen resultieren oder als Folge externer Ereignisse eintreten. Beispiele: Betrugsfälle, Übertragungsfehler, Versagen interner Kontrollen, technische Defekte, Raubüberfälle, Unwetterschäden. Strategische Risiken oder *Reputationsrisiken* sind keine operationellen Risiken. Die *CRR*-Verordnung verlangt von den *Kreditinstituten*, operationelle Risiken mit *Eigenmitteln* zu unterlegen (Artikel 92 Abs. 3 CRR). Sie haben dabei die Wahl zwischen *Basisindikatoransatz*, *Standardansatz* und *AMA-Ansatz*. Die meisten Sparkassen nutzen den *Basisindikatoransatz*. Darüber hinaus zielen viele Vorgaben der *Mindestanforderungen an das Risikomanagement* darauf ab, operationelle Risiken systematisch zu mindern oder zu senken. Operationelle Risiken gehören zu den *wesentlichen Risiken* des Sparkassenbetriebs (AT 2.2 Ziffer 1 MaRisk). Die meisten Sparkassen berücksichtigen sie deshalb auch quantitativ, wenn sie ihre *Risikotragfähigkeit* ermitteln. *Adressenausfallrisiken, Marktpreisrisiken* und *Liquiditätsrisiken* geht die Sparkasse bewusst ein, um *Erträge* zu erzielen. Operationelle Risiken hingegen versucht sie – sofern die *Kosten* vertretbar sind – von vornherein einzugrenzen oder an Dritte weiterzugeben. Die Vorgaben der MaRisk zum *Risikomanagement* operationeller Risiken (BTR 4 Ziffern 1 – 5) sind relativ offen formuliert. Die Praxis unterscheidet zwei Sichtweisen: Zum einen erfasst und analysiert die Sparkasse die tatsächlich eingetretenen Schadensfälle (ex-post-Betrachtung). Bei bedeutenden Schadensfällen hat dies unverzüglich zu geschehen (BTR 4 Ziffer 3). Zentrale Dokumentation hierfür ist eine *Schadensfalldatenbank*. Auf dieser Basis entscheidet die Sparkasse über sinnvolle Gegenmaßnahmen, damit sich die Schäden möglichst nicht wiederholen. Zum anderen identifiziert und beurteilt die

Sparkasse ihre wesentlichen operationellen Risiken mindestens einmal jährlich vorab (ex-ante-Betrachtung; BTR 4 Ziffer 2). Als Hilfsmittel hierfür verwendet sie die *Risikolandkarte* oder die *Risikoinventur*; beide Hilfsmittel hat der Deutsche Sparkassen- und Giroverband (DSGV) zentral entwickelt. Der Vorstand muss sich mindestens jährlich über bedeutende Schadensfälle und wesentliche operationelle Risiken unterrichten lassen und gegebenenfalls Gegenmaßnahmen ergreifen (BTR 4 Ziffern 4 und 5). Informationen zum operationellen Risiko müssen auch in die *Risikoberichterstattung* des Vorstands im Verwaltungsrat einfließen. In besonderen Fällen muss der Vorstand den Verwaltungsrat unverzüglich informieren (vgl. *Ad-hoc-Berichterstattung*; AT 4.3.2 Ziffer 6 MaRisk).

Operativer Aufwand
vgl. operatives Ergebnis

Operatives Ergebnis
Das operative Ergebnis bildet die Differenz zwischen den betriebsbedingten (operativen) *Erträgen* und den betriebsbedingten (operativen) *Aufwendungen* der Sparkasse im laufenden Geschäftsjahr. *Risikovorsorge* bzw. *Bewertungsergebnis* bleiben dabei unberücksichtigt. In der internen *Erfolgsrechnung* und in der *Gewinn- und Verlustrechnung* entspricht das operative Ergebnis dem *Betriebsergebnis* vor Bewertung. Die *Gewinn- und Verlustrechnung* bezieht dabei allerdings u. a. *aperiodische Aufwendungen* bzw. *Erträge* ein; das aus ihr abgeleitete operative Ergebnis hat damit eine gewisse Unschärfe.

Operativer Ertrag
vgl. operatives Ergebnis

Operatives Geschäft
Zum operativen Geschäft zählen die Tätigkeitsfelder eines *Unternehmens*, die seinem eigentlichen Zweck entsprechen und mit denen es *Gewinn* erzielen möchte. Bei der Sparkasse gehören hierzu insbesondere *Einlagen*geschäft, *Kredit*geschäft, *Refinanzierung*, *Eigenanlagen*, Wertpapierkommissionsgeschäft und andere Finanzdienstleistungen. Der Erfolg dieser Geschäftsfelder drückt sich im *operativen Ergebnis* bzw. im *Betriebsergebnis* vor Bewertung aus. Nicht unter das operative Geschäft fallen die Bewertungsmaßnahmen der Sparkasse, darüber hinaus alle Geschäftsvorfälle, die in der internen *Erfolgsrechnung* der Sparkasse zu *neutralen Aufwendungen* oder *neutralen Erträgen* führen.

Opportunitätsgeschäft
Ein Opportunitätsgeschäft ist die nächstbeste, allerdings nicht genutzte Alternative zu einem tatsächlich abgeschlossenen Geschäft. Insbesondere die *Marktzinsmethode* zur Kalkulation der *Zinsspanne* basiert auf dem Opportunitätsprinzip. Mit jedem Kundengeschäft der Sparkasse – so ihr Kalkül – erübrigt

sich ein Geschäft gleicher Größenordnung auf dem *Geldmarkt* oder *Kapitalmarkt*. Was die Sparkasse an *Einlagen* entgegennimmt, muss sie nicht bei *Kreditinstituten* refinanzieren. Was sie als Kundenkredit ausleiht, muss sie anderswo nicht anlegen. Das Geschäft mit dem Kunden ist die bessere Alternative, weil es der Sparkasse in der Regel einen Zinsvorteil bringt. In der Kalkulation entspricht dieser Vorteil der Differenz zwischen dem Zinssatz des Kundengeschäfts und dem entsprechenden Marktzins auf dem *Geldmarkt* bzw. *Kapitalmarkt* (vgl. auch *Opportunitätszins, Zinskonditionsbeitrag*).

Opportunitätszins

Der Opportunitätszins ist die Verzinsung eines *Opportunitätsgeschäfts*, aus dem die Sparkasse den Vorteil eines Einlagen- oder Kreditgeschäfts mit einem Kunden ableitet. In der Sparkassenpraxis dienen die nach *Laufzeit* differenzierten Zinssätze am *Geldmarkt* oder *Kapitalmarkt* als Opportunitätszinssätze. Sie sind ein objektiver, jederzeit aktuell zu ermittelnder Maßstab. Der Fachjargon bezeichnet den jeweiligen Opportunitätszins als »Einstand«.

Option

Eine Option ist ein bedingtes *Termingeschäft*. Der Käufer hat dabei das Recht – nicht die Pflicht –, Waren oder *Finanzinstrumente* (Basiswerte) innerhalb eines bestimmten Zeitraums (»amerikanische Option«) bzw. zu einem bestimmten Fälligkeitstermin (»europäische Option«) zu kaufen oder zu verkaufen. Der Preis wird bei Abschluss des Optionsgeschäfts festgelegt. Der Verkäufer (»Stillhalter«) muss liefern bzw. abnehmen, wenn der Käufer die Option ausübt. Es gibt *Kaufoptionen* (»Calls«) und *Verkaufsoptionen* (»Puts«). In beiden Fällen zahlt der Käufer einer Option dem Verkäufer für das zugrunde liegende Recht eine Optionsprämie. Käufer und Verkäufer haben bei Abschluss des Optionsgeschäfts bestimmte Kurserwartungen. Erfüllen sich die Erwartungen des Käufers, wird er die Option ausüben, und der Verkäufer muss den Basiswert bereitstellen oder übernehmen. Andernfalls lässt der Käufer die Option verfallen. Damit erlischt das Optionsrecht; der Verkäufer kann die Optionsprämie behalten. Werden Optionen verbrieft, können sie als *Optionsscheine* wie normale *Wertpapiere* an der Börse gehandelt werden. In der Regel kauft die Sparkasse Optionen, um *Marktpreisrisiken* abzusichern. Als Verkäufer (»Stillhalter«) hat sie die Möglichkeit, *Erträge* aus Optionsprämien zu erzielen. Allerdings können Optionen vor allem für den Verkäufer ihrerseits mit erheblichen Risiken verbunden sein (vgl. *Optionspreisrisiken*). In der *Bilanz* tauchen Optionsgeschäfte nicht auf. Über Verpflichtungen als »Stillhalter« noch laufender Optionen muss die Sparkasse aber im *Anhang* des *Jahresabschlusses* informieren (§ 36 Rech-KredV). Bei drohenden *Verlusten* als »Stillhalter« muss die Sparkasse zum *Bilanzstichtag Abschreibungen* vornehmen und in gleicher Höhe *Rückstellungen* bilden. Damit erhöht sich ihr *Bewertungsergebnis*.

Optionsanleihe

Eine Optionsanleihe ist eine *Schuldverschreibung*, bei der eine Aktiengesellschaft neben dem Anspruch auf feste Verzinsung und Rückzahlung bei Fälligkeit auch ein Bezugsrecht auf *Aktien* verbrieft. Optionsanleihen haben in der Regel eine *Laufzeit* zwischen 10 und 12 Jahren. Bei der *Emission* liegen die Bedingungen für den Bezug der *Aktien* – also das Bezugsverhältnis, der Bezugskurs und die Bezugsfrist – genau fest. Innerhalb der Bezugsfrist kann der Käufer eine bestimmte Anzahl von *Aktien* zum Bezugskurs erwerben. Weil er ein zusätzliches Recht erwirbt, ist die laufende Verzinsung vergleichsweise niedrig. Die Aktiengesellschaft kann sich auf diesem Weg *Fremdkapital* zu günstigen Konditionen beschaffen. Überdies erhält sie zusätzliches *Eigenkapital*, wenn der Käufer seine *Option* ausübt. Die Optionsanleihe setzt allerdings bei der Aktiengesellschaft den Beschluss über eine bedingte Kapitalerhöhung voraus. Das Recht, *Aktien* zu kaufen, ist in einem von der Anleihe getrennten *Optionsschein* verbrieft. Bei Ausübung der Option erhält der Anleger die *Aktien* – anders als bei einer *Kaufoption* – direkt von der Aktiengesellschaft. Er spekuliert mit einer Optionsanleihe auf einen steigenden Aktienkurs. Bewegt dieser sich tatsächlich nach oben, steigt auch der Kurs der Optionsanleihe, weil das Optionsrecht wertvoller wird. Gleichzeitig ist das Risiko begrenzt: Fällt die *Aktie*, wird der Anleger das Optionsrecht verfallen lassen, erhält aber immer noch die laufenden Zinszahlungen und bei Fälligkeit den *Nominalwert* der Anleihe.

Optionspreisrisiko

Das Optionspreisrisiko bezeichnet die Gefahr, dass sich die Preise von *Optionen* zum Nachteil der Sparkasse entwickeln. Maßgebend hierfür ist der Basiswert, der der *Option* zugrunde liegt. *Kaufoptionen* fallen im Wert, wenn der Basiswert niedriger notiert. *Verkaufsoptionen* verlieren an Wert, wenn der Kurs des Basiswerts anzieht. Entscheidend für das Optionspreisrisiko der Sparkasse ist die Position, die sie beim jeweiligen Optionsgeschäft einnimmt. Hat sie eine *Option* gekauft, ist ihr Risiko auf die Optionsprämie begrenzt. Als »Stillhalter« steigt das Risiko der Sparkasse umso mehr, je stärker sich der Kurs des Basiswerts in die vom Käufer der *Option* erwartete Richtung entwickelt. Im Übrigen beeinflussen neben der Entwicklung des Basiswerts u. a. auch die *Volatilität* und die *Restlaufzeit* der *Option* die Höhe des Optionspreisrisikos.

Optionsschein

Ein Optionsschein räumt das Recht ein, einen bestimmten Basiswert (z. B. *Aktie*, *Schuldverschreibung*, *Future*, Fremdwährung) zu einem vereinbarten Preis während eines festgelegten Zeitraums oder zu einem festgelegten Termin zu kaufen (»Call«) oder zu verkaufen (»Put«). Dieser Anspruch ist im Gegensatz zu anderen *Optionen* als *Wertpapier* verbrieft. Optionsscheine werden vielfach in standardisierter Form an der Börse gehandelt. Wer einen Optionsschein kauft, wird weder Gläubiger noch Teilhaber; er erhält weder Zins- noch Dividendenzahlungen. Übt er sein Recht bis zur Fälligkeit der *Option* nicht aus, verfällt es.

Der Optionsschein ist dann wertlos geworden, das für den Optionsschein eingesetzte Kapital des Anlegers ist verloren. Optionsscheine gibt es entweder als Bestandteil einer *Optionsanleihe* mit längeren *Laufzeiten* von oft 10–12 Jahren oder als eigenständige *Emission* (»nackt«), dann meist mit *Laufzeiten* von maximal zwei Jahren. Der Handel mit »nackten« Optionsscheinen verzichtet in der Regel auf einen physischen Übertrag der zugrunde liegenden Basiswerte und beschränkt sich stattdessen auf einen Barausgleich. Es lassen sich grundsätzlich zwei Anlagestrategien unterscheiden. Käufer von »Call«-Optionsscheinen rechnen – wie die Käufer aller *Kaufoptionen* – mit steigenden Kursen des Basiswerts. Tritt das so sein, können sie aus der Differenz zwischen der aktuellen Notierung und dem niedrigeren Basispreis einen *Kursgewinn* realisieren. Wer hingegen in »Put«-Optionsscheine investiert, geht als Käufer einer *Verkaufsoption* von fallenden Kursen aus. Hier ergibt sich der *Gewinn* aus dem Unterschied zwischen dem höheren Basispreis und dem aktuell niedrigeren Börsenkurs. Optionsscheine sind mit nicht unerheblichen Risiken verbunden (vgl. *Optionspreisrisiko*). Ihr (börsennotierter) Wert kann sich – je nach den Emissionsbedingungen – weitaus stärker verändern als der Basiswert. Je höher dieser »Hebeleffekt« ist, desto spekulativer ist der Optionsschein. Ein »Hebel« von drei beispielsweise bedeutet: Fällt bzw. steigt der Kurs des Basiswerts um 10 Prozent, dann steigt bzw. fällt der Kurs des Optionsscheins um 30 Prozent.

Ordentlicher Aufwand

Als ordentlichen Aufwand fassen die interne *Erfolgsrechnung* der Sparkasse und der *Betriebsvergleich* den *Personalaufwand*, den *Sachaufwand* und den sonstigen ordentlichen Aufwand zusammen. *Neutraler Aufwand* und *Bewertungsergebnis* bleiben unberücksichtigt. In großen Teilen deckt sich der ordentliche Aufwand mit der aus der *Gewinn- und Verlustrechnung* abzuleitenden Summe aus allgemeinen *Verwaltungsaufwendungen*, *Abschreibungen* und *Wertberichtigungen* auf *immaterielle Anlagewerte* und *Sachanlagen* sowie *sonstigen betrieblichen Aufwendungen*. Im Gegensatz zur internen *Erfolgsrechnung* können in den GuV-Positionen allerdings auch *aperiodische Aufwendungen* und *betriebsfremde Aufwendungen* enthalten sein. Dies beruht auf der engeren Abgrenzung der *außerordentlichen Aufwendungen* in der *Gewinn- und Verlustrechnung*.

Ordentlicher Ertrag

Die *Gewinn- und Verlustrechnung* kennt den Begriff des ordentlichen Ertrags zwar nicht; de facto zählen hierzu aber alle *Erträge* aus der gewöhnlichen Geschäftstätigkeit, insbesondere also *Zinserträge*, *Provisionserträge*, andere laufende Erträge, *sonstige betriebliche Erträge*, gegebenenfalls *Nettoertrag des Handelsbestands*. Der ordentliche Ertrag steht damit in der *Gewinn- und Verlustrechnung* im Gegensatz zu den gesondert ausgewiesenen *außerordentlichen Erträgen*. Die interne *Erfolgsrechnung* der Sparkasse und der *Betriebsvergleich* grenzen den ordentlichen Ertrag stärker ein. Sie rechnen ihm lediglich den saldierten *Provisionsüberschuss* und sonstige ordentliche Erträge zu (nicht den

Zinsüberschuss). Zudem lassen sie *aperiodische Erträge* und *betriebsfremde Erträge* unberücksichtigt. Anders als bei vielen privaten Geschäftsbanken hat der ordentliche Ertrag bei den Sparkassen traditionell deutlich weniger Gewicht als der *Zinsüberschuss*. Um den Einfluss von Zinsniveau und *Zinsstruktur* auf die Ertragssituation zu dämpfen, sind die Sparkassen bestrebt, den ordentlichen Ertrag vor allem über höhere Umsätze im Wertpapierkommissions-, Verbund- und Kartengeschäft zu steigern.

Orderpapier
vgl. Wertpapier

Organkredit
Ein Organkredit ist ein *Kredit* an natürliche oder juristische Personen, die der Sparkasse unmittelbar oder mittelbar eng verbunden sind. Das *Kreditwesengesetz* verlangt in § 15, bei der Entscheidung über Organkredite grundsätzlich folgende besondere Vorgaben zu beachten:
1. Die Vorstandsmitglieder der Sparkasse müssen einen einstimmigen Beschluss fassen.
2. Die vereinbarten Konditionen müssen marktüblich sein.
3. Der Verwaltungsrat oder der hierfür zuständige Ausschuss des Verwaltungsrats müssen dem Beschluss des Vorstands zustimmen.

Auf diese Weise schützt der Gesetzgeber die Sparkasse vor einer nicht auszuschließenden unangemessenen Einflussnahme u. a. durch:
1. Vorstandsmitglieder
2. Mitglieder des Verwaltungsrats
3. Ehepartner, Lebenspartner und minderjährige Kinder von Vorstands- und Verwaltungsratsmitgliedern
4. Unternehmen, bei denen Vorstandsmitglieder der Sparkasse im Aufsichtsorgan sitzen oder gesetzliche Vertreter sind
5. Unternehmen, deren gesetzliche Vertreter im Verwaltungsrat der Sparkasse sitzen
6. Unternehmen, an denen die Sparkasse oder einzelne Vorstandsmitglieder mit mehr als 10 Prozent beteiligt oder persönlich haftende Gesellschafter sind

Grundsätzlich müssen die erforderlichen Beschlüsse von Vorstand und Verwaltungsrat vorliegen, bevor die Sparkasse einen Organkredit auszahlt. In Ausnahmefällen genügt unter bestimmten Voraussetzungen die unverzügliche nachträgliche Zustimmung (§ 15 Abs. 4 KWG). Bei Zinsprolongationen während der Gesamtlaufzeit des *Kredits* darf die Sparkasse auf eine erneute Beschlussfassung nur dann verzichten, wenn der Zinssatz unverändert bleibt oder sich aus einer im Erstbeschluss bereits festgelegten Berechnungsmethode ergibt. Um den formalen Aufwand zu begrenzen, sieht das KWG Bagatellgrenzen vor (§ 15 Abs. 3). Zudem können Vorstand und Verwaltungsrat für bestimmte Kreditgeschäfte einen zustimmenden Beschluss im Voraus fassen (»Vorratsbeschluss«); er gilt maximal für ein Jahr (§ 15 Abs. 4 Satz 6 KWG). Organkredite bilden bei der Unterlegung von *Adressenausfallrisiken* mit *Eigenmitteln* keine gesonderte Forderungsklasse. Den *Mindestanforderungen an das Risikomanagement* (MaRisk) zufolge müssen bei Krediten an Vorstandsmitglieder grundsätzlich auch geeignete Stellen mitwirken, die nicht in die Kreditbearbeitung einbezogen sind, beispielsweise die Personalabteilung der Sparkasse (Erläuterung zu BTO 1.1 Ziffer 1 MaRisk). Im *Anhang* des *Jahresabschlusses* informiert die Sparkasse, wie hoch Vorschüsse und *Kredite* an Mitglieder des Verwaltungsrats und an Mitglieder des Vorstands zum *Bilanzstichtag* insgesamt waren (§ 285 Nr. 9 c HGB). Die *Bundesanstalt für Finanzdienstleistungsaufsicht* legt großen Wert darauf, Interessenkonflikte bei Mitgliedern des Verwaltungsrats zu erkennen. Sie könnten beispielsweise entstehen, wenn die Sparkasse über Vollstreckungs- oder Verwertungsmaßnahmen gegen ein Verwaltungsratsmitglied entscheiden müsste. Die BaFin verlangt deshalb, sämtliche Organkredite im Bericht über die Prüfung des *Jahresabschlusses* darzustellen und in drei Kategorien aufzuteilen: »nicht anmerkungsbedürftig« (keine Interessenkonflikte erkennbar), »anmerkungsbedürftig, aber unauffällig« (tabellarische Darstellung mit stichpunktartigen Zusatzinformationen) sowie »anmerkungsbedürftig und auffällig« (ausführliche Beschreibung). Sind *Kredite* an ein Verwaltungsratsmitglied ausfallgefährdet, ist also beispielsweise eine *Einzelwertberichtigung* erforderlich, betrachtet die Aufsicht dies grundsätzlich als einen gravierenden Interessenkonflikt. Sie kann dann verlangen, dieses Verwaltungsratsmitglied abzuberufen (§ 36 Abs. 3 KWG).

OTC
vgl. Over-the-Counter

Outperformer
vgl. Performance

Over-the-Counter
»Over-the-Counter« (OTC) steht für den außerbörslichen Handel mit *Finanzinstrumenten*. Er ist heute vor allem im großvolumigen Geschäft mit festverzinslichen *Wertpapieren* üblich. Banken und Broker bieten OTC-Geschäfte entweder anderen *Kreditinstituten* oder institutionellen Anlegern an. Anders als bei einem standardisierten Börsenpapier können die Partner ein OTC-Geschäft weitgehend individuell ausgestalten; das gilt vor allem für *Laufzeit* und Betrag. Möchte die Sparkasse beispielsweise das *Zinsänderungsrisiko* einer *Eigenanlage* absichern, fände sie dafür an der Börse nur ausnahmsweise ein genau passendes *Finanzinstrument*. Hinter OTC-Geschäften kann auch die Absicht der Geschäftspartner stecken, Transaktionen nicht publik werden zu lassen. Möglicher Nachteil von OTC-Positionen: Sie lassen sich im Zweifel nicht so schnell handeln wie standardisierte und börsennotierte Kontrakte. Schließt die Spar-

kasse OTC-Geschäfte ab, muss sie grundsätzlich marktgerechte Konditionen vereinbaren; ein vom *Handel* getrennter *Bereich* hat dies zu kontrollieren (BTO 2.1 bzw. 2.2.1 und 2.2.2 MaRisk).

Partnerliste
Die Partnerliste gibt eine Übersicht über alle *Emittenten* und *Kontrahenten* im Rahmen des *Handelsgeschäfts* der Sparkasse. Sie informiert zugleich, welche *Limite* sich die Sparkasse für die einzelnen *Emittenten* und *Kontrahenten* gegeben hat (BTR 1 Ziffern 3 und 4 MaRisk). Wird ein *Limit* ergänzt, verändert oder gelöscht, wird dies in der Partnerliste umgehend dokumentiert.

Passiva
Die Passiva zeigen, wie die Sparkasse ihr Vermögen *(Aktiva)* bzw. ihr *Aktivgeschäft* finanziert. Sie lassen somit erkennen, aus welchen Quellen das Kapital für ihre unternehmerische Tätigkeit stammt. Grob lassen sich die Passiva in *Eigenkapital* und *Fremdkapital* unterteilen. Sie stehen auf der rechten Seite der *Bilanz*. Die einzelnen Posten (mit Ziffern gekennzeichnet) und die Unterposten (mit kleinen Buchstaben gekennzeichnet) haben bestimmte Inhalte auszuweisen. Sie sind in der *Rechnungslegungsverordnung* (vgl. RechKredV) und dem hieraus abgeleiteten *Formblatt* (vgl. Abb. 67, S. 387) festgelegt.

Passivgeschäft
Das Passivgeschäft bezeichnet alle Maßnahmen, mit denen sich die Sparkasse *Fremdkapital* beschafft. Hierzu zählen vor allem *Einlagen*, eigene *Schuldverschreibungen* und bei anderen *Kreditinstituten* aufgenommene Gelder. Maßnahmen zur Verstärkung des *Eigenkapitals* zählen gewöhnlich nicht zum Passivgeschäft. Eine Ausnahme bilden die Ausgabe von *Genussrechten* oder die Aufnahme *nachrangiger Verbindlichkeiten*.

Passivseite
vgl. Passiva

Passivüberhang
Bei einem Passivüberhang übersteigen die passivischen *Festzinspositionen* der Sparkasse die aktivischen *Festzinspositionen*. Daraus ergibt sich ein *Zinsänderungsrisiko*, das mit dem Volumen der offenen Position zunimmt. Denn bei einem Rückgang des Zinsniveaus sänke der *Zinsertrag* im *Aktivgeschäft* schneller als der *Zinsaufwand* im *Passivgeschäft*. Im Rahmen ihres *Risikomanagements* schreibt die Sparkasse Aktiv- und Passivüberhänge regelmäßig für mehrere künftige Perioden fort. So kann sie *Zinsänderungsrisiken* rechtzeitig erkennen und gegebenenfalls frühzeitig gegensteuern oder Sicherungsinstrumente nutzen. Passivüberhänge sind im Sparkassengeschäft gerade in Niedrigzinsphasen die Ausnahme.

Patronatserklärung

Die Patronatserklärung einer Muttergesellschaft kann die Sparkasse als *Kreditsicherheit* für einen *Kredit* an die Tochtergesellschaft nutzen. Einen gesetzlich fest umrissenen Inhalt gibt es nicht. In der Praxis haben sich verschiedene Formen und Kombinationen herausgebildet. Sie reichen vom Verzicht auf die Veränderung der gegenwärtigen Beteiligungsverhältnisse bis zur Verpflichtung, *Verluste* der Tochtergesellschaft zu übernehmen. Entsprechend differenziert sind auch die Rechtswirkungen einer Patronatserklärung. Deshalb ist stets im Einzelfall auszulegen, welche Rechte und Pflichten sich aus ihr ergeben. Für die Sparkasse als Kreditgeber bleibt meist eine gewisse Rechtsunsicherheit; deshalb lässt sie eine Patronatserklärung bei der Darstellung des Kreditengagements ohne Wertansatz. Als *Kreditsicherheit* ist die Patronatserklärung eine Möglichkeit, wenn die Muttergesellschaft keine *Bürgschaft* oder *Garantie* geben will. Patronatserklärungen können sich unter Umständen sowohl bei der Mutter- als auch bei der Tochtergesellschaft auf das *Rating* auswirken.

Pauschalwertberichtigung

Mit Pauschalwertberichtigungen trifft die Sparkasse bilanzielle Vorsorge für latente, also noch nicht konkret zu benennende oder erkennbare *Adressenausfallrisiken* im Kreditgeschäft (zum Ausweis in *Bilanz, Gewinn- und Verlustrechnung* und sparkasseninterner Erfolgsrechnung vgl. *Wertberichtigung*). Die Sparkasse berechnet die Höhe ihrer Pauschalwertberichtigungen nach jedem *Bilanzstichtag* neu – und zwar als Prozentsatz ihres risikobehafteten Kreditportfolios, vermindert (»bereinigt«) um »sichere« Forderungen (z. B. Kredite an öffentliche Körperschaften) und um jene Forderungen, bei denen sie bereits *Einzelwertberichtigungen* vorgenommen hat. Der Prozentsatz ermittelt sich aus den durchschnittlichen Forderungsausfällen der letzten fünf Jahre, die ins Verhältnis zum durchschnittlichen bereinigten Kreditvolumen im gleichen Zeitraum gesetzt werden. Den Forderungsausfall eines Geschäftsjahrs berechnet die Sparkasse jeweils aus den *Direktabschreibungen* und den verbrauchten *Einzelwertberichtigungen*, saldiert mit den Eingängen aus abgeschriebenen Forderungen. Dieses Verfahren ist auch steuerrechtlich anerkannt. Wichtig: Ergebniswirksam ist immer nur die Differenz zwischen den Pauschalwertberichtigungen zum aktuellen *Bilanzstichtag* und denen des davor liegenden *Bilanzstichtags*. Sie führt zu einer Erhöhung oder zu einer Auflösung von Pauschalwertberichtigungen. Für die Sparkasse sind Pauschalwertberichtigungen *stille Reserven*. Die Aufsichtsbehörden erkennen sie allerdings nicht als *Ergänzungskapital* an, auch nicht im Rahmen der so genannten »1,25-Prozent«-Regelung gemäß Artikel 62 c CRR.

Pensionen

Pensionen sind die Altersruhegelder, die die Sparkasse ihren ehemaligen Vorstandsmitgliedern zahlt. Die Sparkasse finanziert sie aus *Pensionsrückstellungen*, die sie in der Vergangenheit gebildet hat. Aus der internen *Erfolgsrech-*

nung und der *Gewinn- und Verlustrechnung* lassen sich die Pensionszahlungen des Berichtsjahrs nicht unmittelbar ablesen. Allerdings verlangt § 285 Nr. 9b HGB, im *Anhang* des *Jahresabschlusses* über den Gesamtbetrag der gezahlten Ruhegehälter (zusammen mit Hinterbliebenenbezügen und Leistungen verwandter Art) zu informieren.

Pensionsanwartschaft

Die Pensionsanwartschaft ist die vertraglich begründete Aussicht eines Vorstandsmitglieds der Sparkasse, das Recht auf Zahlung einer *Pension* zu erwerben. Wie bei jeder Anwartschaft hängt der vollständige Rechtserwerb allein von der begünstigten Person ab. Ihre Position kann von der Sparkasse nicht mehr beeinträchtigt werden. Für die Sparkasse ergibt sich aus der Pensionsanwartschaft eine *Verbindlichkeit*, deren künftige Höhe und künftige Fälligkeit noch ungewiss sind. In der *Bilanz* bildet die Sparkasse Pensionsanwartschaften als *Pensionsrückstellungen* ab (Posten 7a der Passivseite).

Pensionsgeschäft

vgl. Wertpapierpensionsgeschäft

Pensionsrückstellungen

Pensionsrückstellungen bildet die Sparkasse, um zu einem späteren Zeitpunkt vertraglich zugesagte *Pensionen* an ihre amtierenden und ehemaligen Vorstandsmitglieder und gegebenenfalls andere Mitarbeiter auszuzahlen. Ab wann und/oder wie lange die Sparkasse im Einzelfall Altersruhegeld zahlt, ist ungewiss. Die Sparkasse kalkuliert ihre *Rückstellungen* für *Pensionsanwartschaften* und laufende *Pensionen* deshalb nach anerkannten versicherungsmathematischen Tabellen; dabei sind Preis- und Kostensteigerungen zu berücksichtigen. Als feststehende, aber der Höhe und der Fälligkeit nach ungewisse *Verbindlichkeiten* weist die Sparkasse ihre Pensionsrückstellungen als Teil der Sammelposition *Rückstellungen* auf der Passivseite der *Bilanz* unter Posten 7a aus. § 285 Nr. 9b HGB verlangt, die Pensionsrückstellungen für ehemalige Vorstandsmitglieder im *Anhang* des *Jahresabschlusses* gesondert auszuweisen. Darüber hinaus erläutert die Sparkasse dort, nach welchen versicherungsmathematischen Methoden sie die Pensionsrückstellungen ermittelt hat. Wirtschaftlich betrachtet sind Pensionsrückstellungen für die Sparkasse langfristiges *Fremdkapital*. Ihr Volumen speist sich aus jährlichen Zuführungen und vermindert sich um jährlichen Verbrauch und um jährliche Auflösungen. Die versicherungsmathematisch kalkulierten Netto-Zuführungen sind für die Sparkasse *Aufwand*. Sie gehen in der internen *Erfolgsrechnung* in die Position *Personalaufwand*, in der *Gewinn- und Verlustrechnung* in die Unterposition »Soziale Abgaben und Aufwendungen für Altersversorgung und für Unterstützung« ein. Die Buchung als *Personalaufwand* entspricht dem eigentlichen Charakter der Pensionsrückstellungen. Denn die Sparkasse behält Teile des Gehalts ein, sammelt sie an und zahlt sie nach Erreichen der Altersgrenze nach und nach wieder aus. Der jährliche Verbrauch von Pensionsrückstellungen entspricht überwiegend den tatsächlich gezahlten *Pensionen*. Die Auflösung von Pensionsrückstellungen ist dann erforderlich, wenn ein (künftiger) Pensionsempfänger verstorben ist. Die zum Todestag noch nicht »verbrauchten« Rückstellungen fließen der Sparkasse als *Ertrag* zu: in der internen *Erfolgsrechnung* als *neutraler Ertrag*, in der *Gewinn- und Verlustrechnung* als *sonstige betriebliche Erträge*.

Performance
Im Wertpapiergeschäft bezeichnet die Performance den prozentual ausgedrückten *Ertrag* aus einem *Wertpapier* oder einem Wertpapierportfolio innerhalb eines bestimmten Zeitraums. Sie ergibt sich zum einen aus der Kursveränderung, zum anderen aus den zugeflossenen Dividenden, Zinserträgen und Zinseszinsen. Synonyme Begriffe sind beispielsweise Rate of Return, Total Return oder Periodenrendite. Abweichend hiervon betrachten *Risikomanagement* und *Risikocontrolling* die Performance auch als Unterschied zwischen der tatsächlich erzielten *Rendite* eines Portfolios und der *Rendite* einer vergleichbaren Kapitalanlage (»Benchmarkrendite«). Die Differenz setzen sie anschließend ins Verhältnis zum eingegangenen Risiko. Analysten bezeichnen eine *Aktie* als »Outperformer« bzw. »Underperformer«, wenn sie sich nach ihrer Ansicht besser bzw. schlechter entwickeln wird als der entsprechende (Branchen-)Index.

Periodenrendite
vgl. Performance

Periodische Sichtweise
vgl. Risikotragfähigkeit

Personalaufwand
Der Personalaufwand der Sparkasse beinhaltet u. a. folgende Positionen:
1. Bruttolöhne und Bruttogehälter der Mitarbeiterinnen und Mitarbeiter sowie der Mitglieder des Vorstands;
2. Arbeitgeberanteile zur Sozialversicherung;
3. Aufwendungen für die Altersversorgung amtierender Vorstandsmitglieder (vgl. *Pensionsrückstellungen*);
4. Pensionen und andere Zahlungen an ehemalige Vorstandsmitglieder und ihre Hinterbliebenen;
5. Beiträge an Zusatzversorgungskassen;
6. Provisionszahlungen an Mitarbeiter für vermitteltes Verbundgeschäft;
7. sonstige freiwillige soziale Leistungen.

Der Personalaufwand ist in der internen *Erfolgsrechnung* als Teil des *ordentlichen Aufwands* und in der *Gewinn- und Verlustrechnung* als Teil der »allgemeinen *Verwaltungsaufwendungen*« gesondert ausgewiesen. Im *Anhang* des *Jahresabschlusses* muss die Sparkasse ergänzend zur *Gewinn- und Verlustrechnung* informieren, wie hoch die Gesamtbezüge des Vorstands und des Verwaltungsrats sowie früherer Vorstandsmitglieder und ihrer Hinterbliebenen im abgelaufenen Geschäftsjahr waren (§ 285 Nr. 9a und 9b HGB). Sollte diese Information Rückschlüsse auf die Bezüge einzelner Personen zulassen (z. B. bei einer Sparkasse mit nur zwei Vorstandsmitgliedern), kann sie unter gewissen Umständen entfallen. Unter Sparkassen üblich ist der Vergleich der Personalaufwandsquoten; hierbei wird der Personalaufwand in Prozent der durchschnittlichen *Bilanzsumme* ausgedrückt. Wenn Sparkassen Geschäftsprozesse oder -bereiche an externe Dienstleister auslagern, senken sie ihren Personalaufwand, erhöhen aber gleichzeitig den *Sachaufwand*. Dies ist bei der Interpretation des Personalaufwands bzw. der Personalaufwandsquote zu berücksichtigen.

Personalkredit
Einen Personalkredit vergibt die Sparkasse, wenn
1. ein Teil eines durch *Grundpfandrechtrecht* gesicherten *Kredits* über 60 Prozent des *Beleihungswerts* hinausgeht oder
2. ein *Kredit* mit anderen banküblichen *Kreditsicherheiten* unterlegt ist oder
3. ein *Kredit* nicht besichert ist (vgl. *Blankokredit*).

Somit baut die Sparkasse bei einem Personalkredit neben der *Kapitaldienstfähigkeit* in erster Linie auf die persönliche Kreditwürdigkeit und *Bonität* ihres Kunden. Das Risiko, die Restforderung an einen Kunden aus der Verwertung der *Kreditsicherheiten* nicht decken zu können, ist höher als bei einem *Realkredit*. Deshalb liegen die Zinssätze für Personalkredite in der Regel über den Zinssätzen für *Realkredite*. Bei der Vergabe von Personalkrediten muss die Sparkasse gegebenenfalls satzungsrechtliche Bestimmungen beachten. Das Aufsichtsrecht kennt den Begriff des Personalkredits nicht. In der *Bilanz* der Sparkasse ergibt sich das Volumen der Personalkredite näherungsweise aus der Gesamtsumme der *Forderungen an Kunden* (Posten 4 der Aktivseite) abzüglich der durch *Grundpfandrechte* gesicherten *Kredite* und der *Kommunalkredite*.

Pfandbrief
Pfandbriefe gehören zu den *Covered Bonds* und sind festverzinsliche *Schuldverschreibungen*, mit denen bestimmte *Kreditinstitute* (Pfandbriefbanken) *Realkredite*, Schiffskredite, Flugzeugfinanzierungen und Forderungen gegen die öffentliche Hand refinanzieren. Die Anleger können dabei nicht nur auf die *Bonität* der Pfandbriefbank, sondern auch auf eine eigens für die Pfandbriefe »reservierte« Deckungsmasse bauen. Das Risiko eines *Ausfalls* ist deshalb ähnlich gering wie bei öffentlichen *Schuldverschreibungen*. Rechtsgrundlage in Deutschland ist das Pfandbriefgesetz (PfandBG). Es unterscheidet vier Gattungen von Pfandbriefen:
1. Mit Hypothekenpfandbriefen refinanziert die Pfandbriefbank *Darlehen* für den Kauf von Immobilien. Deckungsmasse bilden die *Hypotheken* bzw. *Grundschulden*, mit denen die *Darlehen* gesichert sind;

2. Öffentlichen Pfandbriefen stehen Forderungen gegen bestimmte öffentliche Stellen im In- und Ausland gegenüber oder aber Forderungen, für die diese öffentlichen Stellen in vollem Umfang einstehen; das Pfandbriefgesetz grenzt den Kreis der öffentlichen Schuldner ein;
3. Schiffspfandbriefe sind mit hypothekarisch gesicherten Schiffskrediten gedeckt;
4. Flugzeugpfandbriefe sind mit hypothekarisch gesicherten Flugzeugfinanzierungen gedeckt.

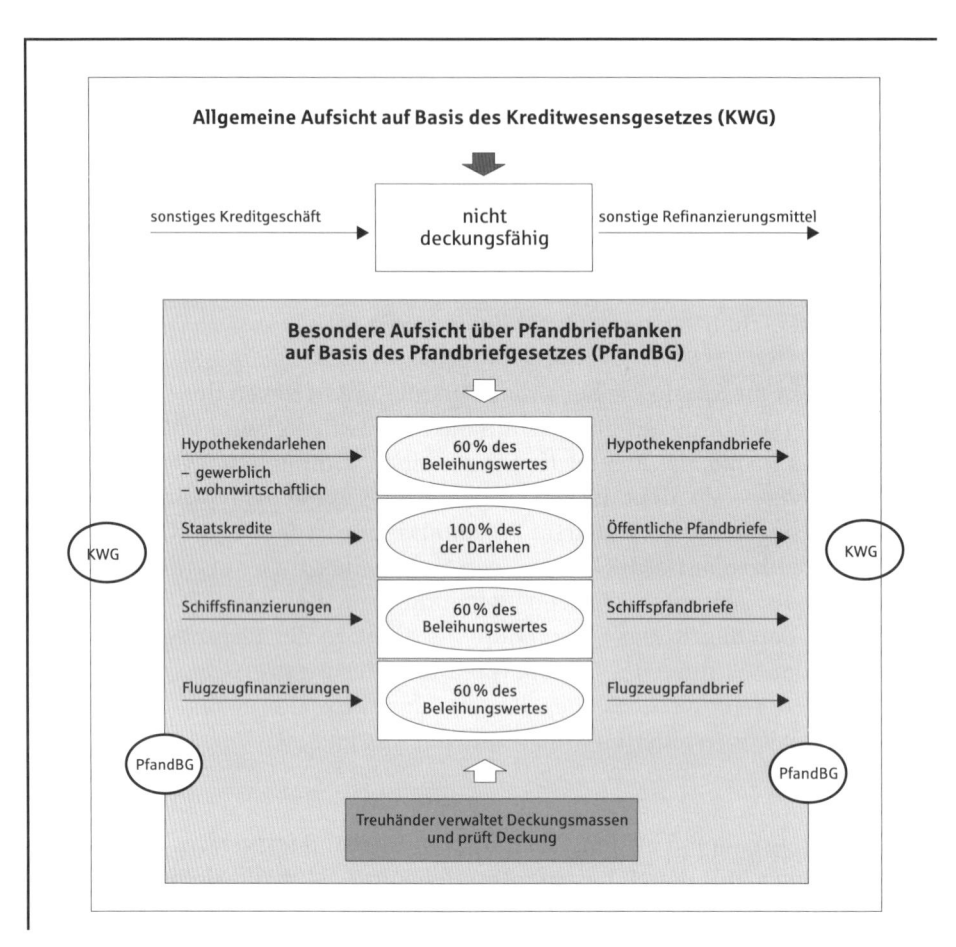

Abb. 42: Geschäft einer Pfandbriefbank (Quelle: Verband Deutscher Pfandbriefbanken)

Die besondere Sicherheit der Pfandbriefe beruht u. a. auf folgenden Sachverhalten:
1. Grundsätzlich muss das umlaufende Pfandbriefvolumen einer Gattung jederzeit durch entsprechende Deckungswerte mindestens gleicher Höhe und gleichen *Zinsertrags* gedeckt sein; die Pfandbriefbank führt hierüber für jede Pfandbriefgattung ein gesondertes Deckungsregister;

2. Die für Hypotheken-, Schiffs- und Flugzeugpfandbriefe eingetragenen *Hypotheken* bzw. *Grundschulden* gelten nur bis zu 60 Prozent des *Beleihungswerts* der finanzierten Objekte als Deckungswerte;
3. Bei Insolvenz der Pfandbriefbank werden die Pfandbriefgläubiger vorrangig aus den im Deckungsregister eingetragenen Deckungswerten bedient.

Viele Sparkassen halten einen bedeutenden Teil ihrer *Eigenanlagen* in börsennotierten Pfandbriefen. In der *Bilanz* gehen sie auf der Aktivseite mit dem *Kurswert* zum *Bilanzstichtag*, höchstens aber den *Anschaffungskosten*, in die Position »*Schuldverschreibungen* und andere festverzinsliche *Wertpapiere*« (Posten 5) ein. Pfandbriefe gehören im *Kreditrisiko-Standardansatz* zur Forderungsklasse der »gedeckten Schuldverschreibungen«. Die Sparkasse braucht die *Adressenausfallrisiken* demnach mit deutlich weniger *Eigenmitteln* unterlegen als andere Forderungen an *Kreditinstitute* gleicher *Bonität*. Neben börsennotierten Pfandbriefen investiert die Sparkasse mitunter auch in *Namenspfandbriefe*.

Pflichtpause

Mitarbeiter, die für die Sparkasse *Handelsgeschäfts* abschließen dürfen, müssen diese Kompetenz jährlich für einen ununterbrochenen und geplanten Zeitraum von mindestens zehn Handels- bzw. Arbeitstagen an andere Mitarbeiter übertragen (BTO 2.2.1 Ziffer 10 MaRisk). Während dieser Pflichtpause (»Desk Holiday«) dürfen die Händler auch außerhalb der Sparkasse keinen Zugriff auf die Handelssysteme haben. Deshalb sperrt die Sparkasse ihren Zugang. Auch das für das Handelsgeschäft verantwortliche Vorstandsmitglied und sein Stellvertreter müssen die jährliche Pflichtpause einlegen. Die Aufsicht möchte *Kreditinstitute* mit dieser Regelung vor etwaigen betrügerischen Handlungen eigener Händler schützen und somit die *operationellen Risiken* vermindern.

Planmäßige Abschreibung

Mit planmäßigen *Abschreibungen* verteilt die Sparkasse die *Anschaffungskosten* oder *Herstellungskosten* von Gegenständen des *Anlagevermögens* auf die voraussichtliche *Nutzungsdauer* (§ 253 Abs. 3 HGB). Sie geht dabei nach einem Abschreibungsplan vor, in dem Abschreibungsbasis, Abschreibungsvolumen, Abschreibungsdauer und Abschreibungsverfahren festgelegt sind. Die Sparkasse verteilt die *Kosten* grundsätzlich gleichmäßig über die *Nutzungsdauer* (»lineare« Abschreibung). In Ausnahmefällen nutzt sie noch die »geometrisch-degressive« Abschreibung mit festen Prozentsätzen vom fallenden *Buchwert*. Die planmäßigen Abschreibungen vermindern den Ansatz der jeweiligen *Vermögensgegenstände* auf der Aktivseite der *Bilanz* von Jahr zu Jahr. In der internen *Erfolgsrechnung* weist die Sparkasse die planmäßigen Abschreibungen als *Sachaufwand*, in der *Gewinn- und Verlustrechnung* unter dem Posten »*Abschreibungen* und *Wertberichtigungen* auf immaterielle Anlagewerte und *Sachanlagen*« aus. Darüber hinaus informiert die Sparkasse im *Anhang* mit einem *Anlagespiegel* über die Entwicklung des *Anlagevermögens* und damit auch über die planmäßigen *Abschreibungen* (§ 268 Abs. 2 HGB in Verbindung mit § 34 Abs. 3 RechKredV und § 340e Abs. 1 HGB). Gegensatz: *außerplanmäßige Abschreibungen*

Politisch exponierte Person

Eine politisch exponierte Person (PEP) ist ein Kunde der Sparkasse, der ein wichtiges öffentliches Amt auf nationaler Ebene, in Deutschland auf Bundesebene ausübt (u. a. Regierungsmitglied, Verfassungsrichter, Abgeordneter des nationalen Parlaments). Die Sparkasse muss alle Kunden auf ihren möglichen PEP-Status überprüfen; gleiches gilt für die wirtschaftlich Berechtigten aus den Geschäftsbeziehungen. Sofern die als »PEP« identifizierten Kunden ihr Amt im Ausland ausüben, entstehen der Sparkasse aus den gesetzlichen Bestimmungen zum Kampf gegen *Geldwäsche* verstärkte Sorgfaltspflichten auf (§ 6 Abs. 2 Nr. 1 GwG). So muss eine übergeordnete Stelle in der Sparkasse die Geschäftsbeziehung genehmigen; außerdem muss die Sparkasse die Herkunft von Vermögenswerten zu klären versuchen, die hinterlegt oder transferiert werden sollen. Die verstärkten Sorgfaltspflichten gelten auch für unmittelbare Familienangehörige und sonstige Vertragspartner der Sparkasse, die der politisch exponierten Person bekanntermaßen nahe stehen. Wenn eine vormals politisch exponierte Person ihr Amt seit mehr als einem Jahr nicht mehr ausübt, hat die Sparkasse nur noch die allgemeinen Sorgfaltspflichten im Rahmen der *Geldwäsche*-Bestimmungen.

Poolvertrag

vgl. Sicherheitenpool

Private Equity

Private Equity bezeichnet eine Form der Unternehmensfinanzierung, bei der vor allem nicht-börsennotierte Gesellschaften nicht nur mittel- und langfristiges Kapital, sondern auch Managementunterstützung erhalten. Die Kapitalgeber sind meist Fonds, hinter denen Banken, Versicherungen und vermögende Privatinvestoren stehen. Ihr Ziel ist es häufig, sich nach ca. fünf bis sieben Jahren aus dem Zielunternehmen zurückzuziehen, etwa über einen Börsengang bzw. über den Verkauf ihrer Anteile an einen anderen Investor oder an das Management. Die Renditeerwartungen der Kapitalgeber sind hoch, denn sie gehen ein erhebliches Risiko ein. Private Equity-Fonds wird die Sparkasse ihren *Eigenanlagen* deshalb meist nur in sehr begrenztem Umfang beimischen. Einzelne Sparkassen sind allerdings über regionale Beteiligungsgesellschaften im Private Equity-Markt engagiert. Ist die Sparkasse mit gewöhnlichen *Darlehen* und *Kontokorrentkrediten* Hausbank eines Zielunternehmens, kommt ihr zusätzliches Kapital aus Private Equity-Mitteln einerseits gelegen; es erhöht die Stabilität des gewerblichen Kunden und verringert daher das *Adressenausfallrisiko*. Andererseits kann das Zielunternehmen später in eine kritische (Liquiditäts-)Situation geraten, wenn die Investoren das eingebrachte Kapital wieder herausziehen (vgl. *Mezzanine*). Der starke Einfluss von Private Equity-Kapitalgebern auf die geschäftspolitische Ausrichtung und ihr stringentes, renditeorientiertes Vorgehen rufen vielerorts Kritik hervor (»Heuschrecken«-Debatte). Nicht selten initiiert Private Equity-Kapital allerdings Wachstum, das über die normalen Finanzierungswege wegen zu hoher Risiken für die Kreditgeber nicht möglich gewesen wäre.

Problemkredit

Die *Mindestanforderungen an das Risikomanagement* bezeichnen Kreditverhältnisse, die sich in *Sanierung* oder *Abwicklung* befinden, als Problemkredite. Sie sehen es hier nicht mehr als ausreichend an, das Engagement vom *Bereich Markt* oder nur allein vom *Bereich Markt* betreuen zu lassen. Damit unterscheiden sich Problemkredite von Kreditverhältnissen in *Intensivbetreuung*; dort bleibt die/der angestammte Kundenberater/in aus dem *Bereich Markt* zuständig. Den Sanierungs- bzw. Abwicklungsprozess eines Problemkredits hingegen muss ein *Bereich* außerhalb des *Markts*, in der Regel die *Marktfolge*, federführend bearbeiten, zumindest aber überwachen. Er muss auch die Kriterien für die Überleitung in die *Sanierung* oder *Abwicklung* entwickeln und regelmäßig überprüfen (BTO 1.2.5 Ziffer 1 MaRisk).

Produktinformationsblatt

Bei Anlageberatungen muss die Sparkasse ihren Privatkunden rechtzeitig vor Abschluss eines Geschäfts zu jedem empfohlenen *Wertpapier* ein Informationsblatt aushändigen. Rechtsgrundlage ist § 31 Abs. 3a WpHG. Das Produktinformationsblatt muss kurz, übersichtlich und leicht verständlich sein und dabei die wesentlichen Fakten aufzeigen: Art, Funktionsweise und Risiken des Wertpapiers, Aussichten für Kapitalrückzahlung und Erträge unter verschiedenen Marktbedingungen, schließlich die mit dem Kauf verbundenen Kosten. »Kurz« bedeutet bei weniger komplexen Papieren maximal zwei Seiten. Die »leichte Verständlichkeit« ist am Horizont eines durchschnittlich informierten Privatanlegers zu messen. Die Sparkasse braucht Produktinformationsblätter nicht selber zu erstellen, sondern kann sie bei Landesbanken und DekaBank abrufen.

Prolongation

Bei einer Prolongation verlängert die Sparkasse eine befristete externe oder interne *Kreditlinie*. Im Sinne der *Mindestanforderungen an das Risikomanagement* ist eine Prolongation eine gesonderte Kreditentscheidung (AT 2.3 Ziffer 2 MaRisk). Sie unterliegt also den gleichen aufsichtsrechtlichen Anforderungen (z. B. zur Votierung im risikorelevanten Geschäft) wie eine erstmals eingeräumte *Kreditlinie*. Die Vereinbarung eines neuen Zinssatzes nach Ablauf der Zinsfestschreibung ist keine Prolongation. Gleiches gilt für Überwachungsvorlagen, die lediglich über den aktuellen Status eines Kreditverhältnisses berichten.

Provisionsaufwendungen

Provisionsaufwendungen sind Zahlungen, die die Sparkasse für Dienstleistungen und Vermittlerdienste Dritter zahlt. Sie haben keinen Zinscharakter. Wertpapierabwicklungsunternehmen berechnen der Sparkasse beispielsweise Provision, wenn sie Kundenorder entgegennehmen und ausführen. Die Sparkasse weist Provisionsaufwendungen in der internen *Erfolgsrechnung* und in der *Gewinn- und Verlustrechnung* gesondert aus (§ 30 Abs. 2 RechKredV). Die Provisionen, die die Sparkasse an ihre eigenen Mitarbeiter/innen für die Vermittlung von Verbundgeschäften zahlt, gehen in die interne *Erfolgsrechnung* und in die *Gewinn- und Verlustrechnung* als *Personalaufwand* ein.

Provisionsertrag

Als Provisionsertrag weist die Sparkasse *Erträge* aus Dienstleistungsgeschäften aus, die keinen Zinscharakter haben. Die größte Bedeutung haben für die Sparkasse üblicherweise *Erträge* aus Kontoführung, Zahlungsverkehr, Wertpapierkommissionsgeschäft, Kreditkartengeschäft und Vermittlung von Versicherungs- und Bausparverträgen. Hinzu kommen u. a. Provisionen aus *Avalkrediten* oder aus dem Auslandsgeschäft. Die Sparkasse weist Provisionserträge in der internen *Erfolgsrechnung* und in der *Gewinn- und Verlustrechnung* gesondert aus (§ 30 Abs. 1 RechKredV).

Provisionsspanne

vgl. Provisionsüberschuss

Provisionsüberschuss

Der Provisionsüberschuss ist die Differenz zwischen *Provisionserträgen* und *Provisionsaufwendungen*. Die in Staffelform gegliederte *Gewinn- und Verlustrechnung* weist ihn in einer Zwischensumme aus. Die interne *Erfolgsrechnung* und der *Betriebsvergleich* der Sparkassen setzen den Provisionsüberschuss ins Verhältnis zur durchschnittlichen *Bilanzsumme*. Diese Provisionsspanne ist gewöhnlich deutlich niedriger als die *Zinsspanne*. Es gehört zu den strategischen Zielen vieler Sparkassen, den Provisionsüberschuss zu steigern und das *Betriebsergebnis* damit gegen die Schwankungen des *Zinsüberschusses* besser abzuschirmen. Der *Betriebsvergleich* zeigt beim Provisionsüberschuss relativ große Unterschiede zwischen einzelnen Sparkassen. Hierfür kann es verschiedene Gründe geben. Ein überdurchschnittlich hoher Provisionsüberschuss deutet oft auf hohe Marktanteile im Geschäfts- und Privatgiromarkt, ein starkes Wertpapierkommissionsgeschäft und/oder die erfolgreiche Vermittlung von Versicherungs- und Bausparverträgen durch die Sparkasse hin.

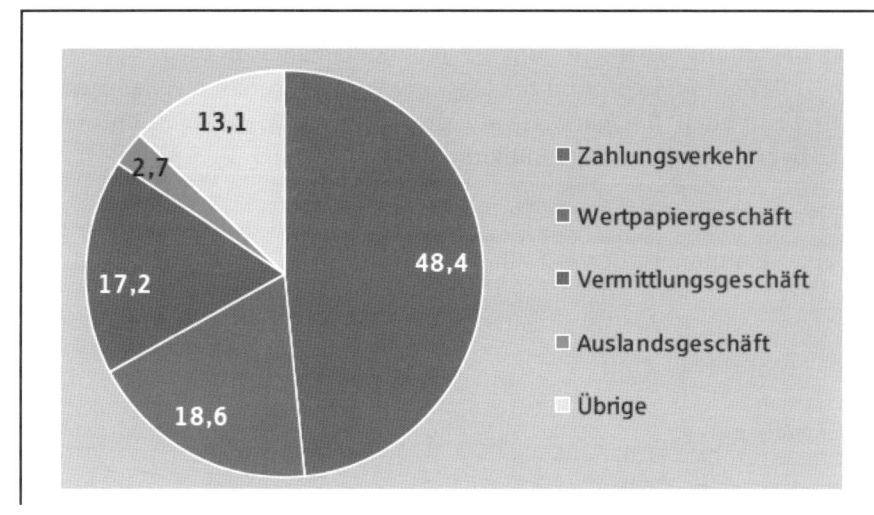

Abb. 43: Struktur des Provisionsüberschusses im Durchschnitt aller deutschen Sparkassen (in Prozent; Stand 2013; Quelle: DSGV)

Prüfkriterium
vgl. Zinsschock

Prüfungsberichtsverordnung
Wesentliche Informationen zur Situation eines Kreditinstituts gewinnt die Bankenaufsicht aus den Prüfungsberichten der Abschlussprüfer, bei der Sparkasse aus den Prüfungsberichten der Verbandsrevision. Um Form und Inhalt der Berichte zu vereinheitlichen, erlässt die Bundesanstalt für Finanzdienstleistungsaufsicht die Prüfungsberichtsverordnung (PrüfBV). Die aktuelle Fassung ist – wie die Mindestanforderungen an das Risikomanagement – dem Gedanken der prinzipienorientierten Aufsicht verpflichtet. Mit anderen Worten: Der Abschlussprüfer muss Umfang und Komplexität des Sparkassengeschäfts berücksichtigen und risikorelevante Sachverhalte teilweise selbst auswählen, hervorheben und bewerten. Er arbeitet dabei verstärkt mit Informationen, die die internen Prozesse der Sparkasse liefern. Als zentrale Themen der Berichterstattung gibt die PrüfBV vor: 1. *Risikomanagement* und Geschäftsorganisation; 2. Einhaltung der aufsichtsrechtlichen Vorgaben; 3. Anzeige- und Meldewesen; 4. Vorkehrungen gegen *Geldwäsche*, Terrorismusfinanzierung und betrügerische Handlungen; 5. Kreditgeschäft mit besonderem Augenmerk auf *Risikokonzentrationen*; 6. geschäftliche Entwicklung im Berichtsjahr sowie Vermögens-, Ertrags- und Risikolage/*Risikovorsorge* zum *Bilanzstichtag*.

Publikumsfonds
Publikumsfonds sind *Investmentfonds*, die sich prinzipiell an jeden Anleger wenden. Sie investieren das bereitstehende Kapital in *Wertpapiere, Beteiligungen* oder Immobilien und begrenzen Kursrisiken durch eine breite Streuung

der Adressen und Objekte. Publikumsfonds mit Anlageschwerpunkten (z. B. Branchen, Regionen) haben ein höheres Risikopotenzial. Um die *Adressenausfallrisiken* und *Marktpreisrisiken* ihrer *Eigenanlagen* stärker zu streuen und zu begrenzen, kauft auch die Sparkasse als Alternative zu *Spezialfonds* unter Umständen in begrenztem Umfang Publikumsfonds.

Put
vgl. Verkaufsoption, Optionsschein

RAP
vgl. Risk Adjusted Pricing

Rate of Return
vgl. Performance

Rating
Rating ist standardisierte *Risikoklassifizierung*, um die *Bonität* eines *Wertpapiers*, eines *Emittenten* oder eines Kreditkunden zu beurteilen. Es trifft eine Aussage zur Bereitschaft und zur Fähigkeit eines Schuldners, seine Verbindlichkeiten in Zukunft pünktlich und vollständig zu bedienen. Somit ist das Rating für die Sparkasse ein wichtiges Kriterium bei Entscheidungen über *Eigenanlagen* und bei der Vergabe von *Krediten*. Darüber hinaus ermöglicht es, die Risikostruktur eines Wertpapier- oder Kreditportfolios laufend zu überwachen. Dagegen ist Rating keine Empfehlung, *Wertpapiere* zu kaufen, zu verkaufen oder zu halten. Es sagt auch nichts über eine mögliche Kursentwicklung aus. Die *Mindestanforderungen an das Risikomanagement* schreiben Risikoklassifizierungsverfahren wie das Rating im Kreditgeschäft vor, um *Adressenausfallrisiken* erstmals, turnusmäßig oder anlassbezogen beurteilen zu können (BTO 1.4 Ziffer 1). Das Ergebnis eines Ratings, die Ratingnote, verdeutlicht den Grad des Risikos; es drückt – auf 12 Monate berechnet – die *Ausfallwahrscheinlichkeit* aus. *Emittenten* und Kreditkunden mit gutem Rating können sich deshalb meist zu günstigeren Konditionen finanzieren als solche mit schlechterem Rating. Der *Kapitalmarkt* unterscheidet dabei zwei Bereiche: »investment grade« und »speculative (non-investment) grade«. Die Sparkasse greift bei ihren *Eigenanlagen* in der Regel auf externe Ratings der internationalen *Ratingagenturen* Standard & Poor's oder Moody's zurück. Im Kreditgeschäft ist das selten möglich. Die wenigsten gewerblichen Kunden der Sparkasse haben ein externes Rating. Deshalb arbeitet die Sparkasse in diesem Bereich mit internen Ratingverfahren. Grundsätzlich gilt: Je besser ein Rating ausfällt, desto weniger *Eigenmittel* muss die Sparkasse für die entsprechende Risikoposition (*Eigenanlagen* oder *Kredit*) bereitstellen. Unterlegt sie ihre *Adressenausfallrisiken* nach dem *Kreditrisiko-Standardansatz*, kann sie hierfür allerdings nur externe Ratings nutzen; sofern diese nicht vorliegen, muss sie aufsichtsrechtlich vorgegebene *Risikogewichte* nutzen. Lediglich *IRB*-Ansätze erlauben es, auch die Ergebnisse interner Rating-

verfahren bei der Berechnung der zu unterlegenden *Eigenmittel* einzusetzen. Die Aufsichtsbehörden stellen komplexe und detaillierte Anforderungen an interne Ratingverfahren. Auch deshalb hat die Sparkassen-Finanzgruppe deren Entwicklung bei der Sparkassen Rating und Risikosysteme GmbH (SR) konzentriert. Sie bietet den Sparkassen neben dem *StandardRating* auch das *ImmobiliengeschäftsRating*, das *KundenKompaktRating* und das *Scoring* für das Privatkundengeschäft an (vgl. Abb. 44). Die SR entwickelt die Ratingverfahren laufend weiter. Durch die Zusammenarbeit mit vielen Sparkassen kann sie dabei auf einen sehr großen Datenpool zurückgreifen. Außerdem können Sparkassen im Kreditgeschäft mit großen Unternehmen auf *Corporate Ratings* und weitere Spezial-Ratings der Landesbanken zurückgreifen. Die Bankenaufsicht erwartet einen sachlich nachvollziehbaren Zusammenhang zwischen dem Rating eines Kreditkunden und den Konditionen, die die Sparkasse mit ihm vereinbart (BTO 1.2 Ziffer 7 MaRisk). Als Maß für die Risikokosten lässt die Sparkasse die Ratingnote deshalb in die Kalkulation ihrer Kreditzinsen und -provisionen einfließen (*Risk Adjusted Pricing*).

Zielgruppen			
StandardRating	Immobilien-geschäftsRating	Kunden-KompaktRating	KundenScoring
Firmenkunden Gewerbekunden Geschäftskunden Freiberufler Existenzgründer	Bauträger Investoren Wohnungsunternehmen Immobilienfonds Objektgesellschaften	gewerbliche Kunden mit Obligo unterhalb einer von der Sparkasse festgelegten Grenze (max. 250 TEUR)	Privatkunden

Abb. 44: Ratingmodule der deutschen Sparkassen

Ratingagentur

Eine Ratingagentur beurteilt zum einen die *Bonität* von Staaten, Unternehmen, Haftungsverbünden und anderen Akteuren, die sich über Finanzmärkte Kapital beschaffen; zum anderen bewertet sie das Ausfallrisiko einzelner *Wertpapiere*. Ihr Urteil drückt die Ratingagentur in einer Buchstabenkombination (Ratingcode) aus. Sie reicht in der Regel von AAA bzw. Aaa (beste Qualität) bis D (zahlungsunfähig). Die Reputation einer Ratingagentur beruht auf der Qualität und der Unabhängigkeit ihres Urteils. Interessenkonflikte liegen allerdings auf der Hand: Ratingagenturen sind private, gewinnorientierte Unternehmen. Ihre Kunden sind in der Regel nicht die Investoren, sondern die *Emittenten* selber. Diese haben naturgemäß großes Interesse an einer guten Ratingnote. Allerdings wird keine Ratingagentur das Vertrauen, das sie an den *Kapitalmärkten* genießt, leichtfertig aufs Spiel setzen. Vereinzelte Zahlungsausfälle bei *Emittenten* bzw. Emissionen mit gutem oder sehr gutem Rating machen im Übrigen bewusst, dass die Bewertungen der Ratingagenturen – genauso wie die internen *Ratings* der Sparkasse – lediglich *Ausfallwahrscheinlichkeiten* widerspiegeln. Die Zukunft sicher vorhersagen können auch Ratingagenturen nicht. Die größten Marktanteile auf dem internationalen Ratingmarkt haben die beiden amerikanischen Ratingagenturen, Standard & Poor's und Moody's. Dahinter folgen mit einigem Abstand die Agenturen Fitch Ratings (Großbritannien) und Dominion Bond Rating Service (DBRS, Kanada). Ratingagenturen stehen mittlerweile unter staatlicher Aufsicht. In Europa müssen sie ein Registrierungsverfahren der Europäischen Wertpapier- und Marktaufsichtsbehörde (ESMA) durchlaufen. Hierbei gelten umfangreiche Vorschriften zur inneren Organisation einer Ratingagentur. Damit will die Aufsicht Interessenkonflikte zumindest verringern und eine hohe Qualität der Ratings sicherstellen. Auch die laufende Aufsicht liegt in der zentralen Verantwortung der ESMA. Nicht angeforderte Länderratings dürfen die Ratingagenturen in Europa nur dreimal im Jahr an zuvor festgelegten Terminen veröffentlichen. Anleger können Schadenersatz für Verluste einklagen, wenn Ratingagenturen einen Staat oder ein Unternehmen vorsätzlich oder grob fahrlässig falsch beurteilt haben. Sofern die Sparkasse bei der Unterlegung ihrer *Adressenausfallrisiken* mit *Eigenmittel* den *Kreditrisiko-Standardansatz* nutzt, bestimmt sie für jede Forderungsklasse eine oder mehrere Ratingagenturen. Sie hat die Bewertungen dieser Agentur(en) dann dauerhaft und einheitlich für alle Positionen dieser Forderungsklasse zu verwenden. Liegen zwei Beurteilungen vor, muss sie die schlechtere verarbeiten (Artikel 138 CRR). Die Sparkassen-Finanzgruppe holt für die Mitglieder ihres *Haftungsverbunds* regelmäßig ein *Verbundrating* bzw. ein *Floor-Rating* ein.

	Fitch	Moody's	Standard & Poor's	Bonitätsbeurteilung
Investment Grade	AAA	Aaa	AAA	**Sehr gut:** Höchste Bonität, praktisch kein Ausfallrisiko
	AA+ AA AA–	Aa1 Aa2 Aa3	AA+ AA AA–	**Sehr gut bis Gut:** Hohe Zahlungswahrscheinlichkeit, geringes Insolvenzrisiko
	A+ A A–	A1 A2 A3	A+ A A–	**Gut bis Befriedigend:** Angemessene Deckung von Zins und Tilgung, aber auch Elemente, die sich bei einer Veränderung der wirtschaftlichen Lage negativ auswirken können
	BBB+ BB BBB–	Baa1 Baa2 Baa3	BBB+ BBB BBB–	**Befriedigend:** Angemessene Deckung von Zins und Tilgung, aber auch spekulative Charakteristika oder mangelnder Schutz gegen wirtschaftliche Veränderungen
Speculative Grade	BB+ BB BB–	Ba1 Ba2 Ba3	BB+ BB BB–	**Ausreichend:** Sehr mäßige Deckung von Zins und Tilgung, auch in gutem wirtschaftlichem Umfeld
	B+ B B–	B1 B2 B3	B+ B B–	**Mangelhaft:** Geringe Sicherung von Zins und Tilgung
	CCC CC	Caa(1–3) Ca	CCC CC	**Ungenügend:** Niedrigste Qualität, geringster Anlegerschutz, in akuter Gefahr des Zahlungsverzuges
	SD/D	C	SD/D	**Zahlungsunfähig:** In Zahlungsverzug

Abb. 45: Rating-Symbole großer internationaler Ratingagenturen

Real Case
vgl. Erwartungsfall

Realisationsprinzip

Nach dem Realisationsprinzip (§ 252 Abs. 1 Nr. 4) darf die Sparkasse *Gewinne* erst dann erfolgswirksam ausweisen, wenn sie realisiert sind, d. h. wenn sie beispielsweise ein *Wertpapier* tatsächlich über den *Anschaffungskosten* verkauft hat. Dagegen muss sie erkennbare Risiken und *Verluste* auch dann schon ausweisen, wenn sie noch nicht realisiert sind (vgl. *Imparitätsprinzip*). Das Realisationsprinzip ist Ausfluss des *Vorsichtsprinzips*. Durchbrochen wird es bei *Finanzinstrumenten* des *Handelsbestands*; sie sind zum »beizulegenden *Zeitwert*« und damit gegebenenfalls auch über den *Anschaffungskosten* zu bilanzieren (§ 340e Abs. 3 HGB).

Realisationswert

Der Realisationswert spiegelt den Wert einer *Kreditsicherheit* für *Kredite* wider, die die Sparkasse wertberichtigen oder abwickeln muss. Die Differenz zwischen den ausgezahlten bzw. beanspruchten *Krediten* und den Realisationswerten der hereingenommenen *Kreditsicherheiten* entspricht dem rechnerischen *Adressenausfallrisiko* der Sparkasse; bei *Grundpfandrechten* auf Immobilien sind Vorlasten zu Gunsten anderer Gläubiger zu berücksichtigen. Das so ermittelte Ausfallrisiko ist maßgebend für die Höhe der erforderlichen *Abschreibung* bzw. *Einzelwertberichtigung*. Die Sparkasse muss Realisationswerte in einem sachgerechten Verfahren ermitteln und festsetzen. Darüber hinaus ist es erforderlich, die Werte regelmäßig zu überprüfen, soweit erforderlich zu verändern und in der Folge gegebenenfalls auch die gebildete *Abschreibung* bzw. *Einzelwertberichtigung* anzupassen. Dies ergibt sich u. a. aus den *Mindestanforderungen an das Risikomanagement* (BTO 1.2.6 Ziffer 2). Realisationswerte liegen erfahrungsgemäß erheblich unter Marktpreisen, auch deutlich unter den voraussichtlichen Veräußerungserlösen. Zum einen hat die Sparkasse direkte Abwicklungs- und Verwertungskosten. Zum anderen kann bei entsprechender Marktsituation viel Zeit vergehen, bis die Sparkasse eine *Kreditsicherheit* tatsächlich verwertet. Dies gilt insbesondere für Immobilien. Um eine absehbar längere Verwertungsdauer wirtschaftlich von vornherein angemessen zu berücksichtigen, empfehlen Wirtschaftsprüfer für die Ermittlung des Realisationswerts deshalb, den erwarteten Verwertungserlös abzuzinsen. Vgl. auch *Verwertungsquote*.

Realisierter Gewinn
vgl. Kursgewinn, Realisationsprinzip

Realisierter Verlust
vgl. Kursverlust, Realisationsprinzip

Realkredit
Ein Realkredit ist durch ein *Grundpfandrecht* so gesichert, dass Zinszahlungen und Rückzahlung des *Kredits* auch bei wirtschaftlichen Problemen des Kunden als gewährleistet gelten dürfen. Im Gegensatz zum *Personalkredit* spielt die persönliche Kreditwürdigkeit des Kunden eine untergeordnete Rolle; im Mittelpunkt steht die Ertragskraft der belasteten Immobilie. Der Realkredit muss den Vorgaben der *Beleihungswertermittlungsverordnung*, mindestens aber denen der *Beleihungsgrundsätze* entsprechen, die jedes Bundesland für seine Sparkassen erlässt. Sie beschränken den Realkredit(-anteil) auf 60 Prozent des *Beleihungswerts* der Immobilie. Das vergleichsweise geringe *Adressenausfallrisiko* eines Realkredits ermöglicht es der Sparkasse, für Realkredite günstigere Zinskonditionen anzubieten als für *Personalkredite*. Realkredite über 750 000 EUR sind zwar von den Vorschriften des Kreditwesengesetzes über die *Offenlegung der wirtschaftlichen Verhältnisse* befreit (§ 21 Abs. 3 Nr. 1 KWG). Allerdings unterliegen sie ansonsten den gleichen aufsichtsrechtlichen Anforderungen an die laufende Überprüfung von *Bonität* und *Kreditsicherheiten* wie andere *Kredite* auch. Unter bestimmten Voraussetzungen sind die *Eigenmittel*, mit denen die Sparkasse Realkredite unterlegen muss, im Vergleich zu anderen *Krediten* deutlich

reduziert (Realkreditprivilegierung, vgl. Abb. 46, S. 251). So sieht der *Kreditrisiko-Standardansatz* für Realkredit(-anteile) ein *Risikogewicht* von 35 Prozent bei Besicherung mit Wohnimmobilien bzw. 50 Prozent bei Besicherung mit Gewerbeimmobilien vor (Artikel 125 und 126 CRR).

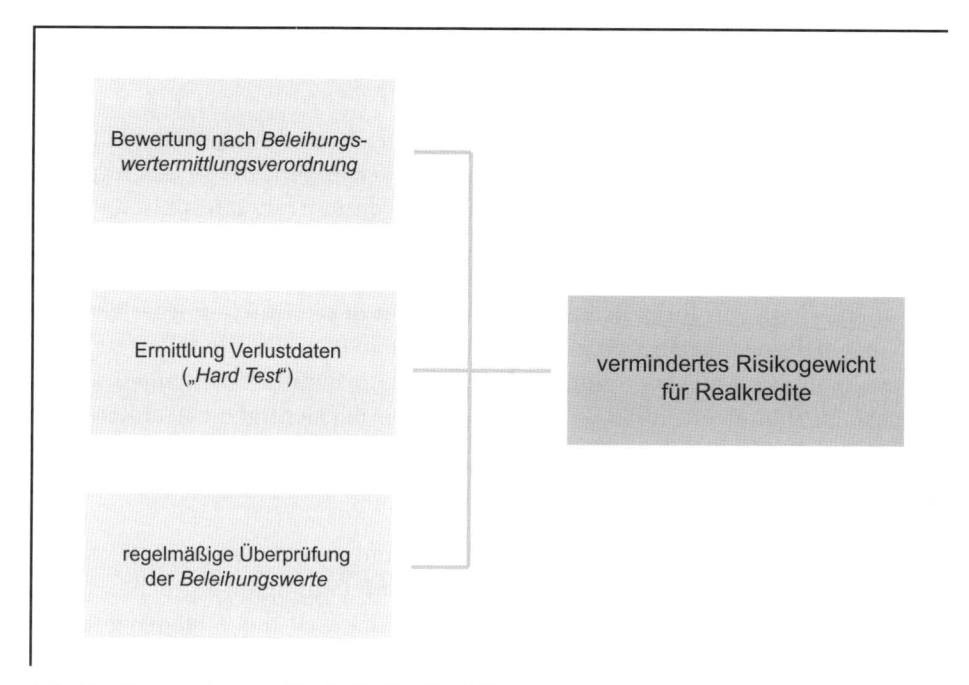

Abb. 46: Voraussetzungen für die Realkreditprivilegierung

Rechnungsabgrenzung

Mit der Rechnungsabgrenzung am *Bilanzstichtag* ordnet die Sparkasse erfolgswirksame Einnahmen und Ausgaben dem Geschäftsjahr zu, dem sie als *Aufwendungen* oder *Erträge* tatsächlich zuzurechnen sind. Dabei gibt es unterschiedliche Konstellationen:

1. Die Sparkasse hat im ablaufenden Geschäftsjahr *Aufwendungen* oder *Erträge*, die ganz oder teilweise das folgende Geschäftsjahr betreffen (transitorische Rechnungsabgrenzung). In diesem Fall weist die Sparkasse in der *Bilanz* einen explizit so bezeichneten Rechnungsabgrenzungsposten aus: bei *Aufwendungen* auf der Aktivseite (Posten 14), bei *Erträgen* auf der Passivseite (Posten 6). Die dazugehörigen Positionen in der *Gewinn- und Verlustrechnung* vermindern sich entsprechend. Rechtsgrundlage ist § 250 HGB;
2. Die Sparkasse hat im folgenden Geschäftsjahr genau vorhersehbare und bezifferbare *Aufwendungen* oder *Erträge*, die ganz oder teilweise das ablaufende Geschäftsjahr betreffen (antizipative Rechnungsabgrenzung). Beispiel sind unterjährige Zinszahlungen auf *Einlagen*. Diese Positionen ordnet die Sparkasse in der *Bilanz* der zugrunde liegenden Aktiv- oder Passivposition

(z. B. *Verbindlichkeiten* gegenüber Kunden) zu; in der *Gewinn- und Verlustrechnung* des ablaufenden Geschäftsjahrs erhöhen sie die entsprechenden *Aufwendungen* und *Erträge* und verändern somit das *Betriebsergebnis*;

3. Die Sparkasse hat im ablaufenden Geschäftsjahr *Aufwendungen* und *Erträge*, die ganz oder teilweise vergangene Geschäftsjahre betreffen. Diese Positionen führen zu *aperiodischen Aufwendungen* bzw. *aperiodischen Erträgen*.

Rechnungslegungsverordnung

Mit dem Bankbilanzrichtlinie-Gesetz und der »Verordnung über die Rechnungslegung der *Kreditinstitute* und *Finanzdienstleistungsinstitute*« (RechKredV) hat Deutschland die Bankbilanzrichtlinie der damaligen Europäischen Gemeinschaft aus dem Jahr 1986 in nationales Recht umgesetzt. Die RechKredV (vgl. auch Anhang S. 365ff.) gilt für alle *Institute* im Sinne des *Kreditwesengesetzes*, unabhängig von ihrer Rechtsform und ihrer geschäftlichen Ausrichtung. Die Vorschriften spiegeln sich in amtlichen *Formblättern* für die *Bilanz* und die *Gewinn- und Verlustrechnung* und in den dazugehörigen Erläuterungen wider. Die Besonderheiten einzelner Bankengruppen berücksichtigt die RechKredV in zahlreichen Fußnoten.

Refinanzierung

Die Refinanzierung umfasst alle Geschäfte und geschäftlichen Aktivitäten, mit denen die Sparkasse die für das Kreditgeschäft benötigten Mittel beschafft. Wichtigste Refinanzierungsquelle für die Sparkasse ist das *Einlagen*geschäft mit ihren Kunden. Daneben kann sie sich am *Geldmarkt*, am *Kapitalmarkt* und bei der *Deutschen Bundesbank* refinanzieren. Bei vielen Sparkassen ist das Einlagenvolumen insgesamt zwar größer als das Kundenkreditvolumen (»passivlastig«). Allerdings haben die *Kredite* meist eine wesentlich längere Laufzeit als die *Einlagen*. Diese *Fristentransformation* trägt – bei normaler *Zinsstruktur* – wesentlich zum *Zinsüberschuss* der Sparkasse bei. Sie ist indessen mit *Zinsänderungsrisiken* und mit *Liquiditätsrisiken* verbunden. Um sie im Rahmen der *Gesamtbanksteuerung* zu begrenzen, kann es deshalb auch für Sparkassen mit starkem Einlagengeschäft sinnvoll sein, sich am *Kapitalmarkt* zusätzlich längerfristig zu refinanzieren. Der Deutsche Sparkassen- und Giroverband empfiehlt, hierfür gegebenenfalls auch den *Pfandbrief* zu nutzen (»gedeckte Refinanzierung«). In diesem Fall kann die Sparkasse grundpfandrechtlich gesicherte *Darlehen* und *Kommunalkredite* als Deckungswerte einbringen.

Refinanzierungsrisiko
vgl. Liquiditätsrisiko

Reinvermögen
vgl. Eigenkapital

Rektapapier
vgl. Wertpapier

Rendite
Die Rendite misst den Gesamterfolg einer Kapitalanlage. Sie setzt den erzielten bzw. geplanten *Gewinn* ins Verhältnis zum eingesetzten Kapital. Um mehrere Anlageoptionen mit verschieden langen Anlagezeiträumen vergleichen zu können, bezieht sich die Rendite grundsätzlich auf den Zeitraum eines Jahres. Unterschiedlich hohe Renditen erklären sich oft aus unterschiedlich hohen Risiken. Tendenziell gilt: Je höher die Rendite, desto höher das Risiko. Kapitalanleger müssen überdies zwischen Vor-Steuer- und Nach-Steuer-Rendite unterscheiden.

Rentabilität
Die Rentabilität bezieht eine Erfolgsgröße (z. B. *Jahresüberschuss, Betriebsergebnis*) auf eine diesen Erfolg mitbestimmende Einflussgröße (z. B. Kapital, Umsatz). Hieraus resultieren verschiedene Rentabilitätskennziffern. In der Kreditwirtschaft ist die *Eigenkapitalrentabilität* eine wichtige Steuerungsgröße. Rentabilität sichert langfristig die Existenz der Sparkasse. Sie steht allerdings in einem Spannungsverhältnis mit anderen Zielen wie Wachstum, Sicherheit oder den aus dem öffentlichen Auftrag abgeleiteten besonderen Aufgaben der Sparkasse. So kann starkes Wachstum die Rentabilität belasten. Geschäfte mit attraktiver *Rendite* können mit (zu) hohen Risiken verbunden sein.

Rentenfuture
vgl. Zinsfuture

Rentenmarkt
vgl. Kapitalmarkt

Rentenoption
Eine Rentenoption ist eine *Option* auf festverzinsliche *Wertpapiere*. Sie gibt der Sparkasse insbesondere die Möglichkeit, sich gegen *Zinsänderungsrisiken* abzusichern. Rechnet sie beispielsweise mit einem steigenden Zinsniveau, kann sie eine *Verkaufsoption* (Put) erwerben. Bewahrheitet sich die Zinserwartung, sinkt der Kurs des zugrunde liegenden *Wertpapiers*. Die Sparkasse kann sich dann während der *Laufzeit* (»amerikanische Option«) oder bei Fälligkeit (»europäische Option«) zum aktuell niedrigeren Kurs mit der *Schuldverschreibung* eindecken und sie anschließend zu dem in der *Option* vereinbarten (höheren) Preis an den Verkäufer (»Stillhalter«) veräußern. Mit dem *Gewinn* kompensiert die Sparkasse *Abschreibungen* bei anderen *Schuldverschreibungen* im Eigenbestand, deren Kurse das steigende Zinsniveau fallen lässt. Bei unverändertem oder sinkendem Zinsniveau wird die Sparkasse die *Verkaufsoption* verfallen lassen; ihr *Verlust* ist dann auf die Höhe der Optionsprämie begrenzt.

Reputationsrisiko

Das Reputationsrisiko bildet die Gefahr von Ereignissen ab, die den guten Ruf und das Ansehen der Sparkasse, vor allem aber das Vertrauen von Kunden, Mitarbeitern, Trägern, Aufsichtsbehörden, Geschäftspartnern und Medien in die Sparkasse beeinträchtigen. Ein Reputationsrisiko kann zum einen unmittelbar oder mittelbar aus anderen Risiken erwachsen, etwa durch öffentlich diskutierte größere Kreditausfälle (*Adressenausfallrisiko*) oder durch wiederholte, andauernde Störungen des SB-Service (*operationelles Risiko*). Zum anderen können Reputationsrisiken andere Risiken verstärken. Kunden könnten beispielsweise ein bestimmtes Verhalten der Sparkasse zum Anlass nehmen, in größerem Umfang *Einlagen* abzuziehen. Warnsignale für einen Reputationsverlust sind unter anderem steigende Kundenfluktuation, sinkende Marktanteile, überdurchschnittlich hoher Margendruck oder zunehmende Schwierigkeiten, Mitarbeiter zu finden bzw. zu halten. Gleichwohl sind Reputationsrisiken nur schwer zu quantifizieren. Deshalb verzichtet das Aufsichtsrecht darauf, sie mit *Eigenmitteln* unterlegen zu lassen. Die *Mindestanforderungen an das Risikomanagement* (MaRisk) verlangen, Reputationsrisiken als Beispiel für so genannte »andere Risiken« bei den Vorkehrungen gegen Liquiditätsengpässe zu berücksichtigen (BTR 3.1 Ziffer 2). Vorkommnisse mit hohen Reputationsrisiken können auch die Pflicht des Vorstands zu einer *Ad-hoc-Berichterstattung* an den Verwaltungsrat auslösen.

Reservefonds

Reservefonds sind gesonderte Sicherungseinrichtungen einzelner regionaler Sparkassen- und Giroverbände. Sie ergänzen den bundesweiten *Haftungsverbund* der Sparkassen-Finanzgruppe. Bei wirtschaftlichen Schwierigkeiten einer Sparkasse sichern sie – wie die regionalen Sparkassenstützungsfonds – den Bestand dieses Instituts. Darüber hinaus stehen sie für Ansprüche von Gläubigern der notleidenden Sparkasse ein. Die Regionalverbände füllen die Reservefonds über viele Jahre hinweg mit Beiträgen ihrer Sparkassen und ihrer Landesbank. Diese Beiträge orientieren sich zum einen am Volumen der *Risikoaktiva*. Zum anderen bemessen sie sich über gesonderte Kennzahlen, die den Erfolg und das Risikoprofil der Sparkasse ausdrücken. Die einzelne Sparkasse weist ihre Beiträge zum regionalen Reservefonds in der *Gewinn- und Verlustrechnung* als »andere *Verwaltungsaufwendungen*«, in der internen *Erfolgsrechnung* als *Sachaufwand* aus.

Restlaufzeit

Die Restlaufzeit bezeichnet die Zeitspanne zwischen der Gegenwart und dem Zeitpunkt, an dem ein Betrag vereinbarungsgemäß zurückgezahlt wird. Über die Restlaufzeit bestimmter Forderungen und *Verbindlichkeiten* der Sparkasse am *Bilanzstichtag* informiert die *Fristengliederung* im *Anhang* des *Jahresabschlusses*. Rechtsgrundlage sind § 340d HGB und § 9 RechKredV. Die *Rechnungslegungsverordnung* regelt überdies die Zuordnung für Gelder ohne feste

Endfälligkeit (§ 8). So sind bei kündbaren Geldern die *Kündigungsfristen* und gegebenenfalls *Kündigungssperrfristen* maßgebend. Bei Forderungen oder *Verbindlichkeiten* mit Rückzahlungen in regelmäßigen Raten gilt als Restlaufzeit der Zeitraum zwischen dem *Bilanzstichtag* und dem Fälligkeitstag jedes Teilbetrags. Die Tilgungsbeträge von *Darlehen* beispielsweise sind demnach unterschiedlichen Restlaufzeiten zuzuordnen.

Restrukturierungsfonds

Der Restrukturierungsfonds ist ein im Jahr 2011 geschaffenes Sondervermögen des Bundes. Er wird über die *Bankenabgabe* von der Kreditwirtschaft finanziert und soll in Schieflage geratene systemrelevante Banken sanieren, umorganisieren und nicht-systemrelevante Teile nötigenfalls abwickeln. Die Zielgröße für das Gesamtvolumen des Fonds beträgt 70 Milliarden Euro. Der Fonds kann nötigenfalls bis zu 100 Milliarden Euro an Kredit aufnehmen. Damit soll gewährleistet sein, notfalls auch eine Großbank abwickeln zu können – und zwar zu Lasten des Bankensystems und nicht des Steuerzahlers. Der Restrukturierungsfonds wird von der Bundesanstalt für Finanzmarktstabilisierung verwaltet. Möglicherweise geht er in den nächsten Jahren zumindest teilweise in einem Bankenabwicklungsfonds der Europäischen Union auf.

Restschuldversicherung

Eine Restschuldversicherung schützt die Sparkasse gegen den *Ausfall* eines *Kredits*, falls der Kunde während der *Laufzeit* stirbt, krank, arbeitsunfähig oder arbeitslos wird und seinen Zahlungsverpflichtungen deshalb nicht nachkommen kann. Der Kunde sorgt für den Fall vor, dass sein Einkommen ausfällt und die Familie mit der Belastung aus dem *Kredit* überfordert ist. Die Sparkasse vermittelt Restschuldversicherungen überwiegend im privaten Kreditgeschäft, seltener im gewerblichen Kreditgeschäft. Zentrales Element ist die Todesfallversicherung. Stirbt der Kunde, zahlt die Versicherung die planmäßige Restschuld. Zahlungsrückstände, Stundungen und Laufzeitverlängerungen sind in der Regel nicht abgedeckt. Über Zusatzversicherungen kann der Kunde darüber hinaus die Kreditzahlungen während Krankheit, Arbeitsunfähigkeit und Arbeitslosigkeit absichern. Für alle versicherten Risiken gelten jeweils Karenz- und Wartezeiten. Die Sparkasse erhält für die Vermittlung einer Restschuldversicherung eine Provision, erhöht damit also ihren *ordentlichen Ertrag*. Die Versicherungsprämie wird als Einmalbeitrag über den *Kredit* mitfinanziert. Damit erhöhen sich die monatliche Rate und/oder die *Laufzeit* des *Kredits*, eventuell auch der Zinssatz. *Kreditinstitute*, bei denen der Abschluss einer Restschuldversicherung obligatorisch ist, müssen die Versicherungsprämie in den auszuweisenden effektiven Jahreszins hineinrechnen.

Retailgeschäft

Im geschäftspolitischen Sinn umfasst das Retailgeschäft alle Geschäfte, die die Sparkasse mit Privatpersonen abschließt. Wesentliche Bereiche sind hierbei Zahlungsverkehr über Girokonten, *Einlagen*geschäft, Wertpapierkommissionsgeschäft, privates *Kreditgeschäft* oder die Vermittlung von Versicherungs-, Bauspar- oder Leasingverträge. Den Gegensatz hierzu bildet Geschäft mit Großkunden oder anderen Banken, das so genannte Wholesale-Geschäft. Geschäftsverbindungen mit Unternehmen und Kaufleuten gehören je nach Größenordnung zum Retail- oder zum Wholesale-Geschäft. Das Retailgeschäft ist mit relativ hohen Kosten verbunden; ihnen stehen allerdings tendenziell höhere, wenn auch in jüngster Zeit zurückgehende *Margen* gegenüber. Insgesamt unterliegen die mit dem Retailgeschäft zu erzielenden Ergebnisse nicht so großen Schwankungen wie die *Erträge* aus dem geld- und kapitalmarktnahen Großgeschäft. Deshalb drängen auch große, international agierende Banken mitunter stark ins Retailgeschäft und verschärfen den Wettbewerb mit regionalen Retailspezialisten wie Sparkassen und genossenschaftlichen Banken. Das Aufsichtsrecht sieht für die Unterlegung des Retailgeschäfts mit *Eigenmitteln* Erleichterungen vor (vgl. *Mengengeschäft*).

Return on Equity
vgl. Eigenkapitalrentabilität

Return-on-investment
Die Analyse des Return-on-investment (ROI) verbindet wichtige Ertrags- und Aufwandskennzahlen und verdichtet sie zur zentralen Erfolgsgröße, der *Eigenkapitalrentabilität*. Die lückenlose Verknüpfung ermöglicht es, die Veränderung einzelner Parameter zu simulieren. Deshalb nutzen Unternehmen das Konzept des Return-on-investment zur Rentabilitätssteuerung.

Rezertifizierung
Um das Risiko eines Missbrauchs zu begrenzen, muss die Sparkasse IT-, Zeichnungs- und systemgesteuerte Zutrittsberechtigungen sowie sonstige Kompetenzen ihrer Mitarbeiter nicht nur aus konkretem Anlass, sondern auch regelmäßig überprüfen (AT 4.3.1 Ziffer 2 MaRisk). Wie intensiv und wie häufig diese Rezertifizierung geschieht, hängt vom Risiko ab, das mit den Berechtigungen und der Nutzung der einsehbaren Daten einhergeht. Für IT-Berechtigungen und Zeichnungsberechtigungen auf Zahlungsverkehrskonten erwartet die Aufsicht eine mindestens jährliche, bei kritischen IT-Berechtigungen eine mindestens halbjährliche Überprüfung. In der Praxis stößt die Sparkasse die regelmäßige Rezertifizierung über eine zentral gepflegte elektronische Wiedervorlage für die Führungskräfte der Sparkasse an.

Risiko
Der Begriff »Risiko« bezeichnet allgemein die Gefahr eines *Verlusts* oder eines Schadens durch eine Entwicklung, die ungünstiger verläuft als erwartet, geplant oder prognostiziert. Auch im Sparkassenalltag gilt: kein Geschäft ohne Risiko; je höher das Risiko, desto größer auch die (Ertrags-)Chance. Eine gut ge-

führte Sparkasse wird allerdings nur sorgfältig kalkulierte Risiken eingehen, die ihrer *Risikotragfähigkeit* entsprechen. Sofern es tatsächlich zu *Verlusten* kommt, darf die Existenz der Sparkasse keinesfalls gefährdet sein. Ein angemessenes *Risikomanagement* gehört zu den zentralen Elementen ordnungsgemäßer Geschäftsorganisation. Es gibt unterschiedliche Verfahren, Risiken zu messen. Um quantitative Risikowerte beurteilen zu können, ist wichtig zu wissen, mit welchen (Nicht-) Eintrittswahrscheinlichkeiten (*Konfidenzniveau*) und mit welchen Zeithorizonten (*Haltedauer*) die Sparkasse jeweils rechnet (vgl. auch *Erwartungsfall, Risikofall*).

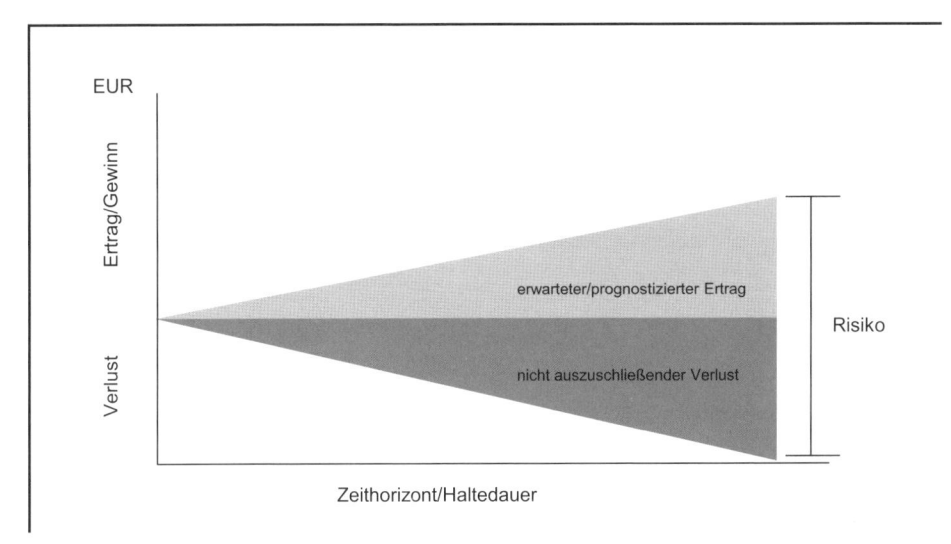

Abb. 47: Mit zunehmendem Zeithorizont wächst das Risiko, aus einem Geschäft einen Verlust zu erleiden

Risikoadjustierte Prämienbestimmung

Das Verfahren des Risk Adjusted Pricing (RAP) schlägt der Sparkasse vor einer Kreditentscheidung einen Zinssatz vor, der auch das *Adressenausfallrisiko* des Einzelgeschäfts angemessen berücksichtigt. Die RAP-Software berücksichtigt und gewichtet zahlreiche Daten zum einzelnen *Kredit* (u. a. *Rating, Laufzeit, Kreditsicherheiten*) sowie finanzmathematische Vorgaben (u. a. *Verwertungsquoten, Zinsstruktur*kurve). Im Ergebnis ermittelt sie einen Risikoaufschlag oder -abschlag (»Bonitätsprämie«) zu den Standardkonditionen der Sparkasse. Die Sparkassen Rating und Risikosysteme GmbH entwickelt und pflegt das RAP-Verfahren für die Sparkassen-Finanzgruppe zentral. Es ist Grundlage des von der Finanz Informatik bereitgestellten *Bonitätsprämientableaus*. Risikoorientierte Kreditkonditionen gehören zum Kern modernen *Risikomanagements*. Die *Mindestanforderungen an das Risikomanagement* fordern einen sachlich nachvollziehbaren Zusammenhang zwischen *Risikoklassifizierung* und Konditionen (BTO 1.2 Ziffer 7 MaRisk). Wenn die Sparkasse erkennbare Risiken eingeht, soll ein entsprechend höherer *Zinsertrag* auch das *Betriebsergebnis* und damit die

Risikotragfähigkeit steigern. Gleichwohl wird die Sparkasse den vorgeschlagenen Zinssatz in den Verhandlungen mit dem Kunden nicht immer durchsetzen können. Bei *Problemkrediten* kann es sogar erforderlich sein, trotz beträchtlicher *Adressenausfallrisiken* Zinszugeständnisse zu machen.

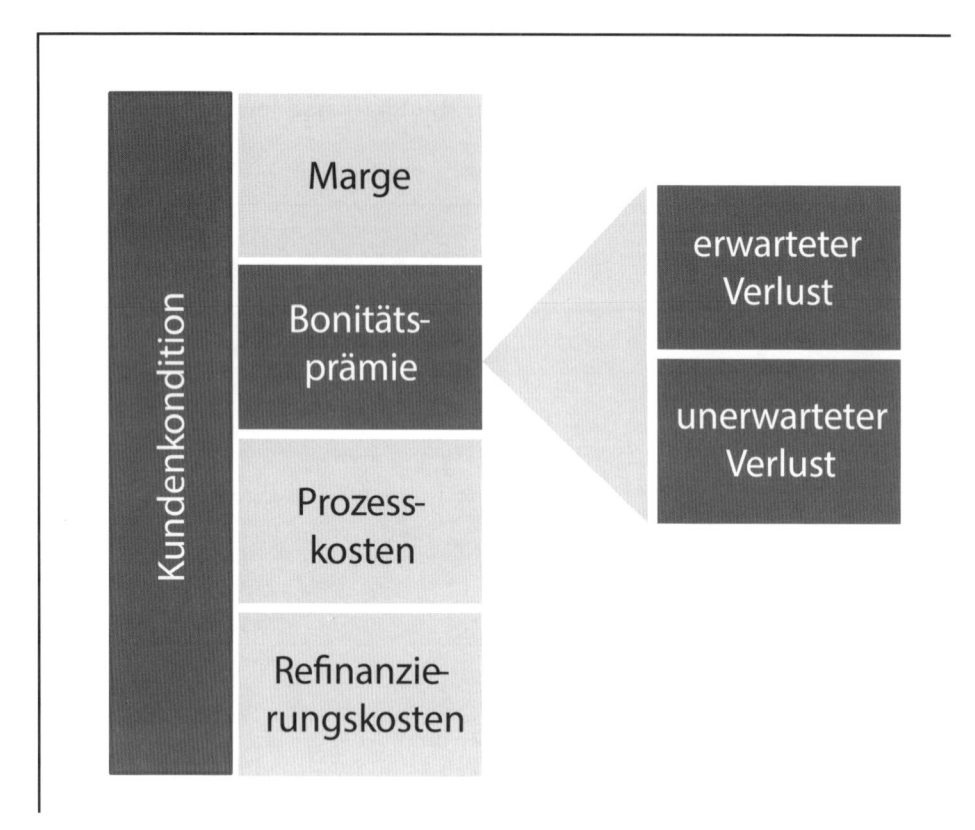

Abb. 48: Kalkulation eines risikoadäquaten Kreditzinses; Quelle: Sparkassen Rating- und Risikosysteme GmbH

Risikoaktiva

Die Risikoaktiva umfassen im Sprachgebrauch der Sparkasse alle Positionen, die mit einem *Adressenausfallrisiko* einhergehen und daher mit *Eigenmitteln* unterlegt werden müssen. Der Begriff stammt aus dem alten »Grundsatz 1«. Er hat sich in der Praxis behauptet, obwohl ihn die heute maßgebliche CRR-Verordnung nicht mehr verwendet und stattdessen von »risikogewichteten Forderungsbeträgen« spricht (Artikel 92 Abs. 3 CRR). Zu den Risikoaktiva der Sparkasse gehören vor allem ihre *Kredite*, *Eigenanlagen* und *Beteiligungen*, daneben auch außerbilanzielle Geschäfte (u. a. *Bürgschaften*, Akkreditive) und *Derivate* (u. a. *Zinsswaps* und *Termingeschäfte*). In welcher Höhe die Risikoaktiva in die Berechnung der aufsichtsrechtlich geforderten Mindestausstattung mit *Eigenmitteln* bzw. in die Berechnung der *Gesamtkapitalquote* eingehen, gibt die CRR vor. Grundsätzlich gilt: Je höher das vermutete *Adressenausfallrisiko* ist, desto höher ist das *Risikogewicht.* Drohen die *Eigenmittel* bei einer Sparkasse knapp(er) zu werden, könnte sie darauf mit einem Abbau von Risikoaktiva reagieren; das Kundenkreditgeschäft sollte davon aber im Sinne des öffentlichen Auftrags nach Möglichkeit nicht betroffen sein.

Risikoaufwand
vgl. endgültiger Verlust

Risikoberichterstattung
Neben der Identifizierung, Beurteilung, Steuerung und Überwachung verlangen die *Mindestanforderungen an das Risikomanagement* von der Sparkasse auch, ihre *wesentlichen Risiken* angemessen darzulegen (AT 4.3.2 Ziffer 1 MaRisk). Aus dieser Anforderung entwickeln die MaRisk eine gestaffelte Risikoberichterstattung an den Vorstand, an den Verwaltungsrat und an die *interne Revision*. Die turnusmäßige Berichterstattung an den Vorstand umfasst die aktuelle Risikosituation (incl. *Risikokonzentrationen*) und die Ergebnisse von *Stresstests*. Sie muss in regelmäßigen Abständen stattfinden, die Risikosituation nicht nur nachvollziehbar und aussagekräftig darstellen, sondern auch beurteilen. Bei Bedarf sind Empfehlungen auszusprechen, um die dargestellten Risiken zu reduzieren (AT 4.3.2 Ziffer 3 MaRisk). Über *Adressenausfallrisiken* hat sich der Vorstand mindestens vierteljährlich Bericht erstatten zu lassen (vgl. *Kreditrisikobericht*), über *Marktpreisrisiken* ebenfalls vierteljährlich, über wesentliche *operationelle Risiken* mindestens jährlich und über *Liquiditätsrisiken* regelmäßig. Darüber hinaus muss der Vorstand regelmäßig über weitere spezielle Aspekte des Kreditgeschäfts und *Handelsgeschäfts* Informationen erhalten, etwa über den Stand der *Sanierung* bei *bedeutenden Engagements* oder den Abschluss bedeutender *Handelsgeschäfte* zu nicht marktgerechten Konditionen. Der Vorstand seinerseits muss den Verwaltungsrat der Sparkasse vierteljährlich über die Risikosituation in angemessener Weise schriftlich informieren (AT 4.3.2 Ziffer 6 MaRisk) und dabei die *wesentlichen Risiken* darstellen und beurteilen. Sofern Handlungsbedarf besteht, muss der Vorstand darlegen, welche Maßnahmen er hierzu ergreifen wird. Die MaRisk erlauben es, die Risikoberichte für den Vorstand in verkürzter, prägnanter Form an den Verwaltungsrat weiterzugeben, etwa als »Management Summary«. Ebenso ist es möglich, die Risikoberichterstattung des Vorstands auf einen Ausschuss des Verwaltungsrats, etwa den Kreditausschuss, zu beschränken. In diesem Fall muss der Verwaltungsrat vorab einen Grundsatzbeschluss fassen. Außerdem muss der Ausschussvorsitzende den gesamten Verwaltungsrat weiterhin regelmäßig über die wesentlichen Inhalte, Aussagen und Ergebnisse der Risikoberichterstattung informieren. Jedes einzelne Mitglied des Verwaltungsrats behält überdies das Recht, die Risikoberichte des Vorstands an den beauftragten Ausschuss einzusehen (Erläuterung zu AT 4.3.2 Ziffer 6 MaRisk). Neben der regelmäßigen Risikoberichterstattung an Vorstand und Verwaltungsrat verpflichten die MaRisk unter bestimmten Voraussetzungen zu einer *Ad-hoc-Berichterstattung*.

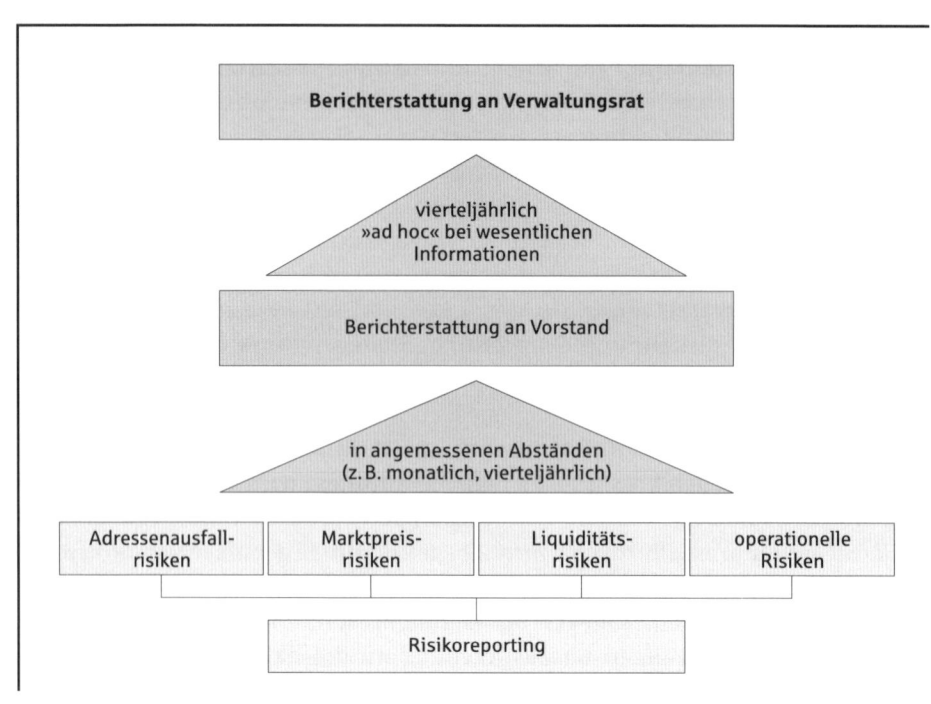

Abb. 49: Vom Risikoreporting zur Risikoberichterstattung

Berichterstattung an Verwaltungsrat
— vierteljährlich »ad hoc« bei wesentlichen Informationen

Berichterstattung an Vorstand
— in angemessenen Abständen (z. B. monatlich, vierteljährlich)

Adressenausfallrisiken | Marktpreisrisiken | Liquiditätsrisiken | operationelle Risiken

Risikoreporting

Risikocontrolling

Das Risikocontrolling überwacht die aktuellen Risikopositionen der Sparkasse und informiert die verantwortlichen Entscheidungsträger bzw. den Vorstand hierüber, um gegebenenfalls rechtzeitig gegenzusteuern. Ein leistungsfähiges Risikocontrolling ist heute Standard guter Unternehmensführung und gehört als Teil des *Risikomanagements* zur ordnungsgemäßen Geschäftsorganisation (§ 25a Abs. 1 Nr. 3c KWG). Den *Mindestanforderungen an das Risikomanagement* zufolge muss das Risikocontrolling zusammen mit der *Risikosteuerung* des Tagesgeschäfts geeignet sein, die *wesentlichen Risiken* der Sparkasse und die damit verbundenen *Risikokonzentrationen* frühzeitig zu erkennen, vollständig zu erfassen, in angemessener Weise darzustellen und zu beurteilen (AT 4.3.2 Ziffer 2 MaRisk). Dies gilt auch für Risiken aus *Auslagerungen*. An verschiedenen Stellen konkretisieren die MaRisk die Aufgaben des Risikocontrollings. Beispiele hierfür sind die regelmäßige *Risikoberichterstattung*, die Ermittlung der *Risikotragfähigkeit* oder die Durchführung von *Stresstests*. Darüber hinaus unterstützt das Risikocontrolling den Vorstand der Sparkasse unter anderem in allen risikopolitischen Fragen sowie bei der (Weiter-)Entwicklung von *Risikostrategie*, Risikokennzahlen, Risikofrüherkennungsverfahren und Risikosteuerungs- und –controllingprozessen (AT 4.4.1 MaRisk). Die MaRisk betonen die herausgehobene Stellung des Risikocontrollings: Es muss unabhängig agieren können und darf nicht dem Vorstandsmitglied zugeordnet sein, das für *risikorelevantes Ge-*

schäft verantwortlich ist. Einzelne Aufgaben des Risikocontrollings können auch andere Stellen in der Sparkasse wahrnehmen, beispielsweise die *Marktfolge* Kredit. Der Leiter des Risikocontrollings muss über ausreichend Zeit und Ressourcen verfügen, um seine Aufgabe wahrnehmen zu können. Er ist an wichtigen risikopolitischen Entscheidungen des Vorstands zu beteiligen; damit ist allerdings kein Vetorecht verbunden. Über einen Wechsel in der Leitung des Risikocontrollings muss der Vorstand den Verwaltungsrat informieren (AT 4.4.1 Ziffer 5 MaRisk).

Risikodeckungspotenzial

Das Risikodeckungspotenzial umfasst die Mittel, mit denen die Sparkasse *wesentliche Risiken* abschirmt und *Verluste* auffangen könnte bzw. auffangen will. Nur wenn es mindestens genauso hoch ist wie die *wesentlichen Risiken*, ist die *Risikotragfähigkeit* gegeben (AT 4.1 Ziffer 1 MaRisk). Demnach darf die Summe der *Globallimite* für die berücksichtigten *wesentlichen Risiken* das Risikodeckungspotenzial nicht übersteigen. Die laufende Gegenüberstellung von Risiken und Risikodeckungspotenzial bildet das Risikotragfähigkeitskonzept der Sparkasse. Wie sich das Risikodeckungspotenzial der Sparkasse zusammensetzt, hängt von der jeweiligen Sichtweise auf die Risikotragfähigkeit ab.

1. Bei regulatorisch-aufsichtsrechtlicher Sichtweise bilden die *Eigenmittel* das Risikodeckungspotenzial. Sie dürfen zum Schluss jedes Geschäftstags bestimmte Anrechnungsbeträge für *Adressenausfallrisiken*, *operationelle Risiken* und *Marktrisiken* nicht unterschreiten. Einzelheiten hierzu sind in der *CRR-Verordnung* festgelegt.
2. Bei periodischer Sichtweise (auch »GuV-Sicht«) setzt sich das Risikodeckungspotenzial aus dem geplanten *Betriebsergebnis* vor Bewertung und so genannten »freien« (d. h. aufsichtsrechtlich nicht benötigten) Teilen des *Eigenkapitals* bzw. der *Eigenmittel* zusammen (vgl. Abb. 50, S. 262). Diesem Deckungsvolumen stehen die prognostizierten bzw. aktuell ermittelten *Adressenausfallrisiken*, *Marktpreisrisiken* und *operationellen Risiken* gegenüber, die die *Gewinn- und Verlustrechnung* belasten und insbesondere zu *außerplanmäßigen Abschreibungen* führen könnten. Beim Risikodeckungspotenzial üblicherweise unberücksichtigt lassen viele Sparkassen ein Mindestbetriebsergebnis, das *Nettoergebnis* des *Handelsbestands* sowie die Teile der *Eigenkapitals* bzw. der *Eigenmittel*, mit denen sie die Vorgaben der *CRR-Verordnung* erfüllen.
3. In der wertorientierten Sichtweise entspricht das Risikodeckungspotenzial dem aus *Barwerten* ermittelten Reinvermögen der Sparkasse.

In den von den MaRisk geforderten *Stresstests* stockt die Sparkasse das Risikodeckungspotenzial sukzessive mit den »freien« Teilen ihres *Eigenkapitals* bzw. ihrer *Eigenmittel* auf, um auch die deutlich höheren Risiken eines *Risikofalls* oder anderer, außergewöhnlich ungünstiger Konstellationen darstellen und rechnerisch auffangen zu können. Reicht das Risikodeckungspotenzial in einzelnen Szenarien insgesamt nicht aus, muss die Sparkasse Risiken bzw. Risikopositionen abbauen (vgl. Abb. 50).

```
┌─────────────────────────────────────────────────────────────────────────────┐
│                                                                             │
│     Eigenkapital (Sicherheitsrücklage, Vorsorgereserven gemäß §340f und § 340g HGB)    erwartetes
│                                                                             Betriebsergebnis
│                                                                             nach Bewertung
│                                                                             │
│     nicht für Risikodeckung verfügbare Teile des Eigenkapitals              für Risikodeckung verfügbare
│     (Mindest-Gesamtkapitalquote zzgl. Puffer)                               Eigenkapital- und Ergebniskomponenten
│                                                                             │
│                                                                             tatsächlich eingesetztes
│                                                                             Risikodeckungspotenzial
│                                                                             (Verlustobergrenze)
│                                                                             │
│                        1  Limit Adressenausfallrisiken (Risikofall)         │
│                        2  Limit Marktpreisrisiken (Risikofall)              │
│                        3  Beteiligungsrisiken                       1   2   3 4
│                        4  operationelle Risiken                             │
└─────────────────────────────────────────────────────────────────────────────┘
```

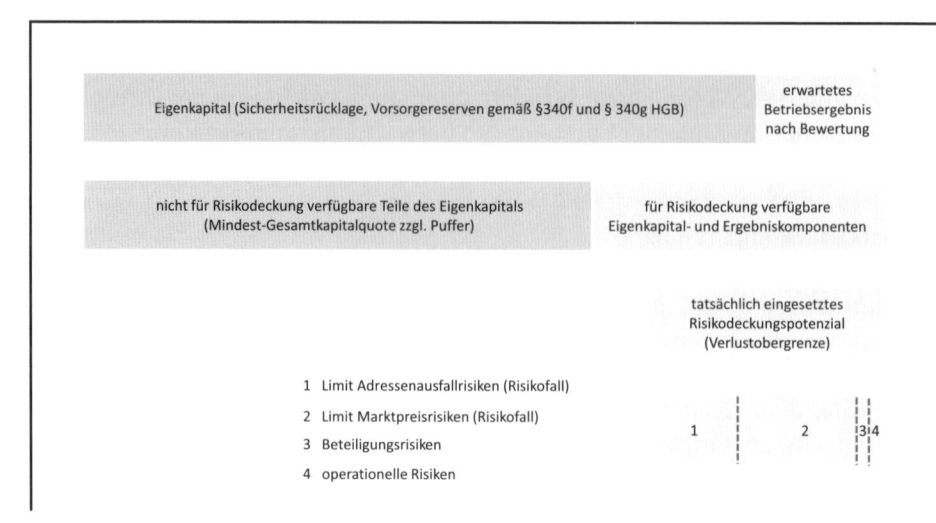

Abb. 50: Ableitung des Risikodeckungspotenzials aus Eigenkapital und erwartetem Betriebsergebnis und Aufteilung auf wesentliche Risiken der Sparkasse

Risikofall

Die *Mindestanforderungen an das Risikomanagement* schreiben der Sparkasse vor, für ihre im Rahmen der *Risikotragfähigkeit* berücksichtigten Risiken regelmäßig angemessene *Stresstests* durchzuführen (AT 4.3.3 MaRisk). Im Risikofall entwickeln sich wichtige Parameter deutlich ungünstiger als von der Sparkasse erwartet (vgl. *Erwartungsfall*). Die Bankenaufsicht gibt keine konkreten Parameter vor; die Sparkasse muss die Rahmenbedingungen für den Risikofall also selbst bestimmen. Bei handelsrechtlicher Sichtweise liegt beispielsweise das *Bewertungsergebnis* aus dem Kreditgeschäft im Risikofall deutlich über dem Durchschnitt der letzten Geschäftsjahre (erhöhte *Adressenausfallrisiken*); gleichzeitig steigt das Zinsniveau vor allem im kurzfristigen Bereich stärker als von der Sparkasse prognostiziert (erhöhte *Marktpreisrisiken* bzw. *Zinsänderungsrisiken*). Im Ergebnis sollte die Sparkasse in der Lage sein, die für den Risikofall ermittelten Risiken mit ihrem *Betriebsergebnis* vor Bewertung und einem allenfalls kleineren Teil ihrer *Vorsorgereserven* abdecken zu können.

Risikofrüherkennung

Je eher ein *Kreditinstitut* zunehmende Risiken bemerkt, desto besser lässt sich ihnen in vielen Fällen entgegenwirken. Deshalb verlangen die *Mindestanforderungen an das Risikomanagement* Risikosteuerungs- und -controllingprozesse, mit denen die Sparkasse alle *wesentlichen Risiken* – gegebenenfalls auch solche aus *Auslagerungen* – frühzeitig erkennt, erfasst und darstellt (AT 4.3.2

Ziffer 2 MaRisk). Die Sparkasse muss hierfür ein aussagekräftiges System von Indikatoren haben, das sich in großen Teilen am bestehenden *Limitsystem* orientieren wird und bestimmte Schwellenwerte festlegt. Im Kreditgeschäft erwartet die Aufsicht eine zuverlässige Risikofrüherkennung auch auf Einzelgeschäftsebene. So muss die Sparkasse Kreditkunden, bei denen sich erhöhte *Adressenausfallrisiken* abzeichnen, rechtzeitig benennen können. Das soll sie in die Lage versetzen, in einem möglichst frühen Stadium geeignete Gegenmaßnahmen zu ergreifen (BTO 1.3 Ziffer 1 MaRisk). Hinweise auf erhöhte *Adressenausfallrisiken* bei einzelnen Kunden gewinnt die Sparkasse aus internen *Frühwarnverfahren* und aktualisierten *Ratings* sowie aus externen Informationen (z. B. verschlechterte Zwischenzahlen, Mitarbeiterfluktuation, Branchenanalysen, Konditionen von Versicherungen, Auskünfte). Sie arbeitet also mit quantitativen und qualitativen Risikomerkmalen (BTO 1.3 Ziffer 2 MaRisk). Die genannten Informationen fließen in einer Beobachtungsliste (»Watch-List«) zusammen, die beispielsweise zwischen auffälligen, gefährdeten und stark gefährdeten Kreditverhältnissen unterscheidet. Auf dieser Basis entscheidet die Sparkasse über Gegenmaßnahmen. Hierzu zählt beispielsweise, umgehend mit dem Kunden über die wirtschaftliche Situation zu sprechen, zusätzliche *Kreditsicherheiten* hereinzunehmen oder Tilgungsleistungen auszusetzen. Üblich ist es auch, Engagements mit deutlich erhöhten Risiken in einen anderen Betreuungsstatus überzuleiten, etwa in die *Intensivbetreuung* oder die *Sanierung*; die Sparkasse gibt sich hierfür feste Regeln. In gravierenden Fällen ist die Planung der *Einzelwertberichtigungen* anzupassen (BTO 1.2.6 Ziffer 2 MaRisk). Bei Kreditverhältnissen unterhalb bestimmter Größenordnungen kann die Sparkasse auf Verfahren zur Früherkennung von *Adressenausfallrisiken* verzichten (BTO 1.3 Ziffer 3 MaRisk).

Risikogewicht

Das Risikogewicht bestimmt, welchen Anteil einer Vermögensposition (vor allem *Kredite, Beteiligungen, Eigenanlagen*) die Sparkasse mit *Eigenmitteln* unterlegen muss. Es spiegelt damit vor allem das *Adressenausfallrisiko* der jeweiligen Vermögensposition wider. Je höher das *Adressenausfallrisiko*, desto höher ist das Risikogewicht, desto mehr *Eigenmittel* fordert die Bankenaufsicht. Nutzt die Sparkasse den *Kreditrisiko-Standardansatz*, sind für jede Forderungsklasse Risikogewichte vorgegeben (§§ 114 – 134 CRR). Je nach Forderungsklasse und *Rating* einer anerkannten *Ratingagentur* liegt das Risikogewicht bei 0, 10, 20, 50, 100 oder 150 Prozent. Gibt es kein Rating einer *Ratingagentur*, beträgt das Risikogewicht grundsätzlich 100 Prozent. Ratingunabhängige Risikogewichte gelten für Kredite des *Mengengeschäfts* und für *Realkredite*.

Risikohandbuch

Im Risikohandbuch trägt die Sparkasse alle Informationen und Maßnahmen zusammen, die für das *Risikomanagement* von Bedeutung sind. Es beschreibt, wie die Sparkasse Risiken erkennt, misst, bewertet, steuert und kom-

muniziert. Es trägt die funktionalen und organisatorischen Vorkehrungen der Sparkasse zusammen, um auf erkannte Risiken rechtzeitig und angemessen zu reagieren. Üblicherweise gliedert sich das Risikohandbuch in vier Teile:
1. Rahmengrundsätze mit Beschreibung des *Risikotragfähigkeits*konzepts, der Risikoneigung, der *Risikostrategie* sowie der Ziele des *Risikomanagements* der Sparkasse;
2. Aufzählung und Beschreibung der Risikokategorien und -arten;
3. Beschreibung des *Risikomanagements* für jede einzelne Risikokategorie bzw. Risikoart;
4. Organisation des *Risikomanagements*.

Risikoinventur

Mit einer Risikoinventur kommt der Vorstand der aufsichtsrechtlichen Vorgabe nach, sich über die Risiken der Sparkasse regelmäßig oder anlassbezogen, in jedem Fall aber systematisch einen Überblick zu verschaffen und auf diese Weise ein Gesamtrisikoprofil zu erarbeiten. Im Mittelpunkt stehen dabei die Risiken, die die Vermögenslage, die Ertragslage und die Liquiditätslage der Sparkasse wesentlich beeinträchtigen können (AT 2.2 MaRisk). Allerdings sollte die Risikoinventur auch andere, unter Umständen nicht wesentliche Risiken berücksichtigen. Basis der Risikoinventur können beispielsweise Expertenbefragungen oder Risiko-Workshops sein. Die Ergebnisse dokumentieren viele Sparkassen in einem *Risikohandbuch*. Prozessverantwortlich für die Risikoinventur ist das *Risikocontrolling* der Sparkasse (AT 4.4.1 Ziffer 2 MaRisk). Schon seit langem etabliert ist die Risikoinventur bei der Analyse der *operationellen Risiken* der Sparkasse. Hierbei erhalten die Fach- und Führungskräfte meist jährlich einen einheitlichen Fragekatalog zu wichtigen Geschäftsprozessen. In ihren Antworten bewerten die Mitarbeiter der Sparkasse die Gefahr von Schäden für die Sparkasse und schätzen für verschiedene Szenarien Verlustpotenziale und Eintrittswahrscheinlichkeiten ab. Aus dem Ergebnis lassen sich dann Handlungsfelder für ein gezieltes Management operationeller Risiken ableiten. Die Risikoinventur ergänzt die vergangenheitsbezogene *Schadensfalldatenbank*; und sie ermöglicht der Sparkasse, gegenwärtigen und zukünftigen Risiken zu begegnen, noch bevor ein Schaden eintritt. Die Sparkasse entspricht mit der regelmäßigen Bestandsaufnahme der *operationellen Risiken* zum einen den *Mindestanforderungen an das Risikomanagement* (BTR 4). Zum anderen erfüllt sie eine wesentliche qualitative Voraussetzung, um ihre *operationellen Risiken* früher oder später nach dem *Standardansatz* oder dem *AMA-Ansatz* mit *Eigenmitteln* unterlegen zu können. Der von den meisten Sparkassen derzeit noch genutzte *Basisindikatoransatz* fordert die Risikoinventur allerdings nicht. Ebenso wie die weniger aufwändige *Risikolandkarte* hat der Deutsche Sparkassen- und Giroverband das Instrument der Risikoinventur zentral für alle deutschen Sparkassen entwickelt.

Risikoklassifizierung

Die Risikoklassifizierung umfasst alle Verfahren, mit denen die Sparkasse die *Bonität* ihrer Kreditkunden und ihre *Adressenausfallrisiken* beurteilt. Dazu zählen sowohl einfach strukturierte Verfahren mit eher grob abgestuften Bonitätseinschätzungen, als auch komplexere, statistisch fundierte Verfahren wie *Rating* oder *Scoring*. Die *Mindestanforderungen an das Risikomanagement* schreiben eine erstmalige bzw. turnusmäßige oder anlassbezogene Risikoklassifizierung vor (BTO 1.4 Ziffer 1). Sie überlassen es den *Kreditinstituten* aber, welche Verfahren sie einsetzen. Die Sparkassen-Finanzgruppe arbeitet mit den aufwändigeren *Rating*- und *Scoring*-Verfahren. Deren Ergebnisse erlauben eine differenzierte und zuverlässigere Risikoklassifizierung. Zudem könnte die Sparkasse auf diese Weise den *Kreditrisiko-Standardansatz* jederzeit aufgeben und ihre *Adressenausfallrisiken* stattdessen nach einem *IRB-Ansatz* mit *Eigenmitteln* unterlegen; dieser setzt den Einsatz interner *Rating*-Verfahren voraus. Die MaRisk verlangen nicht für jeden Kreditkunden eine Risikoklassifizierung: Unterhalb bestimmter Grenzen (üblicherweise abhängig von Kreditart oder Kreditbetrag) kann die Sparkasse Engagements auch pauschal einer bestimmten Risikoklasse zuweisen. Ob Mitarbeiter des *Marktes* oder der *Marktfolge* die Risikoklassifizierung vornehmen, liegt ebenfalls im Ermessen der Sparkasse. Die MaRisk geben nur vor, die Verantwortung für Entwicklung, Qualität und Überwachung der Anwendung außerhalb des *Bereichs Markt* anzusiedeln (BTO 1.4 Ziffer 2). In die Risikoklassifizierung müssen neben quantitativen auch qualitative Informationen eingehen (vgl. Tab. 2). Die Sparkasse analysiert dabei insbesondere, ob die Kunden genügend *Erträge* erwirtschaften können, um die ausgereichten *Kredite* planmäßig zu bedienen (BTO 1.4 Ziffer 3 MaRisk). Sie muss ihre Risikoklassifizierungsverfahren schließlich angemessen in die Geschäftsprozesse des Kreditgeschäfts einbinden (BTO 1.4 Ziffer 4 MaRisk), vor allem in die Kompetenzordnung, in die Konditionengestaltung, in die Entscheidung über *Risikovorsorge* oder Intensität der Betreuung. Beispielsweise sollte sich ein höheres *Adressenausfallrisiko* in einem höheren Zinssatz oder erhöhten Anforderungen an *Kreditsicherheiten* niederschlagen.

Tab. 2: Wichtige Bewertungskriterien bei der Risikoklassifizierung von gewerblichen Kreditkunden

quantitative Kriterien	qualitative Kriterien
Umsatz	Alter des Kreditkunden bzw. Regelung der Nachfolge
Eigenkapital	Beruf bzw. Berufserfahrung
Einkommen	Güte der Finanzplanung, Investitionsplanung
Bilanzsumme	allgemeine Branchenlage
Gewinn vor und nach Steuern	
Fremdkapitalstruktur	
Kontodaten, Überziehungen	

Risikokonzentration

Risikokonzentrationen sind aus originären Risiken abgeleitet. Sie entstehen, wenn eine einzelne Risikoposition sehr hoch ist oder viele Einzelrisiken ein gemeinsames Merkmal haben. Die Sparkasse muss Risikokonzentrationen bei allen wesentlichen Risiken beachten, also auch bei *Marktpreisrisiken, Liquiditätsrisiken* oder *operationellen Risiken*. Besondere Bedeutung aber haben Risikokonzentrationen bei den *Adressenausfallrisiken*. So hat die Sparkasse möglicherweise an einige wenige Kunden sehr hohe *Kredite* ausgereicht (*Klumpenrisiken*). Oder zahlreiche Positionen des Kredit-, Wertpapier- oder Beteiligungsportfolios sind dem gleichen Wirtschaftszweig zuzuordnen (Branchenrisiken) bzw. mit den gleichen *Kreditsicherheiten* unterlegt (vgl. Abb. 51, S. 267). Käme es –bezogen auf das gemeinsame Merkmal – zu allgemeinen wirtschaftlichen Problemen, wäre die Sparkasse davon besonders betroffen. Wer sich – wie eine Sparkasse – im Kreditgeschäft auf bestimmte Regionen oder auf bestimmte Sektoren beschränkt, baut meist überdurchschnittliches hohes Know-how auf und weist erfahrungsgemäß trotz beträchtlicher Risikokonzentrationen ein Kreditportfolio von guter Qualität auf. Deshalb will die Bankenaufsicht *Kreditinstitute* nicht zwingen, ihre Risiken zu streuen. In welcher Größenordnung eine Sparkasse Risikokonzentrationen akzeptieren kann, hängt gleichwohl von ihrer jeweiligen *Risikotragfähigkeit* ab. Konkrete quantitative Beschränkungen für Risikokonzentrationen benennt das Aufsichtsrecht nur an wenigen Stellen; Beispiel hierfür sind die Vorschriften zu *Großkrediten*. Die *Mindestanforderungen an das Risikomanagement* (MaRisk) geben allgemein vor, Risikokonzentrationen zu identifizieren, zu beurteilen, zu steuern und zu überwachen (AT 4.3.2 Ziffer 1). In erster Linie geschieht dies durch ein System von *Limiten* für das Kreditgeschäft und das *Handelsgeschäft*. Zahlreiche Sparkassen legen in der *Risikostrategie* Branchenlimite für ihr Kreditgeschäft in bestimmten Wirtschaftszweigen fest. Andere Häuser gleichen Risikokonzentrationen über gezielte *Eigenanlagen* (z. B. *Unternehmensanleihen*) aus oder begrenzen das Risiko über *Kreditderivate* bzw. *Kreditpooling*. Im Rahmen ihrer *Stresstests* berücksichtigt die Sparkasse Risikokonzentrationen ebenfalls – beispielsweise durch die Annahme, die drei oder vier größten Kreditkunden fielen gleichzeitig aus. Bei alledem muss sie auch wirtschaftliche und juristische Verflechtungen ihrer Kreditkunden berücksichtigen (BTR 1 Nr. 6 MaRisk). Dokumentiert werden die Risikokonzentrationen des Kreditgeschäfts u. a. im Rahmen der regelmäßigen *Kreditrisikoberichte*, die die Sparkasse erstellt (BTR 1 Nr. 7 MaRisk). Auch bei der Überwachung der *Marktpreisrisiken* werden Risikokonzentrationen offenkundig (z. B. Gliederung des *Anlagebuchs* nach Laufzeitbändern zur Ermittlung des *Zinsänderungsrisikos*). Aus einem einseitigen Geschäftsmodell resultierende Ertragskonzentrationen (AT 4.2 Ziffer 2 MaRisk) sind für die Sparkasse nur von untergeordneter Bedeutung. Mit *Eigenmitteln* müssen Banken und Sparkassen ihre Risikokonzentrationen normalerweise (noch) nicht unterlegen. Allerdings kann die Bankenaufsicht über ein gesondertes Eingriffsrecht bei aus ihrer Sicht kritischen

Risikokonzentrationen von einem *Kreditinstitut* verlangen, zusätzliche *Eigenmittel* einzubringen (§ 10 Abs. 3 KWG).

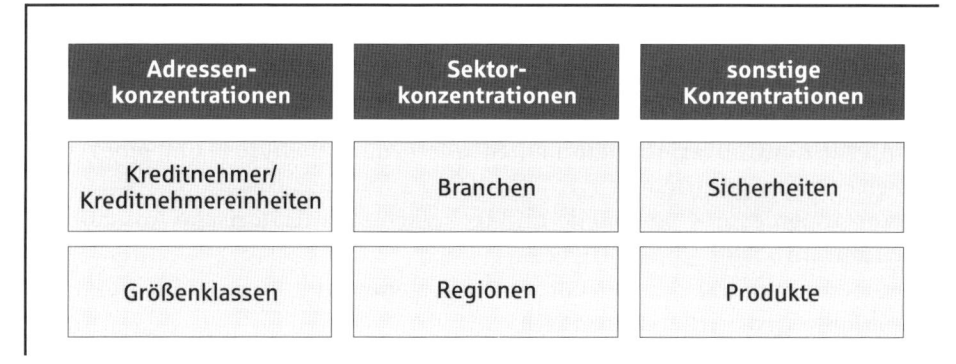

Adressen-konzentrationen	Sektor-konzentrationen	sonstige Konzentrationen
Kreditnehmer/ Kreditnehmereinheiten	Branchen	Sicherheiten
Größenklassen	Regionen	Produkte

Abb. 51: Risikokonzentrationen bei den Adressenausfallrisiken (Quelle: DSGV)

Risikokosten

Bei Vergabe eines *Kredits* entstehen der Sparkasse *Adressenausfallrisiken*, die sie schon vorab kalkulieren und in der angebotenen Zinskondition berücksichtigen muss. Maßgebend sind dabei vor allem *Bonität, Laufzeit* und *Kreditsicherheiten*. Ein hoher Blankoanteil beispielsweise erhöht die kalkulierten Risikokosten ebenso wie ein unterdurchschnittlicher Wert bei *Rating* oder *Scoring*. Bei *Realkrediten* sind die Risikokosten deutlich niedriger als bei *Personalkrediten*. Moderne Software wie *Risk Adjusted Pricing* oder das »Sicherheitenverwertungs- und Einbringungstool« (vgl. *Verwertungsquote*) unterstützen die Sparkasse heute bei der Ermittlung der Risikokosten.

Risikolandkarte

Die Sparkasse setzt das Instrument der Risikolandkarte ein, um *operationelle Risiken* zu identifizieren und zu beurteilen. Die Risikolandkarte ergänzt die vergangenheitsbezogene *Schadensfalldatenbank*. Sie ermöglicht der Sparkasse, gegenwärtigen und zukünftigen Risiken zu begegnen, noch bevor ein Schaden eintritt. Grundlage der Risikolandkarte ist ein Workshop, bei dem Experten und/ oder Führungskräfte Verlustpotenziale und Eintrittswahrscheinlichkeiten von Schadensereignissen für verschiedene Szenarien abschätzen. Die Risikolandkarte liefert einen Überblick über mögliche Risikoschwerpunkte. Anders als die aufwändigere *Risikoinventur* verzichtet sie hingegen darauf, einzelne Geschäftsprozesse systematisch und intensiv zu bewerten. Sie eignet sich daher vor allem für kleine und mittlere Sparkassen. Sie können mit der Risikolandkarte die Vorgaben der *Mindestanforderungen an das Risikomanagement* (BTR 4 Ziffer 2) bei betriebswirtschaftlich vertretbarem Aufwand erfüllen. Ebenso wie die *Risikoinventur* hat der Deutsche Sparkassen- und Giroverband auch das Instrument der Risikolandkarte zentral für alle deutschen Sparkassen entwickelt.

Risikomanagement

Ein angemessenes Risikomanagement gehört zu den zentralen Elementen der ordnungsgemäßen Geschäftsorganisation eines *Kreditinstituts* (§ 25a Abs. 1 KWG). Die Sparkasse ist demnach gehalten

1. eine nachhaltige *Geschäftsstrategie* und eine damit konsistente *Risikostrategie* festzulegen
2. die *Risikotragfähigkeit* zu ermitteln und sicherzustellen;
3. interne Kontrollverfahren mit einem *internen Kontrollsystem* und einer *internen Revision* einzurichten
4. eine angemessene personelle und technisch-organisatorische Ausstattung zu gewährleisten
5. insbesondere auf den Ausfall von IT-Systemen mit einem angemessenen *Notfallkonzept* vorbereitet zu sein
6. ein angemessenes, transparentes und auf die nachhaltige Entwicklung der Sparkasse ausgerichtetes Vergütungssystem zu gewährleisten

Die *Bundesanstalt für Finanzdienstleistungsaufsicht* (Bafin) hat diese allgemein formulierten Anforderungen des *Kreditwesengesetzes* über die *Mindestanforderungen an das Risikomanagement* (MaRisk) konkretisiert.

Risikomatrix

Mit der Risikomatrix stellt die *Bundesanstalt für Finanzdienstleistungsaufsicht* (BaFin) in komprimierter Form dar, wie sie Systemrelevanz und Qualität eines *Kreditinstituts* bewertet. Die Systemrelevanz, also der Einfluss einer etwaigen Schieflage des jeweiligen Instituts auf den Finanzsektor in Deutschland, ist entweder »niedrig« (1), »mittel« (2) oder »hoch« (3). Die Qualitätsskala reicht von »A« (hohe Qualität) bis »D« (niedrige Qualität). Dabei gibt es keinen Zusammenhang mit den Noten von *Ratingagenturen*. Vielmehr spiegelt die Qualitätseinstufung vor allem wider, wie die Aufsichtsbehörden die Gesamtrisikolage des *Kreditinstituts* bewerten. Hierfür gibt es fest definierte Kriterien, u. a. Ausstattung mit *Eigenmitteln*, Ertragslage, Umfang der *wesentlichen Risiken, Risikomanagement*, Qualität der Organisation. Die Aufsicht nutzt hierfür sämtliche ihr vorliegenden Informationen, vor allem die Berichte über die Prüfung des *Jahresabschlusses*, daneben aber auch Berichte über *Sonderprüfungen*, Erkenntnisse aus *Geschäftsstrategie, Aufsichtsgesprächen*, Anzeigen, Meldungen und Pressenotizen. Die Risikomatrix wird auf Vorschlag der *Deutschen Bundesbank* erstellt. Die endgültige Entscheidung liegt bei der BaFin. An welcher Stelle der Matrix die Aufsicht die Sparkasse sieht, wird nicht veröffentlicht. Der Vorstand erfährt es aber meist im Rahmen des regelmäßigen *Aufsichtsgesprächs*. Die meisten Sparkassen wie auch die meisten genossenschaftlichen Banken rangieren bei »1A« oder »1B«, d. h. geringe Systemrelevanz bei gleichzeitig solider oder sehr solider Risikosituation. Je kritischer die BaFin die Qualität eines *Kreditinstituts* bewertet, desto intensiver wird die Überwachung, desto höher wird insbesondere die Wahrscheinlichkeit von *Sonderprüfungen*.

Tab. 3: So schnitten die deutschen Kreditinstitute bei der Risikomatrix der BaFin im Jahr 2012 ab
(Quelle: BaFin-Jahresbericht 2012)

Institute in %		Qualität			
		A	B	C	D
Systemrelevanz	hoch	0,2	0,7	1,0	0,2
	mittel	3,6	3,8	2,1	1,0
	niedrig	42,1	34,7	8,7	1,9

Risikomonitoring

Das (DSGV-)Risikomonitoring ist seit dem Jahr 2004 eines der Kernelemente des *Haftungsverbunds* der Sparkassen-Finanzgruppe. Es dient dazu, potenziell bestandsgefährdende Risiken bei einzelnen Sparkassen, Landesbanken oder Landesbausparkassen frühzeitig zu erkennen sowie geeignete Gegenmaßnahmen anzustoßen und einzuleiten. Die jeweilige Sicherungseinrichtung, bei den Sparkassen also der zuständige regionale Sparkassenstützungsfonds, ermittelt dreimal im Jahr bei jedem Mitgliedsinstitut verschiedene Kennzahlen zur Ausstattung mit *Eigenmitteln*, zur Liquidität, zur Ertrags- und Risikolage und zur *Risikotragfähigkeit*. In die *Ertrags-/Risikolagekennziffer (ErRi)* fließen wiederum mehrere Einzelwerte ein. Auf Basis der quantitativen Daten und weiterer qualitativer Informationen der jeweiligen Prüfungsstelle weist die Sicherungseinrichtung jedem Institut eine der drei »Ampelfarben« Grün, Gelb oder Rot zu. Bei Einstufung in die Farben Gelb oder Rot erhält die Sicherungseinrichtung besondere Informations- und Prüfungsrechte. Alle Sicherungseinrichtungen der Sparkassen-Finanzgruppe berichten über ihre Risikosituation regelmäßig an einen zentralen Transparenzausschuss. Dieser wacht über die Gesamtrisikosituation des *Haftungsverbunds* und sorgt für Transparenz zwischen den zusammengeschlossenen Sicherungseinrichtungen der Sparkassen, der Landesbanken und der Landesbausparkassen. Damit ist eine wesentliche aufsichtsrechtliche Voraussetzung für die so genannte »Nullanrechnung« verbundinterner Forderungen erfüllt (vgl. *Intragruppenprivileg*).

Risikorelevantes Geschäft

Ein *Kredit* ist dann risikorelevant, wenn er das Gesamtrisiko oder gar das – bei einer Sparkasse allerdings nur theoretische – Insolvenzrisiko eines *Kreditinstituts* deutlich erhöht. Wann das der Fall ist, hängt entscheidend von der *Risikotragfähigkeit* ab. Deshalb grenzen die *Mindestanforderungen an das Risikomanagement* (MaRisk) risikorelevantes und nicht-risikorelevantes Geschäft nicht konkret voneinander ab. Jede Bank und jede Sparkasse muss eigenverantwortlich und individuell festlegen und nachvollziehbar dokumentieren, was sie als risikorelevantes Geschäft ansieht. Wichtige Kriterien hierbei sind die

Höhe und die *Ausfallwahrscheinlichkeit* des einzelnen Kreditengagements und/ oder die bereitgestellten *Kreditsicherheiten*. Für die Organisation des Kreditgeschäfts ist die Definition des risikorelevanten Geschäfts von großer Bedeutung: Die Bankenaufsicht verlangt grundsätzlich für jede Entscheidung über ein risikorelevantes Kreditengagement zwei zustimmende *Voten* der *Bereiche Markt* und *Marktfolge* (BTO 1.1 Ziffer 2 MaRisk). Erleichterungen lässt sie nur für Kreditentscheidungen zu, die unter Risikogesichtspunkten nicht wesentlich (»nicht-risikorelevant«) sind; hier genügt ein Votum (BTO 1.1. Ziffer 4 MaRisk). Nicht-risikorelevant ist üblicherweise das standardisierte Mengengeschäft, beispielsweise kleine gewerbliche Finanzierungen, private Baufinanzierungen oder *Konsumentenkredite*. Auch für *Eigenanlagen oder Derivate*, die mit *Adressenausfallrisiken* verbunden sind, muss die Sparkasse risikorelevante und nicht-risikorelevante Positionen definieren. Entscheidungen über *Kontrahentenlimite* oder *Emittentenlimite* im risikorelevanten *Handelsgeschäft* erfordern ein *Votum* aus dem *Bereich Marktfolge* (BTO 1.1 Ziffer 3 MaRisk). Die Zuordnung zum risiko- oder nicht-risikorelevanten Geschäft hängt in erster Linie von der *Bonität* des *Emittenten* oder *Kontrahenten* ab. So ist es möglich, *Pfandbriefe* oder Bundesanleihen per se als nicht-risikorelevant einzustufen. Sind die Handelsaktivitäten in der Summe nicht-risikorelevant, kann die Sparkasse unter bestimmten Voraussetzungen auf die Trennung einzelner *Funktionen* im *Handelsgeschäft* verzichten (BTO 2.1 Ziffer 2 MaRisk).

Risikosteuerung

Die Risikosteuerung ist Teil des *Risikomanagements* der Sparkasse. Sie umfasst alle Maßnahmen, um die Risiken auf dem gewünschten Niveau zu halten bzw. in die gewünschte Richtung zu verändern. Ausgangspunkt ist die Analyse der *Risikotragfähigkeit* und die Frage, welche Risiken sich die Sparkasse »leisten« kann und will. Das Ergebnis dieser Überlegungen konkretisiert die Sparkasse, indem sie
1. Risiken vermeidet und begrenzt (z. B. Festlegung von *Limiten*, Hereinnahme von *Kreditsicherheiten*)
2. Risiken verteilt und verlagert (z. B. Partnersuche für *Metafinanzierungen*, *Kreditpooling*)
3. Risiken überwälzt und kompensiert (z. B. Abschluss von Versicherungen, *Derivaten*).

Risikostrategie

In der Risikostrategie legt die Sparkasse vor allem fest, wie sie die Risiken ihrer wesentlichen Geschäftsaktivitäten steuert und begrenzt. Die *Mindestanforderungen an das Risikomanagement* verpflichten die Sparkasse, neben einer *Geschäftsstrategie* eine Risikostrategie auszuarbeiten (AT 4.2 Ziffer 2). Beide Strategien legt der Vorstand fest; er kann diese Verantwortung nicht delegieren. Es ist möglich, die Risikostrategie in Teilstrategien (z. B. für die einzelnen *wesentlichen Risiken*) aufzuteilen. Die Risikostrategie darf der *Geschäftsstrategie* nicht entgegenstehen; sie muss »konsistent« zur *Geschäftsstrategie* sein. Interne Revision und externe Prüfer bzw. Prüfungsstellen prüfen dies. Der Vorstand hat die Risikostrategie mindestens jährlich zu überprüfen, gegebenenfalls anzupassen und mit dem Verwaltungsrat oder einem Ausschuss des Verwaltungsrats zu erörtern (AT 4.2 Ziffer 5 MaRisk). Darüber hinaus sind die Mitarbeiterinnen und Mitarbeiter der Sparkasse über Inhalte und Änderungen der Risikostrategie in geeigneter Weise zu informieren (AT 4.2 Ziffer 6 MaRisk).

Risikotoleranz
Risikotoleranzen drücken aus, in welchem Umfang die Sparkasse Risiken einzugehen bereit ist. Sie bilden nicht nur die Risikoneigung des Vorstands ab, sondern richten sich auch nach der Ausstattung mit *Eigenmitteln* und Liquidität. Die *Mindestanforderungen* an das Risikomanagement (MaRisk) verlangen, in der *Risikostrategie* Risikotoleranzen für alle *wesentlichen Risiken* festzulegen (AT 4.2 Ziffer 2). Dabei sind *Risikokonzentrationen* zu berücksichtigen. Der Vorstand konkretisiert die Risikotoleranz der Sparkasse meist über Schwellenwerte, Zielkorridore und *Limite*. Beispiele sind Mindestbonitäten bei Kreditvergabe, *Limite* für einzelne Branchen, interner Schwellenwert bei Simulation des aufsichtlich vorgegebenen »*Zinsschocks*«, Schwellenwert für *Liquiditätskennzahl*, Toleranzschwelle für Krankenstand der eigenen Mitarbeiter. Zur Risikotoleranz gehört auch die Entscheidung, welchen Teil des vorhandenen *Eigenkapitals* die Sparkasse überhaupt bereit stellt, um Risiken aufzufangen (vgl. *Risikodeckungspotenzial*).

Risikotragfähigkeit
Risiken können »schlagend« werden, d.h. aus Risiken können tatsächliche *Verluste* werden. Darauf muss die Sparkasse vorbereitet sein. Mit ihrem *Risikodeckungspotenzial* muss sie *Verluste* gegebenenfalls abdecken können, ohne die aufsichtsrechtlichen Mindest-*Eigenmittel* anzutasten. Ist dies gewährleistet, gilt die Risikotragfähigkeit als gegeben. Die Risikotragfähigkeit ist in den *Mindestanforderungen an das Risikomanagement* (MaRisk) ein zentraler Begriff. Die Bankenaufsicht vermeidet es allerdings, eine bestimmte Risikotragfähigkeitskonzeption vorzugeben. Deshalb hat jede Sparkasse vor dem Hintergrund des jeweiligen Risikoprofils eine eigene Konzeption zu entwickeln. Dabei muss sichergestellt sein, dass sie die *wesentlichen Risiken* mit ihrem *Risikodeckungspotenzial* laufend abdeckt (AT 4.1 Ziffer 1 MaRisk). Lassen sich *wesentliche Risiken* nicht quantifizieren, beispielsweise *Liquiditätsrisiken*, kann die Sparkasse sie aus der Risikotragfähigkeitskonzeption herausnehmen; sie muss das allerdings nachvollziehbar begründen (AT 4.1 Ziffer 4 MaRisk). Die Risikotragfähigkeit ist bei der Festlegung der *Strategien* zu berücksichtigen; insbesondere bildet sie den Rahmen für die *Risikostrategie* der Sparkasse (AT 4.1 Ziffer 2 MaRisk). Üblicherweise führt das Risikotragfähigkeitskonzept verschiedene Sichtweisen auf die Risikotragfähigkeit zusammen. Die regulatorische Sichtweise beinhaltet die in der *CRR*-Verordnung konkretisierten bankaufsichtlichen Anforderun-

gen zu angemessenen *Eigenmitteln*; diese Vorgaben muss die Sparkasse beachten. Die praktische *Risikosteuerung* entwickelt die Sparkasse hingegen aus der periodischen (GuV-orientierten) Sichtweise und/oder aus der wertorientierten Sichtweise. Die periodische Sichtweise stellt dem *Betriebsergebnis* vor Bewertung und »freien«, d. h. aufsichtsrechtlich nicht gebundenen Teilen des *Eigenkapitals* bzw. der *Eigenmittel* die Risiken gegenüber, die sich in der *Gewinn- und Verlustrechnung* niederschlagen können, vor allem die *Abschreibungsrisiken* im Kreditgeschäft und bei den *Eigenanlagen* sowie die *Zinsspannenrisiken*. Bei der wertorientierten Sichtweise bildet das Reinvermögen der Sparkasse das *Risikodeckungspotenzial*; es ergibt sich aus den *Barwerten* der einzelnen Vermögenspositionen der Sparkasse. Welche der beiden letztgenannten Sichtweisen die Sparkasse neben der regulatorischen Sichtweise nutzt, liegt in ihrem Ermessen (AT 4.1 Ziffer 8 MaRisk). Zur laufenden *Risikosteuerung* verteilt die Sparkasse das verfügbare *Risikodeckungspotenzial* auf die betrachteten *wesentlichen Risiken*. Für jede Risikokategorie legt sie ein *Globallimit* fest. So sind der Geschäftstätigkeit der Sparkasse Obergrenzen gesetzt, um die Risikotragfähigkeit jederzeit zu gewährleisten. Dabei ist es nicht zwingend notwendig, die betrachteten *wesentlichen Risiken* in jedem Fall zu addieren. Die MaRisk geben in AT 4.1 Ziffer 6 die Möglichkeit, Wechselwirkungen zu berücksichtigen. Allerdings müsste die Sparkasse auch das nachvollziehbar begründen, dokumentieren sowie jährlich überprüfen. Verpflichtet ist die Sparkasse, ihre *wesentlichen Risiken* und damit auch ihre Risikotragfähigkeit regelmäßig angemessenen *Stresstests* zu unterziehen (AT 4.3.3 MaRisk). Sie simuliert dabei einen wesentlich ungünstigeren Risikoverlauf als erwartet. Damit will die Bankenaufsicht Risikotragfähigkeit und Stabilität der Sparkasse auch in Krisensituationen sichergestellt sehen. Vgl. auch *Erwartungsfall, Risikofall*.

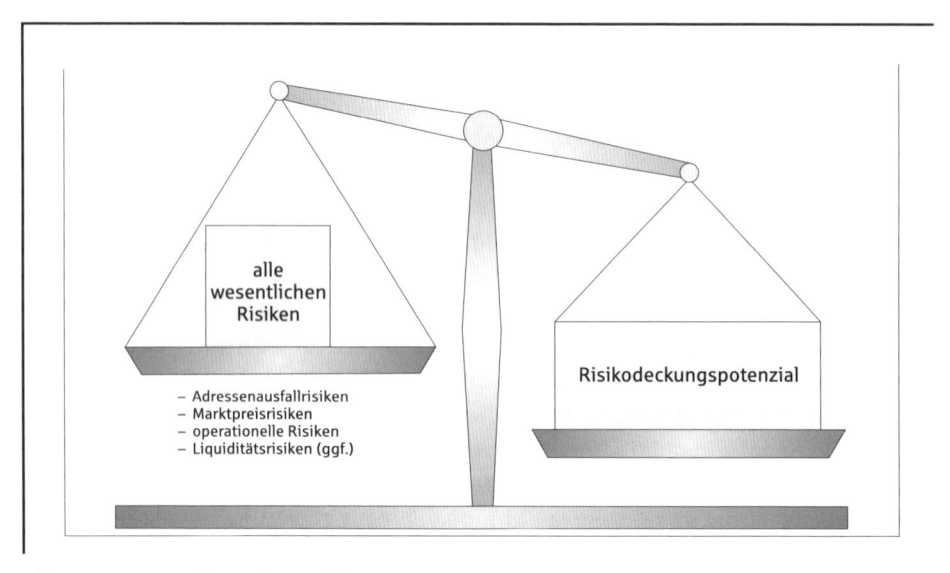

Abb. 52: Konzept der Risikotragfähigkeit

Risikovorsorge

Als Risikovorsorge gelten grundsätzlich alle bilanzwirksamen Entscheidungen, mit denen die Sparkasse entweder allgemeinen Bankrisiken, *Adressenausfallrisiken* oder *Marktpreisrisiken* Rechnung trägt. Hierzu zählen die Dotierung der *Vorsorgereserven* gemäß § 340f und g HGB, *Einzelwertberichtigungen*, *Pauschalwertberichtigungen*, *Rückstellungen im Kreditgeschäft* sowie *Abschreibungen* auf eigene *Wertpapiere*. In der *Gewinn- und Verlustrechnung* ist die Risikovorsorge nur »netto« ersichtlich, d. h. saldiert mit *Erträgen* aus dem Eingang bereits abgeschriebener Forderungen, aus der Auflösung von *Einzelwertberichtigungen*, *Rückstellungen im Kreditgeschäft* und *Vorsorgereserven* sowie mit *Zuschreibungen* und realisierten *Kursgewinnen* aus *Eigenanlagen* (vgl. *Überkreuzkompensation*). Die interne *Erfolgsrechnung* der Sparkasse weist zumindest die Dotierungen und Entnahmen der *Vorsorgereserven* gesondert aus.

RoE

vgl. Eigenkapitalrentabilität

ROI

vgl. Return on investment

Rücklagen

Rücklagen sind das Kapital, mit dem die Sparkasse gegebenenfalls *Verluste* ausgleichen kann. Die Höhe der Rücklagen entscheidet maßgeblich darüber, welche Risiken sie eingehen und tragen kann (vgl. *Risikotragfähigkeit*). Üblicherweise hat die Sparkasse offene Rücklagen und *stille Reserven*. Die offenen Rücklagen weist sie auf der Passivseite der *Bilanz* als *Eigenkapital* (Posten 12) aus. Die Sparkasse hat üblicherweise weder gezeichnetes Kapital noch *Kapitalrücklagen*, sondern nur die *Sicherheitsrücklage* als gesetzliche *Gewinnrücklage*, ausschließlich gespeist aus dem *Bilanzgewinn*. Der *Fonds für allgemeine Bankrisiken* (Posten 11) zählt zwar formal nicht zu den offenen Rücklagen, hat aber wirtschaftlich Rücklagencharakter. *Stille Reserven* entstehen vor allem, wenn die Sparkasse bestimmte *Vermögensgegenstände* (z. B. *Forderungen an Kunden*, eigene *Wertpapiere*) in handelsrechtlich zulässigem Maß unterbewertet; das ist in der *Bilanz* nicht unmittelbar erkennbar. Die *CRR*-Verordnung zählt die offenen *Rücklagen* und den *Fonds für allgemeine Bankrisiken* zum *Kernkapital*. *Stille Reserven* kann die Sparkasse nur noch in stark eingeschränktem Umfang als *Ergänzungskapital* anrechnen lassen.

Rückstellungen

Die Sparkasse bildet Rückstellungen für *Verbindlichkeiten*, *Aufwendungen* oder *Verluste*, bei denen am *Bilanzstichtag* Höhe und Zeitpunkt der Fälligkeit – im Gegensatz zu *Rechnungsabgrenzungs*posten – nicht genau feststehen. Rückstellungen zählen zum *Fremdkapital* der Sparkasse. Die *Bilanz* weist sie auf der Passivseite unter Posten 7 aus; die Gegenbuchung erfolgt auf einem Aufwandskonto. Rückstellungen schreiben absehbare bzw. feststehende künftige *Verbindlichkeiten* und *Aufwendungen* unabhängig vom Zahlungsvorgang dem Geschäftsjahr zu, in dem sie wirtschaftlich verursacht werden. Sie sind praktizierte *Risikovorsorge* der Sparkasse und Ausfluss des *Vorsichtsprinzips*. Das *Handelsgesetzbuch* fordert für die Höhe von Rückstellungen eine vernünftige kaufmännische Beurteilung (§ 253 Abs. 1). Dazu gehört u. a. auch, zu erwartende Preis- und Kostensteigerungen zu berücksichtigen. Rückstellungen mit einer Restlaufzeit von mehr als einem Jahr sind zu einem von der Deutschen Bundesbank veröffentlichten durchschnittlichen Marktzins abzuzinsen (§ 253 Abs. 2). Für drohende *Verluste* aus schwebenden Geschäften und für ungewisse *Verbindlichkeiten* gegenüber Dritten (z. B. *Pensionsrückstellungen*, Rückstellungen für *latente Steuern*, Rückstellungen für die Inanspruchnahme aus *Bürgschaften* oder Rückstellungen für Risiken aus laufenden Prozessen) muss die Sparkasse Rückstellungen bilden (§ 249 HGB); diese Rückstellungen werden grundsätzlich auch steuerlich anerkannt. Gleiches gilt für wirtschaftlich gebotene Aufwendungen (z. B. unterlassene Instandhaltung, die im ersten Quartal des neuen Geschäftsjahrs nachgeholt wird). Über bestimmte Rückstellungen muss die Sparkasse im *Anhang* des *Jahresabschlusses* informieren, beispielsweise über »sonstige Rückstellungen«, die einen nicht unerheblichen Umfang haben (§ 285 Nr. 12 HGB), oder über die Höhe der *Pensionsrückstellungen* für ehemalige Vorstandsmitglieder und ihre Hinterbliebenen (§ 285 Nr. 9b HGB). Wird die Zahlungsverpflichtung im nächsten Geschäftsjahr oder später fällig, löst die Sparkasse die Rückstellung auf. Wenn die Zahlung höher als die gebildete Rückstellung ist, entstehen in der *Gewinn- und Verlustrechnung* so ausgewiesene *sonstige betriebliche* oder *außerordentliche Aufwendungen*. Liegt die tatsächliche Zahlung unter der gebildeten Rückstellung, bucht die Sparkasse einen *sonstigen betrieblichen* bzw. *außerordentlichen Ertrag*. In der internen *Erfolgsrechnung* der Sparkasse fließt beides in das *neutrale Ergebnis* ein.

Rückstellungen im Kreditgeschäft

Wenn die Sparkasse bei in der *Bilanz* ausgewiesenen *Krediten* akute, erkennbare und belegbare *Adressenausfallrisiken* sieht, bildet sie *Einzelwertberichtigungen*. Sie bilanziert diese *Kredite* »netto«, d. h. nach Abzug der *Risikovorsorge*. Bei außerbilanziellen, »unter dem Strich« (der Passivseite) ausgewiesenen Verpflichtungen der Sparkasse, etwa einem *Avalkredit* oder unwiderruflichen *Kreditzusagen*, muss die Sparkasse anders vorgehen. Um das *Adressenausfallrisiko* und die möglichen Konsequenzen für die Vermögenssituation nach dem *Vorsichtsprinzip* hier handelsrechtlich darzustellen, bildet die Sparkasse *Rückstellungen*. Sie gehen als »sonstige *Rückstellungen*« in den Posten 7c auf der Passivseite der *Bilanz* ein; die entsprechende Position »unter dem Strich« wird in gleicher Höhe gekürzt (§ 24 RechKredV). Ebenso wie *Wertberichtigungen* muss die Sparkasse *Rückstellungen* im Kreditgeschäft als *Aufwand* berücksichtigen. In der internen *Erfolgsrechnung* erhöhen sie das *Bewertungsergebnis* des Kreditgeschäfts. In der *Gewinn- und Verlustrechnung* (Staffelform) gehen sie in die Sammelposition 13 oder 14 ein, in der verschiedene Bewertungsmaßnahmen der Sparkasse gegeneinander aufgerechnet und saldiert sind.

Sachanlagen

Die Sachanlagen der Sparkasse umfassen Grundstücke und grundstücksgleiche Rechte, Bauten auf eigenen oder fremden Grundstücken, technische Anlagen und Maschinen, *Betriebs- und Geschäftsausstattung*, geleistete Anzahlungen und Anlagen im Bau. Die Sachanlagen gehören zum *Anlagevermögen* der Sparkasse. In der *Bilanz* sind sie unter Posten 12 der Aktivseite mit *Buchwerten* ausgewiesen, d. h. die *Anschaffungs-/Herstellungskosten* sind um die *planmäßigen Abschreibungen* reduziert. In den Sachanlagen der Sparkasse stecken *stille Reserven*, wenn die zu erzielenden Verkaufserlöse über den *Buchwerten* liegen. Der *Anlagespiegel* im *Anhang* des *Jahresabschlusses* zeigt auf, wie sich die Position »Sachanlagen« im jeweiligen Geschäftsjahr entwickelt hat. Weil auch Sachanlagen ungeplanten Wertminderungen ausgesetzt sein können, muss sie die Sparkasse in Höhe von acht Prozent der *Buchwerte* mit *Eigenmitteln* unterlegen (Artikel 134 CRR).

Sachaufwand

Die interne *Erfolgsrechnung* der Sparkasse fasst als Sachaufwand alle *Aufwendungen* zusammen, die weder *Personalaufwand* noch Provisionsaufwand noch *neutraler Aufwand* noch *Einzelwertberichtigungen* bzw. *Abschreibungen* auf *Forderungen an Kunden* oder *Eigenanlagen* sind. Zum Sachaufwand gehören u. a. Aufwendungen für Mieten, für Unterhalt und Reinigung von Grundstücken und Gebäuden, für *Betriebs- und Geschäftsausstattung*, für Hard- und Software, für Werbung und Sponsoring, für SparkassenCards und Kreditkarten, Aufwendungen für Dienstreisen, für Dienstleistungen Dritter, für Umlagen der Sparkassen- und Giroverbände, Umlagen an Sicherungseinrichtungen, Verbrauchsteuern, Instandhaltungsaufwand, Aufwand für Aus- und Fortbildung, Aufwandsentschädigungen und andere Bezüge an Mitglieder des Verwaltungsrats. Anders als in der *Gewinn- und Verlustrechnung* zählen in der internen *Erfolgsrechnung* auch die *planmäßigen Abschreibungen* zum Sachaufwand. In der *Gewinn- und Verlustrechnung* verteilt sich der Sachaufwand auf die Positionen »andere Verwaltungsaufwendungen«, »*Abschreibungen* und *Wertberichtigungen* auf *immaterielle Anlagewerte* und *Sachanlagen*« sowie »*sonstige betriebliche Aufwendungen*«. Beim Vergleich mit anderen Banken oder Sparkassen ist es sinnvoll, den Sachaufwand stets im Kontext mit dem *Personalaufwand* zu betrachten. Eine Sparkasse beispielsweise, die Tätigkeiten oder Geschäftsfelder offensiver als andere Sparkassen an Dritte auslagert, entlastet ihren *Personalaufwand* und erhöht ihren Sachaufwand. Übergreifende Erfolgskennziffern wie die *Cost-Income-Ratio* eliminieren den Einfluss solcher Verschiebungen.

Sachverhaltsgestaltung

Sachverhaltsgestaltungen sind bilanzpolitische Maßnahmen, mit denen der Vorstand vor dem *Bilanzstichtag* Positionen der *Bilanz* oder der *Gewinn- und Verlustrechnung* in einer von ihm gewünschten Richtung beeinflusst. Meist geht es darum, *Aufwendungen* in das laufende Geschäftsjahr vorzuholen oder aber in Folgejahre zu verschieben. Beispiel sind vorzeitige Auflösung und anschließender Neuabschluss von *Zinsswaps* zu niedrigeren Festzinssätzen; die hierbei anfallenden *Vorfälligkeitsentschädigungen* belasten das aktuelle Ergebnis, entlasten aber die *Gewinn- und Verlustrechnung* der Folgejahre durch einen verminderten *Zinsaufwand*. Insbesondere in Geschäftsjahren mit vergleichsweise gutem Ergebnis wird der Vorstand oft dazu tendieren, *Aufwendungen* vorzuziehen. Im Bericht über die Prüfung des *Jahresabschlusses* weist die Prüfungsstelle auf Sachverhaltsgestaltungen hin.

Sachwert

Der Sachwert ist die übliche Grundlage, wenn die Sparkasse den *Beleihungswert* für nicht vermietete Wohnimmobilien festsetzt. Er setzt sich aus dem Bodenwert und dem Bauwert zusammen (§ 2 Abs. 1 der Beleihungsgrundsätze jedes Bundeslandes oder § 14 ff. BelWertV). Den Bodenwert ermittelt die Sparkasse im Wege des Preisvergleichs mit benachbarten Grundstücken oder aus veröffentlichten Bodenrichtwerten. Dabei berücksichtigt sie auch die tatsächlichen oder voraussichtlichen Erschließungskosten. Wichtig ist für den Bodenwert vor allem, wie der Eigentümer ein Grundstück baulich nutzen kann (u. a. Grundflächenzahl, Geschossflächenzahl). Besonderheiten, etwa ein ungewöhnlicher Zuschnitt des Grundstücks, erfordern unter Umständen Abschläge. Der Bauwert ergibt sich aus den »angemessenen« *Herstellungskosten* des Gebäudes, vermindert um altersbedingte Wertminderungen bis zum Zeitpunkt der Wertermittlung. Er berücksichtigt auch besondere Betriebseinrichtungen, Außenanlagen und Baunebenkosten. Aufwendungen, die den *Verkehrswert* nicht erhöhen, darf die Sparkasse nicht berücksichtigen. Zudem nimmt sie einen Risikoabschlag vor, der vor allem einen möglichen Preisverfall innerhalb des Beleihungszeitraums auffangen soll. Bei älteren Wohngebäuden kann die Sparkasse ein Indexverfahren nutzen; maßgebend sind hierbei die Werte des vom Statistischen Bundesamt veröffentlichten Preisindex für Wohngebäude (Basisjahr 1914) oder die Werte des vom zuständigen Bundesministerium herausgegebenen Tabellenwerks »Normalherstellungskosten«. Der Preisindex wird um einen Abschlag von mindestens 20 Prozent korrigiert. Als Grundlage für den *Beleihungswert* gemischt oder gewerblich genutzter Immobilien verwendet die Sparkasse den *Ertragswert*.

Saisonkredit

vgl. Kontokorrentkredit

Saldenausgleichsregelung
vgl. Sicherheitenpool

Sanierung
Bei stark erhöhten *Adressenausfallrisiken* im Kreditgeschäft sehen es die *Mindestanforderungen an das Risikomanagement* nicht mehr als ausreichend an, das Engagement vom *Bereich Markt* oder nur allein vom *Bereich Markt* betreuen zu lassen. Das Kreditverhältnis wechselt dann in den Betreuungsstatus der Sanierung. Den Sanierungsprozess federführend bearbeiten, zumindest aber überwachen müssen spezialisierte Mitarbeiter aus einem *Bereich* außerhalb des *Markts*, in der Regel aus der *Marktfolge*. Sie müssen auch die Kriterien für die Überleitung in die Sanierung entwickeln und regelmäßig überprüfen (BTO 1.2.5 Ziffer 1 MaRisk). Als Kriterien sind u. a. denkbar: Abrutschen der *Rating*note, *Überziehungen* von mehr als 30 Tagen (o.ä.), Sanierungsverhandlungen des Kunden mit anderen Gläubigern, sonstige Anzeichen für wesentlich verschlechterte wirtschaftliche Verhältnisse. Der Sanierungsprozess setzt voraus, dass die Sparkasse Chancen für eine wirtschaftliche Erholung des Kunden sieht. In diesem Fall hat sie sich vom Kunden selbst oder einem Dritten ein Sanierungskonzept vorlegen zu lassen (BTO 1.2.5 Ziffer 2 MaRisk). Im Rahmen von Entscheidungen über Sanierungskredite genügt das *Votum* der *Marktfolge*, wenn sie die Engagements betreut. Für die Sparkasse ist die Sanierung oft eine mindestens monatelange Gratwanderung: Einerseits sind Maßnahmen erforderlich, die dem Kunden zusätzliche Liquidität verschaffen, etwa die Aussetzung von Tilgungsleistungen, Vereinbarung eines niedrigen Sanierungszinssatzes oder die befristete Einräumung zusätzlicher *Kreditlinien*. Andererseits muss die Sparkasse bestrebt sein, ihr *Adressenausfallrisiko* zu verringern. Deshalb drängt sie gleichzeitig nicht selten auf den Verkauf nicht-betriebsnotwendigen Vermögens oder auf die Bereitstellung zusätzlicher *Kreditsicherheiten*. Der Vorstand der Sparkasse erhält regelmäßig eine Information, wie sich die Sanierung bei *bedeutenden Engagements* entwickelt (BTO 1.2.5 Ziffer 4 MaRisk). Sanierungskredite von wesentlicher Bedeutung führt auch der *Kreditrisikobericht* auf (BTR 1 Ziffer 7b MaRisk).

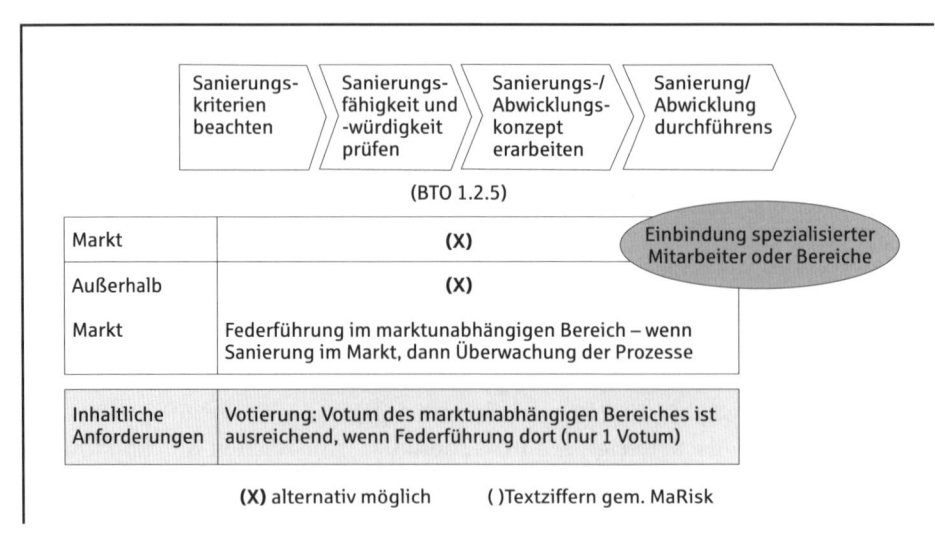

	Sanierungs-kriterien beachten → Sanierungsfähigkeit und -würdigkeit prüfen → Sanierungs-/Abwicklungskonzept erarbeiten → Sanierung/Abwicklung durchführens	
	(BTO 1.2.5)	
Markt	(X)	Einbindung spezialisierter Mitarbeiter oder Bereiche
Außerhalb Markt	(X)	
	Federführung im marktunabhängigen Bereich – wenn Sanierung im Markt, dann Überwachung der Prozesse	
Inhaltliche Anforderungen	Votierung: Votum des marktunabhängigen Bereiches ist ausreichend, wenn Federführung dort (nur 1 Votum)	

(X) alternativ möglich   ( )Textziffern gem. MaRisk

Abb. 53: Prozesse bei Kreditengagements im Status der Sanierung (Quelle: DSGV)

Schadensfalldatenbank

Die Schadensfalldatenbank ist ein zentrales Instrument beim Management *operationeller Risiken*. Im Gegensatz zu *Risikoinventur* oder *Risikolandkarte* analysiert die Sparkasse hierbei nicht künftig mögliche Schadensereignisse, sondern dokumentiert tatsächlich eingetretene Schadensfälle. Der Deutsche Sparkassen- und Giroverband empfiehlt, in der Datenbank alle aufgetretenen Schadensfälle ab einer Bruttoschadenshöhe von 1 000 EUR strukturiert zu erfassen. Hierzu gehören ergänzende Informationen, etwa eine Beschreibung und Bewertung des Sachverhalts, Angaben zur Ursache und zur betroffenen Organisationseinheit der Sparkasse, gegebenenfalls auch eingeleitete Maßnahmen, um ähnliche Schadensfälle künftig zu vermeiden. Das *Risikocontrolling* der Sparkasse wertet die in der Datenbank erfassten Schadensfälle regelmäßig aus und dokumentiert sie in einem *Risikobericht*. Damit kommt die Sparkasse auch der Vorgabe aus den *Mindestanforderungen an das Risikomanagement* nach, den Vorstand mindestens einmal jährlich u. a. über bedeutende Schadensfälle zu unterrichten (BTR 4 Nr. 4). Die Schadensfalldatenbank weist zum einen auf Schwächen der internen Organisation und Prozesse hin, die es zu beseitigen gilt. Zum anderen gibt sie bei einer ausreichend langen Zeitreihe Anhaltspunkte dafür, ob sich die Annahmen aus *Risikolandkarte* oder *Risikoinventur* in der Praxis tatsächlich bestätigen. Sofern die Sparkasse ihre *operationellen Risiken* nach dem *Basisindikatoransatz* mit *Eigenmitteln* unterlegt, spielen die eingetretenen Schadensereignisse hierbei keine Rolle. Anders verhält es sich bei fortgeschrittenen Ansätzen (vgl. *Standardansatz*, *AMA-Ansatz*): sie setzen eine Schadensfalldatenbank voraus.

Schatzanweisung

Eine Schatzanweisung ist eine kurz- bis mittelfristig laufende, börsennotierte *Schuldverschreibung* des Bundes, der Länder oder anderer öffentlicher Haushalte. Es gibt *unverzinsliche Schatzanweisungen* und verzinsliche Schatzanweisungen. Sofern sie sich in ihrem Portfolio befinden, weist die Sparkasse Schatzanweisungen auf der Aktivseite der *Bilanz* aus (Posten 2a bzw. 5a).

Schockszenario

vgl. Stresstest

Schufa

Im Jahr 1927 als »Schutzgemeinschaft für allgemeine Kreditsicherung« gegründet, ist die Schufa heute eine Auskunftei für Kreditgeber aus allen Branchen. Anteilseigner der Schufa Holding AG sind in erster Linie Banken und Sparkassen, daneben auch Handelsunternehmen. Die meisten bei der Schufa abrufbaren Daten stammen von ihren Vertragspartnern. Dazu zählen *Kreditinstitute*, Leasingunternehmen, Telekommunikationsanbieter, Versand- und Handelshäuser. Darüber hinaus bereitet die Schufa auch öffentlich zugängliche Daten auf, beispielsweise Informationen über die Eröffnung privater Insolvenzverfahren bzw. ihre Einstellung mangels Masse oder über eidesstattliche Versicherungen. Die Schufa sammelt Positiv- und Negativinformationen, hat allerdings keine Daten zu Einkommens- und Vermögensverhältnissen. Zu mehr als 90 Prozent der gespeicherten Personen liegen nur positive Informationen vor, also Hinweise auf vertragsgerechte Geschäftsverläufe. Jeder Verbraucher hat das Recht, einmal jährlich kostenlos alle über sich gespeicherten Schufa-Daten abzurufen und zu prüfen (§ 34 BDSG). Die Sparkasse darf Daten nur mit ausdrücklicher schriftlicher Einwilligung des Kunden an die Schufa weitergeben. Beim Informationsabruf bekommt sie neben etwaigen Negativinformationen Auskunft über bereits bestehende Girokonten, ausgegebene Kreditkarten oder *Kredite*. Die Sparkasse fragt bei der Schufa an, wenn sie Giro- oder Darlehensverträge mit Neukunden abschließt. Die *Bonität* von Privatkunden beurteilt sie allerdings nicht mit einem ebenfalls von der Schufa angebotenen Score, sondern mit dem zentral entwickelten *Scoring*-Verfahren der Sparkassen-Finanzgruppe.

Schuldbuchforderung

Eine Schuldbuchforderung ist eine unverbriefte Forderung aus einem *Darlehen* an einen öffentlichen Haushalt. Sie wird lediglich im Bundesschuldbuch oder in den Schuldbüchern der Länder beurkundet. Der *Emittent* spart sich den Druck von Urkunden. Zudem fallen keine Verwaltungskosten für das Trennen, Bündeln, Sortieren und Kontrollieren von Zinsscheinen an. Der Bund und die Länder begeben *Schuldverschreibungen* heute nur noch als Schuldbuchforderungen.

Schuldschein
vgl. Schuldscheindarlehen

Schuldscheindarlehen

Das Schuldscheindarlehen ist eine Sonderform der langfristigen Fremdfinanzierung. In Ausstattung und Größenordnung ähnelt es einer *Schuldverschreibung*, lässt sich allerdings individueller und flexibler abwickeln. Der Schuldschein ist kein *Wertpapier*, sondern nur Beweisurkunde. Deshalb begnügen sich die Vertragspartner meist mit einem Darlehensvertrag. Kreditnehmer sind öffentliche Gebietskörperschaften, Banken und Unternehmen erstklassiger *Bonität*; Kreditgeber überwiegend Sozialversicherungsträger, Versicherungen, *Kapitalanlagegesellschaften* oder *Kreditinstitute*, also auch Sparkassen. Zum Zeitpunkt der Finanzierung kann sich der Kreditnehmer sehr schnell an die aktuelle Lage auf dem *Kapitalmarkt* anpassen. Die Vorbereitungen sind weniger aufwändig als bei der *Emission* eines *Wertpapiers*. Es gibt keine starren Formvorschriften. Die Mindesthöhe der Darlehen liegt meist niedriger als bei einer *Schuldverschreibung*. Der Markt für Schuldscheindarlehen hat eine überschaubare Zahl an Akteuren. Sofern ein *Kreditinstitut* eingeschaltet ist, schließt der Schuldner den Darlehensvertrag mit diesem Institut direkt ab. Das *Kreditinstitut* wiederum refinanziert sich entweder direkt bei Großanlegern durch die Abtretung von Teilbeträgen. Die Sparkasse bilanziert Schuldscheine in ihrem Portfolio auf der Aktivseite unter den Posten »Forderungen an *Kreditinstitute*« (Nr. 3) oder »*Forderungen an Kunden*« (Nr. 4) zu *Anschaffungskosten* (*Nominalwertprinzip*). Bei einem Zinsanstieg auf dem *Kapitalmarkt* entsteht kein Bedarf für *Abschreibungen* wie bei Kursrückgängen von börsennotierten *Schuldverschreibungen*, die die Sparkasse nach dem *strengen Niederstwertprinzip* bewerten muss. Mit Schuldscheindarlehen kann die Sparkasse also *Zinsänderungsrisiken* ihrer *Eigenanlagen* begrenzen. Schuldscheindarlehen sind allerdings mit *Adressenausfallrisiken* verbunden. Deshalb muss die Sparkasse sie – wie andere Forderungen auch – mit *Eigenmitteln* unterlegen und bei der laufenden Überwachung der *Risikotragfähigkeit* berücksichtigen.

Schuldverschreibung

Eine Schuldverschreibung (auch: Anleihe) ist ein *Wertpapier* mit schuldrechtlichem Anspruch auf Zahlung eines Zinses als Gegenleistung für die Überlassung des Geldes und auf Rückzahlung des überlassenen Kapitalbetrags (Tilgung) bei Fälligkeit. Es gibt in (Sammel-)Urkunden verbriefte Schuldverschreibungen und unverbriefte Schuldverschreibungen (*Schuldbuchforderungen*). Soweit Schuldverschreibungen nach der *Emission* an der Börse notiert sind, können Anleger sie jederzeit zum jeweiligen Tageskurs kaufen und verkaufen. Bei guter *Bonität* des *Emittenten* ist die Schuldverschreibung eine vergleichsweise risikoarme Kapitalanlage. Sie ist in vielen Fällen besichert und würde im Falle einer Liquidation noch vor *Kredit* gebenden Banken und Aktionären bedient. Deshalb eignen sich die meisten Schuldverschreibungen auch

für unerfahrene oder risikoscheue Privatanleger. Institutionen, die in besonderer Weise für die Sicherheit der ihnen anvertrauten Kundengelder einstehen (z. B. Versicherungen, Sparkassen), investieren ebenfalls überwiegend in risikoarme Schuldverschreibungen. Der *Kapitalmarkt* bietet allerdings auch Schuldverschreibungen mit höherem Risiko bei entsprechend höherer Verzinsung. Um den Handel zu vereinfachen, sind Schuldverschreibungen heute meist Inhaberpapiere. Der Inhaber ist somit gleichzeitig der Gläubiger (vgl. *Inhaberschuldverschreibung*). Eine Schuldverschreibung ist in den meisten Fällen mit einer festen Verzinsung ausgestattet; hieraus ergibt sich unmittelbar die Bezeichnung als »festverzinsliches *Wertpapier*«. Allerdings gibt es auch zahlreiche Varianten, bei denen die Höhe der Verzinsung de facto variabel ist. Hierzu gehören beispielsweise *Floater* oder *Indexanleihen*. Der *Kapitalmarkt* unterscheidet weiterhin:
1. *öffentliche Anleihen* von Bund (Staaten), Ländern, Gemeinden und öffentlich-rechtlichen Körperschaften; sie dienen überwiegend der Finanzierung von Haushaltsdefiziten;
2. *Bankschuldverschreibungen* und *Pfandbriefe* von *Kreditinstituten* zur Refinanzierung ihres Kreditgeschäfts;
3. *Unternehmensanleihen* (Corporate Bonds).

Je nach Rückzahlungstermin wird zudem zwischen kurzen *Laufzeiten* (bis 4 Jahre), mittleren *Laufzeiten* (4 bis 8 Jahre) und langen *Laufzeiten* (8 Jahre und mehr) unterschieden. Die meisten Schuldverschreibungen notieren in Prozent vom *Nennwert* (meist 100). Ein Kurs von 101,50 bedeutet also, dass ein Käufer 101,50 Prozent des *Nennwerts* (zzgl. *Stückzinsen*) bezahlen muss. Der Tageskurs ist bei festverzinslichen Schuldverschreibungen in erster Linie abhängig vom Marktzins. Steigt der Marktzins über die Nominalverzinsung der Schuldverschreibung, fällt der Kurs unter 100 Prozent (*»unter pari«*). Umgekehrt notiert die Schuldverschreibung über 100 Prozent (*»über pari«*), wenn der Marktzins unter die Nominalverzinsung sinkt. So entspricht die *Rendite* von Schuldverschreibungen einer bestimmten (Rest-)*Laufzeit* – abgesehen von bonitätsbedingten Abweichungen – in etwa dem Marktzins der jeweiligen (Rest-)*Laufzeit*. Die möglichen Kursschwankungen sind umso stärker, je länger die (Rest-)*Laufzeit* der Schuldverschreibung ist. Gegen Ende der *Laufzeit* bewegt sich der Kurs dann üblicherweise wieder zum *Nennwert*. Die Sparkasse erwirtschaftet mit *Eigenanlagen* in eher risikoarme Schuldverschreibungen langfristig gesicherte, berechenbare *Zinserträge*, ohne ein großes *Adressenausfallrisiko* einzugehen. Von erheblicher Bedeutung sind allerdings *Zinsänderungsrisiken*. Sie resultieren aus den beschriebenen möglichen *Kursverlusten* bei steigendem Zinsniveau am *Kapitalmarkt*. In der Regel gehören Schuldverschreibungen zur *Liquiditätsreserve* und damit zum *Umlaufvermögen* der Sparkasse. Damit unterliegen sie dem strengen *Niederstwertprinzip* (§ 253 Abs. 4 HGB). Notieren sie am *Bilanzstichtag* unter dem Anschaffungspreis oder unter den *Buchwerten* des vorhergehenden *Bilanzstichtags*, sind sie auf den niedrigeren Marktpreis bzw. Börsenkurs abzuschreiben (vgl. *Abschreibungsrisiko*). Bei einem entsprechend großen Volumen der *Eigenanlagen* kann dies das *Bewertungsergebnis* und die *Gewinn- und Verlustrechnung* der Sparkasse erheblich belasten. Steigt der Kurs in einem späteren Geschäftsjahr wieder, muss die Sparkasse bis zur Höhe der *Anschaffungskosten Zuschreibungen* vornehmen (§ 253 Abs. 5 HGB). Unter bestimmten Voraussetzungen kann die Sparkasse Schuldverschreibungen auch dem *Anlagevermögen* zuordnen bzw. dorthin umwidmen. In diesem Fall sind *Abschreibungen* nur dann zwingend, wenn eine Wertminderung voraussichtlich von Dauer ist (§ 253 Abs. 3 HGB). Kauft die Sparkasse Schuldverschreibungen, um *Kursgewinne* zu erzielen, ordnet sie diese Papiere dem *Handelsbestand* zu und bilanziert sie zum »beizulegenden *Zeitwert*« abzüglich eines Risikoabschlags (§ 340e Abs. 3 HGB). Der *Zeitwert* kann auch über den *Anschaffungskosten* liegen.

Schwebender Gewinn
vgl. Kursgewinn

Schwebender Verlust
vgl. Kursverlust

Scoring

Das Scoring bewertet die *Bonität* eines privaten Kreditkunden. Es erfüllt damit eine ähnliche Funktion wie das *Rating* im gewerblichen Kreditgeschäft. Scoring basiert auf verschiedenen mathematisch-statistischen Prognoseverfahren, die aussagefähige Risikomerkmale erfassen, gewichten und automatisiert zu einem Gesamtergebnis (Score) zusammenführen. Im Ergebnis beantwortet das Scoring die Frage: Gehört ein Kunde zu einem Personenkreis, der *Kredite* üblicherweise zurückzahlt, oder besteht für diese Gruppe eine erhöhte *Ausfallwahrscheinlichkeit*? Neben der *Kapitaldienstrechnung* kann die Sparkasse auf Basis dieser *Risikoklassifizierung* umgehend entscheiden, 1. ob sie einem Kunden einen *Kredit* anbietet; 2. zu welchen Konditionen sie den *Kredit* anbietet. Die meisten Sparkassen arbeiten mit dem von der Sparkassen Rating und Risikosysteme GmbH entwickelten KundenScoring. Es berücksichtigt bei der Entscheidung über einen *Kredit* immer alle vorliegenden Informationen über einen Kunden. Zahlreiche Merkmale werden automatisch erhoben und monatlich aktualisiert. Bis zu sieben Informationsmodule (vgl. Abb. 54, S. 283) sind für die Berechnung des Scores maßgeblich: Persönliche Merkmale zum Kreditkunden geben Aufschluss über Lebensphase und Lebenserfahrung des Kunden. Finanzdaten spiegeln das Einkommen und die bereits bestehenden finanziellen Belastungen wider. Auch fließen Erfahrungen aus der bisherigen Geschäftsverbindung (z. B. Rückzahlung bisheriger Darlehen, Nutzungsverhalten beim Girokonto) ein. Bei Baufinanzierungen berücksichtigt das Scoring unter anderem den Wert der Immobilie oder Vorlasten im *Grundbuch*. Hinzu kommen gegebenenfalls externe Daten, etwa aus einer SCHUFA-Auskunft zu bestimmten Negativmerkmalen (u. a. gemahnte Forderungen, Pfändungen, Insolvenzverfahren, Eidesstattliche Versicherung). Automatisierung und Standardisierung des Scoring beschleunigen die Kreditentscheidung und senken die Kosten der Sparkasse insbesondere beim Verkauf von *Konsumentenkrediten* mit relativ geringen Darlehensbeträgen. Darüber hinaus kann die Sparkasse mit dem Scoring auch die *Rentabilität* und das Risiko des privaten Kreditgeschäfts steuern: Kunden mit gutem oder sehr gutem Score kann sie attraktivere Zinssätze anbieten als Kunden mit schlechterem Score und damit erhöhter *Ausfallwahrscheinlichkeit*. Jenseits eines festgelegten Scores wird die Sparkasse offensichtlich stark risikobehaftete Finanzierungen auch generell ablehnen.

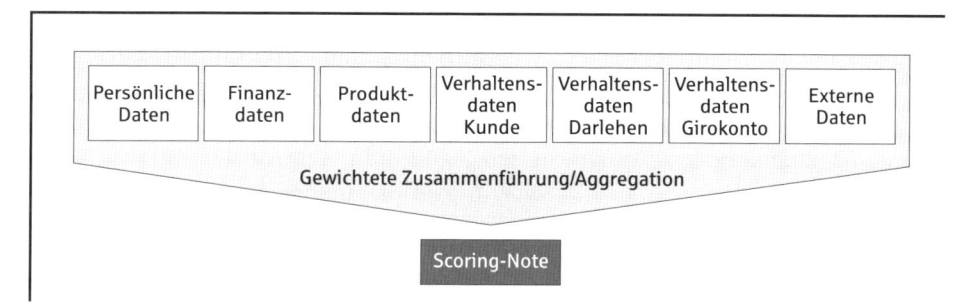

Abb. 54: Informationsmodule im Sparkassen-KundenScoring (Quelle: Sparkassen Rating und Risikosysteme GmbH)

Selbstfinanzierung
vgl. Eigenkapital, Gewinnrücklagen, Kapitalrücklagen

Sell-Buy-Back
vgl. Wertpapierleihe

Sensitivitätsanalyse
Die Sensitivitätsanalyse ist ein *Stresstest*, bei dem die Sparkasse die Auswirkungen eines definierten Ereignisses auf wichtige Größen wie *Eigenkapital* oder *Liquidität* simuliert. Im Gegensatz zur *Szenarioanalyse* variiert sie dabei nur einen Risikofaktor. Beispiele: plötzlicher Anstieg des Zinsniveaus um 100, 200 oder 300 Basispunkte, Rückgang der Aktienkurse oder durchgehende Verschlechterung der *Bonität* der Kreditkunden um zwei Ratingnoten. Auf einer *Sensitivitätsanalyse* baut auch der als »BaFin-Zinsschock« bezeichnete *Stresstest* auf.

Sicherheit
vgl. Kreditsicherheit

Sicherheitenpool

Ein Sicherheitenpool fasst bei einer *Metafinanzierung Kreditsicherheiten* zusammen, die ein gemeinsamer Kreditkunde zuvor mehreren *Kreditinstituten* jeweils getrennt stellte. Jedes *Kreditinstitut* partizipiert am Sicherheitenpool entsprechend der von ihm ausgereichten *Kreditlinien* und *Darlehen*. Gewöhnlich vereinbaren die beteiligten *Kreditinstitute* eine Saldenausgleichsregelung. So gleichen sie zufällig geringere Inanspruchnahmen von *Kontokorrentkrediten* durch Umbuchungen aus. Ein Sicherheitenpool hat vor allem dann Vorteile, wenn ein gemeinsamer Kunde in Schwierigkeiten gerät. Er verhindert, dass ein einzelnes *Kreditinstitut* seine *Kredite* gegen den Willen der anderen Finanzierungspartner kündigt und eine akute Liquiditätskrise auslöst. Die Bank oder Sparkasse mit dem höchsten Kreditbetrag (Poolführer) übernimmt die Verwaltung des Sicherheitenpools und erhält dafür ein gesondertes Entgelt. Meist wird davon abgesehen, die *Kreditsicherheiten* formal auf den Sicherheitenpool zu übertragen. Vielmehr halten die beteiligten *Kreditinstitute* die ihnen ursprünglich allein zugestandenen Sicherheiten treuhänderisch für die anderen Poolbanken. Ein etwaiger späterer Verwertungserlös aus diesen *Kreditsicherheiten* steht ihnen dann allerdings nicht mehr allein zu. Vielmehr haben sie den Betrag nach den Regeln des Poolvertrags zu verteilen.

Sicherheitsrücklage

Die Sicherheitsrücklage ist die wichtigste Position des in der *Bilanz* ausgewiesenen *Eigenkapitals* der Sparkasse (Posten 11ca) auf der Passivseite). Sie speist sich ausschließlich aus *Jahresüberschuss* oder *Bilanzgewinn* und zählt zu den gesetzlichen *Gewinnrücklagen*. Im Sinne der *CRR*-Verordnung gehört die Sicherheitsrücklage zum *Kernkapital* der Sparkasse (Artikel 28 CRR). Welchen Teil des *Jahresüberschusses* oder *Bilanzgewinns* die Sparkasse der Sicherheitsrücklage zuführen kann bzw. muss, ist im Sparkassengesetz des jeweiligen Bundeslands geregelt. Das Gesetz legt mithin den Rahmen für die Entscheidung des Verwaltungsrats über die Verteilung des *Bilanzgewinns* fest. Vorwegzuführungen zur Sicherheitsrücklage aus dem *Jahresüberschuss* sind in der *Gewinn- und Verlustrechnung* gesondert ausgewiesen. Sie können im Rahmen der *Bilanzpolitik* sinnvoll sein, um Kapitalrelationen zum *Bilanzstichtag* auf ein bestimmtes Niveau zu heben.

Sicherungsabrede
vgl. Zweckerklärung

Sicherungsreserve
vgl. Haftungsverbund

Sicherungsübereignung

Die Sicherungsübereignung ist vor allem im Kreditgeschäft mit gewerblichen Kunden der Sparkasse eine häufig genutzte *Kreditsicherheit*. Der Kreditkunde überträgt hierbei das Eigentum an einer meist beweglichen, im Sicherungsvertrag eindeutig bezeichneten Sache (etwa Kraftfahrzeuge, Maschinen, Warenlager) auf die Sparkasse, bleibt allerdings im unmittelbaren Besitz der Sache. Er kann also das Sicherungsgut weiter nutzen und weist es auch weiter in seiner *Bilanz* aus. Im Gegensatz zu einem Pfand ist die Sicherungsübereignung nicht akzessorisch, d. h. sie ist nicht an den Bestand einer bestimmten Forderung gebunden. Die Sparkasse verwertet das übereignete Gut allerdings nur im Rahmen des vertraglich vereinbarten Sicherungszwecks. Zuvor muss sie die besicherte(n) Forderung(en) fällig gestellt haben. In der Praxis lässt sich die Sparkasse mit der Kündigung meist ein Übergabeformular unterzeichnen und kann das Sicherungsgut danach in Besitz nehmen. Anschließend veräußert sie es freihändig oder in öffentlicher Versteigerung oder übernimmt es zu einem angemessenen Preis selbst. Mitunter beauftragt die Sparkasse auch den Kreditkunden, das Sicherungsgut zu verwerten (z. B. Räumungsverkauf) und die Erlöse auszukehren. Die Sicherungsübereignung kann mit Rechten anderer Gläubiger kollidieren. Wichtigster Fall ist der Eigentumsvorbehalt von Lieferanten. Die Sparkasse muss daher auf eine fristgerechte Bezahlung sicherungsübereigneter Gegenstände aus dem bereitgestellten Kredit achten. Steht bei einer größeren Investition die Schlusszahlung noch aus, kann sich die Sparkasse vom Kreditkunden ersatzweise das Anwartschaftsrecht auf Eigentumserwerb übertragen lassen (Sicherungsübertragung). Befindet sich Sicherungsgut in gemieteten oder gepachteten Räumen, gehen Vermieterpfandrechte vor. Im Verwertungsfall muss die Sparkasse unter Umständen Preisabschläge akzeptieren. Gleiches gilt im Rahmen eines Insolvenzverfahrens: Hier darf der Insolvenzverwalter einen gewissen Teil des Verwertungserlöses einbehalten. Ermittelt die Sparkasse das wirtschaftliche Risiko eines Kreditverhältnisses, setzt sie Sicherungsübereignungen deshalb oft nur mit einem Teilbetrag an. Oberhalb einer unter Risikogesichtspunkten festzulegenden Grenze muss die Sparkasse den Wert und den rechtlichen Bestand einer Sicherungsübereignung in angemessenen Zeitabständen überprüfen (BTO 1.2.2 Ziffer 3 MaRisk).

Sicherungsübertragung
vgl. Sicherungsübereignung

Sichteinlagen
Sichteinlagen sind *Einlagen*, bei denen die Sparkasse mit den Kunden weder eine feste *Laufzeit* noch eine *Kündigungsfrist* vereinbart hat. Sie sind jederzeit, »bei Sicht«, fällig. Daher heißen sie mitunter auch »täglich fällige« *Einlagen* oder Gelder. Die Kunden unterhalten Sichteinlagen auf so genannten »Geldmarktkonten« oder auf Geschäfts- und Privatgirokonten, um ihren Zahlungsverkehr abzuwickeln. Im Rahmen des Guthabens können sie jederzeit bar oder unbar verfügen. Die Verzinsung von Sichteinlagen bestimmen die Geschäftspolitik der Sparkasse und die aktuelle Marktsituation. Üblich ist es, Guthaben auf »Geldmarktkonten« zu verzinsen, Guthaben auf Privatgirokonten dagen

nicht. Formal sind Sichteinlagen sehr kurzfristige *Einlagen*. Tatsächlich aber stehen sie der Sparkasse zu einem gewissen Prozentsatz langfristig zur Verfügung und refinanzieren das *Aktivgeschäft*. Deshalb gelten nur zehn Prozent der Sichteinlagen als *Zahlungsverpflichtungen* im Sinne der *Liquiditätsverordnung* (§ 4 Abs. 1). Kaum mehr möglich ist es heute, mit Sichteinlagen Wertstellungsgewinne zu erzielen. Hinzu kommen hohe *Betriebskosten* für Personal und Technik. Vor diesem Hintergrund ist der Giro- und Zahlungsverkehr – für sich betrachtet – zwar überwiegend defizitär. Er ist allerdings die Basis für Anschlussgeschäfte (»Cross-Selling«; u. a. Geldanlage, Vorsorge, Bausparen, Versicherungen, Auslandsgeschäft). Beim Ringen um Marktanteile verzichtet ein Teil der *Kreditinstitute* deshalb unter bestimmten Voraussetzungen darauf, Kontoführungsentgelte zu berechnen. In der *Bilanz* weist die Sparkasse ihre Sichteinlagen auf der Passivseite als »täglich fällige *Verbindlichkeiten* gegenüber Kunden« – Posten 2b ba – aus.

Solvabilitätskennziffer
vgl. *Gesamtkapitalquote*

Solvabilitätsverordnung
Die Solvabilitätsverordnung (SolvV) konkretisiert einige Vorschriften der *CRR*-Verordnung und des *Kreditwesengesetzes* zur Ausstattung mit *Eigenmitteln*. Sie formuliert insbesondere ergänzende Festlegungen zu Übergangsvorschriften der *CRR* und zum *antizyklischen Kapitalpuffer*.

Sonderabschreibung
Im Steuerrecht können Steuerpflichtige über die *planmäßigen Abschreibungen* hinaus unter bestimmten Voraussetzungen zusätzliche *Abschreibungen* geltend machen und damit das zu versteuernde Einkommen senken. Sie haben keinen Bezug zur tatsächlichen Wertminderung eines Wirtschaftsguts. Vielmehr verfolgt der Gesetzgeber mit solchen Sonderabschreibungen meist strukturpolitische Ziele. Beispiel ist die Sonderabschreibung zur Förderung kleiner und mittlerer Betriebe nach § 7g Abs. 5 EStG. Mitunter bezeichnet die Kreditwirtschaft darüber hinaus alle ungeplanten und in der Rechnungslegung zu erfassenden Wertminderungen des *Anlagevermögens* oder *Umlaufvermögens* als Sonderabschreibungen (vgl. *außerplanmäßige Abschreibungen*). Hierzu zählen *Abschreibungen* und *Einzelwertberichtigungen* auf *Kredite* sowie *Abschreibungen* und *Wertberichtigungen* auf *Eigenanlagen* und *Beteiligungen*.

Sonderprüfung
Im Rahmen ihres Auskunftsrechts kann die *Bundesanstalt für Finanzdienstleistungsaufsicht* (BaFin) ohne besonderen Anlass anordnen, Geschäftsprozesse und Organisationsstrukturen von Kreditinstituten zu überprüfen. Rechtsgrundlage ist § 44 Abs. 1 KWG. Prüfungsschwerpunkte sind meist das Kreditgeschäft, die *Mindestanforderungen an das Risikomanagement* (MaRisk), die Ord-

nungsmäßigkeit der Geschäftsorganisation gemäß § 25a KWG oder die internen Verfahren bei der Berechnung der *Gesamtkapitalquote* gemäß *CRR*-Verordnung. Die BaFin beauftragt in vielen Fällen die *Deutsche Bundesbank* mit der Sonderprüfung. Im Unterschied zur eher risikoorientierten Prüfung des *Jahresabschlusses* durch die Prüfungsstelle des regionalen Sparkassen- und Giroverbands ist eine Sonderprüfung zeitlich intensiver. Die Prüfer gehen nach formalen Kriterien vor. Sie schreiben jede Feststellung in ihren Prüfungsbericht – auch wenn sie materiell von eher untergeordneter Bedeutung ist. Dabei unterscheiden sie zwischen geringfügigen (F1), mittelschweren (F2), gewichtigen (F3) und schwerwiegenden (F4) Feststellungen. F4- und F3-Feststellungen können für die Aufsichtsbehörden Anlass sein, die Eignung der verantwortlichen Vorstandsmitglieder in Frage zu stellen. Ihre Erkenntnisse gewinnen die Prüfer auch aus Interviews mit Mitarbeitern der Sparkasse. Dadurch wollen die Prüfer gezielt Lücken zwischen dem offiziellen Regelwerk und den tatsächlich praktizierten Abläufen in der Sparkasse aufdecken. Die Vorbereitungszeit auf eine Sonderprüfung ist meist relativ kurz. Die Sparkasse ist daher gut beraten, alle wesentlichen internen Prozesse und Festlegungen grundsätzlich schriftlich zu dokumentieren und selbst dann inhaltlich zu begründen, wenn sie sich dabei an verbandsweiten Empfehlungen orientiert. Die von den Prüfern bemängelten Sachverhalte sollte die Sparkasse möglichst schon während der Prüfung oder bis zum Eingang des Prüfungsberichts ausräumen und darüber auch den Verwaltungsrat informieren.

Sondervermögen

Sondervermögen sind rechtlich unselbstständige, aber organisatorisch und wirtschaftlich vom sonstigen Vermögen öffentlicher Gebietskörperschaften getrennte Vermögensmassen. Sie refinanzieren sich teilweise über den *Kapitalmarkt*. Dem öffentlichen Haushaltsrecht sind die Sondervermögen weiterhin unterworfen. Die Haushaltspläne der Gebietskörperschaften weisen allerdings nur Zuführungen/Ablieferungen an bzw. von ihren Sondervermögen aus. Große Sondervermögen des Bundes sind das Bundeseisenbahnvermögen, der Erblastentilgungsfonds oder der Sonderfonds Finanzmarktstabilisierung (SoFFin).

Sonstige betriebliche Aufwendungen

Die sonstigen betrieblichen Aufwendungen sind ein Sammelposten der *Gewinn- und Verlustrechnung*. Sie fallen im Rahmen der gewöhnlichen Geschäftstätigkeit an – sind also keine *außerordentlichen Aufwendungen* -, lassen sich aber auch den anderen Aufwandspositionen nicht zuordnen. Beispiele: *Verluste* aus dem Verkauf von *Sachanlagen*, Zuschüsse zum Betriebssport oder zu Betriebsfesten, Kassenfehlbeträge, *Aufwendungen* für nicht bankbetrieblich genutzte Grundstücke und Gebäude, *Aufwendungen* für die Archivierung von Geschäftsunterlagen. Wichtige Einzelbeträge, die für die Beurteilung des *Jahresabschlusses* nicht unwesentlich sind, muss die Sparkasse im *Anhang* erläutern (§ 35 Abs. 1 Nr. 4 RechKredV). Die interne *Erfolgsrechnung* der Sparkasse führt die sonstigen betrieblichen Aufwendungen als »sonstigen ordentlichen Aufwand« oder als *neutralen Aufwand* auf.

Sonstige betriebliche Erträge

Die sonstigen betrieblichen Aufwendungen sind ein Sammelposten der *Gewinn- und Verlustrechnung*. Sie fallen im Rahmen der gewöhnlichen Geschäftstätigkeit an – sind also keine *außerordentlichen Erträge* -, lassen sich aber auch den anderen Ertragspositionen nicht zuordnen. Beispiele: *Gewinne* aus der Veräußerung von *Sachanlagen*, Erträge aus Geschäftsguthaben bei Wohnungsbaugenossenschaften, Kassenüberschüsse, Mieterträge, Pachteinnahmen. Wichtige Einzelbeträge, die für die Beurteilung des *Jahresabschlusses* nicht unwesentlich sind, muss die Sparkasse im *Anhang* erläutern (§ 35 Abs. 1 Nr. 4 RechKredV). Die interne *Erfolgsrechnung* der Sparkasse führt die sonstigen betrieblichen Erträge als »sonstige ordentliche Erträge« oder als *neutrale Erträge* auf.

Sonstige Verbindlichkeiten

Die »sonstigen Verbindlichkeiten« (Posten 5 der Passivseite der *Bilanz*) umfassen genau bezifferbare Forderungen an die Sparkasse, die weder dem *Einlagen*geschäft noch dem Interbankengeschäft mit anderen *Kreditinstituten* noch *verbrieften Verbindlichkeiten* der Sparkasse zuzuordnen sind. Ein Beispiel ist Zinsabschlagsteuer bzw. Abgeltungsteuer, die die Sparkasse von Kunden einbehalten, aber am *Bilanzstichtag* noch nicht an das Finanzamt abgeführt hat. Sonstige Verbindlichkeiten, die für die Beurteilung des *Jahresabschlusses* nicht unwesentlich sind, muss die Sparkasse im *Anhang* angeben (§ 35 Abs. 1 Nr. 4 RechKredV).

Sonstige Vermögensgegenstände

In den Posten »sonstige Vermögensgegenstände« fließen alle Positionen ein, die die Sparkasse anderswo auf der Aktivseite der *Bilanz* nicht ausweisen kann. Dazu können *stille Einlagen* der Sparkasse bei anderen Unternehmen (z. B. Landesbanken), in der *Zwangsvollstreckung* erworbene Grundstücke und Gebäude oder Heizölvorräte genauso zählen wie Schecks, fällige *Wertpapiere* oder fällige Zinskupons, die die Sparkasse dem Einreicher zwar schon gutgeschrieben, aber zur Einlösung noch nicht weitergeleitet hat (§ 20 RechKredV). Sonstige Vermögensgegenstände, die für die Beurteilung des *Jahresabschlusses* nicht unwesentlich sind, muss die Sparkasse im *Anhang* angeben (§ 35 Abs. 1 Nr. 4 RechKredV).

Spareinlagen

Spareinlagen weist die Sparkasse in der *Bilanz* unter Posten 2a auf der Passivseite gesondert aus. Ihre Merkmale ergeben sich aus der *Rechnungslegungsverordnung* (§ 21 Abs. 4). Es sind demnach *Einlagen*, die der Sparkasse auf Dauer, d. h. auf unbestimmte Zeit zur Verfügung stehen. Einlagen, die von vornherein befristet sind (z. B. *Sparkassenbrief*), gelten nicht als Spareinlagen. Einzige Ausnahme sind Gelder, die Kunden nach dem Vermögensbildungsgesetz ansparen.

Zehn Prozent der Spareinlagen gelten als *Zahlungsverpflichtungen* im Sinne der *Liquiditätsverordnung* (§ 4 Abs. 1). Die Sparkasse muss über jede Spareinlage ein Spar(-kassen)buch ausstellen. Spareinlagen dienen der Vermögensanlage, nicht dem laufenden Zahlungsverkehr. Gläubiger können nur natürliche Personen, Personenzusammenschlüsse, Einzelfirmen, gemeinnützige, mildtätige oder kirchliche Einrichtungen sowie juristische Personen des öffentlichen Rechts sein. Die meisten Unternehmen können ihre Gelder daher nur in anderer Form bei der Sparkasse anlegen. Die Sparkasse muss die Zinssätze für Spareinlagen im Preisaushang veröffentlichen. Die Verzinsung steigt mit der Dauer der vereinbarten *Kündigungsfrist*. Diese beträgt mindestens drei Monate. In der Praxis gibt es darüber hinaus *Kündigungsfristen* von 6 Monaten, 12 Monaten, 24 Monaten und 48 Monaten. Dabei ist es zulässig, mit dem Kunden zusätzlich noch *Kündigungssperrfristen* zu vereinbaren. Bei Spareinlagen mit dreimonatiger *Kündigungsfrist* kann die Sparkasse dem Kunden das Recht einräumen, bis zu 2000 EUR pro Kalendermonat ohne *Kündigung* zu verfügen. Davon abgesehen kann sie vorzeitige Verfügungen kulanzhalber zulassen, berechnet dann aber meist *Vorschusszinsen*. Im Einlagengeschäft haben Spareinlagen in den letzten Jahren an Gewicht verloren. Viele Kunden bevorzugen mittlerweile flexiblere Anlageformen mit geldmarktnaher Verzinsung. Für die Sparkasse ist vor allem die Verwaltung der Sparkassenbücher relativ aufwändig.

Sparkassenaufsicht

Sparkassen unterliegen einer Doppelaufsicht: neben der Aufsicht durch die *Bundesanstalt für Finanzdienstleistungsaufsicht* auch einer unterschiedlich ausgeprägten Überwachung durch Behörden der jeweiligen Bundesländer. Einzelheiten regeln die Sparkassengesetze der Länder. Die Sparkassenaufsicht soll zum einen sicherstellen, dass die Sparkasse Sparkassengesetz, Satzung und andere sparkassenrechtliche Vorschriften einhält. Zum anderen soll sie von der Sparkasse ausgehende finanzielle Risiken für die Haushalte der kommunalen Träger rechtzeitig erkennen und begrenzen helfen. Die Aufsichtsbehörden haben deshalb verschiedene Informations-, Prüfungs- und Eingriffsrechte. Vielerorts üblich ist die Anwesenheit eines Vertreters der Sparkassenaufsicht, wenn die Prüfungsstelle den *Jahresabschluss* im Verwaltungsrat vorstellt und erläutert.

Sparkassenbrief

Die Sparkasse bietet ihren Kunden den Sparkassenbrief als Alternative zu gewöhnlichen *Spareinlagen* oder zu festverzinslichen *Wertpapieren* an. Die *Laufzeit* liegt üblicherweise zwischen einem und zehn Jahren. Der Zinssatz ist während der gesamten Laufzeit gleich bleibend. Die Sparkasse zahlt die Zinsen meist zum 31. Dezember jedes Jahres, im Jahr der Fälligkeit bei Rückzahlung des angelegten Kapitals. Für den Kunden ist von Bedeutung: feste *Laufzeit*, feste Verzinsung, kein Kursrisiko, keine Bearbeitungsentgelte oder Provisionen, hohe Beleihbarkeit. Vorzeitig über das Kapital verfügen kann der Kunde grundsätzlich nicht. Dementsprechend hat die Sparkasse bei einem Sparkassenbrief nur ein sehr geringes *Liquiditätsrisiko*. Der feste Zinssatz über die gesamte *Laufzeit* ist für sie eine sichere Kalkulationsgrundlage. Sparkassenbriefe sind somit für das Kreditgeschäft der Sparkasse eine willkommene Refinanzierung von *Darlehen* mit Zinsfestschreibung. Sie begrenzen das *Zinsänderungsrisiko* der Sparkasse. Die *Bilanz* weist Sparkassenbriefe auf der Passivseite unter der Position »andere Verbindlichkeiten mit vereinbarter *Laufzeit* oder *Kündigungsfrist*« (Posten 2b bb) aus.

Sparkassenstützungsfonds
vgl. Haftungsverbund

Sparkassenzertifikat

Das Sparkassenzertifikat (im Verkauf oft »Zuwachssparen«) ist seiner Natur nach eine *Spareinlage* mit dreimonatiger *Kündigungsfrist*, verbunden mit einer meist mehrjährigen Sonderzinsvereinbarung. Die konkreten Ausstattungsmerkmale kann die Sparkasse individuell festlegen, so *Lautzeit* (meist zwischen 3 und 5 Jahre), Zinssätze für die einzelnen Laufzeitjahre (in der Regel von Jahr zu Jahr steigend), *Kündigungssperrfrist* (meist zwischen 9 und 15 Monaten) oder Mindestanlagebetrag. Die Durchschnittsverzinsung, die sich aus den Zinssätzen für die einzelnen Laufzeitjahre ergibt, orientiert sich am Zinsniveau des *Kapitalmarkts* im entsprechenden Laufzeitbereich. Nach Ablauf der Sonderzinsvereinbarung führt die Sparkasse den Anlagebetrag als gewöhnliche *Spareinlage* mit dreimonatiger *Kündigungsfrist* weiter, sofern der Kunde das Geld nicht wieder als Sparkassenzertifikat oder anderweitig anlegt. Während der *Kündigungssperrfrist* hat der Anleger keinen Anspruch auf den bei einer gewöhnlichen *Spareinlage* üblichen Verfügungsfreibetrag (meist 2 000 EUR pro Kalendermonat). Aus dem in Sparkassenzertifikaten angelegten Einlagenvolumen erwächst für die Sparkasse grundsätzlich ein *Zinsänderungsrisiko*. Es ist allerdings begrenzt, weil bei einem Anstieg des Zinsniveaus erfahrungsgemäß nur ein kleiner Teil der Kunden die Möglichkeit einer vorzeitigen *Kündigung* nach Ablauf der *Kündigungssperrfrist* wahrnimmt. Die *Bilanz* weist Sparkassenzertifikate auf der Passivseite unter der Position »*Spareinlagen* mit vereinbarter *Kündigungsfrist*« (Posten 2a ab) aus.

Spezialfonds

Spezialfonds sind *Investmentfonds*, die *Kapitalverwaltungsgesellschaften* im Gegensatz zu *Publikumsfonds* nur für einen Investor oder für einen begrenzten Kreis von Investoren auflegen. Vor allem institutionelle Anleger (z. B. Versicherungen, *Kreditinstitute*, Versorgungswerke, kirchliche Einrichtungen) nutzen über Spezialfonds die Erfahrung einer professionellen Vermögensverwaltung. Sie stimmen mit der *Kapitalverwaltungsgesellschaft* vorab eine Strategie ab, etwa die Aufteilung auf verschiedene Anlageklassen wie *Aktien* und festverzinsliche *Wertpapiere*. Innerhalb dieses Rahmens kann sich das Fondsmanagement dann frei bewegen. Den Wert eines Spezialfonds ermittelt die *Kapitalverwaltungsgesellschaft* täglich. Kapitalerträge (z. B. Dividenden, Zinszahlungen) erhöhen entweder das Fondsvermögen oder werden an den bzw. die Anleger zu bestimmten Zeitpunkten ausgeschüttet. Eine besondere Form des Spezialfonds bietet die so genannte Master-KAG an. Hier legt eine *Kapitalverwaltungsgesellschaft* für einen Investor einen Hauptfonds auf und bringt dann das zu investierende Volumen in verschiedene Segment- bzw. Subfonds ein; das Management der Segment- bzw. Subfonds kann dabei auf verschiedene *Kapitalverwaltungsgesellschaften* verteilt sein. Auch viele Sparkassen halten einen Teil ihrer *Eigenanlagen* in Spezialfonds. In der Bilanz gehen sie auf der Aktivseite in die Position »*Aktien* und andere nicht festverzinsliche *Wertpapiere*« (Posten 6) ein; dabei ist der Wert am *Bilanzstichtag* maßgebend. In der *Gewinn- und Verlustrechnung* erhöhen die Erträge aus Spezialfonds die Position »Laufende Erträge aus Aktien und anderen nicht festverzinslichen Wertpapieren«. Machen *Kursverluste* am *Bilanzstichtag außerplanmäßige Abschreibungen* erforderlich, erhöhen sie das *Bewertungsergebnis* aus dem Wertpapiergeschäft der Sparkasse. Spezialfonds gehören zum Anlagebuch bzw. zur *Liquiditätsreserve* der Sparkasse. Beim *Kreditrisiko-Standardansatz* ordnet die Sparkasse sie der gesonderten Forderungsklasse »Investmentanteile« zu. Demnach muss die Sparkasse die mit Spezialfonds verbundenen *Adressenausfallrisiken* genauso mit *Eigenmitteln* unterlegen wie bei einem *Publikumsfonds*. Gesamtbewertungen von *Ratingagenturen* gibt es für Spezialfonds in der Regel nicht. Deshalb berechnet die *Kapitalverwaltungsgesellschaft* das anzusetzende *Risikogewicht* im Rahmen einer so genannten *Fondsdurchschau*.

Spread

Der Spread bezeichnet die Differenz zwischen Kursen, Nominalzinssätzen oder *Renditen* im Geschäft mit *Wertpapieren* oder *Derivaten*. Betrachtet werden dabei meist Papiere oder Kontrakte unterschiedlicher *Laufzeit* bzw. unterschiedlicher *Bonität*. Ein Beispiel ist der Spread zwischen *öffentlichen Anleihen* und *Unternehmensanleihen*: Um dem höheren Ausfallrisiko gerecht zu werden, müssen Unternehmen die von ihnen begebenen *Schuldverschreibungen* üblicherweise mit einem höheren Zinssatz ausstatten als ein Staat oder ein Bundesland. Daraus resultiert ein Zinsspread (auch »Credit Spread«). Wie hoch er konkret ausfällt, hängt zum einen vom *Rating* des Unternehmens ab, zum anderen von der allgemeinen Risikoneigung der Anleger (vgl. *Spreadrisiko*). Sehen die Akteure am *Kapitalmarkt* die Zukunft eher positiv und optimistisch, gehen die Spreads für Papiere mit durchschnittlicher oder mäßiger *Bonität* tendenziell zurück. Umgekehrt verhält es sich, wenn am *Kapitalmarkt* Sorgen und Ängste um sich greifen. Für die Sparkasse ist insbesondere der Zinsspread zwischen kurzen und langen *Laufzeiten* von Bedeutung: Bei einer »flachen« *Zinsstruktur*, also geringen Zinsspreads, erzielt die Sparkasse weniger *Ertrag* aus der *Fristentransformation*. Beispiel für einen kursbezogenen Spread ist der Unterschied zwischen Ausgabe- und Rücknahmepreis bei vielen *Investmentfonds*.

Spreadrisiko

Die *Rendite* von *Pfandbriefen*, ungedeckten *Bankschuldverschreibungen* oder *Unternehmensanleihen* ist in der Regel höher als die Rendite von *Wertpapieren* öffentlicher Emittenten. Das Spreadrisiko bezeichnet die Gefahr, dass dieser Renditeabstand zu vermeintlich risikolosen Papieren größer wird, obwohl sich die *Bonität* der emittierenden Banken und Unternehmen nicht verändert hat. Erhöhte *Spreads* führen zu *Kursverlusten* der betroffenen *Wertpapiere* und erfordern dann unter Umständen *Abschreibungen* auf *Eigenanlagen* der Sparkasse. *Spreads* verändern sich mit der Risikoneigung an den Kapitalmärkten. In wirtschaftlichen Aufschwungphasen sind sie erfahrungsgemäß niedriger als in Abschwungphasen. Das Spreadrisiko ist eine Ausprägung des *Marktpreisrisikos*. Die Bankenaufsicht erwartet von den *Kreditinstituten* zunehmend, Spreadrisiken auch bei Analyse und Planung der *Risikotragfähigkeit* einzubeziehen.

Stabile Refinanzierungskennziffer

Mit der stabilen Refinanzierungskennziffer (Net Stable Funding Ratio: NSFR) lässt sich beurteilen, ob und in welchem Umfang die *Refinanzierung* der Sparkasse bei einer länger andauernden Stresssituation gesichert wäre. Neben der *Liquiditätsdeckungskennziffer* ist sie eine der wichtigsten quantitativen Vorgaben aus dem *Basel III*-Regelwerk. Sie soll *Kreditinstitute* dazu anhalten, kurzfristig nicht liquidierbare Vermögenswerte fristenkongruent und möglichst über das Kundengeschäft zu refinanzieren. Damit möchte die Bankenaufsicht die *Fristentransformation* und damit verbundene *Liquiditätsrisiken* tendenziell begrenzen. Die stabile Refinanzierungskennziffer stellt Refinanzierungspositionen, die annahmegemäß längerfristig in der Sparkasse verbleiben (»stabile« *Passiva*), den Vermögenspositionen gegenüber, die sich nicht kurzfristig liquidieren ließen (»stabile« *Aktiva*). Die »stabilen« Passiva müssen stets größer sein als die »stabilen« Aktiva. Dabei werden einzelne Positionen unterschiedlich gewichtet. So gehen die Einlagen von Privatkunden sowie kleinen und mittleren Unternehmen mit einem hohen Gewicht in die »stabilen« Passiva ein, eine *Refinanzierung* der Sparkasse bei einem anderen *Kreditinstitut* oder einer Versicherung dagegen überhaupt nicht. Die stabile Refinanzierungskennziffer ist zunächst nur eine »Beobachtungskennziffer«: die Sparkasse muss sie melden, aber nicht einhalten. Ob und in welcher konkreten Form sie für die *Kreditinstitute* in Europa verbindlich wird, will die Kommission der Europäischen Union bis Ende des Jahres 2018 entscheiden.

Standardansatz

Der Standardansatz ist ein relativ komplexes Verfahren zur Ermittlung der *Eigenmittel* mit dem *Kreditinstitute* ihre *operationellen Risiken* unterlegen müssen. Er teilt das *operationelle Risiko* nach acht Geschäftsfeldern mit unterschiedlichem Risikogehalt auf. Die *Risikogewichte* der einzelnen Geschäftsfelder legt die Bankenaufsicht fest (§ 317 ff. CRR). Alternative Verfahren sind *Basisindikatoransatz* und Advanced Measurement Approach *(AMA-Ansatz)*. Vom Standardansatz im Zusammenhang mit *operationellen Risiken* ist der *Kreditrisiko-Standardansatz* im Zusammenhang mit *Adressenausfallrisiken* zu unterscheiden.

Standardrating

Das Standardrating ist das wichtigste *Rating*instrument der Sparkassen-Finanzgruppe im gewerblichen Kreditgeschäft. Es hat einen vierstufigen Aufbau:

1. Das Finanzrating führt quantitative Informationen zur Ertrags-, Finanz- und Vermögenslage des Unternehmens zusammen. Aus der Bilanzanalyse leitet es betriebswirtschaftliche Kennzahlen ab und bewertet sie. Für Freiberufler gibt es ein verkürztes Finanzrating;
2. In das qualitative Rating fließen weitere relevante Informationen zum Unternehmen, zum Unternehmer sowie zu den angebotenen Produkten und Dienstleistungen ein;
3. Die dritte Stufe, genannt »Warnsignale«, liefert gegebenenfalls Hinweise auf aktuelle Zahlungsschwierigkeiten des Kreditkunden. Indizien dafür können u. a. Scheck- und Lastschriftrückgaben, dauerhafte ungenehmigte Kontoüberziehungen oder Darlehensrückstände sein.
4. In der vierten Stufe fragt das Standardrating nach einem etwaigen Haftungsverbund des Kreditkunden mit anderen Personen oder Unternehmen. Die *Bonität* eines Dritten könnte die *Bonität* des Kunden auf diese Weise verbessern oder verschlechtern. Typische Konstellationen für einen Haftungsverbund sind Mutter- oder Tochtergesellschaften, Mehrheitsgesellschafter, *Patronatserklärungen* oder *Ergebnisabführungsverträge*.

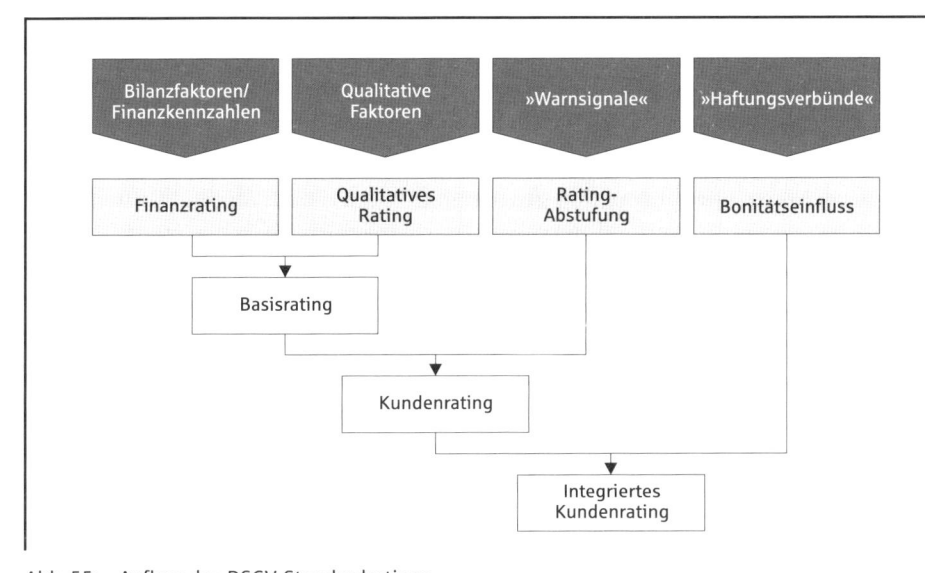

Abb. 55: Aufbau des DSGV-Standardratings

Stelle

Das aufsichtsrechtliche Verständnis unterscheidet sich vom allgemeinen Sprachgebrauch, der Stelle mit Arbeitsplatz gleichsetzt. Im Sinne der *Mindestanforderungen an das Risikomanagement* ist eine Stelle eine Organisationseinheit der Sparkasse (z. B. Person, Team, Abteilung), die eine oder mehrere *Funktionen* wahrnehmen kann. Üblicherweise bilden mehrere Stellen (nicht nur eine Stelle) einen *Bereich*. Für die Aufbauorganisation der Sparkasse treffen die MaRisk eine wichtige Unterscheidung: Eine von den *Bereichen Markt* und *Handel* »unabhängige« Stelle, etwa die Rechtsabteilung, kann gleichwohl dem Dezernat des Marktvorstands oder des Handelsvorstands zugeordnet sein. Hingegen müssen *Bereiche* und *Funktionen* »außerhalb« des *Handels* oder des *Markts*, etwa *Marktfolge*, *Risikocontrolling* oder *Abwicklung*/Kontrolle der *Handelsgeschäfte*, bis auf Vorstandsebene hinauf von *Handel* und *Markt* getrennt sein (BaFin-Erläuterung zu BTO Ziffer 2 MaRisk).

Steuerbilanz

Die Steuerbilanz der Sparkasse ist eine den steuerlichen Vorschriften entsprechende *Bilanz*. Sie kann sich von der *Handelsbilanz*, die die Sparkasse im Rahmen des *Jahresabschlusses* erstellt und veröffentlicht, in Einzelpositionen unterscheiden. Die *Handelsbilanz* entwickelt sich aus den Vorgaben des *Handelsgesetzbuches* und ist geleitet vom kaufmännischen Vorsichtsprinzip. Die Steuerbilanz muss zusätzlich und mitunter hiervon abweichend die Vorschriften des Einkommensteuergesetzes und des Körperschaftsteuergesetzes berücksichtigen; hier steht das Bestreben des Fiskus im Vordergrund, den *Gewinn* eines Unternehmens, also auch der Sparkasse, möglichst umfassend zu ermitteln. Für die Steuerbilanz muss die Sparkasse zahlreiche Bilanzansatzvorbehalte und Bilanzbewertungsvorbehalte beachten. Sie sind in den Steuergesetzen entweder ausdrücklich erwähnt (»offen«) oder haben sich im Rahmen der laufenden Rechtsprechung entwickelt (»verdeckt«). Das Verhältnis von Steuerbilanz und *Handelsbilanz* bestimmt sich grundsätzlich nach dem *Maßgeblichkeitsprinzip*. Der handelsrechtliche Bilanzansatz ist verbindlich, wenn er steuerlich zulässig ist.

Steuern vom Einkommen und vom Ertrag

In dieser Position der *Gewinn- und Verlustrechnung* weist die Sparkasse in saldierter Form Körperschaftsteuer und Gewerbesteuer aus, die sie an den Fiskus gezahlt hat bzw. noch zahlen muss. Außenstehenden erlaubt die Position damit bei einem Mehrjahresvergleich einen zuverlässigeren Einblick in die *Ertragslage* der Sparkasse als andere Positionen der *Gewinn- und Verlustrechnung* (z. B. *Jahresüberschuss* oder *Bilanzgewinn*). Allerdings ist zu berücksichtigen, dass der ausgewiesene Betrag auch Steuernachzahlungen und -rückerstattungen enthalten kann, die Vorjahre betreffen. Konkret fließen in die Position ein:
1. Steuervorauszahlungen für das Berichtsjahr;

2. *Rückstellungen* für absehbare Steuernachzahlungen, die das Berichtsjahr betreffen;
3. Steuernachzahlungen aus Vorjahren (gegebenenfalls incl. Verzinsung);
4. Steuerrückerstattungen aus Vorjahren;
5. gegebenenfalls Aufwand oder Ertrag aus der Veränderung *latenter Steuern*.

Die interne *Erfolgsrechnung* der Sparkasse fasst alle Steuerzahlungen und -erstattungen zur Position »gewinnabhängige Steuern« zusammen; auch hier spielt es keine Rolle, ob die Unterpositionen das Berichtsjahr oder aber Vorjahre betreffen. Die endgültige Steuerschuld der Sparkasse für das Berichtsjahr setzt der Fiskus nach Abschluss turnusmäßiger Betriebsprüfungen fest.

Steuerrückstellungen
vgl. Rückstellung, Steuern vom Einkommen und vom Ertrag

Stille Einlage
Stille Einlagen sind für Außenstehende nicht erkennbare, im Handelsregister nicht eingetragene *Beteiligungen* am Handelsgewerbe eines Kaufmanns (§ 230– 236 HGB). Ein stiller Gesellschafter kann Kapital, Sachen, Rechte oder auch Dienstleistungen einbringen. Aus der Einlage leitet sich zwingend ein Gewinnanspruch ab; seine Höhe ist in der Regel im Gesellschaftsvertrag festgelegt. Die Beteiligung an *Verlusten* kann der stille Gesellschafter vertraglich ausschließen. Ein stiller Gesellschafter ist nicht zur Geschäftsführung befugt; er hat lediglich das Recht, den *Jahresabschluss* zu kontrollieren. Im Insolvenzfall kann er seine Einlage als Insolvenzforderung geltend machen. Den Gläubigern des Geschäftsinhabers gegenüber haftet er indessen nicht. »Atypische« stille Gesellschaften können von den genannten Regelungen abweichen. Bei ihnen ist es beispielsweise möglich, einen stillen Gesellschafter an der Geschäftsführung zu beteiligen oder für die geleistete Einlage keinen Gewinnanteil, sondern eine feste Verzinsung zu vereinbaren. Hält die Sparkasse selber stille Einlagen (z. B. an einer Landesbank), weist sie diese als *Sonstige Vermögensgegenstände* aus.

Stille Lasten
Stille Lasten entstehen, wenn die Sparkasse *Vermögensgegenstände* auf der Aktivseite der *Bilanz* zu hoch oder *Verbindlichkeiten* und *Rückstellungen* auf der Passivseite zu niedrig oder gar nicht ansetzt. Das Handelsrecht eröffnet solche Spielräume an verschiedenen Stellen, etwa durch Aktivierungs- oder Passivierungswahlrechte oder durch die Möglichkeit, eigene *Wertpapiere* dem *Anlagevermögen* zuzuordnen und damit *Abschreibungen* nach dem strengen *Niederstwertprinzip* zu vermeiden. Stille Lasten sind das Gegenteil *stiller Reserven*. Sie sind für Außenstehende nur teilweise über Zusatzangaben im *Anhang* des *Jahresabschlusses* zu erkennen. Im Ergebnis vermindern stille Lasten *Eigenkapital*

und *Risikotragfähigkeit* der Sparkasse. Erfahrungsgemäß lassen nur wenige Sparkassen die Entstehung stiller Lasten zu.

Stille Reserven

Stille Reserven können auf unterschiedliche Weise entstehen. Entweder ein Unternehmen nutzt *Bilanzierungswahlrechte* und *Bewertungswahlrechte*; es darf dann in der *Bilanz* bestimmte *Aktiva* unter- bzw. einzelne *Passiva* überbewerten. Oder das Unternehmen muss die *Anschaffungskosten* oder *Herstellungskosten* eines Vermögenswerts als Obergrenze bei der Bilanzierung beachten, obwohl der aktuelle Wert darüber liegt. Bei beiden Konstellationen laufen *Buchwerte* und tatsächliche Werte auseinander, ohne dass ein Außenstehender dies in der *Bilanz* erkennen kann. Wenn ein Unternehmen stille Reserven bildet, vermindert sich der *Gewinn*. Umgekehrt verbessert sich das ausgewiesene Ergebnis, wenn es stille Reserven auflöst. Viele Sparkassen haben stille Reserven über die versteuerte Dotierung der *Vorsorge für allgemeine Bankrisiken* nach § 340f HGB gebildet. Hinzu kommen im Einzelfall stille Reserven aus versteuerten *Pauschalwertberichtigungen*, die das *Kreditwesengesetz* in früheren Jahren zuließ (§ 26a KWG a. F.). Weitere stille Reserven stecken in *Eigenanlagen*, die über den *Anschaffungskosten* notieren. Auch das Immobilienvermögen der Sparkasse enthält vielfach stille Reserven. In ertragsschwachen Jahren kann die Sparkasse mit dem nach außen nicht unbedingt erkennbaren Rückgriff auf stille Reserven gegebenenfalls dennoch ein positives Ergebnis ausweisen. Im Sinne größerer Transparenz tendieren die Rechnungslegungsvorschriften allerdings zusehends dahin, die Bildung stiller Reserven zu erschweren oder zumindest erkennbar zu machen.

Stillhalter

vgl. Option, Kaufoption, Verkaufsoption

Strategie

vgl. Geschäftsstrategie, Risikostrategie

Strenges Niederstwertprinzip

vgl. Niederstwertprinzip

Stresstest

Die *Mindestanforderungen an das Risikomanagement* (MaRisk) verpflichten die Sparkasse, im Rahmen von Stresstests sehr ungünstige oder schockartige Entwicklungen auf den Kredit- und *Kapitalmärkten* in verschiedenen Ausprägungen zu simulieren und die Auswirkungen auf die Stabilität der Sparkasse zu prüfen. Die Sparkasse unterstellt dabei beispielsweise einen deutlichen Zinsanstieg, allgemein sich verschlechternde wirtschaftliche Verhältnisse bei ihren Kreditkunden oder den gleichzeitigen Ausfall mehrerer großer Kreditengagements. Stresstests gehen in ihren Annahmen deutlich über den vom

Risikocontrolling analysierten *Risikofall* hinaus. Die MaRisk verlangen regelmäßige und angemessene Stresstests für alle wesentlichen Risiken (AT 4.3.3 Nr. 1). Man unterscheidet dabei zwischen *Sensitivitätsanalysen* und *Szenariobetrachtungen*. Stresstests liefern zunächst Aussagen darüber, wie sich bestimmte Werte (z. B. *Abschreibungen, Value at Risk* oder *Barwert* des Zinsbuchs) unter bestimmten Annahmen verändern. Anschließend lässt die Sparkasse solche Zwischenergebnisse gegen bestimmte Referenzwerte laufen, um die *Risikotragfähigkeit* zu prüfen. Referenzwerte können beispielsweise das *Risikodeckungspotenzial*, die *Eigenmittel* oder auch aufsichtsrechtliche Kennziffern (z. B. *Liquiditätskennzahl*) sein. Ergebnis eines Stresstests ist die Aussage, ob bzw. unter welchen Umständen die Sparkasse einen vorgegebenen Zielwert noch einhält oder aber bereits unterschreitet. Stresstests haben auch außergewöhnliche, aber plausibel mögliche Ereignisse abzubilden. Dabei sind nicht nur aus der Vergangenheit abgeleitete »historische« Szenarien darzustellen, sondern auch »hypothetische«, so bislang noch nicht beobachtete Szenarien (AT 4.3.3 Ziffer 2 MaRisk). Pflichtszenario ist ein schwerer konjunktureller Abschwung. Eine gesonderte Betrachtungsweise erfordern so genannte *inverse Stresstests*. Grundsätzlich hat die Sparkasse bei Stresstests ihre geschäftspolitische Ausrichtung, ihr wirtschaftliches Umfeld und etwaige *Risikokonzentrationen* zu berücksichtigen. Sie muss mindestens jährlich prüfen, ob die zugrunde liegenden Annahmen der Stresstests noch angemessen sind (AT 4.3.3 Ziffer 4 MaRisk). Die Aufsichtsbehörden erwarten nicht, dass die Ergebnisse von Stresstests durch das *Risikodeckungspotenzial* abgedeckt sind. Gleichwohl reicht es nicht aus, die Berechnungen nur zu dokumentieren. Es ist stets auch kritisch zu reflektieren, ob die Sparkasse insbesondere mit Blick auf die *Risikotragfähigkeit* reagieren sollte. Der Vorstand muss sich in angemessenen Abständen über die wesentlichen Annahmen und die Ergebnisse der Stresstests sowie über die potenziellen Auswirkungen auf die Risikosituation und das *Risikodeckungspotenzial* unterrichten lassen (AT 4.3.2 Ziffern 3 und 4 MaRisk). Eine regelmäßige Information des Verwaltungsrats schreiben die MaRisk nicht ausdrücklich vor; sie ist aber im Rahmen der *Risikoberichterstattung* empfehlenswert. Die Bankenaufsicht gibt der Sparkasse nur einen Stresstest konkret vor, nämlich den so genannten »BaFin-Zinsschock«.

Strukturbeitrag
vgl. Fristentransformation

Stückzinsen
Stückzinsen teilen die Zinsansprüche aus einer *Schuldverschreibung* zwischen Käufer und Verkäufer auf, wenn das Papier während der Zinsperiode veräußert bzw. erworben wird. Denn der Käufer erhält den Zinsertrag beim nächsten Zinstermin für die volle Zinsperiode, obwohl ihm Zinsen erst ab dem Zeitpunkt des Erwerbs zustehen. Um diesen Vorteil schon unmittelbar bei Veräußerung bzw. Erwerb auszugleichen, zahlt der Käufer der *Schuldverschreibung*

nicht nur den Kurswert, sondern zusätzlich die taggenau ermittelten Stückzinsen. Das Jahr wird dabei meist mit 360 Tagen, der Monat mit 30 Tagen gerechnet. Der Verkäufer muss Stückzinsen als Einkünfte aus Kapitalvermögen versteuern. Der Käufer hingegen kann seine Einkünfte aus Kapitalvermögen um gezahlte Stückzinsen kürzen.

Swap

Der Swap ist ein *Derivat*: Zwei Vertragspartner vereinbaren miteinander, über einen bestimmen Zeitraum hinweg Zinspositionen und/oder Währungspositionen zu tauschen. *Zinsswaps* beinhalten in der Regel den Tausch einer festen Zinszahlung gegen eine variable Zinszahlung; dabei wird ein fiktiver Kapitalbetrag unterstellt. Bei Währungsswaps tauschen die Vertragspartner zu Beginn und am Ende der *Laufzeit* einen wiederum meist fiktiven Kapitalbetrag in unterschiedlicher Währung (z. B. Euro gegen US-Dollar), während der *Laufzeit* feste Zinszahlungen in der einen Währung gegen variable Zinszahlungen in der anderen Währung. Für den Vertragspartner, der bei Zins- oder Währungsswap den festen Zinssatz zahlt und den variablen Zinssatz erhält, ist der Swap ein Payer-Swap. Für den anderen Partner stellt das Geschäft einen Receiver-Swap dar. Jeder Swap ist daher zugleich Payer- und Receiver-Swap. Der Abschluss von Swapgeschäften setzt voraus, dass zwei Marktakteure unterschiedliche Zins- und/oder Wechselkurserwartungen haben. Die Sparkasse schließt überwiegend *Zinsswaps* ab. Sie sichert damit einen Teil ihrer *Zinsänderungsrisiken* ab, ohne zusätzliche Bilanzpositionen aufzubauen (vgl. *Hedging*). Gleichwohl sind auch Swapgeschäfte ihrerseits mit Risiken verbunden. Der Vertragspartner könnte ausfallen und nicht mehr in der Lage sein, die vereinbarten Zinszahlungen zu leisten. Auch der variable Zinssatz bewegt sich unter Umständen genau entgegen der erwarteten bzw. erhofften Richtung. Daher muss die Sparkasse das *Adressenausfallrisiko* aus einem Swapgeschäft mit *Eigenmitteln* unterlegen und das *Marktpreisrisiko* innerhalb des vorgegebenen *Globallimits* bzw. Teillimits halten können. In der *Gewinn- und Verlustrechnung* weist die Sparkasse die geleisteten bzw. zugeflossenen Zinszahlungen aus Swapgeschäften unter den Positionen *Zinsaufwendungen* bzw. *Zinserträge* aus. Gleiches gilt für die interne *Erfolgsrechnung*; sie führt das Zinsergebnis aus *Derivaten* allerdings gesondert auf. Bei der vorzeitigen Auflösung eines Swaps ermitteln die Vertragspartner den *Barwert* der noch ausstehenden Zinszahlungen. Das Ergebnis fließt in die *Gewinn- und Verlustrechnung* und in die interne *Erfolgsrechnung* wie ein *Kursgewinn* bzw. *Kursverlust* ein. Über laufende Swapgeschäfte muss die Sparkasse im *Anhang* des *Jahresabschlusses* informieren (§ 36 RechKredV).

Syndizierter Kredit
vgl. Metafinanzierung

Systemrelevanz

Als systemrelevant gelten Banken, deren Schieflage negative Folgeeffekte bei anderen *Kreditinstituten* auslösen und die Finanzmärkte insgesamt destabilisieren könnte. Kriterien sind dabei die Größe der Bank, die Intensität ihrer Geschäftsbeziehungen zu anderen Banken und die Verflechtung mit dem Ausland. »Global systemrelevant« sind weltweit knapp 30 Kreditinstitute, darunter aus Deutschland lediglich die Deutsche Bank. Auf nationaler Ebene haben die Aufsichtsbehörden darüber hinaus über ein Dutzend weiterer *Kreditinstitute* als »anderweitig systemrelevant« eingestuft. Dazu gehören auch sämtliche Landesbanken und die DekaBank. Um Verluste auffangen zu können, ist bei systemrelevanten Banken eine komfortable Ausstattung mit *Eigenmitteln* besonders wichtig. So bietet das Aufsichtsrecht die Möglichkeit, systemrelevante Kreditinstitute auf den Aufbau zusätzlicher *Kapitalpuffer* aus *Kernkapital* zu verpflichten (§ 10f KWG und § 10g KWG). Systemrelevante Institute unterliegen zudem einer intensiveren laufenden Überwachung als andere Banken und Sparkassen (Artikel 6 Aufsichtsrichtlinie). Schließlich sind sie künftig verpflichtet, einen Sanierungs- und Abwicklungsplan aufzustellen, um gegen eine schwere Krise gewappnet zu sein (Banken-»Testament«); Grundlage hierfür sind die Mindestanforderungen an die Ausgestaltung von Sanierungsplänen (MaSan). Die Aufsicht will damit verhindern, dass angeschlagene große Banken mit öffentlichen Mitteln oder Garantien aufgefangen werden müssen.

Szenarioanalyse

Die Szenarioanalyse ist ein *Stresstest*, bei dem die Sparkasse die Auswirkungen eines definierten Ereignisses auf wichtige Größen wie *Eigenmittel* oder *Liquidität* simuliert. Im Gegensatz zur *Sensitivitätsanalyse* variiert sie mehrere Risikofaktoren gleichzeitig, um auch Wechselwirkungen zu erfassen. Beispiel: Wie verändert sich das *Adressenausfallrisiko* der Sparkasse, wenn sich bei einem plötzlichen Konjunktureinbruch zum einen die *Ausfallwahrscheinlichkeit* bestimmter Kundenkredite erhöht, zum anderen die Immobilienpreise und damit der Wert vieler *Kreditsicherheiten* zurückgehen? Die *Mindestanforderungen an das Risikomanagement* (MaRisk) formulieren keine konkreten Vorgaben für Szenarioanalysen; die Sparkasse muss allerdings sicherstellen, dass sie ihrem Risikoprofil angemessen sind. Die Szenarien sollen auch außergewöhnliche, aber plausibel mögliche Ereignisse umfassen (AT 4.3.3 Ziffer 2 MaRisk). Wie wahrscheinlich sie sind, ist dabei zweitrangig. Historische Szenarien basieren auf tatsächlich beobachteten Ereignissen, beispielsweise Finanz- und Wirtschaftskrise 2008/2009, Ölpreisschock 1973, Börsen-Crash 1987, Terroranschläge im September 2001 oder auch Insolvenz eines bedeutenden regionalen Unternehmens. Sie lassen sich leicht nachvollziehen und erläutern. Folgewirkungen und Wirkungsketten sind in der Regel gut dokumentiert. Gleichzeitig ist es allerdings unwahrscheinlich, dass sich ein historischer Verlauf in gleicher Form wiederholt. Deshalb verlangen die MaRisk auch hypothetische Szenarien mit Situationen, die so bisher noch nicht vorgekommen und kaum vorstellbar sind

(»Denke das Undenkbare«); Beispiele: Ausbruch einer Pandemie, Austritt eines oder mehrerer Mitgliedsländer aus der Europäischen Währungsunion, extremer Besucher-/Gästerückgang in einer Tourismusregion nach gravierender Umweltverschmutzung.

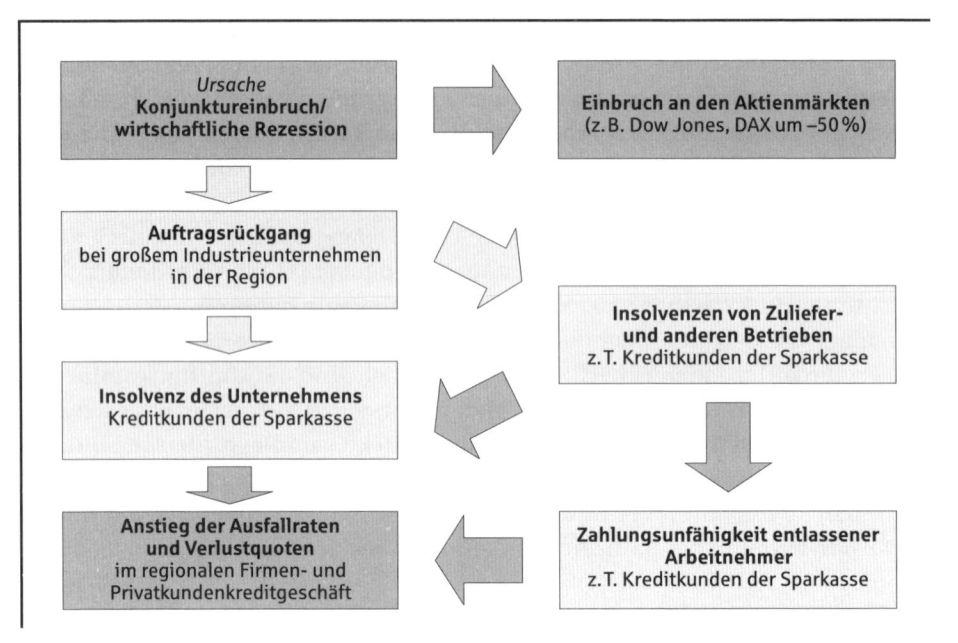

Abb. 56: Beispiel für Wirkungszusammenhänge bei einer Szenarioanalyse (Quelle: DSGV)

Täglich fällig

Die *Rechnungslegungsverordnung* definiert Forderungen und *Verbindlichkeiten* der Sparkasse als »täglich fällig«, wenn sie selber oder der Kunde jederzeit ohne vorherige *Kündigung* verfügen können oder wenn eine *Laufzeit* bzw. *Kündigungsfrist* von 24 Stunden oder einem Geschäftstag vereinbart ist (§ 8 Abs. 3). Zu den täglich fälligen Positionen der Sparkasse zählen die *Sichteinlagen* der Kunden; darüber hinaus auch *Tagesgeld*, das sie vorzugsweise bei ihrer Landesbank anlegt oder aufnimmt.

Tagesgeld

Tagesgelder sind größere Beträge (in der Regel 500 000 EUR oder ein Vielfaches), die sich *Kreditinstitute* »bis auf weiteres« mit einer Mindestlaufzeit von einem Geschäftstag untereinander überlassen. Tagesgelder werden von einem Tag auf den anderen bereitgestellt. Gleichzeitig können sie jederzeit ohne vorherige *Kündigung* zurückgezahlt werden. Der Handel mit Tagesgeldern ist Teil des *Geldmarkts*. Die Sparkasse steuert mit der Anlage oder Aufnahme von Tagesgeldern ihre Liquidität. Geschäftspartner ist dabei meist die jeweilige Landesbank. In der *Bilanz* erscheinen Tagesgelder entweder auf der Aktivseite als *täg-*

lich fällige Forderungen an *Kreditinstitute* – Posten 3a – oder auf der Passivseite als täglich fällige Verbindlichkeiten gegenüber *Kreditinstituten* –Posten 1a –. Die Anlage von Tagesgeldern bei einer Landesbank oder einem anderen *Kreditinstitut* der Sparkassen-Finanzgruppe ist eine so genannte »Intragruppenforderung«; die Sparkasse muss sie nicht mit *Eigenmitteln* unterlegen (vgl. *Intragruppenprivileg*).

Teilbetriebsergebnis
Das Teilbetriebsergebnis ist der Überschuss des sparkassentypischen Geschäfts. Es errechnet sich aus der *Gewinn- und Verlustrechnung* und saldiert *Zinsüberschuss*, *Provisionsüberschuss* und *Verwaltungsaufwendungen* einschließlich der *planmäßigen Abschreibungen* auf *Sachanlagen*. Das *Handelsergebnis*, der Saldo aus *sonstigen betrieblichen Aufwendungen* und *Erträgen* sowie der Aufwand für *Risikovorsorge* bleiben beim Teilbetriebsergebnis unberücksichtigt. Das Teilbetriebsergebnis enthält unter Umständen auch *aperiodische* Ergebniskomponenten. Es ist daher nicht identisch mit dem *Betriebsergebnis* vor Bewertung aus der internen *Erfolgsrechnung* der Sparkasse. Die *Deutsche Bundesbank* verwendet das Teilbetriebsergebnis, um die Ertragslage der *Kreditinstitute* aus den vorliegenden *Jahresabschlüssen* heraus zu beurteilen.

Teillimit
vgl. Limit

Termineinlagen
Termineinlagen sind befristete Kundenguthaben bei der Sparkasse, die entweder an einem bestimmten Tag (Festgeld) oder nach *Kündigung* unter Einhaltung einer *Kündigungsfrist* (Kündigungsgeld) fällig werden. In der Praxis überwiegen heute Festgelder mit *Laufzeiten* von 30, 60 oder 90 Tagen. Auch Halbjahres- oder Jahresgelder kommen vor. Längere *Laufzeiten* sind unüblich. Die Verzinsung vereinbart die Sparkasse mit dem Kunden meist individuell. Dabei spielen der Anlagebetrag, die *Laufzeit*, die aktuelle Situation am *Geldmarkt*, die örtliche Konkurrenzsituation und die Verhandlungsposition des Kunden eine Rolle. Häufig einigen sich Sparkasse und Kunde auf einen festen Abstand zu einem Referenzzins des *Geldmarkts*. Die Sparkasse zahlt die vereinbarte Verzinsung am Ende der *Laufzeit*. Verfügt der Kunde dann nicht über das Guthaben, verlängert es sich in der Regel mit gleicher *Laufzeit*. Die Sparkasse kann ihre Liquidität mit Termineinlagen relativ genau steuern. Allerdings sind sie für die Sparkasse mit Blick auf andere Kundeneinlagen vergleichsweise teuer. In der *Bilanz* weist die Sparkasse ihre Termineinlagen auf der Passivseite unter der Position »Andere Verbindlichkeiten mit vereinbarter *Laufzeit* oder *Kündigungsfrist*« – Posten 2b bb – aus.

Termingeld

Termingelder sind Positionen, die *Kreditinstitute* kurzfristig untereinander überlassen oder aufnehmen. Die *Laufzeit* reicht von wenigen Tagen bis zu einem Jahr. Der Handel mit Termingeldern ist Teil des *Geldmarkts*. Die Sparkasse nutzt sie in erster Linie, um einen absehbar schwankenden Liquiditätsbedarf zu steuern. Geschäftspartner ist dabei meist die jeweilige Landesbank. Darüber hinaus können Termingeldabschlüsse sinnvoll sein, wenn die Sparkasse eine Änderung der Geldmarktzinsen erwartet. Zum Jahresende arbeiten *Kreditinstitute* mitunter verstärkt mit Termingeldern, um die *Bilanzsumme* zum *Bilanzstichtag* im gewünschten Sinn zu beeinflussen (»window dressing«). Die *Bilanz* der Sparkasse weist Forderungen aus Termingeldern auf der Aktivseite unter Posten 3b aus, *Verbindlichkeiten* aus Termingeldern auf der Passivseite unter Posten 1b.

Termingeschäft

Bei einem Termingeschäft verpflichten sich zwei Vertragspartner, eine bestimmte Menge eines Wirtschaftsgutes (u.a. *Finanzinstrumente*, Waren) zu einem festgelegten Preis an einem vorab vereinbarten Zeitpunkt zu kaufen bzw. zu verkaufen. Es ist möglich, Termingeschäfte – standardisiert als Terminkontrakte – an einer Börse abzuschließen (vgl. *Future*) oder aber außerbörslich mit individuellen Vertragsinhalten (vgl. *Forward*). Bei unbedingten Termingeschäften haben die Partner die Pflicht, den Vertrag zu erfüllen; Lieferung und Zahlung müssen so erfolgen wie vereinbart. Anders bei bedingten Termingeschäften (vgl. *Option*): Hier ist nur eine Partei (»Stillhalter«) verpflichtet, den Vertrag zu erfüllen. Die andere Seite kann bis zum oder zum festgelegten Termin nochmals entscheiden, ob sie das Wirtschaftsgut tatsächlich kauft oder verkauft; für dieses Recht zahlt sie an den »Stillhalter« eine Prämie. Für sich betrachtet ist ein Termingeschäft nur dann vorteilhaft, wenn sich der Preis/Kurs des gehandelten Wirtschaftsguts so entwickelt wie vom Käufer bzw. Verkäufer erwartet. Dieser Chance steht das *Marktpreisrisiko* einer genau entgegengesetzten Preis-/Kursentwicklung gegenüber. Bei einem unbedingten Termingeschäft wächst für den Käufer das *Marktpreisrisiko*, je mehr der Tagespreis/-kurs des Wirtschaftsguts unter den im Termingeschäft vereinbarten Preis fällt. Für den Verkäufer verhält es sich gerade umgekehrt: Das Risiko nimmt zu, je mehr sich der Tagespreis/-kurs über den vereinbarten Preis hinaus bewegt. Die Sparkasse kann Termingeschäfte abschließen, um Teile ihrer *Bilanz* gegen *Zinsänderungsrisiken* abzusichern. *Aufwendungen* für und *Verluste* aus Termingeschäften haben für sie dann den Charakter einer »Versicherungsprämie«. Die Sparkasse muss Termingeschäfte des *Anlagebuchs* mindestens vierteljährlich, Termingeschäfte des *Handelsbuchs* sogar täglich bewerten (BTR 2.2 Ziffer 2 und BTR 2.3 Ziffer 1 MaRisk) und das Risiko unter bestimmten Voraussetzungen auch mit *Eigenmitteln* unterlegen. Die *Marktpreisrisiken* aus Termingeschäften gehen in die regelmäßige *Risikoberichterstattung* an Vorstand und Verwaltungsrat ein.

Auch im *Anhang* der *Bilanz* muss die Sparkasse über Termingeschäfte berichten (§ 36 RechKredV). Der Gegensatz zum Termingeschäft ist das *Kassageschäft*.

```
                        Termingeschäfte
                       /              \
            Optionen                    unbedingte
         bedingt zu erfüllen            Termingeschäfte
          /         \                    /         \
börsengehandelte  Over-the-Counter-   Futures    Forwards
   Optionen         Optionen        standardisiert  individuell vereinbart
  standardisiert  individuell vereinbart
```

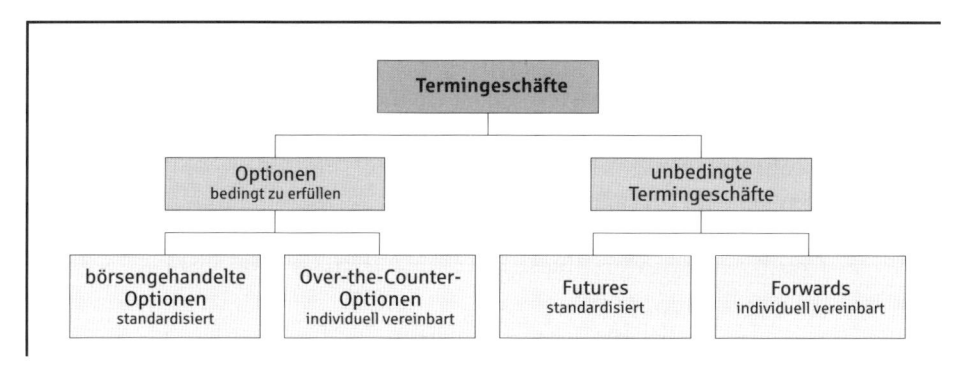

Abb. 57: Übersicht über die verschiedenen Ausprägungen von Termingeschäften

Terminkontrakt
vgl. Future

Terminrisiko
vgl. Liquiditätsrisiko

Tier I-Kapital
vgl. Kernkapital

Tier II-Kapital
vgl. Ergänzungskapital

Total Return
vgl. Performance

Total Return Swap

Der Total Return Swap (TRS) ist ein marktpreisbezogenes *Kreditderivat*. Der Sicherungsgeber (Verkäufer) eines solchen Kontrakts übernimmt hierbei nicht nur das *Adressenausfallrisiko* eines *Wertpapiers* im Portfolio des Sicherungsnehmers (Käufers), etwa einer *Schuldverschreibung* oder eines Aktienportfolios. Er schützt den Käufer des TRS auch gegen *Kursverluste*. Gewissermaßen als »Versicherungsprämie« leitet der Sicherungsnehmer des TRS den gesamten *Ertrag* (Total Return) aus dem zugrunde liegenden *Wertpapier*, also die regelmäßigen Zins- und Dividendenzahlungen und etwaige *Kursgewinne*, an den Verkäufer weiter. Der Sicherungsnehmer des TRS erhält einen variablen Zins auf Basis des *Euribor* zzgl. eines *Spreads*; darüber hinaus gleicht der Sicherungsgeber regelmäßig oder einmalig bei Fälligkeit des TRS *Kursverluste* aus, sofern sie entstanden sind. Im Gegensatz zu einem *Credit Default Swap* oder einer *Credit Linked Note* greift ein Total Return Swap nicht erst bei Eintritt eines definierten Kreditereignisses. Der Sicherungsnehmer (Käufers) hat schon dann Anspruch auf Ausgleichszahlungen, wenn sich die *Bonität* des Wertpapierschuldners zu verschlechtern beginnt und damit Kursrückgänge auslöst. Ein physischer Übertrag des zugrunde liegenden *Wertpapiers* ist im Übrigen nicht notwendig. Es kann im Portfolio und damit in der *Bilanz* des Sicherungsnehmers (Käufers) bleiben, obwohl das wirtschaftliche Risiko bis zur Fälligkeit in vollem Umfang beim Sicherungsgeber (Verkäufer) liegt.

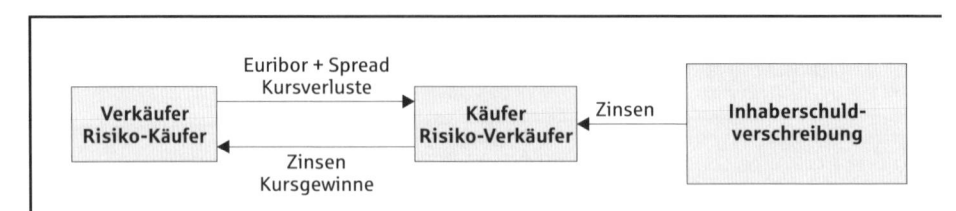

Abb. 58: Total Rate of Return Swap; hier: Transfer des Adressenausfallrisikos und des Marktpreisrisikos einer Schuldverschreibung

Tradinggeschäft

Bei Tradinggeschäften versucht die Sparkasse kurzfristige Preisschwankungen an den Wertpapiermärkten/-börsen für sich auszunutzen. Tradinggeschäfte haben damit ein spekulatives Element. Sie stehen im Gegensatz zu Transaktionen, mit denen die Sparkasse andere Risikopositionen absichert (vgl. *Hedging*). Die *Finanzinstrumente*, mit denen *Handelsbuchinstitute* Tradinggeschäfte abwickeln, gehören zum *Handelsbestand*.

Treasury

Treasury ist die umfassende Steuerung der *Bilanz* der Sparkasse im Sinne einer angestrebten Bilanzstruktur und eines angestrebten Risiko-Rendite-Profils. Schwerpunkte des Treasury sind u. a.
1. Steuerung der *Marktpreisrisiken*, insbesondere der *Zinsänderungsrisiken*;
2. Steuerung der *Fristentransformation*;
3. Liquiditätsplanung und -management;
4. Management der Kapitalstruktur mit dem Ziel, die Kapitalkosten zu minimieren.

Das Treasury versucht permanent, »Unwuchten« aus dem Kundengeschäft auszugleichen sowie erkannte Risiken zu vermindern oder zu überwälzen. Wichtige Instrumente hierfür sind zum einen bilanzwirksame Maßnahmen im Rahmen von *Eigenanlagen* und *Refinanzierung*, zum anderen *Derivate* im außerbilanziellen Bereich.

Trennschärfe

Die Trennschärfe misst Güte und Qualität eines *Ratings*. Sie drückt insbesondere aus, inwieweit das gewählte Ratingverfahren insgesamt und die einzelnen verarbeiteten Kennzahlen gute und schlechte *Bonitäten* zuverlässig voneinander trennen. So sind die *Eigenkapitalquote*, die *Cashflow*-Rate, die Lagerdauer oder die Kreditorenlaufzeit von Kreditkunden der Sparkasse erfahrungsgemäß Kennzahlen mit hoher Prognosekraft. Das Gewicht, mit dem sie in das *Rating* eingehen, muss gleichwohl je nach Branche und Umsatzklasse variieren. Beispiel: Die Kennzahl »Lagerdauer« misst, wie lange die Vorräte eines Unternehmens durchschnittlich im eigenen Bestand verweilen, bevor sie verarbeitet und weiterverkauft werden. Für ein Handelsunternehmen ist diese Kennzahl im *Rating* sehr aussagekräftig. Eine zu ausgedehnte Lagerdauer bindet die Liquidität sehr lange; damit erhöht sich das Risiko einer Zahlungsunfähigkeit. Bei einem Dienstleistungsunternehmen hingegen sieht die Situation meist anders aus: Es aktiviert in der Regel keine oder nur wenige Vorräte. Hier hat die Lagerdauer als Bilanzkennzahl nur eine geringe Aussagekraft und spielt folgerichtig im *Rating* für ein Dienstleistungsunternehmen keine Rolle.

Treuhandkredit

Ein Treuhandkredit ist eine zinsgünstige, zweckgebundene Finanzierung, die die Sparkasse als Hausbank bei einem anderen *Kreditinstitut* abruft und im eigenen oder in fremdem Namen an ihren Kunden weiterleitet. Das mit dem *Kredit* verbundene *Adressenausfallrisiko* liegt im Gegensatz zum *Weiterleitungsdarlehen* voll bei der anderen (initiierenden) Bank. Die Sparkasse hat allerdings eine Sorgfaltspflicht. In ihrer *Bilanz* weist die Sparkasse Treuhandkredite in eigenem Namen als *Treuhandvermögen* unter Posten 9 auf der Aktivseite aus. Ihnen stehen auf der Passivseite (Posten 4) in gleicher Höhe *Treuhandverbindlichkeiten* gegenüber. Die für die Vermittlung von Treuhandkrediten gezahlten Provisionen gehen in der *Gewinn- und Verlustrechnung* der Sparkasse in die Position *Sonstige betriebliche Erträge*, in der internen *Erfolgsrechnung* in die Position *Provisionserträge* ein.

Treuhandverbindlichkeiten

Die Vergabe eines *Treuhandkredits* an Kunden im eigenen Namen lässt bei der Sparkasse in gleicher Höhe Treuhandverbindlichkeiten gegenüber der initiierenden Bank (z. B. *KfW-Bankengruppe*) entstehen. Die *Bilanz* der Sparkasse weist sie unter Posten 4 der Passivseite aus.

Treuhandvermögen

Als Treuhandvermögen weist die Sparkasse in ihrer *Bilanz* unter Posten 9 alle *Vermögensgegenstände* aus, die sie im eigenen Namen für fremde Rechnung hält. Die größte Bedeutung haben dabei im Sparkassenalltag *Treuhandkredite*. Hinzu können treuhänderisch gehaltene Grundstücke, *Beteiligungen* oder *Wertpapiere* kommen. *Kreditsicherheiten* von Kunden, beispielsweise sicherungsübereignete Maschinen, sind kein Treuhandvermögen.

TRS
vgl. Total Return Swap

Überfällige Position
vgl. Ausfall

	Aufwendungen	Erträge
Wertpapiere der Liquiditätsreserve	Abschreibungen	Zuschreibungen
	realisierte Kursverluste	realisierte Kursgewinne
	Bildung »Vorsorge für allgemeine Bankrisiken« nach § 340 f Abs. 1 HGB	Auflösung »Vorsorge für allgemeine Bankrisiken« nach § 340 f Abs. 1 HGB
Kreditgeschäft mit Kunden und Kreditinstituten	Direktabschreibungen Bildung von Einzel- und Pauschalwertberichtigungen Zuführung zu Rückstellungen für Eventualverbindlichkeiten u. a. Bildung »Vorsorge für allgemeine Bankrisiken« nach § 340 f Abs. 1 HGB	Auflösung von Einzel- und Pauschalwertberichtigungen Auflösung von Rückstellungen für Eventualverbindlichkeiten u. a. Eingang teilweise oder vollständig abgeschriebener Forderungen Auflösung »Vorsorge für allgemeine Bankrisiken« nach § 340 f Abs. 1 HGB
Gewinn- und Verlustrechnung – Staffelform –	Saldierung/Verrechnung	
	entweder Posten 13	oder Posten 14
	Abschreibungen und Wertberichtigungen auf Forderungen und bestimmte Wertpapiere sowie Zuführungen zu Rückstellungen im Kreditgeschäft	Erträge aus Zuschreibungen zu Forderungen und bestimmten Wertpapieren sowie aus der Auflösung von Rückstellungen im Kreditgeschäft

Abb. 59: Überkreuzkompensation nach § 340 f Abs. 3 HGB

Überkreuzkompensation

Im Rahmen der Überkreuzkompensation verrechnet die Sparkasse bestimmte *Aufwendungen* und *Erträge* aus dem Kreditgeschäft und dem Wertpapiergeschäft sowie Veränderungen ihrer *Vorsorge für allgemeine Bankrisiken*. In der *Gewinn- und Verlustrechnung* weist sie anschließend lediglich den Saldo aus (bei Staffelform: Position 13 bzw. 14). Rechtsgrundlage sind § 340 f Abs. 3 HGB und § 32 RechKredV. So kann die Sparkasse u. a. *Abschreibungen* und *Zuschreibungen* auf *Forderungen an Kunden* und *Kreditinstitute* sowie *Wertpapiere* der *Liquiditätsreserve*, Bildung und Auflösung von *Wertberichtigungen* auf *Forderungen an Kunden* und *Kreditinstitute*, *Kursverluste* und *Kursgewinne* aus abgewickelten Geschäften mit *Wertpapieren* der *Liquiditätsreserve* sowie Dotierung und Auflösung von *Vorsorgereserven* nach § 340 f Abs. 1 HGB gegeneinander aufrechnen (zu Details vgl. Abb. 59). Eine nur teilweise Verrechnung dieser Positionen ist gemäß § 32 RechKredV nicht zulässig. Die Überkreuzkompensation erlaubt es der Sparkasse wie auch anderen *Kreditinstituten, stille Reserven* zu bilden oder aufzulösen, ohne dies Außenstehenden in der veröffentlichten *Gewinn- und Verlustrechnung* konkret zu zeigen. Über die Jahre hinweg ermöglicht die Überkreuzkompensation, im Sinne der Bilanzkontinuität trotz schwankender *Betriebsergebnisse* einen weitgehend nivellierten *Jahresüberschuss* bzw. *Bilanzgewinn* auszuweisen. Umgekehrt erklärt sich vor allem aus der Überkreuzkompensation auch die eingeschränkte Aussagekraft der beiden Positionen *Jahresüberschuss* und *Bilanzgewinn*.

Übernahmeverpflichtung

Emittenten mit großer Erfahrung und entsprechender *Bonität* entscheiden sich mitunter dafür, *Geldmarktpapiere* nicht über *Kreditinstitute*, sondern in Eigenregie zu platzieren. Um dennoch fest mit dem gesamten Emissionsvolumen kalkulieren zu können, besorgen sie sich Übernahmegarantien bei *Kreditinstituten*. Diese sichern zu, einen nicht abzusetzenden Teil der *Emission* in den Eigenbestand zu übernehmen. Für das *Kreditinstitut* stellt sich eine solche Garantie als potenzielle Vermögensposition mit *Adressenausfallrisiko* und/oder *Marktpreisrisiko* dar. Deshalb muss es eine Übernahmeverpflichtung in seiner *Bilanz* »unter dem Strich« (der Passivseite) ausweisen. In der Sparkassenpraxis spielen Übernahmeverpflichtungen eine untergeordnete Rolle, weil Sparkassenkunden üblicherweise nicht direkt am *Geldmarkt* agieren. Vgl. auch *Platzierungsverpflichtung*.

Über-Pari-Papier

Ein Über-Pari-Papier ist eine *Schuldverschreibung*, die bei der *Emission* oder während der *Laufzeit* über ihrem *Nennwert* von 100 Prozent notiert. Ein solcher Aufschlag ergibt sich immer dann, wenn die Nominalverzinsung über dem Marktzins liegt. Der Aufschlag passt somit die *Rendite* des *Wertpapiers* an den aktuellen *Kapitalmarkt*zins der jeweiligen (Rest-)*Laufzeit* an. Die Sparkasse legt mitunter bewusst in Über-Pari-Papieren an. Mit der höheren Nominalverzinsung kann sie ihren *Zinsertrag* stärken. Weil auch Über-pari-Papiere am Ende der *Laufzeit* nur zum *Nennwert* eingelöst werden, muss sie solche Positionen allerdings spätestens bei Fälligkeit auf 100 Prozent abschreiben (vgl. *Niederstwertprinzip*). Über-pari-Papiere im Portfolio der Sparkasse verbessern somit das *Betriebsergebnis* vor Bewertung; gleichzeitig belasten sie mittel- oder langfristig das *Bewertungsergebnis*.

Überschuldung

Grundsätzlich gelten Personen als überschuldet, wenn sie ihre *Schulden* nach menschlichem Ermessen auch auf lange Sicht nicht zurückzahlen können. Bei juristischen Personen, also vielen gewerblichen Sparkassenkunden, begründet die Überschuldung das Recht bzw. die Pflicht, die Eröffnung eines *Insolvenzverfahrens* zu beantragen. Sie liegt vor, wenn das *Vermögen* des Unternehmens seine *Verbindlichkeiten* nicht mehr deckt und es gleichzeitig keine positive Fortführungsprognose gibt. Gesellschafterdarlehen und wirtschaftlich vergleichbare Verpflichtungen bleiben dabei unberücksichtigt (§ 19 Abs. 2 InsO). Wenn ein Unternehmen überschuldet ist, muss die Geschäftsführung ohne schuldhaftes Zögern, spätestens aber binnen drei Wochen einen Insolvenzantrag stellen (§ 15a Abs. 1 InsO). Andernfalls setzt sie sich dem Vorwurf der Insolvenzverschleppung aus – mit weitreichenden persönlichen Haftungsrisiken für die Geschäftsführer gegenüber dem Unternehmen und seinen Gläubigern. Unter Umständen drohen auch strafrechtliche Konsequenzen. Gleiches gälte im Übrigen auch für die Sparkasse, sollte sie in Kenntnis der Überschuldung zusätzliche *Kredite* bereit stellen. Beseitigen lässt sich die Überschuldung unter anderem durch neues *Eigenkapital*, Gesellschafterdarlehen oder den (Teil-)Verzicht auf Forderungen (Lieferanten, *Kreditinstitute*). Privatpersonen gelten als überschuldet, wenn sie ihre *Schulden* mit freiem Vermögen oder freiem Einkommen in einem überschaubaren Zeitraum nicht zurückführen können, ohne die eigene Grundversorgung zu gefährden. Die Grundversorgung bemisst sich an Sozialhilfesätzen oder Pfändungsfreibeträgen. Kommt ein außergerichtlicher oder gerichtlich herbeigeführter Vergleich mit den Gläubigern nicht zustande, eröffnet die Insolvenzordnung die Möglichkeit eines vereinfachten Verbraucherinsolvenzverfahrens mit Restschuldbefreiung.

Überziehung

Bei einer Überziehung nimmt ein Kunde sein Girokonto über die vereinbarte *Kreditlinie* (*Kontokorrentkredit* oder *Dispositionskredit*) hinaus in Anspruch. Neben den üblichen Sollzinsen zahlt er dafür taggenau Überziehungszinsen. Ein bloßer Sollsaldo ist keine Überziehung, wenn der Kunde eine vereinbarte *Kreditlinie* dabei nicht überschreitet. Die Sparkasse kann kurzfristig Überziehungen dulden, um einen zeitlich begrenzten Liquiditätsbedarf zu decken; allerdings gelten dann bei Verbrauchern besondere Informationspflichten. Dauern ungeregelte Überziehungen mehr als 90 Tage an, gilt der *Kredit* als »ausgefallen« (vgl. *Ausfall*). Die Sparkasse beobachtet Überziehungen sehr genau. Sie sind erfahrungsgemäß frühe Anzeichen für erhöhte *Adressenausfallrisiken*. Bedeutende Überziehungen muss die Sparkasse daher in ihren regelmäßigen *Kreditrisikoberichten* dokumentieren und begründen (BTR 1 Nr. 7d MaRisk). Überziehungen wirken sich negativ auf das *Rating* von Kreditkunden aus (vgl. *Standardrating*).

Umkehrhypothek

Eine Umkehrhypothek mobilisiert das in einer selbstgenutzten Wohnimmobilie gebundene Kapital, ohne das Objekt verkaufen zu müssen: Der Eigentümer erhält einen *Kredit* auf seine Immobilie, für den Zinsen und Tilgung gestundet werden. Je nach Angebot bekommt der Eigentümer das Geld als regelmäßige Rente, als Einmalzahlung oder als Mischform von beidem. Erst wenn er verstirbt, werden *Kredit* und aufgelaufene Zinsen fällig. Es gibt dann zwei Möglichkeiten: Entweder das *Kreditinstitut* verwertet die Immobilie und begleicht seine Außenstände aus dem Verkaufserlös. Oder die Erben tilgen die Schulden und behalten das Haus. Das Angebot der Umkehrhypothek richtet sich an ältere Menschen, die aus ihrem lastenfreien Haus nicht ausziehen wollen, nur über eine geringe Rente verfügen und entweder keine nahe stehenden oder aber gut versorgte Erben haben. Berechnungsgrundlage für die Darlehenssumme und die daraus resultierende Rentenzahlung ist nicht der aktuelle *Verkehrswert*, sondern üblicherweise der *Beleihungswert*. Hinzu kommen weitere Abschläge, mit denen das *Kreditinstitut* u. a. das Langlebigkeitsrisiko absichert und eine Rücklage für notwendige Reparaturen am Haus bildet. In Deutschland gibt es weithin Vorbehalte, sich im Alter neu zu verschulden. Deshalb bieten hierzulande erst wenige *Kreditinstitute* eine Umkehrhypothek an.

Umlaufvermögen

Zum Umlaufvermögen eines Unternehmens zählen alle *Vermögensgegenstände*, die dem Geschäftsbetrieb – im Gegensatz zum *Anlagevermögen* – nicht auf Dauer dienen sollen (§ 247 Abs. 2 HGB). Bei den gewerblichen Sparkassenkunden sind die wichtigsten Positionen des Umlaufvermögens: Vorräte, Forderungen und sonstige Vermögensgegenstände, als Liquiditätsreserve gehaltene *Wertpapiere*, Schecks, Kassenbestände, Bundesbankguthaben, Guthaben bei *Kreditinstituten* (§ 266 Abs. 2 HGB). Bei der Sparkasse bilden vor allem die *Barreserve*, die *Forderungen an Kunden* und *Kreditinstitute* sowie die *Finanzinstrumente* des *Handelsbestands* und der *Liquiditätsreserve* das Umlaufvermögen. Maßgebend ist der mit dem jeweiligen *Vermögensgegenstand* verfolgte Zweck am *Bilanzstichtag*. Die Zuordnung zu Umlaufvermögen oder *Anlagevermögen* hat vor allem Bedeutung für die Bewertung in der *Bilanz*: Vermögensgegenstände des Umlaufvermögens unterliegen grundsätzlich dem »strengen« *Niederstwertprinzip* (§ 253 Abs. 4 HGB); Ausnahme sind *Finanzinstrumente* des *Handelsbestands* (§ 340e Abs. 3 HGB). Unter bestimmten Voraussetzungen kann die Sparkasse *Finanzinstrumente* des Umlaufvermögens (*Handelsbestand* oder *Liquiditätsreserve*) in *Anlagevermögen* umwidmen; sie muss eine solche Entscheidung allerdings nachvollziehbar dokumentieren (vgl. *Schuldverschreibung*). Eine Umwidmung von *Finanzinstrumenten* in den *Handelsbestand* ist ausgeschlossen (§ 340e Abs. 3 HGB).

Umsatzsteueroption

Grundsätzlich gilt: Die Finanzdienstleistungen eines Kreditinstituts für seine Kunden sind umsatzsteuerfrei. Damit hat die Sparkasse keine Möglichkeit, bei den ihr entstehenden Aufwendungen des Bankgeschäfts die gezahlte Vorsteuer vom Finanzamt zurückzufordern. Die Sparkasse kann allerdings die Ausnahmeregelung des § 9 Umsatzsteuergesetz nutzen und Umsatzsteuer berechnen, wenn der Kunde selber als Unternehmer bzw. Unternehmen vorsteuerabzugsberechtigt ist. Der Kunde hat dadurch keinen Nachteil; er behandelt die Rechnung der Sparkasse wie jede andere Lieferantenrechnung auch. Die

Sparkasse kann gleichzeitig einen Teil der ihr belasteten Umsatzsteuer vom Fiskus zurückbekommen und senkt damit ihre Kosten. Die konkrete Höhe dieses Anteils (»Margenschlüssel«) leitet sich aus dem Verhältnis der Margen des umsatzsteuerrelevanten Geschäfts und des Gesamtgeschäfts der Sparkasse ab.

Underperformer
vgl. Performance

Unechtes Pensionsgeschäft
vgl. Wertpapierpensionsgeschäft

Uneinbringliche Forderung
vgl. Direktabschreibung

Unerwarteter Verlust
Trotz langjähriger, auch statistisch untermauerter Erfahrungen über *Ausfälle* im Kreditgeschäft ist es möglich, dass der tatsächlich eintretende *Verlust* deutlich über dem *erwarteten Verlust* liegt. Die Differenz zwischen beiden Größen bildet den unerwarteten Verlust. Wie hoch er ist, weiß die Sparkasse naturgemäß immer erst im Nachhinein. Mit *Value at Risk*-Verfahren kann sie jedoch vorab errechnen, welches Niveau der unerwartete Verlust mit einer bestimmten Wahrscheinlichkeit (vgl. *Konfidenzniveau*) nicht überschreitet. Ersatzweise ist auch denkbar, Szenarien zu simulieren (vgl. *Stresstest*). Während die Sparkasse für erwartete Verluste *Wertberichtigungen* bildet, muss sie unerwartete Verluste über ihr *Eigenkapital* auffangen. Die von den *Mindestanforderungen an das Risikomanagement* verlangten *Stresstests* zielen darauf ab, unerwartete Verluste in die Analyse der *Risikotragfähigkeit* einzubeziehen. Die kalkulatorischen Zinsen auf den Teil des *Eigenkapitals*, den die Sparkasse für unerwartete Verluste aus dem Kreditgeschäft reserviert, gehen in die Berechnung risikoadäquater Kreditkonditionen ein.

Unternehmensanleihe
Eine Unternehmensanleihe (auch: Corporate Bond) ist eine *Schuldverschreibung*, mit der sich ein Unternehmen am *Kapitalmarkt Fremdkapital* für Investitionen oder Umschuldungen besorgt. Wirtschaftliche Sicherheit für den Käufer der Unternehmensanleihe sind vor allem Substanz und Ertragskraft des Unternehmens. Darüber hinaus kann das Unternehmen auch besondere Sicherheiten einbringen, z.B. *Gesamtgrundpfandrecht*, *Patronatserklärung* oder *Negativklausel*. Das Ausfallrisiko einer Unternehmensanleihe ist höher als bei einem quasi risikofreien Staatspapier. Deshalb bietet sie – abhängig von der *Bonität* des Unternehmens – einen höheren Zinssatz als *öffentliche Anleihen* vergleichbarer *Laufzeit* (vgl. *Spread*). Die Sparkasse erhöht mit dem Kauf von Unternehmensanleihen die durchschnittliche Verzinsung ihrer *Eigenanlagen*. Außerdem kann sie auf diese Weise gezielt in Branchen investieren, die in ihrem Kunden-

kreditbestand nicht oder nicht ausreichend vertreten sind. Mit Unternehmensanleihen kann die Sparkasse somit in gewissem Umfang ein Gegengewicht zu *Branchenrisiken* und anderen *Risikokonzentrationen* ihres Kreditgeschäfts aufbauen. Das *Adressenausfallrisiko* einer Unternehmensanleihe muss die Sparkasse mit *Eigenmitteln* unterlegen. In welchem Umfang, ergibt sich beim *Kreditrisiko-Standardansatz* aus dem externen *Rating* des Unternehmens. Auf der Aktivseite ihrer *Bilanz* weist die Sparkasse Unternehmensanleihen unter der Position »Schuldverschreibungen und andere festverzinsliche Wertpapiere« (Posten 5b b) aus. Die *Zinserträge* aus Unternehmensanleihen stärken den *Zinsüberschuss*. Falls sich während der *Laufzeit* die *Bonität* des Unternehmens verschlechtert oder das *Zinsniveau* steigt, kann der Kurs einer Unternehmensanleihe zurückgehen. In diesem Fall muss die Sparkasse zum *Bilanzstichtag außerplanmäßige Abschreibungen* auf den aktuellen Kurs vornehmen. Anders als bei einem normalen *Kredit* an ein Unternehmen geht die Sparkasse bei einer Unternehmensanleihe also auch ein *Marktpreisrisiko* ein.

Unter-Pari-Papier

Ein Unter-Pari-Papier ist eine *Schuldverschreibung*, deren Kurs unter dem *Nennwert* von 100 Prozent liegt. Dafür kommen mehrere Gründe infrage: Der *Emittent* kann den Ausgabekurs bewusst unter 100 Prozent festlegen; das aktuelle Zinsniveau kann über die Nominalverzinsung eines zu 100 Prozent emittierten *Wertpapiers* angestiegen sein, oder die Anleger schätzen das mit dem *Wertpapier* verbundene Risiko höher ein und sind zu einem Kauf nur noch bei einem Kursabschlag bereit. Sofern ein zum *Nennwert* emittiertes *Wertpapier* des *Handelsbestands* oder der *Liquiditätsreserve* am *Bilanzstichtag* erstmals »unter pari« notiert, muss die Sparkasse eine *außerplanmäßige Abschreibung* vornehmen (»strenges« *Niederstwertprinzip*). Damit wird das *Bewertungsergebnis* des Wertpapiergeschäfts belastet. Erholt sich der Kurs zu einem späteren Zeitpunkt wieder, schreibt das Handelsrecht *Zuschreibungen* vor. Anders verhält es sich, wenn die Sparkasse Unter-Pari-Papiere ausnahmsweise dem *Anlagevermögen* zugeordnet hat: Hier sind *außerplanmäßige Abschreibungen* erst dann zwingend, wenn eine Wertminderung voraussichtlich von Dauer ist (§ 253 Abs. 3 HGB). Solange es keinen Zweifel gibt, dass der *Emittent* die *Schuldverschreibung* bei Fälligkeit zum *Nennwert* zurückzahlt, ist dieses Kriterium nicht erfüllt.

Unterstützungsfaktor

Das Aufsichtsrecht (Artikel 501 *CRR*) sieht für die Eigenmittelanforderungen bei *Krediten* an kleine und mittlere Unternehmen (KMU) einen Unterstützungsfaktor von 0,7619 vor. Im Ergebnis reduzieren sich die *Eigenmittel*, das die Sparkasse für einen großen Teil ihrer gewerblichen *Kredite* vorhalten muss, um fast 25 Prozent. Kleine und mittlere Unternehmen im Sinne des Aufsichtsrechts haben einen Jahresumsatz von höchstens 50 Mio EUR. Dabei spielt es keine Rolle, welcher *Forderungsklasse* die entsprechende Risikoposition zugeordnet ist. Gleichzeitig darf das Kreditobligo bei der Sparkasse nicht höher als 1,5 Mio EUR sein. Ausgenommen von dieser Grenze sind Forderungen, die durch Wohnimmobilien besichert sind. Mit dem Unterstützungsfaktor möchte die Europäische Union gewährleisten, dass die Kreditwirtschaft ausreichende Finanzierungsmittel für mittelständische Unternehmen bereitstellt.

Unverzinsliche Schatzanweisung

Eine unverzinsliche Schatzanweisung ist eine *Schuldverschreibung* des Bundes, der Länder oder anderer öffentlicher Haushalte mit einer *Laufzeit* zwischen 6 und 24 Monaten. Sie ist nicht mit laufenden, zu bestimmten Terminen fälligen Zinszahlungen ausgestattet. Als *Abzinsungspapier* wird sie allerdings mit einem Abschlag verkauft und bei Fälligkeit zum *Nennwert* eingelöst. Die Verzinsung ergibt sich somit aus der Differenz zwischen Verkaufskurs und *Nennwert*. Unverzinsliche Schatzanweisungen werden nicht an der Börse gehandelt. Die Sparkasse weist sie in der *Bilanz* auf der Aktivseite unter der Position »*Schatzwechsel* und unverzinsliche Schatzanweisungen sowie andere Schuldtitel öffentlicher Stellen« (Posten 2a) aus.

unverzüglich

Die *Mindestanforderungen an das Risikomanagement* (MaRisk) verwenden zahlreiche unbestimmte Begriffe. Das spiegelt das Selbstverständnis einer flexiblen, prinzipienbasierten Bankenaufsicht wider. »Unverzüglich« im Sinne der MaRisk handelt die Sparkasse, wenn sie ohne schuldhafte Verzögerung agiert. Es gibt hierfür keine konkrete Zeitvorgabe (z. B. tagesgleich); vielmehr definiert sich »unverzüglich« vor dem Hintergrund der jeweiligen internen technischen und organisatorischen Gegebenheiten in der Sparkasse. Im Kontext der Verwaltungsratsarbeit verlangen die MaRisk »unverzügliches« Handeln insbesondere bei der *Ad-hoc-Berichterstattung* und bei der Berichterstattung über schwerwiegende Mängel des Sparkassengeschäfts oder schwerwiegende Feststellungen gegen Vorstandsmitglieder. Die aufsichtsrechtliche Anforderung »unverzüglich« lässt der Sparkasse nicht so großen Spielraum wie die Vorgabe, *zeitnah* zu agieren.

Unwiderrufliche Kreditzusage

vgl. Kreditzusage

Validierung

Bei einer Validierung überprüft die Sparkassen Rating und Risikosysteme GmbH (SR) als zentraler Dienstleister in regelmäßigen Zeitabständen, wie zuverlässig die von den deutschen Sparkassen genutzten *Ratingverfahren* für das Kundenkreditgeschäft sind. Damit ist gewährleistet, dass die *Ratingverfahren* ihre anerkannt hohe Prognosegüte behalten. Im Mittelpunkt der Validierung stehen die *Kalibrierung* und die Prüfung der *Trennschärfe*.

Value at Risk

Der Value at Risk (VaR) ist eine Methode, mit der das *Risikocontrolling* der Sparkasse insbesondere *Marktpreisrisiken* und *Adressenausfallrisiken* misst und dabei überwacht, ob sie sich innerhalb der festgesetzten *Limite* bewegen. Er bezeichnet den potenziellen *Verlust* einer Risikoposition, etwa eines Kundenkredits oder eines festverzinslichen *Wertpapiers*, der mit einer bestimmten Wahrscheinlichkeit (*Konfidenzniveau*) in einem festgelegten Zeitraum (*Haltedauer*) nicht überschritten wird. Ein 1-Jahres-Value at Risk von 1 Mio. EUR bedeutet beispielsweise bei einem *Konfidenzniveau* von 99 Prozent: Statistisch erleidet die Sparkasse innerhalb der nächsten 12 Monate mit einprozentiger Wahrscheinlichkeit einen *Verlust* von mehr als 1 Mio. EUR. Der Value at Risk gibt also einen denkbaren, aber nicht den größtmöglichen *Verlust* an. Um ihn konkret zu berechnen, gibt es verschiedene Verfahren. Sie betrachten die Faktoren, die den Wert einer Risikoposition beeinflussen, entweder analytisch (vgl. *Varianz-Kovarianz-Verfahren*) oder aber durch Simulation (vgl. u. a. *Historische Simulation*). Das *Risikocontrolling* der Sparkasse misst den Value at Risk der Positionen, die *Marktpreisrisiken* unterliegen, bei Positionen des *Anlagebuchs* mindestens vierteljährlich (BTR 2.3 Ziffer 1 MaRisk), bei Positionen des *Handelsbuchs* täglich (BTR 2.2 Ziffer 2 MaRisk). Es liegt dabei grundsätzlich im Ermessen der Sparkasse, welches *Konfidenzniveau* und welche *Haltedauer* sie für den *Risikofall* und andere *Stresstest*-Szenarien wählt. Üblich sind im *Risikofall* ein *Konfidenzniveau* von 95 Prozent und eine *Haltedauer* von 10 Handelstagen. Bei der Simulation ungünstiger Verläufe erhöhen sich diese beiden Parameter oft auf 99 Prozent bzw. 63 Handelstage. Die Summe aus den gemessenen Risiken und bereits eingetretenen *Kursverlusten* muss innerhalb des festgelegten *Globallimits* bzw. Teillimits liegen. Wichtig: Die in der internen *Erfolgsrechnung* unterjährig für das *Bewertungsergebnis* prognostizierten *außerplanmäßigen Abschreibungen* auf *Eigenanlagen* ergeben sich nicht zwangsläufig aus den Berechnungen zum Value at Risk. Sie spiegeln in der Regel vielmehr die Zinsmeinung der Sparkasse wider und beantworten damit die Frage: Welcher Abschreibungsbedarf entstünde, wenn sich Zinsniveau und *Zinsstruktur* bis zum *Bilanzstichtag* tatsächlich so entwickelten wie von der Sparkasse erwartet? Den Value at risk ihres Kreditgeschäfts ermittelt die Sparkasse mit dem Instrument des *Credit Portfolio View*.

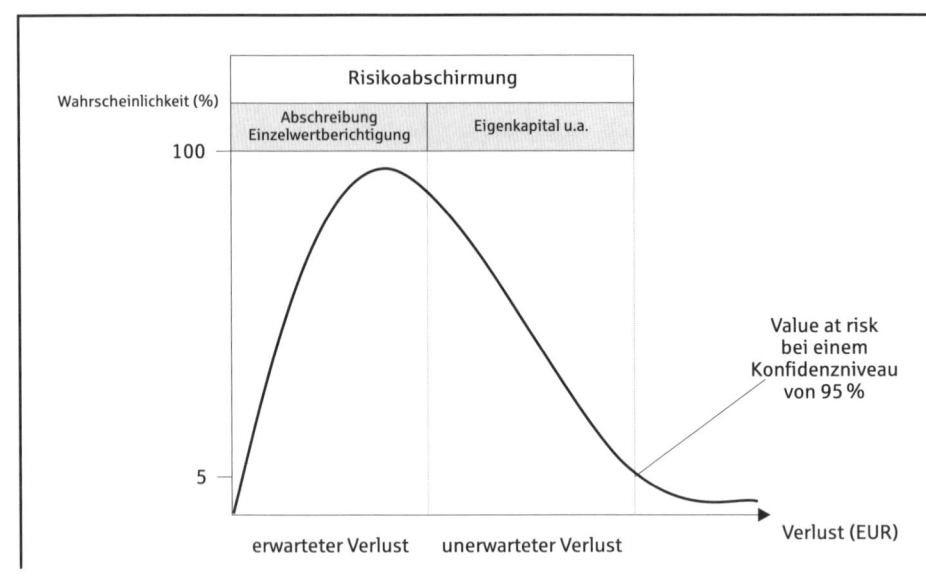

Abb. 60: Während die Sparkasse erwartete Verluste mit Abschreibungen und Wertberichtigungen abschirmt, unterlegt sie unerwartete Verluste mit Eigenkapital und anderen Teilen ihres Risikodeckungspotenzials.

Valutierung
vgl. Kreditauszahlung

Varianz-Kovarianz-Verfahren

Das Varianz-Kovarianz-Verfahren ist eine Möglichkeit zur Berechnung des *Value at Risk* für Positionen der Sparkasse, die mit *Marktpreisrisiken* behaftet sind. Es unterstellt eine Normalverteilung der Risikofaktoren, bei der die gemessenen oder errechneten Werte gleichmäßig um einen Durchschnittswert schwanken. Zudem berücksichtigt das Varianz-Kovarianz-Verfahren Wechselwirkungen zwischen einzelnen Risikofaktoren. In der Fachwelt gilt das Varianz-Kovarianz-Verfahren als relativ einfach und schnell umsetzbar. Die Annahme der Normalverteilung wird allerdings häufig in Frage gestellt. Daraus resultiert die Empfehlung, dieses Verfahren um exaktere Methoden zumindest zu ergänzen.

Verbindlichkeiten

Die *Bilanz* der Sparkasse unterteilt ihre Schulden bzw. ihr *Fremdkapital* in Verbindlichkeiten und in *Rückstellungen*. Im Gegensatz zu den *Rückstellungen* sind Höhe und Fälligkeit der Verbindlichkeiten genau bestimmt. Dabei sieht das amtliche Formblatt folgende Gliederung vor:
1. Verbindlichkeiten gegenüber *Kreditinstituten* (ohne *verbriefte Verbindlichkeiten*); unterteilt nach *täglich fälligen* Verbindlichkeiten und Verbindlichkeiten mit vereinbarter *Laufzeit* oder *Kündigungsfrist*;

2. Verbindlichkeiten gegenüber Kunden (ohne *verbriefte Verbindlichkeiten*), unterteilt in *Spareinlagen* und andere Verbindlichkeiten (u. a. *Termineinlagen, Sichteinlagen*);
3. *verbriefte Verbindlichkeiten* (Eigenemission von *Schuldverschreibungen* und anderen *Wertpapieren*);
4. *Treuhandverbindlichkeiten*;
5. Sonstige Verbindlichkeiten.

Hinzu kommen gegebenenfalls *nachrangige Verbindlichkeiten* sowie *Eventualverbindlichkeiten* »unter dem Strich« der Passivseite. Ihre Verbindlichkeiten muss die Sparkasse im *Anhang* des *Jahresabschlusses* teilweise erläutern. Hierzu zählen u. a. eine *Fristengliederung* (§ 340d HGB), Angaben zu wesentlichen »sonstigen Verbindlichkeiten« (§ 35 Abs. 1 Nr. 4 RechKredV), zu Fremdwährungsverbindlichkeiten (§ 35 Abs. 1 Nr. 6 RechKredV) und zu Verbindlichkeiten gegenüber der jeweiligen Landesbank (§ 35 Abs. 1 Nr. 9 RechKredV). Darüber hinaus muss die Sparkasse im *Anhang* über *Vermögensgegenstände* informieren, die sie als Sicherheit für Verbindlichkeiten an Dritte übertragen hat (§ 35 Abs. 5 RechKredV).

Verbraucherkredit

Zu den Verbraucherkrediten zählen neben *Dispositionskrediten* grundsätzlich alle *Darlehen* an Privatkunden, auch durch *Grundpfandrechte* abgesicherte Immobilienfinanzierungen. Die Sparkasse muss bei diesen Verträgen besondere gesetzliche Bestimmungen beachten (§ 491–505 BGB). Dazu gehören vor allem umfangreiche und europaweit standardisierte vorvertragliche Informationen. Sie sollen den Kunden in die Lage versetzen, die wesentlichen Bestimmungen des Vertrags zu verstehen und das Angebot der Sparkasse mit anderen Angeboten vergleichen zu können. Die Sparkasse muss den in der Werbung angegebenen effektiven Jahreszins bei mindestens zwei Drittel aller zustande kommenden Verträge tatsächlich vereinbaren. Der Kunde kann *Darlehen*, für die keine *Grundschulden* eingetragen sind, jederzeit ganz oder teilweise zurückzahlen; allerdings darf die Sparkasse dann eine *Vorfälligkeitsentschädigung* in Höhe von 1 Prozent bzw. 0,5 Prozent (bei einer Restlaufzeit bis zu einem Jahr) des zurückgezahlten Betrags berechnen. *Darlehen* bis 75 000 EUR, die die Sparkasse an Existenzgründer vergibt, unterliegen den gleichen Vorschriften wie Verbraucherkredite (§ 512 BGB).

Verbriefte Verbindlichkeiten

Im Gegensatz zu *Spareinlagen, Termineinlagen* und *Sichteinlagen* weiß die Sparkasse bei verbrieften Verbindlichkeiten nicht, wer ihre Gläubiger sind. Es gibt keine Urkunde bzw. keinen Vertrag, der auf den Namen des Kunden lautet. Die Verbriefung ermöglicht es dem Ersterwerber, das *Wertpapier* weiterzuverkaufen und damit die Forderung gegen die Sparkasse ohne ihr Wissen auf eine andere Person zu übertragen. Die Sparkasse bilanziert verbriefte Verbindlichkeiten daher auf der Passivseite als gesonderte Position (Posten 3; § 22 Abs. 1 RechKredV). Wichtiges Beispiel sind *Schuldverschreibungen*, die die Sparkasse begeben hat. Ob sie börsenfähig sind oder nicht, spielt dabei keine Rolle (§ 22 Abs. 2 RechKredV).

Verbriefung

Die klassische Verbriefung ist ein mehrstufiges Verfahren: Zunächst bündelt ein *Kreditinstitut* als so genannter »Originator« mehrere oder zahlreiche Vermögenswerte, meistens *Kredite*, zu einem Pool. Diesen Pool verkauft es an eine Zweckgesellschaft (»true sale«). Die Mittel zum Ankauf des Pools verschafft sich die Zweckgesellschaft durch die *Emission* von *Schuldverschreibungen* am *Kapitalmarkt*. Die dem Pool zufließenden Zins- und Tilgungszahlungen leitet die Zweckgesellschaft an die Käufer der *Schuldverschreibungen* weiter. Diese tragen im Gegenzug das Risiko, wenn Teile der im Pool gebündelten Forderungen nicht mehr bedient werden können. In der Praxis emittiert die Zweckgesellschaft das Papier nach dem Prinzip eines Wasserfalls in mehreren Tranchen mit unterschiedlichen Risiken: Die eingehenden Zins- und Tilgungszahlungen fließen zunächst in die AAA-Tranche, dann in die folgenden Tranchen bis hinunter in die so genannte »Erstverlustposition« (»First-Loss« bzw. »Equity«-Tranche). *Verluste* aus dem *Ausfall* von Forderungen tragen zunächst die Käufer der »First-Loss«-Tranche, danach die Käufer der nächsthöheren Tranchen. Wegen des höheren Risikos ist auch die Verzinsung bei der »First-Loss«-Tranche deutlich höher als bei der AAA-Tranche. Neben »True Sale«-Verbriefungen gibt es synthetische Verbriefungen: Hier gibt der »Originator« mit *Kreditderivaten* nur das Ausfallrisiko weiter; die eigentliche Forderung bleibt in seinem Portfolio und damit in seiner *Bilanz*. Mit Verbriefungen können *Kreditinstitute* ihre *Bilanzen* bzw. ihren Bedarf an *Eigenkapital* entlasten und sich neue Spielräume für die Kreditvergabe verschaffen. Das *Kreditpooling* der Sparkassen-Finanzgruppe ist im aufsichtsrechtlichen Sinne keine Verbriefung, weil *Verluste* hier auf alle Investoren verteilt werden.

Verbundene Unternehmen

Verbundene Unternehmen sind zwar rechtlich selbstständig, aber durch Kapitalbeteiligung, Verträge oder personelle Verflechtungen miteinander verbunden. Meist übt dabei ein Unternehmen maßgeblichen Einfluss auf ein anderes Unternehmen aus. Diese Konstellation ist allerdings nicht zwingend; auch wechselseitig beteiligte Kapitalgesellschaften beispielsweise können als verbundene Unternehmen gelten. Das Aktiengesetz (§§ 15 ff.) definiert verschiedene Formen verbundener Unternehmen. Abweichend davon entwickelt das *Handelsgesetzbuch* den Begriff des verbundenen Unternehmens aus den Vorschriften über die Aufstellung von *Konzernabschlüssen* (§ 271 Abs. 2 in Verbindung mit § 290 HGB). Verbundene Unternehmen sind hierbei Gesellschaften, die in den *Konzernabschluss* eines Mutterunternehmens einzubeziehen sind. Anteile an und *Erträge* aus verbundenen Unternehmen im Sinne des HGB weist die Sparkasse in der *Bilanz* (Posten 8 der Aktivseite) und in der *Gewinn- und Verlustrechnung* gesondert aus.

Verbundrating

An den nationalen und internationalen Finanz- und Kapitalmärkten nimmt die Bedeutung externer *Ratings* zu. Deshalb holt der Deutsche Sparkassen- und Giroverband für die gesamte Sparkassen-Finanzgruppe neben einem *Floor-Rating* auch ein Verbundrating ein. Die *Ratingagentur* Moody's beurteilt hierbei die Kreditwürdigkeit der Sparkassen-Finanzgruppe als Ganzes, betrachtet sie also als wirtschaftliche Einheit. Die Sparkasse kann das Verbundrating ebenso wie das *Floor-Rating* vor allem bei der Begleitung von Firmenkunden ins Ausland nutzen. Denn bei bestimmten Transaktionen (z. B. Garantien, Akkreditive) verlangen ausländische Unternehmen nicht nur von ihren deutschen Geschäftspartnern, sondern auch von deren Hausbank einen Nachweis der *Bonität*. Der Sparkasse bleibt es darüber hinaus unbenommen, ein eigenes *Rating* in Auftrag zu geben; dieses sollte – wenn überhaupt – höchstens zwei Stufen unterhalb des Verbundratings liegen.

Vergütung

Vergütung sind die monetären oder monetär bewertbaren Leistungen, die Vorstandsmitglieder und Mitarbeiter im Rahmen ihrer beruflichen Tätigkeit von der Sparkasse erhalten. Die Vergütung der Vorstandsmitglieder liegt in der Zuständigkeit des Verwaltungsrats; seine Spielräume sind hierbei durch Richtlinien/Empfehlungen der regionalen Sparkassenverbände oder durch landesgesetzliche Vorgaben deutlich eingeschränkt. Für die Vergütung der Mitarbeiter ist der Vorstand verantwortlich. Von außertariflich bezahlten Mitarbeitern und übertariflichen bzw. freiwilligen Leistungen abgesehen, ist er an die Vorgaben des Tarifrechts für den öffentlichen Dienst gebunden. Darüber hinaus muss die Sparkasse die aufsichtsrechtlichen Vorgaben des *Kreditwesengesetzes* (§ 25a Abs. 5, § 25d Abs. 12) und der Institutsvergütungsverordnung (InstitutsVergV) beachten. Diese Vorgaben sind in der Praxis allerdings wenig einengend, weil der Anteil fixer Gehaltsbestandteile an den Vergütungen des Vorstands und der Sparkassenmitarbeiter ohnehin vergleichsweise hoch ist. Variable Vergütungsbestandteile (z. B. »Sparkassensonderzahlung«, Erfolgsprämien, Provisionen für Mitarbeiter; Leistungszulagen für Vorstandsmitglieder) spielen demgegenüber eine untergeordnete Rolle. Sie verleiten vor allem nicht dazu, unverhältnismäßig hohe Risikopositionen einzugehen. Die meisten Sparkassen sind schon aufgrund ihrer Bilanzsumme keine »bedeutenden« Institute im Sinne der Institutsvergütungsverordnung und brauchen daher nur die so genannten »allgemeinen« Anforderungen gemäß §§ 3 – 16 InstitutsVergV zu erfüllen. Demnach müssen die Vergütungssysteme der Sparkasse u. a. mit den Zielen in Einklang stehen, die sie in *Geschäftsstrategie* und *Risikostrategie* festgelegt hat. Der Verwaltungsrat muss sich regelmäßig ein Urteil darüber bilden können, ob die Vergütungssysteme der Sparkasse angemessen sind; deshalb muss ihn der Vorstand darüber mindestens einmal jährlich informieren. Der Verwaltungsratsvorsitzende hat außerdem gesonderte Auskunftsrechte gegenüber dem Vorstand (§ 3 Abs. 1 InstitutsVergV), dem Leiter der *internen Revision* und dem Leiter der Personalabteilung (§ 25d Abs. 12 KWG). Bestimmte Angaben zum Vergütungssystem der Sparkasse unterliegen der *Offenlegung*. Einzelheiten hierzu regelt Artikel 450 CRR.

Verhaltensscoring
vgl. Scoring

Verkaufsoption
Der Käufer einer Verkaufsoption (»Long Put«) erwartet, dass der Kurs bzw. Preis des zugrunde liegenden *Finanzinstruments* (Basiswert) während der *Laufzeit* der *Option* über den vereinbarten Basispreis hinaus fällt. Erfüllt sich diese Annahme, wird er die *Option* ausüben – entweder schon während der *Laufzeit* (»amerikanische Option«) oder am Ende der *Laufzeit* (»europäische Option«): Er deckt sich zunächst mit dem Basiswert zum aktuellen Börsenkurs ein und verkauft ihn dann zum vereinbarten höheren Basispreis an den Verkäufer (»Stillhalter«) der *Option*. Oder er bekommt vom Verkäufer gleich einen Barausgleich, ohne den Basiswert zu liefern. In beiden Fällen erzielt der Käufer der Verkaufsoption einen Nettogewinn, wenn der Kursrückgang über der Optionsprämie liegt. Ist der Kursrückgang kleiner, vermindern sich zumindest die *Kosten* aus der Optionsprämie. Bewegt sich der Kurs während der *Laufzeit* der *Option* nach oben, lässt der Käufer die Verkaufsoption verfallen; er hat dann lediglich die Optionsprämie verloren. Das Kalkül des Verkäufers einer Verkaufsoption (»Short Put«) ist ein gleich bleibender oder leicht steigender Kurs. Tritt das so ein, muss er den Basiswert nicht kaufen; mit der Optionsprämie erzielt er einen *Ertrag*. Andernfalls muss der Verkäufer einen Barausgleich bezahlen oder den Basiswert zum vereinbarten Basispreis, also über dem aktuellen Börsenkurs, vom Käufer übernehmen. Das bedeutet für den Verkäufer zunächst einen *Verlust*: Er baut sich nur dann ab, wenn der Kurs des Basiswerts anschließend wieder steigt. Mit dem Kauf von Verkaufsoptionen auf festverzinsliche *Wertpapiere* (vgl. *Zinsoption*) kann sich die Sparkasse gegen die Risiken eines steigenden Zinsniveaus absichern (vgl. *Zinsänderungsrisiken*). Zum Ausweis im *Jahresabschluss* vgl. *Option*.

Verkehrswert
Der Verkehrswert ist der Preis, der beim Verkauf einer Immobilie unter normalen Umständen und ohne Rücksicht auf ungewöhnliche oder persönliche Verhältnisse zu erzielen wäre. Er wird meist von selbstständigen und unabhängigen Gutachterausschüssen ermittelt, die bei den kreisfreien Städten und bei den Landkreisen angesiedelt sind. Die Gutachter verwenden in der Regel den *Ertragswert* oder den *Sachwert* als Ausgangsgröße und passen ihn der aktuellen Lage auf dem Grundstücksmarkt an. Der Verkehrswert ist die Obergrenze für

den von der Sparkasse ermittelten *Beleihungswert* einer Immobilie. Eine wichtige Größe ist der Verkehrswert auch bei einer Zwangsversteigerung. Wenn das Meistgebot im ersten Versteigerungstermin fünf Zehntel des festgesetzten Verkehrswerts nicht erreicht, muss der Rechtspfleger des Amtsgerichts den Zuschlag von Amts wegen versagen; die Versteigerung muss dann einige Monate später wiederholt werden. Liegt das Meistgebot zwischen fünf Zehntel und sieben Zehntel des Verkehrswerts, ist der Zuschlag ebenfalls zu versagen, sofern der Gläubiger dies beantragt.

Verlust

Ein Verlust entsteht, wenn der *Aufwand* eines Geschäfts bzw. eines Geschäftsjahrs größer ist als der *Ertrag*. Es gibt mehrere dabei unterschiedliche sachliche Zusammenhänge:
1. In der *Gewinn- und Verlustrechnung* der Sparkasse ergibt sich aus einem Überhang aller *Aufwendungen* über den Gesamtbetrag der *Erträge* zunächst ein *Jahresfehlbetrag*. Gleicht ihn die Sparkasse nicht durch einen Gewinnvortrag aus vorhergehenden Geschäftsjahren oder durch eine Entnahme aus der *Sicherheitsrücklage* aus, kommt es zu einem *Bilanzverlust*. In der Sparkassenpraxis führen wirtschaftlich schwierige Jahre allerdings selten zu einem handelsrechtlich offen ausgewiesenen *Jahresfehlbetrag* bzw. *Bilanzverlust*. In der Regel kann die Sparkasse dies verhindern, indem sie einen Teil ihrer *Vorsorgereserven* entweder offen (vgl. *Fonds für allgemeine Bankrisiken*) oder im Rahmen der *Überkreuzkompensation* auflöst. In der *Gewinn- und Verlustrechnung* führt dies zu *Erträgen*, die im Ergebnis einen *Jahresüberschuss* entstehen lassen.
2. Im *Handelsgeschäft* unterscheidet die Sparkasse zwischen schwebenden Verlusten und realisierten Verlusten (vgl. *Kursverlust*).
3. Im Kreditgeschäft unterscheidet die Sparkasse zwischen *erwarteten Verlusten*, *unerwarteten Verlusten* und *endgültigen Verlusten*.

Verlustobergrenze

Die Verlustobergrenze war ein Begriff aus den mittlerweile außer Kraft getretenen Mindestanforderungen an das *Handelsgeschäft* (MaH). Sie bezifferte den Teil des *Risikodeckungspotenzials*, den die Sparkasse bereitstellte, um *Adressenausfallrisiken* und *Marktpreisrisiken* abzudecken. Daraus ergaben sich für beide Risikokategorien *Globallimite*, die in der Summe die Verlustobergrenze nicht überschreiten durften. Seit Überleitung der MaH in die *Mindestanforderungen an das Risikomanagement* kann die Sparkasse auf die Definition einer Verlustobergrenze verzichten. Die MaRisk verlangen allerdings weiterhin, die *wesentlichen Risiken* durch das *Risikodeckungspotenzial* laufend abzudecken (AT 4.1 Ziffer 1).

Verlustrisiko

Das Verlustrisiko beschreibt die Gefahr, dass der aktuelle Wert von *Vermögensgegenständen* der Sparkasse (vor allem Forderungen, *Eigenanlagen*) unter die *Anschaffungskosten* oder *Herstellungskosten* bzw. unter den *Buchwert* fällt. Meist werden Verlustrisiken allerdings im Zusammenhang mit den *Marktpreisrisiken* bilanzieller und außerbilanzieller Risikopositionen diskutiert. Dabei entwickelt die Sparkasse üblicherweise zwei Sichtweisen:
1. Das handelsrechtliche Verlustrisiko beziffert die in der *Gewinn- und Verlustrechnung* auszuweisenden *außerplanmäßigen Abschreibungen*. Die Sparkasse unterstellt dabei, dass es neben den seit Jahresbeginn bereits eingetretenen *Kursverlusten* bis zum *Bilanzstichtag* zu weiteren Kursrückgängen kommt.
2. Das betriebswirtschaftliche *Marktpreisrisiko* errechnet die Sparkasse mit *Value at Risk*-Modellen. Wie hoch es ist, hängt maßgeblich von den gewählten Parametern ab (u. a. *Konfidenzniveau, Haltedauer*).

Verlustvortrag

Mit einem Verlustvortrag kann die Sparkasse *Verluste* auf spätere Geschäftsjahre übertragen. Einen handelsrechtlichen Verlustvortrag weist die *Gewinn- und Verlustrechnung* gesondert aus (§ 268 Abs. 1 HGB). Im Geschäftsjahr, in dem *Verluste* entstehen, wird er vom *Jahresfehlbetrag* abgezogen und vermindert so den *Bilanzverlust*. In den Folgejahren wird der Verlustvortrag vom *Jahresüberschuss* abgesetzt und führt zu einem entsprechend niedrigeren *Bilanzgewinn*. Ein offen ausgewiesener handelsrechtlicher Verlustvortrag ist in der Sparkassenpraxis allerdings selten. In der Regel gelingt es, *Verluste* durch die Auflösung versteuerter *Vorsorgereserven* auszugleichen und damit einen *Jahresfehlbetrag* in der *Gewinn- und Verlustrechnung* zu vermeiden. Bedeutsam kann vor allem der steuerliche Vortrag von *Verlusten* sein. Er mindert das zu versteuernde Einkommen und die Steuerlast in den folgenden Geschäftsjahren. Das Einkommensteuergesetz setzt dem Verlustvortrag keine Grenzen, wohl aber dem Verlustabzug in den Folgejahren (§ 10d EStG). Damit verhindert der Fiskus, dass ein Unternehmen nach einem einmaligen hohen *Verlust* jahrelang überhaupt keine gewinnabhängigen *Steuern* zahlt. Die Auflösung eines Verlustvortrags kann sich auf diese Weise über mehrere Jahre erstrecken.

Vermögensgegenstand

Das *Handelsgesetzbuch* benutzt den Begriff des Vermögensgegenstands, definiert ihn aber nicht. Im allgemeinen Verständnis muss ein Vermögensgegenstand über den *Bilanzstichtag* hinaus einen wirtschaftlichen Vorteil bzw. ein zumindest theoretisches Ertragspotenzial bieten, er muss sich als einzelne Sache oder einzelnes Recht hinreichend konkretisieren lassen, und er muss grundsätzlich einzeln bewertbar, verkehrsfähig und veräußerbar sein. Vermögensgegenstände gehören entweder zum *Anlagevermögen* oder zum *Umlaufvermögen*. *Immaterielle Vermögensgegenstände* lassen sich zwar körperlich meist nicht fassen, aber doch einzeln bewerten. Aus Aufstellung und Bewertung der bilanzierungsfähigen Vermögensgegenstände zum Ende des Geschäftsjahres ergibt sich bei der Sparkasse zusammen mit den *Rechnungsabgrenzungs*posten die Aktivseite der *Bilanz*.

Vermögenswert
vgl. Barwert

Versagungsvermerk
vgl. Bestätigungsvermerk

Verschuldungsquote
Die Verschuldungsquote (Leverage Ratio) setzt das *Kernkapital* eines *Kreditinstituts* ins Verhältnis zur Summe aller *Aktiva* zuzüglich einiger außerbilanzieller Positionen. In sehr grober Annäherung drückt diese Kennzahl den Multiplikator aus, um den das *Geschäftsvolumen* das *Eigenkapital* übertrifft; sie ist also gleichsam der »Schuldenhebel« eines *Kreditinstituts*: Das Geschäft, das sich nicht mit eigenen Mitteln darstellen lässt, muss über *Verbindlichkeiten* gegenüber Kunden oder *Kreditinstituten* refinanziert werden. Sinkt die Verschuldungsquote, spiegelt das entweder einen Verzehr von *Kernkapital* oder eine Ausweitung des *Geschäftsvolumens* wider. Allerdings lässt die Verschuldungsquote im Gegensatz zur *Gesamtkapitalquote* keinen Rückschluss zu, ob und in welchem Umfang sich dabei auch die Risiken erhöht haben; in die Berechnung gehen keinerlei *Risikogewichte* ein. Verbessern kann ein *Kreditinstitut* die Verschuldungsquote entweder durch einen Aufbau von *Kernkapital* oder durch einen Abbau von *Krediten* oder *Eigenanlagen*. Aufsichtsrechtliche Grundlage sind Artikel 429 und 430 CRR. Nach einer Beobachtungsphase soll die Verschuldungsquote ab dem Jahr 2018 zu einer zwingend einzuhaltenden Kennziffer werden. Dabei ist mit einer Mindestanforderung von drei Prozent zu rechnen. Die Sparkasse meldet die Verschuldungsquote vierteljährlich an die Aufsicht. Vom Jahr 2015 an muss sie die Kennzahl auch im *Offenlegungsbericht* veröffentlichen. Einen sachlich ähnlichen Hintergrund wie die Verschuldungsquote hat die »modifizierte bilanzielle *Eigenkapitalquote*« gemäß § 24 Abs. 1a Nr. 5 KWG.

Verwaltungsaufwendungen
Die Verwaltungsaufwendungen der Sparkasse umfassen den *Personalaufwand*, den *Sachaufwand* und die *planmäßigen Abschreibungen* auf *Sachanlagen*. *Personalaufwand* und *Sachaufwand* fasst die *Gewinn- und Verlustrechnung* zu den »allgemeinen Verwaltungsaufwendungen« zusammen. In großen Teilen entsprechen die Verwaltungsaufwendungen der Sparkasse dem *ordentlichen Aufwand* der internen *Erfolgsrechnung*.

Verwertungsquote
Als Verwertungsquote bezeichnet die Sparkasse das Verhältnis zwischen dem *Erlös* aus der Verwertung einer *Kreditsicherheit* (z. B. *Grundschuld, Siche-*

rungsübereignung) und dem Wert der Sicherheit zu einem Zeitpunkt, als der Kunde das Kreditengagement noch vertragsgemäß bediente. Die Verwertungsquoten einer Sparkasse bewegen sich im Durchschnitt – je nach Sicherheitenkategorie – zwischen 60 und 90 Prozent. Viele Sparkassen lassen ihre Verwertungsquoten durch das so genannte »Sicherheitenverwertungs- und Einbringungstool« der Sparkassen Rating und Risikosysteme GmbH aufbereiten. Sie erhalten damit über die Jahre hinweg eine zuverlässige Datengrundlage zur Kalkulation von *Risikokosten*. Belastbare Verwertungsquoten sind überdies wichtige Risikoparameter für Sparkassen, die die für *Adressenausfallrisiken* zu unterlegenden *Eigenmittel* nach einem *IRB-Ansatz* ermitteln (vgl. auch *Einbringungsquote*).

Volatilität

Die Volatilität ist ein Maß dafür, wie häufig und wie stark ein Preis bzw. Kurs innerhalb eines festgelegten Zeitraums um einen längerfristigen Trend schwankt. Je weiter die Preise/Kurse streuen, desto höher ist die Volatilität. Volatile Märkte zeugen tendenziell von Unsicherheit der Marktteilnehmer; sie bieten hohe Gewinnchancen, aber auch hohe *Verlustrisiken*. Das *Risikocontrolling* der Sparkasse nutzt Volatilitäten, die in der Vergangenheit beobachtet wurden, als Grundlage für die Berechnung von *Marktpreisrisiken* (vgl. auch *Value at Risk*).

Vorfälligkeitsentschädigung

Eine Vorfälligkeitsentschädigung (VFE) berechnet die Sparkasse, wenn Kunden ihre *Darlehen* während der Zinsfestschreibung kündigen und außerplanmäßig zurückzahlen möchten. Darauf drängen sie insbesondere in Niedrigzinsphasen, um die Finanzierungskosten zu senken. Für die Sparkasse bringt das einen betriebswirtschaftlichen Nachteil mit sich. Denn sie kann die vorzeitig zurückgeflossenen Mittel nur noch zu einem niedrigeren Marktzins ausleihen oder anlegen (Refinanzierungsschaden). Unter Umständen liegt der neue Marktzins sogar unter dem Zins, zu dem sich die Sparkasse bei Abschluss des Darlehensvertrags refinanziert hat. Grundsätzlich gilt: Je mehr das Zinsniveau zurückgegangen ist und je länger die Zeit bis zum Ende der vertraglich vereinbarten Zinsfestschreibung ist, desto höher ist die Vorfälligkeitsentschädigung. In der Praxis ist allerdings ein zumindest teilweiser Verzicht nicht selten. Bei *Konsumentenkrediten* und anderen nicht durch *Grundpfandrechte* gesicherten Verbraucherdarlehen ist die Höhe der Vorfälligkeitsentschädigung auf 1 Prozent des vorzeitig zurückgezahlten Betrags begrenzt; liegt die *Restlaufzeit* bei unter einem Jahr, verringert sich die Obergrenze auf 0,5 Prozent. In der *Gewinn- und Verlustrechnung* erhöhen Vorfälligkeitsentgelte die *Zinserträge* der Sparkasse.

Vormerkung
vgl. Grundpfandrecht

Vorratsbeschluss
vgl. Organkredit

Vorschusszinsen

Die Sparkasse berechnet Vorschusszinsen, wenn ein Kunde über eine *Spareinlage* vorzeitig, d.h. ohne vorherige *Kündigung* oder vor Ablauf der *Kündigungsfrist* verfügen will. Der Zinssatz liegt bei einem Bruchteil des vertraglich vereinbarten Guthabenzinses. Die Sparkasse weist Vorschusszinsen im Spar(kassen-)buch gesondert aus. In Ausnahmefällen kann oder wird sie von Vorschusszinsen absehen, etwa bei Verfügungen bis 2 000 EUR pro Kalendermonat bei *Spareinlagen* mit dreimonatiger *Kündigungsfrist*, bei wirtschaftlicher Notlage des Kunden, bei Verfügung über gutgeschriebene Zinsen innerhalb eines vorab vereinbarten Zeitraums, bei Erwerb von *Wertpapieren* in ein Depot der Sparkasse, bei Übertrag auf ein anderes Sparkonto der Sparkasse, bei Einzahlung in einen Bausparvertrag, bei Wohnsitzwechsel oder bei Übertragung von Guthaben im Rahmen von Erbauseinandersetzungen.

Vorsichtsprinzip

Das Vorsichtsprinzip gehört als *Bewertungsgrundsatz* zu den *Grundsätzen ordnungsmäßiger Buchführung* (vgl. § 252 Abs. 1 Nr. 4 HGB). Es gibt Unternehmen auf, sich im Zweifel eher ärmer als reicher zu rechnen, und konkretisiert sich u.a. im *Realisationsprinzip* und im *Imparitätsprinzip*. Darüber hinaus müssen Unternehmen das Vorsichtsprinzip überall dort beachten, wo sie schätzen müssen oder Ermessensspielräume haben: *Aktiva* gilt es dann eher am unteren Rand der Bandbreite zu bewerten, *Passiva* dagegen am oberen Rand. Für *Kreditinstitute* ist das Vorsichtsprinzip von großer Bedeutung; sie befinden sich in einer besonderen Risikosituation und haben eine zentrale volkswirtschaftliche Funktion. Deshalb erlaubt ihnen der Gesetzgeber, in einem bestimmten Umfang *Vorsorgereserven* zu bilden. Die Sparkasse muss das Vorsichtsprinzip vor allem beachten, wenn sie ihre *Forderungen an Kunden* und ihre *Eigenanlagen* bewertet oder *Rückstellungen* bildet. In Einzelfällen kann das Steuerrecht mit dem handelsrechtlichen Vorsichtsprinzip kollidieren.

Vorsorge für allgemeine Bankrisiken

Die Vorsorge für allgemeine Bankrisiken ist neben dem *Fonds für allgemeine Bankrisiken* eine weitere handelsrechtliche Möglichkeit, *Vorsorgereserven* zu bilden und sich damit als Sparkasse gegen die besonderen Risiken eines *Kreditinstituts* zu wappnen. Einzelheiten regelt § 340f HGB. Demnach zählt die Vorsorge für allgemeine Bankrisiken zu den *stillen Reserven*: Ihr Volumen und ihre Veränderungen sind weder in der *Bilanz* noch in der *Gewinn- und Verlustrechnung* ausgewiesen; auch *Anhang* und *Lagebericht* müssen keine entsprechenden Informationen enthalten (§ 340f Abs. 4 HGB). Allerdings lässt der Offenlegungsbericht Rückschlüsse auf die Höhe der Vorsorge für allgemeine Bankrisiken zu. Die Sparkasse bildet sie, indem sie bestimmte Vermögensgegenstände noch niedri-

ger bewertet, als nach dem strengen *Niederstwertprinzip* erforderlich wäre. Zu diesen Vermögensgegenständen gehören:
1. Forderungen an *Kreditinstitute* (Posten 3 Aktivseite der Bilanz);
2. *Forderungen* an Kunden (Posten 4);
3. *Eigenanlagen* der Sparkasse (Posten 5 und 6), soweit sie der *Liquiditätsreserve* zugeordnet sind.

Das *Handelsgesetzbuch* legt eine Obergrenze fest: Die Vorsorge für allgemeine Bankrisiken darf nicht mehr als vier Prozent des Gesamtwerts betragen, den die genannten Vermögensgegenstände bei Bewertung nach dem strengen *Niederstwertprinzip* hätten (§ 340f Abs. 1 HGB). In der *Bilanz* setzt die Sparkasse die Vorsorge für allgemeine Bankrisiken pauschal von den aktivierten Werten der genannten Forderungen und *Wertpapiere* ab; somit ist die Größenordnung nicht erkennbar. Gleiches gilt für Dotierung und Teilauflösungen der Vorsorge für allgemeine Bankrisiken in der *Gewinn-* und Verlustrechnung: Die *Überkreuzkompensation* mit anderen *Aufwendungen* und *Erträgen* erlaubt es der Sparkasse, Veränderungen in einer Sammelposition aufgehen zu lassen (§ 340f Abs. 3 HGB). Seit Inkrafttreten der *CRR* kann die Sparkasse die Vorsorge für allgemeine Bankrisiken nur noch in eng begrenztem Umfang bzw. im Rahmen einer Übergangsregelung als *Eigenmittel* geltend machen (vgl. *Ergänzungskapital*).

Vorsorgereserven

Vorsorgereserven sichern die Sparkasse gegen die besonderen Risiken eines *Kreditinstituts* ab. Sie weist sie entweder offen im *Fonds für allgemeine Bankrisiken* (§ 340g HGB) aus. Oder sie bildet *stille* Reserven, indem sie bestimmte *Vermögensgegenstände* (z. B. *Forderungen* an Kunden, *Eigenanlagen*) noch niedriger bewertet als nach dem strengen *Niederstwertprinzip* erforderlich; das *Handelsgesetzbuch* bezeichnet dies als *Vorsorge für allgemeine Bankrisiken* (§ 340f HGB). Vorsorgereserven nach § 340g HGB gehören zum *Kernkapital*, Vorsorgereserven nach § 340f HGB in begrenztem Umfang zum *Ergänzungskapital*. Soweit die Sparkasse ihre Vorsorgereserven nicht benötigt, um die aufsichtsrechtliche vorgegebene Mindestausstattung mit *Eigenmitteln* darzustellen, verstärken sie das *Risikodeckungspotenzial*. Bei den offen gebildeten Vorsorgereserven nach § 340g HGB lassen sich Dotierungen und Entnahmen in *Bilanz* und *Gewinn-* und Verlustrechnung nachvollziehen. Anders bei den *stillen Reserven* nach § 340f HGB: Weitgehende Aufrechnungs- und Saldierungsmöglichkeiten lassen ihr Volumen und ihre Veränderungen nicht ohne weiteres erkennen (*Überkreuzkompensation*). Wenn die Sparkasse ihre offenen und stillen Vorsorgereserven dotiert, bewegt sie sich zwischen Bewertungsmaßnahme (handelsrechtlich) und Gewinnverwendung (betriebswirtschaftlich). Deshalb gibt es für den Ausweis in der internen *Erfolgsrechnung* zwei Möglichkeiten: entweder als Unterposition des *Bewertungsergebnisses* oder als gesonderte Position unterhalb des Ergebnisses nach Steuern.

Vorsteuergewinn
Der Vorsteuergewinn (auch: Gewinn bzw. Ergebnis vor Steuern; englisch: earnings before taxes, EBT) ist eine betriebswirtschaftliche Kennzahl. Sie ergibt sich in der *Gewinn- und Verlustrechnung* eines Unternehmens als *Jahresüberschuss* zuzüglich Nettosteueraufwand. Im Gegensatz zum *Jahresüberschuss* ist der Vorsteuergewinn unabhängig von steuerlichen Sondereffekten wie Steuernachzahlungen oder Steuerminderungen. Dennoch lässt auch er nur eingeschränkte Rückschlüsse auf die Ertragslage zu. Denn er ist immer noch in hohem Maß durch *Bilanzierungs- und Bewertungswahlrechte* sowie *außerordentliche Erträge* bzw. *Aufwendungen* beeinflusst.

Vorwegzuführung
vgl. Sicherheitsrücklage

Votum
Ein Votum im Sinne der *Mindestanforderungen an das Risikomanagement* (MaRisk) ist eine entweder zustimmende oder ablehnende schriftliche Äußerung zur anstehenden Entscheidung über einen *Kredit*. Grundsätzlich erfordert jede Kreditentscheidung im *risikorelevanten Geschäft* zwei zustimmende Voten der *Bereiche Markt* und *Marktfolge* (BTO 1.1 Ziffer 2 MaRisk). Ausnahmen kann es bei der Beteiligung an einer *Metafinanzierung* oder bei einem relativ geringen zusätzlichen *Kredit* geben. Im nicht-*risikorelevanten* Kreditgeschäft genügt grundsätzlich ein Votum (BTO 1.1 Ziffer 4 MaRisk). Gleiches gilt für *Kredite* im Status der *Sanierung*; hier reicht es aus, wenn die *Marktfolge* votiert. Sofern die MaRisk nicht ausdrückliche Vorgaben enthalten, kann die Sparkasse die einzelnen Kreditbearbeitungsschritte (u. a. Prüfung der *Bonität*, der *Kapitaldienstfähigkeit*, der *Kreditsicherheiten*) so auf *Markt* und *Marktfolge* verteilen, wie sie es für sachgerecht hält. So kann sie Doppelarbeiten vermeiden. Die *Marktfolge* muss nicht Prozesse wiederholen, die der *Markt* schon erledigt hat. Die MaRisk verlangen von ihr lediglich, zumindest die materielle Plausibilität der Kreditvorlage sicherzustellen. Das Zweitvotum der *Marktfolge* prüft in diesem Fall, ob die Aussagekraft des *Markt*-Votums gegeben ist, ob der *Kredit* in der vorgesehenen Höhe und Form vertretbar ist (Erläuterung zu BTO 1.1 Ziffer 2 MaRisk). Die *Marktfolge* muss deshalb Zugang zu allen wesentlichen Kreditunterlagen haben. Die Kompetenzen für Votum und Kreditentscheidung können, müssen aber nicht identisch sein. Auch dies lassen die MaRisk offen, fordern allerdings eine klare und konsistente Kompetenzordnung für Kreditentscheidungen. Das gilt insbesondere dann, wenn im *risikorelevanten Geschäft* eines der beiden Voten ablehnend ist. Dann muss die Sparkasse den *Kredit* entweder ablehnen, oder es beginnt ein *Eskalationsverfahren*. Die Entscheidungskompetenzen einzelner oder mehrerer Vorstandsmitglieder sowie des Gesamtvorstands der Sparkasse bleiben unberührt. Allerdings sind auch bei Vorstandsentscheidungen im *risikorelevanten Geschäft* zwei Voten aus *Markt* und *Marktfolge* einzuholen (BTO 1.1 Ziffer 5 MaRisk). Über alle Einzelentscheidungen des Vorstandsmitglieds, das für die

Marktfolge zuständig ist, muss die Sparkasse in ihrem *Kreditrisikobericht* informieren. Bei anderen Vorstandsmitgliedern gilt dies nur dann, wenn sie gegen eines der beiden Voten entscheiden (BTO 1.1 Ziffer 5 MaRisk). Die Festlegung von Kontrahentenlimiten und *Emittentenlimiten* im *Handelsgeschäft* sind ebenfalls Kreditentscheidungen im Sinne der MaRisk. Dabei können die *Bereiche Markt* oder *Handel* ein Votum abgeben; ein Votum der *Marktfolge* (BTO 1.1 Ziffer 3 MaRisk) ist zwingend.

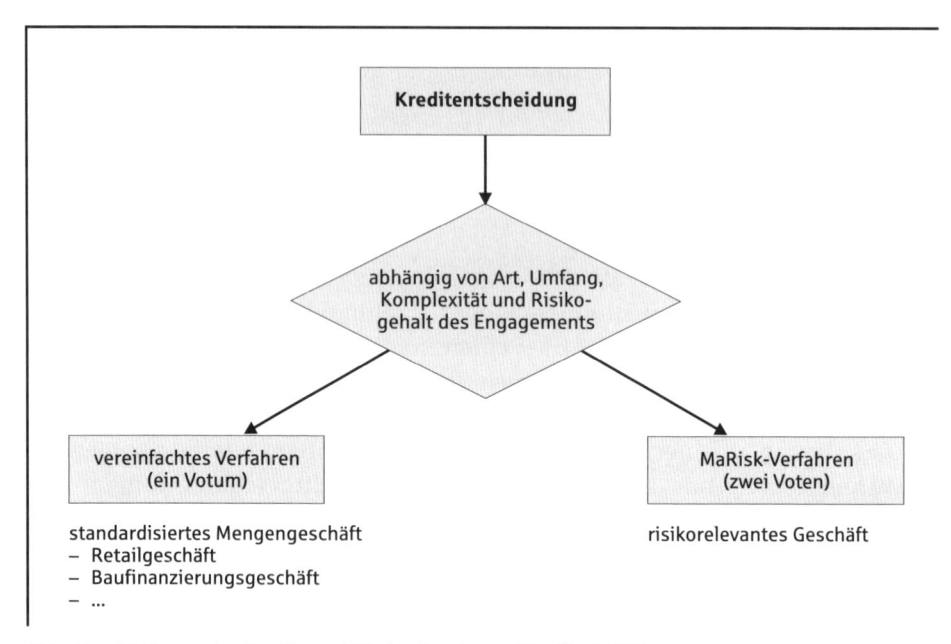

Abb. 61: Votierung im Kreditgeschäft der Sparkasse (Quelle: DSGV)

Währungsrisiko

Vermögenswerte und Verpflichtungen der Sparkasse in fremder Währung verändern ihren Wert verlieren, wenn der Kurs der Währung bis zur Fälligkeit bzw. bis zu Kauf oder Verkauf der Position steigt oder fällt. Das hieraus resultierende Währungsrisiko ist eine eigene Kategorie der *Marktpreisrisiken* bzw. *Marktrisiken*. Die *CRR-Verordnung* verlangt, Währungsrisiken ab einer gewissen Größenordnung mit *Eigenmitteln* zu unterlegen (Artikel 92 Abs. 3). Entscheidend sind dabei die täglich zu ermittelnden offenen Positionen, also die Differenz zwischen aktivischen und passivischen Währungspositionen. Etwaige offene Goldpositionen muss die Sparkasse hinzurechnen. Einzelheiten regelt die *CRR* in Artikel 351 ff. Für die Sparkassen haben Währungsrisiken in der Regel untergeordnete Bedeutung. Zu berücksichtigen sind allerdings Anteile an *Investmentfonds*, die in fremden Währungen anlegen. Die Sparkasse hat die Möglichkeit, Währungsrisiken über *Swaps* zu verringern.

Währungsswap
vgl. Swap

Wahlweise Linie
vgl. Kreditlinie

Wandelanleihe
Eine Wandelanleihe ist ein festverzinsliches *Wertpapier*. Über regelmäßige Zinszahlung und Rückzahlung hinaus verbrieft sie das Recht, innerhalb eines bestimmten Zeitraums (Umtauschfrist, Wandlungsfrist) *Aktien* des *Emittenten* in einem festgelegten Umtauschverhältnis zu erwerben. Macht der Anleger von diesem Recht Gebrauch, erlischt sein Recht auf Zinszahlung und Rückzahlung; er wird vom Gläubiger zum Aktionär. Andernfalls tilgt der *Emittent* die *Schuldverschreibung* am Ende der *Laufzeit* planmäßig. Im Gegensatz zur *Optionsanleihe* lässt sich das Recht auf Erwerb von *Aktien* nicht von der *Schuldverschreibung* trennen. Wandelanleihen können mit oder ohne Kündigungsrecht des *Emittenten* ausgestattet sein. Nur vereinzelt kommen Wandelanleihen mit Wandlungspflicht zum Ende der *Laufzeit* auf den Markt; sie haben für den Anleger ein völlig verändertes Risikoprofil. Für die *Eigenanlagen* der Sparkasse haben Wandelanleihen meist untergeordnete Bedeutung.

Warenkreditversicherung
Mit einer Warenkreditversicherung können Geschäftskunden der Sparkasse das Ausfallrisiko aus kurz- und mittelfristigen Forderungen gegenüber gewerblichen Abnehmern vermindern. Die einschlägigen Versicherungsgesellschaften bieten im Wesentlichen zwei Dienstleistungen an. Zum einen prüfen sie für den Versicherungsnehmer einmalig und laufend, inwieweit Neu- oder Bestandskunden ihre Zahlungsverpflichtungen zuverlässig erfüllen; so ist es möglich, Neugeschäft mit Abnehmern schlechter oder sich verschlechternder *Bonität* zu vermeiden. Zum anderen gleichen die Warenkreditversicherer Zahlungsausfälle aus, etwa bei Überschreitung vereinbarter Zahlungsziele oder bei Insolvenz des Abnehmers. Eine Warenkreditversicherung kann den Wert einer *Zession*, die die Sparkasse als *Kreditsicherheit* hereingenommen hat, deutlich steigern. Allerdings bleibt das Risiko einer berechtigten Mängelrüge, das durch den Kreditversicherer unter Umständen nicht abgedeckt ist.

Watch-List
vgl. Risikofrüherkennung

Wechsel
Mit einem Wechsel weist der Aussteller einen Schuldner (Bezogenen, Akzeptanten) an, zu einem festgelegten Termin eine bestimmte Geldsumme an den Wechselnehmer (Remittenten) oder an dessen Order zu zahlen. Die Bedeutung des Wechsels ist zuletzt stark zurückgegangen. Wenn überhaupt, kommt er vor

allem in Umlauf, um ein Warengeschäft zu finanzieren: Der Lieferant stellt den Wechsel im Einvernehmen mit dem Käufer aus und gewährt diesem damit einen meist kurzfristigen *Kredit*. Die gesetzlich verankerte besondere »Wechselstrenge« gibt weitgehende Sicherheit, dass der Warenkäufer den Wechsel am Fälligkeitstag auch einlöst. Entspricht der Wechsel den Formvorschriften und Bedingungen des Wechselgesetzes, können ihn der Lieferant oder andere Inhaber (Indossanten) als Zahlungs- und Kreditmittel einsetzen. Dabei wird der Wechsel mit Indossament versehen, d.h. der bisherige Besitzer unterzeichnet auf der Rückseite. Jeder, der auf einem Wechsel unterschrieben hat, gleichgültig ob als Aussteller, Akzeptant oder Indossant, haftet uneingeschränkt für die Einlösung des Wechsels. Auch der Wechselkredit, also der Ankauf eines Wechsels gegen Abzug von Diskontzinsen (vgl. *Diskontkredit*), hat heute bei der Sparkasse kaum noch Bedeutung.

Weiterleitungsdarlehen

Ein Weiterleitungsdarlehen (auch: Durchleitungskredit, Förderkredit) ist eine zinsgünstige, zweckgebundene Finanzierung, die die Sparkasse als Hausbank bei einem anderen »initiierenden« *Kreditinstitut* abruft und an einen Kunden weiterleitet. Neben attraktiven Zinssätzen zählen für die Sparkassenkunden häufig vor allem lange *Laufzeiten*, tilgungsfreie Anlaufjahre oder das Recht auf kostenfreie Sondertilgungen zu den besonderen Vorteilen von Weiterleitungsdarlehen. Im schuldrechtlichen Sinn ist die Sparkasse Gläubigerin des Weiterleitungsdarlehens. Sie zahlt den Darlehensbetrag allerdings erst nach Zusage des initiierenden *Kreditinstituts* aus. Das mit dem *Kredit* verbundene *Adressenausfallrisiko* liegt im Gegensatz zum *Treuhandkredit* in der Regel voll bei der Sparkasse. Bei bestimmten Förderprogrammen übernimmt die initiierende Bank das Ausfallrisiko teilweise im Rahmen einer Haftungsfreistellung. Einen Teil des *Ertrags* aus dem *Kredit* kann die Sparkasse als *Marge* für sich behalten; er erhöht in der *Gewinn- und Verlustrechnung* und in der internen *Erfolgsrechnung* den *Zinsüberschuss* oder den *Provisionsüberschuss*. Den anderen Teil führt die Sparkasse an die initiierende Bank ab. In der *Bilanz* gehen Weiterleitungsdarlehen auf der Aktivseite in den Posten *Forderungen an Kunden*, auf der Passivseite in gleicher Höhe in den Posten *Verbindlichkeiten* gegenüber *Kreditinstituten* ein. In der Sparkassenpraxis haben Mittel aus den Förderprogrammen der *KfW-Bankengruppe* die größte Bedeutung. Bei Förderkrediten für private Investitionen operiert die *KfW-Bankengruppe* mit einheitlichen Zinssätzen. Für gewerbliche Förderkredite dagegen hat sie das so genannte »risikogerechte Zinssystem« entwickelt: Je nach *Bonität* und bereitgestellten *Kreditsicherheiten* ordnet die Sparkasse die gewünschte Finanzierung einer von insgesamt sieben Preisklassen zu und bietet dem Unternehmen auf dieser Basis einen Zinssatz an. Dabei darf sie die von der *KfW-Bankengruppe* für jede Preisklasse vorgegebene Preis-(Zins-)obergrenze allerdings nicht überschreiten.

Weiterleitungskredit
vgl. Weiterleitungsdarlehen

Wertaufholung
vgl. Zuschreibung

Wertbereich
Den Wertbereich der Sparkasse bilden die besonderen bankwirtschaftlichen Leistungen, die über bloße Dienstleistungen für Kunden (z. B. Ausführung von Überweisungen oder Wertpapierorder) hinausgehen. Kern des Wertbereichs ist damit das Angebot der Sparkasse, das Kapital ihrer Kunden in Form von *Einlagen* hereinzunehmen und dieses Kapital an andere Kunden in Form von *Krediten* auszuleihen. Insofern bewegt sich die Sparkasse überall dort im Wertbereich, wo sie Zinsen oder zinsähnliche Entgelte aufwendet oder erlöst. *Zinserträge* sind demnach Werterlöse, *Zinsaufwendungen* Wertkosten. Üblicherweise erzielt die Sparkasse im Wertbereich einen hohen *Zinsüberschuss*. Bei der Kalkulation von Konditionen und *Deckungsbeiträgen* unterscheidet die Sparkasse konsequent zwischen Wertbereich und Betriebsbereich.

Wertberichtigung
Mit Wertberichtigungen korrigiert die Sparkasse den Bilanzansatz von *Vermögensgegenständen*, vor allem Forderungen gegenüber Dritten, nach unten. Es handelt sich um *außerplanmäßige Abschreibungen*. Die Buchführung unterscheidet *Einzelwertberichtigungen* und *Pauschalwertberichtigungen*. Beide setzt die Sparkasse – ebenso wie eine *Direktabschreibung* – in der *Bilanz* von den entsprechenden *Aktiva* ab. Damit zeigt die *Bilanz* – im Gegensatz zu den internen Statistiken über die laufende Geschäftsentwicklung – das *Kreditvolumen* nicht in voller Höhe. Auch die *Gewinn- und Verlustrechnung* lässt die neu gebildeten und aufgelösten Wertberichtigungen auf Forderungen nicht klar erkennen. Im Rahmen der *Überkreuzkompensation* verrechnet die Sparkasse sie u. a. mit *Aufwendungen* und *Erträgen* aus der Bewertung von *Wertpapieren* der *Liquiditätsreserve* und/oder mit Dotierung bzw. Auflösung der *Vorsorge für allgemeine Bankrisiken* nach § 340f HGB. Die interne *Erfolgsrechnung* der Sparkasse saldiert ebenfalls: Das *Bewertungsergebnis* für das Kreditgeschäft fasst u. a. Neubildung, Erhöhung und Auflösung von Wertberichtigungen zu einem Betrag zusammen.

Werterlös
vgl. Wertbereich

Wertkosten
vgl. Wertbereich

Wertorientierte Steuerung
vgl. Risikotragfähigkeit

Wertpapier

Ein Wertpapier ist eine Urkunde über ein privates Vermögensrecht. Ausüben kann das Recht nur derjenige, der im Besitz der Urkunde ist. Der Berechtigte hat mit Besitz des Wertpapiers die Gewissheit, dass der Verpflichtete nicht mit befreiender Wirkung an eine andere Person leistet. Umgekehrt kann sich der Verpflichtete sicher sein, nur an den Inhaber des Wertpapiers leisten zu müssen. Wertpapiere erhöhen also die Rechtssicherheit auf beiden Seiten. Sie werden im Zahlungsverkehr und im kurzfristigen Kreditgeschäft eingesetzt, vor allem aber auf den *Geldmärkten* und den *Kapitalmärkten*. Nach Art des verbrieften Rechts unterscheidet man Teilhaberpapiere (z. B. *Aktien*) und Gläubigerpapiere (z. B. *Schuldverschreibungen*, Schecks und *Wechsel*). Es kann der jeweilige Inhaber berechtigt sein (Inhaberpapier), eine namentlich genannte oder durch Order bestimmte Person (Orderpapier) oder ausschließlich die namentlich genannte Person (Rektapapier). Heute gibt es fast nur noch Inhaberpapiere, für die der *Emittent* bei einem Zentralverwahrer anstelle effektiver Stücke eine Globalurkunde hinterlegt; diese verbrieft die Rechte aller Inhaber. Die Sparkasse kann Wertpapiere als Kapitalanlage erwerben (vgl. *Eigenanlagen*) oder sich über die *Emission* von Wertpapieren selber Kapital beschaffen. Auf der Aktivseite (Posten 2, 5 und 6) und auf der Passivseite (Posten 3) sind sie in der *Bilanz* jeweils gesondert ausgewiesen. Darüber hinaus verwahrt die Sparkasse für ihre Kunden Wertpapiere im Rahmen des *Depot B-Geschäfts*. Diese Bestände gehen nicht in die *Bilanz* ein, weil die Kunden – und nicht die Sparkasse – Berechtigte aus den hinterlegten Wertpapieren sind. *Provisionsüberschüsse* und andere *Erträge* aus dem Kundenwertpapiergeschäft liefern allerdings einen wichtigen Beitrag zum *Betriebsergebnis* der Sparkasse. Die Wertpapiere im Eigenbestand der Sparkasse unterliegen *Adressenausfallrisiken* und *Marktpreisrisiken*. Um *Verluste* auffangen zu können, muss die Sparkasse ihre *Eigenanlagen* daher mit *Eigenmitteln* unterlegen. Rechtgrundlage hierfür ist die *CRR*-Verordnung. Das *Kreditwesengesetz* subsumiert Wertpapiere unter dem Begriff der *Finanzinstrumente* (§ 1 Abs. 11).

Wertpapierabsatz

Der Wertpapierabsatz (auch: Nettoabsatz) saldiert den Gegenwert der Kauforder und Zeichnungen im *Depot B-Geschäft* mit den Verkäufen und Fälligkeiten. Bei einem positiven Saldo ist das von der Sparkasse betreute Wertpapiervermögen der Kunden gestiegen. Der Einfluss von unterjährigen Kursveränderungen an den Börsen bleibt dabei allerdings unberücksichtigt. Für Aktivität und Wettbewerbsposition der Sparkasse im Wertpapiergeschäft ist der Wertpapierabsatz ein geeigneterer Gradmesser als der *Wertpapierumsatz*. Dies gilt insbesondere für das Geschäft mit *Investmentfonds*.

Wertpapier-Compliance

Im Wertpapierkundengeschäft hat die Sparkasse zahlreiche gesetzliche und aufsichtsrechtliche Normen zu beachten. Im Gesamtkontext der *Compliance* hat die Wertpapier-Compliance daher große Bedeutung. Im Interesse der Kunden, aber auch im eigenen Interesse muss die Sparkasse gewährleisten, die einschlägigen Gesetze und Vorschriften bei der Beratung und bei der Abwicklung von Wertpapierorders jederzeit einzuhalten. Zentrale Vorschriften für die Wertpapier-Compliance sind der sechste Abschnitt des Wertpapierhandelsgesetzes (§ 31 ff. WpHG), die Wertpapier-Dienstleistungs-Verhaltens- und Organisationsverordnung (WpDVerOV) und die »Mindestanforderungen an Compliance und die weiteren Verhaltens-, Organisations- und Transparenzpflichten nach §§ 31 ff. WpHG« (MaComp). Das Wertpapierhandelsgesetz führt in § 33 Kernbereiche der Wertpapier-Compliance auf. Demnach muss die Sparkasse …

- eine dauerhafte und wirksame Compliance-Funktion einrichten, die ihre Aufgaben unabhängig wahrnehmen kann
- ihre Wertpapier(-neben)dienstleistungen regelmäßig und kontinuierlich anbieten
- mögliche Interessenkonflikte mit geeigneten organisatorischen Vorkehrungen identifizieren. Mit angemessenen Maßnahmen muss die Sparkasse verhindern, dass Kundeninteressen beeinträchtigt werden
- ein angemessenes und transparentes Beschwerdemanagement für ihre Privatkunden einrichten
- die Organisation der Wertpapier-Compliance laufend überwachen, bewerten und gegebenenfalls nachbessern.

Die MaComp geben der Compliance-Funktion eine starke Position. Die Sparkasse muss sie so ausstatten, dass sie ihre Aufgaben unabhängig und in vollem Umfang wahrnehmen kann. Neben ihren Überwachungspflichten soll die Compliance-Funktion die operativen Bereiche auch konkret beraten, in Schulungen über gesetzliche Neuerungen informieren oder die Einführung neuer Produkte und Prozesse begleiten. Unbeschadet seiner Gesamtverantwortung bestellt der Vorstand der Sparkasse einen Compliance-Beauftragten. Er berichtet dem Vorstand mindestens einmal jährlich, bei schwerwiegenden Verstößen auch ad hoc, ob die Organisation der Wertpapier-Compliance wirksam und angemessen ist. Der Vorstand muss diese Berichte an den Verwaltungsrat weiterleiten (BT 1.2.2 Ziffer 3 MaComp). Nimmt der Vorstand inhaltliche Änderungen an den Berichten vor, hat der den Vorsitzenden des Verwaltungsrats darüber zu informieren (BT 1.2.2 Ziffer 4 MaComp). Dieser könnte beim Compliance-Beauftragten jederzeit auch direkt Auskünfte einholen, müsste dann aber seinerseits wiederum den Vorstand einbeziehen (BT 1.1 Ziffer 2 MaComp).

Wertpapierleihe
Bei der Wertpapierleihe vereinbart der Eigentümer oder Besitzer von *Wertpapieren*, seinem Vertragspartner für einen bestimmten Zeitraum *Wertpapiere* aus dem Eigenbestand zu überlassen. Der Entleiher verpflichtet sich gleichzeitig, nach Ablauf der festgelegten Frist Papiere gleicher Art, Güte und Menge wieder zurückzuliefern. Der Entleiher kann mit diesen *Wertpapieren* während der

Laufzeit eigene Verpflichtungen erfüllen. Für die Leihe muss er dem Verleiher ein Entgelt bezahlen und ihm außerdem entgangene *Erträge* erstatten. Im Ergebnis ist die Wertpapierleihe ein Sachdarlehen.

Wertpapierpensionsgeschäft

Im Rahmen eines Wertpapierpensionsgeschäfts überträgt der Pensionsgeber dem Pensionsnehmer *Wertpapiere* gegen Zahlung eines bestimmten Betrags. Gleichzeitig vereinbaren beide Seiten die Verpflichtung oder das Recht des Pensionsnehmers, die *Wertpapiere* am Ende der festgelegten *Laufzeit* zum gleichen oder zu einem anderen Betrag zurückzuübertragen. Dem Grunde nach handelt es sich um einen *Kredit* des Pensionsnehmers an den Pensionsgeber. Die *Laufzeit* eines Wertpapierpensionsgeschäfts liegt üblicherweise zwischen wenigen Wochen und einem Jahr. Verpflichtet sich der Pensionsnehmer zur Rückübertragung, handelt es sich um ein echtes Wertpapierpensionsgeschäft. Ist er lediglich berechtigt, nicht aber verpflichtet, spricht man von einem unechten Wertpapierpensionsgeschäft. Dies führt zu einem unterschiedlichen Ausweis in der *Bilanz*: Bei einem echten Wertpapierpensionsgeschäft bleiben die *Wertpapiere* in der *Bilanz* des Pensionsgebers. Sobald der vereinbarte Betrag fließt, bucht er auf der Passivseite eine *Verbindlichkeit* ein. Damit verlängert das Geschäft die *Bilanz* des Pensionsgebers. Im *Anhang* des *Jahresabschlusses* muss er über den *Buchwert* der übertragenen *Wertpapiere* gesondert informieren. Der Pensionsnehmer bucht mit Zahlung des für die Leihe vereinbarten Betrags im Gegenzug eine *Forderung* ein (§ 340b Abs. 4 HGB); in seiner *Bilanz* kommt es also lediglich zu einem Tausch von *Aktiva*. Bei einem unechten Wertpapierpensionsgeschäft bilanziert nicht der Pensionsgeber, sondern der Pensionsnehmer die übertragenen *Wertpapiere* (§ 340b Abs. 5 HGB). Allerdings weist der Pensionsgeber »unter dem Strich« der Passivseite für den Fall der Rückübertragung eine *Eventualverbindlichkeit* (Posten 2a) aus. Wertpapierpensionsgeschäfte sind ein wichtiges geldpolitisches Steuerungsinstrument der Europäischen Zentralbank. Wöchentlich – zuweilen auch in kürzeren Abständen – schleust die Notenbank auf diese Weise zwei- bis dreistellige Milliardenbeträge in den *Geldmarkt*. Die *Kreditinstitute* beschaffen sich auf diesem Weg kurzfristig Liquidität.

Wertpapierumsatz

Der Wertpapierumsatz ist die Summe aus Wertpapierkäufen, Zeichnungen, Wertpapierverkäufen und -fälligkeiten im *Depot B-Geschäft* der Sparkasse. Je höher der Wertpapierumsatz ist, desto höher ist der *Provisionsüberschuss* aus dem *Depot B-Geschäft*. Insofern profitiert die Sparkasse kurzfristig auch dann noch, wenn sich Kunden verstärkt von *Wertpapieren* abwenden. Für die Wettbewerbsposition der Sparkasse im Wertpapiergeschäft hat der Wertpapierumsatz wenig Aussagekraft; hier erlaubt der *Wertpapierabsatz* bessere Rückschlüsse.

Wertverschlechterungsrisiko

vgl. Adressenausfallrisiko

wesentlich

Die Sparkasse muss insbesondere im *Anhang* der *Bilanz* und im *Lagebericht* alle Tatbestände berücksichtigen und offenlegen, die das Jahresergebnis oder die Risikosituation nennenswert beeinflussen. In diesem Sinn »wesentlich« sind Beträge, Posten oder Informationen, wenn sie
1. den Einblick in die Vermögens-, Finanz- und Ertragslage der Sparkasse verbessern (im Sinne von § 264 Abs. 2 HGB);
2. sich auf die wirtschaftlichen Entscheidungen der Adressaten des *Jahresabschlusses* (z. B. Kunden) auswirken könnten (vgl. auch *Wesentlichkeitsgrenze*).

Ob ein Tatbestand wesentlich ist oder nicht, müssen Sparkasse und Abschlussprüfer nach pflichtgemäßem Ermessen und im Hinblick auf den jeweiligen Sachverhalt entscheiden. Angaben, die für sich allein betrachtet unwesentlich sind, können zusammen mit anderen wesentlich werden. Abgesehen von einer rein materiellen Sichtweise kann sich Wesentlichkeit auch aus der Bedeutung einer verletzten Rechtsnorm ergeben, beispielsweise aus dem Verstoß gegen gesetzliche, satzungsgemäße oder aufsichtsrechtliche Bestimmungen.

Wesentlichkeitsgrenze

Der zuständige Wirtschaftsprüfer der Prüfungsstelle legt bei der Prüfung des *Jahresabschlusses* und des *Lageberichts* der Sparkasse fest, ab welchem Betrag festgestellte und gegebenenfalls nicht korrigierte Unrichtigkeiten und Verstöße wesentlich sind. Er beurteilt dies aus dem Blickwinkel eines externen Lesers, der beispielsweise der Sparkasse Geld anvertrauen möchte. Wie hoch die Wesentlichkeitsgrenze genau ist, liegt im Ermessen des Wirtschaftsprüfers. Bezugsgrößen für erfolgsneutrale Bilanzierungsfehler sind beispielsweise die *Bilanzsumme* oder das *Eigenkapital*, für erfolgswirksame Bilanzierungsfehler etwa der *Zinsüberschuss*, das Ergebnis der gewöhnlichen Geschäftstätigkeit oder wiederum das *Eigenkapital*. Zudem definiert der Wirtschaftsprüfer eine Toleranzwesentlichkeitsgrenze. Sie liegt zwischen 50 und 80 Prozent der Wesentlichkeitsgrenze und ist risikoorientiert: Liegen die festgestellten und gegebenenfalls nicht korrigierten Fehler unterhalb der Toleranzwesentlichkeit, kann sich der auf Basis von Stichproben arbeitende Wirtschaftsprüfer hinreichend sicher sein, dass die Wesentlichkeitsgrenze auch mit den nicht aufgedeckten Fehlern nicht überschritten wird. Aus der Toleranzwesentlichkeitsgrenze leitet sich die *Nichtaufgriffsgrenze* ab. Die Wesentlichkeit kann sich auch aus der Bedeutung einer verletzten Rechtsnorm (u. a. gesetzliche oder aufsichtsrechtliche Bestimmungen, Satzung) ergeben, ohne dass sich dies auf *Bilanz* oder *Gewinn- und Verlustrechnung* auswirken muss.

Wesentliche Risiken

Die *Mindestanforderungen an das Risikomanagement* (MaRisk) geben der Sparkasse vor, ihre wesentlichen Risiken mit besonderen Prozessen und Verfahren zu erkennen, zu beurteilen, zu steuern, zu überwachen und zu kommunizieren

(AT 4.3.2 Ziffer 1). Jede Sparkasse legt ihre wesentlichen Risiken selber fest. Um wesentliche Risiken von nicht-wesentlichen Risiken zu unterscheiden, muss sie sich regelmäßig und anlassbezogen einen Überblick über das Gesamtrisikoprofil verschaffen (AT 2.2 Ziffer 1 MaRisk) und dann über die Abgrenzung entscheiden. Die meisten Sparkassen orientieren sich dabei an den Vorgaben der MaRisk. Danach zählen zu den wesentlichen Risiken »grundsätzlich« die *Adressenausfallrisiken*, die *Marktpreisrisiken*, die *Liquiditätsrisiken* und die *operationellen Risiken* der Sparkasse (AT 2.2 Ziffer 1 MaRisk). Für *Risikosteuerung* und *Risikocontrolling* dieser vier Risikokategorien sowie für die entsprechende *Risikoberichterstattung* führen die MaRisk im Abschnitt BTR folgerichtig besondere Pflichten auf. Das *Risikodeckungspotenzial* der Sparkasse muss die wesentlichen Risiken laufend abdecken und damit die *Risikotragfähigkeit* gewährleisten (AT 4.1 Ziffer 1 MaRisk). Die *Liquiditätsrisiken* kann die Sparkasse dabei unberücksichtigt lassen, muss dies allerdings nachvollziehbar begründen (AT 4.1 Ziffer 4 MaRisk).

Wholesale
vgl. Retailgeschäft

Wiederanlaufplan
vgl. Notfallkonzept

Wirtschaftliches Eigenkapital
vgl. Eigenkapital

Zahlungsmittel
Im allgemeinen Verständnis sind Zahlungsmittel Gegenstände, mit denen Geldschulden getilgt werden. Alle Staaten kennen Banknoten und Münzen als gesetzliche Zahlungsmittel; die Rechtsvorschriften sehen für Bargeld einen nahezu unbeschränkten Annahmezwang vor. Weitaus größere Bedeutung hat heute Giralgeld als Zahlungsmittel. Der Geldschuldner überträgt hierbei beispielsweise per Überweisung, Lastschrift oder Scheck Bankguthaben oder Ansprüche aus einer *Kreditlinie* an seinen Gläubiger. Im Rahmen der *Liquiditätsverordnung* gilt ein großer Teil der Vermögenspositionen, die bei der Sparkasse aus Zahlungszuflüssen resultieren oder innerhalb eines Jahres zu Zahlungszuflüssen führen, als Zahlungsmittel. So zählt die Verordnung nicht nur den *Kassenbestand*, Guthaben bei der *Deutschen Bundesbank* und unwiderrufliche *Kreditzusagen* anderer *Kreditinstitute*, sondern beispielsweise auch bestimmte *Wertpapiere* oder *Forderungen an Kunden* mit einer *Restlaufzeit* von höchstens einem Jahr zu den Zahlungsmitteln (§ 3 Abs. 1 und 2 LiqV). Je nach Fälligkeit und *Restlaufzeit* ordnet die Sparkasse sie insgesamt vier Laufzeitbändern zu. Das Verhältnis von Zahlungsmitteln zu *Zahlungsverpflichtungen* innerhalb der Laufzeitbänder beschreibt die Liquiditätssituation der Sparkasse. Ausreichende Liquidität ist gegeben, wenn die Zahlungsmittel im ersten Laufzeitband

(täglich oder innerhalb eines Monats fällig) die im gleichen Zeitraum anstehenden *Zahlungsverpflichtungen* übersteigen.

Zahlungsverpflichtungen

Zahlungsverpflichtungen sind alle Positionen der Sparkasse, die kurzfristig zu Zahlungsabflüssen führen oder führen können. Zusammen mit den *Zahlungsmitteln* bestimmen die Zahlungsverpflichtungen die Liquiditätssituation der Sparkasse. Maßgebend ist die *Liquiditätsverordnung*, die vier Laufzeitbänder unterscheidet. Sofern die *Restlaufzeit* ein Jahr nicht übersteigt, ordnet die Sparkasse ihre befristeten *Verbindlichkeiten*, etwa Kunden*einlagen* mit vereinbarter Fälligkeit, diesen Laufzeitbändern zu (§ 4 Abs. 2 LiqV). Im ersten Laufzeitband (täglich oder innerhalb eines Monats fällig) kommen unbefristete *Verbindlichkeiten*, *Eventualverbindlichkeiten* und unwiderrufliche *Kreditzusagen* der Sparkasse hinzu. Sie gehen allerdings nur mit einem festgelegten Prozentsatz als Zahlungsverpflichtungen in die Rechnung ein, *Sichteinlagen* und *Spareinlagen* beispielsweise mit 10 Prozent, nicht oder noch nicht beanspruchte *Kreditlinien* und *Kreditzusagen* mit 20 Prozent (§ 4 Abs. 1 LiqV). Ausreichende Liquidität ist gegeben, wenn die abrufbaren Zahlungsverpflichtungen im ersten Laufzeitband geringer sind als die verfügbaren *Zahlungsmittel*.

zeitnah

Die *Mindestanforderungen an das Risikomanagement* verwenden zahlreiche unbestimmte Begriffe. Das spiegelt das Selbstverständnis einer flexiblen, prinzipienbasierten Bankenaufsicht wider. Die Anforderung »zeitnah« lässt der Sparkasse größeren Spielraum als die Vorgabe, *unverzüglich* zu agieren. Sie toleriert gewisse Verzögerungen, sofern sie sich begründen lassen. Zeitnah heißt einerseits: so schnell wie möglich – andererseits: so schnell wie nötig.

Zeitwert

Vom Zeitwert wird in unterschiedlichen Zusammenhängen gesprochen:
1. Bei der Bewertung eines langlebigen Wirtschaftsguts ergibt sich der Zeitwert aus den *Anschaffungskosten* oder *Herstellungskosten*, vermindert um die *planmäßigen Abschreibungen* und gegebenenfalls erhöht um zwischenzeitliche Aufwertungen (Reparatur, Renovierung o.ä.);
2. Der Zeitwert ist der Wert eines Zahlungszu- oder -abflusses (z.B. Zinszahlung, Tilgung einer *Verbindlichkeit*) zu einem Zeitpunkt, der nicht dem Fälligkeitstermin entspricht. Liegt dieser Zeitpunkt – vom Fälligkeitstermin aus betrachtet – in der Zukunft, ermittelt sich der Zeitwert über Aufzinsung; er ist also höher als der Zahlungsbetrag. Liegt der Zeitpunkt vor dem Fälligkeitstermin, wird abgezinst; Ergebnis ist dann der niedrigere *Barwert*.
3. Die Rechnungslegung spricht beim Wertansatz von *Finanzinstrumenten* vom »beizulegenden Zeitwert« (Fair Value). Er ermittelt sich in einem mehrstufigen Verfahren. Vorrangig ist zunächst der an einer Börse, von einem Händler, einem Broker, einer Branchengruppe oder einer Aufsichtsbehörde

notierte Marktpreis oder Kurs; er bildet sich aus aktuellen und regelmäßig abgewickelten Transaktionen zwischen unabhängigen Dritten (»marking to market«). Gibt es keinen solchen Marktpreis, ist der beizulegende Zeitwert mit anerkannten, unter Umständen modellbasierten Bewertungsmethoden zu ermitteln (»marking to model«). Das vor allem in der angelsächsischen Rechnungslegung übliche Fair-Value-Prinzip gilt für deutsche *Kreditinstitute* nur ausnahmsweise. Steigt der Marktpreis über den Einstandskurs, muss die Sparkasse nur *Finanzinstrumente* des *Handelsbestands* zum beizulegenden Zeitwert (abzüglich eines Risikoabschlags) bewerten und in der *Bilanz* ansetzen (§ 340e Abs. 3 HGB). Bewertungsobergrenze für *Finanzinstrumente* des *Anlagebuchs* bzw. der *Liquiditätsreserve* sind hingegen die *Anschaffungskosten*. Somit kann die Sparkasse hier bei Kursanstiegen über den Einstandskurs hinaus *Kursreserven* bilden, die im *Jahresabschluss* nicht erkennbar sind.

Zerobond
vgl. Nullkupon-Anleihe

Zession

Die Zession (auch: Abtretung) ist eine der gebräuchlichsten *Kreditsicherheiten*. Dabei tritt ein Kreditkunde (Zedent) eine oder mehrere Forderungen an die Sparkasse ab. Die Sparkasse wird zwar neuer Gläubiger der Forderung(en); im Übrigen aber bleibt die Rechtsbeziehung zwischen dem Zedenten und dem Drittschuldner unberührt; dies ist ein wesentlicher Unterschied zum *Factoring*. Die Zession wird häufig als Sicherheit für *Kontokorrentkredite* eingesetzt. Solange keine Störungen im Kreditverhältnis auftreten, verzichtet die Sparkasse darauf, die Drittschuldner der abgetretenen Forderungen über die Abtretung zu informieren (»stille Zession«). Diese zahlen im Normalfall also weiterhin an den Kreditkunden der Sparkasse. Allerdings verpflichtet die Sparkasse ihren Kunden dafür zu sorgen, dass Zahlungen auf einem Geschäftskonto bei der Sparkasse eingehen. Kommt der Kreditkunde bei der Sparkasse in Verzug, kann sie die Zession offen legen; dann müssen die Drittschuldner direkt an die Sparkasse überweisen. Bei einer Einzelzession lässt sich die Sparkasse eine bestimmte bestehende oder künftige Forderung abtreten, beispielsweise die Ansprüche aus einer Lebensversicherung des Kreditkunden. Eine Globalzession umfasst die Abtretung mehrerer oder einer Vielzahl bestehender oder künftig entstehender Forderungen. Der Wert einer Zession hängt vor allem von der *Bonität* des Drittschuldners, daneben aber auch von der Ehrlichkeit des Kreditkunden ab. So können Forderungen nicht mehr oder noch nicht existent sein. Es kann aus Reklamationen Gegenforderungen der Drittschuldner geben. Wertmindernd sind unter Umständen auch verlängerte Eigentumsvorbehalte von Lieferanten des Kreditkunden; deshalb drängt die Sparkasse häufig dazu, mit einem neuen *Kontokorrentkredit* Lieferantenkredite abzulösen. Ermittelt die Sparkasse das wirtschaftliche Risiko bzw. den *Blankoanteil* eines gewerblichen

Kreditverhältnisses, setzt sie die Zession von Forderungen aus Lieferungen und Dienstleistungen angesichts der genannten Risiken oft nur bis zur Hälfte oder noch weniger an. Bei der Abtretung von Ansprüchen aus Lebensversicherungsverträgen müssen unwiderruflich bezugsberechtigte Personen der Zession ausdrücklich zustimmen. Der Wert einer Zession von Lohn- und Gehaltsforderungen bemisst sich an der Höhe der nicht pfändbaren Beträge, am Umfang etwaiger Unterhaltsverpflichtungen des Kreditkunden und an der *Bonität* des Arbeitgebers. Kontoguthaben werden nicht abgetreten, sondern verpfändet. Gegenüber einem anderen *Kreditinstitut* legt die Sparkasse eine solche Verpfändung grundsätzlich offen, weil das kontoführende *Institut* ansonsten das *AGB-Pfandrecht* geltend machen könnte.

Zinsänderungsrisiko

Das Zinsänderungsrisiko bezeichnet die Gefahr, dass sich *Betriebsergebnis* oder *Barwert* der Sparkasse durch ein verändertes Zinsniveau oder eine veränderte Zinsstruktur am *Geld-* und *Kapitalmarkt* vermindern. Das Zinsänderungsrisiko ist für die Sparkasse die wichtigste Ausprägung des *Marktpreisrisikos*. *Aufwendungen* und *Erträge* aus den meisten bilanziellen und außerbilanziellen Positionen der Sparkasse sind mehr oder weniger direkt mit der allgemeinen Zinsentwicklung verbunden. Deshalb gilt den Zinsänderungsrisiken im Rahmen des *Risikomanagements* besonderes Augenmerk der Sparkasse. Es gäbe kein Zinsänderungsrisiko, wenn die Sparkasse mit jedem Einlagen- oder Refinanzierungsgeschäft ein deckungsgleiches Aktivgeschäft (*Kredit* oder *Eigenanlagen*) in gleicher Höhe und mit gleicher Zinsbindung abschlösse. In der Praxis ist dies weder möglich noch gewollt. Die Kunden schließen oft Geschäfte mit variablen Zinssätzen ab. Zudem ist die Sparkasse auf *Erträge* aus der *Fristentransformation* angewiesen. Zinsänderungsrisiken entstehen, wenn bei einem Anstieg des Zinsniveaus der *Zinsaufwand* stärker und/oder schneller steigt als der *Zinsertrag* bzw. wenn sich der *Barwert* der *Forderungen* stärker und/oder schneller vermindert als der *Barwert* der *Verbindlichkeiten*. Umgekehrt verhält es sich bei einem Rückgang der Marktzinsen: Hier bauen sich Zinsänderungsrisiken auf, wenn der *Zinsertrag* stärker und/oder schneller zurückgeht als der *Zinsaufwand* bzw. wenn der *Barwert* der *Verbindlichkeiten* stärker und/oder schneller anwächst als der *Barwert* der *Forderungen*. Wann aus sich verändernden Marktzinsen tatsächlich Zinsänderungsrisiken entstehen, hängt von der individuellen Geschäftsstruktur der Sparkasse ab. Die meisten Sparkassen haben einen aktivischen *Festzinsüberhang*; ihnen erwachsen aus steigenden Marktzinsen Zinsänderungsrisiken. Auch die Zinsbindungsfristen beeinflussen das Zinsänderungsrisiko: Je länger die Verzinsung einer Position festgeschrieben ist, desto mehr verändern sich bei einem Anstieg oder Rückgang der Marktzinsen Kurse bzw. *Barwerte*. Bei de facto variablen Positionen der Sparkasse, etwa *Kontokorrentkrediten*, *Floatern*, *Sichteinlagen* oder *Termineinlagen*, resultiert das Zinsänderungsrisiko aus unterschiedlichen *Zinselastizitäten*. In der internen *Erfolgsrechnung* und in der *Gewinn- und Verlustrechnung* führt ein steigendes Zinsniveau meist zu einem sinkenden *Zinsüberschuss* (vgl. *Zinsspannenrisiko*) sowie als Folge sinkender Kurse zu *außerplanmäßigen Abschreibungen* auf *Eigenanlagen* (*Abschreibungsrisiko*) und damit zu einem höheren *Bewertungsergebnis*. Mit *Eigenmitteln* unterlegen muss die Sparkasse ihre Zinsänderungsrisiken nur bei Positionen des *Handelsbuchs*. Bei *Risikosteuerung* und *Risikocontrolling* ihrer Zinsänderungsrisiken muss die Sparkasse die gleichen Vorgaben beachten, die die *Mindestanforderungen an das Risikomanagement* für *Marktpreisrisiken* allgemein festlegen (BTR 2.3). Dazu gehören auch *Stresstests*, bei denen die Sparkasse deutliche Veränderungen des Zinsniveaus, gegebenenfalls auch der Zinsstruktur unterstellt. Die Bankenaufsicht fordert zudem die Simulation eines standardisierten *Zinsschocks*.

Zinsaufwand

Der Zinsaufwand der internen *Erfolgsrechnung* der Sparkasse deckt sich größtenteils mit den in der *Gewinn- und Verlustrechnung* ausgewiesenen *Zinsaufwendungen*. Allerdings enthält er keine *aperiodischen Aufwendungen*. Die Differenz aus *Zinsertrag* und *Zinsaufwand* ergibt den *Zinsüberschuss*.

Zinsaufwendungen

Die Zinsaufwendungen gehören zu den wichtigsten Positionen der *Gewinn- und Verlustrechnung* der Sparkasse. Die Differenz aus *Zinserträgen* und *Zinsaufwendungen* ergibt den *Zinsüberschuss*. Die Sparkasse weist als Zinsaufwendungen alle *Aufwendungen* für *Verbindlichkeiten* gegenüber Kunden und *Kreditinstituten*, für *verbriefte Verbindlichkeiten* und für *nachrangige Verbindlichkeiten* aus (§ 29 RechKredV). Damit gehören zu den Zinsaufwendungen nicht nur Positionen, die ausdrücklich als Zinsen deklariert sind. Hinzu kommen beispielsweise Diskontabzüge, Ausschüttungen auf *Genussrechte* und *Gewinnschuldverschreibungen*, das zeitlich verteilte *Disagio* bei selbst begebenen *Unter-Pari-Papieren* oder bestimmte Provisionen, soweit sie sich nach der Höhe der *Verbindlichkeit* oder nach der Zeitdauer berechnen. Wichtig: Im Gegensatz zum *Zinsaufwand* der internen *Erfolgsrechnung* enthalten die Zinsaufwendungen der *Gewinn- und Verlustrechnung* auch *aperiodische Zinsaufwendungen*.

Zinsbindungsbilanz

Die laufende Beobachtung der Zinsbindungen im Festzinsgeschäft ist ein wichtiges Instrument, um *Zinsänderungsrisiken* zu analysieren. Die Sparkasse stellt deshalb regelmäßig sämtliche aktivischen und passivischen Festzinspositionen derselben *Restlaufzeit* in einer Zinsbindungsbilanz gegenüber; dabei betrachtet sie Kundengeschäft und *Eigenanlagen* zusammen. Die jeweiligen Differenzen ergeben offene Festzinspositionen bzw. *Festzinsüberhänge*. Die Sparkasse hat ihre *Festzinsüberhänge* gewöhnlich bei den *Aktiva*. Daraus resultieren *Zinsänderungsrisiken* insbesondere bei einem schnellen Anstieg des Zinsniveaus. Unterschiedliche Zinsbindungen bei *Einlagen* einerseits, bei Kundenkrediten und *Eigenanlagen* andererseits spiegeln allerdings auch die aktiv betriebene

Fristentransformation der Sparkasse wider. Die Ergebnisse der Zinsbindungsbilanz fließen in die *Zinselastizitätsbilanz* für das gesamte *Zinsbuch* ein.

Zinsbuch

Das Zinsbuch umfasst sämtliche Positionen der Sparkasse, für die sie Zinsen bezahlt oder erhält. Dazu gehören vor allem *Einlagen*, bei anderen *Kreditinstituten* aufgenommene Gelder, *Forderungen an Kunden* und an andere *Kreditinstitute* sowie der größte Teil der *Eigenanlagen*.

Zinsbuch-Cashflow

Idealtypisch lässt sich jeder *Kredit* und jede *Eigenanlage* der Sparkasse durch einen spezifischen Zahlungsstrom, den *Cashflow*, darstellen. Er stellt die unmittelbar erfolgende Auszahlung den künftig zu erwartenden, über die *Laufzeit* verteilten und auf die Gegenwart abdiskontierten Zins- und Tilgungszahlungen gegenüber (vgl. *Barwert*). Mit umgekehrten Vorzeichen gilt das auch für jede *Refinanzierung* der Sparkasse. Fasst die Sparkasse die Cashflows aller verzinslichen Positionen auf der Aktiv- und auf der Passivseite ihrer *Bilanz* zusammen, erhält sie den Zinsbuch-Cashflow. Je weiter ein Cashflow in der Zukunft liegt, desto stärker reagiert er auf Zinsänderungen, desto höher ist das *Zinsänderungsrisiko* aus der entsprechenden Position. Die Sparkasse kann den Zinsbuch-Cashflow durch gezielte Maßnahmen beeinflussen. Forciert sie die *Fristentransformation* beispielsweise durch verstärkte Anlagen in Positionen mit langer *Laufzeit*, kann sie damit bei normaler, d. h. »steiler« Zinsstruktur den Zinsbuch-Cashflow steigern, erhöht aber auch ihre *Zinsänderungsrisiken*. Umgekehrt verhält es sich, wenn die Sparkasse die *Fristentransformation* zurückfährt. In diesem Fall gehen der Zinsbuch-Cashflow und *Zinsänderungsrisiken* zurück. Der Zinsbuchhebel beschreibt, in welchem Verhältnis das *Zinsänderungsrisiko* des aktuellen *Zinsbuchs* zum *Zinsänderungsrisiko* eines »Benchmark«-*Zinsbuchs* mit konstanter Laufzeitstruktur steht.

Zinsbuchhebel

vgl. Zinsbuch-Cashflow

Zinscap

vgl. Cap

Zinsderivate

Zinsderivate sind *Termingeschäfte* mit *Zinsinstrumenten*, meist festverzinslichen *Wertpapieren*, als Basiswerten (vgl. auch *Derivate*). Zu den Zinsderivaten gehören insbesondere *Zinsoptionen*, *Zinsfutures* und *Zinsswaps*. In einem erweiterten Sinn lassen sich auch *Caps*, *Floors* und *Collars* den Zinsderivaten zuordnen. Die Sparkasse kauft und verkauft Zinsderivate vor allem, um *Zinsänderungsrisiken* ihrer *Bilanz* zu begrenzen.

Zinselastizität

Die Zinselastizität gibt Auskunft, in welchem Umfang ein verändertes Zinsniveau am *Geld-* und *Kapitalmarkt* innerhalb eines bestimmten Zeitraums auf die Zinssätze für *Kredite* und *Einlagen* der Sparkasse durchschlägt. Sie bewegt sich normalerweise zwischen Null und eins. Eine Zinselastizität von 1 beispielsweise bedeutet: Die Sparkasse gibt die Veränderung des Marktzinses im Kundengeschäft in gleichem Umfang weiter, erhöht oder senkt den Zinssatz im Kundengeschäft also um den gleichen Prozentsatz. Eine Zinselastizität von 0 dagegen heißt: Die Sparkasse verändert die Kundenkondition nicht, obwohl der Marktzins gestiegen oder gefallen ist. Entscheidend ist bei der Zinselastizität allerdings nicht die vertragliche Vereinbarung, sondern das tatsächlich zu beobachtende Zinsanpassungsverhalten. So haben Positionen mit Zinsfestschreibung formal zwar eine Zinselastizität von 0. Allerdings können Kunden Kündigungsrechte ausüben, um ihre Geldanlagen oder Finanzierungen zu günstigeren Konditionen umzuschichten. Die Sparkasse ermittelt die Zinselastizität aus historischen Zeitreihen. Sie ist ein wichtiger Parameter bei der Analyse von *Zinsspannenrisiken*. In der *Zinselastizitätsbilanz* fasst die Sparkasse die Zinselastizität aller Positionen des *Zinsbuchs* zusammen. Zinselastizitäten sind im Zeitverlauf nicht konstant und unterliegen unterschiedlichen Einflüssen, etwa der Zinssensibilität der Kunden oder der Wettbewerbssituation.

Zinselastizitätsbilanz

Die Zinselastizitätsbilanz hilft abzuschätzen, wie sich Veränderungen des Zinsniveaus am *Geld- und Kapitalmarkt* im *Zinsüberschuss* der Sparkasse niederschlagen und ihr *Zinsspannenrisiko* beeinflussen. Die Sparkasse betrachtet dabei das gesamte *Zinsbuch*, also sämtliche zinstragenden Positionen auf der Aktivseite und auf der Passivseite der *Bilanz*, Positionen mit Zinsfestschreibung genauso wie variabel verzinsliche Positionen. Für jede einzelne Position ermittelt die Sparkasse auf der Basis historischer Zeitreihen, wie sich der *Zinsaufwand* bzw. der *Zinsertrag* bei einer Veränderung des Marktzinses am *Geld- und Kapitalmarkt* um einen Prozentpunkt innerhalb eines bestimmten Zeitraums entwickelt. Maßgeblich ist dabei nicht das, was die Sparkasse etwa mit Kunden oder Geschäftspartnern vertraglich vereinbart hat, sondern das in der Vergangenheit tatsächlich zu beobachtende Zinsanpassungsverhalten. Eine variabel verzinsliche Position passt sich nicht unbedingt sofort und in vollem Umfang an einen veränderten Marktzins an, hat also nicht zwangsläufig eine *Zinselastizität* von eins. Im Gegenteil: ihre Zinselastizität kann sogar bei 0 liegen, sodass es sich faktisch um eine Festzinsposition handelt. Beispiel sind Spareinlagen mit dreimonatiger *Kündigungsfrist*. Formal sind sie variabel verzinslich; die Sparkasse passt ihre Verzinsung aber nur selten an veränderte Marktzinsen an. Umgekehrt weisen Festzinspositionen nicht immer eine *Zinselastizität* von 0 auf: So können Kunden Kündigungsrechte ausüben oder darauf drängen, ihre Finanzierung in günstigere Konditionen umzuschulden. Auch für die Sparkasse kann es mitunter sinnvoll sein, *Eigenanlagen* oder *Refinanzierungen* bei anderen *Kreditinstituten* vorzeitig in Positionen mit attraktiverer Verzinsung zu tauschen und dabei *Kursverluste* oder Vorfälligkeitsentgelte zu akzeptieren. Hat die Sparkasse die *Zinselastizität* aller Positionen des *Zinsbuchs* bestimmt, gewichtet sie sie nach dem Volumen. Daraus ergibt sich eine durchschnittliche Zinselastizität für die Aktivseite der Bilanz und eine durchschnittliche Zinselastizität für die Passivseite der *Bilanz*. Ist die aktivische *Zinselastizität* größer, reagiert der *Zinsertrag* der Sparkasse schneller auf eine Veränderung der Marktzinsen als der *Zinsaufwand*. Umgekehrt verhält es sich, wenn die passivische *Zinselastizität* höher ist. Bei den meisten Sparkassen ist die passivische *Zinselastizität* höher. Damit vermindert sich der *Zinsüberschuss* bei einem Zinsanstieg; und er wird größer, wenn das Zinsniveau zurückgeht.

Zinsertrag
Zinsertrag bzw. Zinserträge gehören zu den wichtigsten Positionen der internen *Erfolgsrechnung* und der *Gewinn- und Verlustrechnung* der Sparkasse. Die Differenz aus *Zinserträgen* und *Zinsaufwendungen* ergibt den *Zinsüberschuss*. Die Sparkasse weist als Zinserträge u. a. alle *Erträge* aus der *Barreserve*, aus Schuldtiteln öffentlicher Stellen, aus Forderungen an *Kreditinstitute*, aus *Forderungen an Kunden* sowie aus eigenen verzinslichen *Wertpapieren* aus (§ 28 RechKredV). Damit gehören zu den Zinserträgen nicht nur Positionen, die ausdrücklich als Zinsen deklariert sind. Hinzu kommen beispielsweise Ausschüttungen aus *Genussrechten* und *Gewinnschuldverschreibungen*, das zeitlich verteilte *Disagio* bei erworbenen *Unter-Pari-Papieren*, Erträge aus *Termingeschäften* oder bestimmte Provisionen, soweit sie sich nach der Höhe der Forderung oder nach der Zeitdauer berechnen. Wichtig: Im Gegensatz zum Zinsertrag der internen *Erfolgsrechnung* enthalten die Zinserträge der *Gewinn- und Verlustrechnung* auch *aperiodische Erträge*.

Zinsfloor
vgl. Floor

Zinsfuture
Der Zinsfuture ist ein standardisiertes *Termingeschäft*. Es verpflichtet den Käufer, ein *Zinsinstrument*, meist eine *Schuldverschreibung*, zu einem bestimmten Zeitpunkt und zu einem festgelegten Preis abzunehmen. Der Verkäufer ist umgekehrt verpflichtet, den Basiswert zum vereinbarten Zeitpunkt und zum vereinbarten Preis zu liefern. Zinsfutures sind nach Basiswert, Menge und *Laufzeit* standardisiert. Sie werden über Terminbörsen gehandelt. Die Sparkasse begrenzt mit Zinsfutures *Marktpreisrisiken* bzw. *Zinsänderungsrisiken* (vgl. *Hedging*). Kauft sie Zinsfutures (»Long«-Position«), rechnet sie mit steigenden Kursen und sichert sich gegen ein sinkendes Zinsniveau ab; das kann bei einem *Festzinsüberhang* auf der Passivseite sinnvoll sein. Häufiger ist der umgekehrte Fall: Die Sparkasse hat einen *Festzinsüberhang* auf der Aktivseite und will sich gegen ein steigendes Zinsniveau absichern. In diesem Fall tritt sie als Verkäufer von

Zinsfutures auf (»Short«-Position) und profitiert von fallenden Anleihekursen. In beiden Fällen, so das Kalkül der Sparkasse, kompensieren *Gewinne* aus Zinsfutures zumindest teilweise einen sich verkleinernden *Zinsüberschuss* aus dem Kundengeschäft und den *Eigenanlagen*. De facto wirken Zinsfutures in diesem Sinne wie eine »Versicherung« gegen Veränderungen des Zinsniveaus. Ein häufig abgeschlossener Zinsfuture ist der *Bund-Future*.

Zinsinstrument

Ein Zinsinstrument ist ein *Finanzinstrument*, dessen Wert bzw. Kurs maßgeblich durch das aktuelle Zinsniveau bestimmt und verändert wird. Hierzu zählen festverzinsliche und variabel verzinsliche *Geldmarktpapiere* und *Schuldverschreibungen* sowie *Zinsderivate*.

Zinskonditionsbeitrag

Die Sparkasse ist grundsätzlich bestrebt, ihre Gelder über das Kundengeschäft hereinzuholen oder an Kunden auszuleihen. Dort erzielt sie in der Regel eine aus ihrer Sicht bessere Verzinsung als bei Geschäften gleicher *Laufzeit* am *Geld- und Kapitalmarkt*. Der Vorteil – in Euro ausgedrückt und auf ein Jahr bezogen – ist der Zinskonditionsbeitrag. Beispiele: Die Sparkasse vergibt einen Wohnungsbaukredit über 200 000 EUR mit fünfjähriger Zinsfestschreibung zu 6 Prozent. Hätte sie am gleichen Tag in eine *Schuldverschreibung* gleicher Laufzeit investiert, hätte sie einen Zins von 5,5 Prozent erzielt (vgl. *Opportunitätszins*). Oder: Ein Kunde legt 100 000 EUR als *Sparkassenbrief* mit vierjähriger *Laufzeit* zu einem Zinssatz von 4 Prozent an. Am *Kapitalmarkt* hätte die Sparkasse die gleiche Summe bei gleicher *Laufzeit* zu 4,75 Prozent aufnehmen müssen. Der Zinskonditionsbeitrag, also Mehrertrag, beträgt beim Kundenkredit pro Jahr 1000 EUR, bei der Kundeneinlage pro Jahr 750 EUR. Die Berechnung des Zinskonditionsbeitrags ist Grundlage der *Marktzinsmethode* und bietet eine Reihe von Vorteilen: Die Zinssätze des *Geld-* und *Kapitalmarkts* sind jederzeit marktgerecht und aktuell. Die Sparkasse kann jedes Kundengeschäft einzeln bewerten; der *Geld-* und *Kapitalmarkt* ist dabei ein objektiver Erfolgsmaßstab. Für die Mitarbeiter der Sparkasse ist der Zinskonditionsbeitrag eines Geschäfts leicht nachzuvollziehen. Bei Kundengeschäften mit variabler Verzinsung kalkuliert die Sparkasse mit einem gewichteten *Opportunitätszinssatz*. Sie legt dabei das in der Vergangenheit zu beobachtende Kundenverhalten zugrunde. Erfahrungsgemäß nutzt nur ein Teil der Kunden die vereinbarten *Kündigungsfristen*. Zusammen mit dem Strukturbeitrag (vgl. *Fristentransformation*) bildet der Zinskonditionsbeitrag die *Zinsspanne* (auch Brutto*marge*) eines Kundengeschäfts.

Zinskurve

vgl. Zinsstruktur

Zinsoption

Eine Zinsoption ist ein bedingtes *Termingeschäft*. Sie beinhaltet das Recht – nicht wie beim *Zinsfuture* die Pflicht –, ein verzinsliches *Wertpapier* (Basiswert) bis zu einem festgelegten Termin (»amerikanische Option«) bzw. an einem festgelegten Termin (»europäische Option«) zu einem vereinbarten Preis (Basispreis) zu kaufen oder zu verkaufen (vgl. auch *Kaufoption, Verkaufsoption*). Der Käufer zahlt für dieses Recht eine Optionsprämie an den Verkäufer (Stillhalter). Zinsoptionen notieren entweder standardisiert an der Börse. Oder sie werden unter Banken – »*over the counter*« – gehandelt; dann können Käufer und Verkäufer alle Einzelheiten individuell festlegen. Die Sparkasse könnte mit Zinsoptionen auf ein steigendes oder fallendes Zinsniveau spekulieren. Wichtiger ist allerdings die Möglichkeit, sich gegen *Zinsänderungsrisiken* abzusichern. Ein steigendes Zinsniveau beispielsweise hat gewöhnlich *Kursverluste* und *Abschreibungen* bei den *Eigenanlagen* und einen sinkenden *Zinsüberschuss* zur Folge. Mit dem *Ertrag* aus einer Zinsoption (hier: Kauf einer *Verkaufsoption*) kann die Sparkasse diese *Verluste* zumindest teilweise kompensieren. Zum Ausweis im *Jahresabschluss* vgl. *Optionen*.

Zinsrisikokoeffizient

vgl. Zinsschock

Zinssammler

vgl. Nullkupon-Anleihe

Zinsschock

Der Zinsschock ist die standardisierte Simulation einer Situation, bei der sich das Zinsniveau innerhalb kurzer Zeit (»über Nacht«) signifikant verändert und zu hohen Verlusten bei Banken und Sparkassen führt. Er ist ein gesonderter *Stresstest*, mit dem die Bankenaufsicht die Überwachung von *Zinsänderungsrisiken* durch die Kreditinstitute ergänzt. Die Kreditinstitute messen ihre *Zinsänderungsrisiken* mit unterschiedlichen Methoden und Annahmen. So gesehen ist der Zinsschock für die Bankenaufsicht ein wichtiges Instrument, um *Zinsänderungsrisiken* im *Zinsbuch* der Banken und Sparkassen vergleichbar zu machen. Rechtsgrundlage ist § 25a Abs. 2 KWG. Die aktuellen Parameter des Zinsschocks sind:
1. »Parallelverschiebung der Zinsstrukturkurve um 200 Basispunkte nach oben;
2. »Parallelverschiebung der Zinsstrukturkurve um 200 Basispunkte nach unten

Die simulierten Veränderungen können je nach Struktur des *Zinsbuchs* einen deutlich sinkenden *Zinsüberschuss* und/oder hohe *Abschreibungen* auf *Eigenanlagen* auslösen und den wirtschaftlichen Wert (vgl. *Barwert*) der Sparkasse erheblich vermindern. Die Sparkasse muss die Auswirkungen des standardisierten Zinsschocks mindestens vierteljährlich berechnen, zu jedem Quartalsende an die *Deutsche Bundesbank* melden und im Rahmen der *Offenlegung* veröffentlichen. Bei einem errechneten Verlust von mehr als 20 Prozent der *Eigenmittel* wird die Sparkasse zu einem »Institut mit erhöhtem Zinsänderungsrisiko«. In diesem Fall beurteilt die *Bundesanstalt für Finanzdienstleistungsaufsicht* mit Hilfe eines besonderen Prüfkriteriums, ob die *Eigenmittel* insgesamt noch angemessen sind. Übersteigt die Mindestanforderung an die Ausstattung mit *Eigenmitteln* (8 Prozent) zuzüglich des ermittelten Barwertverlusts aus der Simulation des Zinsschocks 95 Prozent der tatsächlich vorhandenen *Eigenmittel*, kann die BaFin grundsätzlich einen Eigenmittelzuschlag anordnen. Bei der Frage, ob die Sparkasse genügend Eigenkapital hat, sind die simulierten Verluste aus dem aufsichtsrechtlichen Zinsschock also gedanklich immer zu den Mindestanforderungen an die *Eigenmittel* hinzuzurechnen.

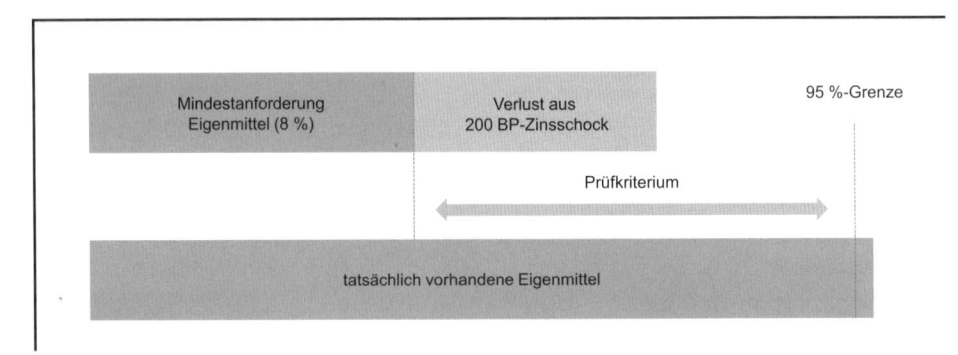

Abb. 62: Schematische Darstellung von Zinsschock und Prüfkriterium

Zinsspanne

Die Zinsspanne bezieht den in absoluten Beträgen ausgedrückten *Zinsüberschuss* auf das Gesamtgeschäft oder auf Einzelgeschäfte der Sparkasse. So setzt die Gesamtzinsspanne (auch: Bruttozinsspanne) den *Zinsüberschuss* ins Verhältnis zur durchschnittlichen *Bilanzsumme*. Die Nettozinsspanne drückt aus, wie hoch das *Teilbetriebsergebnis* der Sparkasse, wiederum bezogen auf die durchschnittliche *Bilanzsumme*, ausfällt. Das *Controlling* der Sparkasse zerlegt die Bruttozinsspanne in *Zinskonditionsbeitrag*, Strukturbeitrag aus der *Fristentransformation* und *Ertrag* aus der Verzinsung des *Eigenkapitals*.

Zinsspannenrisiko

Das Zinsspannenrisiko ist wie das *Abschreibungsrisiko* auf *Eigenanlagen* Teil des *Zinsänderungsrisikos* der Sparkasse. Es betrachtet alle zinstragenden *Aktiva* und *Passiva* der *Bilanz*. Dazu zählen in erster Linie die *Forderungen an Kunden* und *Kreditinstitute*, die Kunden*einlagen* und die *Verbindlichkeiten* gegenüber *Kreditinstituten* sowie die *Eigenanlagen* der Sparkasse. Das Zinsspannenrisiko bezeichnet die Gefahr, dass ein verändertes Zinsniveau und/oder eine veränderte *Zinsstruktur* den *Zinsüberschuss* aus den genannten Positionen vermindern. Dabei kommt es in erster Linie darauf an, ob die Sparkasse einen aktivischen oder einen passivischen *Festzinsüberhang* hat. Ein erhöhtes Zinsspannenrisiko entsteht insbesondere bei einem aktivischen *Festzinsüberhang*: Steigt das Zinsniveau, kann die Sparkasse ihre *Zinserträge* aus *Krediten*, anderen Forderungen und *Eigenanlagen* dann nicht so schnell erhöhen, wie die *Zinsaufwendungen* für *Einlagen* und *Refinanzierung* bei *Kreditinstituten* steigen. Wichtig: Das Zinsspannenrisiko gefährdet den *Zinsüberschuss*; das *Abschreibungsrisiko* hingegen belastet das *Bewertungsergebnis* des *Handelsgeschäfts* der Sparkasse.

Zinsspread
vgl. Spread, Zinsstrukturkurve

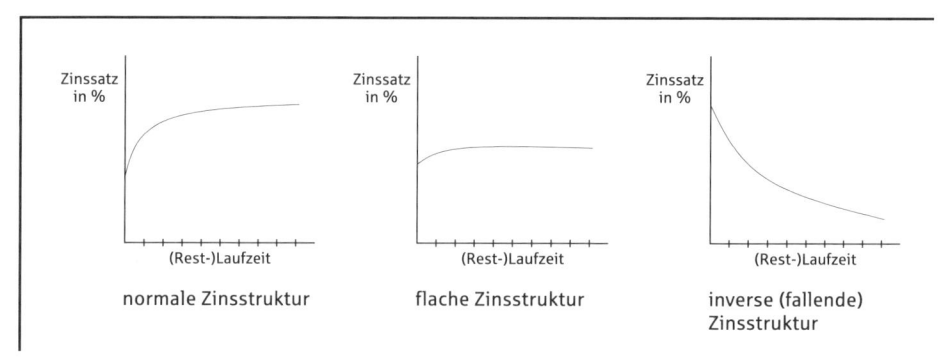

Abb. 63: Die Zinsstrukturkurve ist maßgebend für die Erträge aus der Fristentransformation.

Zinsstrukturkurve

Die Zinsstrukturkurve (auch: Zinskurve) zeigt, welchen Zins ein Kreditnehmer bester *Bonität* für *Kredite* mit unterschiedlicher Zinsbindungsdauer zahlen muss bzw. welchen Zins ein Anleger als Anleihezins von einem erstklassigen *Emittenten* verlangen kann. Als »kurzes Ende« der Zinskurve bezeichnen Fachleute *Laufzeiten* bis zu einem Jahr, als »langes« Ende *Laufzeiten* von fünf Jahren und mehr. Die Zinsstrukturkurve kann verschiedene Ausprägungen haben. Normalerweise steigt sie an. Die Zinsen für kurze *Laufzeiten* sind dann niedriger als die Zinsen für lange *Laufzeiten*. Die Nachfrage nach kurzfristigen Anleihen ist größer als die nach langfristigen, weil die Anleger zuversichtlich für die konjunkturelle Entwicklung der Volkswirtschaft sind und daher über kurz oder lang einen Anstieg des Zinsniveaus erwarten. Bei einer »flachen« Zinsstrukturkurve sind die Zinsen bei jeder *Laufzeit* nahezu gleich hoch. In seltenen Fällen bildet sich eine »fallende« bzw. inverse Zinsstrukturkurve aus. Dann liegen die Zinsen für kurzfristige *Schuldverschreibungen* über denjenigen für lang laufende Anleihen. Die Anleger suchen lange *Laufzeiten*, weil sie – oft ausgelöst durch eine restriktive Geldpolitik der Zentralbank – für die Zukunft deutlich sinkende Zinsen erwarten. Eine fallende Zinskurve ist somit oft Vorbote eines sich abschwächenden wirtschaftlichen Wachstums oder gar einer Rezession. Für die Sparkasse hat die Zinskurve in zweierlei Hinsicht Bedeutung. Zum einen spielt sie eine große Rolle für den *Zinsüberschuss*: Je flacher die Zinsstrukturkurve ist, desto weniger *Zinsertrag* kann die Sparkasse aus der *Fristentransformation* erzielen. Zum anderen nutzt die Sparkasse die Zinsstrukturkurve als Basis, wenn sie die Zinskonditionen für das Kredit- und Einlagengeschäft mit ihren Kunden festlegt (vgl. *Zinskonditionsbeitrag*).

Zinsswap

Ein Zinsswap ist ein *Swap*, bei dem die Vertragspartner über einen bestimmten Zeitraum hinweg feste und variable Zinszahlungen auf einen fiktiven Kapitalbetrag tauschen. Beispiel: Die Sparkasse zahlt ihrer Landesbank für drei Jahre einen Festzins von 4 Prozent auf 10 Mio. EUR. Im Gegenzug zahlt die Landesbank der Sparkasse einen variablen Zins von »Drei-Monats-*Euribor* plus 0,5 Prozentpunkte«, ebenfalls für drei Jahre auf 10 Mio. EUR. Steigen die kurzfristigen Zinsen, verbessert sich der Saldo aus beiden Zinszahlungen für die Sparkasse. Umgekehrt profitiert die Landesbank, wenn das Zinsniveau am »kurzen Ende« zurückgeht. Der vereinbarte Festzins (im Beispiel: 4 Prozent) wird als Swapsatz bezeichnet. Entscheidend für das Ergebnis eines bis zum Ende der *Laufzeit* gehaltenen Zinsswaps ist die Entwicklung der variablen Zinszahlung. Bei der vorzeitigen Auflösung eines Zinsswaps ermitteln die Vertragspartner den *Barwert* der noch ausstehenden Zinszahlungen; das Ergebnis fließt in die *Gewinn- und Verlustrechnung* als *Kursgewinn* bzw. *Kursverlust*, in die interne *Erfolgsrechnung* als *neutraler Aufwand* bzw. *neutraler Ertrag* ein. Die Sparkasse nutzt Zinsswaps üblicherweise, um einen Teil ihrer *Zinsänderungsrisiken* aktiv zu steuern. Erwartet sie bei steigendem oder sinkendem Zinsniveau einen zurückgehenden *Zinsüberschuss*, kann sie dies mit rechtzeitig abgeschlossenen Zinsswaps zumindest teilweise kompensieren. Die Zinszahlung an den Vertragspartner ist dann nichts anderes als eine »Versicherungsprämie« (vgl. *Hedging*).

Abb. 64: Grundstruktur eines Zinsswaps: Partner 1 sichert sich mit einem »Payer-Swap« gegen einen Zinsanstieg ab. Erhöht sich das Zinsniveau und mit ihm der variable Zins, verringert sich der Nettoaufwand für Partner 1; unter Umständen erzielt er sogar einen Nettoertrag.

Zinsüberschuss

Der Zinsüberschuss ist der Saldo aller *Zinserträge* und aller *Zinsaufwendungen* der Sparkasse. Er ist für die Sparkasse gewöhnlich die mit Abstand wichtigste Quelle ihres *Betriebsergebnisses*. In Prozent der durchschnittlichen *Bilanzsumme* ausgedrückt, bezeichnet die Sparkasse den Zinsüberschuss als *Zinsspanne*. Der in der internen *Erfolgsrechnung* und in der *Gewinn- und Verlustrechnung* ausgewiesene Zinsüberschuss ist in der Regel nicht gleich hoch: Bei der *Gewinn- und Verlustrechnung* fließen auch *aperiodische Zinserträge* und *Zinsaufwendungen* in den Zinsüberschuss ein. Der Zinsüberschuss unterliegt verschiedenen Einflüssen. Nicht beeinflussen kann die Sparkasse dabei Zinsniveau und *Zinsstruktur* auf dem *Geld-* und *Kapitalmarkt*. Grundsätzlich gilt zumindest mit einer gewissen zeitlichen Verzögerung: Je höher das Zinsniveau und je »steiler« die *Zinsstruktur* ist, desto höher ist bei ansonsten unveränderter Geschäftspolitik und Wettbewerbssituation der Zinsüberschuss der Sparkasse. Beeinflussen kann die Sparkasse den Zinsüberschuss zum einen über die Intensität, mit der sie *Fristentransformation* betreibt; zum anderen über die *Margen* bzw. *Konditionsbeiträge*, die sie im Kundengeschäft erzielt bzw. erzielen kann. Im Zinsüberschuss spiegeln sich somit auch die Risikoneigung der Sparkasse und die örtliche Wettbewerbssituation wider. Großen Einfluss hat der Zinsüberschuss auf die *Cost-Income-Ratio* als Maß für die *Effizienz* der Sparkasse.

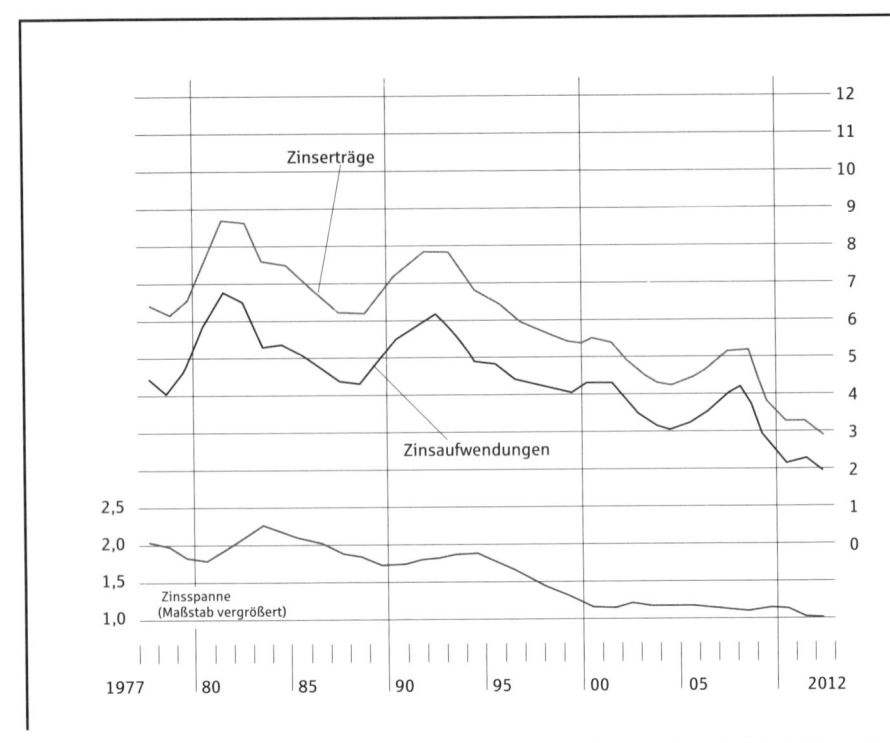

Abb. 65: Die Zinsspanne hat sich in den vergangenen Jahrzehnten nahezu halbiert. Dies gilt tendenziell ebenfalls für die deutschen Sparkassen – auch wenn ihre Zinsspanne, bedingt durch den überdurchschnittlichen Strukturanteil des Kundengeschäfts, insgesamt merklich höher liegt. (Quelle: Deutsche Bundesbank)

Zusagen
Vgl. Kreditzusagen

Zuschreibung
Mit einer Zuschreibung weist die Sparkasse den gestiegenen *Buchwert* eines *Vermögensgegenstands* aus, wenn die Gründe für *außerplanmäßige Abschreibungen* vergangener Geschäftsjahre weggefallen sind (Wertaufholung). Die Sparkasse unterliegt einem handelsrechtlichen und einem steuerrechtlichen Wertaufholungsgebot (u. a. § 253 Abs. 5 HGB). Obergrenze bei der Bewertung bleiben allerdings – von *Finanzinstrumenten* des *Handelsbestands* abgesehen – die *Anschaffungskosten* oder *Herstellungskosten* (§ 253 Abs. 1 HGB), gegebenenfalls um *planmäßige Abschreibungen* vermindert. Die wichtigsten Gründe für Zuschreibungen bei *Aktiva* der Sparkasse sind gestiegene Kurse ihrer *Eigenanlagen* sowie verbesserte wirtschaftliche Verhältnisse bei Kreditkunden, die in den Jahren zuvor gebildete *Wertberichtigungen* nicht mehr rechtfertigen. Mit Zuschreibungen deckt die Sparkasse *stille Reserven* auf. In der *Gewinn- und Verlustrechnung* sind Zuschreibungen nicht klar erkennbar. Das Bilanzrecht erlaubt es, sie u. a. mit *Abschreibungen*, *Wertberichtigungen* und Dotierung von

Vorsorgereserven zu verrechnen und lediglich einen Saldo auszuweisen (§ 340f Abs. 3 HGB). Auch die in der internen *Erfolgsrechnung* ausgewiesenen *Bewertungsergebnisse* für das Kreditgeschäft und das Wertpapiergeschäft der Sparkasse zeigen die Zuschreibungen nicht offen, sondern saldieren sie mit neu gebildeten *Wertberichtigungen, Abschreibungen* und *Kursverlusten.* Bei Forderungen und *Wertpapieren* der *Liquiditätsreserve*, die die Sparkasse im Rahmen der *Vorsorge für allgemeine Bankrisiken* (§ 340f HGB) niedriger bewertet hat, gilt das Wertaufholungsgebot nicht.

Zwangsversteigerung
vgl. Zwangsvollstreckung

Zwangsverwaltung
vgl. Zwangsvollstreckung

Zwangsvollstreckung
Mit einer Zwangsvollstreckung versucht die Sparkasse Ansprüche aus gekündigten *Krediten* über staatliche Zwangsmaßnahmen durchzusetzen. Im Gegensatz zum Insolvenzverfahren richtet sich eine Zwangsvollstreckung gegen einzelne *Vermögensgegenstände* des Schuldners. Als Gläubigerin kann sich die Sparkasse dabei grundsätzlich aus dem gesamten Vermögen befriedigen, sofern es pfändbar ist. Die Zwangsvollstreckung erstreckt sich entweder auf bewegliche Sachen oder auf das unbewegliche Vermögen. Zum unbeweglichen Vermögen gehören insbesondere Immobilien und Forderungen des Schuldners (Kontoguthaben, Versicherungsguthaben, *Wertpapiere* u. a.). Im Rahmen der Zwangsvollstreckung gibt es verschiedene Instrumente: Pfändung und Versteigerung bei gepfändeten Sachen, Pfändungs- und Überweisungsbeschluss bei Forderungen, Zwangsversteigerung oder Zwangsverwaltung bei Immobilien. Die Sparkasse ist an Zwangsvollstreckungsverfahren nicht nur als Gläubigerin beteiligt. Als Drittschuldnerin muss sie regelmäßig selbst Pfändungs- und Überweisungsbeschlüsse beachten und bearbeiten, die zu Lasten von Kunden eingehen und die Kontoführung erheblich erschweren. Um Rechtssicherheit für alle Beteiligten zu wahren, ist das Zwangsvollstreckungsverfahren stark formalisiert. Staatliches Vollstreckungsorgan ist das für den Wohnsitz des Schuldners bzw. für den Ort des Grundstücks zuständige Amtsgericht. Es muss die Zwangsvollstreckung in einer Urkunde (Titel) zulassen, den Titel für vollstreckungsreif erklären (Vollstreckungsklausel) und beides dem Schuldner zustellen. Details regeln als Rechtsgrundlagen die Zivilprozessordnung (§§ 704ff.) und bei Immobilien das Gesetz über die Zwangsversteigerung und die Zwangsverwaltung.

Zweckerklärung
Mit der Zweckerklärung (auch: Sicherungsabrede) vereinbaren Sparkasse und Kreditkunde, für welche Forderung(en) etwa eine *Grundschuld*, eine *Sicherungsübereignung* oder eine *Zession* als *Kreditsicherheiten* haften. Die Zwecker-

klärung ist Teil des Sicherungsvertrags. Setzt der rechtliche Bestand einer *Kreditsicherheit* eine Forderung voraus (»akzessorische« Sicherheit, z. B. *Bürgschaft*), ist die Zweckerklärung unerlässlich. Bei »abstrakten«, also von der Forderung formal losgelösten *Kreditsicherheiten* (z. B. *Grundschuld, Sicherungsübereignung*) gewährleistet die Zweckerklärung, dass die Sparkasse tatsächlich nur ihre Forderung(en) absichert. Die Praxis unterscheidet »enge« und »weite« Zweckerklärungen. Bei einer »engen« Zweckerklärung haftet die *Kreditsicherheit* nur für eine oder mehrere bestimmte Forderungen. »Weite« Zweckerklärungen sichern alle bestehenden und künftigen Forderungen der Sparkasse aus der Geschäftsverbindung mit dem Kunden ab.

Zweckgesellschaft
vgl. Verbriefung

Zweifelhafte Forderung
vgl. Einzelwertberichtigung

Anhang

Handelsgesetzbuch (HGB)

vom 10. Mai 1897
zuletzt geändert durch Art. 1 des Gesetzes vom 4. Oktober 2013 (BGBl. I S. 3746)
...

§ 253 Zugangs- und Folgebewertung

(1) Vermögensgegenstände sind höchstens mit den Anschaffungs- oder Herstellungskosten, vermindert um die Abschreibungen nach den Absätzen 3 bis 5, anzusetzen. Verbindlichkeiten sind zu ihrem Erfüllungsbetrag und Rückstellungen in Höhe des nach vernünftiger kaufmännischer Beurteilung notwendigen Erfüllungsbetrages anzusetzen. Soweit sich die Höhe von Altersversorgungsverpflichtungen ausschließlich nach dem beizulegenden Zeitwert von Wertpapieren im Sinn des § 266 Abs. 2 A. III. 5 bestimmt, sind Rückstellungen hierfür zum beizulegenden Zeitwert dieser Wertpapiere anzusetzen, soweit er einen garantierten Mindestbetrag übersteigt. Nach § 246 Abs. 2 Satz 2 zu verrechnende Vermögensgegenstände sind mit ihrem beizulegenden Zeitwert zu bewerten. Kleinstkapitalgesellschaften (§ 267a) dürfen eine Bewertung zum beizulegenden Zeitwert nur vornehmen, wenn sie von keiner der in § 264 Absatz 1 Satz 5, § 266 Absatz 1 Satz 4, § 275 Absatz 5 und § 326 Absatz 2 vorgesehenen Erleichterungen Gebrauch machen. In diesem Fall erfolgt die Bewertung der Vermögensgegenstände nach Satz 1, auch soweit eine Verrechnung nach § 246 Absatz 2 Satz 2 vorgesehen ist.

(2) Rückstellungen mit einer Restlaufzeit von mehr als einem Jahr sind mit dem ihrer Restlaufzeit entsprechenden durchschnittlichen Marktzinssatz der vergangenen sieben Geschäftsjahre abzuzinsen. Abweichend von Satz 1 dürfen Rückstellungen für Altersversorgungsverpflichtungen oder vergleichbare langfristig fällige Verpflichtungen pauschal mit dem durchschnittlichen Marktzinssatz abgezinst werden, der sich bei einer angenommenen Restlaufzeit von 15 Jahren ergibt. Die Sätze 1 und 2 gelten entsprechend für auf Rentenverpflichtungen beruhende Verbindlichkeiten, für die eine Gegenleistung nicht mehr zu erwarten ist. Der nach den Sätzen 1 und 2 anzuwendende Abzinsungszinssatz wird von der Deutschen Bundesbank nach Maßgabe einer Rechtsverordnung ermittelt und monatlich bekannt gegeben. In der Rechtsverordnung nach Satz 4, die nicht der Zustimmung des Bundesrates bedarf, bestimmt das Bundesministerium der Justiz im Benehmen mit der Deutschen Bundesbank das Nähere zur Ermittlung der Abzinsungszinssätze, insbesondere die Ermittlungsmethodik und deren Grundlagen, sowie die Form der Bekanntgabe.

(3) Bei Vermögensgegenständen des Anlagevermögens, deren Nutzung zeitlich begrenzt ist, sind die Anschaffungs- oder die Herstellungskosten um plan-

mäßige Abschreibungen zu vermindern. Der Plan muss die Anschaffungs- oder Herstellungskosten auf die Geschäftsjahre verteilen, in denen der Vermögensgegenstand voraussichtlich genutzt werden kann. Ohne Rücksicht darauf, ob ihre Nutzung zeitlich begrenzt ist, sind bei Vermögensgegenständen des Anlagevermögens bei voraussichtlich dauernder Wertminderung außerplanmäßige Abschreibungen vorzunehmen, um diese mit dem niedrigeren Wert anzusetzen, der ihnen am Abschlussstichtag beizulegen ist. Bei Finanzanlagen können außerplanmäßige Abschreibungen auch bei voraussichtlich nicht dauernder Wertminderung vorgenommen werden.

(4) Bei Vermögensgegenständen des Umlaufvermögens sind Abschreibungen vorzunehmen, um diese mit einem niedrigeren Wert anzusetzen, der sich aus einem Börsen- oder Marktpreis am Abschlussstichtag ergibt. Ist ein Börsen- oder Marktpreis nicht festzustellen und übersteigen die Anschaffungs- oder Herstellungskosten den Wert, der den Vermögensgegenständen am Abschlussstichtag beizulegen ist, so ist auf diesen Wert abzuschreiben.

(5) Ein niedrigerer Wertansatz nach Absatz 3 Satz 3 oder 4 und Absatz 4 darf nicht beibehalten werden, wenn die Gründe dafür nicht mehr bestehen. Ein niedrigerer Wertansatz eines entgeltlich erworbenen Geschäfts- oder Firmenwertes ist beizubehalten.
...

§ 284   Erläuterung der Bilanz und der Gewinn- und Verlustrechnung

(1) In den Anhang sind diejenige Angaben aufzunehmen, die zu den einzelnen Posten der Bilanz oder der Gewinn- und Verlustrechnung vorgeschrieben oder die im Anhang zu machen sind, weil sie in Ausübung eines Wahlrechts nicht in die Bilanz oder in die Gewinn- und Verlustrechnung aufgenommen wurden.

(2) Im Anhang müssen
1. die auf die Posten der Bilanz und der Gewinn- und Verlustrechnung angewandten Bilanzierungs- und Bewertungsmethoden angegeben werden;
2. die Grundlagen für die Umrechnung in Euro angegeben werden, soweit der Jahresabschluß Posten enthält, denen Beträge zugrunde liegen, die auf fremde Währung lauten oder ursprünglich auf fremde Währung lauteten;
3. Abweichungen von Bilanzierungs- und Bewertungsmethoden angegeben und begründet werden; deren Einfluß auf die Vermögens-, Finanz- und Ertragslage ist gesondert darzustellen;
4. bei Anwendung einer Bewertungsmethode nach § 240 Abs. 4, § 256 Satz 1 die Unterschiedsbeträge pauschal für die jeweilige Gruppe ausgewiesen werden, wenn die Bewertung im Vergleich zu einer Bewertung auf der

Grundlage des letzten vor dem Abschlußstichtag bekannten Börsenkurses oder Marktpreises einen erheblichen Unterschied aufweist;
5. Angaben über die Einbeziehung von Zinsen für Fremdkapital in die Herstellungskosten gemacht werden.

§ 285 Sonstige Pflichtangaben
Ferner sind im Anhang anzugeben:
1. zu den in der Bilanz ausgewiesenen Verbindlichkeiten
    a) der Gesamtbetrag der Verbindlichkeiten mit einer Restlaufzeit von mehr als fünf Jahren,
    b) der Gesamtbetrag der Verbindlichkeiten, die durch Pfandrechte oder ähnliche Rechte gesichert sind, unter Angabe von Art und Form der Sicherheiten;
2. die Aufgliederung der in Nummer 1 verlangten Angaben für jeden Posten der Verbindlichkeiten nach dem vorgeschriebenen Gliederungsschema;
3. Art und Zweck sowie Risiken und Vorteile von nicht in der Bilanz enthaltenen Geschäften, soweit dies für die Beurteilung der Finanzlage notwendig ist;
3a. der Gesamtbetrag der sonstigen finanziellen Verpflichtungen, die nicht in der Bilanz enthalten und nicht nach § 251 oder Nummer 3 anzugeben sind, sofern diese Angabe für die Beurteilung der Finanzlage von Bedeutung ist; davon sind Verpflichtungen gegenüber verbundenen Unternehmen gesondert anzugeben;
4. die Aufgliederung der Umsatzerlöse nach Tätigkeitsbereichen sowie nach geographisch bestimmten Märkten, soweit sich, unter Berücksichtigung der Organisation des Verkaufs von für die gewöhnliche Geschäftstätigkeit der Kapitalgesellschaft typischen Erzeugnissen und der für die gewöhnliche Geschäftstätigkeit der Kapitalgesellschaft typischen Dienstleistungen, die Tätigkeitsbereiche und geographisch bestimmten Märkte untereinander erheblich unterscheiden;
    ...
6. in welchem Umfang die Steuern vom Einkommen und vom Ertrag das Ergebnis der gewöhnlichen Geschäftstätigkeit und das außerordentliche Ergebnis belasten;
7. die durchschnittliche Zahl der während des Geschäftsjahrs beschäftigten Arbeitnehmer getrennt nach Gruppen;
8. bei Anwendung des Umsatzkostenverfahrens (§ 275 Abs. 3)
    a) der Materialaufwand des Geschäftsjahrs, gegliedert nach § 275 Abs. 2 Nr. 5,
    b) der Personalaufwand des Geschäftsjahrs, gegliedert nach § 275 Abs. 2 Nr. 6;
9. für die Mitglieder des Geschäftsführungsorgans, eines Aufsichtsrats, eines Beirats oder einer ähnlichen Einrichtung jeweils für jede Personengruppe

a) die für die Tätigkeit im Geschäftsjahr gewährten Gesamtbezüge (Gehälter, Gewinnbeteiligungen, Bezugsrechte und sonstige aktienbasierte Vergütungen, Aufwandsentschädigungen, Versicherungsentgelte, Provisionen und Nebenleistungen jeder Art). In die Gesamtbezüge sind auch Bezüge einzurechnen, die nicht ausgezahlt, sondern in Ansprüche anderer Art umgewandelt oder zur Erhöhung anderer Ansprüche verwendet werden. Außer den Bezügen für das Geschäftsjahr sind die weiteren Bezüge anzugeben, die im Geschäftsjahr gewährt, bisher aber in keinem Jahresabschluss angegeben worden sind. Bezugsrechte und sonstige aktienbasierte Vergütungen sind mit ihrer Anzahl und dem beizulegenden Zeitwert zum Zeitpunkt ihrer Gewährung anzugeben; spätere Wertveränderungen, die auf einer Änderung der Ausübungsbedingungen beruhen, sind zu berücksichtigen. Bei einer börsennotierten Aktiengesellschaft sind zusätzlich unter Namensnennung die Bezüge jedes einzelnen Vorstandsmitglieds, aufgeteilt nach erfolgsunabhängigen und erfolgsbezogenen Komponenten sowie Komponenten mit langfristiger Anreizwirkung, gesondert anzugeben. Dies gilt auch für:

aa) Leistungen, die dem Vorstandsmitglied für den Fall einer vorzeitigen Beendigung seiner Tätigkeit zugesagt worden sind;

bb) Leistungen, die dem Vorstandsmitglied für den Fall der regulären Beendigung seiner Tätigkeit zugesagt worden sind, mit ihrem Barwert, sowie den von der Gesellschaft während des Geschäftsjahrs hierfür aufgewandten oder zurückgestellten Betrag;

cc) während des Geschäftsjahrs vereinbarte Änderungen dieser Zusagen;

dd) Leistungen, die einem früheren Vorstandsmitglied, das seine Tätigkeit im Laufe des Geschäftsjahrs beendet hat, in diesem Zusammenhang zugesagt und im Laufe des Geschäftsjahrs gewährt worden sind.

Leistungen, die dem einzelnen Vorstandsmitglied von einem Dritten im Hinblick auf seine Tätigkeit als Vorstandsmitglied zugesagt oder im Geschäftsjahr gewährt worden sind, sind ebenfalls anzugeben. Enthält der Jahresabschluss weitergehende Angaben zu bestimmten Bezügen, sind auch diese zusätzlich einzeln anzugeben;

b) die Gesamtbezüge (Abfindungen, Ruhegehälter, Hinterbliebenenbezüge und Leistungen verwandter Art) der früheren Mitglieder der bezeichneten Organe und ihrer Hinterbliebenen. Buchstabe a Satz 2 und 3 ist entsprechend anzuwenden. Ferner ist der Betrag der für diese Personengruppe gebildeten Rückstellungen für laufende Pensionen und Anwartschaften auf Pensionen und der Betrag der für diese Verpflichtungen nicht gebildeten Rückstellungen anzugeben;

c) die gewährten Vorschüsse und Kredite unter Angabe der Zinssätze, der wesentlichen Bedingungen und der gegebenenfalls im Geschäftsjahr zurückgezahlten Beträge sowie die zugunsten dieser Personen eingegangenen Haftungsverhältnisse;
10. alle Mitglieder des Geschäftsführungsorgans und eines Aufsichtsrats, auch wenn sie im Geschäftsjahr oder später ausgeschieden sind, mit dem Familiennamen und mindestens einem ausgeschriebenen Vornamen, einschließlich des ausgeübten Berufs und bei börsennotierten Gesellschaften auch der Mitgliedschaft in Aufsichtsräten und anderen Kontrollgremien im Sinne des § 125 Abs. 1 Satz 5 des Aktiengesetzes. Der Vorsitzende eines Aufsichtsrats, seine Stellvertreter und ein etwaiger Vorsitzender des Geschäftsführungsorgans sind als solche zu bezeichnen;
11. Name und Sitz anderer Unternehmen, von denen die Kapitalgesellschaft oder eine für Rechnung der Kapitalgesellschaft handelnde Person mindestens den fünften Teil der Anteile besitzt; außerdem sind die Höhe des Anteils am Kapital, das Eigenkapital und das Ergebnis des letzten Geschäftsjahrs dieser Unternehmen anzugeben, für das ein Jahresabschluß vorliegt; auf die Berechnung der Anteile ist § 16 Abs. 2 und 4 des Aktiengesetzes entsprechend anzuwenden; ferner sind von börsennotierten Kapitalgesellschaften zusätzlich alle Beteiligungen an großen Kapitalgesellschaften anzugeben, die fünf vom Hundert der Stimmrechte überschreiten;
11a. Name, Sitz und Rechtsform der Unternehmen, deren unbeschränkt haftender Gesellschafter die Kapitalgesellschaft ist;
12. Rückstellungen, die in der Bilanz unter dem Posten »sonstige Rückstellungen« nicht gesondert ausgewiesen werden, sind zu erläutern, wenn sie einen nicht unerheblichen Umfang haben;
13. die Gründe, welche die Annahme einer betrieblichen Nutzungsdauer eines entgeltlich erworbenen Geschäfts- oder Firmenwertes von mehr als fünf Jahren rechtfertigen;
...
17. das von dem Abschlussprüfer für das Geschäftsjahr berechnete Gesamthonorar, aufgeschlüsselt in das Honorar für
a) die Abschlussprüfungsleistungen,
b) andere Bestätigungsleistungen,
c) Steuerberatungsleistungen,
d) sonstige Leistungen,

soweit die Angaben nicht in einem das Unternehmen einbeziehenden Konzernabschluss enthalten sind;
18. für zu den Finanzanlagen (§ 266 Abs. 2 A. III.) gehörende Finanzinstrumente, die über ihrem beizulegenden Zeitwert ausgewiesen werden, da eine außerplanmäßige Abschreibung nach § 253 Abs. 3 Satz 4 unterblieben ist,

a) der Buchwert und der beizulegende Zeitwert der einzelnen Vermögensgegenstände oder angemessener Gruppierungen sowie

b) die Gründe für das Unterlassen der Abschreibung einschließlich der Anhaltspunkte, die darauf hindeuten, dass die Wertminderung voraussichtlich nicht von Dauer ist;

19. für jede Kategorie nicht zum beizulegenden Zeitwert bilanzierter derivativer Finanzinstrumente

    a) deren Art und Umfang,

    b) deren beizulegender Zeitwert, soweit er sich nach § 255 Abs. 4 verlässlich ermitteln lässt, unter Angabe der angewandten Bewertungsmethode,

    c) deren Buchwert und der Bilanzposten, in welchem der Buchwert, soweit vorhanden, erfasst ist, sowie

    d) die Gründe dafür, warum der beizulegende Zeitwert nicht bestimmt werden kann;

20. für gemäß § 340e Abs. 3 Satz 1 mit dem beizulegenden Zeitwert bewertete Finanzinstrumente

    a) die grundlegenden Annahmen, die der Bestimmung des beizulegenden Zeitwertes mit Hilfe allgemein anerkannter Bewertungsmethoden zugrunde gelegt wurden, sowie

    b) Umfang und Art jeder Kategorie derivativer Finanzinstrumente einschließlich der wesentlichen Bedingungen, welche die Höhe, den Zeitpunkt und die Sicherheit künftiger Zahlungsströme beeinflussen können;

21. zumindest die nicht zu marktüblichen Bedingungen zustande gekommenen Geschäfte, soweit sie wesentlich sind, mit nahe stehenden Unternehmen und Personen, einschließlich Angaben zur Art der Beziehung, zum Wert der Geschäfte sowie weiterer Angaben, die für die Beurteilung der Finanzlage notwendig sind; ausgenommen sind Geschäfte mit und zwischen mittel- oder unmittelbar in 100-prozentigem Anteilsbesitz stehenden in einen Konzernabschluss einbezogenen Unternehmen; Angaben über Geschäfte können nach Geschäftsarten zusammengefasst werden, sofern die getrennte Angabe für die Beurteilung der Auswirkungen auf die Finanzlage nicht notwendig ist;

    ...

23. bei Anwendung des § 254,

    a) mit welchem Betrag jeweils Vermögensgegenstände, Schulden, schwebende Geschäfte und mit hoher Wahrscheinlichkeit erwartete Transaktionen zur Absicherung welcher Risiken in welche Arten von Bewertungseinheiten einbezogen sind sowie die Höhe der mit Bewertungseinheiten abgesicherten Risiken,

    b) für die jeweils abgesicherten Risiken, warum, in welchem Umfang und für welchen Zeitraum sich die gegenläufigen Wertänderungen oder

Zahlungsströme künftig voraussichtlich ausgleichen einschließlich der Methode der Ermittlung,

c) eine Erläuterung der mit hoher Wahrscheinlichkeit erwarteten Transaktionen, die in Bewertungseinheiten einbezogen wurden,

soweit die Angaben nicht im Lagebericht gemacht werden;

24. zu den Rückstellungen für Pensionen und ähnliche Verpflichtungen das angewandte versicherungsmathematische Berechnungsverfahren sowie die grundlegenden Annahmen der Berechnung, wie Zinssatz, erwartete Lohn- und Gehaltssteigerungen und zugrunde gelegte Sterbetafeln;
25. im Fall der Verrechnung von Vermögensgegenständen und Schulden nach § 246 Abs. 2 Satz 2 die Anschaffungskosten und der beizulegende Zeitwert der verrechneten Vermögensgegenstände, der Erfüllungsbetrag der verrechneten Schulden sowie die verrechneten Aufwendungen und Erträge; Nummer 20 Buchstabe a ist entsprechend anzuwenden;
26. zu Anteilen an Sondervermögen im Sinn des § 1 Absatz 10 des Kapitalanlagegesetzbuchs oder Anlageaktien an Investmentaktiengesellschaften mit veränderlichem Kapital im Sinn der §§ 108 bis 123 des Kapitalanlagegesetzbuchs oder vergleichbaren EU-Investmentvermögen oder vergleichbaren ausländischen Investmentvermögen von mehr als dem zehnten Teil, aufgegliedert nach Anlagezielen, deren Wert im Sinn der §§ 168, 278 des Kapitalanlagegesetzbuchs oder des § 36 des Investmentgesetzes in der bis zum 21. Juli 2013 geltenden Fassung oder vergleichbarer ausländischer Vorschriften über die Ermittlung des Marktwertes, die Differenz zum Buchwert und die für das Geschäftsjahr erfolgte Ausschüttung sowie Beschränkungen in der Möglichkeit der täglichen Rückgabe; darüber hinaus die Gründe dafür, dass eine Abschreibung gemäß § 253 Abs. 3 Satz 4 unterblieben ist, einschließlich der Anhaltspunkte, die darauf hindeuten, dass die Wertminderung voraussichtlich nicht von Dauer ist; Nummer 18 ist insoweit nicht anzuwenden;
27. für nach § 251 unter der Bilanz oder nach § 268 Abs. 7 Halbsatz 1 im Anhang ausgewiesene Verbindlichkeiten und Haftungsverhältnisse die Gründe der Einschätzung des Risikos der Inanspruchnahme;
28. der Gesamtbetrag der Beträge im Sinn des § 268 Abs. 8, aufgegliedert in Beträge aus der Aktivierung selbst geschaffener immaterieller Vermögensgegenstände des Anlagevermögens, Beträge aus der Aktivierung latenter Steuern und aus der Aktivierung von Vermögensgegenständen zum beizulegenden Zeitwert;
29. auf welchen Differenzen oder steuerlichen Verlustvorträgen die latenten Steuern beruhen und mit welchen Steuersätzen die Bewertung erfolgt ist.

§ 286 Unterlassen von Angaben

...

(4) Bei Gesellschaften, die keine börsennotierten Aktiengesellschaften sind, können die in § 285 Nr. 9 Buchstabe a und b verlangten Angaben über die Gesamtbezüge der dort bezeichneten Personen unterbleiben, wenn sich anhand dieser Angaben die Bezüge eines Mitglieds dieser Organe feststellen lassen.

...

§ 289

(1) Im Lagebericht sind der Geschäftsverlauf einschließlich des Geschäftsergebnisses und die Lage der Kapitalgesellschaft so darzustellen, dass ein den tatsächlichen Verhältnissen entsprechendes Bild vermittelt wird. Er hat eine ausgewogene und umfassende, dem Umfang und der Komplexität der Geschäftstätigkeit entsprechende Analyse des Geschäftsverlaufs und der Lage der Gesellschaft zu enthalten. In die Analyse sind die für die Geschäftstätigkeit bedeutsamsten finanziellen Leistungsindikatoren einzubeziehen und unter Bezugnahme auf die im Jahresabschluss ausgewiesenen Beträge und Angaben zu erläutern. Ferner ist im Lagebericht die voraussichtliche Entwicklung mit ihren wesentlichen Chancen und Risiken zu beurteilen und zu erläutern; zugrunde liegende Annahmen sind anzugeben. Die gesetzlichen Vertreter einer Kapitalgesellschaft im Sinne des § 264 Abs. 2 Satz 3 haben zu versichern, dass nach bestem Wissen im Lagebericht der Geschäftsverlauf einschließlich des Geschäftsergebnisses und die Lage der Kapitalgesellschaft so dargestellt sind, dass ein den tatsächlichen Verhältnissen entsprechendes Bild vermittelt wird, und dass die wesentlichen Chancen und Risiken im Sinne des Satzes 4 beschrieben sind.

(2) Der Lagebericht soll auch eingehen auf:
1. Vorgänge von besonderer Bedeutung, die nach dem Schluß des Geschäftsjahrs eingetreten sind;
2. a) die Risikomanagementziele und -methoden der Gesellschaft einschließlich ihrer Methoden zur Absicherung aller wichtigen Arten von Transaktionen, die im Rahmen der Bilanzierung von Sicherungsgeschäften erfasst werden, sowie
   b) die Preisänderungs-, Ausfall- und Liquiditätsrisiken sowie die Risiken aus Zahlungsstromschwankungen, denen die Gesellschaft ausgesetzt ist, jeweils in Bezug auf die Verwendung von Finanzinstrumenten durch die Gesellschaft und sofern dies für die Beurteilung der Lage oder der voraussichtlichen Entwicklung von Belang ist;
3. den Bereich Forschung und Entwicklung;
4. bestehende Zweigniederlassungen der Gesellschaft;
5. die Grundzüge des Vergütungssystems der Gesellschaft für die in § 285 Nr. 9 genannten Gesamtbezüge, soweit es sich um eine börsennotierte Aktiengesellschaft handelt. Werden dabei auch Angaben entsprechend

§ 285 Nr. 9 Buchstabe a Satz 5 bis 8 gemacht, können diese im Anhang unterbleiben.

(3) Bei einer großen Kapitalgesellschaft (§ 267 Abs. 3) gilt Absatz 1 Satz 3 entsprechend für nichtfinanzielle Leistungsindikatoren, wie Informationen über Umwelt- und Arbeitnehmerbelange, soweit sie für das Verständnis des Geschäftsverlaufs oder der Lage von Bedeutung sind.

...

(5) Kapitalgesellschaften im Sinn des § 264d haben im Lagebericht die wesentlichen Merkmale des internen Kontroll- und des Risikomanagementsystems im Hinblick auf den Rechnungslegungsprozess zu beschreiben.
...

§ 340b Pensionsgeschäfte

(1) Pensionsgeschäfte sind Verträge, durch die ein Kreditinstitut oder der Kunde eines Kreditinstituts (Pensionsgeber) ihm gehörende Vermögensgegenstände einem anderen Kreditinstitut oder einem seiner Kunden (Pensionsnehmer) gegen Zahlung eines Betrags überträgt und in denen gleichzeitig vereinbart wird, daß die Vermögensgegenstände später gegen Entrichtung des empfangenen oder eines im voraus vereinbarten anderen Betrags an den Pensionsgeber zurückübertragen werden müssen oder können.

(2) Übernimmt der Pensionsnehmer die Verpflichtung, die Vermögensgegenstände zu einem bestimmten oder vom Pensionsgeber zu bestimmenden Zeitpunkt zurückzuübertragen, so handelt es sich um ein echtes Pensionsgeschäft.

(3) Ist der Pensionsnehmer lediglich berechtigt, die Vermögensgegenstände zu einem vorher bestimmten oder von ihm noch zu bestimmenden Zeitpunkt zurückzuübertragen, so handelt es sich um ein unechtes Pensionsgeschäft.

(4) Im Falle von echten Pensionsgeschäften sind die übertragenen Vermögensgegenstände in der Bilanz des Pensionsgebers weiterhin auszuweisen. Der Pensionsgeber hat in Höhe des für die Übertragung erhaltenen Betrags eine Verbindlichkeit gegenüber dem Pensionsnehmer auszuweisen. Ist für die Rückübertragung ein höherer oder ein niedrigerer Betrag vereinbart, so ist der Unterschiedsbetrag über die Laufzeit des Pensionsgeschäfts zu verteilen. Außerdem hat der Pensionsgeber den Buchwert der in Pension gegebenen Vermögensgegenstände im Anhang anzugeben. Der Pensionsnehmer darf die ihm in Pension gegebenen Vermögensgegenstände nicht in seiner Bilanz ausweisen; er hat in Höhe des für die Übertragung gezahlten Betrags eine Forderung an den Pensionsgeber in seiner Bilanz auszuweisen. Ist für die Rücküber-

tragung ein höherer oder ein niedrigerer Betrag vereinbart, so ist der Unterschiedsbetrag über die Laufzeit des Pensionsgeschäfts zu verteilen.

(5) Im Falle von unechten Pensionsgeschäften sind die Vermögensgegenstände nicht in der Bilanz des Pensionsgebers, sondern in der Bilanz des Pensionsnehmers auszuweisen. Der Pensionsgeber hat unter der Bilanz den für den Fall der Rückübertragung vereinbarten Betrag anzugeben.

(6) Devisentermingeschäfte, Finanztermingeschäfte und ähnliche Geschäfte sowie die Ausgabe eigener Schuldverschreibungen auf abgekürzte Zeit gelten nicht als Pensionsgeschäfte im Sinne dieser Vorschrift.

§ 340c   Vorschriften zur Gewinn- und Verlustrechnung und zum Anhang

(1) Als Ertrag oder Aufwand des Handelsbestands ist der Unterschiedsbetrag aller Erträge und Aufwendungen aus Geschäften mit Finanzinstrumenten des Handelsbestands und dem Handel mit Edelmetallen sowie der zugehörigen Erträge aus Zuschreibungen und Aufwendungen aus Abschreibungen auszuweisen. In die Verrechnung sind außerdem die Aufwendungen für die Bildung von Rückstellungen für drohende Verluste aus den in Satz 1 bezeichneten Geschäften und die Erträge aus der Auflösung dieser Rückstellungen einzubeziehen.

(2) Die Aufwendungen aus Abschreibungen auf Beteiligungen, Anteile an verbundenen Unternehmen und wie Anlagevermögen behandelte Wertpapiere dürfen mit den Erträgen aus Zuschreibungen zu solchen Vermögensgegenständen verrechnet und in einem Aufwand- oder Ertragsposten ausgewiesen werden. In die Verrechnung nach Satz 1 dürfen auch die Aufwendungen und Erträge aus Geschäften mit solchen Vermögensgegenständen einbezogen werden.

(3) Kreditinstitute, die dem haftenden Eigenkapital nicht realisierte Reserven nach § 10 Abs. 2b Satz 1 Nr. 6 oder 7 des Gesetzes über das Kreditwesen in der bis zum 31. Dezember 2013 geltenden Fassung zurechnen, haben den Betrag, mit dem diese Reserven dem haftenden Eigenkapital zugerechnet werden, im Anhang zur Bilanz und zur Gewinn- und Verlustrechnung anzugeben.

§ 340d   Fristengliederung

Die Forderungen und Verbindlichkeiten sind im Anhang nach der Fristigkeit zu gliedern. Für die Gliederung nach der Fristigkeit ist die Restlaufzeit am Bilanzstichtag maßgebend.

§ 340e   Bewertung von Vermögensgegenständen

(1) Kreditinstitute haben Beteiligungen einschließlich der Anteile an verbundenen Unternehmen, Konzessionen, gewerbliche Schutzrechte und ähnliche Rechte und Werte sowie Lizenzen an solchen Rechten und Werten, Grundstücke, grundstücksgleiche Rechte und Bauten einschließlich der Bauten auf

fremden Grundstücken, technische Anlagen und Maschinen, andere Anlagen, Betriebs- und Geschäftsausstattung sowie Anlagen im Bau nach den für das Anlagevermögen geltenden Vorschriften zu bewerten, es sei denn, daß sie nicht dazu bestimmt sind, dauernd dem Geschäftsbetrieb zu dienen; in diesem Falle sind sie nach Satz 2 zu bewerten. Andere Vermögensgegenstände, insbesondere Forderungen und Wertpapiere, sind nach den für das Umlaufvermögen geltenden Vorschriften zu bewerten, es sei denn, daß sie dazu bestimmt werden, dauernd dem Geschäftsbetrieb zu dienen; in diesem Falle sind sie nach Satz 1 zu bewerten. § 253 Abs. 3 Satz 4 ist nur auf Beteiligungen und Anteile an verbundenen Unternehmen im Sinn des Satzes 1 sowie Wertpapiere und Forderungen im Sinn des Satzes 2, die dauernd dem Geschäftsbetrieb zu dienen bestimmt sind, anzuwenden.

(2) Abweichend von § 253 Abs. 1 Satz 1 dürfen Hypothekendarlehen und andere Forderungen mit ihrem Nennbetrag angesetzt werden, soweit der Unterschiedsbetrag zwischen dem Nennbetrag und dem Auszahlungsbetrag oder den Anschaffungskosten Zinscharakter hat. Ist der Nennbetrag höher als der Auszahlungsbetrag oder die Anschaffungskosten, so ist der Unterschiedsbetrag in den Rechnungsabgrenzungsposten auf der Passivseite aufzunehmen; er ist planmäßig aufzulösen und in seiner jeweiligen Höhe in der Bilanz oder im Anhang gesondert anzugeben. Ist der Nennbetrag niedriger als der Auszahlungsbetrag oder die Anschaffungskosten, so darf der Unterschiedsbetrag in den Rechnungsabgrenzungsposten auf der Aktivseite aufgenommen werden; er ist planmäßig aufzulösen und in seiner jeweiligen Höhe in der Bilanz oder im Anhang gesondert anzugeben.

(3) Finanzinstrumente des Handelsbestands sind zum beizulegenden Zeitwert abzüglich eines Risikoabschlags zu bewerten. Eine Umgliederung in den Handelsbestand ist ausgeschlossen. Das Gleiche gilt für eine Umgliederung aus dem Handelsbestand, es sei denn, außergewöhnliche Umstände, insbesondere schwerwiegende Beeinträchtigungen der Handelbarkeit der Finanzinstrumente, führen zu einer Aufgabe der Handelsabsicht durch das Kreditinstitut. Finanzinstrumente des Handelsbestands können nachträglich in eine Bewertungseinheit einbezogen werden; sie sind bei Beendigung der Bewertungseinheit wieder in den Handelsbestand umzugliedern.

(4) In der Bilanz ist dem Sonderposten »Fonds für allgemeine Bankrisiken« nach § 340g in jedem Geschäftsjahr ein Betrag, der mindestens 10 vom Hundert der Nettoerträge des Handelsbestands entspricht, zuzuführen und dort gesondert auszuweisen. Dieser Posten darf nur aufgelöst werden
1. zum Ausgleich von Nettoaufwendungen des Handelsbestands oder
2. soweit er 50 vom Hundert des Durchschnitts der letzten fünf jährlichen Nettoerträge des Handelsbestands übersteigt.

§ 340f Vorsorge für allgemeine Bankrisiken

(1) Kreditinstitute dürfen Forderungen an Kreditinstitute und Kunden, Schuldverschreibungen und andere festverzinsliche Wertpapiere sowie Aktien und andere nicht festverzinsliche Wertpapiere, die weder wie Anlagevermögen behandelt werden noch Teil des Handelsbestands sind, mit einem niedrigeren als dem nach § 253 Abs. 1 Satz 1, Abs. 4 vorgeschriebenen oder zugelassenen Wert ansetzen, soweit dies nach vernünftiger kaufmännischer Beurteilung zur Sicherung gegen die besonderen Risiken des Geschäftszweigs der Kreditinstitute notwendig ist. Der Betrag der auf diese Weise gebildeten Vorsorgereserven darf vier vom Hundert des Gesamtbetrags der in Satz 1 bezeichneten Vermögensgegenstände, der sich bei deren Bewertung nach § 253 Abs. 1 Satz 1, Abs. 4 ergibt, nicht übersteigen. Ein niedrigerer Wertansatz darf beibehalten werden.

(2) (weggefallen)

(3) Aufwendungen und Erträge aus der Anwendung von Absatz 1 und aus Geschäften mit in Absatz 1 bezeichneten Wertpapieren und Aufwendungen aus Abschreibungen sowie Erträge aus Zuschreibungen zu diesen Wertpapieren dürfen mit den Aufwendungen aus Abschreibungen auf Forderungen, Zuführungen zu Rückstellungen für Eventualverbindlichkeiten und für Kreditrisiken sowie mit den Erträgen aus Zuschreibungen zu Forderungen oder aus deren Eingang nach teilweiser oder vollständiger Abschreibung und aus Auflösungen von Rückstellungen für Eventualverbindlichkeiten und für Kreditrisiken verrechnet und in der Gewinn- und Verlustrechnung in einem Aufwand- oder Ertragsposten ausgewiesen werden.

(4) Angaben über die Bildung und Auflösung von Vorsorgereserven nach Absatz 1 sowie über vorgenommene Verrechnungen nach Absatz 3 brauchen im Jahresabschluß, Lagebericht, Konzernabschluß und Konzernlagebericht nicht gemacht zu werden.

§ 340g Sonderposten für allgemeine Bankrisiken

(1) Kreditinstitute dürfen auf der Passivseite ihrer Bilanz zur Sicherung gegen allgemeine Bankrisiken einen Sonderposten »Fonds für allgemeine Bankrisiken« bilden, soweit dies nach vernünftiger kaufmännischer Beurteilung wegen der besonderen Risiken des Geschäftszweigs der Kreditinstitute notwendig ist.

(2) Die Zuführungen zum Sonderposten oder die Erträge aus der Auflösung des Sonderpostens sind in der Gewinn- und Verlustrechnung gesondert auszuweisen.

...

Verordnung über die Rechnungslegung der Kreditinstitute und Finanzdienstleistungsinstitute (RechKredV)

vom 11. Dezember 1998
zuletzt geändert durch Artikel 6 Absatz 6 des Gesetzes vom 28. August 2013 (BGBl. I S. 3395)

Abschnitt 1   Anwendungsbereich ...

Abschnitt 2   Bilanz und Gewinn- und Verlustrechnung

§ 2   Formblätter

(1) Institute haben an Stelle des § 266 des Handelsgesetzbuchs über die Gliederung der Bilanz das anliegende Formblatt 1 und an Stelle des § 275 des Handelsgesetzbuchs über die Gliederung der Gewinn- und Verlustrechnung das anliegende Formblatt 2 (Kontoform) oder 3 (Staffelform) anzuwenden, soweit für bestimmte Arten von Instituten nachfolgend sowie in den Fußnoten zu den Formblättern nichts anderes vorgeschrieben ist. Kreditinstitute mit Bausparabteilung haben die für Bausparkassen vorgesehenen besonderen Posten in ihre Bilanz und in ihre Gewinn- und Verlustrechnung zu übernehmen.

(2) Die mit kleinen Buchstaben versehenen Posten der Bilanz und der Gewinn- und Verlustrechnung können zusammengefaßt ausgewiesen werden, wenn
1. sie einen Betrag enthalten, der für die Vermittlung eines den tatsächlichen Verhältnissen entsprechenden Bildes im Sinne des § 264 Abs. 2 des Handelsgesetzbuchs nicht erheblich ist, oder
2. dadurch die Klarheit der Darstellung vergrößert wird; in diesem Falle müssen die zusammengefaßten Posten jedoch im Anhang gesondert ausgewiesen werden.

Satz 1 ist auf die der Deutschen Bundesbank und der Bundesanstalt für Finanzdienstleistungsaufsicht einzureichenden Bilanzen und Gewinn- und Verlustrechnungen nicht anzuwenden.

§ 3   Unterposten

Als Unterposten sind im Formblatt jeweils gesondert auszuweisen:
1. die verbrieften und unverbrieften Forderungen an verbundene Unternehmen zu den Posten »Forderungen an Kreditinstitute« (Aktivposten Nr. 3), »Forderungen an Kunden« (Aktivposten Nr. 4) und »Schuldverschreibungen und andere festverzinsliche Wertpapiere« (Aktivposten Nr. 5);

2. die verbrieften und unverbrieften Forderungen an Unternehmen, mit denen ein Beteiligungsverhältnis besteht, zu den Posten »Forderungen an Kreditinstitute« (Aktivposten Nr. 3), »Forderungen an Kunden« (Aktivposten Nr. 4) und »Schuldverschreibungen und andere festverzinsliche Wertpapiere« (Aktivposten Nr. 5);
3. die verbrieften und unverbrieften Verbindlichkeiten gegenüber verbundenen Unternehmen zu den Posten »Verbindlichkeiten gegenüber Kreditinstituten« (Passivposten Nr. 1), »Verbindlichkeiten gegenüber Kunden« (Passivposten Nr. 2), »Verbriefte Verbindlichkeiten« (Passivposten Nr. 3) und »Nachrangige Verbindlichkeiten« (Passivposten Nr. 9);
4. die verbrieften und unverbrieften Verbindlichkeiten gegenüber Unternehmen, mit denen ein Beteiligungsverhältnis besteht, zu den Posten »Verbindlichkeiten gegenüber Kreditinstituten« (Passivposten Nr. 1), »Verbindlichkeiten gegenüber Kunden« (Passivposten Nr. 2), »Verbriefte Verbindlichkeiten« (Passivposten Nr. 3) und »Nachrangige Verbindlichkeiten« (Passivposten Nr. 9).

Die Angaben nach Satz 1 können statt in der Bilanz im Anhang in der Reihenfolge der betroffenen Posten gemacht werden.

§ 4 Nachrangige Vermögensgegenstände und Schulden

(1) Vermögensgegenstände und Schulden sind als nachrangig auszuweisen, wenn sie als Forderungen oder Verbindlichkeiten im Falle der Liquidation oder der Insolvenz erst nach den Forderungen der anderen Gläubiger erfüllt werden dürfen.

(2) Nachrangige Vermögensgegenstände sind auf der Aktivseite bei dem jeweiligen Posten oder Unterposten gesondert auszuweisen. Die Angaben können statt in der Bilanz im Anhang in der Reihenfolge der betroffenen Posten gemacht werden.

§ 5 Gemeinschaftsgeschäfte

Wird ein Kredit von mehreren Kreditinstituten gemeinschaftlich gewährt (Gemeinschaftskredit), so hat jedes beteiligte oder unterbeteiligte Kreditinstitut nur seinen eigenen Anteil an dem Kredit in die Bilanz aufzunehmen, soweit es die Mittel für den Gemeinschaftskredit zur Verfügung gestellt hat. Übernimmt ein Kreditinstitut über seinen eigenen Anteil hinaus die Haftung für einen höheren Betrag, so ist der Unterschiedsbetrag als Eventualverbindlichkeit auf der Passivseite der Bilanz unter dem Strich zu vermerken. Wird von einem Kreditinstitut lediglich die Haftung für den Ausfall eines Teils der Forderung aus dem Gemeinschaftskredit übernommen, so hat das kreditgebende Kreditinstitut den vollen Kreditbetrag auszuweisen, das haftende Kreditinstitut seinen Haftungsbetrag in der Bilanz im Unterposten »Verbindlichkeiten aus Bürgschaften und Gewährleistungsverträgen« (Passivposten unter dem Strich Nr. 1

Buchstabe b) zu vermerken. Die Sätze 1 und 2 sind entsprechend anzuwenden, wenn Kreditinstitute Wertpapiere oder Beteiligungen gemeinschaftlich erwerben.

§ 6 Treuhandgeschäfte

(1) Vermögensgegenstände und Schulden, die ein Institut im eigenen Namen, aber für fremde Rechnung hält, sind in seine Bilanz aufzunehmen. Die Gesamtbeträge sind in der Bilanz unter den Posten »Treuhandvermögen« (Aktivposten Nr. 9) und »Treuhandverbindlichkeiten« (Passivposten Nr. 4) auszuweisen und im Anhang nach den Aktiv- und Passivposten des Formblatts aufzugliedern. Als Gläubiger gilt bei hereingenommenen Treuhandgeldern die Stelle, der das bilanzierende Kreditinstitut die Gelder unmittelbar schuldet. Als Schuldner gilt bei Treuhandkrediten die Stelle, an die das bilanzierende Kreditinstitut die Gelder unmittelbar ausreicht.

(2) Kredite sind unter den Voraussetzungen des Absatzes 1 in der Bilanz im Vermerk »darunter: Treuhandkredite« bei Aktivposten Nr. 9 und bei Passivposten Nr. 4 auszuweisen.

(3) Vermögensgegenstände und Schulden, die ein Institut im fremden Namen für fremde Rechnung hält, dürfen in seine Bilanz nicht aufgenommen werden.

(4) Kapitalverwaltungsgesellschaften haben die Summe der Inventarwerte und die Zahl der verwalteten Sondervermögen in der Bilanz auf der Passivseite unter dem Strich in einem Posten mit der Bezeichnung »Für Anteilinhaber verwaltete Investmentvermögen« auszuweisen.

§ 7 Wertpapiere

(1) Als Wertpapiere sind Aktien, Zwischenscheine, Anteile oder Aktien an Investmentvermögen, Optionsscheine, Zins- und Gewinnanteilscheine, börsenfähige Inhaber- und Ordergenußscheine, börsenfähige Inhaberschuldverschreibungen auszuweisen, auch wenn sie vinkuliert sind, unabhängig davon, ob sie in Wertpapierurkunden verbrieft oder als Wertrechte ausgestaltet sind, börsenfähige Orderschuldverschreibungen, soweit sie Teile einer Gesamtemission sind, ferner andere festverzinsliche Inhaberpapiere, soweit sie börsenfähig sind, und andere nicht festverzinsliche Wertpapiere, soweit sie börsennotiert sind. Hierzu rechnen auch ausländische Geldmarktpapiere, die zwar auf den Namen lauten, aber wie Inhaberpapiere gehandelt werden.

(2) Als börsenfähig gelten Wertpapiere, die die Voraussetzungen einer Börsenzulassung erfüllen; bei Schuldverschreibungen genügt es, daß alle Stücke einer Emission hinsichtlich Verzinsung, Laufzeitbeginn und Fälligkeit einheitlich ausgestattet sind.

(3) Als börsennotiert gelten Wertpapiere, die an einer deutschen Börse zum Handel im regulierten Markt zugelassen sind, außerdem Wertpapiere, die an ausländischen Börsen zugelassen sind oder gehandelt werden.

§ 8 Restlaufzeit

(1) Für die Gliederung nach Restlaufzeiten sind bei ungekündigten Kündigungsgeldern die Kündigungsfristen maßgebend. Sofern neben der Kündigungsfrist noch eine Kündigungssperrfrist vereinbart wird, ist diese ebenfalls zu berücksichtigen. Bei Forderungen sind vorzeitige Kündigungsmöglichkeiten nicht zu berücksichtigen.

(2) Bei Forderungen oder Verbindlichkeiten mit Rückzahlungen in regelmäßigen Raten gilt als Restlaufzeit der Zeitraum zwischen dem Bilanzstichtag und dem Fälligkeitstag jedes Teilbetrags.

(3) Als täglich fällig sind nur solche Forderungen und Verbindlichkeiten auszuweisen, über die jederzeit ohne vorherige Kündigung verfügt werden kann oder für die eine Laufzeit oder Kündigungsfrist von 24 Stunden oder von einem Geschäftstag vereinbart worden ist; hierzu rechnen auch die sogenannten Tagesgelder und Gelder mit täglicher Kündigung einschließlich der über geschäftsfreie Tage angelegten Gelder mit Fälligkeit oder Kündigungsmöglichkeit am nächsten Geschäftstag.

§ 9 Fristengliederung

(1) Im Anhang sind gesondert die Beträge der folgenden Posten oder Unterposten des Formblattes 1 (Bilanz) nach Restlaufzeiten aufzugliedern:
1. andere Forderungen an Kreditinstitute mit Ausnahme der darin enthaltenen Bausparguthaben aus abgeschlossenen Bausparverträgen (Aktivposten Nr. 3 Buchstabe b),
2. Forderungen an Kunden (Aktivposten Nr. 4),
3. Verbindlichkeiten gegenüber Kreditinstituten mit vereinbarter Laufzeit oder Kündigungsfrist (Passivposten Nr. 1 Buchstabe b),
4. Spareinlagen mit vereinbarter Kündigungsfrist von mehr als drei Monaten (Passivposten Nr. 2 Buchstabe a Doppelbuchstabe ab),
5. andere Verbindlichkeiten gegenüber Kunden mit vereinbarter Laufzeit oder Kündigungsfrist (Passivposten Nr. 2 Buchstabe b Doppelbuchstabe bb),
6. andere verbriefte Verbindlichkeiten (Passivposten Nr. 3 Buchstabe b).

Auf Pfandbriefbanken und Bausparkassen ist Satz 1 entsprechend anzuwenden; Bausparkassen brauchen die Bauspareinlagen nicht nach Restlaufzeiten aufzugliedern.

(2) Für die Aufgliederung nach Absatz 1 sind folgende Restlaufzeiten maßgebend:
1. bis drei Monate,
2. mehr als drei Monate bis ein Jahr,
3. mehr als ein Jahr bis fünf Jahre,
4. mehr als fünf Jahre.

(3) Im Anhang sind ferner zu folgenden Posten der Bilanz anzugeben:
1. die im Posten »Forderungen an Kunden« (Aktivposten Nr. 4) enthaltenen Forderungen mit unbestimmter Laufzeit;
2. die im Posten »Schuldverschreibungen und andere festverzinsliche Wertpapiere« (Aktivposten Nr. 5) und im Unterposten »begebene Schuldverschreibungen« (Passivposten Nr. 3 Buchstabe a) enthaltenen Beträge, die in dem Jahr, das auf den Bilanzstichtag folgt, fällig werden.

§ 10 Verrechnung

(1) Täglich fällige, keinerlei Bindungen unterliegende Verbindlichkeiten gegenüber einem Kontoinhaber müssen mit gegen denselben Kontoinhaber bestehenden täglich fälligen Forderungen und Forderungen, die auf einem Kreditsonderkonto belastet und gleichzeitig auf einem laufenden Konto erkannt sind, verrechnet werden, sofern für die Zins- und Provisionsberechnung vereinbart ist, daß der Kontoinhaber wie bei Verbuchung über ein einziges Konto gestellt wird.

(2) Eine Verrechnung von Forderungen und Verbindlichkeiten in verschiedenen Währungen ist nicht zulässig. Nicht verrechnet werden darf mit Sperrguthaben und Spareinlagen.

§ 11 Anteilige Zinsen

Anteilige Zinsen und ähnliche das Geschäftsjahr betreffende Beträge, die erst nach dem Bilanzstichtag fällig werden, aber bereits am Bilanzstichtag bei Kreditinstituten den Charakter von bankgeschäftlichen und bei Finanzdienstleistungsinstituten den Charakter von für diese Institute typischen Forderungen oder Verbindlichkeiten haben, sind demjenigen Posten der Aktiv- oder Passivseite der Bilanz zuzuordnen, dem sie zugehören. § 268 Abs. 4 Satz 2, Abs. 5 Satz 3 des Handelsgesetzbuchs bleibt unberührt. Die in Satz 1 genannten Beträge brauchen nicht nach Restlaufzeiten aufgegliedert zu werden.

Abschnitt 3 Vorschriften zu einzelnen Posten der Bilanz (Formblatt 1)

Unterabschnitt 1   Posten der Aktivseite

§ 12   Barreserve (Nr. 1)

(1) Als Kassenbestand sind gesetzliche Zahlungsmittel einschließlich der ausländischen Noten und Münzen sowie Postwertzeichen und Gerichtsgebührenmarken auszuweisen. Zu einem höheren Betrag als dem Nennwert erworbene Gedenkmünzen sowie Goldmünzen, auch wenn es sich um gesetzliche Zahlungsmittel handelt, und Barrengold sind im Posten »Sonstige Vermögensgegenstände« (Aktivposten Nr. 15) zu erfassen.

(2) Als Guthaben dürfen nur täglich fällige Guthaben einschließlich der täglich fälligen Fremdwährungsguthaben bei Zentralnotenbanken und Postgiroämtern der Niederlassungsländer des Instituts ausgewiesen werden. Andere Guthaben wie Übernachtguthaben im Rahmen der Einlagefazilität der Deutschen Bundesbank sowie Forderungen an die Deutsche Bundesbank aus Devisenswapgeschäften, Wertpapierpensionsgeschäften und Termineinlagen sind im Posten »Forderungen an Kreditinstitute« (Aktivposten Nr. 3) auszuweisen. Bei Zentralnotenbanken in Anspruch genommene Kredite wie Übernachtkredite im Rahmen der Spitzenrefinanzierungsfazilität der Deutschen Bundesbank oder andere täglich fällige Darlehen sind nicht von den Guthaben abzusetzen, sondern im Posten »Verbindlichkeiten gegenüber Kreditinstituten« (Passivposten Nr. 1) als täglich fällige Verbindlichkeiten auszuweisen.

§ 13   Schuldtitel öffentlicher Stellen und Wechsel, die zur Refinanzierung bei Zentralnotenbanken zugelassen sind (Nr. 2)

(1) Im Posten Nr. 2 sind Schatzwechsel und unverzinsliche Schatzanweisungen sowie ähnliche Schuldtitel öffentlicher Stellen und Wechsel auszuweisen, die unter Diskontabzug hereingenommen wurden und zur Refinanzierung bei den Zentralnotenbanken der Niederlassungsländer zugelassen sind. Schuldtitel öffentlicher Stellen, die die bezeichneten Voraussetzungen nicht erfüllen, sind im Unterposten »Geldmarktpapiere von öffentlichen Emittenten« (Aktivposten Nr. 5 Buchstabe a Doppelbuchstabe aa), gegebenenfalls im Unterposten »Anleihen und Schuldverschreibungen von öffentlichen Emittenten« (Aktivposten Nr. 5 Buchstabe b Doppelbuchstabe ba), auszuweisen, sofern sie börsenfähig sind, andernfalls im Posten »Forderungen an Kunden« (Aktivposten Nr. 4). Öffentliche Stellen im Sinne dieser Vorschrift sind öffentliche Haushalte einschließlich ihrer Sondervermögen.

(2) Im Vermerk zum Unterposten Buchstabe a »bei der Deutschen Bundesbank refinanzierbar« sind alle im Bestand befindlichen Schatzwechsel und unverzinslichen Schatzanweisungen und ähnliche Schuldtitel öffentlicher Stellen auszuweisen, die bei der Deutschen Bundesbank refinanzierungsfähig sind.

(3) Im Vermerk zum Unterposten Buchstabe b »bei der Deutschen Bundesbank refinanzierbar« sind alle im Bestand befindlichen Wechsel auszuweisen, die bei der Deutschen Bundesbank refinanzierungsfähig sind, sofern die Beleihung nicht durch bekanntgegebene Regelungen der Deutschen Bundesbank ausgeschlossen ist. Zum Bestand gehören auch die zur Besicherung von Offenmarkt- und Übernachtkrediten an die Deutsche Bundesbank verpfändeten Wechsel.

(4) Der Bestand an eigenen Akzepten ist nicht auszuweisen. Den Kunden nicht abgerechnete Wechsel, Solawechsel und eigene Ziehungen, die beim bilanzierenden Institut hinterlegt sind (Depot- oder Kautionswechsel), sind nicht als Wechsel zu bilanzieren.

§ 14 Forderungen an Kreditinstitute (Nr. 3)

Im Posten »Forderungen an Kreditinstitute« sind alle Arten von Forderungen aus Bankgeschäften sowie alle Forderungen von Finanzdienstleistungsinstituten an in- und ausländische Kreditinstitute einschließlich der von Kreditinstituten eingereichten Wechsel auszuweisen, soweit es sich nicht um börsenfähige Schuldverschreibungen im Sinne des Postens »Schuldverschreibungen und andere festverzinsliche Wertpapiere« (Aktivposten Nr. 5) handelt. Von den à forfait eingereichten Wechseln sind diejenigen hier auszuweisen, die von Kreditinstituten akzeptiert sind, soweit sie nicht unter Aktivposten Nr. 2 Buchstabe b auszuweisen sind. Zu den Forderungen an Kreditinstitute gehören auch Namensschuldverschreibungen sowie nicht börsenfähige Inhaberschuldverschreibungen, Orderschuldverschreibungen, die nicht Teile einer Gesamtemission sind, sowie nicht börsenfähige Orderschuldverschreibungen, die Teile einer Gesamtemission sind, Namensgeldmarktpapiere und nicht börsenfähige Inhabergeldmarktpapiere, Namensgenußscheine, nicht börsenfähige Inhabergenußscheine und andere nicht in Wertpapieren verbriefte rückzahlbare Genußrechte. § 7 bleibt unberührt. Ferner gehören hierzu Bausparguthaben aus abgeschlossenen Bausparverträgen und Soll-Salden aus Effektengeschäften und Verrechnungskonten.

§ 15 Forderungen an Kunden (Nr. 4)

(1) Im Posten »Forderungen an Kunden« sind alle Arten von Vermögensgegenständen einschließlich der von Kunden eingereichten Wechsel auszuweisen, die Forderungen an in- und ausländische Nichtbanken (Kunden) darstellen, soweit es sich nicht um börsenfähige Schuldverschreibungen im Sinne des Postens »Schuldverschreibungen und andere festverzinsliche Wertpapiere« (Aktivposten Nr. 5) handelt. § 7 bleibt unberührt. Von den à forfait eingereichten Wechseln sind diejenigen hier auszuweisen, die von Nichtbanken akzeptiert sind, soweit sie nicht unter Aktivposten Nr. 2 Buchstabe b auszuweisen sind. Zu den Forderungen an Kunden gehören auch Forderungen aus dem eigenen Warengeschäft und die in § 14 Satz 3 bezeichneten Papiere. Es darf nur die Summe

der in Anspruch genommenen Kredite, nicht die Summe der Kreditzusagen, eingesetzt werden.

(2) Als durch Grundpfandrechte gesichert sind nur Forderungen zu vermerken, für die dem bilanzierenden Institut Grundpfandrechte bestellt, verpfändet oder abgetreten worden sind und die den Erfordernissen des § 14 Abs. 1 und des § 16 Abs. 1 und 2 des Pfandbriefgesetzes entsprechen, jedoch unabhängig davon, ob sie zur Deckung ausgegebener Schuldverschreibungen dienen oder nicht. Bausparkassen haben hier nur solche Baudarlehen zu vermerken, für die dem bilanzierenden Institut Grundpfandrechte bestellt, verpfändet oder abgetreten worden sind, die den Erfordernissen des § 7 Abs. 1 des Gesetzes über Bausparkassen entsprechen. Durch Grundpfandrechte gesicherte Forderungen, die in Höhe des die zulässige Beleihungsgrenze übersteigenden Betrages durch eine Bürgschaft oder Gewährleistung der öffentlichen Hand gesichert sind (Ib-Hypothekendarlehen), sind ebenfalls hier zu vermerken.

(3) Als Kommunalkredite sind alle Forderungen zu vermerken, die an inländische Körperschaften und Anstalten des öffentlichen Rechts gewährt wurden oder für die eine solche Körperschaft oder Anstalt die volle Gewährleistung übernommen hat, unabhängig davon, ob sie zur Deckung ausgegebener Schuldverschreibungen dienen oder nicht. Hier sind auch Kredite gemäß des § 20 Abs. 1 Nr. 1 Buchstabe b bis e des Pfandbriefgesetzes auszuweisen.

(4) Schiffshypotheken dürfen unter der Bezeichnung »durch Schiffshypotheken gesichert« gesondert vermerkt werden, wenn sie den Erfordernissen des § 22 Abs. 1, 2 Satz 1 und Abs. 5 Satz 3, des § 23 Abs. 1 und 4 sowie des § 24 Abs. 2 in Verbindung mit Abs. 3 des Pfandbriefgesetzes entsprechen.

(5) (weggefallen)

§ 16 Schuldverschreibungen und andere festverzinsliche Wertpapiere (Nr. 5)

(1) Als Schuldverschreibungen und andere festverzinsliche Wertpapiere sind die folgenden Rechte, wenn sie börsenfähig sind und nicht zu dem Unterposten »Schatzwechsel und unverzinsliche Schatzanweisungen sowie ähnliche Schuldtitel öffentlicher Stellen« (Aktivposten Nr. 2 Buchstabe a) gehören, auszuweisen: festverzinsliche Inhaberschuldverschreibungen, Orderschuldverschreibungen, die Teile einer Gesamtemission sind, Schatzwechsel, Schatzanweisungen und andere verbriefte Rechte (wie zum Beispiel commercial papers, euro-notes, certificates of deposit, bons de caisse), Kassenobligationen sowie Schuldbuchforderungen. Vor Fälligkeit hereingenommene Zinsscheine sind ebenfalls hier aufzunehmen.

(2) Als festverzinslich gelten auch Wertpapiere, die mit einem veränderlichen Zinssatz ausgestattet sind, sofern dieser an eine bestimmte Größe, zum Beispiel an einen Interbankzinssatz oder an einen Euro-Geldmarktsatz gebunden ist, sowie Null-Kupon-Anleihen, ferner Schuldverschreibungen, die einen anteiligen Anspruch auf Erlöse aus einem gepoolten Forderungsvermögen verbriefen.

(2a) Als Geldmarktpapiere gelten alle Schuldverschreibungen und anderen festverzinslichen Wertpapiere unabhängig von ihrer Bezeichnung, sofern ihre ursprüngliche Laufzeit ein Jahr nicht überschreitet.

(3) Als »beleihbar bei der Deutschen Bundesbank« sind nur solche Wertpapiere zu vermerken, die bei der Deutschen Bundesbank refinanzierungsfähig sind. Sie sind mit dem Bilanzwert zu vermerken.

(4) Im Unterposten Buchstabe c sind zurückgekaufte börsenfähige Schuldverschreibungen eigener Emissionen auszuweisen; der Bestand an nicht börsenfähigen eigenen Schuldverschreibungen ist vom Passivposten 3 Buchstabe a abzusetzen.

(5) Bezüglich der Absätze 1 bis 2a und 4 bleibt § 7 unberührt.

§ 17 Aktien und andere nicht festverzinsliche Wertpapiere (Nr. 6)

Im Posten »Aktien und andere nicht festverzinsliche Wertpapiere« sind Aktien auszuweisen, soweit sie nicht im Posten »Beteiligungen« (Aktivposten Nr. 7) oder im Posten »Anteile an verbundenen Unternehmen« (Aktivposten Nr. 8) auszuweisen sind, ferner Zwischenscheine, Anteile oder Aktien an Investmentvermögen, Optionsscheine, Gewinnanteilscheine, als Inhaber- oder Orderpapiere ausgestaltete börsenfähige Genußscheine sowie andere nicht festverzinsliche Wertpapiere, soweit sie börsennotiert sind. Vor Fälligkeit hereingenommene Gewinnanteilscheine sind ebenfalls hier aufzunehmen.

§ 18 Beteiligungen (Nr. 7)

Institute in der Rechtsform der eingetragenen Genossenschaft und genossenschaftliche Zentralbanken haben Geschäftsguthaben bei Genossenschaften unter dem Posten »Beteiligungen« (Aktivposten Nr. 7) auszuweisen. In diesem Falle ist die Postenbezeichnung entsprechend anzupassen.

§ 19 Ausgleichsforderungen gegen die öffentliche Hand einschließlich Schuldverschreibungen aus deren Umtausch (Nr. 10)

Im Posten Nr. 10 sind Ausgleichsforderungen aus der Währungsreform von 1948 sowie Ausgleichsforderungen gegenüber dem Ausgleichsfonds Währungsumstellung auszuweisen. Hierzu zählen auch Schuldverschreibungen des Ausgleichsfonds Währungsumstellung, die aus der Umwandlung gegen ihn gerichteter Ausgleichsforderungen entstanden sind, unabhängig davon, ob das bilanzierende Institut die Schuldverschreibungen aus dem Umtausch eigener Ausgleichsforderungen oder als Erwerber von einem anderen Institut oder einem Außenhandelsbetrieb erlangt hat.

§ 20 Sonstige Vermögensgegenstände (Nr. 14)

Im Posten »Sonstige Vermögensgegenstände« sind Forderungen und sonstige Vermögensgegenstände auszuweisen, die einem anderen Posten nicht zugeordnet werden können. Hierzu gehören auch Schecks, fällige Schuldverschreibungen, Zins- und Gewinnanteilscheine, Inkassowechsel und sonstige Inkassopapiere, soweit sie innerhalb von 30 Tagen ab Einreichung zur Vorlage bestimmt und dem Einreicher bereits gutgeschrieben worden sind. Dies gilt auch dann, wenn sie unter dem Vorbehalt des Eingangs gutgeschrieben worden sind. Hierzu zählen ferner nicht in Wertpapieren verbriefte Genußrechte, die nicht rückzahlbar sind. Zur Verhütung von Verlusten im Kreditgeschäft erworbene Grundstücke und Gebäude dürfen, soweit sie nicht im Posten Nr. 12 »Sachanlagen« ausgewiesen sind, im Posten Nr. 14 »Sonstige Vermögensgegenstände« nur ausgewiesen werden, wenn sie sich nicht länger als fünf Jahre im Bestand des bilanzierenden Instituts befinden.

Unterabschnitt 2   Posten der Passivseite

§ 21 Verbindlichkeiten gegenüber Kreditinstituten (Nr. 1), Verbindlichkeiten gegenüber Kunden (Nr. 2)

(1) Als Verbindlichkeiten gegenüber Kreditinstituten sind alle Arten von Verbindlichkeiten aus Bankgeschäften sowie alle Verbindlichkeiten von Finanzdienstleistungsinstituten gegenüber in- und ausländischen Kreditinstituten auszuweisen, sofern es sich nicht um verbriefte Verbindlichkeiten (Passivposten Nr. 3) handelt. Hierher gehören auch Verbindlichkeiten aus Namensschuldverschreibungen, Orderschuldverschreibungen, die nicht Teile einer Gesamtemission sind, Namensgeldmarktpapieren, Haben-Salden aus Effektengeschäften und aus Verrechnungskonten sowie Verbindlichkeiten aus verkauften Wechseln einschließlich eigener Ziehungen, die den Kreditnehmern nicht abgerechnet worden sind.

(2) Als Verbindlichkeiten gegenüber Kunden sind alle Arten von Verbindlichkeiten gegenüber inund ausländischen Nichtbanken (Kunden) auszuweisen, sofern es sich nicht um verbriefte Verbindlichkeiten (Passivposten Nr. 3) handelt. Hierzu gehören auch Verbindlichkeiten aus Namensschuldverschreibungen, Orderschuldverschreibungen, die nicht Teile einer Gesamtemission sind, Namensgeldmarktpapieren, Sperrguthaben und Abrechnungsguthaben der Anschlußfirmen im Teilzahlungsfinanzierungsgeschäft, soweit der Ausweis nicht unter dem Posten »Verbindlichkeiten gegenüber Kreditinstituten« (Passivposten Nr. 1) vorzunehmen ist, sowie »Anweisungen im Umlauf«.

(3) Verbindlichkeiten, die einem Institut dadurch entstehen, daß ihm von einem anderen Institut Beträge zugunsten eines namentlich genannten Kunden mit der Maßgabe überwiesen werden, sie diesem erst auszuzahlen, nachdem er bestimmte Auflagen erfüllt hat (sogenannte Treuhandzahlungen), sind unter »Verbindlichkeiten gegenüber Kunden« (Passivposten Nr. 2) auszuweisen, auch wenn die Verfügungsbeschränkung noch besteht. Eine Ausnahme besteht nur dann, wenn nach dem Vertrag mit dem die Treuhandzahlung überweisenden Kreditinstitut nicht der Kunde, sondern das empfangende Institut der Schuldner ist.

(4) Als Spareinlagen sind nur unbefristete Gelder auszuweisen, die folgende vier Voraussetzungen erfüllen:
1. sie sind durch Ausfertigung einer Urkunde, insbesondere eines Sparbuchs, als Spareinlagen gekennzeichnet;
2. sie sind nicht für den Zahlungsverkehr bestimmt;
3. sie werden nicht von Kapitalgesellschaften, Genossenschaften, wirtschaftlichen Vereinen, Personenhandelsgesellschaften oder von Unternehmen mit Sitz im Ausland mit vergleichbarer Rechtsform angenommen, es sei denn, diese Unternehmen dienen gemeinnützigen, mildtätigen oder kirchlichen Zwecken oder es handelt sich bei den von diesen Unternehmen angenommenen Geldern um Sicherheiten gemäß § 551 des Bürgerlichen Gesetzbuchs oder § 14 Abs. 4 des Heimgesetzes;
4. sie weisen eine Kündigungsfrist von mindestens drei Monaten auf.

Sparbedingungen, die dem Kunden das Recht einräumen, über seine Einlagen mit einer Kündigungsfrist von drei Monaten bis zu einem bestimmten Betrag, der jedoch pro Sparkonto und Kalendermonat 2 000 Euro nicht überschreiten darf, ohne Kündigung zu verfügen, schließen deren Einordnung als Spareinlagen im Sinne dieser Vorschrift nicht aus. Geldbeträge, die auf Grund von Vermögensbildungsgesetzen geleistet werden, gelten als Spareinlagen. Bauspareinlagen gelten nicht als Spareinlagen.

§ 22 Verbriefte Verbindlichkeiten (Nr. 3)
(1) Als verbriefte Verbindlichkeiten sind Schuldverschreibungen und diejenigen Verbindlichkeiten auszuweisen, für die nicht auf den Namen lautende übertragbare Urkunden ausgestellt sind.

(2) Als begebene Schuldverschreibungen sind auf den Inhaber lautende Schuldverschreibungen sowie Orderschuldverschreibungen, die Teile einer Gesamtemission sind, unabhängig von ihrer Börsenfähigkeit auszuweisen. Zurückgekaufte, nicht börsenfähige eigene Schuldverschreibungen sind abzusetzen. Null-Kupon-Anleihen sind einschließlich der anteiligen Zinsen auszuweisen.

(3) Als Geldmarktpapiere sind nur Inhaberpapiere oder Orderpapiere, die Teile einer Gesamtemission sind, unabhängig von ihrer Börsenfähigkeit zu vermerken.

(4) Als eigene Akzepte sind nur Akzepte zu vermerken, die vom Institut zu seiner eigenen Refinanzierung ausgestellt worden sind und bei denen es erster Zahlungspflichtiger (»Bezogener«) ist. Der eigene Bestand sowie verpfändete eigene Akzepte und eigene Solawechsel gelten nicht als im Umlauf befindlich.

(5) Bei Instituten, die einen unabhängigen Treuhänder haben, gehören Stücke, die vom Treuhänder ausgefertigt sind, auch dann zu den begebenen Schuldverschreibungen, wenn sie dem Erwerber noch nicht geliefert worden sind. Dem Treuhänder zurückgegebene Stücke dürfen nicht mehr ausgewiesen werden.

§ 23 Rechnungsabgrenzungsposten (Nr. 6)

Dem Kreditnehmer aus Teilzahlungsfinanzierungsgeschäften berechnete Zinsen, Provisionen und Gebühren, die künftigen Rechnungsperioden zuzurechnen sind, sind in diesem Posten auszuweisen, soweit sie nicht mit dem entsprechenden Aktivposten verrechnet werden. Bei Teilzahlungsfinanzierungsgeschäften ist auch die anfallende Zinsmarge aus der Weitergabe von Wechselabschnitten, soweit sie künftigen Rechnungsperioden zuzurechnen ist, hier auszuweisen; letzteres gilt entsprechend auch für andere Wechselrefinanzierungen.

§ 24 Rückstellungen (Nr. 7)

Wird im Unterposten Buchstabe c »andere Rückstellungen« eine Rückstellung für einen drohenden Verlust aus einer unter dem Strich vermerkten Eventualverbindlichkeit oder einem Kreditrisiko gebildet, so ist der Posten unter dem Strich in Höhe des zurückgestellten Betrags zu kürzen.

§ 25 Eigenkapital (Nr. 12)

(1) Im Unterposten Buchstabe a »Gezeichnetes Kapital« sind, ungeachtet ihrer genauen Bezeichnung im Einzelfall, alle Beträge auszuweisen, die entsprechend der Rechtsform des Instituts als von den Gesellschaftern oder anderen Eigentümern gezeichnete Eigenkapitalbeträge gelten; auch Einlagen stiller Gesellschafter, Dotationskapital sowie Geschäftsguthaben sind in diesen Posten einzubeziehen. Die genaue Bezeichnung im Einzelfall kann zusätzlich zu der Postenbezeichnung »Gezeichnetes Kapital« in das Bilanzformblatt eingetragen werden.

(2) Im Unterposten Buchstabe c »Gewinnrücklagen« sind auch die Sicherheitsrücklage der Sparkassen sowie die Ergebnisrücklagen der Kreditgenossenschaften auszuweisen. Die genaue Bezeichnung im Einzelfall kann zusätzlich

zu der Postenbezeichnung »Gewinnrücklagen« in das Bilanzformblatt eingetragen werden.

§ 26 Eventualverbindlichkeiten (Nr. 1 unter dem Strich)

(1) Im Unterposten Buchstabe a »Eventualverbindlichkeiten aus weitergegebenen abgerechneten Wechseln« sind nur Indossamentsverbindlichkeiten und andere wechselrechtliche Eventualverbindlichkeiten aus abgerechneten und weiterverkauften Wechseln (einschließlich eigenen Ziehungen) bis zu ihrem Verfalltag zu vermerken. Verbindlichkeiten aus umlaufenden eigenen Akzepten, Eventualverbindlichkeiten aus Schatzwechseln sind nicht einzubeziehen.

(2) Im Unterposten Buchstabe b »Verbindlichkeiten aus Bürgschaften und Gewährleistungsverträgen« sind auch Ausbietungs- und andere Garantieverpflichtungen, verpflichtende Patronatserklärungen, unwiderrufliche Kreditbriefe einschließlich der dazugehörigen Nebenkosten zu vermerken, ferner Akkreditiveröffnungen und -bestätigungen. Die Verbindlichkeiten sind in voller Höhe zu vermerken, soweit für sie keine zweckgebundenen Deckungsguthaben unter dem Posten »Verbindlichkeiten gegenüber Kreditinstituten« (Passivposten Nr. 1) oder dem Posten »andere Verbindlichkeiten gegenüber Kunden« (Passivposten Nr. 2 Buchstabe b) ausgewiesen sind.

(3) Im Unterposten Buchstabe c »Haftung aus der Bestellung von Sicherheiten für fremde Verbindlichkeiten« sind die Beträge mit dem Buchwert der bestellten Sicherheiten zu vermerken. Hierzu gehören Sicherungsabtretungen, Sicherungsübereignungen und Kautionen für fremde Verbindlichkeiten sowie Haftungen aus der Bestellung von Pfandrechten an beweglichen Sachen und Rechten wie auch aus Grundpfandrechten für fremde Verbindlichkeiten. Besteht außerdem eine Verbindlichkeit aus einer Bürgschaft oder aus einem Gewährleistungsvertrag, so ist nur diese zu vermerken, und zwar im Unterposten Buchstabe b »Verbindlichkeiten aus Bürgschaften und Gewährleistungsverträgen«.

§ 27 Andere Verpflichtungen (Nr. 2 unter dem Strich)

(1) Im Unterposten Buchstabe b »Plazierungs- und Übernahmeverpflichtungen« sind Verbindlichkeiten aus der Übernahme einer Garantie für die Plazierung oder Übernahme von Finanzinstrumenten gegenüber Emittenten zu vermerken, die während eines vereinbarten Zeitraums Finanzinstrumente revolvierend am Geldmarkt begeben. Es sind nur Garantien zu erfassen, durch die ein Kreditinstitut sich verpflichtet, Finanzinstrumente zu übernehmen oder einen entsprechenden Kredit zu gewähren, wenn die Finanzinstrumente am Markt nicht plaziert werden können. Die Verbindlichkeiten sind gekürzt um die in Anspruch genommenen Beträge zu vermerken. Über die Inanspruchnahme ist im Anhang zu berichten. Wird eine Garantie von mehreren Kreditin-

stituten gemeinschaftlich gewährt, so hat jedes beteiligte Kreditinstitut nur seinen eigenen Anteil an dem Kredit zu vermerken.

(2) Im Unterposten Buchstabe c »Unwiderrufliche Kreditzusagen« sind alle unwiderruflichen Verpflichtungen, die Anlaß zu einem Kreditrisiko geben können, zu vermerken. Der Abschluß eines Bausparvertrages gilt nicht als unwiderrufliche Kreditzusage.

Abschnitt 4 Vorschriften zu einzelnen Posten der Gewinn- und Verlustrechnung (Formblätter 2 und 3)

§ 28   Zinserträge (Formblatt 2 Spalte Erträge Nr. 1, Formblatt 3 Nr. 1)

Im Posten »Zinserträge« sind Zinserträge und ähnliche Erträge aus dem Bankgeschäft einschließlich des Factoring-Geschäfts sowie alle Zinserträge und ähnliche Erträge der Finanzdienstleistungsinstitute auszuweisen, insbesondere alle Erträge aus den in den Posten der Bilanz »Barreserve« (Aktivposten Nr. 1), »Schuldtitel öffentlicher Stellen und Wechsel, die zur Refinanzierung bei Zentralnotenbanken zugelassen sind« (Aktivposten Nr. 2), »Forderungen an Kreditinstitute« (Aktivposten Nr. 3), »Forderungen an Kunden« (Aktivposten Nr. 4) und »Schuldverschreibungen und andere festverzinsliche Wertpapiere« (Aktivposten Nr. 5) bilanzierten Vermögensgegenständen ohne Rücksicht darauf, in welcher Form sie berechnet werden. Hierzu gehören auch Diskontabzüge, Ausschüttungen auf Genußrechte und Gewinnschuldverschreibungen im Bestand, Erträge mit Zinscharakter, die im Zusammenhang mit der zeitlichen Verteilung des Unterschiedsbetrages bei unter dem Rückzahlungsbetrag erworbenen Vermögensgegenständen entstehen, Zuschreibungen aufgelaufener Zinsen zu Null-Kupon-Anleihen im Bestand, die sich aus gedeckten Termingeschäften ergebenden, auf die tatsächliche Laufzeit des jeweiligen Geschäfts verteilten Erträge mit Zinscharakter sowie Gebühren und Provisionen mit Zinscharakter, die nach dem Zeitablauf oder nach der Höhe der Forderung berechnet werden.

§ 29   Zinsaufwendungen (Formblatt 2 Spalte Aufwendungen Nr. 1, Formblatt 3 Nr. 2)

Im Posten »Zinsaufwendungen« sind Zinsaufwendungen und ähnliche Aufwendungen aus dem Bankgeschäft einschließlich des Factoring-Geschäfts sowie alle Zinsaufwendungen und ähnliche Aufwendungen der Finanzdienstleistungsinstitute auszuweisen, insbesondere alle Aufwendungen für die in den Posten der Bilanz »Verbindlichkeiten gegenüber Kreditinstituten« (Passivposten Nr. 1), »Verbindlichkeiten gegenüber Kunden« (Passivposten Nr. 2), »Verbriefte Verbindlichkeiten« (Passivposten Nr. 3) und »Nachrangige Verbindlichkeiten« (Passivposten Nr. 9) bilanzierten Verbindlichkeiten ohne Rücksicht darauf, in welcher Form sie berechnet werden. Hierzu gehören auch Diskontabzüge, Ausschüttungen auf begebene Genußrechte und Gewinnschuldverschreibungen, Aufwendungen mit Zinscharakter, die im Zusammenhang mit der zeitlichen Verteilung des Unterschiedsbetrages bei unter dem Rückzahlungsbetrag eingegangenen Verbindlichkeiten entstehen, Zuschreibungen aufgelaufener Zinsen zu begebenen Null-Kupon-Anleihen, die sich aus gedeckten Termingeschäften ergebenden, auf die tatsächliche Laufzeit des jeweiligen Geschäfts verteilten Aufwendungen mit Zinscharakter sowie Gebühren und Provisionen mit Zinscharakter, die nach dem Zeitablauf oder nach der Höhe der Verbindlichkeiten berechnet werden.

§ 30 Provisionserträge (Formblatt 2 Spalte Erträge Nr. 4, Formblatt 3 Nr. 5), Provisionsaufwendungen (Formblatt 2 Spalte Aufwendungen Nr. 2, Formblatt 3 Nr. 6)

(1) Im Posten »Provisionserträge« sind Provisionen und ähnliche Erträge aus Dienstleistungsgeschäften wie dem Zahlungsverkehr, Außenhandelsgeschäft, Wertpapierkommissions- und Depotgeschäft, Erträge für Treuhandkredite und Verwaltungskredite, Provisionen im Zusammenhang mit Finanzdienstleistungen und der Veräußerung von Devisen, Sorten und Edelmetallen und aus der Vermittlertätigkeit bei Kredit-, Spar-, Bauspar- und Versicherungsverträgen auszuweisen. Zu den Erträgen gehören auch Bonifikationen aus der Plazierung von Wertpapieren, Bürgschaftsprovisionen und Kontoführungsgebühren.

(2) Im Posten »Provisionsaufwendungen« sind Provisionen und ähnliche Aufwendungen aus den in Absatz 1 bezeichneten Dienstleistungsgeschäften auszuweisen.

§ 31 Allgemeine Verwaltungsaufwendungen (Formblatt 2 Spalte Aufwendungen Nr. 4, Formblatt 3 Nr. 10)

(1) Im Unterposten Buchstabe a Doppelbuchstabe ab »Soziale Abgaben und Aufwendungen für Altersversorgung und für Unterstützung« sind gesetzliche Pflichtabgaben, Beihilfen und Unterstützungen, die das Institut zu erbringen hat, sowie Aufwendungen für die Altersversorgung, darunter auch die Zuführungen zu den Pensionsrückstellungen, auszuweisen. Der sonstige Personalaufwand (zum Beispiel freiwillige soziale Leistungen) ist dem Unterposten des Personalaufwands zuzurechnen, zu dem er seiner Art nach gehört.

(2) Im Unterposten Buchstabe b »andere Verwaltungsaufwendungen« sind die gesamten Aufwendungen sachlicher Art, wie Raumkosten, Bürobetriebskosten, Kraftfahrzeugbetriebskosten, Porto, Verbandsbeiträge einschließlich der Beiträge zur Sicherungseinrichtung eines Verbandes, Werbungskosten, Repräsentation, Aufsichtsratsvergütungen, Versicherungsprämien, Rechts-, Prüfungs- und Beratungskosten und dergleichen auszuweisen; Prämien für Kreditversicherungen sind nicht hier, sondern im Posten »Abschreibungen und Wertberichtigungen auf Forderungen und bestimmte Wertpapiere sowie Zu-

führungen zu Rückstellungen im Kreditgeschäft« (Formblatt 2 Spalte Aufwendungen Nr. 7, Formblatt 3 Nr. 13) zu erfassen.

§ 32 Abschreibungen und Wertberichtigungen auf Forderungen und bestimmte Wertpapiere sowie Zuführungen zu Rückstellungen im Kreditgeschäft (Formblatt 2 Spalte Aufwendungen Nr. 7, Formblatt 3 Nr. 13), Erträge aus Zuschreibungen zu Forderungen und bestimmten Wertpapieren sowie aus der Auflösung von Rückstellungen im Kreditgeschäft (Formblatt 2 Spalte Erträge Nr. 6, Formblatt 3 Nr. 14)

In diese Posten sind die in § 340f Abs. 3 des Handelsgesetzbuchs bezeichneten Aufwendungen und Erträge aufzunehmen. Die Posten dürfen verrechnet und in einem Aufwand- oder Ertragsposten ausgewiesen werden. Eine teilweise Verrechnung ist nicht zulässig.

§ 33 Abschreibungen und Wertberichtigungen auf Beteiligungen, Anteile an verbundenen Unternehmen und wie Anlagevermögen behandelte Wertpapiere (Formblatt 2 Spalte Aufwendungen Nr. 8, Formblatt 3 Nr. 15), Erträge aus Zuschreibungen zu Beteiligungen, Anteilen an verbundenen Unternehmen und wie Anlagevermögen behandelten Wertpapieren (Formblatt 2 Spalte Erträge Nr. 7, Formblatt 3 Nr. 16)

In diese Posten sind die in § 340c Abs. 2 des Handelsgesetzbuchs bezeichneten Aufwendungen und Erträge aufzunehmen. Die Posten dürfen verrechnet und in einem Aufwand- oder Ertragsposten ausgewiesen werden. Eine teilweise Verrechnung ist nicht zulässig.

Abschnitt 5 Anhang

§ 34 Zusätzliche Erläuterungen

(1) In den Anhang sind neben den nach § 340a in Verbindung mit § 284 Abs. 1, 2 Nr. 1, 2, 3 und 5, § 285 Nr. 3, 3a, 6, 7, 9 Buchstabe a und b, Nr. 10, 11, 13, 14, 16 bis 26 und 29, § 340b Abs. 4 Satz 4, § 340e Abs. 2 des Handelsgesetzbuchs und den in dieser Verordnung zu den einzelnen Posten der Bilanz oder der Gewinn- und Verlustrechnung vorgeschriebenen Angaben die in diesem Abschnitt vorgeschriebenen Angaben aufzunehmen. § 285 Satz Nr. 3a des Handelsgesetzbuchs braucht nicht angewendet zu werden, soweit diese Angaben in der Bilanz unter dem Strich gemacht werden.

(2) An Stelle der in § 285 Nr. 4, 9 Buchstabe c, Nr. 27 des Handelsgesetzbuchs vorgeschriebenen Angaben sind die folgenden Angaben zu machen:
1. Der Gesamtbetrag der folgenden Posten der Gewinn- und Verlustrechnung ist nach geographischen Märkten aufzugliedern, soweit diese Märkte sich vom Standpunkt der Organisation des Instituts wesentlich voneinander unterscheiden:

a) Zinserträge (Formblatt 2 Spalte Erträge Nr. 1, Formblatt 3 Nr. 1),
b) laufende Erträge aus Aktien und anderen nicht festverzinslichen Wertpapieren, Beteiligungen, Anteilen an verbundenen Unternehmen (Formblatt 2 Spalte Erträge Nr. 2, Formblatt 3 Nr. 3),
c) Provisionserträge (Formblatt 2 Spalte Erträge Nr. 4, Formblatt 3 Nr. 5),
d) Nettoertrag des Handelsbestands (Formblatt 2 Spalte Erträge Nr. 5, Formblatt 3 Nr. 7),
e) sonstige betriebliche Erträge (Formblatt 2 Spalte Erträge Nr. 8, Formblatt 3 Nr. 8).

Die Aufgliederung kann unterbleiben, soweit sie nach vernünftiger kaufmännischer Beurteilung geeignet ist, dem Institut oder einem Unternehmen, von dem das Institut mindestens den fünften Teil der Anteile besitzt, einen erheblichen Nachteil zuzufügen.

2. Der Gesamtbetrag der den Mitgliedern des Geschäftsführungsorgans, eines Aufsichtsrats, eines Beirats oder einer ähnlichen Einrichtung gewährten Vorschüsse und Kredite sowie der zugunsten dieser Personen eingegangenen Haftungsverhältnisse ist jeweils für jede Personengruppe anzugeben.
...
4. Die Gründe der Einschätzung des Risikos der Inanspruchnahme für gemäß der §§ 26 und 27 unter der Bilanz ausgewiesene Eventualverbindlichkeiten und andere Verpflichtungen.

(3) Die in § 268 Abs. 2 des Handelsgesetzbuchs verlangten Angaben sind für Vermögensgegenstände im Sinne des § 340e Abs. 1 des Handelsgesetzbuchs zu machen. Die Zuschreibungen, Abschreibungen und Wertberichtigungen auf Beteiligungen, Anteile an verbundenen Unternehmen sowie auf andere Wertpapiere, die wie Anlagevermögen behandelt werden, können mit anderen Posten zusammengefaßt werden.

§ 35 Zusätzliche Pflichtangaben

(1) Zu den Posten der Bilanz und der Gewinn- und Verlustrechnung sind im Anhang anzugeben:
1. eine Aufgliederung der in den Bilanzposten »Schuldverschreibungen und andere festverzinsliche Wertpapiere« (Aktivposten Nr. 5), »Aktien und andere nicht festverzinsliche Wertpapiere« (Aktivposten Nr. 6), »Beteiligungen« (Aktivposten Nr. 7), »Anteile an verbundenen Unternehmen« (Aktivposten Nr. 8) enthaltenen börsenfähigen Wertpapiere nach börsennotierten und nicht börsennotierten Wertpapieren;
1a. eine Aufgliederung des Bilanzpostens »Handelsbestand« (Aktivposten Nr. 6a) in derivative Finanzinstrumente, Forderungen, Schuldverschreibungen und andere festverzinsliche Wertpapiere, Aktien und andere nicht festverzinsliche Wertpapiere sowie sonstige Vermögensgegenstän-

de und eine Aufgliederung des Bilanzpostens »Handelsbestand« (Passivposten Nr. 3a) in derivative Finanzinstrumente und Verbindlichkeiten;

2. der Betrag der nicht mit dem Niederstwert bewerteten börsenfähigen Wertpapiere jeweils zu folgenden Posten der Bilanz: »Schuldverschreibungen und andere festverzinsliche Wertpapiere« (Aktivposten Nr. 5) sowie »Aktien und andere nicht festverzinsliche Wertpapiere« (Aktivposten Nr. 6); es ist anzugeben, in welcher Weise die so bewerteten Wertpapiere von den mit dem Niederstwert bewerteten börsenfähigen Wertpapieren abgegrenzt worden sind;

3. der auf das Leasing-Geschäft entfallende Betrag zu jedem davon betroffenen Posten der Bilanz, ferner die im Posten »Abschreibungen und Wertberichtigungen auf immaterielle Anlagewerte und Sachanlagen« (Formblatt 2 Spalte Aufwendungen Nr. 5, Formblatt 3 Nr. 11) enthaltenen Abschreibungen und Wertberichtigungen auf Leasinggegenstände sowie die im Posten »Sonstige betriebliche Erträge« (Formblatt 2 Spalte Erträge Nr. 8, Formblatt 3 Nr. 8) enthaltenen Erträge aus Leasinggeschäften;

4. die in den folgenden Posten enthaltenen wichtigsten Einzelbeträge, sofern sie für die Beurteilung des Jahresabschlusses nicht unwesentlich sind: »Sonstige Vermögensgegenstände« (Formblatt 1, Aktivposten Nr. 14), »Sonstige Verbindlichkeiten« (Formblatt 1, Passivposten Nr. 5), »Sonstige betriebliche Aufwendungen« (Formblatt 2 Spalte Aufwendungen Nr. 6, Formblatt 3 Nr. 12), »Sonstige betriebliche Erträge« (Formblatt 2 Spalte Erträge Nr. 8, Formblatt 3 Nr. 8), »Außerordentliche Aufwendungen« (Formblatt 2 Spalte Aufwendungen Nr. 11, Formblatt 3 Nr. 21) und »Außerordentliche Erträge« (Formblatt 2 Spalte Erträge Nr. 10, Formblatt 3 Nr. 20). Die Beträge und ihre Art sind zu erläutern;

5. die Dritten erbrachten Dienstleistungen für Verwaltung und Vermittlung, sofern ihr Umfang in bezug auf die Gesamttätigkeit des Instituts von wesentlicher Bedeutung ist;

6. der Gesamtbetrag der Vermögensgegenstände und der Gesamtbetrag der Schulden, die auf Fremdwährung lauten, jeweils in Euro;

6a. bei Finanzinstrumenten des Handelsbestands die Methode der Ermittlung des Risikoabschlags nebst den wesentlichen Annahmen, insbesondere die Haltedauer, der Beobachtungszeitraum und das Konfidenzniveau sowie der absolute Betrag des Risikoabschlags;

6b. in den Fällen der Umgliederung deren Gründe, der Betrag der umgegliederten Finanzinstrumente des Handelsbestands und die Auswirkungen der Umgliederung auf den Jahresüberschuss/Jahresfehlbetrag sowie für den Fall der Umgliederung wegen Aufgabe der Handelsabsicht die außergewöhnlichen Umstände, die dies rechtfertigen;

6c. ob innerhalb des Geschäftsjahres die institutsinternen festgelegten Kriterien für die Einbeziehung von Finanzinstrumenten in den Handelsbestand geändert worden sind und welche Auswirkungen sich daraus auf den Jahresüberschuss/Jahresfehlbetrag ergeben;

7. von Pfandbriefbanken eine Deckungsrechnung getrennt nach Hypotheken-, Schiffshypotheken- und Kommunalkreditgeschäft nach Maßgabe des § 28 des Pfandbriefgesetzes, ferner zu den Posten der Aktivseite der Bilanz die zur Deckung begebener Schuldverschreibungen bestimmten Aktiva;
8. von Bausparkassen
   a. zu den Posten der Bilanz »Forderungen an Kreditinstitute« (Aktivposten Nr. 3) und »Forderungen an Kunden« (Aktivposten Nr. 4) rückständige Zins- und Tilgungsbeträge für Baudarlehen in einem Betrag sowie noch nicht ausgezahlte bereitgestellte Baudarlehen
      aa) aus Zuteilung,
      bb) zur Vor- und Zwischenfinanzierung und
      cc) sonstige;
   b. zu den Posten der Bilanz »Verbindlichkeiten gegenüber Kreditinstituten« (Passivposten Nr. 1) und »Verbindlichkeiten gegenüber Kunden« (Passivposten Nr. 2) die Bewegung des Bestandes an nicht zugeteilten und zugeteilten Bausparverträgen und vertraglichen Bausparsummen;
   c. zu den Posten der Bilanz »Verbindlichkeiten gegenüber Kreditinstituten« (Passivposten Nr. 1), »Verbindlichkeiten gegenüber Kunden« (Passivposten Nr. 2) und »Verbriefte Verbindlichkeiten« (Passivposten Nr. 3) die aufgenommenen Fremdgelder nach § 4 Abs. 1 Nr. 5 des Gesetzes über Bausparkassen und deren Verwendung;
   d. zu den Posten der Bilanz »Forderungen an Kreditinstitute« (Aktivposten Nr. 3), »Forderungen an Kunden« (Aktivposten Nr. 4), »Verbindlichkeiten gegenüber Kreditinstituten« (Passivposten Nr. 1) und »Verbindlichkeiten gegenüber Kunden« (Passivposten Nr. 2) die Bewegung der Zuteilungsmasse.

   Die Angaben zu den Buchstaben b und d können auch in einen statistischen Anhang zum Lagebericht aufgenommen werden, sofern der Lagebericht und der statistische Anhang im Geschäftsbericht der einzelnen Bausparkasse abgedruckt werden;
9. von Sparkassen
   a. zu dem Posten der Bilanz »Forderungen an Kreditinstitute« (Aktivposten Nr. 3) die im Gesamtbetrag enthaltenen Forderungen an die eigene Girozentrale,
   b. zu dem Posten der Bilanz »Verbindlichkeiten gegenüber Kreditinstituten« (Passivposten Nr. 1) die im Gesamtbetrag enthaltenen Verbindlichkeiten gegenüber der eigenen Girozentrale;
10. von Girozentralen
    a. zu dem Posten der Bilanz »Forderungen an Kreditinstitute« (Aktivposten Nr. 3) die im Gesamtbetrag enthaltenen Forderungen an angeschlossene Sparkassen,

b. zu dem Posten der Bilanz »Verbindlichkeiten gegenüber Kreditinstituten« (Passivposten Nr. 1) die im Gesamtbetrag enthaltenen Verbindlichkeiten gegenüber angeschlossenen Sparkassen;
11. von Kreditgenossenschaften ...
12. von genossenschaftlichen Zentralbanken ...
13. von der Deutschen Genossenschaftsbank ...

(2) Zu dem Posten der Bilanz »Sachanlagen« (Aktivposten Nr. 12) sind im Anhang mit ihrem Gesamtbetrag anzugeben:
1. die vom Institut im Rahmen seiner eigenen Tätigkeit genutzten Grundstücke und Bauten,
2. die Betriebs- und Geschäftsausstattung.

(3) Zu dem Posten der Bilanz »Nachrangige Verbindlichkeiten« (Passivposten Nr. 9) sind im Anhang anzugeben:
1. der Betrag der für nachrangige Verbindlichkeiten angefallenen Aufwendungen,
2. zu jeder zehn vom Hundert des Gesamtbetrags der nachrangigen Verbindlichkeiten übersteigenden Mittelaufnahme:
    a. der Betrag, die Währung, auf die sie lautet, ihr Zinssatz und ihre Fälligkeit sowie, ob eine vorzeitige Rückzahlungsverpflichtung entstehen kann,
    b. die Bedingungen ihrer Nachrangigkeit und ihrer etwaigen Umwandlung in Kapital oder in eine andere Schuldform,
3. zu anderen Mittelaufnahmen die wesentlichen Bedingungen.

(4) Zu dem Posten der Bilanz »Eventualverbindlichkeiten« (Passivposten Nr. 1 unter dem Strich) sind im Anhang Art und Betrag jeder Eventualverbindlichkeit anzugeben, die in bezug auf die Gesamttätigkeit des Instituts von wesentlicher Bedeutung ist.

(5) Zu jedem Posten der in der Bilanz ausgewiesenen Verbindlichkeiten und der unter dem Strich vermerkten Eventualverbindlichkeiten ist im Anhang jeweils der Gesamtbetrag der als Sicherheit übertragenen Vermögensgegenstände anzugeben.

(6) Zu dem Posten der Bilanz »Andere Verpflichtungen« (Passivposten Nr. 2 unter dem Strich) sind im Anhang Art und Höhe jeder der in den Unterposten Buchstabe a bis c bezeichneten Verbindlichkeiten anzugeben, die in bezug auf die Gesamttätigkeit des Instituts von wesentlicher Bedeutung sind.

§ 36 Termingeschäfte

In den Anhang ist eine Aufstellung über die Arten von am Bilanzstichtag noch nicht abgewickelten fremdwährungs-, zinsabhängigen und sonstigen Termingeschäften, die lediglich ein Erfüllungsrisiko sowie Währungs-, Zins- und/

oder sonstige Marktpreisänderungsrisiken aus offenen und im Falle eines Adressenausfalls auch aus geschlossenen Positionen beinhalten, aufzunehmen. Hierzu gehören:
1. Termingeschäfte in fremden Währungen, insbesondere Devisentermingeschäfte, Devisenterminkontrakte, Währungsswaps, Zins-/Währungsswaps, Stillhalterverpflichtungen aus Devisenoptionsgeschäften, Devisenoptionsrechte, Termingeschäfte in Gold und anderen Edelmetallen, Edelmetallterminkontrakte, Stillhalterverpflichtungen aus Goldoptionen, Goldoptionsrechte;
2. zinsbezogene Termingeschäfte, insbesondere Termingeschäfte mit festverzinslichen Wertpapieren, Zinsterminkontrakte, Forward Rate Agreements, Stillhalterverpflichtungen aus Zinsoptionen, Zinsoptionsrechte, Zinsswaps, Abnahmeverpflichtungen aus Forward Forward Deposits; Lieferverpflichtungen aus solchen Geschäften sind in dem Unterposten der Bilanz »Unwiderrufliche Kreditzusagen« (Passivposten Nr. 2 unter dem Strich Buchstabe c) zu vermerken;
3. Termingeschäfte mit sonstigen Preisrisiken, insbesondere aktienkursbezogene Termingeschäfte, Stillhalterverpflichtungen aus Aktienoptionen, Aktienoptionsrechte, Indexterminkontrakte, Stillhalterverpflichtungen aus Indexoptionen, Indexoptionsrechte.

Für jeden der drei Gliederungsposten der Termingeschäfte ist anzugeben, ob ein wesentlicher Teil davon zur Deckung von Zins-, Wechselkurs- oder Marktpreisschwankungen abgeschlossen wurde und ob ein wesentlicher Teil davon auf Handelsgeschäfte entfällt.

Abschnitt 6   Konzernrechnungslegung…

Abschnitt 7   Ordnungswidrigkeiten…

Abschnitt 8   Schlußvorschriften…

Formblätter für Kreditinstitute

Formblatt 1

Aktivseite				Jahresbilanz zum 31. Dezember _____
				31.12._____
	EUR	EUR	EUR	TEUR

1. **Barreserve**
   a) Kassenbestand
   b) Guthaben bei der Deutschen Bundesbank

2. **Schuldtitel öffentlicher Stellen und Wechsel, die zur Refinanzierung bei der Deutschen Bundesbank zugelassen sind**
   a) Schatzwechsel und unverzinsliche Schatzanweisungen sowie ähnliche Schuldtitel öffentlicher Stellen
   b) Wechsel

3. **Forderungen an Kreditinstitute**
   a) täglich fällig
   b) andere Forderungen

4. **Forderungen an Kunden**
   darunter: durch Grundpfandrechte
   gesichert _____ EUR
   Kommunalkredite _____ EUR

5. **Schuldverschreibungen und andere festverzinsliche Wertpapiere**
   a) Geldmarktpapiere
      aa) von öffentlichen Emittenten
         darunter: beleihbar bei der Deutschen
         Bundesbank _____ EUR
      ab) von anderen Emittenten
         darunter: beleihbar bei der Deutschen
         Bundesbank _____ EUR
   b) Anleihen und Schuldverschreibungen
      ba) von öffentlichen Emittenten
         darunter: beleihbar bei der Deutschen
         Bundesbank _____ EUR
      bb) von anderen Emittenten
         darunter: beleihbar bei der Deutschen
         Bundesbank _____ EUR
   c) eigene Schuldverschreibungen
      Nennbetrag _____ EUR

6. **Aktien und andere nicht festverzinsliche Wertpapiere**

6a. **Handelsbestand**

7. **Beteiligungen**
   darunter:
   an Kreditinstituten _____ EUR
   an Finanzdienst-
   leistungsinstituten _____ EUR

8. **Anteile an verbundenen Unternehmen**
   darunter:
   an Kreditinstituten _____ EUR
   an Finanzdienst-
   leistungsinstituten _____ EUR

9. **Treuhandvermögen**
   darunter:
   Treuhandkredite _____ EUR

10. **Ausgleichsforderungen gegen die öffentliche Hand einschließlich Schuldverschreibungen aus deren Umtausch**
11. **Immaterielle Anlagewerte**
12. **Sachanlagen**
13. **Sonstige Vermögensgegenstände**
14. **Rechnungsabgrenzungsposten**

Summe der Aktiva

Abb. 66: Formblatt 1 für Kreditinstitute

Passivseite

	EUR	EUR	EUR	31.12._____ TEUR
1. Verbindlichkeiten gegenüber Kreditinstituten a) täglich fällig b) mit vereinbarter Laufzeit oder Kündigungsfrist				

2. Verbindlichkeiten gegenüber Kunden
a) Spareinlagen
    aa) mit vereinbarter Kündigungsfrist von drei Monaten
    ab) mit vereinbarter Kündigungsfrist von mehr als drei Monaten
b) andere Verbindlichkeiten
    ba) täglich fällig
    bb) mit vereinbarter Laufzeit oder Kündigungsfrist				

3. Verbriefte Verbindlichkeiten a) begebene Schuldverschreibungen b) andere verbriefte Verbindlichkeiten				
darunter: Geldmarktpapiere	_____ EUR			(_____)
eigene Akzepte und Solawechsel im Umlauf	_____ EUR			(_____)
3a. Handelsbestand				
4. Treuhandverbindlichkeiten darunter: Treuhandkredite	_____ EUR			(_____)
5. Sonstige Verbindlichkeiten 6. Rechnungsabgrenzungsposten 7. Rückstellungen				
a) Rückstellungen für Pensionen und ähnliche Verpflichtungen b) Steuerrückstellungen c) andere Rückstellungen				
8. Sonderposten mit Rücklageanteil 9. Nachrangige Verbindlichkeiten				
10. Genussrechtskapital darunter: vor Ablauf von zwei Jahren fällig	_____ EUR			(_____)
11. Fonds für allgemeine Bankrisiken 12. Eigenkapital a) gezeichnetes Kapital b) Kapitalrücklage c) Gewinnrücklagen				
ca) Sicherheitsrücklage cb) andere Rücklagen				
d) Bilanzgewinn				

Summe der Passiva

1. Eventualverbindlichkeiten
   a) Eventualverbindlichkeiten aus weitergegebenen abgerechneten Wechseln
   b) Verbindlichkeiten aus Bürgschaften und Gewährleistungsverträgen
   c) Haftung aus der Bestellung von Sicherheiten für fremde Verbindlichkeiten

2. Andere Verpflichtungen
   a) Rücknahmeverpflichtungen aus unechten Pensionsgeschäften
   b) Platzierungs- und Übernahmeverpflichtungen
   c) Unwiderrufliche Kreditzusagen

Abb. 67: Forsetzung Formblatt 1 für Kreditinstitute

Gewinn- und Verlustrechnung
für die Zeit vom 1. Januar bis 31. Dezember _____   EUR   EUR   EUR   1.1.-31.12._____ TEUR

1. Zinserträge aus
   a) Kredit- und Geldmarktgeschäften
   b) festverzinslichen Wertpapieren und Schuldbuchforderungen

2. Zinsaufwendungen

3. Laufende Erträge aus
   a) Aktien und anderen nicht festverzinslichen Wertpapieren
   b) Beteiligungen
   c) Anteilen an verbundenen Unternehmen

4. Erträge aus Gewinngemeinschaften, Gewinnabführungs- oder Teilgewinnabführungsverträgen
5. Provisionserträge
6. Provisionsaufwendungen

7. Nettoertrag oder Nettoaufwand des Handelsbestands
8. Sonstige betriebliche Erträge
9. Erträge aus der Auflösung von Sonderposten mit Rücklageanteil

10. Allgemeine Verwaltungsaufwendungen
    a) Personalaufwand
       aa) Löhne und Gehälter
       ab) Soziale Abgaben und Aufwendungen für Altersversorgung und für Unterstützung
           darunter: für Altersversorgung _____ EUR
    b) andere Verwaltungsaufwendungen

11. Abschreibungen und Wertberichtigungen auf immaterielle Anlagewerte und Sachanlagen
12. Sonstige betriebliche Aufwendungen
13. Abschreibungen und Wertberichtigungen auf Forderungen und bestimmte Wertpapiere sowie Zuführungen zu Rückstellungen im Kreditgeschäft
14. Erträge aus Zuschreibungen zu Forderungen und bestimmten Wertpapieren sowie aus der Auflösung von Rückstellungen im Kreditgeschäft
15. Abschreibungen und Wertberichtigungen auf Beteiligungen, Anteile an verbundenen Unternehmen und wie Anlagevermögen behandelte Wertpapiere
16. Erträge aus Zuschreibungen zu Beteiligungen, Anteilen an verbundenen Unternehmen und wie Anlagevermögen behandelten Wertpapieren

17. Aufwendungen aus Verlustübernahme
18. Zuführungen zum oder Entnahmen aus dem Fonds für allgemeine Bankrisiken
19. Ergebnis der normalen Geschäftstätigkeit
20. Außerordentliche Erträge
21. Außerordentliche Aufwendungen
22. Außerordentliches Ergebnis
23. Steuern vom Einkommen und vom Ertrag
24. Sonstige Steuern, soweit nicht unter Posten 12 ausgewiesen

25. Jahresüberschuss
26. Gewinnvortrag/Verlustvortrag aus dem Vorjahr
27. Entnahmen aus Gewinnrücklagen
    a) aus der Sicherheitsrücklage
    b) aus anderen Rücklagen

28. Einstellungen in Gewinnrücklagen
    a) in die Sicherheitsrücklage
    b) in andere Rücklagen

29. Bilanzgewinn

Abb. 68: Formblatt 3 für Kreditinstitute

Gesetz über das Kreditwesen (KWG)

in der Fassung vom 1. Januar 2014

§ 25a Besondere organisatorische Pflichten; Verordnungsermächtigung

(1) Ein Institut muss über eine ordnungsgemäße Geschäftsorganisation verfügen, die die Einhaltung der vom Institut zu beachtenden gesetzlichen Bestimmungen und der betriebswirtschaftlichen Notwendigkeiten gewährleistet. Die Geschäftsleiter sind für die ordnungsgemäße Geschäftsorganisation des Instituts verantwortlich; sie haben die erforderlichen Maßnahmen für die Ausarbeitung der entsprechenden institutsinternen Vorgaben zu ergreifen, sofern nicht das Verwaltungs- oder Aufsichtsorgan entscheidet. Eine ordnungsgemäße Geschäftsorganisation muss insbesondere ein angemessenes und wirksames Risikomanagement umfassen, auf dessen Basis ein Institut die Risikotragfähigkeit laufend sicherzustellen hat; das Risikomanagement umfasst insbesondere

1. die Festlegung von Strategien, insbesondere die Festlegung einer auf die nachhaltige Entwicklung des Instituts gerichteten Geschäftsstrategie und einer damit konsistenten Risikostrategie, sowie die Einrichtung von Prozessen zur Planung, Umsetzung, Beurteilung und Anpassung der Strategien;
2. Verfahren zur Ermittlung und Sicherstellung der Risikotragfähigkeit, wobei eine vorsichtige Ermittlung der Risiken und des zu ihrer Abdeckung verfügbaren Risikodeckungspotenzials zugrunde zu legen ist;
3. die Einrichtung interner Kontrollverfahren mit einem internen Kontrollsystem und einer Internen Revision, wobei das interne Kontrollsystem insbesondere
   a) aufbau- und ablauforganisatorische Regelungen mit klarer Abgrenzung der Verantwortungsbereiche,
   b) Prozesse zur Identifizierung, Beurteilung, Steuerung sowie Überwachung und Kommunikation der Risiken entsprechend den in Titel VII Kapitel 2 Abschnitt 2 Unterabschnitt II der Richtlinie 2013/36/EU niedergelegten Kriterien und
   c) eine Risikocontrolling-Funktion und eine Compliance-Funktion umfasst;
4. eine angemessene personelle und technisch-organisatorische Ausstattung des Instituts;
5. die Festlegung eines angemessenen Notfallkonzepts, insbesondere für IT-Systeme, und
6. angemessene, transparente und auf eine nachhaltige Entwicklung des Instituts ausgerichtete Vergütungssysteme für Geschäftsleiter und Mitarbeiter nach Maßgabe von Absatz 5; dies gilt nicht, soweit die Vergütung durch Tarifvertrag oder in seinem Geltungsbereich durch Vereinbarung der Arbeitsvertragsparteien über die Anwendung der tarifvertraglichen Regelungen oder auf Grund eines Tarifvertrags in einer Betriebs- oder Dienstvereinbarung vereinbart ist.

Die Ausgestaltung des Risikomanagements hängt von Art, Umfang, Komplexität und Risikogehalt der Geschäftstätigkeit ab. Seine Angemessenheit und Wirksamkeit ist vom Institut regelmäßig zu überprüfen. Eine ordnungsgemäße Geschäftsorganisation umfasst darüber hinaus
1. angemessene Regelungen, anhand derer sich die finanzielle Lage des Instituts jederzeit mit hinreichender Genauigkeit bestimmen lässt;
2. eine vollständige Dokumentation der Geschäftstätigkeit, die eine lückenlose Überwachung durch die Bundesanstalt für ihren Zuständigkeitsbereich gewährleistet; erforderliche Aufzeichnungen sind mindestens fünf Jahre aufzubewahren; § 257 Absatz 4 des Handelsgesetzbuchs bleibt unberührt, § 257 Absatz 3 und 5 des Handelsgesetzbuchs gilt entsprechend;
3. einen Prozess, der es den Mitarbeitern unter Wahrung der Vertraulichkeit ihrer Identität ermöglicht, Verstöße gegen die Verordnung (EU) Nr. 575/2013 oder gegen dieses Gesetz oder gegen die auf Grund dieses Gesetzes erlassenen Rechtsverordnungen sowie etwaige strafbare Handlungen innerhalb des Unternehmens an geeignete Stellen zu berichten.

(2) Die Bundesanstalt kann Vorgaben zur Ausgestaltung einer plötzlichen und unerwarteten Zinsänderung und zur Ermittlungsmethodik der Auswirkungen auf den Barwert bezüglich der Zinsänderungsrisiken aus den nicht unter das Handelsbuch fallenden Geschäften festlegen. Die Bundesanstalt kann gegenüber einem Institut im Einzelfall Anordnungen treffen, die geeignet und erforderlich sind, die ordnungsgemäße Geschäftsorganisation im Sinne des Absatzes 1 Satz 3 und 6 sowie die Beachtung der Vorgaben nach Satz 1 sicherzustellen. Die Bundesanstalt kann gegenüber einem Institut, das im Fall der Störung seines Geschäftsbetriebs, der Bestandsgefährdung oder der Insolvenz die Stabilität des Finanzsystems gefährden kann, anordnen, dass es einen geeigneten Sanierungsplan zur Stärkung seiner wirtschaftlichen Verhältnisse in Stresssituationen und zur Sicherung einer positiven Fortführungsprognose entwickelt und regelmäßig aktualisiert vorhalten muss.

...

(5) Die Institute haben angemessene Verhältnisse zwischen der variablen und fixen jährlichen Vergütung für Mitarbeiter und Geschäftsleiter festzulegen. Dabei darf die variable Vergütung vorbehaltlich eines Beschlusses nach Satz 5 jeweils 100 Prozent der fixen Vergütung für jeden einzelnen Mitarbeiter oder Geschäftsleiter nicht überschreiten. Hierbei kann für bis zu 25 Prozent der variablen Vergütung der zukünftige Wert auf den Zeitpunkt der Mitteilung an die jeweiligen Mitarbeiter oder Geschäftsleiter über die Höhe der variablen Vergütung für einen Bemessungszeitraum abgezinst werden, wenn dieser Teil der variablen Vergütung für die Dauer von mindestens fünf Jahren nach dieser Mitteilung zurückbehalten wird. Bei der Zurückbehaltung dürfen ein Anspruch und eine Anwartschaft auf diesen Teil der variablen Vergütung erst nach Ablauf des

Zurückbehaltungszeitraums erwachsen und während des Zurückbehaltungszeitraums lediglich ein Anspruch auf fehlerfreie Ermittlung des noch nicht zu einer Anwartschaft oder einem Anspruch erwachsenen Teils dieses Teils der variablen Vergütung bestehen, nicht aber auf diesen Teil der variablen Vergütung selbst. Die Anteilseigner, die Eigentümer, die Mitglieder oder die Träger des Instituts können über die Billigung einer höheren variablen Vergütung als nach Satz 2, die 200 Prozent der fixen Vergütung für jeden einzelnen Mitarbeiter oder Geschäftsleiter nicht überschreiten darf, beschließen. Zur Billigung einer höheren variablen Vergütung als nach Satz 2 für Mitarbeiter haben die Geschäftsleitung und das Verwaltungs- oder Aufsichtsorgan, zur Billigung einer höheren variablen Vergütung als nach Satz 2 für Geschäftsleiter nur das Verwaltungs- oder Aufsichtsorgan, einen Vorschlag zur Beschlussfassung zu machen; der Vorschlag hat die Gründe für die erbetene Billigung einer höheren variablen Vergütung als nach Satz 2 und deren Umfang, einschließlich der Anzahl der betroffenen Mitarbeiter und Geschäftsleiter sowie ihrer Funktionen, und den erwarteten Einfluss einer höheren variablen Vergütung als nach Satz 2 auf die Anforderung, eine angemessene Eigenmittelausstattung vorzuhalten, darzulegen. Der Beschlussvorschlag ist so rechtzeitig vor der Beschlussfassung bekannt zu machen, dass sich die Anteilseigner, die Eigentümer, die Mitglieder oder die Träger des Instituts angemessen informieren können; üben die Anteilseigner, die Eigentümer, die Mitglieder oder die Träger ihre Rechte in einer Versammlung aus, ist der Beschlussvorschlag mit der Einberufung der Versammlung bekannt zu machen. Der Beschluss bedarf einer Mehrheit von mindestens 66 Prozent der abgegebenen Stimmen, sofern mindestens 50 Prozent der Stimmrechte bei der Beschlussfassung vertreten sind, oder von mindestens 75 Prozent der abgegebenen Stimmen. Anteilseigner, Eigentümer, Mitglieder oder Träger die als Mitarbeiter oder Geschäftsleiter von einer höheren variablen Vergütung als nach Satz 2 betroffen wären, dürfen ihr Stimmrecht weder unmittelbar noch mittelbar ausüben.

(6) Das Bundesministerium der Finanzen wird ermächtigt, durch Rechtsverordnung, die nicht der Zustimmung des Bundesrates bedarf, im Benehmen mit der Deutschen Bundesbank nähere Bestimmungen zu erlassen über
1. die Ausgestaltung der Vergütungssysteme nach Absatz 5 einschließlich der Ausgestaltung
    a) der Entscheidungsprozesse und Verantwortlichkeiten,
    b) des Verhältnisses der variablen zur fixen Vergütung und der Vergütungsinstrumente für die variable Vergütung,
    c) positiver und negativer Vergütungsparameter, der Leistungszeiträume und Zurückbehaltungszeiträume einschließlich der Voraussetzungen und Parameter für einen vollständigen Verlust oder eine teilweise Reduzierung der variablen Vergütung sowie

der Berücksichtigung der institutsspezifischen und gruppenweiten Geschäfts- und Vergütungsstrategie einschließlich deren Anwendung und Umsetzung in gruppenangehörigen Unternehmen, der Ziele, der Werte und der langfristigen Interessen des Instituts,
2. die Diskontierungsfaktoren zur Ermittlung des dem Verhältnis nach Absatz 5 Satz 2 bis 4 zugrunde zu legenden Barwerts der variablen Vergütung,
3. die Überwachung der Angemessenheit und der Transparenz der Vergütungssysteme durch das Institut und die Weiterentwicklung der Vergütungssysteme, auch unter Einbeziehung des Vergütungskontrollausschusses,
4. die Offenlegung der Ausgestaltung der Vergütungssysteme und der Zusammensetzung der Vergütung einschließlich des Gesamtbetrags der garantierten Bonuszahlungen und der einzelvertraglichen Abfindungszahlungen unter Angabe der höchsten geleisteten Abfindung und der Anzahl der Begünstigten sowie
5. das Offenlegungsmedium und die Häufigkeit der Offenlegung im Sinne der Nummer 4.

Die Regelungen haben sich insbesondere an Größe und Vergütungsstruktur des Instituts sowie Art, Umfang, Komplexität, Risikogehalt und Internationalität der Geschäftsaktivitäten zu orientieren. Im Rahmen der Bestimmungen nach Satz 1 Nummer 4 müssen die auf Offenlegung der Vergütung bezogenen handelsrechtlichen Bestimmungen nach § 340a Absatz 1 und 2 in Verbindung mit § 340l Absatz 1 Satz 1 des Handelsgesetzbuchs unberührt bleiben. Das Bundesministerium der Finanzen kann die Ermächtigung durch Rechtsverordnung auf die Bundesanstalt mit der Maßgabe übertragen, dass die Rechtsverordnung im Einvernehmen mit der Deutschen Bundesbank ergeht. Vor Erlass der Rechtsverordnung sind die Spitzenverbände der Institute zu hören.

§ 25b Auslagerung von Aktivitäten und Prozessen

(1) Ein Institut muss abhängig von Art, Umfang, Komplexität und Risikogehalt einer Auslagerung von Aktivitäten und Prozessen auf ein anderes Unternehmen, die für die Durchführung von Bankgeschäften, Finanzdienstleistungen oder sonstigen institutstypischen Dienstleistungen wesentlich sind, angemessene Vorkehrungen treffen, um übermäßige zusätzliche Risiken zu vermeiden. Eine Auslagerung darf weder die Ordnungsmäßigkeit dieser Geschäfte und Dienstleistungen noch die Geschäftsorganisation im Sinne des § 25a Absatz 1 beeinträchtigen. Insbesondere muss ein angemessenes und wirksames Risikomanagement durch das Institut gewährleistet bleiben, das die ausgelagerten Aktivitäten und Prozesse einbezieht.

(2) Die Auslagerung darf nicht zu einer Übertragung der Verantwortung der Geschäftsleiter an das Auslagerungsunternehmen führen. Das Institut bleibt bei einer Auslagerung für die Einhaltung der vom Institut zu beachtenden gesetzlichen Bestimmungen verantwortlich.

(3) Durch die Auslagerung darf die Bundesanstalt an der Wahrnehmung ihrer Aufgaben nicht gehindert werden; ihre Auskunfts- und Prüfungsrechte sowie Kontrollmöglichkeiten müssen in Bezug auf die ausgelagerten Aktivitäten und Prozesse auch bei einer Auslagerung auf ein Unternehmen mit Sitz in einem Staat des Europäischen Wirtschaftsraums oder einem Drittstaat durch geeignete Vorkehrungen gewährleistet werden. Entsprechendes gilt für die Wahrnehmung der Aufgaben der Prüfer des Instituts. Eine Auslagerung bedarf einer schriftlichen Vereinbarung, die die zur Einhaltung der vorstehenden Voraussetzungen erforderlichen Rechte des Instituts, einschließlich Weisungs- und Kündigungsrechten, sowie die korrespondierenden Pflichten des Auslagerungsunternehmens festlegt.

(4) Sind bei Auslagerungen die Prüfungsrechte und Kontrollmöglichkeiten der Bundesanstalt beeinträchtigt, kann die Bundesanstalt im Einzelfall Anordnungen treffen, die geeignet und erforderlich sind, diese Beeinträchtigung zu beseitigen. Die Befugnisse der Bundesanstalt nach § 25a Absatz 2 Satz 2 bleiben unberührt.

§ 25c Geschäftsleiter

(1) Die Geschäftsleiter eines Instituts müssen für die Leitung eines Instituts fachlich geeignet und zuverlässig sein und der Wahrnehmung ihrer Aufgaben ausreichend Zeit widmen. Die fachliche Eignung setzt voraus, dass die Geschäftsleiter in ausreichendem Maß theoretische und praktische Kenntnisse in den betreffenden Geschäften sowie Leitungserfahrung haben. Das Vorliegen der fachlichen Eignung ist regelmäßig anzunehmen, wenn eine dreijährige leitende Tätigkeit bei einem Institut von vergleichbarer Größe und Geschäftsart nachgewiesen wird.

(2) Geschäftsleiter kann nicht sein,
1. wer in demselben Unternehmen Mitglied des Verwaltungs- oder Aufsichtsorgans ist;
2. wer in einem anderen Unternehmen Geschäftsleiter ist oder bereits in mehr als zwei weiteren Unternehmen Mitglied des Verwaltungs- oder Aufsichtsorgans ist.

Dabei gelten im Sinne von Satz 1 Nummer 2 mehrere Mandate als ein Mandat, wenn die Mandate bei Unternehmen wahrgenommen werden,
1. die derselben Institutsgruppe, Finanzholding-Gruppe oder gemischten Finanzholding-Gruppe angehören,
2. die demselben institutsbezogenen Sicherungssystem angehören oder
3. an denen das Institut eine bedeutende Beteiligung hält.

Mandate bei Unternehmen, die nicht überwiegend gewerbliche Ziele verfolgen, werden bei den nach Satz 1 Nummer 2 höchstens zulässigen Mandaten nicht berücksichtigt. Die Bundesanstalt kann einem Geschäftsleiter unter Berücksichtigung der Umstände im Einzelfall und der Art, des Umfangs und der Komplexität der Tätigkeiten des Instituts, der Institutsgruppe, der Finanzholding-Gruppe, der Finanzholding-Gesellschaft oder der gemischten Finanzholding-Gesellschaft gestatten, ein zusätzliches Mandat in einem Verwaltungs- oder Aufsichtsorgan innezuhaben, wenn dies das Mitglied nicht daran hindert, der Wahrnehmung seiner Aufgaben in dem betreffenden Unternehmen ausreichend Zeit zu widmen.

(3) Im Rahmen ihrer Gesamtverantwortung für die ordnungsgemäße Geschäftsorganisation müssen die Geschäftsleiter
1. Grundsätze einer ordnungsgemäßen Geschäftsführung beschließen, die die erforderliche Sorgfalt bei der Führung des Instituts gewährleisten und insbesondere eine Aufgabentrennung in der Organisation und Maßnahmen festlegen, um Interessenkonflikten vorzubeugen, sowie für die Umsetzung dieser Grundsätze Sorge tragen;
2. die Wirksamkeit der unter Nummer 1 festgelegten und umgesetzten Grundsätze überwachen und regelmäßig bewerten; die Geschäftsleiter müssen angemessene Schritte zur Behebung von Mängeln einleiten;
3. der Festlegung der Strategien und den Risiken, insbesondere den Adressenausfallrisiken, den Marktrisiken und den operationellen Risiken, ausreichend Zeit widmen;
4. für eine angemessene und transparente Unternehmensstruktur sorgen, die sich an den Strategien des Unternehmens ausrichtet und der für ein wirksames Risikomanagement erforderlichen Transparenz der Geschäftsaktivitäten des Instituts Rechnung trägt, und die hierfür erforderliche Kenntnis über die Unternehmensstruktur und die damit verbundenen Risiken besitzen; für die Geschäftsleiter eines übergeordneten Unternehmens bezieht sich diese Verpflichtung auch auf die Gruppe gemäß § 25a Absatz 3;
5. die Richtigkeit des Rechnungswesens und der Finanzberichterstattung sicherstellen; dies schließt die dazu erforderlichen Kontrollen und die Übereinstimmung mit den gesetzlichen Bestimmungen und den relevanten Standards ein; und
6. die Prozesse hinsichtlich Offenlegung sowie Kommunikation überwachen.

(4) Die Institute müssen angemessene personelle und finanzielle Ressourcen einsetzen, um den Mitgliedern der Geschäftsleitung die Einführung in ihr Amt zu erleichtern und die Fortbildung zu ermöglichen, die zur Aufrechterhaltung ihrer fachlichen Eignung erforderlich ist.

(4a) Im Rahmen ihrer Gesamtverantwortung für die ordnungsgemäße Geschäftsorganisation des Instituts nach § 25a Absatz 1 Satz 2 haben die Geschäftsleiter eines Instituts dafür Sorge zu tragen, dass das Institut über folgende Strategien, Prozesse, Verfahren, Funktionen und Konzepte verfügt:

1. eine auf die nachhaltige Entwicklung des Instituts gerichtete Geschäftsstrategie und eine damit konsistente Risikostrategie sowie Prozesse zur Planung, Umsetzung, Beurteilung und Anpassung der Strategien nach § 25a Absatz 1 Satz 3 Nummer 1, mindestens haben die Geschäftsleiter dafür Sorge zu tragen, dass
   a) jederzeit das Gesamtziel, die Ziele des Instituts für jede wesentliche Geschäftsaktivität sowie die Maßnahmen zur Erreichung dieser Ziele dokumentiert werden;
   b) die Risikostrategie jederzeit die Ziele der Risikosteuerung der wesentlichen Geschäftsaktivitäten sowie die Maßnahmen zur Erreichung dieser Ziele umfasst;
2. Verfahren zur Ermittlung und Sicherstellung der Risikotragfähigkeit nach § 25a Absatz 1 Satz 3 Nummer 2, mindestens haben die Geschäftsleiter dafür Sorge zu tragen, dass
   a) die wesentlichen Risiken des Instituts, insbesondere Adressenausfall-, Marktpreis-, Liquiditäts- und operationelle Risiken, regelmäßig und anlassbezogen im Rahmen einer Risikoinventur identifiziert und definiert werden (Gesamtrisikoprofil);
   b) im Rahmen der Risikoinventur Risikokonzentrationen berücksichtigt sowie mögliche wesentliche Beeinträchtigungen der Vermögenslage, der Ertragslage oder der Liquiditätslage geprüft werden;
3. interne Kontrollverfahren mit einem internen Kontrollsystem und einer internen Revision nach § 25a Absatz 1 Satz 3 Nummer 3 Buchstabe a bis c, mindestens haben die Geschäftsleiter dafür Sorge zu tragen, dass
   a) im Rahmen der Aufbau- und Ablauforganisation Verantwortungsbereiche klar abgegrenzt werden, wobei wesentliche Prozesse und damit verbundene Aufgaben, Kompetenzen, Verantwortlichkeiten, Kontrollen sowie Kommunikationswege klar zu definieren sind und sicherzustellen ist, dass Mitarbeiter keine miteinander unvereinbaren Tätigkeiten ausüben;
   b) eine grundsätzliche Trennung zwischen dem Bereich, der Kreditgeschäfte initiiert und bei den Kreditentscheidungen über ein Votum verfügt (Markt), sowie dem Bereich Handel einerseits und dem Bereich, der bei den Kreditentscheidungen über ein weiteres Votum verfügt (Marktfolge), und den Funktionen, die dem Risikocontrolling und die der Abwicklung und Kontrolle der Handelsgeschäfte dienen, andererseits besteht;
   c) das interne Kontrollsystem Risikosteuerungs- und -controllingprozesse zur Identifizierung, Beurteilung, Steuerung, Überwachung und Kommunikation der wesentlichen Risiken und damit verbundener Risikokonzentrationen sowie eine Risikocontrolling-Funktion und eine Compliance-Funktion umfasst;
   d) in angemessenen Abständen, mindestens aber vierteljährlich, gegenüber der Geschäftsleitung über die Risikosituation einschließlich einer Beurteilung der Risiken berichtet wird;

e) in angemessenen Abständen, mindestens aber vierteljährlich, seitens der Geschäftsleitung gegenüber dem Verwaltungs- oder Aufsichtsorgan über die Risikosituation einschließlich einer Beurteilung der Risiken berichtet wird;
f) regelmäßig angemessene Stresstests für die wesentlichen Risiken sowie das Gesamtrisikoprofil des Instituts durchgeführt werden und auf Grundlage der Ergebnisse möglicher Handlungsbedarf geprüft wird;
g) die interne Revision in angemessenen Abständen, mindestens aber vierteljährlich, an die Geschäftsleitung und an das Aufsichts- oder Verwaltungsorgan berichtet;
4. eine angemessene personelle und technisch-organisatorische Ausstattung des Instituts nach § 25a Absatz 1 Satz 3 Nummer 4, mindestens haben die Geschäftsleiter dafür Sorge zu tragen, dass die quantitative und qualitative Personalausstattung und der Umfang und die Qualität der technisch-organisatorischen Ausstattung die betriebsinternen Erfordernisse, die Geschäftsaktivitäten und die Risikosituation berücksichtigen;
5. für Notfälle in zeitkritischen Aktivitäten und Prozessen angemessene Notfallkonzepte nach § 25a Absatz 1 Satz 3 Nummer 5, mindestens haben die Geschäftsleiter dafür Sorge zu tragen, dass regelmäßig Notfalltests zur Überprüfung der Angemessenheit und Wirksamkeit des Notfallkonzeptes durchgeführt werden und über die Ergebnisse den jeweils Verantwortlichen berichtet wird;
6. im Fall einer Auslagerung von Aktivitäten und Prozessen auf ein anderes Unternehmen nach § 25b Absatz 1 Satz 1 mindestens angemessene Verfahren und Konzepte, um übermäßige zusätzliche Risiken sowie eine Beeinträchtigung der Ordnungsmäßigkeit der Geschäfte, Dienstleistungen und der Geschäftsorganisation im Sinne des § 25a Absatz 1 zu vermeiden.

...

(4c) Wenn die Bundesanstalt zu dem Ergebnis kommt, dass das Institut oder die Gruppe nicht über die Strategien, Prozesse, Verfahren, Funktionen und Konzepte nach Absatz 4a und 4b verfügt, kann sie, unabhängig von anderen Maßnahmen nach diesem Gesetz, anordnen, dass geeignete Maßnahmen ergriffen werden, um die festgestellten Mängel innerhalb einer angemessenen Frist zu beseitigen.

(5) In Ausnahmefällen kann die Bundesanstalt auch eine andere mit der Führung der Geschäfte betraute und zur Vertretung ermächtigte Person widerruflich als Geschäftsleiter einsetzen, wenn sie zuverlässig ist und die erforderliche fachliche Eignung hat; Absatz 1 ist anzuwenden. Wird das Institut von einem Einzelkaufmann betrieben, so kann in Ausnahmefällen unter den Voraussetzungen des Satzes 1 eine von dem Inhaber mit der Führung der Geschäfte betraute und zur Vertretung ermächtigte Person widerruflich als Ge-

schäftsleiter eingesetzt werden. Beruht die Einsetzung einer Person als Geschäftsleiter auf einem Antrag des Instituts, so kann sie nur auf Antrag des Instituts oder des Geschäftsleiters widerrufen werden.

§ 25d Verwaltungs- oder Aufsichtsorgan

(1) Die Mitglieder des Verwaltungs- oder Aufsichtsorgans eines Instituts, einer Finanzholding-Gesellschaft oder einer gemischten Finanzholding-Gesellschaft müssen zuverlässig sein, die erforderliche Sachkunde zur Wahrnehmung der Kontrollfunktion sowie zur Beurteilung und Überwachung der Geschäfte, die das jeweilige Unternehmen betreibt, besitzen und der Wahrnehmung ihrer Aufgaben ausreichend Zeit widmen. Bei der Prüfung, ob eine der in Satz 1 genannten Personen die erforderliche Sachkunde besitzt, berücksichtigt die Bundesanstalt den Umfang und die Komplexität der von dem Institut, der Institutsgruppe oder Finanzholding-Gruppe, der Finanzholding-Gesellschaft oder der gemischten Finanzholding-Gesellschaft betriebenen Geschäfte.

(2) Das Verwaltungs- oder Aufsichtsorgan muss in seiner Gesamtheit die Kenntnisse, Fähigkeiten und Erfahrungen haben, die zur Wahrnehmung der Kontrollfunktion sowie zur Beurteilung und Überwachung der Geschäftsleitung des Instituts oder der Institutsgruppe oder Finanzholding-Gruppe, der Finanzholding-Gesellschaft oder der gemischten Finanzholding-Gesellschaft notwendig sind. Die Vorschriften der Mitbestimmungsgesetze über die Wahl und Abberufung der Arbeitnehmervertreter im Verwaltungs- oder Aufsichtsorgan bleiben unberührt.

(3) Mitglied des Verwaltungs- oder Aufsichtsorgans eines Instituts, im Fall einer Finanzholding-Gesellschaft oder gemischten Finanzholding-Gesellschaft nur, wenn diese nach § 10a Absatz 2 Satz 2 oder 3 oder § 10b Absatz 3 Satz 8 als übergeordnetes Unternehmen bestimmt worden ist, kann nicht sein,
1. wer in demselben Unternehmen Geschäftsleiter ist;
2. wer in dem betreffenden Unternehmen Geschäftsleiter war, wenn bereits zwei ehemalige Geschäftsleiter des Unternehmens Mitglied des Verwaltungs- oder Aufsichtsorgans sind;
3. wer bereits in einem anderen Unternehmen Geschäftsleiter ist und zugleich in mehr als zwei weiteren Unternehmen Mitglied des Verwaltungs- oder Aufsichtsorgans ist oder
4. wer bereits in mehr als drei anderen Unternehmen Mitglied des Verwaltungs- oder Aufsichtsorgans ist.

Mehrere Mandate gelten als ein Mandat, wenn die Mandate bei Unternehmen wahrgenommen werden,
1. die derselben Institutsgruppe, Finanzholding-Gruppe oder gemischten Finanzholding-Gruppe angehören,

2. die demselben institutsbezogenen Sicherungssystem angehören oder
3. an denen das Institut eine bedeutende Beteiligung hält.

Mandate bei Unternehmen, die überwiegend nicht gewerblich ausgerichtet sind, insbesondere Unternehmen, die der kommunalen Daseinsvorsorge dienen, werden bei den nach Satz 1 Nummer 3 und 4 höchstens zulässigen Mandaten nicht berücksichtigt. Die Bundesanstalt kann einem Mitglied des Verwaltungs- oder Aufsichtsorgans unter Berücksichtigung der Umstände im Einzelfall und der Art, des Umfangs und der Komplexität der Tätigkeiten des Instituts, der Institutsgruppe oder Finanzholding-Gruppe, der Finanzholding-Gesellschaft oder der gemischten Finanzholding-Gesellschaft gestatten, ein zusätzliches Mandat in einem Verwaltungs- oder Aufsichtsorgan innezuhaben als nach Satz 1 Nummer 3 und 4 erlaubt, wenn dies das Mitglied nicht daran hindert, der Wahrnehmung seiner Aufgaben in dem betreffenden Unternehmen ausreichend Zeit zu widmen. Satz 1 Nummer 4 gilt nicht für kommunale Hauptverwaltungsbeamte, die kraft kommunaler Satzung zur Wahrnehmung eines Mandats in einem kommunalen Unternehmen oder einem kommunalen Zweckverband verpflichtet sind.

(4) Institute, Finanzholding-Gesellschaften und gemischte Finanzholding-Gesellschaften müssen angemessene personelle und finanzielle Ressourcen einsetzen, um den Mitgliedern des Verwaltungs- oder Aufsichtsorgans die Einführung in ihr Amt zu erleichtern und die Fortbildung zu ermöglichen, die zur Aufrechterhaltung der erforderlichen Sachkunde notwendig ist.

(5) Die Ausgestaltung der Vergütungssysteme für Mitglieder des Verwaltungs- oder Aufsichtsorgans darf im Hinblick auf die wirksame Wahrnehmung der Überwachungsfunktion des Verwaltungs- oder Aufsichtsorgans keine Interessenkonflikte erzeugen.

(6) Das Verwaltungs- oder Aufsichtsorgan muss die Geschäftsleiter auch im Hinblick auf die Einhaltung der einschlägigen bankaufsichtsrechtlichen Regelungen überwachen. Es muss der Erörterung von Strategien, Risiken und Vergütungssystemen für Geschäftsleiter und Mitarbeiter ausreichend Zeit widmen.

(7) Das Verwaltungs- oder Aufsichtsorgan eines der in Absatz 3 Satz 1 genannten Unternehmen hat abhängig von der Größe, der internen Organisation und der Art, des Umfangs, der Komplexität und dem Risikogehalt der Geschäfte des Unternehmens aus seiner Mitte Ausschüsse gemäß den Absätzen 8 bis 12 zu bestellen, die es bei seinen Aufgaben beraten und unterstützen. Jeder Ausschuss soll eines seiner Mitglieder zum Vorsitzenden ernennen. Die Mitglieder der Ausschüsse müssen die zur Erfüllung der jeweiligen Ausschussaufgaben erforderlichen Kenntnisse, Fähigkeiten und Erfahrungen haben. Um die Zusammenarbeit und den fachlichen Austausch zwischen den einzelnen Aus-

schüssen sicherzustellen, soll mindestens ein Mitglied eines jeden Ausschusses einem weiteren Ausschuss angehören. Die Bundesanstalt kann die Bildung eines oder mehrerer Ausschüsse verlangen, wenn dies insbesondere unter Berücksichtigung der Kriterien nach Satz 1 oder zur ordnungsgemäßen Wahrnehmung der Kontrollfunktion des Verwaltungs- oder Aufsichtsorgans erforderlich erscheint.

(8) Das Verwaltungs- oder Aufsichtsorgan eines in Absatz 3 Satz 1 genannten Unternehmens hat unter Berücksichtigung der Kriterien nach Absatz 7 Satz 1 aus seiner Mitte einen Risikoausschuss zu bestellen. Der Risikoausschuss berät das Verwaltungs- oder Aufsichtsorgan zur aktuellen und zur künftigen Gesamtrisikobereitschaft und -strategie des Unternehmens und unterstützt es bei der Überwachung der Umsetzung dieser Strategie durch die obere Leitungsebene. Der Risikoausschuss wacht darüber, dass die Konditionen im Kundengeschäft mit dem Geschäftsmodell und der Risikostruktur des Unternehmens im Einklang stehen. Soweit dies nicht der Fall ist, unterbreitet der Risikoausschuss der Geschäftsleitung Vorschläge, wie die Konditionen im Kundengeschäft in Übereinstimmung mit dem Geschäftsmodell und der Risikostruktur gestaltet werden können. Der Risikoausschuss prüft, ob die durch das Vergütungssystem gesetzten Anreize die Risiko-, Kapital- und Liquiditätsstruktur des Unternehmens sowie die Wahrscheinlichkeit und Fälligkeit von Einnahmen berücksichtigen. Die Aufgaben des Vergütungskontrollausschusses nach Absatz 12 bleiben unberührt. Der Vorsitzende des Risikoausschusses oder, falls ein Risikoausschuss nicht eingerichtet wurde, der Vorsitzende des Verwaltungs- oder Aufsichtsorgans, kann unmittelbar beim Leiter der Internen Revision und beim Leiter des Risikocontrollings Auskünfte einholen. Die Geschäftsleitung muss hierüber unterrichtet werden. Der Risikoausschuss kann, soweit erforderlich, den Rat externer Sachverständiger einholen. Der Risikoausschuss oder, falls ein solcher nicht eingerichtet wurde, das Verwaltungs- oder Aufsichtsorgan bestimmt Art, Umfang, Format und Häufigkeit der Informationen, die die Geschäftsleitung zum Thema Strategie und Risiko vorlegen muss.

(9) Das Verwaltungs- oder Aufsichtsorgan eines in Absatz 3 Satz 1 genannten Unternehmens hat unter Berücksichtigung der Kriterien nach Absatz 7 Satz 1 aus seiner Mitte einen Prüfungsausschuss zu bestellen. Der Prüfungsausschuss unterstützt das Verwaltungs- oder Aufsichtsorgan insbesondere bei der Überwachung
1. des Rechnungslegungsprozesses;
2. der Wirksamkeit des Risikomanagementsystems, insbesondere des internen Kontrollsystems und der Internen Revision;
3. der Durchführung der Abschlussprüfungen, insbesondere hinsichtlich der Unabhängigkeit des Abschlussprüfers und der vom Abschlussprüfer erbrachten Leistungen (Umfang, Häufigkeit, Berichterstattung). Der Prüfungsausschuss soll dem Verwaltungs- oder Aufsichtsorgan Vorschläge für die

Bestellung eines Abschlussprüfers sowie für die Höhe seiner Vergütung unterbreiten und das Verwaltungs- oder Aufsichtsorgan zur Kündigung oder Fortsetzung des Prüfauftrags beraten und
4. der zügigen Behebung der vom Prüfer festgestellten Mängel durch die Geschäftsleitung mittels geeigneter Maßnahmen.

Der Vorsitzende des Prüfungsausschusses muss über Sachverstand auf den Gebieten Rechnungslegung und Abschlussprüfung verfügen. Der Vorsitzende des Prüfungsausschusses oder, falls ein Prüfungsausschuss nicht eingerichtet wurde, der Vorsitzende des Verwaltungs- oder Aufsichtsorgans, kann unmittelbar beim Leiter der Internen Revision und beim Leiter des Risikocontrollings Auskünfte einholen. Die Geschäftsleitung muss hierüber unterrichtet werden.

(10) Das Verwaltungs- oder Aufsichtsorgan eines in Absatz 3 Satz 1 genannten Unternehmens kann einen gemeinsamen Risiko- und Prüfungsausschuss bestellen, wenn dies unter Berücksichtigung der Kriterien nach Absatz 7 Satz 1 sinnvoll ist. Dies ist der Bundesanstalt mitzuteilen. Auf den gemeinsamen Prüfungs- und Risikoausschuss finden die Absätze 8 und 9 entsprechende Anwendung.

(11) Das Verwaltungs- oder Aufsichtsorgan eines in Absatz 3 Satz 1 genannten Unternehmens hat unter Berücksichtigung der Kriterien nach Absatz 7 Satz 1 aus seiner Mitte einen Nominierungsausschuss zu bestellen. Der Nominierungsausschuss unterstützt das Verwaltungs- oder Aufsichtsorgan bei der
1. Ermittlung von Bewerbern für die Besetzung einer Stelle in der Geschäftsleitung und bei der Vorbereitung von Wahlvorschlägen für die Wahl der Mitglieder des Verwaltungs- oder Aufsichtsorgans; hierbei berücksichtigt der Nominierungsausschuss die Ausgewogenheit und Unterschiedlichkeit der Kenntnisse, Fähigkeiten und Erfahrungen aller Mitglieder des betreffenden Organs, entwirft eine Stellenbeschreibung mit Bewerberprofil und gibt den mit der Aufgabe verbundenen Zeitaufwand an;
2. Erarbeitung einer Zielsetzung zur Förderung der Vertretung des unterrepräsentierten Geschlechts im Verwaltungs- oder Aufsichtsorgan sowie einer Strategie zu deren Erreichung;
3. regelmäßig, mindestens einmal jährlich, durchzuführenden Bewertung der Struktur, Größe, Zusammensetzung und Leistung der Geschäftsleitung und des Verwaltungs- oder Aufsichtsorgans und spricht dem Verwaltungs- oder Aufsichtsorgan gegenüber diesbezügliche Empfehlungen aus; der Nominierungsausschuss achtet dabei darauf, dass die Entscheidungsfindung innerhalb der Geschäftsleitung durch einzelne Personen oder Gruppen nicht in einer Weise beeinflusst wird, die dem Unternehmen schadet;
4. regelmäßig, mindestens einmal jährlich, durchzuführenden Bewertung der Kenntnisse, Fähigkeiten und Erfahrung sowohl der einzelnen Geschäftslei-

ter und Mitglieder des Verwaltungs- oder Aufsichtsorgans als auch des jeweiligen Organs in seiner Gesamtheit und
5. Überprüfung der Grundsätze der Geschäftsleitung für die Auswahl und Bestellung der Personen der oberen Leitungsebene und bei diesbezüglichen Empfehlungen an die Geschäftsleitung.

Bei der Wahrnehmung seiner Aufgaben kann der Nominierungsausschuss auf alle Ressourcen zurückgreifen, die er für angemessen hält, und auch externe Berater einschalten. Zu diesem Zwecke soll er vom Unternehmen angemessene Finanzmittel erhalten.

(12) Das Verwaltungs- oder Aufsichtsorgan eines in Absatz 3 Satz 1 genannten Unternehmens hat unter Berücksichtigung der Kriterien nach Absatz 7 Satz 1 aus seiner Mitte einen Vergütungskontrollausschuss zu bestellen. Der Vergütungskontrollausschuss
1. überwacht die angemessene Ausgestaltung der Vergütungssysteme der Geschäftsleiter und Mitarbeiter, und insbesondere die angemessene Ausgestaltung der Vergütungen für die Leiter der Risikocontrolling-Funktion und der Compliance-Funktion sowie solcher Mitarbeiter, die einen wesentlichen Einfluss auf das Gesamtrisikoprofil des Instituts haben, und unterstützt das Verwaltungs- oder Aufsichtsorgan bei der Überwachung der angemessenen Ausgestaltung der Vergütungssysteme für die Mitarbeiter des Unternehmens; die Auswirkungen der Vergütungssysteme auf das Risiko-, Kapital- und Liquiditätsmanagement sind zu bewerten;
2. bereitet die Beschlüsse des Verwaltungs- oder Aufsichtsorgans über die Vergütung der Geschäftsleiter vor und berücksichtigt dabei besonders die Auswirkungen der Beschlüsse auf die Risiken und das Risikomanagement des Unternehmens; den langfristigen Interessen von Anteilseignern, Anlegern, sonstiger Beteiligter und dem öffentlichen Interesse ist Rechnung zu tragen;
3. unterstützt das Verwaltungs- oder Aufsichtsorgan bei der Überwachung der ordnungsgemäßen Einbeziehung der internen Kontroll- und aller sonstigen maßgeblichen Bereiche bei der Ausgestaltung der Vergütungssysteme.

Mindestens ein Mitglied des Vergütungskontrollausschusses muss über ausreichend Sachverstand und Berufserfahrung im Bereich Risikomanagement und Risikocontrolling verfügen, insbesondere im Hinblick auf Mechanismen zur Ausrichtung der Vergütungssysteme an der Gesamtrisikobereitschaft und -strategie und an der Eigenmittelausstattung des Unternehmens. Wenn dem Verwaltungs- oder Aufsichtsorgan entsprechend den Mitbestimmungsgesetzen Arbeitnehmervertreter angehören, muss dem Vergütungskontrollausschuss mindestens ein Arbeitnehmervertreter angehören. Der Vergütungskontrollausschuss soll mit dem Risikoausschuss zusammenarbeiten und soll sich intern beispielsweise durch das Risikocontrolling und extern von Personen beraten lassen, die unabhängig von der Geschäftsleitung sind. Geschäftsleiter dürfen nicht an Sitzungen des Vergütungskontrollausschusses teilnehmen, bei denen über ihre Vergütung beraten wird. Der Vorsitzende des Vergütungskontrollausschusses oder, falls ein Vergütungskontrollausschuss nicht eingerichtet wurde, der Vorsitzende des Verwaltungs- oder Aufsichtsorgans, kann unmittelbar beim Leiter der Internen Revision und bei den Leitern der für die Ausgestaltung der Vergütungssysteme zuständigen Organisationseinheiten Auskünfte einholen. Die Geschäftsleitung muss hierüber unterrichtet werden.

Mindestanforderungen an das Risikomanagement (MaRisk)[1]

AT 1 Vorbemerkung

1. Dieses Rundschreiben gibt auf der Grundlage des § 25a Abs. 1 des Kreditwesengesetzes (KWG) einen flexiblen und praxisnahen Rahmen für die Ausgestaltung des Risikomanagements der Institute vor. Es präzisiert ferner die Anforderungen des § 25a Abs. 1a und Abs. 2 KWG (Risikomanagement auf Gruppenebene, Outsourcing). Ein angemessenes und wirksames Risikomanagement umfasst unter Berücksichtigung der Risikotragfähigkeit insbesondere die Festlegung von Strategien sowie die Einrichtung interner Kontrollverfahren. Die internen Kontrollverfahren bestehen aus dem internen Kontrollsystem und der Internen Revision. Das interne Kontrollsystem umfasst insbesondere
   - Regelungen zur Aufbau- und Ablauforganisation,
   - Prozesse zur Identifizierung, Beurteilung, Steuerung, Überwachung sowie Kommunikation der Risiken (Risikosteuerungs- und -controllingprozesse) und
   - eine Risikocontrolling-Funktion und eine Compliance-Funktion.

   Das Risikomanagement schafft eine Grundlage für die sachgerechte Wahrnehmung der Überwachungsfunktionen des Aufsichtsorgans und beinhaltet deshalb auch dessen angemessene Einbindung.
2. Das Rundschreiben gibt zudem einen qualitativen Rahmen für die Umsetzung der Art. 22 und 123 der Richtlinie 2006/48/EG (Bankenrichtlinie) vor. Danach sind von den Instituten angemessene Leitungs-, Steuerungs- und Kontrollprozesse (»Robust Governance Arrangements«) sowie Strategien und Prozesse einzurichten, die gewährleisten, dass genügend internes Kapital zur Abdeckung aller wesentlichen Risiken vorhanden ist (Interner Prozess zur Sicherstellung der Risikotragfähigkeit – »Internal Capital Adequacy Assessment Process«). Die Qualität dieser Prozesse ist von der Aufsicht gemäß Art. 124 der Bankenrichtlinie im Rahmen des bankaufsichtlichen Überwachungsprozesses regelmäßig zu beurteilen (»Supervisory Review and Evaluation Process«). Das Rundschreiben ist daher unter Berücksichtigung des Prinzips der doppelten Proportionalität der Regelungsrahmen für die qualitative Aufsicht in Deutschland (»Supervisory Review Process«). Der sachgerechte Umgang mit dem Proportionalitätsprinzip seitens der Institute beinhaltet in dem prinzipienorientierten Aufbau der MaRisk auch, dass

---

[1] in der Fassung vom 14. Dezember 2012.

Institute im Einzelfall über bestimmte, in den MaRisk explizit formulierte Anforderungen hinaus weitergehende Vorkehrungen treffen, soweit dies zur Sicherstellung der Angemessenheit und Wirksamkeit des Risikomanagements erforderlich sein sollte. Insofern haben Institute, die besonders groß sind oder deren Geschäftsaktivitäten durch besondere Komplexität, Internationalität oder eine besondere Risikoexponierung gekennzeichnet sind, weitergehende Vorkehrungen im Bereich des Risikomanagements zu treffen als weniger große Institute mit weniger komplex strukturierten Geschäftsaktivitäten, die keine außergewöhnliche Risikoexponierung aufweisen. Erstgenannte Institute haben dabei auch die Inhalte einschlägiger Veröffentlichungen zum Risikomanagement des Baseler Ausschusses für Bankenaufsicht und des Financial Stability Board in eigenverantwortlicher Weise in ihre Überlegungen zur angemessenen Ausgestaltung des Risikomanagements einzubeziehen. Im Hinblick auf die Methoden zur Berechnung der aufsichtsrechtlich erforderlichen Eigenmittel der Bankenrichtlinie sind die Anforderungen des Rundschreibens insofern neutral konzipiert, als sie unabhängig von der gewählten Methode eingehalten werden können.

3. Durch das Rundschreiben wird zudem über § 33 Abs. 1 des Gesetzes über den Wertpapierhandel (WpHG) in Verbindung mit § 25a Abs. 1 KWG Art. 13 der Richtlinie 2004/39/EG (Finanzmarktrichtlinie) umgesetzt, soweit diese auf Kreditinstitute und Finanzdienstleistungsinstitute gleichermaßen Anwendung findet. Dies betrifft die allgemeinen organisatorischen Anforderungen gemäß Art. 5, die Anforderungen an das Risikomanagement und die Interne Revision gemäß Art. 7 und 8, die Anforderungen zur Geschäftsleiterverantwortung gemäß Art. 9 sowie an Auslagerungen gemäß Art. 13 und 14 der Richtlinie 2006/73/EG (Durchführungsrichtlinie zur Finanzmarktrichtlinie). Diese Anforderungen dienen der Verwirklichung des Ziels der Finanzmarktrichtlinie, die Finanzmärkte in der Europäischen Union im Interesse des grenzüberschreitenden Finanzdienstleistungsverkehrs und einheitlicher Grundlagen für den Anlegerschutz zu harmonisieren.

4. Das Rundschreiben trägt der heterogenen Institutsstruktur und der Vielfalt der Geschäftsaktivitäten Rechnung. Es enthält zahlreiche Öffnungsklauseln, die abhängig von der Größe der Institute, den Geschäftsschwerpunkten und der Risikosituation eine vereinfachte Umsetzung ermöglichen. Insoweit kann es vor allem auch von kleineren Instituten flexibel umgesetzt werden. Das Rundschreiben ist gegenüber der laufenden Fortentwicklung der Prozesse und Verfahren im Risikomanagement offen, soweit diese im Einklang mit den Zielen des Rundschreibens stehen. Für diese Zwecke wird die Bundesanstalt für Finanzdienstleistungsaufsicht einen fortlaufenden Dialog mit der Praxis führen.

5. Die Bundesanstalt für Finanzdienstleistungsaufsicht erwartet, dass der flexiblen Grundausrichtung des Rundschreibens im Rahmen von Prüfungshandlungen Rechnung getragen wird. Prüfungen sind daher auf der Basis eines risikoorientierten Prüfungsansatzes durchzuführen.

6. Das Rundschreiben ist modular strukturiert, so dass notwendige Anpassungen in bestimmten Regelungsfeldern auf die zeitnahe Überarbeitung einzelner Module beschränkt werden können. In einem allgemeinen Teil (Modul AT) befinden sich grundsätzliche Prinzipien für die Ausgestaltung des Risikomanagements. Spezifische Anforderungen an die Organisation des Kredit- und Handelsgeschäfts sind in einem besonderen Teil niedergelegt (Modul BT). Unter Berücksichtigung von Risikokonzentrationen werden in diesem Modul auch Anforderungen an die Identifizierung, Beurteilung, Steuerung sowie die Überwachung und Kommunikation von Adressenausfallrisiken, Marktpreisrisiken, Liquiditätsrisiken sowie operationellen Risiken gestellt. Darüber hinaus wird in Modul BT ein Rahmen für die Ausgestaltung der Internen Revision in den Instituten vorgegeben.

AT 2 Anwendungsbereich

1. Die Beachtung der Anforderungen des Rundschreibens durch die Institute soll dazu beitragen, Missständen im Kredit- und Finanzdienstleistungswesen entgegenzuwirken, welche die Sicherheit der den Instituten anvertrauten Vermögenswerte gefährden, die ordnungsgemäße Durchführung der Bankgeschäfte oder Finanzdienstleistungen beeinträchtigen oder erhebliche Nachteile für die Gesamtwirtschaft herbeiführen können. Bei der Erbringung von Wertpapierdienstleistungen und Wertpapiernebendienstleistungen müssen die Institute die Anforderungen darüber hinaus mit der Maßgabe einhalten, die Interessen der Wertpapierdienstleistungskunden zu schützen.

AT 2.1 Anwenderkreis

1. Die Anforderungen des Rundschreibens sind von allen Instituten im Sinne von § 1 Abs. 1b KWG beziehungsweise im Sinne von § 53 Abs. 1 KWG zu beachten. Sie gelten auch für die Zweigniederlassungen deutscher Institute im Ausland. Auf Zweigniederlassungen von Unternehmen mit Sitz in einem anderen Staat des Europäischen Wirtschaftsraums nach § 53b KWG finden sie keine Anwendung. Die Anforderungen in Modul AT 4.5 des Rundschreibens sind von übergeordneten Unternehmen beziehungsweise übergeordneten Finanzkonglomeratsunternehmen einer Institutsgruppe, einer Finanzholdinggruppe oder eines Finanzkonglomerats auf Gruppenebene zu beachten.
2. Finanzdienstleistungsinstitute und Wertpapierhandelsbanken haben die Anforderungen des Rundschreibens insoweit zu beachten, wie dies vor dem Hintergrund der Institutsgröße sowie von Art, Umfang, Komplexität und Risikogehalt der Geschäftsaktivitäten zur Einhaltung der gesetzlichen Pflichten aus § 25a KWG geboten erscheint. Dies gilt insbesondere für die Module AT 3, AT 5, AT 7 und AT 9.

AT 2.2 Risiken

1. Die Anforderungen des Rundschreibens beziehen sich auf das Management der für das Institut wesentlichen Risiken. Zur Beurteilung der Wesentlichkeit hat sich die Geschäftsleitung regelmäßig und anlassbezogen im Rahmen einer Risikoinventur einen Überblick über die Risiken des Instituts zu verschaffen (Gesamtrisikoprofil). Die Risiken sind auf der Ebene des gesamten Instituts zu erfassen, unabhängig davon, in welcher Organisationseinheit die Risiken verursacht wurden. Grundsätzlich sind zumindest die folgenden Risiken als wesentlich einzustufen:
   a. Adressenausfallrisiken (einschließlich Länderrisiken),
   b. Marktpreisrisiken,
   c. Liquiditätsrisiken und
   d. operationelle Risiken.

   Mit wesentlichen Risiken verbundene Risikokonzentrationen sind zu berücksichtigen. Für Risiken, die als nicht wesentlich eingestuft werden, sind angemessene Vorkehrungen zu treffen.
2. Das Institut hat im Rahmen der Risikoinventur zu prüfen, welche Risiken die Vermögenslage (inklusive Kapitalausstattung), die Ertragslage oder die Liquiditätslage wesentlich beeinträchtigen können. Die Risikoinventur darf sich dabei nicht ausschließlich an den Auswirkungen in der Rechnungslegung sowie an formalrechtlichen Ausgestaltungen orientieren.

AT 2.3 Geschäfte

1. Kreditgeschäfte im Sinne dieses Rundschreibens sind grundsätzlich Geschäfte nach Maßgabe des § 19 Abs. 1 KWG (Bilanzaktiva und außerbilanzielle Geschäfte mit Adressenausfallrisiken).
2. Im Sinne dieses Rundschreibens gilt als Kreditentscheidung jede Entscheidung über Neukredite, Krediterhöhungen, Beteiligungen, Limitüberschreitungen, die Festlegung von kreditnehmerbezogenen Limiten sowie von Kontrahenten- und Emittentenlimiten, Prolongationen und Änderungen risikorelevanter Sachverhalte, die dem Kreditbeschluss zugrunde lagen (z. B. Sicherheiten, Verwendungszweck). Dabei ist es unerheblich, ob diese Entscheidung ausschließlich vom Institut selbst oder gemeinsam mit anderen Instituten getroffen wird (so genanntes Konsortialgeschäft).
3. Handelsgeschäfte sind grundsätzlich alle Abschlüsse, die ein
   a. Geldmarktgeschäft,
   b. Wertpapiergeschäft,
   c. Devisengeschäft,
   d. Geschäft in handelbaren Forderungen (z. B. Handel in Schuldscheinen),
   e. Geschäft in Waren oder
   f. Geschäft in Derivaten

zur Grundlage haben und die im eigenen Namen und für eigene Rechnung abgeschlossen werden. Als Wertpapiergeschäfte gelten auch Geschäfte mit Namensschuldverschreibungen sowie die Wertpapierleihe, nicht aber die Erstausgabe von Wertpapieren. Handelsgeschäfte sind auch, ungeachtet des Geschäftsgegenstandes, Vereinbarungen von Rückgabe- oder Rücknahmeverpflichtungen sowie Pensionsgeschäfte.
4. Zu den Geschäften in Derivaten gehören Termingeschäfte, deren Preis sich von einem zugrunde liegenden Aktivum, von einem Referenzpreis, Referenzzins, Referenzindex oder einem im Voraus definierten Ereignis ableitet.

AT 3 Gesamtverantwortung der Geschäftsleitung

1. Alle Geschäftsleiter (§ 1 Abs. 2 KWG) sind, unabhängig von der internen Zuständigkeitsregelung, für die ordnungsgemäße Geschäftsorganisation und deren Weiterentwicklung verantwortlich. Diese Verantwortung bezieht sich unter Berücksichtigung ausgelagerter Aktivitäten und Prozesse auf alle wesentlichen Elemente des Risikomanagements. Die Geschäftsleiter werden dieser Verantwortung nur gerecht, wenn sie die Risiken beurteilen können und die erforderlichen Maßnahmen zu ihrer Begrenzung treffen. Die Geschäftsleiter eines übergeordneten Unternehmens einer Institutsgruppe oder Finanzholding-Gruppe beziehungsweise eines übergeordneten Finanzkonglomeratsunternehmens sind zudem für die ordnungsgemäße Geschäftsorganisation in der Gruppe und somit auch für ein angemessenes und wirksames Risikomanagement auf Gruppenebene verantwortlich (§ 25a Abs. 1a KWG).

AT 4 Allgemeine Anforderungen an das Risikomanagement

AT 4.1 Risikotragfähigkeit

1. Auf der Grundlage des Gesamtrisikoprofils ist sicherzustellen, dass die wesentlichen Risiken des Instituts durch das Risikodeckungspotenzial, unter Berücksichtigung von Risikokonzentrationen, laufend abgedeckt sind und damit die Risikotragfähigkeit gegeben ist.
2. Das Institut hat einen internen Prozess zur Sicherstellung der Risikotragfähigkeit einzurichten. Die Risikotragfähigkeit ist bei der Festlegung der Strategien (AT 4.2) sowie bei deren Anpassung zu berücksichtigen. Zur Umsetzung der Strategien beziehungsweise zur Gewährleistung der Risikotragfähigkeit sind ferner geeignete Risikosteuerungs- und -controllingprozesse (AT 4.3.2) einzurichten.

3. Knüpft das Risikotragfähigkeitskonzept an Jahresabschluss-Größen an, so ist eine angemessene Betrachtung über den Bilanzstichtag hinaus erforderlich.
4. Wesentliche Risiken, die nicht in das Risikotragfähigkeitskonzept einbezogen werden, sind festzulegen. Ihre Nichtberücksichtigung ist nachvollziehbar zu begründen und nur dann möglich, wenn das jeweilige Risiko aufgrund seiner Eigenart nicht sinnvoll durch Risikodeckungspotenzial begrenzt werden kann (z. B. im Allgemeinen Liquiditätsrisiken). Es ist sicherzustellen, dass solche Risiken angemessen in den Risikosteuerungs- und -controllingprozessen berücksichtigt werden.
5. Verfügt ein Institut über keine geeigneten Verfahren zur Quantifizierung einzelner Risiken, die in das Risikotragfähigkeitskonzept einbezogen werden sollen, so ist für diese auf der Basis einer Plausibilisierung ein Risikobetrag festzulegen. Die Plausibilisierung kann auf der Basis einer qualifizierten Expertenschätzung durchgeführt werden.
6. Soweit ein Institut innerhalb oder zwischen Risikoarten risikomindernde Diversifikationseffekte im Risikotragfähigkeitskonzept berücksichtigt, müssen die zugrunde liegenden Annahmen anhand einer Analyse der institutsindividuellen Verhältnisse getroffen werden und auf Daten basieren, die auf die individuelle Risikosituation des Instituts als übertragbar angesehen werden können. Die zugrunde liegenden Datenhistorien müssen ausreichend lang sein, um Veränderungen von Diversifikationseffekten in konjunkturellen Auf- und Abschwungphasen widerzuspiegeln. Diversifikationseffekte müssen so konservativ geschätzt werden, dass sie auch in konjunkturellen Abschwungphasen sowie bei im Hinblick auf die Geschäfts- und Risikostruktur des Instituts ungünstigen Marktverhältnissen als ausreichend stabil angenommen werden können.
7. Die Verlässlichkeit und die Stabilität der Diversifikationsannahmen sind regelmäßig und gegebenenfalls anlassbezogen zu überprüfen.
8. Die Wahl der Methoden und Verfahren zur Beurteilung der Risikotragfähigkeit liegt in der Verantwortung des Instituts. Die den Methoden und Verfahren zugrunde liegenden Annahmen sind nachvollziehbar zu begründen. Die Festlegung wesentlicher Elemente der Risikotragfähigkeitssteuerung sowie wesentlicher zugrunde liegender Annahmen ist von der Geschäftsleitung zu genehmigen. Die Angemessenheit der Methoden und Verfahren ist zumindest jährlich durch die fachlich zuständigen Mitarbeiter zu überprüfen. Dabei ist den Grenzen und Beschränkungen, die sich aus den eingesetzten Methoden und Verfahren, den ihnen zugrunde liegenden Annahmen und den in die Risikoquantifizierung einfließenden Daten ergeben, hinreichend Rechnung zu tragen. Die Aussagekraft der quantifizierten Risiken ist insofern kritisch zu analysieren. Die zur Risikotragfähigkeitssteuerung eingesetzten Verfahren haben sowohl das Ziel der Fortführung des Instituts als auch den Schutz der Gläubiger vor Verlusten aus ökonomischer Sicht angemessen zu berücksichtigen.

9. Jedes Institut muss über einen Prozess zur Planung des zukünftigen Kapitalbedarfs verfügen. Der Planungshorizont muss einen angemessen langen, mehrjährigen Zeitraum umfassen. Dabei ist zu berücksichtigen, wie sich über den Risikobetrachtungshorizont des Risikotragfähigkeitskonzepts hinaus Veränderungen der eigenen Geschäftstätigkeit oder der strategischen Ziele sowie Veränderungen des wirtschaftlichen Umfelds auf den Kapitalbedarf auswirken. Möglichen adversen Entwicklungen, die von den Erwartungen abweichen, ist bei der Planung angemessen Rechnung zu tragen.

AT 4.2 Strategien

1. Die Geschäftsleitung hat eine nachhaltige Geschäftsstrategie festzulegen, in der die Ziele des Instituts für jede wesentliche Geschäftsaktivität sowie die Maßnahmen zur Erreichung dieser Ziele dargestellt werden. Bei der Festlegung und Anpassung der Geschäftsstrategie sind sowohl externe Einflussfaktoren (z. B. Marktentwicklung, Wettbewerbssituation, regulatorisches Umfeld) als auch interne Einflussfaktoren (z. B. Risikotragfähigkeit, Liquidität, Ertragslage, personelle und technisch-organisatorische Ressourcen) zu berücksichtigen. Im Hinblick auf die zukünftige Entwicklung der relevanten Einflussfaktoren sind Annahmen zu treffen. Die Annahmen sind einer regelmäßigen und anlassbezogenen Überprüfung zu unterziehen; erforderlichenfalls ist die Geschäftsstrategie anzupassen.
2. Die Geschäftsleitung hat eine mit der Geschäftsstrategie und den daraus resultierenden Risiken konsistente Risikostrategie festzulegen. Die Risikostrategie hat, gegebenenfalls unterteilt in Teilstrategien für die wesentlichen Risiken, die Ziele der Risikosteuerung der wesentlichen Geschäftsaktivitäten sowie die Maßnahmen zur Erreichung dieser Ziele zu umfassen. Insbesondere sind, unter Berücksichtigung von Risikokonzentrationen, für alle wesentlichen Risiken Risikotoleranzen festzulegen. Risikokonzentrationen sind dabei auch mit Blick auf die Ertragssituation des Instituts (Ertragskonzentrationen) zu berücksichtigen. Dies setzt voraus, dass das Institut seine Erfolgsquellen voneinander abgrenzen und diese quantifizieren kann (z. B. im Hinblick auf den Konditionen- und den Strukturbeitrag im Zinsbuch).
3. Die Geschäftsleitung ist verantwortlich für die Festlegung und Anpassung der Strategien; diese Verantwortung ist nicht delegierbar. Die Geschäftsleitung muss für die Umsetzung der Strategien Sorge tragen. Der Detaillierungsgrad der Strategien ist abhängig vom Umfang und Komplexität sowie dem Risikogehalt der geplanten Geschäftsaktivitäten. Es bleibt dem Institut überlassen, die Risikostrategie in die Geschäftsstrategie zu integrieren.
4. Die Geschäftsleitung hat einen Strategieprozess einzurichten, der sich insbesondere auf die Prozessschritte Planung, Umsetzung, Beurteilung und Anpassung der Strategien erstreckt. Für die Zwecke der Beurteilung sind die in den Strategien niedergelegten Ziele so zu formulieren, dass eine sinnvolle

Überprüfung der Zielerreichung möglich ist. Die Ursachen für etwaige Abweichungen sind zu analysieren.
5. Die Strategien sowie gegebenenfalls erforderliche Anpassungen der Strategien sind dem Aufsichtsorgan des Instituts zur Kenntnis zu geben und mit diesem zu erörtern. Die Erörterung erstreckt sich auch auf die Ursachenanalyse nach AT 4.2 Tz. 4 im Falle von Zielabweichungen.
6. Die Inhalte sowie Änderungen der Strategien sind innerhalb des Instituts in geeigneter Weise zu kommunizieren.

AT 4.3 Internes Kontrollsystem

1. In jedem Institut sind entsprechend Art, Umfang, Komplexität und Risikogehalt der Geschäftsaktivitäten
    a. Regelungen zur Aufbau- und Ablauforganisation zu treffen,
    b. Risikosteuerungs- und -controllingprozesse einzurichten und
    c. eine Risikocontrolling-Funktion und eine Compliance-Funktion zu implementieren.

AT 4.3.1 Aufbau- und Ablauforganisation

1. Bei der Ausgestaltung der Aufbau- und Ablauforganisation ist sicherzustellen, dass miteinander unvereinbare Tätigkeiten durch unterschiedliche Mitarbeiter durchgeführt und auch bei Arbeitsplatzwechseln Interessenkonflikte vermieden werden.
2. Prozesse sowie die damit verbundenen Aufgaben, Kompetenzen, Verantwortlichkeiten, Kontrollen sowie Kommunikationswege sind klar zu definieren und aufeinander abzustimmen. Dies beinhaltet auch die regelmäßige und anlassbezogene Überprüfung von IT-Berechtigungen, Zeichnungsberechtigungen und sonstigen eingeräumten Kompetenzen. Das gilt auch bezüglich der Schnittstellen zu wesentlichen Auslagerungen.

AT 4.3.2 Risikosteuerungs- und -controllingprozesse

1. Das Institut hat angemessene Risikosteuerungs- und -controllingprozesse einzurichten, die eine
    a. Identifizierung,
    b. Beurteilung,
    c. Steuerung sowie
    d. Überwachung und Kommunikation

der wesentlichen Risiken und damit verbundener Risikokonzentrationen gewährleisten.
Diese Prozesse sind in eine gemeinsame Ertrags- und Risikosteuerung (»Gesamtbanksteuerung«) einzubinden. Durch geeignete Maßnahmen ist zu gewährleisten, dass die Risiken und die damit verbundenen Risikokonzen-

trationen unter Berücksichtigung der Risikotragfähigkeit und der Risikotoleranzen wirksam begrenzt und überwacht werden.

2. Die Risikosteuerungs- und -controllingprozesse müssen gewährleisten, dass die wesentlichen Risiken – auch aus ausgelagerten Aktivitäten und Prozessen – frühzeitig erkannt, vollständig erfasst und in angemessener Weise dargestellt werden können. Hierzu hat das Institut geeignete Indikatoren für die frühzeitige Identifizierung von Risiken sowie von risikoartenübergreifenden Effekten abzuleiten, die je nach Risikoart auf quantitativen und/oder qualitativen Risikomerkmalen basieren.

3. Die Geschäftsleitung hat sich in angemessenen Abständen über die Risikosituation berichten zu lassen. Die Risikoberichterstattung ist in nachvollziehbarer, aussagefähiger Art und Weise zu verfassen. Sie hat neben einer Darstellung auch eine Beurteilung der Risikosituation zu enthalten. In die Risikoberichterstattung sind bei Bedarf auch Handlungsvorschläge, z. B. zur Risikoreduzierung, aufzunehmen. Einzelheiten zur Risikoberichterstattung sind in BTR 1 bis BTR 4 geregelt.

4. In den Risikoberichten sind insbesondere auch die Ergebnisse der Stresstests und deren potenzielle Auswirkungen auf die Risikosituation und das Risikodeckungspotenzial darzustellen. Ebenfalls darzustellen sind die den Stresstests zugrunde liegenden wesentlichen Annahmen. Darüber hinaus ist auch auf Risikokonzentrationen und deren potenzielle Auswirkungen gesondert einzugehen.

5. Unter Risikogesichtspunkten wesentliche Informationen sind unverzüglich an die Geschäftsleitung, die jeweiligen Verantwortlichen und gegebenenfalls die Interne Revision weiterzuleiten, so dass geeignete Maßnahmen beziehungsweise Prüfungshandlungen frühzeitig eingeleitet werden können. Hierfür ist ein geeignetes Verfahren festzulegen.

6. Die Geschäftsleitung hat das Aufsichtsorgan vierteljährlich über die Risikosituation in angemessener Weise schriftlich zu informieren. Die Berichterstattung ist in nachvollziehbarer, aussagefähiger Art und Weise zu verfassen und hat neben der Darstellung auch eine Beurteilung der Risikosituation zu enthalten. Auf besondere Risiken für die Geschäftsentwicklung und dafür geplante Maßnahmen der Geschäftsleitung ist gesondert einzugehen. Für das Aufsichtsorgan unter Risikogesichtspunkten wesentliche Informationen sind von der Geschäftsleitung unverzüglich weiterzuleiten. Hierfür hat die Geschäftsleitung gemeinsam mit dem Aufsichtsorgan ein geeignetes Verfahren festzulegen.

7. Die Risikosteuerungs- und -controllingprozesse sind zeitnah an sich ändernde Bedingungen anzupassen.

AT 4.3.3 Stresstests

1. Es sind regelmäßig sowie anlassbezogen angemessene Stresstests für die wesentlichen Risiken durchzuführen, die Art, Umfang, Komplexität und den Risikogehalt der Geschäftsaktivitäten widerspiegeln. Hierfür sind die für die

jeweiligen Risiken wesentlichen Risikofaktoren zu identifizieren. Die Stresstests haben sich auch auf die angenommenen Risikokonzentrationen und Diversifikationseffekte innerhalb und zwischen den Risikoarten zu erstrecken. Risiken aus außerbilanziellen Gesellschaftskonstruktionen und Verbriefungstransaktionen sind im Rahmen der Stresstests zu berücksichtigen. Die Stresstests sind auch auf Gesamtinstitutsebene durchzuführen.

2. Die Stresstests haben auch außergewöhnliche, aber plausibel mögliche Ereignisse abzubilden. Dabei sind geeignete historische und hypothetische Szenarien darzustellen. Anhand der Stresstests sind dabei auch die Auswirkungen eines schweren konjunkturellen Abschwungs auf Gesamtinstitutsebene zu analysieren. Bei der Festlegung der Szenarien sind die strategische Ausrichtung des Instituts und sein wirtschaftliches Umfeld zu berücksichtigen.

3. Das Institut hat auch sogenannte »inverse Stresstests« durchzuführen. Die Ausgestaltung und Durchführung ist abhängig von Art, Umfang, Komplexität und Risikogehalt der Geschäftsaktivitäten und kann qualitativ oder quantitativ erfolgen.

4. Die Angemessenheit der Stresstests sowie deren zugrunde liegende Annahmen sind in regelmäßigen Abständen, mindestens aber jährlich, zu überprüfen.

5. Die Ergebnisse der Stresstests sind kritisch zu reflektieren. Dabei ist zu ergründen, inwieweit, und wenn ja, welcher Handlungsbedarf besteht. Die Ergebnisse der Stresstests sind auch bei der Beurteilung der Risikotragfähigkeit angemessen zu berücksichtigen. Dabei ist den Auswirkungen eines schweren konjunkturellen Abschwungs besondere Aufmerksamkeit zu schenken.

AT 4.4 Besondere Funktionen

AT 4.4.1 Risikocontrolling-Funktion

1. Jedes Institut muss über eine Risikocontrolling-Funktion verfügen, die für die unabhängige Überwachung und Kommunikation der Risiken zuständig ist. Die Risikocontrolling-Funktion ist aufbauorganisatorisch bis einschließlich der Ebene der Geschäftsleitung von den Bereichen zu trennen, die für die Initiierung bzw. den Abschluss von Geschäften zuständig sind.

2. Die Risikocontrolling-Funktion hat insbesondere die folgenden Aufgaben:
   - Unterstützung der Geschäftsleitung in allen risikopolitischen Fragen, insbesondere bei der Entwicklung und Umsetzung der Risikostrategie sowie bei der Ausgestaltung eines Systems zur Begrenzung der Risiken;
   - Durchführung der Risikoinventur und Erstellung des Gesamtrisikoprofils;
   - Unterstützung der Geschäftsleitung bei der Einrichtung und Weiterentwicklung der Risikosteuerungs- und –controllingprozesse;

- Einrichtung und Weiterentwicklung eines Systems von Risikokennzahlen und eines Risikofrüherkennungsverfahrens;
- Laufende Überwachung der Risikosituation des Instituts und der Risikotragfähigkeit sowie der Einhaltung der eingerichteten Risikolimite;
- Regelmäßige Erstellung der Risikoberichte für die Geschäftsleitung;
- Verantwortung für die Prozesse zur unverzüglichen Weitergabe von unter Risikogesichtspunkten wesentlichen Informationen an die Geschäftsleitung, die jeweiligen Verantwortlichen und gegebenenfalls die Interne Revision.

3. Den Mitarbeitern der Risikocontrolling-Funktion sind alle notwendigen Befugnisse und ein uneingeschränkter Zugang zu allen Informationen einzuräumen, die für die Erfüllung ihrer Aufgaben erforderlich sind.
4. Die Leitung der Risikocontrolling-Funktion ist bei wichtigen risikopolitischen Entscheidungen der Geschäftsleitung zu beteiligen. Diese Aufgabe ist einer Person auf einer ausreichend hohen Führungsebene zu übertragen. Sie hat ihre Aufgaben in Abhängigkeit von der Größe des Instituts sowie Art, Umfang, Komplexität und Risikogehalt der Geschäftsaktivitäten grundsätzlich in exklusiver Weise auszufüllen.
5. Wechselt die Leitung der Risikocontrolling-Funktion, ist das Aufsichtsorgan zu informieren.

AT 4.4.2 Compliance-Funktion

1. Jedes Institut muss über eine Compliance-Funktion verfügen, um den Risiken, die sich aus der Nichteinhaltung rechtlicher Regelungen und Vorgaben ergeben können, entgegenzuwirken. Die Compliance-Funktion hat auf die Implementierung wirksamer Verfahren zur Einhaltung der für das Institut wesentlichen rechtlichen Regelungen und Vorgaben und entsprechender Kontrollen hinzuwirken. Ferner hat die Compliance-Funktion die Geschäftsleitung hinsichtlich der Einhaltung dieser rechtlichen Regelungen und Vorgaben zu unterstützen und zu beraten.
2. Die Identifizierung der wesentlichen rechtlichen Regelungen und Vorgaben, deren Nichteinhaltung zu einer Gefährdung des Vermögens des Instituts führen kann, erfolgt unter Berücksichtigung von Risikogesichtspunkten in regelmäßigen Abständen durch die Compliance-Funktion.
3. Grundsätzlich ist die Compliance-Funktion unmittelbar der Geschäftsleitung unterstellt und berichtspflichtig. Sie kann auch an andere Kontrolleinheiten angebunden werden. Zur Erfüllung ihrer Aufgaben kann die Compliance-Funktion auch auf andere Funktionen und Stellen zurückgreifen.
4. Das Institut hat einen Compliance-Beauftragten zu benennen, der für die Erfüllung der Aufgaben der Compliance-Funktion verantwortlich ist. Abhängig von Art, Umfang, Komplexität und Risikogehalt der Geschäftsaktivitäten sowie der Größe des Instituts kann im Ausnahmefall die Funktion des Compliance-Beauftragten auch einem Geschäftsleiter übertragen werden.

5. Den Mitarbeitern der Compliance-Funktion sind ausreichende Befugnisse und ein uneingeschränkter Zugang zu allen Informationen einzuräumen, die für die Erfüllung ihrer Aufgaben erforderlich sind. Weisungen und Beschlüsse der Geschäftsleitung, die für die Compliance-Funktion wesentlich sind, sind ihr bekanntzugeben. Über wesentliche Änderungen der Regelungen, die die Einhaltung der wesentlichen rechtlichen Regelungen und Vorgaben gewährleisten sollen, sind die Mitarbeiter der Compliance-Funktion rechtzeitig zu informieren.
6. Die Compliance-Funktion hat mindestens jährlich sowie anlassbezogen der Geschäftsleitung über ihre Tätigkeit Bericht zu erstatten. Darin ist auf die Angemessenheit und Wirksamkeit der Regelungen zur Einhaltung der wesentlichen rechtlichen Regelungen und Vorgaben einzugehen. Ferner hat der Bericht auch Angaben zu möglichen Defiziten sowie zu Maßnahmen zu deren Behebung zu enthalten. Die Berichte sind auch an das Aufsichtsorgan und die Interne Revision weiterzuleiten.
7. Wechselt die Position des Compliance-Beauftragten, ist das Aufsichtsorgan zu informieren.

AT 4.4.3 Interne Revision

1. Jedes Institut muss über eine funktionsfähige Interne Revision verfügen. Bei Instituten, bei denen aus Gründen der Betriebsgröße die Einrichtung einer Revisionseinheit unverhältnismäßig ist, können die Aufgaben der Internen Revision von einem Geschäftsleiter erfüllt werden.
2. Die Interne Revision ist ein Instrument der Geschäftsleitung, ihr unmittelbar unterstellt und berichtspflichtig. Sie kann auch einem Mitglied der Geschäftsleitung, nach Möglichkeit dem Vorsitzenden, unterstellt sein. Unbeschadet dessen ist sicherzustellen, dass der Vorsitzende des Aufsichtsorgans unter Einbeziehung der Geschäftsleitung direkt bei dem Leiter der Internen Revision Auskünfte einholen kann.
3. Die Interne Revision hat risikoorientiert und prozessunabhängig die Wirksamkeit und Angemessenheit des Risikomanagements im Allgemeinen und des internen Kontrollsystems im Besonderen sowie die Ordnungsmäßigkeit grundsätzlich aller Aktivitäten und Prozesse zu prüfen und zu beurteilen, unabhängig davon, ob diese ausgelagert sind oder nicht. BT 2.1 Tz. 3 bleibt hiervon unberührt.
4. Zur Wahrnehmung ihrer Aufgaben ist der Internen Revision ein vollständiges und uneingeschränktes Informationsrecht einzuräumen. Dieses Recht ist jederzeit zu gewährleisten. Der Internen Revision sind insoweit unverzüglich die erforderlichen Informationen zu erteilen, die notwendigen Unterlagen zur Verfügung zu stellen und Einblick in die Aktivitäten und Prozesse sowie die IT-Systeme des Instituts zu gewähren.
5. Weisungen und Beschlüsse der Geschäftsleitung, die für die Interne Revision von Bedeutung sein können, sind ihr bekannt zu geben. Über wesentliche

Änderungen im Risikomanagement ist die Interne Revision rechtzeitig zu informieren.
6. Wechselt die Leitung der Internen Revision, ist das Aufsichtsorgan zu informieren.

AT 4.5 Risikomanagement auf Gruppenebene

1. Nach § 25a Abs. 1a KWG sind die Geschäftsleiter des übergeordneten Unternehmens einer Institutsgruppe oder Finanzholding-Gruppe sowie die Geschäftsleiter des übergeordneten Finanzkonglomeratsunternehmens eines Finanzkonglomerats für die Einrichtung eines angemessenen und wirksamen Risikomanagements auf Gruppenebene verantwortlich. Die Reichweite des Risikomanagements auf Gruppenebene erstreckt sich auf alle wesentlichen Risiken der Gruppe unabhängig davon, ob diese von konsolidierungspflichtigen Unternehmen begründet werden oder nicht (z. B. Risiken aus nicht konsolidierungspflichtigen Zweckgesellschaften). Die eingesetzten Methoden und Verfahren (beispielsweise IT-Systeme) dürfen der Wirksamkeit des Risikomanagements auf Gruppenebene nicht entgegenstehen. Besondere Maßstäbe für das Risikomanagement auf Gruppenebene können sich aus spezialgesetzlichen Regelungen ergeben, wie z. B. bei Bausparkassen hinsichtlich der Kollektivsteuerung oder bei Pfandbriefbanken.
2. Die Geschäftsleitung des übergeordneten Unternehmens hat eine Geschäftsstrategie sowie eine dazu konsistente Risikostrategie festzulegen (»gruppenweite Strategien«). Die strategische Ausrichtung der gruppenangehörigen Unternehmen ist mit den gruppenweiten Strategien abzustimmen. Die Geschäftsleitung des übergeordneten Unternehmens muss für die Umsetzung der gruppenweiten Strategien Sorge tragen.
3. Das übergeordnete Unternehmen hat auf der Grundlage des Gesamtrisikoprofils der Gruppe einen internen Prozess zur Sicherstellung der Risikotragfähigkeit auf Gruppenebene einzurichten (AT 4.1 Tz. 2). Die Risikotragfähigkeit der Gruppe ist laufend sicherzustellen.
4. Es sind angemessene ablauforganisatorische Vorkehrungen auf Gruppenebene zu treffen. Das heißt, dass Prozesse sowie damit verbundene Aufgaben, Kompetenzen, Verantwortlichkeiten, Kontrollen sowie Kommunikationswege innerhalb der Gruppe klar zu definieren und aufeinander abzustimmen sind.
5. Das übergeordnete Unternehmen hat angemessene Risikosteuerungs- und -controllingprozesse einzurichten, die die gruppenangehörigen Unternehmen einbeziehen. Für die wesentlichen Risiken auf Gruppenebene sind regelmäßig angemessene Stresstests durchzuführen. Das übergeordnete Unternehmen hat sich in angemessenen Abständen über die Risikosituation der Gruppe zu informieren.
6. Die Konzernrevision hat im Rahmen des Risikomanagements auf Gruppenebene ergänzend zur Internen Revision der gruppenangehörigen Unterneh-

men tätig zu werden. Dabei kann die Konzernrevision auch die Prüfungsergebnisse der Internen Revisionen der gruppenangehörigen Unternehmen berücksichtigen.

AT 5 Organisationsrichtlinien

1. Das Institut hat sicherzustellen, dass die Geschäftsaktivitäten auf der Grundlage von Organisationsrichtlinien betrieben werden (z. B. Handbücher, Arbeitsanweisungen oder Arbeitsablaufbeschreibungen). Der Detaillierungsgrad der Organisationsrichtlinien hängt von Art, Umfang, Komplexität und Risikogehalt der Geschäftsaktivitäten ab.
2. Die Organisationsrichtlinien müssen schriftlich fixiert und den betroffenen Mitarbeitern in geeigneter Weise bekannt gemacht werden. Es ist sicherzustellen, dass sie den Mitarbeitern in der jeweils aktuellen Fassung zur Verfügung stehen. Die Richtlinien sind bei Veränderungen der Aktivitäten und Prozesse zeitnah anzupassen.
3. Die Organisationsrichtlinien haben vor allem Folgendes zu beinhalten:
    a. Regelungen für die Aufbau- und Ablauforganisation sowie zur Aufgabenzuweisung, Kompetenzordnung und zu den Verantwortlichkeiten,
    b. Regelungen hinsichtlich der Ausgestaltung der Risikosteuerungs- und -controllingprozesse,
    c. Regelungen zur Internen Revision,
    d. Regelungen, die die Einhaltung rechtlicher Regelungen und Vorgaben (z. B. Datenschutz, Compliance) gewährleisten,
    e. Regelungen zu Verfahrensweisen bei wesentlichen Auslagerungen.
4. Die Ausgestaltung der Organisationsrichtlinien muss es der Internen Revision ermöglichen, in die Sachprüfung einzutreten.

AT 6 Dokumentation

1. Geschäfts-, Kontroll- und Überwachungsunterlagen sind systematisch und für sachkundige Dritte nachvollziehbar abzufassen und, vorbehaltlich gesetzlicher Regelungen, grundsätzlich zwei Jahre aufzubewahren. Die Aktualität und Vollständigkeit der Aktenführung ist sicherzustellen.
2. Die für die Einhaltung dieses Rundschreibens wesentlichen Handlungen und Festlegungen sind nachvollziehbar zu dokumentieren. Dies beinhaltet auch Festlegungen hinsichtlich der Inanspruchnahme wesentlicher Öffnungsklauseln, die gegebenenfalls zu begründen ist.

AT 7 Ressourcen

AT 7.1 Personal

1. Die quantitative und qualitative Personalausstattung des Instituts hat sich insbesondere an betriebsinternen Erfordernissen, den Geschäftsaktivitäten sowie der Risikosituation zu orientieren. Dies gilt auch beim Rückgriff auf Leiharbeitnehmer.
2. Die Mitarbeiter sowie deren Vertreter müssen abhängig von ihren Aufgaben, Kompetenzen und Verantwortlichkeiten über die erforderlichen Kenntnisse und Erfahrungen verfügen. Durch geeignete Maßnahmen ist zu gewährleisten, dass das Qualifikationsniveau der Mitarbeiter angemessen ist.
3. Die Abwesenheit oder das Ausscheiden von Mitarbeitern sollte nicht zu nachhaltigen Störungen der Betriebsabläufe führen.

AT 7.2 Technisch-organisatorische Ausstattung

1. Umfang und Qualität der technisch-organisatorischen Ausstattung haben sich insbesondere an betriebsinternen Erfordernissen, den Geschäftsaktivitäten sowie der Risikosituation zu orientieren.
2. Die IT-Systeme (Hardware- und Software-Komponenten) und die zugehörigen IT-Prozesse müssen die Integrität, die Verfügbarkeit, die Authentizität sowie die Vertraulichkeit der Daten sicherstellen. Für diese Zwecke ist bei der Ausgestaltung der IT-Systeme und der zugehörigen IT-Prozesse grundsätzlich auf gängige Standards abzustellen, insbesondere sind Prozesse für eine angemessene IT-Berechtigungsvergabe einzurichten, die sicherstellen, dass jeder Mitarbeiter nur über die Rechte verfügt, die er für seine Tätigkeit benötigt; die Zusammenfassung von Berechtigungen in einem Rollenmodell ist möglich. Die Eignung der IT-Systeme und der zugehörigen Prozesse ist regelmäßig von den fachlich und technisch zuständigen Mitarbeitern zu überprüfen.
3. Die IT-Systeme sind vor ihrem erstmaligen Einsatz und nach wesentlichen Veränderungen zu testen und von den fachlich sowie auch von den technisch zuständigen Mitarbeitern abzunehmen. Hierfür ist ein Regelprozess der Entwicklung, des Testens, der Freigabe und der Implementierung in die Produktionsprozesse zu etablieren. Produktions- und Testumgebung sind dabei grundsätzlich voneinander zu trennen.
4. Die Entwicklung und Änderung programmtechnischer Vorgaben (z. B. Parameteranpassungen) sind unter Beteiligung der fachlich und technisch zuständigen Mitarbeiter durchzuführen. Die programmtechnische Freigabe hat grundsätzlich unabhängig vom Anwender zu erfolgen.

AT 7.3 Notfallkonzept

1. Für Notfälle in zeitkritischen Aktivitäten und Prozessen ist Vorsorge zu treffen (Notfallkonzept). Die im Notfallkonzept festgelegten Maßnahmen müssen dazu geeignet sein, das Ausmaß möglicher Schäden zu reduzieren. Die Wirksamkeit und Angemessenheit des Notfallkonzeptes ist regelmäßig durch Notfalltests zu überprüfen. Die Ergebnisse der Notfalltests sind den jeweiligen Verantwortlichen mitzuteilen. Im Fall der Auslagerung von zeitkritischen Aktivitäten und Prozessen haben das auslagernde Institut und das Auslagerungsunternehmen über aufeinander abgestimmte Notfallkonzepte zu verfügen.
2. Das Notfallkonzept muss Geschäftsfortführungs- sowie Wiederanlaufpläne umfassen. Die Geschäftsfortführungspläne müssen gewährleisten, dass im Notfall zeitnah Ersatzlösungen zur Verfügung stehen. Die Wiederanlaufpläne müssen innerhalb eines angemessenen Zeitraums die Rückkehr zum Normalbetrieb ermöglichen. Die im Notfall zu verwendenden Kommunikationswege sind festzulegen. Das Notfallkonzept muss den beteiligten Mitarbeitern zur Verfügung stehen.

AT 8 Anpassungsprozesse

AT 8.1 Neu-Produkt-Prozess

1. Jedes Institut muss die von ihm betriebenen Geschäftsaktivitäten verstehen. Für die Aufnahme von Geschäftsaktivitäten in neuen Produkten oder auf neuen Märkten (einschließlich neuer Vertriebswege) ist vorab ein Konzept auszuarbeiten. Grundlage des Konzeptes muss das Ergebnis der Analyse des Risikogehalts dieser neuen Geschäftsaktivitäten sowie deren Auswirkungen auf das Gesamtrisikoprofil sein. In dem Konzept sind die sich daraus ergebenden wesentlichen Konsequenzen für das Management der Risiken darzustellen.
2. Bei der Entscheidung, ob es sich um Geschäftsaktivitäten in neuen Produkten oder auf neuen Märkten handelt, ist ein vom Markt beziehungsweise vom Handel unabhängiger Bereich einzubinden.
3. Bei Handelsgeschäften ist vor dem laufenden Handel in neuen Produkten oder auf neuen Märkten grundsätzlich eine Testphase durchzuführen. Während der Testphase dürfen Handelsgeschäfte nur in überschaubarem Umfang durchgeführt werden. Es ist sicherzustellen, dass der laufende Handel erst beginnt, wenn die Testphase erfolgreich abgeschlossen ist und geeignete Risikosteuerungs- und -controllingprozesse vorhanden sind.
4. Sowohl in die Erstellung des Konzeptes als auch in die Testphase sind die später in die Arbeitsabläufe eingebundenen Organisationseinheiten einzuschalten. Im Rahmen ihrer Aufgaben sind auch die Risikocontrolling-Funktion, die Compliance-Funktion und die Interne Revision zu beteiligen.

5. Das Konzept und die Aufnahme der laufenden Geschäftstätigkeit sind von den zuständigen Geschäftsleitern unter Einbeziehung der für die Überwachung der Geschäfte verantwortlichen Geschäftsleiter zu genehmigen. Diese Genehmigungen können delegiert werden, sofern dafür klare Vorgaben erlassen wurden und die Geschäftsleitung zeitnah über die Entscheidungen informiert wird.
6. Soweit nach Einschätzung der in die Arbeitsabläufe eingebundenen Organisationseinheiten Aktivitäten in einem neuen Produkt oder auf einem neuen Markt sachgerecht gehandhabt werden können, ist die Anwendung des AT 8 nicht erforderlich.

AT 8.2 Änderungen betrieblicher Prozesse oder Strukturen

1. Vor wesentlichen Veränderungen in der Aufbau- und Ablauforganisation sowie in den IT-Systemen hat das Institut die Auswirkungen der geplanten Veränderungen auf die Kontrollverfahren und die Kontrollintensität zu analysieren. In diese Analysen sind die später in die Arbeitsabläufe eingebundenen Organisationseinheiten einzuschalten. Im Rahmen ihrer Aufgaben sind auch die Risikocontrolling-Funktion, die Compliance-Funktion und die Interne Revision zu beteiligen.

AT 8.3 Übernahmen und Fusionen

1. Vor der Übernahme anderer Unternehmen oder Fusionen mit anderen Unternehmen hat das Institut ein Konzept zu erarbeiten, in dem die wesentlichen strategischen Ziele, die voraussichtlichen wesentlichen Konsequenzen für das Management der Risiken und die wesentlichen Auswirkungen auf das Gesamtrisikoprofil des Instituts beziehungsweise der Gruppe dargestellt werden. Dies umfasst auch die mittelfristig geplante Entwicklung der Vermögens-, Finanz- und Ertragslage, die voraussichtliche Höhe der Risikopositionen, die notwendigen Anpassungen der Risikosteuerungs- und -controllingprozesse und der IT-Systeme sowie die Darstellung wesentlicher rechtlicher Konsequenzen (Bilanzrecht, Steuerrecht etc.).

AT 9 Outsourcing

1. Eine Auslagerung liegt vor, wenn ein anderes Unternehmen mit der Wahrnehmung solcher Aktivitäten und Prozesse im Zusammenhang mit der Durchführung von Bankgeschäften, Finanzdienstleistungen oder sonstigen institutstypischen Dienstleistungen beauftragt wird, die ansonsten vom Institut selbst erbracht würden.
2. Das Institut muss auf der Grundlage einer Risikoanalyse eigenverantwortlich festlegen, welche Auslagerungen von Aktivitäten und Prozessen unter

Risikogesichtspunkten wesentlich sind (wesentliche Auslagerungen). Die maßgeblichen Organisationseinheiten sind bei der Erstellung der Risikoanalyse einzubeziehen. Im Rahmen ihrer Aufgaben ist auch die Interne Revision zu beteiligen. Soweit sich wesentliche Änderungen der Risikosituation ergeben, ist die Risikoanalyse anzupassen.

3. Bei unter Risikogesichtspunkten nicht wesentlichen Auslagerungen sind die allgemeinen Anforderungen an die Ordnungsmäßigkeit der Geschäftsorganisation gemäß § 25a Abs. 1 KWG zu beachten.

4. Grundsätzlich sind alle Aktivitäten und Prozesse auslagerbar, solange dadurch die Ordnungsmäßigkeit der Geschäftsorganisation gemäß § 25a Abs. 1 KWG nicht beeinträchtigt wird. Die Auslagerung darf nicht zu einer Delegation der Verantwortung der Geschäftsleitung an das Auslagerungsunternehmen führen. Die Leitungsaufgaben der Geschäftsleitung sind nicht auslagerbar. Besondere Maßstäbe für Auslagerungsmaßnahmen können sich ferner aus spezialgesetzlichen Regelungen ergeben, wie z. B. bei Bausparkassen hinsichtlich der Kollektivsteuerung oder bei Pfandbriefbanken hinsichtlich der Deckungsregisterführung und der Deckungsrechnung.

5. Das Institut hat bei wesentlichen Auslagerungen im Fall der beabsichtigten oder erwarteten Beendigung der Auslagerungsvereinbarung Vorkehrungen zu treffen, um die Kontinuität und Qualität der ausgelagerten Aktivitäten und Prozesse auch nach Beendigung zu gewährleisten. Für Fälle unbeabsichtigter oder unerwarteter Beendigung dieser Auslagerungen, die mit einer erheblichen Beeinträchtigung der Geschäftstätigkeit verbunden sein können, hat das Institut etwaige Handlungsoptionen auf ihre Durchführbarkeit zu prüfen.

6. Bei wesentlichen Auslagerungen ist im Auslagerungsvertrag insbesondere Folgendes zu vereinbaren:
   a. Spezifizierung und gegebenenfalls Abgrenzung der vom Auslagerungsunternehmen zu erbringenden Leistung,
   b. Festlegung von Informations- und Prüfungsrechten der Internen Revision sowie externer Prüfer,
   c. Sicherstellung der Informations- und Prüfungsrechte sowie der Kontrollmöglichkeiten der Bundesanstalt für Finanzdienstleistungsaufsicht,
   d. soweit erforderlich Weisungsrechte,
   e. Regelungen, die sicherstellen, dass datenschutzrechtliche Bestimmungen beachtet werden,
   f. Kündigungsrechte und angemessene Kündigungsfristen,
   g. Regelungen über die Möglichkeit und über die Modalitäten einer Weiterverlagerung, die sicherstellen, dass das Institut die bankaufsichtsrechtlichen Anforderungen weiterhin einhält,
   h. Verpflichtung des Auslagerungsunternehmens, das Institut über Entwicklungen zu informieren, die die ordnungsgemäße Erledigung der ausgelagerten Aktivitäten und Prozesse beeinträchtigen können.

7. Das Institut hat die mit wesentlichen Auslagerungen verbundenen Risiken angemessen zu steuern und die Ausführung der ausgelagerten Aktivitäten und Prozesse ordnungsgemäß zu überwachen. Dies umfasst auch die regelmäßige Beurteilung der Leistung des Auslagerungsunternehmens anhand vorzuhaltender Kriterien. Für die Steuerung und Überwachung hat das Institut klare Verantwortlichkeiten festzulegen.
8. Soweit die Interne Revision vollständig ausgelagert wird, hat die Geschäftsleitung einen Revisionsbeauftragten zu benennen, der eine ordnungsgemäße Interne Revision gewährleisten muss. Die Anforderungen des AT 4.4 und BT 2 sind entsprechend zu beachten.
9. Die Anforderungen an die Auslagerung von Aktivitäten und Prozessen sind auch bei der Weiterverlagerung ausgelagerter Aktivitäten und Prozesse zu beachten.

BT 1 Besondere Anforderungen an das Interne Kontrollsystem ...

BTO Anforderungen an die Aufbau- und Ablauforganisation ...

BTR Anforderungen an die Risikosteuerungs- und -controllingprozesse ...

BT 2 Besondere Anforderungen an die Ausgestaltung der Internen Revision ...

...

Merkblatt zur Kontrolle der Mitglieder von Verwaltungs- und Aufsichtsorganen gemäß KWG und VAG

in der Fassung vom 3. Dezember 2012

Die Vorschriften im KWG gelten für Institute und Finanzholding-Gesellschaften, die Vorschriften im VAG für Erst und Rückversicherungsunternehmen, Pensionsfonds, Versicherungs-Holdinggesellschaften, Versicherungs-Zweckgesellschaften und gemischte Finanzholding-Gesellschaften. Im Folgenden wird der Oberbegriff »Unternehmen« verwendet.

Bei den an Verwaltungs- und Aufsichtsorganmitglieder gestellten Anforderungen für die Ausübung der Tätigkeit werden insbesondere die Größe und systemische Relevanz des Unternehmens sowie Art, Umfang, Komplexität und Risikogehalt der Geschäftsaktivitäten des Unternehmens berücksichtigt (im Folgenden »anzuwendende Kriterien«).

I. Materielle Anforderungen

Im Hinblick auf die Bedeutung der Finanzwirtschaft, auch für die Realwirtschaft, müssen Mitglieder von Verwaltungs- und Aufsichtsorganen in der Lage sein, die von dem Unternehmen getätigten Geschäfte zu verstehen, deren Risiken zu beurteilen und nötigenfalls Änderungen in der Geschäftsführung durchzusetzen. Daher müssen sie ... sachkundig und zuverlässig sein. Bei diesen materiellen Anforderungen an die Mandatsträger ist das Gebot der persönlichen und eigenverantwortlichen Amtsausübung maßgeblich.

1. Sachkunde

Die Sachkunde der Mitglieder von Verwaltungs- und Aufsichtsorganen muss in einem angemessenen Verhältnis zu den »anzuwendenden Kriterien« stehen.

Bei kapitalmarktorientierten Kapitalgesellschaften im Sinne von § 264d HGB muss gemäß § 100 Abs. 5 AktG mindestens ein unabhängiges Mitglied des Aufsichtsrats über Sachverstand auf den Gebieten Rechnungslegung oder Abschlussprüfung verfügen. Auch bei anderen Unternehmen muss die Zusammensetzung des Verwaltungs- oder Aufsichtsorgans gewährleisten, dass es seine Kontrollfunktion wahrnehmen kann.

Verwaltungs- oder Aufsichtsorganmitglieder können sich die erforderliche Sachkunde bereits durch (Vor-)Tätigkeiten in derselben Branche angeeignet haben, zum Beispiel als Mitglied der Geschäftsleitung oder des Verwaltungs- oder Aufsichtsorgans eines vergleichbaren Unternehmens.

Eine (Vor-)Tätigkeit
- in anderen Branchen,

- in der öffentlichen Verwaltung oder
- aufgrund von politischen Mandaten

kann die erforderliche Sachkunde begründen, wenn sie über einen längeren Zeitraum maßgeblich auf wirtschaftliche und rechtliche Fragestellungen ausgerichtet und nicht völlig nachgeordneter Natur war oder ist.

Bei Kaufleuten im Sinne von §§ 1 ff. HGB und buchführungspflichtigen Land- und Forstwirten sowie anderen Unternehmern im Sinne von § 141 AO ist regelmäßig eine allgemeine wirtschaftliche Expertise anzunehmen. Abhängig von der Größe und dem Geschäftsmodell des Unternehmens können diese Personen über die erforderliche Sachkunde verfügen.

Auf folgende Besonderheiten ist hinzuweisen:

a) *Vertreter in mitbestimmten Verwaltungs- und Aufsichtsorganen*

Bei mitbestimmten Verwaltungs- und Aufsichtsorganen wird für Beschäftigte der jeweiligen Unternehmensgruppe, die unmittelbar in die wirtschaftlichen und rechtlichen Abläufe des Tagesgeschäfts des beaufsichtigten Unternehmens eingebunden sind, regelmäßig das Vorliegen der Sachkunde angenommen. Dies gilt auch für freigestellte Mitglieder des Betriebs- oder Personalrats, die dem Verwaltungs- oder Aufsichtsorgan angehören sowie für die Arbeitnehmervertreter der Gewerkschaften, sofern sie aufgrund ihrer (Vor-)Tätigkeit mit diesen Abläufen vertraut sind.

Unabhängig hiervon regelt § 7a Abs. 4 Satz 2 VAG, dass die Aufsichtsbehörde bei der Prüfung der erforderlichen Sachkunde die Besonderheiten von Einrichtungen der betrieblichen Altersversorgung im Hinblick auf eine Besetzung des Aufsichtsrats durch Vertreter der Arbeitgeber und der Arbeitnehmer der Trägerunternehmen berücksichtigt.

b) *»geborene« Mitglieder*

Bei Hauptverwaltungsbeamten einer Gebietskörperschaft (zum Beispiel hauptamtlicher Bürgermeister oder Landrat) wird die Sachkunde regelmäßig angenommen, wenn sie vor oder seit ihrem Amtsantritt über einen längeren Zeitraum und in nicht unwesentlichem Umfang Tätigkeiten ausgeübt haben, die maßgeblich auf wirtschaftliche und rechtliche Fragestellungen ausgerichtet und nicht völlig nachgeordneter Natur waren. Das Gleiche gilt für den Kämmerer einer Gebietskörperschaft und Beschäftigte in vergleichbarer Funktion.

c) *Fortbildung*

Auch wenn die Voraussetzungen für die Annahme der erforderlichen Sachkunde nicht vorliegen, ist die Tätigkeit in einem Verwaltungs- oder Aufsichtsorgan nicht generell ausgeschlossen. Die erforderlichen Kenntnisse können in der Regel auch durch Fortbildung erworben werden. Die Fortbildung muss bezogen auf den jeweiligen Einzelfall und die anzuwendenden Kriterien die grundlegenden wirtschaftlichen und rechtlichen Abläufe des Tagesgeschäfts vergleichbarer Unternehmen, das Risikomanagement sowie die Funktion und die Verantwortung der Mitglieder des Verwaltungs- oder

Aufsichtsorgans auch in Abgrenzung zur Geschäftsleitung umfassen. Sie soll auf die Grundzüge der Bilanzierung sowie des Aufsichtsrechts eingehen. Ob eine Fortbildung die erforderlichen Kenntnisse vermittelt, kann nur im Einzelfall entschieden werden. Daher kann die Bundesanstalt Fortbildungsangebote nicht in dem Sinne zertifizieren, dass die Teilnahme an einer bestimmten Fortbildung in jedem Fall ausreichend ist.

Die Fortbildung kann bereits vor der Anzeige der Bestellung zum Verwaltungs- oder Aufsichtsratsmitglied besucht worden sein, aber auch erst im Anschluss hieran erfolgen.

Wurde bereits vor der Anzeige der Bestellung eine Fortbildung absolviert, die für die Beurteilung des Vorliegens der erforderlichen Sachkunde maßgeblich ist, ist der Teilnahmenachweis hierüber zusammen mit der Bestellungsanzeige einzureichen.

Werden die Kenntnisse erst nach der Anzeige der Bestellung und dem Beginn der Tätigkeit in dem Verwaltungs- oder Aufsichtsorgan durch eine Fortbildung erworben, soll die Fortbildung in der Regel innerhalb von sechs Monaten nach Bestellung erfolgen, um ein angemessenes Verhältnis zwischen Qualifikationszeit und Mandatsdauer sicherzustellen.

Unverzüglich nach Abschluss der Fortbildung ist der entsprechende Teilnahmenachweis nachzureichen.

Der Teilnahmenachweis muss den Veranstalter, die Inhalte sowie die Dauer der Fortbildung erkennen lassen.

d) *Weiterbildung*

Die Verwaltungs- und Aufsichtsorganmitglieder müssen sicherstellen, dass sie ihre Entscheidungen stets auf der Basis eines aktuellen Informationsstands treffen. Daher sind sie gehalten, sich mit Änderungen im Umfeld des Unternehmens kontinuierlich vertraut zu machen, zum Beispiel mit neuen Rechtsvorschriften oder Entwicklungen im Bereich Finanzprodukte sowohl im Unternehmen als auch im Markt. Hierfür sollen sie sich im jeweils erforderlichen Umfang durch geeignete Maßnahmen weiterbilden.

2. Zuverlässigkeit einschließlich Interessenkonflikte

Unabhängig von dem Erfordernis der Sachkunde müssen Mitglieder von Verwaltungs- und Aufsichtsorganen zuverlässig sein. Dies ist nicht der Fall, wenn persönliche Umstände nach der allgemeinen Lebenserfahrung die Annahme rechtfertigen, dass diese die sorgfältige und ordnungsgemäße Wahrnehmung des Kontrollmandats beeinträchtigen können.

Demgemäß setzt die sorgfältige und ordnungsgemäße Wahrnehmung des Kontrollmandats auch eine ausreichende zeitliche Verfügbarkeit des Mitglieds des Verwaltungs- oder Aufsichtsorgans voraus.

Auch Interessenkonflikte der Mitglieder des Verwaltungs- oder Aufsichtsorgans insbesondere im Zusammenhang mit ihrer eigenen wirtschaftlichen Tätigkeit können derartige Umstände darstellen.

Ein Interessenkonflikt kann etwa dann bestehen, wenn das Mitglied, ein naher Angehöriger des Mitglieds oder ein von einem Mitglied geleitetes Unternehmen Geschäftsbeziehungen zu dem beaufsichtigten Unternehmen unterhält, aus denen sich eine gewisse wirtschaftliche Abhängigkeit von dem Unternehmen ergeben kann, etwa wenn es Kredite, andere Bankgeschäfte oder Versicherungsprodukte vermittelt.

Ein Interessenkonflikt kann auch vorliegen, wenn das Mitglied – oder das Unternehmen, für das es tätig oder an dem es beteiligt ist – ausfallgefährdeter Kreditnehmer des zu überwachenden Unternehmens ist.

Unzuverlässigkeit setzt kein Verschulden voraus.

...

4. Stellvertreter und Ersatzmitglieder

Für Stellvertreter – sofern sie gesetzlich zugelassen sind – gelten sämtliche Anforderungen an die Sachkunde, Zuverlässigkeit und Höchstzahl der Mandate ab dem Zeitpunkt ihrer Wahl entsprechend. Unter Stellvertretern versteht die Bundesanstalt Personen, die für den Fall der kurzfristigen Verhinderung des eigentlichen Verwaltungs- oder Aufsichtsorganmitglieds bestellt worden sind und dessen Funktion solange übernehmen.

Ersatzmitglieder – hierunter versteht die Bundesanstalt Personen, die das eigentliche Mitglied des Verwaltungs- oder Aufsichtsorgans ersetzen, wenn Letzteres dauerhaft aus dem Organ ausscheidet – müssen sämtliche Voraussetzungen für die Ausübung des Mandats hingegen erst erfüllen, wenn es tatsächlich zum Nachrücken des Ersatzmitglieds kommt. Die Frist für eine gegebenenfalls erforderliche Fortbildung beginnt für sie dementsprechend erst ab diesem Zeitpunkt.

II. Verfahrensfragen und erforderliche Unterlagen

1. Anzeige bei Bestellungen

a) Erstbestellungen
Anzeigepflichtig ist gemäß § 24 Abs. 1 Nr. 15 KWG bzw. §§ 13d Nr. 12 (i. V. m. § 113 Abs. 1), 13e Abs. 1 Satz 1 Nr. 4, 121a Abs. 1 Satz 1 und 121g Abs. 2 Satz 1 VAG erst die tatsächliche Bestellung zum Verwaltungs- oder Aufsichtsorganmitglied und nicht bereits – wie bei Geschäftsleitern – die entsprechende Absicht. Auch Mitglieder von fakultativen Verwaltungs- und Aufsichtsorganen sind anzuzeigen.
Bei der Bestellungsanzeige soll
- bei Unternehmen, die den Vorschriften des KWG unterliegen: als Verwendungszweck der Name des Unternehmens,

- bei Unternehmen, die den Vorschriften des VAG unterliegen: als Verwendungszweck die vierstellige BaFin-Registernummer des Unternehmens

angegeben werden.

b) *Neubestellungen im Zuge von Umwandlungen*
Soweit im Zuge von Umwandlungen Neubestellungen erfolgen, ist eine Anzeige erforderlich.

c) *Wiederbestellungen*
Die Verlängerung eines Mandats durch Wiederwahl ist nicht anzeigepflichtig. Damit erfolgt auch keine Anzeige bei vor dem 01.08.2009 bestellten Mitgliedern von Verwaltungs- und Aufsichtsorganen bis zu deren endgültiger Beendigung der Mitgliedschaft in dem Verwaltungs- und Aufsichtsorgan des jeweiligen Unternehmens.

2. Stellvertreter und Ersatzmitglieder

Für Stellvertreter gelten die unter II.1. gemachten Ausführungen entsprechend.

Ersatzmitglieder hingegen müssen erst angezeigt werden, wenn das ordentliche Mitglied, für das das Ersatzmitglied bestellt ist, dauerhaft aus dem Gremium ausscheidet und das Ersatzmitglied an dessen Stelle rückt. Daher sind erst zu diesem Zeitpunkt die erforderlichen Unterlagen bei der Bundesanstalt einzureichen.

3. Einzureichende Unterlagen ...

4. Mitteilungen von Veränderungen im Verwaltungs- oder Aufsichtsorgan

Die Bundesanstalt bittet die Unternehmen darum, alle Veränderungen im Verwaltungs- oder Aufsichtsorgan (z.B. das Ausscheiden eines Mitglieds) mitzuteilen und dabei eine aktuelle Übersicht über die Zusammensetzung des Organs zu übermitteln.

III. Pflichten der Mitglieder von Verwaltungs- und Aufsichtsorganen

Die Anforderungen an Mitglieder von Verwaltungs- und Aufsichtsorganen sind an den »anzuwendenden Kriterien« zu messen. Sie müssen ihren Pflichten jederzeit nachkommen. Das erfordert insbesondere, dass sie die Geschäftsstrategie und Risikosituation des Unternehmens beobachten und sich ein Urteil darüber bilden. Hieraus folgt, dass die Mandatsträger neben der Teilnahme an den Sitzungen und deren Vorbereitung das Unternehmen, insbesondere bei einer erheblichen Änderung der Risikosituation, auch zwischen den Sitzungen begleiten.

Um sachgerechte Beschlüsse fassen zu können, müssen sich die Mitglieder von Verwaltungs- und Aufsichtsorganen beispielsweise mithilfe von Sitzungsunterlagen bereits vor einer Sitzung auf diese vorbereiten. Die Vorbereitung setzt sowohl einen zeitlich und örtlich angemessenen Rahmen als auch hierfür inhaltlich und mengenmäßig geeignete Unterlagen voraus. Insoweit bedürfen die Mitglieder von Verwaltungs- und Aufsichtsorganen der Unterstützung des von ihnen beaufsichtigten Unternehmens. Vorlagen sollen nur in begründeten Ausnahmefällen erst in der Sitzung selbst verteilt werden. Die Vor- und Aufbereitung von Sitzungsunterlagen ausschließlich durch Mitarbeiter des Mandatsträgers ist nicht ausreichend.

Der Mandatsträger muss den Anforderungen an jede einzelne Tätigkeit gerecht werden und die Funktion umfassend persönlich ausüben. Dies setzt sowohl einen ausreichenden zeitlichen Einsatz als auch anlassbezogen eine aktive Inanspruchnahme des Auskunftsrechts durch das Aufsichtsorgan gegenüber der Geschäftsleitung voraus. Entsprechend … haben Mitglieder von Verwaltungs- und Aufsichtsorganen ihre Überwachungs- und Kontrollfunktion sorgfältig auszuüben, um wesentliche Verstöße der Geschäftsleiter gegen die Grundsätze einer ordnungsgemäßen Geschäftsführung zu entdecken und zu beseitigen.

IV. Maßnahmen

Verletzen die Mitglieder von Verwaltungs- und Aufsichtsorganen die dargestellten Pflichten, besteht die Möglichkeit, sie zu verwarnen, bei Fortsetzung der Pflichtverletzung die Möglichkeit, ihre Abberufung zu verlangen. Soweit eine Pflichtverletzung so wesentlich ist, dass sie die Zuverlässigkeit oder Sachkunde des Mitglieds des Verwaltungs- oder Aufsichtsorgans in Frage stellt, kann dies die Aufsichtsbehörde dazu berechtigen, auch ohne vorhergehende Verwarnung dessen Abberufung von dem betroffenen Unternehmen zu verlangen. Der Adressat des Abberufungsverlangens wird nach den einschlägigen gesellschafts- und mitbestimmungsrechtlichen Vorschriften bestimmt.

Unter den gleichen Voraussetzungen wie ein Abberufungsverlangen ist das aufsichtliche Verlangen nach einer Tätigkeitsuntersagung sowie die Einsetzung eines Sonderbeauftragten anstelle des Organmitglieds möglich.

Die Maßnahmen kommen auch gegenüber Mitgliedern eines fakultativen Verwaltungs- oder Aufsichtsorgans in Betracht.

Da die Gesetzesbegründung ausdrücklich feststellt, dass die materiellen Anforderungen auch für vor dem 01.08.2009 bestellte Mitglieder von Verwaltungs- und Aufsichtsorganen gelten, können diese Mitglieder wegen Auffälligkeiten bei der Wahrnehmung ihres Mandats ebenso Objekt von Maßnahmen durch die Aufsichtsbehörde sein.

Sparkassen-Rangliste per 31. Dezember 2013

Rang	Name	Sitz	Bilanzsumme gemäß Bilanzstatistik	Kundeneinlagen insgesamt	Spareinlagen	Kundenkredite	Mitarbeiter	Sparkassenstellen einschl. SB
1	Hamburger Sparkasse	Hamburg	41 289 914	31 167 514	6 300 936	30 628 428	5 561	195
2	Sparkasse KölnBonn	Köln	28 813 131	18 733 931	5 044 963	19 792 174	4 599	149
3	Kreissparkasse Köln	Köln	24 050 093	17 220 083	5 674 841	19 592 578	4 486	172
4	Frankfurter Sparkasse	Frankfurt Main	17 590 536	14 582 330	2 172 784	7 055 688	1 781	87
5	Stadtsparkasse München	München	16 267 577	13 430 943	5 108 502	10 788 155	3 008	125
6	Sparkasse Hannover	Hannover	13 535 416	10 190 043	2 691 901	10 179 537	2 340	114
7	Ostsächsische Sparkasse Dresden	Dresden	11 947 373	9 973 138	3 635 772	4 346 439	1 775	139
8	Stadtsparkasse Düsseldorf	Düsseldorf	11 814 763	8 138 453	2 114 308	8 029 848	2 329	68
9	Die Sparkasse Bremen AG	Bremen	10 948 087	7 486 737	3 106 930	8 153 743	1 556	86
10	Nassauische Sparkasse	Wiesbaden	10 773 631	7 710 556	2 047 253	8 520 871	2 055	223
11	Sparkasse Pforzheim Calw	Pforzheim	10 660 599	6 669 510	2 178 813	6 480 871	2 033	124
12	Mittelbrandenburgische Sparkasse in Potsdam	Potsdam	10 460 601	8 520 828	4 181 779	4 638 751	1 678	143
13	Sparkasse Nürnberg	Nürnberg	10 360 509	8 300 060	2 598 482	5 443 278	2 275	102
14	Sparkasse Aachen	Aachen	10 115 397	7 339 836	2 959 692	7 151 461	2 058	101
15	Kreissparkasse München Starnberg Ebersberg	München	10 071 270	8 218 906	1 865 216	6 676 271	1 814	102
16	Kreissparkasse Ludwigsburg	Ludwigsburg	9 941 069	6 311 112	1 825 679	4 923 014	1 890	120
17	Stadt- und Kreissparkasse Leipzig	Leipzig	8 900 117	7 015 572	3 190 906	3 484 486	1 718	136
18	Sparkasse Münsterland Ost	Münster	8 879 679	6 947 509	1 910 166	6 365 959	1 470	88

Sparkassen-Rangliste per 31. Dezember 2013   429

Rang	Name	Sitz	in Tsd. Euro				Anzahl	
			Bilanzsumme gemäß Bilanzstatistik	Kundeneinlagen insgesamt	Spareinlagen	Kundenkredite	Mitarbeiter	Sparkassenstellen einschl. SB
19	Landessparkasse zu Oldenburg	Oldenburg	8 423 859	6 152 854	3 193 261	6 842 503	1 686	116
20	Kreissparkasse Esslingen-Nürtingen	Esslingen	8 374 969	6 043 237	2 612 276	4 811 229	1 610	107
21	Sparkasse Krefeld	Krefeld	8 270 591	5 772 771	1 685 845	4 639 735	1 866	82
22	Stadtsparkasse Dortmund	Dortmund	8 128 859	6 462 754	3 088 413	4 973 399	1 876	60
23	Sparkasse Essen	Essen	8 015 461	5 502 189	1 814 430	5 745 695	1 627	61
24	Kreissparkasse Heilbronn	Heilbronn/N.	7 832 399	5 294 781	2 280 357	5 382 361	1 695	99
25	Kreissparkasse Böblingen	Böblingen	7 276 024	4 393 876	1 838 367	5 050 956	1 274	80
26	Sparkasse Mainfranken Würzburg	Würzburg	7 185 841	5 829 171	1 853 660	4 526 351	1 798	137
27	Kreissparkasse Waiblingen	Waiblingen	7 094 319	5 218 948	2 311 948	5 057 282	1 424	79
28	Sparkasse Karlsruhe Ettlingen	Karlsruhe	6 992 465	5 241 164	2 938 093	4 841 400	1 627	82
29	Stadtsparkasse Wuppertal	Wuppertal	6 922 689	4 874 183	1 470 603	5 538 921	1 419	43
30	Sparkasse Heidelberg	Heidelberg	6 604 060	5 108 463	1 608 533	4 404 449	1 378	93
31	Sparkasse Paderborn-Detmold	Detmold	6 566 235	4 738 792	2 022 244	4 735 353	1 536	84
32	Sparkasse Saarbrücken	Saarbrücken	6 417 942	4 278 214	2 283 455	4 357 098	1 268	81
33	Sparkasse Westmünsterland	Ahaus	6 337 560	4 537 353	1 779 867	4 835 367	1 458	95
34	Förde Sparkasse	Kiel	6 333 019	4 512 777	1 328 936	4 992 197	1 401	75
35	Kreissparkasse Biberach	Biberach/Riss	6 274 695	3 260 394	1 313 044	2 093 177	823	46
36	Sparkasse Neuss	Neuss	6 264 596	4 348 117	2 027 785	5 073 150	1 352	69
37	Sparkasse Vorderpfalz	Ludwigshafen	6 212 682	4 658 653	1 024 937	3 985 390	1 139	53
38	Nord-Ostsee Sparkasse	Schleswig	6 157 917	3 818 082	1 511 696	4 307 793	1 368	100
39	Sparkasse Bochum	Bochum	5 995 710	4 587 287	2 261 993	4 255 032	1 270	49

Rang	Name	Sitz	Bilanzsumme gemäß Bilanzstatistik	Kundeneinlagen insgesamt	Spareinlagen	Kundenkredite	Mitarbeiter	Sparkassenstellen einschl. SB
40	Sparkasse Vest Recklinghausen	Recklinghausen	5 858 834	4 259 075	2 035 822	4 046 506	1 379	82
41	Sparkasse Osnabrück	Osnabrück	5 830 371	4 365 673	1 041 705	4 347 436	1 351	60
42	Sparkasse Bielefeld	Bielefeld	5 748 300	4 267 608	1 488 226	4 123 914	1 469	50
43	Sparkasse Duisburg	Duisburg	5 665 612	4 151 317	1 592 731	3 592 713	1 449	63
44	Sparkasse Freiburg - Nördlicher Breisgau	Freiburg i. Br.	5 638 119	3 780 312	1 482 856	3 903 772	1 280	80
45	Sparkasse Holstein	Eutin	5 544 053	3 662 702	394 361	4 698 435	1 165	70
46	Sparkasse Ulm	Ulm	5 441 913	4 257 172	1 864 592	3 406 001	1 228	84
47	Stadtsparkasse Augsburg	Augsburg	5 382 719	3 972 606	923 847	4 058 788	1 349	52
48	Sparkasse Südholstein	Neumünster	5 132 148	3 077 863	1 239 715	3 845 917	1 098	58
49	Sparkasse Rhein Neckar Nord	Mannheim	5 067 422	3 324 008	1 267 224	2 069 734	970	64
50	Kasseler Sparkasse	Kassel	4 992 349	4 088 075	902 998	3 071 235	1 141	89
51	Kreissparkasse Göppingen	Göppingen	4 962 038	3 535 989	1 352 489	3 315 595	1 193	75
52	Kreissparkasse Tübingen	Tübingen	4 858 568	3 452 272	1 246 102	3 058 383	992	75
53	Kreissparkasse Reutlingen	Reutlingen	4 828 389	3 490 337	568 759	2 821 378	1 012	91
54	Sparkasse Oberhessen	Friedberg	4 716 530	3 200 449	1 050 711	3 173 079	1 065	80
55	Kreissparkasse Ostalb	Aalen	4 694 448	3 546 577	1 131 821	2 850 335	1 071	75
56	Kreissparkasse Ravensburg	Ravensburg	4 675 134	3 099 203	1 750 064	3 094 056	910	58
57	Sparkasse Herford	Herford	4 641 531	3 290 917	1 432 024	3 043 685	1 110	53
58	Stadtsparkasse Mönchengladbach	Mönchengladbach	4 572 478	3 556 782	1 745 016	2 608 656	954	38
59	Sparkasse Hanau	Hanau	4 372 892	2 432 525	600 857	2 755 542	693	35
60	Stadt- und Kreissparkasse Erlangen	Erlangen	4 365 632	3 503 727	634 500	2 548 886	957	48

Sparkassen-Rangliste per 31. Dezember 2013 431

Rang	Name	Sitz	in Tsd. Euro				Anzahl	
			Bilanzsumme gemäß Bilanzstatistik	Kundeneinlagen insgesamt	Spareinlagen	Kundenkredite	Mitarbeiter	Sparkassenstellen einschl. SB
61	Taunus Sparkasse	Bad Homburg v.d.H.	4 350 127	3 257 055	372 901	3 389 347	852	59
62	Sparkasse Rosenheim-Bad Aibling	Rosenheim	4 306 913	3 305 764	1 130 828	3 071 204	986	52
63	Stadt- und Kreissparkasse Darmstadt	Darmstadt	4 245 343	3 443 772	911 682	2 680 143	879	45
64	Erzgebirgssparkasse	Annaberg-Buchholz	4 215 613	3 627 842	1 829 948	1 558 400	1 230	125
65	Sparkasse Hildesheim	Hildesheim	4 125 586	2 768 976	658 647	3 084 846	1 096	59
66	Sparkasse Allgäu	Kempten	4 118 363	3 071 009	873 571	2 561 348	1 129	65
67	Sparkasse Bodensee	Friedrichshafen	4 103 618	2 907 517	773 405	2 831 914	883	48
68	Sparkasse Koblenz	Koblenz	4 094 007	3 018 059	619 065	2 865 809	973	58
69	Sparkasse Offenburg/Ortenau	Offenburg	4 060 014	2 743 698	1 421 342	2 322 540	891	53
70	Sparkasse Trier	Trier	3 981 769	2 866 880	1 136 104	3 342 449	1 018	89
71	Sparkasse Aschaffenburg-Alzenau	Aschaffenburg	3 960 057	3 071 797	1 222 005	2 620 143	946	65
72	Sparkasse Regensburg	Regensburg	3 955 858	3 226 437	1 183 705	2 381 205	889	59
73	Sparkasse Mittelthüringen	Erfurt	3 945 377	3 230 951	1 586 815	1 977 469	904	76
74	Sparkasse Chemnitz	Chemnitz	3 923 326	3 290 887	1 730 292	1 325 933	771	71
75	Sparkasse Memmingen-Lindau-Mindelheim	Memmingen	3 865 427	2 757 703	1 182 150	2 250 079	860	70
76	Sparkasse Kraichgau	Bruchsal	3 860 535	2 780 620	1 060 808	1 893 813	765	58
77	Kreissparkasse Kaiserslautern	Kaiserslautern	3 857 766	2 625 210	1 114 440	3 047 815	758	54
78	Saalesparkasse	Halle (Saale)	3 822 740	3 072 472	1 164 689	1 455 551	862	91
79	Sparkasse Ingolstadt	Ingolstadt	3 811 498	2 802 575	928 507	2 258 167	791	35
80	Sparkasse Rhein-Haardt	Bad Dürkheim	3 762 894	3 078 723	1 067 123	2 482 678	731	49
81	Sparkasse Rhein-Nahe	Bad Kreuznach	3 743 186	2 764 003	799 259	2 528 742	832	59

Rang	Name	Sitz	Bilanzsumme gemäß Bilanzstatistik	Kundeneinlagen insgesamt	Spareinlagen	Kundenkredite	Mitarbeiter	Sparkassenstellen einschl. SB
82	Sparkasse Niederbayern-Mitte	Straubing	3 659 785	2 817 899	744 594	2 644 791	837	55
83	Sparkasse Fulda	Fulda	3 587 174	2 731 649	920 439	1 790 028	869	52
84	Sparkasse Bamberg	Bamberg	3 584 447	2 869 657	1 026 041	2 403 712	998	59
85	Kreissparkasse Saarlouis	Saarlouis	3 560 241	2 611 840	772 244	2 556 564	764	70
86	Sparkasse Hochfranken	Selb	3 492 560	2 692 889	1 224 909	1 618 877	948	65
87	Sparkasse Mittelfranken-Süd	Roth	3 430 784	2 702 116	1 152 132	1 907 144	955	50
88	Sparkasse Harburg-Buxtehude	Hamburg	3 417 415	2 475 502	1 060 900	2 945 546	781	49
89	Sparkasse Langen-Seligenstadt	Seligenstadt	3 415 542	2 365 266	664 003	2 318 934	744	43
90	Sparkasse Landshut	Landshut	3 408 818	2 555 305	971 836	1 954 472	889	52
91	Sparkasse Schwarzwald-Baar	Villingen-Schwenningen	3 385 146	2 437 078	1 092 131	1 704 773	729	49
92	Kreissparkasse Steinfurt	Ibbenbüren	3 375 252	2 187 520	777 339	2 688 664	922	47
93	Sparkasse Düren	Düren	3 325 396	2 466 787	1 249 934	2 657 631	796	48
94	Sparkasse Marburg-Biedenkopf	Marburg	3 315 969	2 654 726	1 576 563	1 803 055	922	61
95	Sparkasse Fürstenfeldbruck	Fürstenfeldbruck	3 314 765	2 568 430	841 871	2 613 253	830	27
96	Sparkasse Zollernalb	Balingen	3 292 544	2 370 151	1 088 616	1 912 418	794	62
97	Sparkasse Hilden•Ratingen•Velbert	Velbert	3 247 538	2 450 251	1 220 848	2 124 634	806	28
98	Sparkasse Gelsenkirchen	Gelsenkirchen	3 231 385	2 409 742	1 003 638	1 942 836	837	35
99	Sparkasse Vorpommern	Hansestadt Greifswald	3 224 663	2 633 642	1 243 339	1 506 943	795	84
100	Sparkasse Westholstein	Itzehoe	3 221 214	2 259 887	1 308 383	2 749 862	717	49

Sparkassen-Rangliste per 31. Dezember 2013   433

Rang	Name	Sitz	Bilanzsumme gemäß Bilanzstatistik	Kundeneinlagen insgesamt	Spareinlagen	Kundenkredite	Mitarbeiter	Sparkassenstellen einschl. SB
			in Tsd. Euro				Anzahl	
101	Kreissparkasse Augsburg	Augsburg	3 207 972	2 521 142	1 304 979	2 433 402	700	52
102	Sparkasse Emsland	Meppen	3 135 804	2 077 871	766 803	2 497 678	928	57
103	Sparkasse Leverkusen	Leverkusen	3 094 377	2 234 725	855 127	2 459 529	628	19
104	Sparkasse am Niederrhein	Moers	3 093 383	2 298 793	618 244	2 173 917	768	38
105	Sparkasse Schwäbisch Hall Crailsheim	Schwäbisch Hall	3 082 417	1 925 409	648 761	1 801 739	583	47
106	Sparkasse Siegen	Siegen	3 051 623	2 180 241	858 094	2 394 917	810	35
107	Sparkasse Südliche Weinstraße	Landau	3 045 339	2 112 782	211 379	1 693 358	504	46
108	Sparkasse Gifhorn-Wolfsburg	Gifhorn	3 018 955	2 435 165	699 972	1 930 615	821	47
109	Sparkasse Vogtland	Plauen	3 004 213	2 424 504	1 441 643	1 219 800	583	61
110	Kreissparkasse Mittelsachsen	Freiberg	2 999 852	2 245 079	1 194 046	1 065 128	655	55
111	Kreissparkasse Heinsberg	Erkelenz	2 965 888	1 990 816	941 911	2 414 920	701	65
112	Kreissparkasse Tuttlingen	Tuttlingen	2 954 429	1 926 623	612 227	2 039 951	584	44
113	OstseeSparkasse Rostock	Rostock	2 940 476	2 379 933	1 104 064	1 692 181	684	49
114	Sparkasse Fürth	Fürth	2 932 712	2 375 605	720 159	1 884 880	783	32
115	Sparkasse Oberlausitz-Niederschlesien	Zittau	2 919 043	2 492 790	1 418 917	769 807	635	44
116	Sparkasse Worms-Alzey-Ried	Worms	2 882 419	2 145 055	715 105	1 708 051	620	56
117	Sparkasse Lemgo	Lemgo	2 856 278	2 054 271	654 696	2 213 889	638	30
118	Sparkasse Spree-Neiße	Cottbus	2 825 477	2 324 059	1 209 947	768 998	438	41
119	Vereinigte Sparkassen Stadt- und Landkreis Ansbach	Ansbach	2 805 204	2 121 975	954 135	1 423 864	724	53
120	Kreissparkasse Herzogtum Lauenburg	Ratzeburg	2 777 349	1 821 029	387 074	2 331 046	636	40

Sparkassen-Rangliste per 31. Dezember 2013

Rang	Name	Sitz	Bilanzsumme gemäß Bilanzstatistik	Kundeneinlagen insgesamt (in Tsd. Euro)	Spareinlagen	Kundenkredite	Mitarbeiter	Anzahl Sparkassenstellen einschl. SB
121	Sparkasse Tauberfranken	Tauberbischofsheim	2 755 196	1 904 261	711 151	1 445 170	599	61
122	Sparkasse Göttingen	Göttingen	2 749 646	1 940 071	724 891	2 229 985	748	39
123	Kreissparkasse Syke	Syke	2 732 829	1 743 137	737 079	2 460 025	660	30
124	Kreissparkasse Groß-Gerau	Groß-Gerau	2 718 308	2 078 997	753 989	1 896 211	685	39
125	Sparkasse Singen-Radolfzell	Singen	2 673 133	1 425 087	756 219	1 734 823	502	24
126	Sparkasse Hochrhein	Waldshut-Tiengen	2 658 087	1 895 911	896 797	1 782 551	560	32
127	Kreissparkasse Rottweil	Rottweil/N.	2 638 645	1 778 119	544 157	1 417 384	562	47
128	Sparkasse Zwickau	Zwickau	2 627 299	2 184 176	1 012 736	885 230	525	43
129	Sparkasse Mittelmosel Eifel Mosel Hunsrück	Bernkastel-Kues	2 623 666	1 877 252	553 946	1 607 554	625	50
130	Sparkasse Mülheim an der Ruhr	Mülheim Ruhr	2 614 598	1 770 422	699 074	2 175 943	536	21
131	Sparkasse Passau	Passau	2 612 552	2 037 998	878 493	1 649 790	808	50
132	Kreissparkasse Düsseldorf	Düsseldorf	2 585 054	2 090 198	850 866	1 831 313	694	19
133	Sparkasse Dachau	Dachau	2 533 922	1 943 956	419 889	2 045 988	577	36
134	Sparkasse Hagen	Hagen	2 513 071	1 695 915	531 935	1 641 835	554	26
135	Sparkasse Lüneburg	Lüneburg	2 509 465	1 676 677	650 819	1 721 349	640	36
136	Sparkasse Oder-Spree	Frankfurt (Oder)	2 498 513	2 115 789	1 026 207	892 475	523	36
137	Stadtsparkasse Oberhausen	Oberhausen	2 487 823	1 589 999	816 690	1 734 766	588	15
138	Sparkasse Schaumburg	Rinteln	2 485 993	1 995 134	937 839	1 576 678	600	50
139	Sparkasse LeerWittmund	Leer	2 461 487	1 792 168	710 309	1 890 151	711	52
140	Sparkasse Meißen	Riesa	2 461 224	2 150 682	1 018 168	881 964	439	38
141	Kreissparkasse Verden	Verden	2 425 066	1 750 751	869 020	1 958 273	580	40

Sparkassen-Rangliste per 31. Dezember 2013 435

			in Tsd. Euro				Anzahl	
Rang	Name	Sitz	Bilanzsumme gemäß Bilanzstatistik	Kundeneinlagen insgesamt	Spareinlagen	Kundenkredite	Mitarbeiter	Sparkassenstellen einschl. SB
142	Sparkasse Schweinfurt	Schweinfurt	2 385 379	1 968 842	714 554	1 390 622	590	46
143	Sparkasse Celle	Celle	2 377 768	1 823 019	166 037	1 609 435	696	41
144	Sparkasse Minden-Lübbecke	Minden	2 376 193	1 609 049	805 508	1 540 032	686	46
145	Sparkasse Altötting-Mühldorf	Mühldorf/Inn	2 354 178	1 862 954	688 887	1 609 770	632	39
146	Sparkasse Coburg-Lichtenfels	Coburg	2 337 229	1 935 860	832 836	1 383 977	683	43
147	Sparkasse zu Lübeck AG	Lübeck	2 301 214	1 458 304	433 028	1 847 954	504	24
148	Harzsparkasse	Wernigerode	2 292 320	1 836 629	1 118 865	1 095 951	547	80
149	Sparkasse Dieburg	Groß-Umstadt	2 289 040	1 795 446	621 192	1 586 649	512	52
150	Salzlandsparkasse	Bernburg	2 258 379	1 821 739	1 012 270	1 115 459	574	44
151	Stadt-Sparkasse Solingen	Solingen	2 224 689	1 639 151	599 189	1 602 040	647	20
152	Sparkasse Kulmbach-Kronach	Kulmbach	2 209 764	1 845 258	772 928	1 035 693	645	46
153	Sparkasse Markgräflerland	Müllheim	2 208 387	1 206 072	461 462	1 596 295	411	19
154	Sparkasse Lörrach-Rheinfelden	Lörrach	2 194 916	1 358 067	650 154	1 699 093	421	17
155	Sparkasse Bayreuth	Bayreuth	2 168 293	1 776 841	726 645	1 241 945	573	41
156	Kreis- und Stadtsparkasse Unna-Kamen	Unna	2 165 925	1 509 632	544 194	1 631 755	445	17
157	Stadtsparkasse Magdeburg	Magdeburg	2 161 307	1 885 564	829 832	783 076	473	34
158	Kreissparkasse Wiedenbrück	Rheda-Wiedenbrück	2 123 449	1 702 158	292 856	985 259	360	18
159	Sparkasse Burgenlandkreis	Zeitz	2 115 706	1 712 724	976 913	762 601	547	44
160	Sparkasse Wetzlar	Wetzlar	2 105 712	1 626 377	391 270	1 358 522	606	48
161	Sparkasse Neckartal-Odenwald	Mosbach	2 082 557	1 564 262	601 571	1 100 374	548	50
162	Sparkasse Neumarkt-Parsberg	Neumarkt Oberpf.	2 072 366	1 567 718	349 537	1 162 425	541	30

Sparkassen-Rangliste per 31. Dezember 2013

Rang	Name	Sitz	in Tsd. Euro				Anzahl	
			Bilanzsumme gemäß Bilanzstatistik	Kundeneinlagen insgesamt	Spareinlagen	Kunden-kredite	Mitarbeiter	Sparkassen-stellen einschl. SB
163	Kreissparkasse Wesermünde-Hadeln	Bremerhaven	2 065 760	1 202 380	643 278	1 560 036	521	39
164	Sparkasse Waldeck-Frankenberg	Korbach	2 050 878	1 519 848	586 667	1 104 688	514	38
165	Sparkasse Mainz	Mainz	2 034 580	1 552 889	477 353	1 439 160	508	38
166	Sparkasse Bremerhaven	Bremerhaven	2 031 789	1 208 349	432 170	1 564 143	484	14
167	Sparkasse Bad Tölz-Wolfratshausen	Bad Tölz	2 029 200	1 641 470	479 351	1 461 861	503	33
168	Sparkasse Südwestpfalz	Pirmasens	2 007 720	1 590 837	536 902	1 291 212	556	43
169	Sparkasse Gießen	Gießen	2 006 173	1 613 368	373 549	1 210 968	595	45
170	Sparkasse Neuwied	Neuwied	1 990 458	1 598 749	548 321	1 330 293	543	38
171	Sparkasse Starkenburg	Heppenheim	1 974 372	1 383 226	889 511	1 017 248	416	25
172	Kreissparkasse Schwalm-Eder	Melsungen	1 961 008	1 501 475	638 578	1 232 259	453	37
173	Sparkasse Aurich-Norden	Aurich	1 959 386	1 434 129	410 744	1 565 594	456	38
174	Kreissparkasse Heidenheim	Heidenheim	1 951 295	1 386 327	534 238	1 007 649	395	30
175	Sparkasse Gera-Greiz	Gera	1 937 317	1 696 751	971 475	1 069 115	510	44
176	Sparkasse Witten	Witten	1 934 777	1 206 182	426 918	1 475 228	467	18
177	Sparkasse Uelzen Lüchow-Dannenberg	Uelzen	1 930 059	1 504 483	766 942	1 251 198	586	38
178	Sparkasse Bad Hersfeld-Rotenburg	Bad Hersfeld	1 930 039	1 340 506	412 343	1 077 003	495	38
179	Sparkasse Amberg-Sulzbach	Amberg	1 921 674	1 480 343	493 029	1 214 713	546	27
180	Sparkasse im Landkreis Schwandorf	Schwandorf	1 920 750	1 563 471	476 187	1 213 826	562	37
181	Kreissparkasse Traunstein-Trostberg	Traunstein	1 898 963	1 524 390	670 942	1 009 750	495	34
182	Sparkasse Neu-Ulm - Illertissen	Neu-Ulm	1 897 932	1 417 376	345 113	1 204 377	540	39
183	Sparkasse Baden-Baden Gaggenau	Baden-Baden	1 882 856	1 375 785	483 652	1 063 290	399	27

Sparkassen-Rangliste per 31. Dezember 2013   437

Rang	Name	Sitz	in Tsd. Euro					Anzahl	
			Bilanzsumme gemäß Bilanzstatistik	Kundeneinlagen insgesamt	Kundeneinlagen Spareinlagen	Kundenkredite		Mitarbeiter	Sparkassenstellen einschl. SB
184	Sparkasse Deggendorf	Deggendorf	1 874 617	1 438 072	585 669	1 170 668		471	31
185	Sparkasse Mecklenburg-Schwerin	Schwerin	1 864 742	1 500 814	827 917	1 121 094		511	31
186	Sparkasse Lüdenscheid	Lüdenscheid	1 857 641	1 436 888	465 451	1 194 044		433	23
187	Kreis- und Stadtsparkasse Erding - Dorfen	Erding-Dorfen	1 842 730	1 398 520	354 841	1 041 438		422	35
188	Sparkasse Bensheim	Bensheim	1 837 705	1 251 286	325 045	1 016 178		427	21
189	Sparkasse Miltenberg-Obernburg	Miltenberg	1 834 536	1 421 083	554 408	907 016		549	36
190	Sparkasse Gütersloh	Gütersloh	1 833 522	1 339 397	138 910	1 325 044		397	16
191	Sparkasse im Landkreis Neustadt/Aisch – Bad Windsheim	Neustadt/Aisch	1 825 637	1 216 805	407 077	896 138		456	29
192	Sparkasse Rotenburg-Bremervörde	Zeven	1 812 944	1 218 943	487 776	1 339 131		501	19
193	Sparkasse Jena-Saale-Holzland	Jena	1 810 845	1 540 218	575 567	998 495		495	41
194	Kreissparkasse Kelheim	Kelheim	1 807 826	1 470 726	402 292	1 112 359		538	37
195	Kreissparkasse Kusel	Kusel	1 806 144	1 118 984	549 464	1 291 260		380	25
196	Kreissparkasse Freudenstadt	Freudenstadt	1 796 972	1 226 156	416 413	874 615		416	33
197	Sparkasse Mittelholstein AG	Rendsburg	1 789 286	1 049 627	249 343	1 414 669		359	18
198	Herner Sparkasse	Herne	1 780 526	1 277 474	478 091	901 784		427	16
199	Kreissparkasse Anhalt-Bitterfeld	Bitterfeld	1 765 224	1 466 391	852 623	535 531		398	29
200	Verbands-Sparkasse Wesel	Wesel	1 757 418	1 026 620	545 441	1 300 339		406	22
201	Kreissparkasse Euskirchen	Euskirchen	1 728 346	1 361 939	533 342	1 225 774		502	22
202	Sparkasse Germersheim-Kandel	Kandel	1 728 175	1 324 285	562 247	1 145 130		413	28
203	Sparkasse Werra-Meißner	Eschwege	1 721 152	1 130 888	350 873	1 024 453		401	23

Sparkassen-Rangliste per 31. Dezember 2013

Rang	Name	Sitz	in Tsd. Euro					Anzahl	
			Bilanzsumme gemäß Bilanzstatistik	Kundeneinlagen insgesamt	Spareinlagen	Kundenkredite	Mitarbeiter	Sparkassenstellen einschl. SB
204	Sparkasse Stade - Altes Land	Stade	1 704 409	1 165 638	500 149	1 426 917	478	20
205	Sparkasse Landsberg-Dießen	Landsberg	1 704 039	1 254 231	317 549	1 099 069	414	29
206	Sparkasse Rottal-Inn	Eggenfelden	1 692 215	1 243 234	431 160	1 108 355	516	39
207	Kreissparkasse Ahrweiler	Bad Neuenahr-Ahrweiler	1 691 579	1 334 706	580 000	1 155 374	464	39
208	Sparkasse Hamm	Hamm	1 686 677	1 233 348	664 515	1 035 035	379	21
209	Kreissparkasse Miesbach-Tegernsee	Miesbach	1 674 211	1 321 468	398 079	1 142 693	387	29
210	Sparkasse Elbe-Elster	Finsterwalde	1 672 911	1 218 238	633 938	372 696	338	24
211	Sparkasse Günzburg-Krumbach	Günzburg	1 672 184	1 329 820	395 152	972 016	431	23
212	Sparkasse Nienburg	Nienburg/Weser	1 650 521	1 201 191	487 637	1 107 997	521	44
213	Kreissparkasse Mayen	Mayen	1 632 908	1 154 708	401 825	1 087 820	469	33
214	Kreissparkasse Grafschaft Bentheim zu Nordhorn	Nordhorn	1 624 849	1 023 071	484 203	1 350 727	482	28
215	Kreissparkasse Saarpfalz	Homburg Saar	1 611 642	1 265 745	590 470	1 288 108	462	40
216	Sparkasse Dinslaken-Voerde-Hünxe	Dinslaken	1 598 503	1 066 000	559 643	1 185 503	439	23
217	Rhön-Rennsteig-Sparkasse	Meiningen	1 597 331	1 355 156	679 509	606 359	479	43
218	Sparkasse Forchheim	Forchheim	1 594 408	1 165 178	465 684	949 871	428	34
219	Sparkasse Hohenlohekreis	Künzelsau	1 593 641	1 142 065	379 059	908 473	368	26
220	Hohenzollerische LdBk KSK Sigmaringen	Sigmaringen	1 591 443	1 086 986	517 650	849 140	372	30
221	Sparkasse Merzig-Wadern	Merzig	1 585 393	1 198 055	434 416	1 303 268	431	48
222	Kreissparkasse Westerwald	Bad Marienberg	1 584 197	1 199 933	422 449	1 005 323	387	39
223	Vereinigte Sparkasse im Märkischen Kreis	Plettenberg	1 583 787	974 699	308 984	1 041 605	359	22

Sparkassen-Rangliste per 31. Dezember 2013 439

Rang	Name	Sitz	Bilanzsumme gemäß Bilanzstatistik	Kundeneinlagen insgesamt	Spareinlagen	Kundenkredite	Mitarbeiter	Sparkassenstellen einschl. SB
			in Tsd. Euro				Anzahl	
224	Sparkasse Weserbergland	Hameln	1 563 616	1 112 879	406 574	917 386	390	30
225	Sparkasse Rastatt-Gernsbach	Rastatt	1 562 801	1 073 459	422 926	788 055	300	25
226	Vereinigte Sparkassen im Landkreis Weilheim	Weilheim	1 554 507	1 201 033	399 998	1 031 353	424	23
227	Kreissparkasse Grafschaft Diepholz	Diepholz	1 537 763	1 034 679	487 930	1 079 068	389	20
228	Kreissparkasse Börde	Haldensleben	1 531 014	1 272 292	704 934	473 061	385	37
229	Sparkasse Hanauerland	Kehl	1 519 366	717 234	264 807	778 406	307	21
230	Sparkasse der Stadt Iserlohn	Iserlohn	1 518 146	1 140 065	476 067	1 023 763	381	11
231	Kreissparkasse Bautzen	Bautzen	1 513 610	1 302 481	649 195	411 864	358	42
232	Wartburg-Sparkasse	Eisenach	1 510 621	1 258 765	503 152	751 056	418	32
233	Sparkasse Odenwaldkreis	Erbach	1 509 434	999 393	483 820	992 239	412	22
234	Sparkasse Berchtesgadener Land	Bad Reichenhall	1 502 587	1 149 084	529 162	869 296	411	27
235	Sparkasse Stade	Stade	1 501 877	908 000	357 631	1 099 616	368	26
236	Kreissparkasse Peine	Peine	1 498 199	834 884	244 593	919 696	466	22
237	Sparkasse Soest	Soest	1 487 686	1 228 099	706 862	912 204	301	18
238	Sparkasse Neunkirchen	Neunkirchen Saar	1 484 401	1 067 758	529 805	1 120 506	416	35
239	Sparkasse Barnim	Eberswalde	1 478 481	1 223 885	622 335	583 733	366	35
240	Sparkasse Märkisch-Oderland	Strausberg	1 470 154	1 264 951	738 388	511 265	373	31
241	Sparkasse Höxter	Brakel	1 460 605	1 109 146	465 644	1 065 872	386	25
242	Sparkasse im Landkreis Cham	Cham	1 458 759	1 135 480	699 652	823 909	386	40
243	Kreissparkasse Rhein-Hunsrück	Simmern	1 447 133	1 118 879	366 311	935 637	391	23
244	Sparkasse Niederlausitz	Senftenberg	1 438 005	1 207 861	766 249	591 160	342	21

Rang	Name	Sitz	Bilanzsumme gemäß Bilanzstatistik	Kundeneinlagen insgesamt	Spareinlagen	Kundenkredite	Mitarbeiter	Sparkassenstellen einschl. SB
245	Sparkasse Lünen	Lünen	1 433 415	1 023 227	463 721	869 072	325	16
246	Städtische Sparkasse Offenbach am Main	Offenbach	1 433 340	1 164 495	257 264	767 783	317	19
247	Stadtsparkasse Remscheid	Remscheid	1 432 603	1 082 064	299 075	932 955	386	9
248	Kreissparkasse Limburg	Limburg	1 424 734	1 018 644	392 301	908 750	417	39
249	Kreissparkasse Goslar/Harz	Goslar	1 419 675	1 131 208	388 046	961 939	419	24
250	Sparkasse Oberpfalz Nord	Weiden	1 404 757	1 140 079	457 257	979 810	428	31
251	Sparkasse Bad Kissingen	Bad Kissingen	1 389 167	1 009 585	514 462	562 198	373	21
252	Kreissparkasse Halle	Halle (Westf.)	1 385 006	1 131 592	192 050	1 015 972	253	9
253	Stadt-Sparkasse Langenfeld	Langenfeld	1 382 308	863 340	331 431	1 088 642	245	5
254	Kreis- und Stadtsparkasse Kaufbeuren	Kaufbeuren	1 377 374	985 238	309 853	933 327	346	18
255	Sparkasse Donnersberg	Rockenhausen	1 375 196	816 663	217 509	762 958	285	14
256	Kreissparkasse Bersenbrück	Bersenbrück	1 373 396	937 350	620 163	826 924	364	28
257	Sparkasse Lippstadt	Lippstadt	1 366 807	1 019 117	541 316	871 876	275	23
258	Kreissparkasse Bitburg-Prüm	Bitburg	1 353 399	1 016 392	370 568	753 327	342	34
259	Kreissparkasse Osterholz	Osterholz-Scharmbeck	1 338 001	883 952	510 225	889 944	383	33
260	Sparkasse Freising	Freising	1 316 036	1 044 079	390 316	953 396	362	21
261	Kreissparkasse Altenkirchen	Altenkirchen	1 304 175	1 020 425	364 390	866 225	351	24
262	Sparkasse Wittenberg	Lutherstadt Wittenberg	1 303 200	1 067 820	502 973	714 371	324	34
263	Stadtsparkasse Rheine	Rheine	1 296 944	814 379	284 856	710 074	242	12

Sparkassen-Rangliste per 31. Dezember 2013

Rang	Name	Sitz	Bilanzsumme gemäß Bilanzstatistik	Kundeneinlagen insgesamt	Spareinlagen	Kundenkredite	Mitarbeiter	Sparkassenstellen einschl. SB
			in Tsd. Euro				Anzahl	
264	Kreissparkasse Birkenfeld	Idar-Oberstein	1 296 355	1 017 401	565 279	827 141	404	41
265	Sparkasse Mansfeld-Südharz	Lutherstadt Eisleben	1 290 027	1 114 110	542 409	454 617	332	38
266	Vereinigte Spk. Eschenbach Neustadt Vohenstrauß	Neustadt	1 286 918	904 498	298 391	589 424	361	28
267	Sparkasse Dillenburg	Dillenburg	1 271 559	1 008 842	465 994	713 582	369	38
268	Sparkasse Aichach-Schrobenhausen	Aichach	1 253 643	948 775	337 996	662 574	390	24
269	Sparkasse Kleve	Kleve	1 245 978	910 644	430 688	967 289	339	20
270	Sparkasse Regen-Viechtach	Regen	1 236 711	892 814	592 506	661 374	295	27
271	Kreissparkasse Stendal	Stendal	1 217 611	952 205	473 695	568 441	316	25
272	Sparkasse Attendorn-Lennestadt-Kirchhundem	Attendorn	1 214 522	919 556	190 688	573 295	238	20
273	Sparkasse Gummersbach-Bergneustadt	Gummersbach	1 208 930	945 588	397 946	986 660	285	14
274	Sparkasse Staufen-Breisach	Staufen i. Br.	1 205 535	906 670	328 093	765 784	307	28
275	Sparkasse Märkisches Sauerland Hemer-Menden	Hemer	1 198 052	829 443	434 484	896 759	285	13
276	Kreis- und Stadtsparkasse Dillingen	Dillingen	1 188 482	884 731	266 602	710 261	390	24
277	Sparkasse Neubrandenburg-Demmin	Neubrandenburg	1 186 510	1 010 061	438 266	486 937	320	20
278	Kreissparkasse Gelnhausen	Gelnhausen	1 183 561	938 698	271 386	722 570	321	23
279	Kreissparkasse Northeim	Northeim	1 183 553	912 697	558 832	854 536	373	22
280	Stadtsparkasse Bottrop	Bottrop	1 183 098	771 002	372 054	836 372	308	13
281	Sparkasse Arnsberg-Sundern	Arnsberg	1 179 146	890 323	249 054	880 086	293	22
282	Sparkasse Hochsauerland	Brilon	1 175 474	768 523	233 675	998 551	307	26

Rang	Name	Sitz	Bilanzsumme gemäß Bilanzstatistik	Kundeneinlagen insgesamt	Spareinlagen	Kundenkredite	Mitarbeiter	Sparkassenstellen einschl. SB
283	Kreissparkasse Melle	Melle	1 164 980	807 772	315 398	851 623	282	11
284	Sparkasse Ostunterfranken	Haßfurt	1 158 287	932 256	348 518	679 497	323	24
285	Kreissparkasse Saalfeld-Rudolstadt	Saalfeld	1 151 604	966 114	447 658	600 981	314	25
286	Sparkasse Bad Neustadt a.d. Saale	Bad Neustadt a. d. Saale	1 143 354	858 509	393 609	483 684	315	26
287	Sparkasse Pfaffenhofen	Pfaffenhofen	1 139 410	882 738	335 807	668 960	338	17
288	Kreissparkasse Eichsfeld	Worbis	1 127 545	892 439	406 422	534 150	295	23
289	Kreissparkasse Garmisch-Partenkirchen	Garmisch-Partenkirchen	1 126 148	814 016	260 825	760 917	311	19
290	Sparkasse Arnstadt-Ilmenau	Ilmenau	1 102 320	877 466	553 231	416 335	289	31
291	Sparkasse Mecklenburg-Nordwest	Wismar	1 093 905	953 342	464 157	535 513	289	24
292	Sparkasse Unstrut-Hainich	Mühlhausen	1 093 770	880 708	261 960	528 925	295	27
293	Kreissparkasse Gotha	Gotha	1 093 490	908 602	417 649	473 114	285	23
294	Kreissparkasse St. Wendel	Sankt Wendel	1 081 158	858 783	212 598	793 614	324	33
295	Stadtsparkasse Bocholt	Bocholt	1 064 718	804 391	375 315	774 224	237	13
296	Kreissparkasse Soltau	Soltau	1 054 596	712 621	322 038	760 190	322	14
297	Kreissparkasse Nordhausen	Nordhausen	1 054 533	849 205	335 293	534 328	267	17
298	Sparkasse Hochschwarzwald	Titisee-Neustadt	1 047 967	680 021	333 607	587 244	243	16
299	Sparkasse Eichstätt	Eichstätt	1 043 418	794 002	193 672	566 257	257	18
300	Stadtsparkasse Kaiserslautern	Kaiserslautern	1 031 646	815 199	328 250	799 101	266	25
301	Sparkasse Haslach-Zell	Haslach i. K.	1 020 009	672 978	364 945	648 180	257	11

Sparkassen-Rangliste per 31. Dezember 2013

Rang	Name	Sitz	Bilanzsumme gemäß Bilanzstatistik	Kundeneinlagen insgesamt	Spareinlagen	Kundenkredite	Mitarbeiter	Sparkassenstellen einschl. SB
302	Kreissparkasse Walsrode	Walsrode	999175	709977	375643	641152	252	15
303	Sparkasse Altenburger Land	Altenburg	985792	788347	414685	311394	245	17
304	Sparkasse Ostprignitz-Ruppin	Neuruppin	982430	760674	370037	440063	282	20
305	Sparkasse Donauwörth	Donauwörth	978171	758378	356707	629204	294	24
306	Kreissparkasse Weilburg	Weilburg	940163	750619	228887	716038	252	45
307	Kreis- und Stadtsparkasse Wasserburg am Inn	Wasserburg am Inn	938148	701198	377927	603264	251	21
308	Sparkasse Wilhelmshaven	Wilhelmshaven	933529	618770	239823	631573	240	16
309	Sparkasse Altmark West	Salzwedel	931845	721985	328602	509634	259	20
310	Sparkasse Hattingen	Hattingen Ruhr	923748	653058	278053	609817	214	9
311	Stadtsparkasse Gevelsberg	Gevelsberg	922419	657633	309248	633971	150	7
312	Sparkasse Engen-Gottmadingen	Engen	910606	570062	226871	588221	201	10
313	Stadtsparkasse Cuxhaven	Cuxhaven	909839	695540	269264	675832	276	11
314	Sparkasse Wittgenstein	Bad Berleburg	901188	671562	267862	598578	243	13
315	Bezirkssparkasse Reichenau	Reichenau	896839	464849	229585	785623	125	6
316	Sparkasse Olpe-Drolshagen-Wenden	Olpe/Biggesee	895238	656828	288131	531185	196	13
317	Sparkasse Neuburg-Rain	Neuburg Donau	889056	686006	263318	539283	251	18
318	Sparkasse Muldental	Grimma	883323	743542	369695	214879	219	16
319	Sparkasse Uckermark	Prenzlau	880305	728191	299379	367931	214	20
320	Sparkasse Bühl	Bühl	879557	630400	267903	465188	185	15
321	Kreissparkasse Saale-Orla	Schleiz	869720	746165	377566	388922	278	24
322	Kyffhäusersparkasse Artern-Sondershausen	Sondershausen	866934	747894	476662	332005	233	13

Rang	Name	Sitz	Bilanzsumme gemäß Bilanzstatistik	Kundeneinlagen insgesamt	Spareinlagen	Kundenkredite	Mitarbeiter	Sparkassenstellen einschl. SB
323	Sparkasse Elmshorn	Elmshorn	865 618	575 377	321 268	634 672	201	7
324	Stadtsparkasse Emmerich-Rees	Emmerich	855 805	441 902	152 529	633 258	220	11
325	Sparkasse Osterode am Harz	Osterode	851 850	613 496	172 606	479 346	269	16
326	Kreissparkasse Döbeln	Döbeln	835 111	610 641	170 718	325 252	210	9
327	Kreissparkasse Salem-Heiligenberg	Salem	822 390	586 435	220 860	477 686	135	16
328	Verbundsparkasse Emsdetten-Ochtrup	Emsdetten	807 721	494 306	264 359	640 523	218	12
329	Kreissparkasse Höchstadt/Aisch	Höchstadt/Aisch	806 634	616 446	255 290	400 001	246	16
330	Sparkasse Beckum-Wadersloh	Beckum	799 697	502 050	257 959	499 720	194	7
331	Sparkasse Jerichower Land	Burg (b.Magdeburg)	797 589	669 909	388 506	382 499	237	19
332	Sparkasse der Homburgischen Gemeinden	Wiehl	795 281	646 002	192 661	528 349	176	9
333	Kreissparkasse Vulkaneifel	Daun	789 523	588 825	250 737	641 363	217	17
334	Stadtsparkasse Hameln	Hameln	774 850	565 293	232 255	395 818	203	12
335	Sparkasse Schopfheim-Zell	Schopfheim	762 265	547 279	256 709	488 918	160	9
336	Stadtsparkasse Gladbeck	Gladbeck	761 696	525 525	206 708	557 577	207	10
337	Kreissparkasse Schongau	Schongau	757 335	537 465	155 055	463 492	219	17
338	Stadtsparkasse Dessau	Dessau	756 438	627 211	317 803	339 332	207	17
339	Bordesholmer Sparkasse	Bordesholm	737 944	448 809	170 108	503 581	159	9
340	Stadtsparkasse Bad Oeynhausen	Bad Oeynhausen	733 874	560 229	172 887	459 635	208	12
341	Vereinigte Sparkassen Gunzenhausen	Gunzenhausen	723 563	572 925	138 232	463 253	205	17
342	Sparkasse Freyung-Grafenau	Freyung	721 745	510 075	152 904	473 806	226	23
343	Sparkasse Werl	Werl	717 454	461 850	174 065	534 764	169	8

Sparkassen-Rangliste per 31. Dezember 2013

Rang	Name	Sitz	in Tsd. Euro					Anzahl	
			Bilanzsumme gemäß Bilanzstatistik	Kundeneinlagen insgesamt	Spareinlagen	Kundenkredite	Mitarbeiter	Sparkassenstellen einschl. SB
344	Sparkasse Pfullendorf-Messkirch	Pfullendorf	714 074	523 430	254 226	418 066	154	15
345	Sparkasse Prignitz	Pritzwalk	710 627	591 588	354 636	264 137	182	15
346	Sparkasse Ennepetal-Breckerfeld	Ennepetal	694 578	533 884	225 356	405 040	146	7
347	Stadt-Sparkasse Haan	Haan	691 299	445 849	100 828	477 877	136	3
348	Sparkasse Kierspe-Meinerzhagen	Kierspe	669 937	363 729	141 852	438 511	145	10
349	Stadtsparkasse Schwerte	Schwerte	660 550	460 098	235 496	497 362	169	5
350	Sparkasse Hennstedt-Wesselburen	Hennstedt	660 162	377 490	154 366	415 377	162	9
351	Sparkasse Duderstadt	Duderstadt	645 400	498 746	191 394	415 953	184	15
352	Müritz-Sparkasse	Waren/Müritz	644 947	512 424	223 313	281 989	174	14
353	Stadtsparkasse Werne	Werne	643 879	357 493	190 752	432 016	131	6
354	Sparkasse Parchim-Lübz	Parchim	640 274	541 298	161 915	291 373	206	12
355	Stadtsparkasse Wermelskirchen	Wermelskirchen	635 636	448 593	187 803	430 222	150	7
356	Sparkasse Sonneberg	Sonneberg	632 785	507 343	277 591	247 452	219	17
357	Sparkasse Emden	Emden	632 189	473 059	128 013	515 422	210	13
358	Sparkasse Uecker-Randow	Pasewalk	625 088	485 505	212 161	207 795	158	11
359	Sparkasse Meschede	Meschede	616 792	433 689	163 230	411 222	147	14
360	Stadt- und Kreissparkasse Moosburg	Moosburg	611 103	463 932	128 403	428 563	195	9
361	Sparkasse Bergkamen-Bönen	Bergkamen	610 803	377 671	169 871	360 930	110	10
362	Sparkasse Radevormwald-Hückeswagen	Radevormwald	582 279	422 699	202 508	305 329	154	6
363	Sparkasse Scheeßel	Scheeßel	580 099	404 670	157 396	388 000	189	9
364	Städtische Sparkasse zu Schwelm	Schwelm	572 236	454 125	210 226	364 731	150	1

Rang	Name	Sitz	Bilanzsumme gemäß Bilanzstatistik	Kundeneinlagen insgesamt	Kundeneinlagen Spareinlagen	Kunden-kredite	Mitarbeiter	Anzahl Sparkassen-stellen einschl. SB
			in Tsd. Euro					
365	Sparkasse Stockach	Stockach	567 350	342 134	133 608	344 163	111	8
366	Verbandssparkasse Goch-Kevelaer-Weeze	Goch	557 525	433 045	233 966	250 337	112	6
367	Sparkasse Rothenburg	Rothenburg	548 804	348 394	120 134	325 949	149	11
368	Sparkasse Mecklenburg-Strelitz	Neustrelitz	545 271	421 328	207 752	254 151	145	10
369	Sparkasse Burbach-Neunkirchen	Burbach	544 388	402 145	188 463	355 624	117	11
370	Stadtsparkasse Wetter	Wetter (Ruhr)	523 163	284 661	79 818	321 975	119	6
371	Kreissparkasse Hildburghausen	Hildburghausen	522 314	443 750	241 638	158 473	134	21
372	Sparkasse Einbeck	Einbeck	521 292	406 633	233 696	255 019	138	10
373	Stadtsparkasse Bad Honnef	Bad Honnef	516 993	392 898	142 069	310 257	117	5
374	Stadtsparkasse Bad Pyrmont	Bad Pyrmont	513 889	274 908	59 001	200 285	113	7
375	Stadtsparkasse Wedel	Wedel	512 844	337 489	133 942	329 096	104	4
376	Kreissparkasse Schlüchtern	Schlüchtern	497 354	390 660	173 456	277 226	131	6
377	Stadtsparkasse Bonndorf-Stühlingen	Bonndorf	496 948	347 531	201 534	271 776	111	8
378	Stadtsparkasse Schwedt	Schwedt/Oder	489 377	429 191	110 469	179 639	108	5
379	Stadtsparkasse Gengenbach	Gengenbach	464 824	239 106	125 626	272 655	89	7
380	Sparkasse Gronau	Gronau	461 180	297 487	147 663	300 420	122	8
381	Stadtsparkasse Porta Westfalica	Porta Westfalica	458 405	322 918	115 843	310 785	112	10
382	Stadtsparkasse Wunstorf	Wunstorf	451 340	356 182	134 307	368 408	150	9
383	Stadtsparkasse Wolfach	Wolfach	446 621	294 643	104 044	238 334	109	7
384	Sparkasse Nördlingen	Nördlingen	432 512	334 241	138 364	269 110	144	15
385	Stadtsparkasse Sprockhövel	Sprockhövel	423 721	289 338	137 993	336 511	116	6

Sparkassen-Rangliste per 31. Dezember 2013   447

Rang	Name	Sitz	Bilanzsumme gemäß Bilanzstatistik	Kundeneinlagen insgesamt	Spareinlagen	Kundenkredite	Mitarbeiter	Sparkassenstellen einschl. SB
			in Tsd. Euro				Anzahl	
386	Stadtsparkasse Lengerich	Lengerich	415 068	226 904	98 201	332 133	112	4
387	Sparkasse Rietberg	Rietberg	406 906	292 119	69 870	255 948	108	7
388	Stadtsparkasse Rahden	Rahden	404 863	266 232	68 042	328 540	93	7
389	Stadtsparkasse Burgdorf	Burgdorf	404 805	214 880	90 866	153 110	107	7
390	Stadtsparkasse Herdecke	Herdecke Ruhr	389 342	299 150	134 759	283 392	97	8
391	Stadtsparkasse Schmallenberg	Schmallenberg	387 497	259 123	111 980	230 299	100	10
392	Stadtsparkasse Völklingen	Völklingen	373 677	221 896	94 844	227 623	90	8
393	Sparkasse Münden	Hann. Münden	365 845	273 303	107 820	264 034	160	5
394	Sparkasse St. Blasien	St. Blasien	354 479	182 794	101 491	243 095	79	8
395	Sparkasse Erwitte-Anröchte	Erwitte	329 437	225 733	107 567	248 549	115	4
396	Sparkasse Schönau-Todtnau	Todtnau	325 904	209 123	115 994	175 961	79	4
397	Sparkasse der Stadt Straelen	Straelen	323 962	209 716	102 165	184 541	91	2
398	Sparkasse Grünberg	Grünberg	323 279	221 753	48 419	207 615	84	10
399	Stadtsparkasse Barsinghausen	Barsinghausen	319 438	246 944	76 234	247 647	107	5
400	Stadtsparkasse Versmold	Versmold	315 519	212 420	96 508	209 113	81	5
401	Stadtsparkasse Blomberg/Lippe	Blomberg	302 992	203 143	80 921	201 311	77	7
402	Stadtsparkasse Hilchenbach	Hilchenbach	302 917	230 279	126 924	188 013	84	4
403	Stadtsparkasse Delbrück	Delbrück	300 989	214 122	108 450	194 805	90	6
404	Stadtsparkasse Freudenberg	Freudenberg	299 168	200 927	86 816	203 792	91	4
405	Kreis- und Stadtsparkasse Dinkelsbühl	Dinkelsbühl	298 309	231 683	66 633	183 418	106	7
406	Stadtsparkasse Haltern	Haltern am See	297 553	238 626	119 719	206 493	109	8

Rang	Name	Sitz	Bilanzsumme gemäß Bilanzstatistik	Kundeneinlagen insgesamt	Spareinlagen	Kundenkredite	Mitarbeiter	Sparkassenstellen einschl. SB
407	Sparkasse Finnentrop	Finnentrop	295 623	198 474	73 887	201 886	95	6
408	Sparkasse Geseke	Geseke Westf	271 131	185 806	85 881	171 707	80	5
409	Sparkasse Hohenwestedt	Hohenwestedt	252 779	140 025	37 459	184 748	49	4
410	Sparkasse Laubach-Hungen	Laubach	244 082	186 993	55 057	154 921	83	9
411	Sparkasse Fröndenberg	Fröndenberg	233 754	186 293	121 171	160 955	75	5
412	Stadtsparkasse Schwalmstadt	Schwalmstadt	196 866	141 220	55 950	119 712	48	5
413	Stadtsparkasse Grebenstein	Grebenstein	185 230	144 361	78 843	118 466	64	6
414	Sparkasse Battenberg	Battenberg Eder	185 138	145 034	90 590	145 564	63	7
415	Stadtsparkasse Borken	Borken	161 023	121 066	48 225	117 277	50	5
416	Stadtsparkasse Felsberg	Felsberg	160 637	96 330	45 459	117 094	43	2
417	Stadtsparkasse Bad Sachsa	Bad Sachsa	127 444	99 371	49 178	68 793	45	1

Nützliche Web-Adressen

Deutscher Sparkassen- und Giroverband, Dachverbände

www.dsgv.de	Deutscher Sparkassen- und Giroverband
www.sparkasse.de	Kundenportal der Sparkassen-Finanzgruppe
www.verband-freier-sparkassen.de	Verband der Deutschen Freien Öffentlichen Sparkassen
www.voeb.de	Bundesverband Öffentlicher Banken Deutschlands
www.die-deutsche-kreditwirtschaft.de	Die Deutsche Kreditwirtschaft

Regionalverbände

www.sv-bw.de	Sparkassenverband Baden-Württemberg
www.sparkassenverband-bayern.de	Sparkassenverband Bayern
www.hsgv.de	Hanseatischer Sparkassen- und Giroverband
www.sgvht.de	Sparkassen- und Giroverband Hessen-Thüringen
www.svn.de	Sparkassenverband Niedersachsen
www.osv-online.de	Ostdeutscher Sparkassenverband
www.rsgv.de	Rheinischer Sparkassen- und Giroverband
www.sv-rlp.de	Sparkassen- und Giroverband Rheinland-Pfalz
www.svsaar.de	Sparkassenverband Saar
www.sgvsh.de	Sparkassen- und Giroverband Schleswig-Holstein
www.svwl.eu	Sparkassen- und Giroverband Westfalen-Lippe

Landesbanken

www.lbbw.de	Landesbank Baden-Württemberg
www.bayernlb.de	Bayerische Landesbank
www.lbb.de	Landesbank Berlin AG
www.bremerlandesbank.de	Bremer Landesbank Kreditanstalt Oldenburg
www.hsh-nordbank.de	HSH Nordbank AG
www.helaba.de	Landesbank Hessen-Thüringen
www.nordlb.de	Nord/LB Norddeutsche Landesbank
www.lrp-bank.de	Rheinland-Pfalz Bank
www.saarlb.de	Saar LB Landesbank Saar
www.sachsenbank.de	Sachsen Bank

Verbundpartner u. a.

www.dekabank.de	DekaBank
www.deka.de	Kundenportal für Deka Investmentfonds
www.deutsche-leasing.com	Deutsche Leasing-Gruppe
www.mmv-leasing.de	MMV Leasing GmbH
www.suedleasing.de	SüdLeasing GmbH
www.lbs.de	Informationen rund um die Landesbausparkassen
www.deutsche-factoring.de	Deutsche Factoring Bank
www.suedfactoring.de	SüdFactoring GmbH
www.voev.de	Verband öffentlicher Versicherer

www.s-rating-risikosysteme.de	Sparkassen Rating und Risikosysteme GmbH
www.f-i.de	Finanz Informatik GmbH & Co. KG
www.sbroker.de	Sparkassen Broker
www.dsv-gruppe.de	Deutscher Sparkassenverlag
www.sparkassenzeitung.de	Die SparkassenZeitung
www.esbg.eu	Europäische Sparkassenvereinigung
www.wsbi.org	Weltinstitut der Sparkassen
www.sparkassenstiftung.de	Sparkassenstiftung für internationale Kooperation
www.sparkassenstiftungen.de	Portal für Stiftungen der Sparkassen-Finanzgruppe
www.europaservice.dsgv.de	EuropaService der Sparkassen-Finanzgruppe
www.geldundhaushalt.de	Beratungsdienst Geld und Haushalt
www.schlossneuhardenberg	Tagungs- und Kulturzentrum Schloss Neuhardenberg

Aus- und Fortbildung

www.s-management-akademie	Management Akademie der Sparkassen-Finanzgruppe
www.s-hochschule.de	Hochschule der Sparkassen-Finanzgruppe
www.s-wissenschaft.de	Wissenschaftsförderung der SparkassenFinanzgruppe e. V.
www.spk-akademie.de	Sparkassenakademie Baden-Württemberg
www.sparkassenakademie-bayern.de	Sparkassenakademie Bayern
www.osa-potsdam.de	Ostdeutsche Sparkassenakademie
www.sparkassenakademie-nrw	Sparkassenakademie Nordrhein-Westfalen
www.hansakad.de	Hanseatische Sparkassenakademie
www.sparkassen-akademie.de	Sparkassenakademie Hessen-Thüringen

www.s-akademie.de	Sparkassenakademie Niedersachsen
www.sv-rlp.de/sparkassenakademie	Sparkassenakademie Sparkassen- und Giroverband Rheinland-Pfalz
www.sparkassenakademie-saar.de	Sparkassenakademie Saar
www.sparkassenakademie.com	Sparkassenakademie Schleswig-Holstein
Bankenaufsicht	
www.bafin.de	Bundesanstalt für Finanzdienstleistungsaufsicht
www.bundesbank.de	Deutsche Bundesbank
www.ecb.europa.eu	Europäische Zentralbank
www.eba.europa.eu	Europäische Bankenaufsichtsbehörde